不负时代，不负人民

BUFU SHIDAI BUFU RENMIN

ZHONGGUO JIANPIN QIJI DE HUBEI DAJUAN

——中国减贫奇迹的湖北答卷

湖北省社会科学界联合会“中国调查”丛书

彭玮 吴海涛 李志平 著

长江出版传媒
湖北人民出版社

图书在版编目(CIP)数据

不负时代,不负人民 :中国减贫奇迹的湖北答卷/彭玮,吴海涛,李志平著. —武汉:湖北人民出版社,2021.6

ISBN 978 - 7 - 216 - 10223 - 0

Ⅰ.①不… Ⅱ.①彭… ②吴… ③李… Ⅲ.①扶贫—工作概况—湖北
Ⅳ.①F127.63

中国版本图书馆 CIP 数据核字(2021)第 104301 号

整体策划:马　骏　徐　艳
责任编辑:黄　沙　曹新哲　田　晓
封面设计:刘舒扬
责任校对:范承勇
责任印制:王铁兵

出版发行: 湖北人民出版社　　**地址:**武汉市雄楚大道 268 号
印刷:湖北新华印务有限公司　　**邮编:**430070
开本:787 毫米×1092 毫米 1/16　　**印张:**38.25
字数:624 千字　　**插页:**5
版次:2021 年 6 月第 1 版　　**印次:**2021 年 6 月第 1 次印刷
书号:ISBN 978 - 7 - 216 - 10223 - 0　　**定价:**158.00 元

本社网址:http://www.hbpp.com.cn
本社旗舰店:http://hbrmcbs.tmall.com
读者服务部电话:027 - 87679656
投诉举报电话:027 - 87679757
(图书如出现印装质量问题,由本社负责调换)

“中国调查”项目丛书编委会

本书编委会

序　言

农村贫困人口脱贫是全面建成小康社会的基本标志。为确保到2020年全面建成小康社会，2015年10月中共中央决定实施脱贫攻坚战。经过五年多的艰辛努力，我国脱贫攻坚战取得了全面胜利，现行标准下9899万农村贫困人口全部脱贫，832个贫困县全部摘帽，12.8万个贫困村全部出列，区域性整体贫困得到解决。脱贫攻坚任务的如期完成，标志着中国提前10年实现了联合国2030年可持续发展议程的减贫目标，创造了世界减贫史上的"中国奇迹"。在新的形势下，深入研究总结各地开展脱贫攻坚的模式、经验和创新做法，具有重要的理论价值和现实意义。

湖北，地处中国中部，是全国重要的农业大省，也是我国脱贫攻坚的主战场之一，有武陵山、秦巴山、大别山和幕阜山四大集中连片特困地区。在以习近平同志为核心的党中央坚强领导下，经过全省上下艰苦卓绝的持续奋斗，湖北省脱贫攻坚战取得全面胜利。全省581万贫困人口全部脱贫，37个贫困县全部摘帽，4821个贫困村全部出列，消除了现行标准下农村绝对贫困，解决了区域性整体贫困，如期兑现向党中央立下的"军令状"、向全省人民作出的庄严承诺，书写了中国减贫奇迹的荆楚篇章。

贫困之冰，非一日之寒；破冰之功，非一春之暖。回顾过去，湖北脱贫攻坚之所以能取得如此巨大的成就，最根本的是坚定不移贯彻落实习近平总书记关于扶贫工作的重要论述，把中央各项大政方针和湖北的具体实际紧密结合起来，大力弘扬"上下同心、尽锐出战、精准务实、开拓创新、攻坚克难、不负人民"的脱贫攻坚精神，把脱贫攻坚作为重大政治任务、重大政治责任、重大民生工程。

《不负时代，不负人民——中国减贫奇迹的湖北答卷》是湖北省社会科学界联合会2020年“中国调查”重大项目的重要成果。这本书在深入研究习近平关于扶贫工作系列重要论述的基础上，系统梳理了湖北脱贫攻坚工作取得的卓越成绩，从政策创新、模式创新、制度创新、实践创新四个维度提炼了脱贫攻坚的荆楚篇章。该书理论与实践高度结合，全方位展示了湖北脱贫攻坚所取得的辉煌成就，客观总结了湖北在消除农村绝对贫困和区域性整体贫困道路上的宝贵经验。同时，该书在理论概括和提炼的基础上，对今后湖北巩固拓展脱贫攻坚成果与乡村振兴有效衔接进行了前瞻性、战略性的展望，并提出了一些有益思路和政策建议，对深入贯彻党的十九大精神，谱写乡村振兴的新篇章，推进社会主义现代化建设，都有着积极的作用。

作为长期从事区域经济和农村发展研究的学者，我认为本书视角新颖、架构严谨、思路创新、案例鲜活，是一项反映湖北省脱贫攻坚伟大成就和经验的系统性成果。寄望这本书的编写出版能为中国减贫事业贡献湖北智慧，为各级决策者科学决策、精准施策提供帮助，为高质量推进乡村全面振兴的未来之路提供方向。

魏后凯

2021年6月11日于北京

（作者系著名区域经济和农村发展专家，十三届全国人大农业与农村委员会委员，中国社会科学院农村发展研究所所长、研究员）

导　言

消除贫困，自古以来就是各国人民追求幸福生活的基本权利，也是全人类梦寐以求的理想目标。在迎来中国共产党成立一百周年的重要时刻，习近平总书记在全国脱贫攻坚总结表彰大会上向全世界郑重宣布，我国脱贫攻坚战取得了全面胜利，现行标准下9899万农村贫困人口全部脱贫，832个贫困县全部摘帽，12.8万个贫困村全部出列，区域性整体贫困得到解决，完成了消除绝对贫困的艰巨任务，创造了又一个彪炳史册的人间奇迹！中国提前10年实现联合国《2030年可持续发展议程》的减贫目标，作为世界上减贫人口最多的国家，中国的减贫进程对全球减贫贡献率超过70%，谱写了人类反贫困历史新篇章，为人类减贫事业贡献了中国智慧、中国方案。中国特色减贫道路的制度密码、战略密码、组织密码、精神密码、力量密码是打赢脱贫攻坚战的制胜法宝。

一、"人民中心 + 人民主体"的制度密码，筑牢"为什么人"的根本立场

为什么人的问题，是检验一个政党、一个政权性质的试金石，中国共产党自成立之初，就坚定地把实现人民共同富裕写在了自己的旗帜上，将以人民为中心的优良传统根植于党的执政基因中。我们党始终坚持以人民为中心的政治立场和价值导向，坚持一切为了人民、一切依靠人民、惠及全体人民。"为中国人民谋幸福，为中华民族谋复兴"成为我们党治国理政实践的第一原则。党的十八大以来，党中央从全面建成小康社会要求出发，把扶贫开发工作纳入"五位一体"总体布局、"四个全面"战略布局，作为实现第一个百年

奋斗目标的重点任务，把脱贫攻坚作为全面建成小康社会的底线任务和标志性指标，作出一系列重大部署和安排。8年来，习近平总书记先后7次主持召开中央扶贫工作座谈会，50多次调研扶贫工作，走遍14个集中连片特困地区。习近平总书记多次强调，“消除贫困、改善民生、逐步实现共同富裕，是社会主义的本质要求，是我们党的重要使命。全面建成小康社会，是我们对全国人民的庄严承诺”。以人民为中心，以人民为主体的政治立场和价值导向，让我们党将人民对美好生活的向往作为矢志不渝的奋斗目标，充分体现了以习近平同志为核心的党中央强烈的宗旨意识和真挚的为民情怀，凸显了新时代中国共产党人的使命担当，也为我们攻坚克难、打赢脱贫攻坚战、决胜全面小康提供了不竭的动力源泉。

二、“精准扶贫＋分类施策”的战略密码，制订“怎么扶”的科学方案

习近平总书记把精准扶贫精准脱贫上升到社会主义的本质要求，提高到关系党执政的根本宗旨的重要体现，指明了新阶段中国扶贫开发及脱贫攻坚的战略定位。2015年11月23日，习近平总书记在参加中共中央政治局会议时提出“把精准扶贫、精准脱贫作为基本方略”。党的十八大以来，“扶真贫、真扶贫”成为扶贫工作的核心要求，由“大水漫灌”转向“精准滴灌”，大幅提高了扶贫工作的针对性、实效性。习近平总书记多次阐述“六个精准”的工作要求，要求坚持分类施策，因人因地施策，因贫困原因施策，因贫困类型施策，反对“一刀切”“一边倒”，通过精准入户调查找到贫困户致贫的“穷根”，通过“五个一批”对症下药，实现靶向治疗，建立了一套全系统、全链条、全方位的科学扶贫体系。

三、“主体责任＋层层传导”的组织密码，构建“谁来扶”的责任体系

中国脱贫攻坚力度之大、规模之广、影响之深前所未有，只有党的集中统一领导，才能让各级党委、政府以及全国各族人民进一步统一思想，万众一心、齐心协力，实现全国一盘棋。我国的精准扶贫工作采取中央统筹、省负总责、市（地）县抓落实的管理体制，片为重点、工作到村、扶贫到户的工作机制，党政“一把手”负总责的扶贫开发工作责任制，同时要求省市县乡村五级书记抓脱贫攻坚，建立横向到边、纵向到底的责任体系。清晰的权责让中央的

政策部署顺利传导到最末梢的村“两委”干部,让党执政体系上的各层“链条”都全速运转,“链条”上的每个“节点”均高效协同,杜绝了“上有政策,下不执行”的“空转”现象和“政策执行变形走样”的偏差行为,扶贫资源最大力度整合,确保了扶贫政策最快速度落实,扶贫资金最高效率使用,扶贫项目最高质量落地。贫困地区的基层组织比较薄弱,成为扶贫工作“最后一公里”的最大短板,习近平总书记强调“选派扶贫工作队是加强基层扶贫工作的有效组织措施”,全国共派出25.5万个驻村工作队,累计选派300多万名县级以上党政机关和国有企事业单位干部到贫困村和软弱涣散村担任第一书记和驻村干部,这些驻村干部用脚步丈量贫困村,用真情了解贫困户,用真心找寻致贫原因,用实干带领贫困户脱贫,在基层党建和产业扶贫方面充分发挥关键性的作用。

四、“艰苦奋斗 + 实事求是”的精神密码,树立“真扶贫”的工作作风

习近平总书记始终强调在扶贫工作中坚持问题导向,指出“行百里者半九十,越到紧要关头,越要坚定必胜的信念,越要有一鼓作气攻城拔寨的决心”。在2020年这个极不平凡的收官之年,面对突如其来的新冠疫情,习近平总书记强调,脱贫攻坚没有任何弹性和退路,为全国人民注入了打赢脱贫攻坚战的坚定决心和必胜信心,全国上下万众一心,交出了“战贫”完美答卷。针对某些地区执行中央“两不愁三保障”政策变形走样的现象,习近平总书记指出,“在脱贫标准上,既不能脱离实际、拔高标准、吊高胃口,也不能虚假脱贫、降低标准、影响成色”。针对个别地方和个别干部的腐败问题、形式主义问题,习近平总书记强调:“要认真开展扶贫领域腐败和作风问题专项治理,加强扶贫资金管理,对挪用、贪污扶贫款项的行为严惩不贷。”“全面建成小康社会要得到人民认可、经得起历史检验,必须做到实打实、不掺任何水分。”让扶贫资源真正用在扶贫地区、贫困人口上,让扶贫扶到点上,扶到根上,扶到心里。

五、“外力推动 + 内力驱动”的力量密码,形成“大扶贫”的协同格局

反贫困具有显著的公共物品属性,扶贫工作必须坚持政府投入主体和主导作用。8年来,中央财政通过设立专项资金为扶贫工作提供了充足的“军

需粮草”，中央、省、市县财政专项扶贫资金累计投入近1.6万亿元，其中中央财政累计投入6601亿元。内因是根本，外因唯有通过内因才能真正发挥作用。习近平总书记强调，“只要有信心，黄土变成金”，“治贫先治愚”，“授人以鱼不如授人以渔”“脱贫致富不仅要注意‘富口袋’，更要注意‘富脑袋’”。习近平总书记深刻论述了“物质贫困”“思路贫困”“意识贫困”的内在逻辑，“只有用好外力、激发内力，才能形成合力”，提出“扶贫的方式必须由偏重‘输血’向注重‘造血’转变”。合力是摆脱贫困的“组合拳”，传承的是中国人守望相助的人文精神，彰显的是全社会的强大凝聚力。我国充分运用专项扶贫、行业扶贫、社会扶贫等多方力量，加快形成“三位一体”大扶贫格局，健全中西部协作和对口支援、党政机关定点扶贫机制，广泛调动社会各界参与扶贫开发积极性，发挥社会主义制度优势，构建了政府、社会、市场协同推进的大扶贫格局。强大的社会动员力，让脱贫攻坚成为14亿人的“共同事业”。

湖北有武陵山、秦巴山、大别山、幕阜山四大集中连片特困地区，有37个贫困县，其中9个国家级深度贫困县，4821个贫困村，建档立卡贫困人口581万人，脱贫任务十分艰巨。党的十八大以来，湖北省委、省政府坚定不移贯彻落实习近平总书记关于扶贫工作的重要论述和考察湖北重要讲话精神，把脱贫攻坚作为重大政治任务、重大政治责任、重大民生工程，坚持精准方略，咬定目标，尽锐出战，构建了严密的责任体制、工作体系，多元化投入体系，精准帮扶体系，社会动员体系和考核评估体系，形成了整体联动、协调并进的“多维工程”，推动湖北脱贫攻坚不断从胜利走向胜利。

一是脱贫攻坚目标任务如期完成。到2020年，全省581万贫困人口全部脱贫，37个贫困县全部摘帽，4821个贫困村全部出列，消除了绝对贫困和区域性整体贫困。如期兑现向党中央立下的“军令状”，向全省人民作出的庄严承诺，书写了中国减贫奇迹的荆楚篇章。

二是贫困群众收入水平大幅提高。37个贫困县农村常住居民人均可支配收入由2013年的7266元增加到2019年的12911元，年均增长10.06%。

三是贫困地区发展后劲明显增强。全省行政村内硬化道路达27.95万千米。村村都有卫生室和村医。贫困地区全部通动力电，农网供电可靠率达99.8%。贫困村通宽带比例达100%。产业扶贫、金融扶贫、光伏扶贫等快速发展，全省累计发展农民专业合作社4.3万家，发放扶贫小额信贷258.12亿元，建成光伏扶贫电站5646座。

四是农村基层治理能力显著提升。抓党建促脱贫攻坚，一大批干部在脱贫攻坚一线得到培养锻炼，农村基层治理能力和管理水平显著提高，基层党组织凝聚力和战斗力明显增强。特别是在疫情防控中，驻村扶贫工作队也是防疫队、战疫队，充分彰显了共产党人的使命担当和奉献精神。

本书分为重要论述、脱贫成绩、荆楚实践、未来展望四个篇章，以习近平总书记关于扶贫工作的重要论述为指导，系统梳理党的十八大以来湖北省在产业扶贫、易地搬迁、教育扶贫、健康扶贫、生态扶贫、兜底保障、金融扶贫等方面取得的成绩，总结提炼湖北省在政策、模式、制度、实践“四大创新”方面作出的有益实践探索。从构建解决相对贫困长效机制、建立城乡统筹的贫困治理体系、实现巩固拓展脱贫攻坚成果和乡村振兴有效衔接三个方面，展望中国在全面建成小康社会，消除绝对贫困以后，构建城乡一体化的相对贫困治理体系，高质量推进乡村全面振兴的未来之路。

中国扶贫的制度密码、战略密码、组织密码、精神密码、力量密码共同创造了“中国减贫奇迹”，也坚定着我们迈向小康社会，开启现代化强国新征程的强大信心。习近平总书记强调：“回首过去，我们在解决困扰中华民族几千年的绝对贫困问题上取得了伟大历史性成就，创造了人类减贫史上的奇迹。展望未来，我们正在为全面建设社会主义现代化国家的历史宏愿而奋斗。”全面建成小康社会不是终点，而是新生活、新奋斗的起点。要切实做好巩固拓展脱贫攻坚成果同乡村振兴有效衔接各项工作，让脱贫基础更加稳固、成效更可持续。在党中央的集中统一领导下，我们应始终牢记初心使命，用汗水浇灌收获，以实干笃定前行，继续迎难而上、拼搏奋斗，必将书写更多经得起历史检验、令群众满意的答案，开启中华民族伟大复兴的新篇章。

目 录

第一篇　重要论述：

打赢脱贫攻坚战的科学指南

党的十八大以来，以习近平总书记为核心的党中央站在全面建成小康社会、实现中华民族伟大复兴中国梦的战略高度，把脱贫攻坚摆到治国理政突出位置，提出一系列新思想、新观点，作出一系列新决策、新部署，推动中国减贫事业取得巨大成就，为世界减贫进程作出了重大贡献。2020 年如期打赢脱贫攻坚战，中华民族历史上首次整体消除绝对贫困。这是一项惠及亿万人民、举世无双、史无前例的伟业，习近平总书记关于扶贫工作的系列重要论述就是打赢脱贫攻坚战的制胜法宝。

一、脱贫攻坚与全面小康

改革开放后，我们党有效解决了人民的温饱问题，人民生活总体上达到小康水平。党的十六大提出要全面建设小康社会。经过10年的奋斗，党的十八大提出要全面建成小康社会。党的十九大强调“两个一百年”奋斗目标，进一步部署到建党一百年时全面建成小康社会，现在已全面建成小康社会。脱贫攻坚与全面建成小康社会不仅任务直接相关，而且进度紧密衔接，脱贫攻坚是全面建成小康社会的重要前提和关键环节，全面建成小康社会是脱贫攻坚的强大动力和必然成果。

（一）小康不小康，关键看老乡

“小康”是古代思想家对理想社会的描述，早在西周时期，“小康”一词即已出现。《诗经・大雅・民劳》中就有“民亦劳止，汔可小康”的句子，意思是老百姓太劳苦，也该稍稍得到安乐了。小康思想体现了老百姓对宽裕、安乐生活的向往。在中国传统文化中，特别是在儒家思想里，“小康”是相对于“大同”的理想社会模式，后来也多指社会秩序稳定、经济发展良好、百姓安居乐业的社会。

中国共产党人赋予了“小康”新的时代内涵，并将其作为我国社会主义现代化建设的重要战略目标。“小康”的概念是邓小平1979年会见日本首相时提出的，在此基础上又提出了包括“温饱—小康—中等发达国家水平”在内的中国分“三步走”基本实现现代化的战略部署。随着中国特色社会主义建设事业的深入，其内涵和意义不断得到丰富和发展。在20世纪末基本实现“小康”的情况下，党的十八大报告明确提出了“全面建成小康社会”。习近平总书记在2013年中央农村工作会议讲话中强调：“小康不小康，关键看老乡。一定要看到，农业还是‘四化同步’的短腿，农村还是全面建成小康社会的短板。”[1] 目前来看，农业发展存在很多问题，农村面貌亟待改善，农民收入增长缓慢，这些都是制约我国全面建成小康社会的重要因素。要实现

[1]　习近平：《在中央农村工作会议上的讲话》（2013年12月23日），《十八大以来重要文献选编》（上），中央文献出版社2014年版，第658页。

全面小康，就必须要重视农村农业农民发展的根本问题。

1. 任何时候都不能忽视农业

农业强是实现全面小康的关键。想要全面建成小康社会就必须要积极发展农业，任何时候都不能忽视农业，必须不断补齐我国经济社会发展的短板。我国人口众多，农业人口也多，这是当前我国社会发展的基本情况，也是不得不面对的历史难题和现实鸿沟。实现全面建成小康社会，关键还要看农村发展，重点要看农业发展状况，最终还是要看农民发展。从人类发展的历史来看，举凡人口大国，其发展过程中，吃饭问题始终无法回避。“民以食为天”是亘古不变的真理，解决不了老百姓的吃饭问题，其他所有的事情都是空中楼阁。保证了我国农业发展的稳定性，才能保证我国粮食供应充足，稳住我国经济社会可持续发展的基本盘。

2. 农村美是实现全面小康的关键

农村美是实现全面小康的关键。改善农村面貌是全面建成小康社会的重大任务，要留得住绿水青山，也要记得住乡愁。习近平总书记指出：“如果贫困地区长期贫困，面貌长期得不到改变，群众生活长期得不到明显提高，那就没有体现我国社会主义制度的优越性，那也不是社会主义。”[1] 近年来，我国农村基础设施、环境卫生和村容村貌有了明显改善，但仍然有一些农村地区因受资金、技术，以及居住条件、地形地势等因素影响，还面临许多困难和问题：基础设施建设仍然较为滞后，饮水安全、用电、水利设施、公路建设、边远地区出行等问题都有待解决；公共文化资源较为短缺，公共服务水平亟待提高，农村教育基础依然薄弱，公共卫生体系建设不健全，农村社会福利滞后于社会和经济发展水平；农村人居环境差，环境污染问题比较严峻；村庄建设缺乏科学合理的规划，村容村貌较差，房屋分布无序。农村环境问题不仅影响农民生活水平的提高，而且制约农民素质的提高和农村社会的进步。改善农村面貌，是全面建成小康社会的重大任务。

3. 一家人都要过上好日子

农民富是实现全面小康的关键。习近平总书记所说的小康并不仅限于发展经济，提升经济水平，还要全面提升公民的基本生活质量，不能只看经济增长数据，更要着重于贫困人口的生活质量提升。习近平总书记的讲话不仅体

[1] 《习近平总书记系列重要讲话读本》，学习出版社、人民出版社2016年版，第219页。

现了我们党对百姓的关心爱护，更强调了建设小康社会的初心使命和重点任务。习近平总书记对贫困山区的关注始终如一，他曾经无数次提出建设小康社会的关键性难点就在于如何帮助贫困山区人口脱贫致富。

我国的农民收入和生活水平总体较低，是全面建成小康社会的主要制约因素。2019 年，我国城镇化率为 60.6%，但农村常住人口达到 55162 万人，城镇居民人均可支配收入为 42358.8 元，农村居民人均可支配收入为 16020.67 元，其绝对差距为 26338.13 元，城乡收入比达到 2.64 ：1，而国际上城乡居民收入差距一般在 2 ：1 以下，贫困地区农民的收入水平更低，与发达地区的城市收入差距更大。同时，收入水平较低，也制约了农民消费水平和发展能力的提高。2019 年，城镇居民人均消费支出 28063 元，农村居民人均消费支出为 13328 元，虽然农村居民人均消费支出较改革开放初期有了极大增长，但同城镇居民相比仍有较大差距。农民收入是小康指标能否实现的决定性因素，也是全面建成小康社会的基础性要素。因此要夯实基础，努力帮助农民富起来，让一家人都过上好日子，实现全面建设小康的目标。

（二）小康路上一个都不能掉队

习近平总书记曾强调："小康路上一个都不能掉队！"[1] 坚决打赢脱贫攻坚战，确保到 2020 年所有贫困地区和贫困人口一道迈入全面小康社会，实现中华民族伟大复兴的中国梦。

全面建成小康社会，是全国一盘棋的系统工程，核心在"全面"：一个是覆盖的人口要全面，是全民小康；另一个是覆盖的区域要全面，是城乡共同发展、区域协调发展。发展不平衡、不协调、不可持续问题得不到解决，短板突出，就算不上真正实现了目标。因此，决胜全面建成小康社会一个关键任务，就是着力补齐短板，促进全面发展、协调发展。

1. 脱贫攻坚是全面建成小康社会必须完成的硬任务

习近平总书记在决战决胜脱贫攻坚座谈会上指出，到 2020 年现行标准下的农村贫困人口全部脱贫，是党中央向全国人民作出的郑重承诺，必须如期

---

[1] 《习近平主席新年贺词（2014—2018）》，人民出版社 2018 年版，第 8 页。

实现，没有任何退路和弹性。[1] 这是一场硬仗，越到最后越要紧绷这根弦，要强化领导责任、强化资金投入、强化部门协同、强化东西协作、强化社会合力、强化基层活力、强化任务落实，集中力量攻坚克难，不能停顿、不能大意、不能放松，更好推进精准扶贫、精准脱贫，确保如期实现脱贫攻坚目标。习近平总书记的重要指示，既是集结号也是冲锋号，发出了决战决胜脱贫攻坚的总攻动员令。

行百里者半九十。2020 年，新冠肺炎疫情对我国经济社会发展带来冲击，也给打赢脱贫攻坚战增加了难度。兑现“全面小康路上一个不能少”[2] 的郑重承诺，关键是打赢疫情防控常态化下的脱贫攻坚战。要切实增强紧迫感，科学应对，采取灵活多样的有力举措打赢脱贫攻坚战。向深度贫困地区、老弱病残贫困人口聚焦，对未摘帽贫困县和贫困村实施挂牌督战，对没有劳动能力的特殊贫困人口强化社会保障兜底，实现应保尽保。

2. 全面小康不是平均主义

全面建成小康社会惠及全体中国人民，一个都不能少，集中体现了中国共产党领导和中国特色社会主义制度的显著优势。实现共同富裕是中国特色社会主义的根本任务，但它是一个长期的目标，不是一蹴而就的。要想在实践中真正实现共同富裕，需要一个不懈奋斗的过程，需要通过一个个阶段性目标逐步达成。而在我国的发展进程中，不管是“先富带后富”，还是“全面小康”“全民共享”，实际上都是在朝着共同富裕的方向稳步前进。

有一些言论说，全面小康就是平均主义，这种理解是错误的。邓小平说过，贫穷不是社会主义，发展太慢也不是社会主义。为了使人民群众富裕起来，必须要找到突破口。突破从哪里开始？就是我们可以让一部分人先富起来。这是推动系统改革的第一步，但我们的最终目标是要实现人民群众的共同富裕。习近平总书记强调：“全面建成小康社会是国家整体目标，到 2020 年实现国内生产总值和城乡居民人均收入比 2010 年翻一番，并不意味着所有地区、所有市县、所有人届时都要翻番，更不意味着不同区域、不同人群届时都同步

[1] 习近平：《在决战决胜脱贫攻坚座谈会上的讲话》（2020 年 3 月 6 日），《人民日报》2020 年 3 月 7 日。

[2] 《习近平在广东考察时强调：高举新时代改革开放旗帜　把改革开放不断推向深入》《人民日报》2018 年 10 月 26 日。

达到全国平均水平。我国发展不平衡，城乡、区域、人群之间存在收入差距是正常的，全面小康不是平均主义。”[1]

改革开放以来，根据地域自然条件、发展基础、个人禀赋等因素，我国鼓励一部分地区、一部分人发挥自身优势先富起来，先富带后富，逐步实现共同富裕。全面小康是一个由不均衡到均衡的动态发展过程，不同区域、不同人群、不同个体的收入存在一定差距是必然的。小康社会是我国建设现代化过程中的一个阶段性目标，在“两个一百年”战略中发挥着承上启下的作用。按照实现社会主义现代化强国“两步走”战略安排，到21世纪中叶城乡居民将普遍拥有较高的收入、富裕的生活、健全的基本公共服务，全体人民共同富裕基本实现。但这并不意味着届时每个人的收入完全一样，生活水平仍然会有所差别，共同富裕、全面小康不等于平均主义。

党的十八大以来，党中央统一领导、统一部署，充分调动各种资源，动员全社会力量，加强东西部扶贫协作，深化结对帮扶，中国特色社会主义制度优势得到充分彰显。当然，实现共同富裕是一个接续奋斗的过程。消除绝对贫困，并不意味着已经实现了共同富裕，但无疑是在朝着共同富裕迈出了重要一步，具有里程碑意义。

3. 全面建成小康社会，一个民族都不能少

习近平总书记反复强调，全面小康，一个民族都不能少。[2] 这一重要论述彰显了各民族共同繁荣的主题，也体现了社会主义共同富裕的本质。“一个民族都不能少”，就是要实现“全民族”的全面小康。深度贫困地区大多集革命老区、民族地区、边疆地区于一体，自然条件、经济社会、民族宗教等问题交织，实现脱贫难度大、任务重。这些地区大多自然条件恶劣，生态环境脆弱，自然灾害多发，建设成本高，施工难度大，提升基础设施和基本公共服务水平的任务仍然很重。这些地区远离区域经济中心，处于经济链条末端，难以和市场有效对接，经济社会发展滞后，实现脱贫和巩固脱贫成果难度很大。因此，对于全国来说，要打赢脱贫攻坚战，民族地区是短板，民族地区是主战场之一。对于民族地区来说，要实现同步小康，首要的、最难的一关就是摆脱贫困。习

[1]　习近平：《关于全面建成小康社会补短板问题》，《求是》2020年5月31日。

[2]　习近平：《在会见基层民族团结优秀代表时的讲话》（2015年9月30日），《人民日报》2015年10月1日。

近平总书记始终把这部分人的脱贫放在心头，并亲自督战，要让发展成果能够覆盖老少边穷地区，覆盖每一户贫困家庭。

我们党在历史上带领全国各族人民实现共同当家做主、共同迈入社会主义，现在又推动各民族共同奔向全面小康，目的都是实现“事实上的平等”，让全民过上美好的生活。民族地区实现小康是我国实现全面小康的重点所在，是各民族共同繁荣发展的集中体现，是全国各族人民的共同期盼，也是我们党作出的庄严承诺。我们要坚持党在处理民族关系上的基本立场，大力推进民族地区同步全面建成小康社会进程，努力实现“全民族”的全面小康、各民族“事实上的平等”，为解决世界民族问题提供中国方案、贡献中国智慧。我们要在以习近平同志为核心的党中央坚强领导下，甩开膀子加油干，各民族步伐一致，同频共振，共同迈好全面小康这关键一步，为“中华民族一家亲，同心共筑中国梦”作出贡献。

（三）全面建成小康社会的最大“短板”

2015 年 10 月，习近平总书记在党的十八届五中全会上宣布，全面建成小康社会进入了决胜阶段。[1]“全面建成小康社会”在“四个全面”中居统帅地位，是其关键核心。全面建成小康社会，已经拥有了必要的条件，却不够充分——仍有着艰巨的任务。这正说明了脱贫攻坚是其中最艰难也是最重要的部分，是我们全面建成小康社会的标志性任务。全面建成小康社会与脱贫攻坚有着内在的统一性，两者之间的联系非常密切，不可分割，从本质上来看两者的关系是从同一本源出发的概念，具有深层次的一致性。

全面建成小康社会是我们党的第一个百年奋斗目标，其内涵丰富，涵盖政治、经济、社会、文化、生态等诸多方面，归根到底是为了让人民生活得到切实改善，社会更加和谐。而脱贫攻坚从根本上来讲，就是实现中国人民共同富裕的目标。维护广大人民群众的利益，是现阶段我国精准扶贫方略的核心要义，也是迈入全面小康社会的必然路径。

党的十八大以来，习近平总书记指出，贫困不是社会主义，消除贫困，改善民生，以实现全体人民的共同富裕，这才是社会主义的本质要求。从 2015

[1] 习近平：《在党的十八届五中全会第二次全体会议上的讲话》，《求是》2015 年 10 月 29 日。

年开始到今天，从我国各级党政机关工作人员到社会各界人士，深入贯彻精准扶贫的理念，切实做到“真扶贫，扶真贫”，使全国人民共享发展成果。习近平总书记指出，“我们讲宗旨，讲了很多话，但说到底还是为人民服务这句话。我们党就是为人民服务的”[1]。

1. 贫困仍是全面建成小康社会的最大短板

脱贫攻坚已经取得了显著成效，但是贫困地区，特别是深度贫困地区仍是全面建成小康社会的突出短板。剩余贫困人口攻坚任务艰巨。

按照贫困人群划分，主要在于老弱病残的贫困人口。目前的农村贫困人口中，因病、因残致贫的分别占 40.7%、20.2%；65 岁以上的贫困老人占 18.5%，多数不具备自我发展能力和条件。有以下三个方面问题比较突出：一是看不上病和看不起病的问题；二是贫困家庭孩子失学辍学问题；三是部分贫困人口仍住危房问题等。

深度贫困地区分为以下三种情况：一是“三区三州”地区，贫困人口较为集中，自然条件极端恶劣，在脱贫攻坚中的任务最重，是“短板中的短板”；二是“三区三州”以外的中西部地区深度贫困县，这些地区多是革命老区、边疆地区，贫困人口比例大，基础设施等条件薄弱；三是部分已脱贫摘帽但返贫风险较大的地区，大多属于发展严重滞后、生态非常脆弱的地区，产业基础普遍较弱，脱贫成果有得而复失的隐忧。[2]

2. 夺取全面胜利还要继续付出艰苦努力

在 21 世纪之初我国就已经总体上步入小康社会，但这还是低水平的、发展很不平衡、不全面的小康社会。经过近 20 年的高速发展，发展不全面、不平衡的问题依然没有得到解决。到 2020 年底，我国要着力解决发展不平衡、不协调等问题，把短板补上。不平衡的问题，比如东部沿海地区和内地、西部偏远地区和东部地区在收入分配、教育、医疗、社会保障等方面发展不平衡。发展不充分的问题，主要是指发展程度和质量问题，比如说创新性、质量提高还不足等。

从具体领域看，全面建成小康社会的短板主要在生态环境、公共服务、基

---

[1]　习近平：《在河北省阜平县考察扶贫开发工作时的讲话》（2012 年 12 月 29 日、30 日），《做焦裕禄式的县委书记》，中央文献出版社 2015 年版，第 24 页。

[2]　习近平：《关于全面建成小康社会补短板问题》，《求是》2020 年 5 月 31 日。

础设施等方面。其一，生态环境短板。主要表现为重点地区大气污染治理任务艰巨，秋冬季重污染天气多发，长江流域生态保护修复任务繁重，城市黑臭水体、农村环境脏乱差问题突出。其二，公共服务短板。主要表现为贫困地区的教育、医疗底子薄弱。其三，基础设施短板。主要表现为贫困地区水、电、道路、通信等基础设施状况较差，一些地方还没有打通“最后一公里”。

最终要实现的小康社会不能仅仅是一个单方面的指标，而应该是一个综合性的、全方位的指标。全面建成小康社会的内在要求，不单单是“小康”，重点是“全面”，难点也是“全面”，旨在满足人民对美好生活的向往，让群众有更多的获得感。

（四）确保如期实现“两不愁三保障”

全面建成小康社会，消除绝对贫困是中国2020年必须实现的战略目标。中国扶贫标准结合了“两不愁三保障”测定的基本温饱标准，符合中国的国情和发展阶段，起到了提高脱贫效率和质量的重要引导作用。“两不愁三保障”，即从吃穿住房医疗教育五个维度判断贫困户是否脱贫。确保“两不愁三保障”就是确保贫困人口的基本生活需求得到满足，而在进入新时代后，在保证人民的基本生活需求之外，需要进一步关注“人民日益增长的美好生活需要”。

1.“两不愁三保障”的底蕴深厚

“两不愁三保障”始于我国先秦诸子百家民本思想，它是在中国传统文化民本思想的基础上形成的，具有深刻的理论内涵。孟子阐述了在国家稳定层面，人民实现温饱和最低生活保障的重要性，其价值取向是调整君民关系、维护统治，他指出：“明君制民之产，必使仰足以事父母，俯足以畜妻子，乐岁终身饱，凶年免于死亡。”[1]“是以其财不足以待凶饥、振孤寡，故国贫而民难治也。”[2]墨子也强调了保障人民温饱的重要性，是一种抽象的人性关爱。习近平关于扶贫工作的重要论述的人民观突出了人民的主体性，强调要动员社会力量参与扶贫，形成社会合力，这些都是对儒家民本思想的超越。

“两不愁三保障”这一标准也是中国共产党历届领导人思想的集成。中

---

[1]《孟子·梁惠王上》。

[2]《墨子·辞过》。

国共产党始终以人民幸福为初心，在带领群众消灭贫困走向富裕的理论和实践探索中积淀了丰富成果。江泽民（1994）在《国家八七扶贫攻坚计划》中指出重点解决贫困群众的温饱问题。胡锦涛（2016）第一次确立“两不愁三保障”这一提法，认为要尽早实现贫困人口“两不愁三保障”。以习近平同志为核心的党中央也向全世界发出了铮铮誓言，到2020年，让中国所有贫困人口不愁吃、不愁穿，义务教育、基本医疗、住房安全得到保障，实现“两不愁三保障”。这是党对人民的庄严承诺，是党的领袖对人民的拳拳真情。

党的十九大以来，我们党把打好脱贫攻坚战作为全面建成小康社会三大攻坚战之一。在脱贫攻坚工作中，习近平总书记多次强调要坚持以人民为中心的政治立场，通过激发人民群众的内生力量，助推脱贫攻坚战的如期打赢、全面小康社会的如期建成、共同富裕的如期实现，这充分体现了人民立场、人民动力及人民导向，体现了新时代中国扶贫思想的人民性，形成了习近平关于扶贫工作重要论述的人民观。确保“两不愁三保障”作为中国改善贫困人口生活的基本底线，是习近平扶贫重要论述中人民观的具体体现。它起源于马克思主义经典作品中的反贫观，人民性是马克思主义经典作家反贫困理论的逻辑起点和价值旨归。解决无产阶级的贫困现状、实现包括无产阶级在内的所有人的自由全面发展，是马克思主义的最终目标。习近平总书记指出，要通过大力发展生产力，发挥社会主义制度集中力量办大事的优势，不断增进人民在教育、住房、医疗等方面的福祉，即“三保障”，满足他们对美好生活的需要，实现共同富裕。习近平关于扶贫工作重要论述的人民观丰富了马克思主义反贫困理论中的人民观的内涵。

2. 找准“病根”，“对症下药”

习近平关于扶贫工作重要论述的人民观深刻回答了“发展为了谁、发展依靠谁、发展成果由谁共享”这一根本问题，“两不愁三保障”理念充分彰显了以人民为中心的发展思想。概括习近平关于扶贫工作重要论述的价值指向，就是扶贫为了人民。脱贫攻坚工作中，习近平总书记始终坚持以人民为中心的根本立场和价值理念。“两不愁三保障”是扶贫工作实践经验的提炼，落脚在人民群众最关心最直接最现实的利益问题，高度重视贫困地区在医疗、住房、教育等民生领域上存在的短板，确保贫困地区群众实现稳定可持续脱贫。

在教育方面，坚持加大教育投入力度，优化教育资源配置，促进教育公平公正，保证贫困地区孩子不输在起跑线上。国际上教育扶贫的办法是有条件现金转移支付，即向贫困家庭提供现金支持，这种支持提供的前提是必须将扶助资金用于其子女的人力资本水平的提升，用以引导贫困家庭更有效地利用教育服务。医疗方面，坚持健康扶贫，加大医疗保险和救助，保障贫困群众都能享受医疗服务。在具体做法上，贫困户医疗服务除了享受“先诊疗后付费”一站式结算，报销比例还得到了大幅提高。总体看来，我国贫困户平均个人自费比例远低于全国平均比例水平。住房方面，落实危房改造和易地搬迁，确保贫困群众的住房更加安全。“三保障”抓住了人民最关心的现实问题，立足满足人民最现实的利益需求，增进人民的生活福祉，体现了人民立场。

习近平总书记在不同场合多次强调：“人民对美好生活的向往，就是我们的奋斗目标。”具体包括“期盼有更好的教育、更稳定的工作、更满意的收入、更可靠的社会保障、更高水平的医疗卫生服务、更舒适的居住条件、更优美的环境”[1]。在纪念改革开放40周年大会上，习近平总书记进一步提出，“必须坚持以人民为中心，不断实现人民对美好生活的向往”[2]，强调把“期盼”变为“实现”，使人民的美好生活更加触手可及。习近平总书记高度重视农村地区脱贫问题，多次就农村地区的脱贫攻坚工作作出重要指示、批示。“两不愁三保障”是不断增强人民群众的幸福感、获得感以及安全感的必经之路。

“两不愁三保障”体现了人民共享理念。习近平关于扶贫工作重要论述的人民共享理念是全体人民全面地共享国家经济、政治、文化、社会、生态等各方面的发展成果，始终把人民放在最高的位置，推进发展成果更多更公平地惠及全体人民。习近平关于扶贫工作重要论述的人民观特别强调要把不断做大的蛋糕分好，加大对困难群众的帮扶力度，充分彰显和体现社会主义制度的优越性。脱贫攻坚工作以增进民生福祉为根本目的，谋民生之利，解民生之忧，保证全体人民在共建共享发展中有更多的获得感。

3.“富口袋”，更要注意“富脑袋”

习近平关于扶贫工作重要论述的出发点是为了人民，扶贫工作的动力之源是依靠人民，扶贫工作的最终价值目标是实现最广大人民群众对美好生活

---

[1]　习近平：《在十八届中央政治局常委同中外记者见面时的讲话》（2012年11月15日），《习近平关于全面深化改革论述摘编》，中央文献出版社2014年版，第91页。

[2]　习近平：《在庆祝改革开放40周年大会上的讲话》《人民日报》2018年12月19日。

的向往，其逻辑起点、价值旨归及实践指向紧扣“人民”二字，人民的立场、观点和方法贯穿于脱贫攻坚工作的全过程，具有重要的理论意蕴和实践价值。摆脱贫困首要并不仅仅是摆脱物质的贫困，还包括摆脱意识和思路的贫困；不仅要注意“富口袋”，更要注意“富脑袋”。

“两不愁三保障”在实践层面落实了人民群众的主体地位。“温饱”问题是解决贫困问题的第一步，它落脚点在实际生活，有助于落实人民的主体地位，缩小理论和实践的差距。义务教育、基本医疗和住房安全的“三保障”是脱贫攻坚的重点。解决“两不愁三保障”问题，主要目的在于要想方设法寻找脱贫的途径，帮助贫困群众脱离困苦的环境，给他们提供更多机会，尤其是提高他们的思想认识、身体素质和教育水平，提高他们脱贫致富的能力，变“输血”为“造血”。

“两不愁三保障”保障的是人民的生存权和发展权。贫困现象的广泛存在，严重妨碍了人权的享有和实现，消除贫困、改善民生是保障人权的前提和基础。“两不愁三保障”是实现减贫与保障人权协同推进的良好局面的有力后盾，也为实现人的全面发展提供了坚实的物质基础。我国脱贫攻坚工作着眼于人民群众最基本的物质生活需要，致力于实现贫困人口“两不愁三保障”，满足人民群众对于“民生八更”的期盼，有效提高了人民群众的生活水平和生存质量，不断增强弱势群体发展的内生动力。

4. 脱帽不脱关系、脱帽不脱政策、脱帽不脱帮扶、脱帽不脱监管

对于已经完成的脱贫工作、退出的贫困地区和贫困人口而言，要想进一步巩固脱贫攻坚成效，需要注意保持现有的帮扶政策，做到平稳过渡。一定要做到脱帽不脱关系、脱帽不脱政策、脱帽不脱帮扶、脱帽不脱监管，扶上马、送一程。与此同时，也要加快建立完善防止返贫的监测和帮扶机制。

从长远来看，消除绝对贫困并不是终点，也不意味着所有贫困问题都得到彻底解决。例如，“三保障”问题虽已基本解决，但要稳定和巩固并不容易。在摆脱贫困的地区和人口中，一些产业才刚刚起步，基础仍然相对薄弱，一些人口就业不够稳定，一些人群内生动力不足。这些情况表明，仍然存在新增贫困和重返贫困的风险，加上各种市场和自然风险的影响，新的困难和挑战将长期存在。为了有效巩固减贫成果，防止已脱贫地区和贫困人口重返贫困，仍然需要更大的决心和努力。对于已经摆脱贫困的贫困县和贫困人口来说，保持现有援助政策的整体稳定性对于巩固和扩大减贫的有效性非常重要。

“两不愁三保障”发展了中国共产党历届领导人的人民观。“人民立场是中国共产党的根本政治立场，是马克思主义政党区别于其他政党的显著标志。”[1] 马克思恩格斯深刻揭示了贫困的根源，“在极端贫困的情况下，必须重新开始争取必需品的斗争”[2]。习近平总书记在扶贫实践中强调“两不愁三保障”，这是对贫困根源的重溯，突破了数字扶贫的重重迷雾，厘清了必需品保障在摆脱贫困中的首要地位。习近平总书记强调的“两不愁三保障”是对中共历届领导人扶贫论述的继承发展，也是对中国特色社会主义贫困理论体系的丰富，不变的是始终彰显我们党的人民立场。

（五）脱贫是新生活、新奋斗的起点

1. 脱贫必须遵循客观标准

在脱贫客观标准上，重视家庭发展能力的构建。对发展后劲不足但收入暂时达到脱贫线的农户，应当建立常态化的监测体系。根据 2020 年中央一号文件，对特殊贫困人群实行基本生活补助、医疗保险、养老保险、特困人员帮扶、临时救助等综合社会保障政策，以确保涵盖所有的社会保障福利。对于那些完全或部分失去工作能力，不能依靠就业帮助他们摆脱贫困的人，采取全面的社会保障政策，以确保他们不会在全面小康道路上掉队。2020 年中央一号文件提出，将遵守现有标准，严格执行脱贫标准和程序，并充分利用检查和监督等手段，找出影响目标和任务完成的关键问题，以便能够主动纠正和解决它们。2020 年对扶贫进行全面调查，坚决杜绝数字化扶贫，确保扶贫成果能经受住历史考验。

习近平总书记在十八届中央政治局第三十九次集体学习时的讲话中强调：“扶贫工作必须务实，脱贫过程必须扎实，扶真贫、真扶贫，脱贫结果必须真实，让脱贫成效真正获得群众认可、经得起实践和历史检验，决不搞花拳绣

[1]　习近平：《在庆祝中国共产党成立 95 周年大会上的讲话》（2016 年 7 月 1 日），人民出版社 2016 年版，第 18 页。

[2]　马克思、恩格斯：《德意志意识形态》，《马克思恩格斯选集》第 1 卷，人民出版社 1995 年版，第 86 页。。

腿，决不摆花架子。”[1] 我们必须确保脱贫成果得到人民的真正认可，并能经受住实践和历史的考验。我们将进行最严格的考核和评估，进行督察和巡查，并追究那些不严不实和弄虚作假的人。

“脱真贫、真脱贫”这六个字富含哲理，意味着脱贫攻坚既是短时间要实现的目标，更是实行长期治理的基本要求。脱真贫，要求各种资源要瞄准贫困人口，保证经济社会发展中落在后面的区域和群体能够通过精准帮扶，摆脱贫困，实现共同富裕。在达到标准的基础上完成脱贫工作，高度重视并坚决克服群众反映的“虚假式”脱贫、“算账式”脱贫、“指标式”脱贫、“游走式”脱贫等问题。对脱贫攻坚质量的标准要求使得脱贫工作的成果能真正做到脚踏实地，切实解决问题，为未来的新生活和新奋斗创造前提条件。

2. 脱贫不是终点而是新的起点

“今年是脱贫攻坚决战决胜之年，解决好贫困群众就业问题非常重要。各级党委和政府要加大扶持力度，通过各种方法保障贫困群众就业”[2]；“要瞄准突出问题精准施策，做好剩余贫困人口脱贫工作”[2]；“脱贫摘帽不是终点，而是新生活、新奋斗的起点”[3]……习近平总书记在陕西考察时的重要讲话和在决战决胜脱贫攻坚座谈会上的重要讲话，在广大干部群众中引发强烈反响。“终点”和“起点”体现了辩证思维，体现了我们党为人民谋福祉的不懈追求，体现了不断奋斗、持久成就的境界。新的起点意味着新的任务、新的要求和新的行动。

站在“两个一百年”奋斗目标的历史交汇点，我们应该充分认识到斗争的连续性，要坚持“咬定青山不放松”。我们应该把人民放在第一位，体现“使人民过上更好的生活”的价值，有意识地把改善人民的福祉作为发展的根本目标。面对人民对美好生活日益增长的需求，我们不应怀有丝毫自负或自满的想法，更不能懈怠或松劲。只有目标不变，靶心不变，我们才能取得更大的进步。

---

[1]　习近平：《在十八届中央政治局第三十九次集体学习时的讲话》（2017年2月21日），《习近平关于社会主义经济建设论述摘编》，中央文献出版社 2017 年版，第 239 页。

[2][2][3]　《习近平在陕西考察时强调：扎实做好“六稳”工作　落实“六保”任务奋力谱写陕西新时代追赶超越新篇章》，《人民日报》2020 年 4 月 24 日。

3. 脱贫为新生活、新奋斗奠定基础

党的十八大以来，贫困地区发生的历史性变化向我们表明，只要上下一心，没有我们无法克服的困难。只要我们坚定信心，全国一盘棋遵循中央的战略部署，就一定能够实现目标。只有如期实现脱贫目标，解决贫困人口的生产和生活问题，满足贫困人口追求幸福的基本要求，才能使得人民满意，获得国际社会认可。为改善贫困人口的生产生活条件，更应注意提高教育、卫生、文化等公共服务水平，使他们跟上全面小康的步伐，这是社会和谐稳定、国家持久和平发展的坚实基础。

2020 年是决胜全面建成小康社会、决战脱贫攻坚之年，也是“十三五”规划收官之年，要将脱贫攻坚和乡村振兴统筹规划、协同推进、有效衔接，保证胜利完成脱贫攻坚任务，为乡村振兴奠定坚实的基础。

2020 年实现农村贫困人口“两不愁三保障”的总体目标，实现贫困地区农民人均可支配收入增长高于全国平均水平，基本公共服务主要领域指标接近全国平均水平，确保在现行标准下中国农村贫困人口摆脱贫困，贫困县全部摘帽，解决区域性整体贫困。乡村振兴的战略目标是到 2020 年基本建立乡村振兴的制度框架和政策体系，到 2035 年基本实现农村现代化，到 2050 年全面实现乡村振兴。没有脱贫成果作为基础，就没有乡村振兴的新起点，脱贫攻坚为乡村振兴打下了坚实的基础。扶贫和乡村振兴有着不同的目标，但它们是同一发展目标下的连续发展阶段。在融合过渡时期，要协调扶贫和乡村振兴的任务，项目之间要避免重复建设和浪费资金资源。

4. 新的美好生活需要新的奋斗

习近平总书记指出：“人民对美好生活的向往，就是我们的奋斗目标。”这充分体现了党的领袖情系群众、关注民生的为民情怀，也指明了新的历史条件下党对人民的责任。2020 年 3 月 6 日，习近平总书记在决战决胜脱贫攻坚座谈会上发表重要讲话强调，到 2020 年现行标准下的农村贫困人口全部脱贫，是党中央向全国人民作出的郑重承诺，必须如期实现。[1] 是否能够如期实现各个方面的小康社会的目标，关键取决于能否战胜贫困。这一根本任务和我们党对人民的承诺不应以任何方式妥协，按计划实现脱贫是小康社会的底

---

[1] 习近平：《在决战决胜脱贫攻坚座谈会上的讲话》（2020 年 3 月 6 日），《人民日报》2020 年 3 月 7 日。

线目标。为了确保脱贫工作的成果，我们必须牢记习近平总书记的要求，将改革与发展结合起来，将城乡联系起来，确定扶贫产业，实现持续优化。借力产业辐射，促进就业回归。创新党建机制，激发干部活力。

幸福都是奋斗出来的。对广大干部群众而言，脱贫只是第一步，更好的日子还需要再接再厉、接续奋斗，走好乡村振兴之路。贫困地区和贫困人口之所以陷入贫困，往往是受各种外部环境条件的限制而导致其内生发展动力不足，自我发展能力较弱。国家虽然实施了一系列的政策措施推动贫困地区和贫困人口实现脱贫，但是，要稳定脱贫，最终还是得依靠贫困地区、贫困群体通过自身的辛勤劳动致富奔小康。脱贫攻坚是全面建成小康社会的标志性指标，在实现中华民族伟大复兴的征程上，注定要作为浓墨重彩的一笔，被人民铭记，被历史铭记。我们的目标绝不止于此，党中央为我们规划了更加宏伟的蓝图，脱贫的下一站是乡村振兴、农民富裕，还有更多愿景值得期待，还有更美好的未来需要奋斗。

二、脱贫攻坚的精神动力

（一）家国情怀

2012 年 11 月习近平总书记参观《复兴之路》展览时强调指出，每个人的前途命运都与国家和民族的前途命运紧密相连。[1] 对祖国的热爱，推动着国家富强一步步从梦想走进现实。“家是最小国，国是千万家；有了强的国，才有富的家。”“无论时代如何变化，无论经济社会如何发展，对一个社会来说，家庭的生活依托都不可替代，家庭的社会功能都不可替代，家庭的文明作用都不可替代。”[2]2015 年 12 月，习近平总书记在会见第一届全国文明家庭代表时这样说。中华民族自古以来就重视家庭、重视亲情。中华民族传统家庭美德，铭刻在中国人的心灵中，融入中国人的血脉中。

---

[1] 习近平：《承前启后继往开来　朝着中华民族伟大复兴目标奋勇前进》，《人民日报》2012 年 11 月 30 日。

[2] 习近平：《在会见第一届全国文明家庭代表时的讲话》（2016 年 12 月 12 日），人民出版社 2016 年版，第 2 页。

"小康不小康，关键看老乡"[1]，"党中央制定的政策好不好，要看乡亲们是哭还是笑"，"金杯银杯不如老百姓的口碑"，从太行山区的阜平骆驼湾村，到海拔2400多米的甘肃布楞沟村，再到湘西土家族聚居的菖蒲塘村，习近平总书记密切关注群众生计，不管山大沟深，不畏道路坎坷，他总要走到群众身边去，拉着乡亲们的手，唠一唠家长里短，听一听百姓意见，看一看乡村的发展变化，将贫困群众所想所忧化为自身所思所行。

中国共产党人的初心和使命，就是为中国人民谋幸福，为中华民族谋复兴。厚植家国情怀是推动全党更加自觉地为实现新时代党的历史使命不懈奋斗的重要动力，将个人、家庭与国家社会紧密联结的精神纽带。抱着一颗为人民谋幸福的心，习近平总书记把千千万万个家庭的美好生活作为自己的奋斗目标。这其中，7000多万贫困人口、数千万家庭能否如期脱贫，走上幸福之路，最让他揪心。每次考察扶贫，翻山越岭、风雪兼程，他都会走进一户户困难群众的家中，不懈的脚步只为丈量真实的贫困角落。他有时会盘腿上炕，拉着乡亲的手详细询问他们一年下来有多少收入，粮食够不够吃，过冬的棉被有没有。他有时会掀开褥子看炕垒得好不好，问屋顶上铺没铺油毡、会不会漏雨。群众的困难他会放在心上，只要群众过上好日子，每减少一户贫困家庭，他都会喜在心里。

"国家富强，民族复兴，人民幸福，不是抽象的，最终要体现在千千万万个家庭都幸福美满上，体现在亿万人民生活不断改善上。"[2]对于家与国的关系，习近平总书记有深刻透彻的认识。"只要还有一家一户乃至一个人没有解决基本生活问题，我们就不能安之若素；只要群众对幸福生活的憧憬还没有变成现实，我们就要毫不懈怠团结带领群众一起奋斗。"

（二）为民情怀

1. 让人民群众获得实实在在的好处

习近平总书记2013年在湖南考察期间，首次作出"实事求是、因地制宜、

---

[1] 习近平：《在中央农村工作会议上的讲话》（2013年12月23日），《十八大以来重要文献选编》（上），中央文献出版社2014年版，第658页。

[2] 习近平：《在会见第一届全国文明家庭代表时的讲话》（2016年12月12日），人民出版社2016年版，第3页。

分类指导、精准扶贫”的重要指示，提出反对“一刀切”的思想，根据具体情况灵活开展扶贫工作。所谓“精准”，就是要将以前的“大水漫灌”改为“精准滴灌”，真正扶到点上、扶到根上，主要体现在“六个精准”上。从群体来说，要“扶贫对象精准”，就要着力解决“扶谁”的问题。准确找到需要帮扶的贫困家庭和人口是精准扶贫的前提，从而保证扶贫工作的全面性和公正性。为了摸清贫困人口底数、人口分布、致贫原因等，要走访入户、建档立卡，对贫困地区的贫困人口进行有针对性的帮扶，进行分类帮扶，动态调整。在区域上，要“因村派人精准扶贫”，以解决“谁来扶”的问题。毛泽东在中华人民共和国成立之后就深刻地指出：中国共产党是中国反贫困事业的领导力量。党的十八大以后，党中央向贫困地区选派了扶贫工作队，为顺利开展“精准扶贫”工作提供组织保障。习近平总书记在《摆脱贫困》一书中提到：做好扶贫开发工作，基层是基础。要想为扶贫工作注入新鲜血液活力，需要通过第一书记“驻村工作队”等方式，增强基层扶贫队伍的工作能力、组织能力、管理能力，大大提高扶贫工作的运行效率。从方法的角度来看，为解决“如何扶”的问题，要做到“项目审批精准”“资金使用精准”“措施到位精准”。在摸清地域、人群的差别后，尤为重要的是要制定“精准有效”的扶贫方式。习近平总书记提出“通过扶持生产和就业发展一批，通过移民搬迁安置一批，通过低保政策兜底一批，通过医疗救助扶持一批”的精准扶贫、精准脱贫路径。从实效来说，要“脱贫成效精准”，着力解决“如何退”的问题。

2020年是全面建成小康社会的收官之年，也是实现全面脱贫的关键之年。从“人民对美好生活的向往，就是我们的奋斗目标”的鲜明宣示到“坚持大扶贫格局，注重扶贫同扶志、扶智相结合”的布局谋划，再到全面实施精准扶贫、精准脱贫方略的责任担当，在过去的8年中，习近平总书记进行了数十次扶贫工作调研，就扶什么、如何扶等问题作出了部署，提出了要求。这些新思想、新决策、新安排，丰富和发展了中国特色社会主义扶贫开发理论和实践，为新时代扶贫开发提供了强大的思想动力，也提供了行动指南和基本遵循。如同历史上任何一种思想理论一样，习近平总书记精准扶贫理念的提出并不是无根之木、无源之水。这一理念之所以成为新时代指导中国扶贫开发工作的实践遵循，是源自于他深厚的为民情怀，来自于他对中国扶贫实践问题的科学把握。

2. 与人民同呼吸、共命运、心连心

习近平总书记不仅具有以人为本、为人民服务的公仆本色，更有心系天下、造福百姓的领袖情怀。在习近平总书记的心里，时时刻刻装着人民，想着人民，爱着人民，与人民心连心。习近平总书记15岁下放梁家河，7年知青岁月使他与乡亲们之间建立了深厚的感情。1974年10月时，梁家河只剩下他一个知青了，虽然知青院子冷冷清清，但他却安之若素，照样干活，照样吃苦，铆足劲扎根干。搞科学种田，粮食增产60%；建立了铁匠铺子，做出了小农具；建立了第一个沼气池，解决了农村的照明和供热问题。他离开时感到难过。在他走的那一天，全村老老少少都自发地在黎明前来送行，人群中哭声一片，大家不愿与之分开，送了一段又一段路，最后有13个人步行60多里路，一直将他送到延川县城。习近平总书记对这一幕终生难忘，他说："那天，望着送行的乡亲们，我喉头哽咽，一句话也说不出来。7年啊，我多少次欲哭无泪，离开时我第一次哭了。陕北的人民养育了我，保护了我。我虽然告别了陕北的父老兄弟，但再也离不开人民。"[1] 在他的一生中，对他帮助最大的，"一是革命老前辈，一是我那陕北的老乡们"[2]。

习近平总书记在浙江工作的5年期间，跑遍了浙江的各个地方，并要求县委书记一定要跑遍所有的村，地市委书记一定要跑遍所有的乡镇，省委书记一定要跑遍所有的县市区，要始终与人民心在一起，苦在一起，干在一起，要像爱自己的父母那样爱老百姓。与全国人民心连心，想人民之所想，急人民之所急。在2017年的省部级主要领导干部专题研讨班开班仪式上，习近平总书记指出："人民群众的需要呈现多样化多层次多方面的特点，期盼有更好的教育、更稳定的工作、更满意的收入、更可靠的社会保障、更高水平的医疗卫生服务、更舒适的居住条件、更优美的环境、更丰富的精神文化生活。"[3]

人民对美好生活的向往，就是我们的奋斗目标。在全国上下，打响了一场轰轰烈烈的脱贫攻坚战。到2020年，农村地区的所有贫困人口摆脱贫困，

---

[1] 彭英：《千磨万击还坚韧，为党为国为人民——学习〈习近平总书记的成长之路〉有感》，《湖南省社会主义学院学报》，2017年第5期。

[2] 《习近平谈治国理政》（第一卷），外文出版社2018年版，第430页。

[3] 《习近平在省部级主要领导干部"学习习近平总书记重要讲话精神，迎接党的十九大"专题研讨班开班式上的讲话》（2017年7月26日），《人民日报》2017年7月28日。

实现全面小康。任务之艰巨，决心之坚定，措施之强力是前所未有的。人民立场是中国共产党的根本政治立场，以习近平同志为核心的中国共产党人把为人民谋利益、谋福祉作为奋斗目标，这个目标、这份承诺、这种雄心，代表执政者对人民的责任，领袖对人民的感情以及总书记对人民的热爱。这种领袖与人民心连心的情感深沉而真挚、持久而牢靠，是一种无形的力量，一种可以把全党全军全国各族人民凝聚和团结在周围的力量，一种鼓舞和感召中国人民为实现共同目标而奋斗的力量。

"把心贴近人民"，要以真挚深厚的为民情怀促进扶贫开发事业。《摆脱贫困》一书中有这样一句话："善为国者，爱民如父母之爱子、兄之爱弟，闻其饥寒为之哀，见其劳苦为之悲。"习近平总书记对人民有着如亲人般挚爱的伟大情怀，他反复强调党员干部要把心贴近人民，始终与人民站在一起。为此，他三进地处偏僻、不通公路的寿宁县下党乡访贫问苦，与群众一道商讨解决发展难题，令当地老百姓感念至今。[1]

（三）革命精神

2020 年是决战决胜脱贫攻坚，全面建成小康社会收官之年。确保所有贫困地区和贫困人口一道迈入全面小康社会，在现行标准下实现农村贫困人口全部脱贫，这是一场硬仗。习近平总书记深刻指出，"脱贫攻坚战不是轻轻松松一冲锋就能打赢的"[2]，剩余脱贫攻坚任务虽然同过去相比总量不大，但都是贫中之贫、困中之困，是最难啃的硬骨头。巩固 9300 多万人的脱贫成果任务很重。脱贫攻坚工作中还不同程度地存在松劲懈怠、精力转移、形式主义、官僚主义、弄虚作假、不精准等问题，突如其来的新冠肺炎疫情带来了新的挑战。从决定性成就到全面胜利，面临的困难和挑战依然艰巨，决不能松劲懈怠。

一是有些脱贫人口稳定脱贫的收入基础并不牢靠，所以脱贫攻坚的任务仍然较重。二是思想认识上有所不足。脱贫攻坚工作是极端重要的，目前的脱贫攻坚任务也是极为艰巨和紧迫的，但少数干部还没有清醒地认识到这些，并且对真抓实干、成败系于精准等问题的认识和把握也存在一定的欠缺。三

---

[1]　张为佳：《读〈摆脱贫困〉》，《中国党政干部论坛》2016 年第 12 期。

[2]　习近平：《在决战决胜脱贫攻坚座谈会上的讲话》（2020 年 3 月 6 日），《人民日报》2020 年 3 月 7 日。

是工作落实上仍然存在一些短板。主要表现在精准落实中央关于脱贫攻坚重大方针政策、落实脱贫攻坚的主体责任、解决工作作风问题等方面还有不少短板。如何有效解决这些存在的问题，是决定脱贫攻坚最后成败的关键，关键还是在于人，在于精神。习近平总书记在纪念红军长征胜利 80 周年大会上曾强调，“人无精神则不立，国无精神则不强。精神是一个民族赖以长久生存的灵魂，唯有精神上达到一定的高度，这个民族才能在历史的洪流中屹立不倒、奋勇向前”[1]。新的历史条件下，以革命精神为脱贫攻坚的引擎、支撑和动力，这是新时代新发展的必然要求。

1. 脱贫攻坚必须坚定信念、百折不挠

脱贫攻坚工作纷繁复杂，千难万险，必须用革命精神来引领和驱动脱贫攻坚，各级党委、政府要坚定“不破楼兰终不还”的信念，凝聚起强大的脱贫工作动力，前方纵有艰难险阻，也要披荆斩棘，以壮士断腕的勇气攻坚克难。同时，扶贫不仅是扶物质，更是扶心志，只有在精神上站得稳，才能实现脱贫。贫困群众既是脱贫攻坚的对象，更是脱贫致富的主体。针对这种情况要激发内生动力，破解贫困群众“精神贫困、动力不足”难题。各级工作班子要向上看齐、向下用力，想办法充分调动贫困群众的积极性、主动性、创造性，为群众树立战胜困难、走出贫困的坚定信念。历史证明，劳动人民的智慧是无穷的，一定要将他们的“要我脱贫”的思想转变成“我要脱贫”的思想，通过资金支持、技术指导培训等方式，鼓励他们通过自己的辛勤劳动脱贫致富。

2. 破解返贫难题必须要勇于攻坚克难

“凡作事，将成功之时，其困难最甚。行百里者半九十，有志当世之务者，不可不戒，不可不勉。”脱贫攻坚如同打仗，绝非朝夕之功，必须一鼓作气、不间断地向前推进，否则就会半途而废、前功尽弃。面对脱贫攻坚这场硬仗，能否做到拔钉子、啃骨头、挖穷根，不仅是在考验党组织的能力、检验干部的作风，更是在磨炼党和广大人民群众的意志。从开展扶贫工作至今，我国已经形成了多种扶贫方式，如民生兜底扶贫、医疗保障扶贫、教育救助扶贫、易地搬迁扶贫、社会帮扶扶贫等。但是这些扶贫方式很多都是倾向于物质方面的扶贫，在能力和精神上面的扶贫还远远不够。因此，在后期的扶贫方式选

---

[1] 习近平：《在纪念红军长征胜利 80 周年大会上的讲话》（2016 年 10 月 21 日），人民出版社 2016 年版，第 9 页。

择上应该更多地关注贫困户的内生动力问题，通过教育培训等方式补齐贫困户脱贫的短板，并且要加大对贫困家庭下一代的智力扶持，从根源上来阻止贫困的代际相传问题。这个任务无疑是艰巨复杂的，甚至是一个长期的过程，因此要鼓起“敢教日月换新天”的气概，攻坚克难，从而取得最终胜利。

3. 脱贫攻坚要坚持同舟共济、携手合作的互助精神

贫困从来不只是中国发展需要解决的问题，它更是全世界发展共同面临的难题。党的十八大以来，我们在推进精准扶贫精准脱贫工作的同时，也十分注重与世界各国的合作，与其携手消除贫困，为世界消除贫困贡献出中国力量和中国智慧。设立“中国—联合国和平与发展基金”和“南南合作援助基金”，全面落实南南合作圆桌会上宣布的“100 个减贫项目”，在“东亚减贫合作倡议”“中非减贫惠民合作计划”框架下扎实推进合作项目。不断深化联合国 2030 年可持续发展议程同共建“一带一路”对接，打造减贫和发展新引擎……中国始终关注和帮助生活在饥饿和贫困中的有关国家的人民，通过对外援助、减免债务、增加进口、扩大投资等措施，努力帮助发展中国家特别是最不发达国家增强自身发展能力，在扶贫减贫、疫病防控、难民救助等全球议题上继续贡献智慧和力量，推动建立以合作共赢为核心的新型国际减贫交流合作关系。中国的发展得益于世界，中国也始终不忘回馈国际大家庭，中国夺取脱贫攻坚全面胜利，也将为全人类解决贫困问题作出更大贡献。

“问渠那得清如许，为有源头活水来”，党的革命精神根植于每一次的伟大斗争中，也将会在新的伟大工程中发扬光大。在革命战争年代，红色乡村的人民养育和支援我们的人民军队，并付出了巨大牺牲和贡献。在从“富起来”到“强起来”的坚定步伐中，在迈向中华民族伟大复兴的道路上，中国共产党革命精神又注入新的时代特色和内涵，熔铸形成了改革开放精神、抗洪抢险精神、抗击非典精神、载人航天精神、女排精神等。八年决战贫困，生动诠释了“上下同心、尽锐出战、精准务实、开拓创新、攻坚克难、不负人民”的伟大脱贫攻坚精神。脱贫攻坚之路，需要让这些革命精神在实践中不断丰富时代内涵，也要使这些革命精神在创新中得以更好地传承。消除贫困、改善民生、逐步实现共同富裕，是社会主义的本质要求，是我们党的重要使命。在脱贫攻坚决战中，全党全社会以钉钉子的精神，坚持一个节点一个节点坚守、一个问题一个问题解决、一项工作一项工作推进，咬定青山不放松，锲而不舍抓落实，使脱贫攻坚取得了经得起人民检验、经得起历史检验的伟大成就。

（四）实事求是

1. 脚下沾有多少泥土，心中就沉淀多少真情

习近平总书记在2013年11月于湖南湘西考察时，首次提出了“精准扶贫”：扶贫要实事求是，因地制宜。要精准扶贫，切忌喊口号，也不要定好高骛远的目标。实事求是的精神是马克思主义的精髓和灵魂，是中国共产党思想路线的核心内容，党的一切工作都要以其为首要原则而展开。在新时代的扶贫攻坚工作中，如果抛弃实事求是这一重要原则，就不可能做到扶真贫、真扶贫，贫困地区的困难群众更不可能实现真脱贫。

习近平总书记指出：“调查研究是谋事之基、成事之道。没有调查，就没有发言权，更没有决策权。”[1]调查研究，是我们党做好领导工作的重要传家宝。必须进行全面深入的调查研究，不断增强看问题的眼力、谋事情的脑力、察民情的听力、走基层的脚力。只有深入调查研究，才能真正做到一切从实际出发、理论联系实际、实事求是，真正保持党同人民群众的密切联系，也才能从根本上保证党的路线方针政策正确制定与贯彻执行，保证我们在工作中尽可能防止和减少失误，即使发生了失误也能迅速纠正继续前进。经常开展调查研究，非常有益于促进领导干部正确认识客观世界、改造主观世界、转变工作作风、增进同人民群众的感情，有益于深切了解群众的需求、愿望和形成创造精神、实践经验。

2. 反对形式主义、官僚主义

精准扶贫如何做到“精准”，关键就在于贯彻落实“实事求是”原则。

从扶贫对象来看，要从实际情况出发精准识别扶贫对象。习近平总书记指出，“摸清了贫困人口底数，但还要做实做细，实现动态调整”[2]。因此，扶贫对象范围的确定要精准。我们的政策是精准扶贫，不落一人。同时，也不

---

[1] 习近平：《在武汉主持召开部分省市负责人座谈会时的讲话》（2013年7月23日），《人民日报》2013年7月25日。

[2] 《在十八届中央政治局第三十九次集中学习时的讲话》（2017年2月21日），《习近平关于社会主义经济建设论述摘编》，中央文献出版社2017年版，第236页。

能胡子眉毛一把抓，把不属于贫困对象的人随意圈进来。

从贫困目标来看，要从实际能力出发。做到扶贫目标有的放矢，要摸清扶贫对象的实际情况。扶贫目标的确定要脚踏实地，要坚持时间服从质量，科学确定脱贫时间。要实事求是确定扶贫方向，确保量力而行、真实可靠、保证质量。

从扶贫过程来看，要真抓实干，扶贫行动要精准。脱贫攻坚是干出来的，要靠广大干部群众齐心干。贫困地区要以更加振奋的精神状态、更加扎实的工作作风，自力更生、艰苦奋斗，凝聚起打赢脱贫攻坚战的强大力量。

从扶贫项目来看，要根据当地实际开发特色扶贫项目。习近平总书记强调要突出产业扶贫。一方面，要依靠产业脱贫。习近平总书记指出，要依靠产业带动和必要的政策激励，实打实地做。另一方面，从贫困地区的实际出发，就地取材、因地制宜、因事为制、因势利导、顺势而为，发展具有本土资源优势、地域特色的特色产业。习近平总书记指出："贫困地区要从实际出发，因地制宜，把种什么、养什么、从哪里增收想明白。"[1]

从扶贫资金来看，要从实际状况出发精准使用扶贫资金。一方面，针对贫困人口，精准发力，把扶贫资金用到刀刃上。习近平总书记指出，要"把帮扶资金和项目重点向贫困村、贫困群众倾斜，扶到点上、扶到根上"[2]。另一方面，根据教育、文化、卫生、科技等领域的实际状况合理分配扶贫资金，找准病根、突出重点、精准发力。习近平总书记指出："资金保障要实，做到投入实、资金实、到位实，精打细算，用活用好，用在关键，用出效益。"

从扶贫措施来看，要从贫困户实际出发确保扶贫措施精准。习近平总书记指出，"要提高扶贫措施有效性，核心是因地制宜、因人因户因村施策"[3]。一方面，针对贫困地区的实际，"要因地制宜研究实施'四个一批'"；另一方面，针对贫困人口的实际，"产业合作、劳务协作、人才支援……都要瞄准建

---

[1] 《习近平在湖南考察时强调：深化改革开放推进创新驱动 实现全年经济社会发展目标》，《人民日报》2013 年 11 月 6 日。

[2] 《习近平主持召开东西部扶贫协作座谈会并发表重要讲话》，《人民日报》2016 年 7 月 22 日。

[3] 习近平：《在十八届中央政治局第三十九次集体学习时的讲话》（2017年2月21日），《习近平关于社会主义经济建设论述摘编》，中央文献出版社 2017 年版，第 236 页。

档立卡贫困人口脱贫精准发力”。习近平总书记要求扶贫工作要找准“穷根”、明确靶向，对症下药，真正扶到点上、扶到根上。

从扶贫组织来看，要从实际状况出发，“因村派人（第一书记）精准”。习近平总书记指出：“一是领导工作要实，做到谋划实、推进实、作风实，求真务实，真抓实干。二是任务责任要实，做到分工实、责任实、追责实，分工明确，责任明确，履责激励，失责追究。”[1]要在尊重客观实际的基础上谋求创新发展。“要重视发挥广大基层干部群众的首创精神，让他们的心热起来、行动起来，靠辛勤劳动改变贫困落后面貌。”

从扶贫成效来看，要从脱贫实际出发精准反映脱贫成效。一方面，要真实反映脱贫结果。习近平总书记指出，脱贫结果必须真实，要经得起实践和历史检验。另一方面，要严格监督与考核机制。习近平总书记指出：“要实行严格评估，按照摘帽标准验收。”[2]此外，准确评价扶贫的阶段性成果。对扶贫工作阶段性成果的评定要尊重客观实际、合理定位。习近平总书记指出，脱贫摘帽要坚持成熟一个摘一个，防止揠苗助长、图虚名。[3]

习近平总书记在十八届中央政治局第三十九次集体学习时的讲话中指出：“扶贫工作必须务实，脱贫过程必须扎实，扶真贫、真扶贫，脱贫结果必须真实，让脱贫成效真正获得群众认可、经得起实践和历史检验，绝不搞花拳绣腿，绝不摆花架子。”减贫必须以务实的方式进行，减贫过程必须扎实，脱贫的结果必须是真实的。

“脱贫摘帽”必须实事求是，到了标准的就应该脱贫，没有到标准的决不能硬脱贫。扶贫工作贵在看真贫、扶真贫、真扶贫，少搞一些“盆景”，多搞一些惠及广大贫困人口的实事。办实事就是要办实实在在的事，把短期利益和长远利益结合起来，在长期发展目标的战略目标中，多搞一些“短、平、快”的项目，不搞半拉子工程，也不要搞“马拉松”项目，不要形式主义、官僚主义。

---

[1]《习近平在东西部扶贫协作座谈会上的讲话》（2016年7月21日），《人民日报》2016年7月22日。

[2] 习近平：《在中央扶贫开发工作会议上的讲话》（2015年11月27日），《习近平关于社会主义经济建设论述摘编》，中央文献出版社2017年版，第224页。

[3]《习近平在重庆调研时强调确保如期实现全面建成小康社会目标》，新华网，2016年1月6日。

实事求是分析脱贫攻坚现状、准确把握现状是科学研判、正确决策的基础，否则就会把脱贫攻坚工作引向误区，甚至造成巨大损失，出现贫困“反弹”现象。只有吃透现状、把握要害，才能对症下药，因地因人施策，治根治本，彻底挖掉“穷根”。

三、脱贫攻坚的组织保证

（一）中央统筹、省负总责、市县抓落实的管理体制

1. 重要论述

全面建成小康社会最艰巨最繁重的任务在农村，特别是在贫困地区。2015 年 6 月 18 日上午，习近平总书记在贵州召开部分省区市党委主要负责同志座谈会，就加大力度推进扶贫开发工作提出“四个切实”的具体要求。第一个“切实”就是要切实落实领导责任。坚持党的领导，发挥社会主义制度可以集中力量办大事的优势。责任重于泰山，各级党委和政府一定要不辱使命。要强化扶贫开发工作领导责任制，把中央统筹、省负总责、市县抓落实的管理体制，片为重点、工作到村、扶贫到户的工作机制，党政“一把手”负总责的扶贫开发工作责任制，真正落到实处。什么东西只有抓得很紧，毫不放松，才能抓住。抓一阵子松一阵子，热阵子冷一阵子，就会“沙滩流水不到头”。[1] 座谈会上，习近平总书记对中央统筹、省负总责、市县抓落实的管理体制做了具体的安排，即中央要抓好统筹，做好政策制定、项目规划、资金筹备、考核评价、总体运筹等工作。省级要负起总责，做好目标确定、项目下达、资金投放、组织动员、检查指导等工作。市县要抓好落实，做好进度安排、项目落地、资金使用、人力调配、推进实施等工作。各级党委和组织部门要注意从扶贫开发工作一线考验干部，把干部在扶贫开发工作中作出的实绩作为选拔使用干部的重要依据。

2018 年 2 月 12 日习近平总书记在四川成都市主持召开打好精准脱贫攻坚战座谈会，集中研究打好今后三年脱贫攻坚战之策。习近平总书记再次提

[1]　习近平：《在部分省区市扶贫攻坚与“十三五”时期经济社会发展座谈会上的讲话》（2015 年 6 月 18 日）。

出强化机制体制，要落实好中央统筹、省负总责、市县抓落实的管理体制。中央统筹，就是要做好顶层设计，主要是管两头，一头是在政策、资金等方面为地方创造条件，另一头是加强脱贫效果监管。省负总责，就是要做到承上启下，把党中央大政方针转化为实施方案，加强指导和督导，促进工作落地。市县抓落实，就是要因地制宜，从当地实际出发，推动脱贫攻坚各项政策措施落地生根。[1]

2. 湖北实践

制定贫困地区发展计划文件。为使贫困地区能够尽快脱贫致富，湖北省作出了推进连片特困地区区域发展与扶贫攻坚的战略部署。咸宁是典型的库区、山区和老区市，农村地区贫困人口众多，基础设施薄弱、资源匮乏、自然灾害频发，是湖北幕阜山连片特困地区区域发展与扶贫攻坚的主战场。首先，中共湖北省委、湖北省人民政府印发了《关于加快推进湖北幕阜山连片特困地区区域发展与扶贫攻坚工作的通知》，把幕阜山区列入连片特困地区进行扶持，给咸宁带来了重大发展机遇。其次，结合幕阜山区自身发展实际，咸宁市制定了关于加快推进咸宁幕阜山片区区域发展与扶贫攻坚意见。最后，按照省委、省政府的要求，编制了具有较强指导性和操作性的《幕阜山咸宁片区区域发展与扶贫攻坚三年行动计划（2013—2015 年）》，全力支持连片特困地区发展生产，对连片特困地区扶贫工作进行了细化。

加强协调组织帮扶协调。成立组织领导小组，直接负责片区区域发展与扶贫攻坚和各扶贫单位日常工作协调。领导小组的成立，为片区扶贫攻坚提供了坚强的组织保证。其中，市委书记任组长，市长任第一副组长，分管副书记任常务副组长，四大家分管领导任副组长，有关部门主要负责人为小组成员。为了加强对片区扶贫攻坚的组织领导，相应地成立了领导小组。领导小组下设办公室，负责日常工作的组织协调。市片区办从相关部门抽调同志组成工作专班，集中办公。三个县片区办也抽调专人集中办公。动员市直部门，开展结对帮扶。大力组织实施“1331”工程，即由 1 名市级领导，带领 3 个部门，利用 3 年时间，帮扶 1 个贫困村。

积极开展督促检查工作。省、市政府把片区区域发展与扶贫攻坚列入重

[1]　习近平：《在打好精准脱贫攻坚战座谈会上的讲话》（2018 年 2 月 12 日），人民出版社 2018 年版，第 20 ～ 21 页。

要议事日程，常抓不懈。定期召开一次专题会议，听取有关县（区）政府和相关部门的工作汇报，了解进度，研究措施，解决问题，明确任务，提出要求，督促落实。由市片区办组织定期对扶贫攻坚落实小组进行一次初查。对工作做得好的，给予肯定；对工作不力的，提出要求。每半年，由市片区工作领导小组负责组织对县扶贫攻坚进行一次调研和督办。每年年终，由市片区工作领导小组组织对全年工作进行检查验收，总结评比。对取得突出成绩的，给予奖励。与此同时，大力做好片区扶贫攻坚的信息宣传工作。市片区办编发工作简报，对片区扶贫攻坚情况进行通报。通过工作简报，交流情况，宣传典型，介绍经验，有效地促进了片区工作的顺利开展。

3. 经验与启示

首先，科学制定"总作战图"。"总作战图"作为湖北脱贫攻坚决战的行动纲领，为全省脱贫攻坚工作开展提供基本遵循。同时，省政府积极落实中央文件精神，对标制订更加详细的具体实施方案，为中央精神实际落实起到了承上启下的作用。此外，省级党委和政府主要负责人向中央签署脱贫责任书，每年向中央报告扶贫脱贫进展情况。市级党委和政府负责协调域内跨县扶贫项目，对项目实施、资金使用和管理、脱贫目标任务完成等工作进行督促、检查和监督。县级党委和政府承担脱贫攻坚主体责任，县级党委和政府主要负责人是第一责任人。

其次，完善扶贫制度机制。加强扶贫干部队伍能力建设，建立行之有效的制度机制，确保能力建设常态化长效化。以实际效果为核心，科学考评干部实绩，让干部的能力素质通过实际考评显现出来。根据不同区域、不同层次、不同类型扶贫干部的特点，确定各有侧重的干部能力考核内容和考核指标体系，注重从履行岗位职责、完成重大任务、关键时刻表现等方面考核干部能力水平。坚持定性与定量、平时与定期、领导与群众相结合，综合运用述职测评、民意调查、实地考察等方法，进一步增强干部能力考核评价的准确性和实效性。建立健全考核结果反馈制度，以实绩论奖惩，凭能力用干部，褒奖那些能力突出的干部，诫勉那些无所作为的干部，约束那些投机钻营的干部，真正发挥考核在干部队伍建设中的导向、评价和监督作用。[1]

---

[1] 《湖北扶贫攻坚决战决胜的行动纲领——〈中共湖北省委湖北省人民政府关于全力推进精准扶贫精准脱贫的决定〉解读》，《湖北日报》2015 年 9 月 29 日。

最后，创新资金投入方式。钱有了，怎么保证用在“刀刃上”？湖北的做法是，由县市区扶贫办与相关县直部门对扶贫项目进行联合立项、联合审批、联合验收，资金直达施工方；组织第三方对实施项目、拨付资金进行绩效考核，通过加强对扶贫资金项目事前、事中、事后的监督检查，把专项资金精准使用在扶贫上。[1]

（二）片为重点、工作到村、扶贫到户的工作机制

1. 重要论述

2015年6月18日习近平总书记在贵州召开部分省区市党委主要负责同志座谈会，提出了片为重点、工作到村、扶贫到户的工作机制，创新扶贫工作思路，为各省扶贫开发工作提供了重要抓手。加快推进扶贫开发进程，布局精准扶贫方法。

2. 湖北实践

湖北为落实中央部署，完善创新自身工作机制，制定了新阶段扶贫开发《湖北省农村扶贫开发纲要（2011—2020）》和《湖北省扶贫开发规划》，并通过《湖北省农村扶贫条例》规定以集中连片特困地区为主战场，以消减贫困、加快发展、尽快帮助扶贫对象实现稳定增收致富为己任，强力推进片区区域发展与扶贫攻坚，增强老区贫困地区发展内生动力，确保完成扶贫开发工作任务，为全省实现全面建成小康社会目标奠定坚实基础。按照扶贫对象精准、项目安排精准、资金使用精准、措施到户精准、因村派人（第一书记）精准、脱贫成效精准的要求，区分类别，因地制宜，定向施策，确保精准扶贫到村到户到人。

宜昌市在开展扶贫攻坚过程中，强化顶层设计，确保扶贫措施能够到村到户。[2] 其挂图作战，精准确保扶贫到村到户的工作机制具有很强的代表性。宜昌市召开扶贫攻坚誓师大会，确定了2018年在全省率先实现精准脱贫、率先全面建成小康社会的目标。

第一，挂图作战强化顶层设计。宜昌市制作精准扶贫地图，图上包括全市建档立卡的贫困村，区域脱贫人数、脱贫时间。每个村作为前线作战点也

[1] 顾兆农、程远州：《湖北　扶贫资金不撒胡椒面》，《人民日报》2015年11月21日。

[2] 宜昌市扶贫办：《宜昌市精准扶贫精准脱贫述评》，《三峡日报》2016年6月27日。

都制作精准扶贫作战图，包括贫困户名单、家庭情况、产业收入、帮扶单位和责任人以及脱贫时间。与此同时，《宜昌市精准扶贫精准脱贫规划（2016—2020年）》和重点县区域发展与扶贫攻坚实施规划、所有贫困村脱贫攻坚规划编制进一步将目标、任务、实施步骤、责任等分解细化，形成了完善严密的规划体系。

第二，各级领导亲自挂帅。宜昌市级领导分别联系帮扶贫困乡镇和贫困村。精挑细选各部门各行业有能力有担当的党员干部，组建市、县两级扶贫工作队、扶贫精锐之师，全部脱产驻村。各地整合各类涉农资金用于精准扶贫。建立市、县两级领导联乡、带村、包户的工作机制和单位联村、党员干部联户的长效机制，落实最严格的常态化督察问责机制，随机对精准扶贫工作开展明察暗访。完善的顶层设计，人力、资金、制度保障让打赢这场新时代的宜昌脱贫攻坚战成竹在胸，志在必得。

第三，确保资金扶贫到村到户。在做好精准识别的基础上，宜昌市扶贫攻坚工作领导小组专门出台了精准施策到户到人的指导意见，各地因人制宜，制订了分类施策的扶贫计划。变大水漫灌为精准滴灌，以严和实的精神，用干部的腿力加群众的眼力，密织重重过滤网，防渗防漏，让每一分真金白银的投入切切实实“滴灌”到真贫真困的群众身上。

第四，社会保障实施到户到人。对于自然与社会环境承载力相对较弱地区的贫困户，采取易地扶贫搬迁。同时，认真落实“户均20万元，人均25平方米，配套基础设施、公共服务和脱贫项目，集中安置为主”的政策，对搬迁户实行“交钥匙工程”。对于家有读书郎的贫困户，建立涵盖学前教育、义务教育、普通高中教育、中等职业教育和高等教育的全程资助制度，制定贫困学生“一对一”帮扶方案。对于病、残或丧失劳动力的贫困户，以医疗救助或最低生活保障政策减负兜底。各县市区都出台了提高贫困户大病报销比例和救助标准的具体政策。另外，宜昌市还出台了《宜昌市农村低保兜底与精准脱贫衔接工作实施方案》，建立了农村低保标准自然增长机制。

3. 经验与启示

第一，划分重点扶贫区域，突出“片为重点”。打赢脱贫攻坚战，落实是成功关键，尽管扶贫开发工作取得了举世瞩目的巨大成就，我国仍然是世界上最大的发展中国家，全国还有14个集中连片特殊困难地区和592个国家扶贫开发工作重点县，缩小城乡和区域发展差距依然是重大挑战。形势催人，时不我待。在脱贫攻坚初期，由于人力、物力、财力的限制，突出“片为重点”。将大别山区、武陵山区、秦巴山区、幕阜山区等革命老区、民族地区、边远山区，以及库区、低洼湖区、地方病多发区等特殊困难地区，作为脱贫攻坚的重点扶持区域。加大了对革命老区、民族地区、贫困地区的扶持力度，帮助尽快改变面貌，缩小地区差距，促进跨越式发展。[1]

第二，派遣驻村干部，落实“工作到村”。在实施脱贫攻坚过程中努力抓好以村党组织为核心的村级组织配套建设，集中整顿软弱涣散村党组织。选优配强村级领导班子特别是村党组织书记，选聘高校毕业生到贫困村工作。精准选配第一书记，精准选派驻村工作队，提高县级以上机关派出干部比例。工作队要科学制定脱贫规划，确定脱贫项目清单，认真落实帮扶项目。建立激励机制，不脱贫不撤队伍。对在基层一线工作成绩突出、群众欢迎的驻村干部，重点培养使用。

第三，精准扶贫助贫，做到“不落一户一人”。以“精准扶贫、不落一人”为总要求，以连片特困地区为主战场，以建档立卡贫困人口为主要对象，坚持开发扶贫与社会保障两轮驱动、片区攻坚与精准扶贫同步推进，做到不落一户一人。通过扶持生产和就业发展一批，实现有劳动能力的贫困人口全部脱贫；移民搬迁安置一批，确保人居和发展条件恶劣的贫困户搬得出、稳得住、能发展、可致富；低保政策兜底一批，实现低保户和五保户全部脱贫；医疗救助扶持一批，实现贫困人口就医便利，看得起病，有效解决因病致贫、因病返贫问题。[2]

（三）帮钱帮物，不如帮助建个好支部

1. 重要论述

党的十八届五中全会后在北京召开了第一个中央工作会议暨中央扶贫开发工作会议，体现了党中央对扶贫开发工作的高度重视。在会议上，习近平

---

[1] 《湖北省人民政府关于印发〈湖北省农村扶贫开发“十二五”规划〉的通知》，鄂政发〔2011〕61 号。

[2] 《中共湖北省委、湖北省人民政府关于全力推进精准扶贫精准脱贫的决定》，鄂发〔2015〕19 号。

总书记强调，抓好党建促脱贫攻坚，是贫困地区脱贫致富的重要经验，群众对此深有感触。“帮钱帮物，不如帮助建个好支部”。要把夯实农村基层党组织同脱贫攻坚有机结合起来。在乡镇层面，要着力选好贫困乡镇“一把手”、配强领导班子，使整个班子和干部队伍具有较强的带领群众脱贫致富的能力。在村级层面，要注重选派一批思想好、作风正、能力强的优秀年轻干部和高校毕业生到贫困村工作，根据贫困村的实际需求精准选配第一书记、精准选派驻村工作队。要完善村级组织运转经费保障机制，通过财政转移支付和党费支持等办法，保障村干部报酬、村办公经费和其他必要支出。要探索各类党组织结对共建，通过贫困村同城镇居委会、贫困村同企业、贫困村同社会组织结对等多种共建模式，为扶贫带去新资源、输入新血液。[1]

在贵州召开的部分省区市党委主要负责同志座谈会上，习近平总书记强调扶贫开发，要给钱给物，更要建个好支部。要把扶贫开发同基层组织建设有机结合起来，抓好以村党组织为核心的村级组织配套建设，选好配强村级领导班子，鼓励和选派思想好、作风正、能力强、愿意为群众服务的优秀年轻干部、退伍军人、高校毕业生到贫困村工作，落实好向贫困地区村党组织选派第一书记举措，真正把基层党组织建设成带领群众脱贫致富的坚强战斗堡垒。[2]

2. 湖北实践

湖北省认真贯彻落实习近平总书记关于“帮钱帮物，不如建立一个好支部”的重要指示精神，在脱贫攻坚实施之始，就扎实做好驻村干部、村级领导班子搭建工作。湖北阳新县充分运用组织资源、干部资源、人才资源，不断壮大脱贫攻坚一线力量，构建起扶贫工作新格局。

选育“领头羊”，筑牢基层堡垒。一是在选优配强上发力。围绕抓党建促脱贫，将选优配强基层党支部带头人作为加强基层党组织建设的重要保障，积极用好村“两委”班子及专题调研考察结果，精心组织，全面部署村（社区）“两委”换届，确保农村党支部选好带头人、建强组织基础。二是在教育引领

---

[1]　习近平：《在中央扶贫开发工作会议上的讲话》（2015 年 11 月 27 日），《习近平关于社会主义经济建设论述摘编》，中央文献出版社 2017 年版，第 227 页。

[2]　习近平：《在部分省区市扶贫攻坚与“十三五”时期经济社会发展座谈会上的讲话》（2015 年 6 月 18 日）。

上发力。按照“缺什么、补什么，用什么、训什么”原则，依托县委党校建起党员教育培训阵地，聚焦精准扶贫、“微腐败”整治、基层党建等内容，以提升组织力为重点，集中对党组织书记开展“充电式”培训，进一步提高了村（社区）党组织书记履职尽责的政治素质和为人民服务的宗旨意识。三是在争先争优上发力。以“学习先进、争做先进”为导向，分批分类组织村（社区）党支部书记赴先进县实地参观学习，详细了解当地党员群众服务中心规划建设、支部主题党日活动开展、抓党建促脱贫攻坚等方面的先进做法，汲取了养分、发散了思路、取得了真经。

管好“排头兵”，建强攻坚队伍。一是整合驻村力量。《关于进一步做好选派驻村第一书记和调整充实驻村工作队员工作的通知》，明确派驻第一书记和调整工作队员应遵循“只准充实、不准削弱”“因村施策、精准选派”“兼改专、共担责”“优胜劣汰、突出素质”四项基本原则。选派县直机关优秀干部任驻村第一书记（工作队长），实现贫困村驻村干部全覆盖。二是严格制度管理。坚持把管政治、管思想、管作风、管纪律、管工作统一起来，修订完善了贫困村驻村工作队选派管理暂行办法、驻村扶贫工作管理制度，明确驻村业务学习、工作例会、考勤管理、工作报告、民情日记、组织生活等制度，用制度的刚性约束来确保驻村干部岗位在村、阵地在村、责任在村。三是加强常态督察。建立日常督察机制，县精准扶贫作战指挥部每月对驻村帮扶、脱贫攻坚工作进行专项督察，乡镇党委每月对镇域所有驻村工作队开展跟踪督察，并将督察结果排序报备。

壮大“生力军”，发挥人才优势。一是专家人才与脱贫项目对接。大力实施“一村一法、一户一策”。围绕重点扶贫产业，整合全县“土专家”“田秀才”，成立特色农业项目等扶贫产业对口帮扶专家团，采取一个服务团帮扶N个同类产业的贫困村项目的“1+N”模式，划分技术帮扶责任区，围绕扶贫产业发展、农业科普宣传和科技咨询、推广先进生产技术、培育科技致富带头人等帮扶任务，开展“订单式”服务。二是返乡商户与贫困户对接。例如，阳新县深入推进“阳商回归”工程，利用阳商春节、清明节返乡时机，以乡情乡愁为纽带，召开“阳商回归、智助脱贫”推介会、座谈会，号召在外成功人士返乡创业，助推群众脱贫致富。三是精准培育与乡土人才对接。结合农村产业发展实际，制定了农村实用人才示范基地建设实施方案，利用示范基地、网络课堂、固定课堂、流动课堂、田间课堂、电商平台，精准培育乡土拔尖人才，有效提升乡土人才综合素质和带富能力。

3. 经验与启示

给钱给物的脱贫是不能够长久的，只有选好“领头羊”、建好党支部，才能增强村党组织的凝聚力和战斗力，带领村民打赢脱贫攻坚战。各地为帮助贫困村（户）脱贫，采取了一系列措施，取得了一定成效。然而，随着脱贫攻坚进入啃“硬骨头”的阶段，单纯依靠外界力量，已很难实现“精准脱贫”。

支部强不强，要看支部队伍有没有人才储备。加强贫困乡镇领导班子建设，选配政治素质高、工作能力强、熟悉“三农”工作的干部担任贫困乡镇党政主要领导。抓好以村党组织为核心的村级组织配套建设，集中整顿软弱涣散村党组织。选优配强村级领导班子特别是村党组织书记，选聘高校毕业生到贫困村工作。精准选配第一书记，精准选派驻村工作队，提高县级以上机关派出干部比例。工作队要科学制定脱贫规划，确定脱贫项目清单，认真落实帮扶项目。建立激励机制，不脱贫不撤队伍。对在基层一线工作成绩突出、群众欢迎的驻村干部，重点培养使用，鼓励和选派思想好、作风正、能力强、愿意为群众服务的优秀年轻干部、退伍军人、高校毕业生到贫困村工作。

支部强不强，要看在群众中有没有威信。说话有人听，办事有人跟，才能带领群众实现脱贫致富。党支部要通过一点一滴的实际行动，努力赢得群众信任，让老百姓愿意跟着支部为脱贫趟路子。要大力发展村集体经济，通过产业扶贫、科技兴农，努力发展集体经济，让每家每户村民得到实惠，每户贫困户能够脱贫致富。

支部强不强，要看支部纪律是不是严明。扶贫难度大的地方，往往也是党组织工作薄弱的地方。特别是脱贫攻坚进入啃“硬骨头”阶段，一旦党组织软弱涣散，扶贫项目即便落地也难以产生预期效果。只有把基层党组织建成坚强有力的“战斗堡垒”、长驻不走的“扶贫工作队”，扶贫工作才会产生长久内生动力，彻底拔掉“穷根”。[1]

[1]　帅志聪：《帮钱帮物不如帮建个好支部》，《中国纪检监察》2017 年第 14 期。

（四）抓好党建促扶贫，是贫困地区脱贫致富的重要经验

1. 重要论述

2012 年 12 月 29 日至 30 日，习近平总书记到河北阜平县慰问革命老区群众。阜平地处太行山深处，是著名的革命老区，属于燕山—太行山集中连片特殊困难地区，很有代表性。习近平总书记听取相关工作汇报后，就扶贫开发工作发表讲话，强调农村基层党组织是党在农村全部工作和战斗力的基础，是贯彻落实党的扶贫开发工作部署的战斗堡垒。抓好党建促扶贫，是贫困地区脱贫致富的重要经验。要把扶贫开发同基层组织建设有机结合起来，抓好以村党组织为核心的村级组织配套建设，把基层党组织建设成为带领乡亲们脱贫致富、维护农村稳定的坚强领导核心，发展经济、改善民生，建设服务型党支部，寓管理于服务之中，真正发挥战斗堡垒作用。[1]

党建促脱贫是全面建成小康社会的根本保证。近年来，通过精准扶贫、精准脱贫，脱贫攻坚取得了一系列的关键胜利，贫困地区的基础设施和基本公共服务极大改善，贫困群众收入大幅提高，生产生活水平持续改善。但是，我们要清楚地认识到，脱贫攻坚越往后越是难啃的“硬骨头”，先期脱贫的面临持续巩固的难题，而少部分地方出现了疲劳厌战的情绪、有些歇气的想法。在这个关键时刻，需要加强党对脱贫攻坚的领导，更需要将组织力量凝聚在脱贫攻坚一线，用党性党纪压紧压实党员干部的责任，确保在全面建成小康路上不落一人一户。

2. 湖北实践

湖北省在各县市深入开展“党建促脱贫，脱贫促党建”活动。全省农村基层党建工作会议强调，农村基层党组织要在精准扶贫、精准脱贫中发挥堡垒作用。打赢精准扶贫攻坚战，需要我们自觉立足新形势，对照新要求，找准结合点，把农村基层党组织建成带领农民脱贫致富奔小康的坚强战斗堡垒。发挥农村党组织功能，建强精准扶贫“桥头堡”。基层党组织是精准扶贫政策在农村落地落实的关键所在。

---

[1] 习近平：《做焦裕禄式的县委书记》，中央文献出版社 2015 年版，第 21 ～ 22 页。

湖北积极开展以创建“五个好”[1]农村党组织为目标，开展以“上下联创、城乡共创、示范带创”和“强基础、强素质、强机制”为主要内容的农村党的基层组织建设“三创三强”活动，不断深化农村党的建设“三级联创”活动，推动农村扶贫工作的顺利开展。

一是狠抓农村党的基层组织建设。坚持抓好强基础工程，着力选好配强村级党组织领导班子，积极推行村党组织书记、村委会主任“一肩挑”、村党组织和村委会成员交叉任职。加强和改进党员教育管理，扎实抓好农村党员的经常性教育、理想信念性教育、党员联系和服务群众、流动党员管理工作，广泛推行和开展农村党员设岗定责、党员责任区、党员示范户、党员承诺制，促进党员履行义务、发挥先锋模范作用。进一步完善农村基层党组织的设置，积极探索在产业链上、在专业协会中建立党组织的模式，探索村村联建、村企联建、村居联建党组织的方式，探索创新农村基层党组织的活动内容、活动方式和活动载体。帮助农村党组织、党员群众解决实际困难和问题，帮助村级党组织理清发展思路，探索发展途径，巩固发展成果。

二是狠抓农村基层干部队伍建设。以能力建设为重点，不断加大对农村基层干部的培训力度，采取举办培训班，选送村干部到党校、农技校、农广校学习等方式，搞好村干部、农村党员的技术培训、学历教育。教育和引导农村基层干部自觉转变工作方式，改进工作作风，尤其是在矛盾比较突出的地方，更要把群众利益放在首位，始终做到公开办事、公正论事、公平理事、公道处事，塑造了新时代农村基层干部的良好形象。坚持关心爱护农村基层干部，实施“党员关怀工程”，不断提高村干部的报酬待遇，对农村基层干部、党员做到真正重视、真情关怀、真心爱护。

三是狠抓农村实用人才培养。通过开展农村抓党建促扶贫工作，帮助农村党组织制定和完善农村党员、群众培训规划，切实做好农村实用人才技术职业技能和创业培训，充分发挥农村职业学校和各种农业技术推广培训机构的作用，努力培养农村实用人才。大力实施农村党员和干部培养工程，积极开展“支部＋协会＋远教”、农村远教综合服务站等模式，切实抓好农村剩余劳动力转移培训和农村专业经济协会、龙头企业、农村经纪人队伍的培训。

---

[1]“五个好”指的是领导班子好、党员干部好、工作机制好、小康建设业绩好、农民群众好。

四是狠抓农村党员活动阵地建设。将村级组织活动场列入“党建示范工程”项目，整合国土、扶贫等项目建设资金，对没有达标的活动场所全部列入建设规划，突出“两室一厅一中心”最低建设标准，即多功能活动室（含便民阅览室）、民情议事恳谈室、便民服务大厅、户外群众主题活动中心（含远教导航剧场）。在互联网方面，突出党建信息化平台和民生服务平台的资源整合，研发包括党务通、党讯通和党群通在内的党建平台，打造“党员服务圈”，创建集党务、村务、服务、事务于一体的党员群众服务中心，并配套实施远程教育进农村、进村落社区和党员中心户工程，使党员群众坐在家里就可以“看世界”。[1]

3. 经验与启示

中国共产党领导是中国特色社会主义最本质的特征，是中国特色社会主义制度最大的优势。无论是改革开放以来的扶贫开发工作，还是新时代脱贫攻坚，中国共产党始终坚持“为中国人民谋幸福”的初心和使命，牢记“全心全意为人民服务”的工作宗旨，不断加强党对扶贫工作的全面领导，强调各级党委和政府主体责任，聚焦基层党组织建设，以“尽锐出战”为要求选拔和考核扶贫干部，充分发挥党的政治优势、组织优势和密切联系群众优势，把脱贫责任扛在肩上，把脱贫任务抓在手上，切实把党建优势转化为扶贫优势，为脱贫攻坚事业提供了组织保证，输入了强大动能。[2]

通过在基层组织抓党建，有力有序地推动了贫困识别、精准帮扶、贫困考核退出等工作，夯实了党在农村的执政基础。[3] 敢于突破体制机制障碍、打破利益固化藩篱，按照“权责对等、应放尽放”的原则，把直接面向群众、量大面广、由乡镇服务管理更方便有效的各类事项依法下放至乡镇政府，增强乡镇在农村公共事务治理中的领导权、话语权，更好地发挥乡镇在脱贫攻坚中贴近群众、就近管理的优势和作用。

抓党建促决战决胜脱贫攻坚，抓党建是核心，促决战决胜脱贫攻坚是目标。越是到了脱贫攻坚攻城拔寨的决战决胜阶段，越要驱动党建富民“红色

[1] 刘友春：《湖北宣恩：“四个狠抓”开展党建促扶贫工作》，中国共产党新闻网，2014年5月26日。

[2] 黄承伟：《中国扶贫理论研究论纲》，《华中农业大学学报》2020年第2期。

[3] 张志银：《中国特色减贫道路论纲》，《求索》2020年7月29日。

引擎”。要不断筑牢脱贫攻坚“桥头堡”、锻造脱贫攻坚“主力军”，切实把党建活力转化为脱贫攻坚的动力。进一步做深做细做实思想政治工作，采取“党建+”模式推动农村基层党支部“上产业链”“进合作社”“入种养基地”，使党组织成为引领产业发展的坚强堡垒，更好地组织农民跟着党组织走、跟着市场走。

创新工作制度机制，激发脱贫攻坚活力。实现对村“两委”干部、驻村扶贫工作队和结对帮扶责任人从过去的“粗放型”管理向“精细型”管理转变，建立健全脱贫攻坚末端责任人激励与约束机制，让基层干部“干”起来。建立脱贫成效与干部绩效奖励挂钩、脱贫攻坚通报表扬、在脱贫攻坚实践中锻炼和考察干部等制度，充分发挥“三支队伍”一线突击队作用。积极构建农村基层脱贫攻坚“村为主”“贫困户为主”“群众做主”的工作机制，实行民主决策，接受群众监督，让群众在了解扶贫、监督扶贫中支持扶贫、参与扶贫。创新生产奖补、以工代赈、劳务补助、村民持股等方式扩大群众参与，激励贫困户多劳多得，勤劳致富。加强思想教育、群众工作和村规民约引导，推进“扶贫”与“扶志”同步、“口袋”与“脑袋”同富，坚决破除“苦干不如苦熬”“站在边上看、等着干部帮”的“等靠要”思想，引导贫困群众靠辛勤劳动创造美好生活、改变贫困面貌。[1]

（五）选派扶贫工作队是加强基层扶贫工作的有效组织措施

1. 重要论述

习近平总书记在贵州召开部分省区市党委主要负责同志座谈会时谈到，选派扶贫工作队是加强基层扶贫工作的有效组织措施，要做到每个贫困村都有驻村工作队、每个贫困户都有帮扶责任人。脚下沾有多少泥土，心中就沉淀多少真情。工作队和驻村干部要一心扑在扶贫开发工作上，强化责任要求，有效发挥作用。对在基层一线干出了成绩、群众拥护的驻村干部，要注意培养使用，让他们在扶贫开发工作中发挥更大作用。[2]

---

[1]　湖南省党建研究会：《把党建活力转化为脱贫动力》，《中国组织人事报》2018年5月21日。

[2]　习近平：《在部分省区市扶贫攻坚与“十三五”时期经济社会发展座谈会上的讲话》（2015年6月18日）。

选派扶贫工作队是加强基层扶贫工作的有效组织措施，要做到每个贫困村都有驻村工作队、每个贫困户都有帮扶责任人。驻村工作队是脱贫攻坚战斗的前线指挥所、一线实践者。充分认识开展驻村帮扶工作的重要意义，切实把思想和行动统一到中央和各级党委、政府的决策部署上来，把智慧和力量凝聚到脱贫攻坚上来，努力做到方向明、路子对、劲头足、动力强。

2. 湖北实践

选派机关人员到贫困村组建工作队，是推动党的执政资源和人才资源向基层倾斜，加快推进精准扶贫、精准脱贫的重大举措，是加强农村基层党组织建设、厚植党的执政根基的迫切需要，也是培养锻炼干部、提升能力素质的有效途径。湖北省各级党委把选派扶贫工作队作为一件大事来抓，把优秀机关干部派下去，到扶贫开发的主战场兴办实事、经受磨炼、增长才干。为锻造一支作风硬、品质优、精神强、懂扶贫、会帮扶的扶贫攻坚驻村工作队，切实发挥驻村工作队脱贫攻坚主力军、生力军作用。湖北省荆州市洪湖市强化精准扶贫驻村工作队日常管理，对扶贫攻坚驻村工作队和驻村干部采取日常督察、季度评比、年度考核的方式，从“五个方面”进行从严管理考核。

一是定期召开扶贫工作会议。扶贫攻坚驻村工作领导小组定期组织召开一次驻村工作会议，听取工作队片区牵头单位汇报本片区所有驻村工作队工作情况汇报，驻村工作队队员在干部实绩考核系统晒实绩，接受工作监督和评价。驻村工作队与所驻村“两委”定期召开联席会议，研究解决脱贫攻坚面临的突出难题和问题。驻村工作队与村党组织做好联席会议会商情况会议记录，实现工作融洽。

二是认真做好扶贫队员考勤保障工作。健全日常管理台账，实行逐日登记考勤、离村登记和请销假制度，做到队长与队员请假分层次审批，未经批准不得擅自离岗。定期晒痕迹，接受考核评比。派出专门单位负责驻村工作队的跟踪管理，落实工作队驻村工作经费、生活补助、交通费、人身意外伤害保险等，为驻村干部提供必要的工作条件和生活条件。乡镇区办党（工）委、政府协助加强对驻村工作队的管理，发挥靠前指挥优势，采取联席会议形式，了解驻村工作情况，解决驻村工作问题，协助驻村工作队做好驻村帮扶工作；村“两委”积极支持配合驻村工作队开展工作，为驻村工作队提供必要的基本保障。驻村工作队片区牵头单位加强对片区驻村工作队的管理，负责做好所在片区的组织协调、检查督办等日常工作，解决驻村工作队员的后顾之忧。

三是坚决做实纪律监察工作。洪湖市纪委、市监察委和市扶贫攻坚驻村工作领导小组办公室采取明察暗访、调研督导等方式，对驻村工作队队员在岗履职情况进行常态化督察。重点督察是否存在“走读式”“挂名式”驻村情况；是否按照扶贫要求履行职责，推进工作；是否存在违反“十不准”“八个严禁”“五个不准”“硬十条”等工作纪律情况，每月晒履职，督促驻村工作队队员驻好村、入好户、当好模范。

四是严实做到连带考评。围绕对驻村工作队日常督察重点内容，将驻村工作队管理考核作为抓党建促脱贫攻坚的重要内容，纳入“主体责任比严实”以及“基层党建比严实”进行季度评比。驻村工作队季度管理考核情况，与派出单位和所驻乡镇基层党建季度评比实行连带考评，一荣俱荣、一耻俱耻。每季度晒比评，促进驻村工作队争先创优。

五是年底考核出等次。每年年底，扶贫攻坚驻村工作领导小组办公室采取实绩考核和民主测评的方式，在充分综合运用日常督察和季度评比结果的基础上，对驻村工作队进行年度考核。驻村工作队年度考核成绩纳入派出单位年度基层党建工作考核和年度绩效考核，驻村工作队年度考核评为“不合格”等次的，派出单位年度绩效和基层党建工作不得评优评先。通过考核晒出等次，对考核优秀、成绩突出、群众认可的驻村干部，扶贫攻坚驻村工作领导小组办公室按照有关规定予以表彰，在提拔使用干部时优先考虑推荐。将上级有关单位选派工作队的年度考核结果反馈至其选派单位；将垂管单位选派工作队的年度考核结果反馈至其主管部门。

3. 经验与启示

派驻扶贫工作队加强一线攻坚力量，解决好了“谁来扶”的问题。[1] 选派扶贫工作队是加强基层扶贫工作的有效组织措施，驻村扶贫工作队是脱贫攻坚战场的生力军，驻村扶贫工作好不好、措施实不实、质量高不高直接关系能否高质量完成脱贫攻坚的任务。

一是发挥好党的政策宣传队作用。宣传党的政策是驻村工作队的第一任务。要始终把学习宣传习近平总书记关于扶贫工作的重要论述和党的扶贫政

---

[1]　张琼文:《脱贫攻坚伟大成就彰显我国制度优势》,《红旗文稿》2020 年 4 月 24 日。

策贯穿工作全程，把政策制度与贫困户现实困难有机衔接，真正帮助他们搞明白脱贫的方法、路径。要拓宽宣传手段，利用好村组广播、宣传橱窗、手册、网络平台和手机 APP 等平台，重点宣传扶贫领域重大成果，教育引导群众永远听党话、感党恩、跟党走，用看得见、摸得着的身边事激励身边人，不断坚定他们脱贫致富的信心和力量。

二是发挥好攻坚帮扶战斗队的作用。脱贫攻坚越往后走，越是难啃的骨头，越是硬仗中的硬仗。要牢固树立“战斗队”的思想，自觉把脱贫责任扛在肩上、把脱贫任务抓在手中，保持昂扬斗志，以攻城拔寨的劲头，在农村危房改造、易地扶贫搬迁、产业扶贫、教育扶贫、饮水安全、人居环境整治提升、激发内生动力等方面给予重点攻坚，一仗接着一仗打，一个难点接着一个难点攻克，积小胜为大胜，不获全胜绝不收兵。

三是发挥好群众工作先锋队的作用。脱贫工作的过程，实质上就是做群众工作的过程。因此，要树牢“以人民为中心”的发展思想，把群众赞不赞成、满不满意作为改进工作的出发点和落脚点。要维护群众根本利益，及时回应群众关切，化解矛盾问题，帮助他们稳定实现“两不愁三保障”。要掌握群众工作的方法，充分尊重群众、依靠群众、发动群众，同群众苦在一起、干在一起，以自己的辛苦换来群众幸福，提高群众对驻村扶贫工作的满意度和知晓率。

四是要切实发挥维护和谐稳定的作用。驻村工作队要广泛开展国家法律、法规宣传，引导村党员干部群众增强法治观念，教育群众知法、守法、用法。认真开展群众走访、矛盾纠纷排查，了解掌握当地存在的社会矛盾和群众关注的热点问题，以及群众的所需、所盼，引导群众以理性合法形式表达利益诉求，帮助化解矛盾纠纷，争取在村一级解决问题。建立健全信息直报速报制度，对于驻地出现的群体性事件，第一时间赶到现场，及时做好疏导和信息报送等工作。[1]

（六）打造一支“不走的扶贫工作队”

1. 重要论述

2017 年 2 月 21 日，中共中央政治局就我国脱贫攻坚形势和更好实施精准扶贫进行第三十九次集体学习。习近平总书记在主持学习时关于脱贫攻坚

[1] 《驻村工作队要切实发挥四个作用》，中国网，2018 年 8 月 15 日。

作出了专门的论述。他指出，要打造一支“不走的扶贫工作队”。要充实一线扶贫工作队伍，发挥贫困村第一书记和驻村工作队作用，在实战中培养锻炼干部，打造一支能征善战的干部队伍。农村干部在村里，脸朝黄土背朝天，工作很辛苦，对他们要加倍关心。[1]

乡村振兴，脱贫攻坚是一大硬仗。习近平总书记强调要打造一支“不走的扶贫工作队”，要以过硬的村干部队伍为统领，先进的村党员队伍为骨干，村致富带头人队伍为保障，优秀的村志愿者为队伍，持续推动“不走的扶贫工作队”整体功能不断跃升，使之成为脱贫攻坚、乡村振兴的中坚力量。

2. 湖北实践

湖北为贫困地区打造一支“不走的扶贫队”，强化贫困村产业发展和贫困户稳定脱贫保障机制，提高贫困村创业致富带头人带贫能力，健全完善全省贫困村创业致富带头人培育工作的体制机制，切实发挥贫困村创业致富带头人引领产业发展和群众增收的带动作用。发布《湖北省培育贫困村创业致富带头人实施方案》，实施贫困村创业致富带头人培育工程，重点是要解决贫困村致富带头人缺位、村级主导产业缺乏、项目带贫益贫效果不明显等问题，更好地发挥对贫困户稳定脱贫的引领带动作用，引导在外乡贤、大学生以及优秀外出务工人员回乡创业。

通过电商平台出售当地土特产品。农村土特产品质优量丰，但多年来由于交通不便，困在深山人未识。外出优秀务工人员利用自身经验，开创电商平台出售土特产品，让偏远的土特产插上飞出大山的翅膀。例如，五峰县委、县政府号召本县优秀人才回乡创业，大力支持他们创办电商平台，打造五峰县域农村电商综合性服务平台，出售茶叶、核桃、腊肉、土豆、生姜等土特产品。筛选可出售产品，实施标准化生产。首先对全域可出售土特产品来个大“盘查”，筛选出可供销售的产品。同时，在各个村设置站点，驻村指导农户标准化生产，以保证产品质量与供应，利用各种渠道动员优秀人才回乡共同创业，降低人员流失率。携手供应商家达成供货合作，携手当地政府举行电商扶贫工程。

饮水思源，“传、帮、带”体现社会责任。带动农户通过网络以更高的价格出售土特产品，同时，将家乡的秀美山川、民族民俗文化推广出去，带动

[1]　习近平：《在十八届中央政治局第三十九次集体学习时的讲话》（2017年2月21日）。

更多的当地村民发家致富。例如，帮扶本地残疾人通过电商平台打通竹编工艺销路，并注册成立竹艺公司，帮助家乡手工艺人把竹编工艺品放到了线上。通过众筹、网红直播等多渠道销售，提升产品附加值。通过与竹编手工艺人结成帮扶对子，带领他们脱贫致富。与此同时，依托电子商务公共服务中心、电子商务协会、劳动就业培训中心、县职教中心等，积极组织开展电商基础知识培训，将培训送到乡村，开展乡村电商讲堂。

3. 经验与启示

习近平总书记强调，打造一支“不走的扶贫工作队”，要加强贫困村“两委”建设，深入推进抓党建促脱贫攻坚工作，选好配强村“两委”班子，培养农村致富带头人，促进乡村本土人才回流。[1]

首先，选好配强村“两委”班子。村支“两委”班子是党委、政府农村工作的落脚点，在脱贫攻坚过程中，是冲锋陷阵的先头兵，是维系基层群众和党委、政府各级机构的桥梁。巩固农村执政基础，夯实扶贫的中坚力量，带领群众脱贫致富，就必须加强农村“两委”班子的建设，努力提高基层组织的领导水平和执政能力。优秀的村“两委”班子既是政策的宣传队，要始终把学习宣传习近平总书记关于扶贫工作的重要论述和党的扶贫政策贯穿工作全程，又是脱贫攻坚的先锋队，始终将脱贫作为工作中的重点。

其次，培养农村致富带头人。脱贫攻坚过程中，全靠贫困户自身或政府单向帮扶都无法实现持续稳定脱贫，部分贫困户需要长期的、专业的引导，才能实现真正的脱贫致富。通过社会培训、政策支持，培养本土创业致富带头人，打造一支“不走的扶贫工作队”。本土创业致富带头人通过培训后，学到了技能，掌握了营销理念，提高了思想认识。他们发展起来后，在当地就是一个示范，成为创业导师。同时，本土创业致富带头人与基层党组织紧密结合，把村干部培养成创业致富带头人，把优秀的创业致富带头人培养成为村干部，增强他们的帮带能力和致富能力。

最后，促进乡村本土人才回流。贫困地区要脱贫致富，人才是关键。增强乡村本土人才服务家乡的自觉。以乡情为桥梁、政策为引领、激励为导向，通过各种形式的宣传引导，鼓励支持乡村本土人才回流，使其既为建设家乡、

---

[1] 《打造一支“不走的扶贫工作队”——石城全面培育创业致富带头人的实践和启示》，人民网，2019 年 10 月 27 日。

脱贫攻坚贡献才智，又获得更好实现人生价值的机会。建立健全乡村本土人才回流机制。促进乡村本土人才回流，要建立健全有利于其返乡就业创业的长效机制。比如，建立乡村本土人才资源库，建立健全乡村本土人才服务管理机制。促进乡村本土人才回流，要注重营造选贤任能的环境，健全服务管理机制，为真正助力脱贫攻坚、想在农村干出一番事业的回流人才提供有力支持。[1]

四、脱贫攻坚的制度保障

（一）建立各负其责、各司其职的责任体系

1. 重要论述

2015 年 6 月 18 日上午，习近平总书记在贵阳主持召开部分省区市扶贫攻坚与“十三五”时期经济社会发展座谈会，发表了重要讲话：中央要抓好统筹，做好政策制定、项目规划、资金筹备、考核评价、总体运筹等工作。省级要负起总责，做好目标确定、项目下达、资金投放、组织动员、检查指导等工作。市（地）县要抓好落实，做好进度安排、项目落地、资金使用、人力调配、推进实施等工作。各级党委和组织部门要注意从扶贫开发工作一线考验干部，把干部在扶贫开发工作中作出的实绩作为选拔使用干部的重要依据。[2]明确的责任与职责的划分能够帮助做到分工明确、责任清晰。一旦出现问题，就能够非常迅速地找出问题环节，找到负责人。同时，各方也能协调运转，为脱贫攻坚提供坚实有力的制度保障。

构建责任体系的关键：凡事有交代，件件有着落，事事有回音。也就是说，做事要有始有终有反馈，最后成为一个闭环。2017 年 6 月 23 日，习近平总书记在深度贫困地区脱贫攻坚座谈会上强调：深度贫困地区脱贫攻坚要强化落地，吹糠见米，做到人员到位、责任到位、工作到位、效果到位。解决深度贫困问题，加强组织领导是保证。党中央强调要增强“四个意识”，这不是一个口号，不是一句空话，要落实在行动上。各级党委和政府要坚决落实党中央

[1] 吴超：《促进乡村本土人才回流》，《人民日报》2018 年 10 月 10 日。

[2] 习近平：《在部分省区市扶贫攻坚与“十三五”时期经济社会发展座谈会上的讲话》（2015 年 6 月 18 日）。

决策部署，坚定不移做好脱贫攻坚工作。深度贫困地区党委和政府要坚持把脱贫攻坚作为“十三五”期间头等大事和第一民生工程来抓，坚持以脱贫攻坚统揽经济社会发展全局。县级党委是全县脱贫攻坚的总指挥部，县委书记要统揽脱贫攻坚，统筹做好进度安排、项目落地、资金使用、人力调配、推进实施等工作。[1]

2019 年 4 月 16 日，习近平总书记在解决“两不愁三保障”突出问题座谈会上进一步指出要强化责任落实。习近平总书记强调，脱贫攻坚是全面建成小康社会必须完成的硬任务。各省区市党政主要负责同志要增强“四个意识”、坚定“四个自信”、做到“两个维护”，强化政治责任，亲力亲为抓好脱贫攻坚。省级分管扶贫的负责同志岗位特殊，要熟悉情况、钻研业务，当好参谋助手，抓好工作落实。各行业部门要围绕脱贫攻坚目标任务，按照“尽锐出战”要求，切实履职尽责、合力攻坚，对责任不落实、政策不落实、工作不落实影响任务完成的要进行问责。[2]

2. 湖北实践

为了贯彻落实习近平总书记所提出的“建立各负其责、各司其职的责任体系”，湖北省出台了《湖北省扶贫攻坚领导小组关于打赢脱贫攻坚战三年行动的实施意见》(下文简称《实施意见》)。《实施意见》从责任落实、政策落实、工作落实三个方面建立保障机制。政策落实方面，为了进一步落实脱贫攻坚责任制，《实施意见》明确提出市州党委和政府每两个月至少专题研究一次脱贫攻坚工作，各县市区党委和政府每月至少专题研究一次脱贫攻坚工作。同时，实施五级书记遍访贫困户行动。在脱贫攻坚期内，贫困县党政正职严格保持稳定，把主要精力用在脱贫攻坚上。

自脱贫攻坚战打响以来，湖北省荆州市沙市区自上而下不断建立健全责任落实体系，配套完善相应工作运行机制，推进脱贫责任全面落实，有力地助推了脱贫攻坚工作的深入开展。

一是坚持“三级书记”抓扶贫，党政“一把手”亲自抓、负总责，形成了

[1] 习近平:《在深度贫困地区脱贫攻坚座谈会上的讲话》(2017 年 6 月 23 日)，人民出版社 2017 年版，第 17 页。

[2] 习近平:《在解决“两不愁三保障”突出问题座谈会上的讲话》，《求是》2019 年 4 月 16 日。

层层抓落实的脱贫攻坚工作大格局，解决了扶贫工作不扎实、针对性措施不足、群众获得感不强等问题，切实将扶贫工作做深做细做扎实。

二是始终坚持全方位谋划，沙市区科学地制订了《沙市区打赢脱贫攻坚战三年行动实施方案》。在沙市区脱贫攻坚领导小组和作战指挥部精准调度下，每个工作组和工作专班各司其职，全区合力攻坚。另一方面，充足的财力是脱贫攻坚的坚实保障。近年来，沙市区财政统筹整合各类资金投入扶贫工作，为脱贫攻坚战提供源源不断的物质动力。

三是始终将强化责任制放在重要位置，进一步压紧压实脱贫攻坚责任。第一，压实主体责任。沙市区严格落实骨干领导每周一次常态化调研督导脱贫攻坚、部门"一把手"每月三天到联系村攻坚拔寨以及三级书记遍访贫困对象的要求，区委常委会、区政府常务会、区扶贫攻坚领导小组会定期研判扶贫工作。第二，强化专班牵头责任。沙市区指挥部的工作专班实行一季度一调度，以便能够及时解决工作推进过程中的突出问题，从而帮助切实推进行业扶贫。第三，压实帮扶责任。沙市区全区的驻村工作队、驻村队员以及帮扶干部深入一线开展结对帮扶，帮助核实完善扶贫档案资料、宣传落实扶贫政策、监督实施扶贫项目、推进农业发展等工作，实现全区包保全覆盖，区驻村帮扶工作专班每季度召开一次驻村工作队队长会议，分批次听取驻村工作队工作情况汇报，进而督促工作落实。第四，压实监督责任。近三年来，沙市区大力开展查处扶贫领域形式主义、官僚主义等活动，对那些违纪违规的人员按照严重程度实施相应的处分，包括党纪政务处分等手段。

3. 经验与启示

高效地落实责任到个人，重在理清责任链条、拧紧责任螺丝以及提高履责效能。沙市区这种通过强化责任来助力脱贫攻坚的做法可以概括为以下几点：在思想上，沙市区的各级领导班子始终将脱贫攻坚作为当前一项重要的政治任务。全区认真学习贯彻习近平总书记的指示，坚定了对打好打赢脱贫攻坚战的政治自觉，从而厘清了责任链条。在战略布局上，沙市区坚持"三级书记"抓扶贫，党政"一把手"亲自抓、负总责，形成了层层抓落实的脱贫攻坚工作格局，从而拧紧了责任螺丝。在贯彻落实工作上，沙市区将强化责任制放在重要的位置，通过压实主体责任、强化专班牵头责任以及压实监督责任等方法来落实。对于那些没有尽职尽责的领导干部，及时给予处分，从而提高了履责效能。这样一套体系有效地避免了各级扶贫主体责任不落实的现象发生，构建了一个健康有序的扶贫责任体系。

沙市区这些举措实现了各级之间责任的上下贯通、横向到边、纵向到底，做到了层层落实责任，使得人人肩上有指标，帮助打通之前扶贫工作中不畅通的节点，使得全盘激活，最终使得各项改革都能落地生根。中国脱贫攻坚力度之大、影响之深、规模之广前所未有，建立各负其责、各司其职的责任体系的意义在于：清晰的责权让中央的政策部署顺利传导到最末梢的村“两委”干部，从而让党政体系上的各层链条都能全速运转。

（二）建立精准识别、精准脱贫的工作体系

1. 重要论述

2012 年 12 月 29 日至 30 日，习近平总书记在河北省阜平县考察扶贫开发工作时发表的讲话提到：要真真实实把情况摸清楚。做好基层工作，关键是要做到情况明了。情况搞清楚了，才能把工作做到家、做到位。大家心里要有一本账，要做明白人。要思考我们这个地方穷在哪里；为什么穷；有哪些优势；哪些自力更生可以完成；哪些需要依靠上面帮助和支持才能完成。要搞好规划，扬长避短，不要眉毛胡子一把抓。帮助困难乡亲脱贫致富要有针对性，要一家一户摸情况，张家长、李家短都要做到心中有数。[1]“穷在哪里”“为什么穷”“有哪些优势”这些问题实际上是对贫困的一种精准识别，其意义在于帮助我们找出贫困的内因。内因是根源性的问题，只有精准识别到内因，才能辨别出外因。

实现精准脱贫要先准确识别出扶持对象。习近平总书记在参加十二届全国人大二次会议贵州代表团审议时的讲话中提到：精准扶贫要落实到“扶持谁”这一问题上，就是要对扶贫对象实行精细化管理，对扶贫资源实行精确化配置，对扶贫对象实行精准化扶持，确保扶贫资源真正用在扶贫对象身上、真正用在贫困地区。[2]

---

[1] 习近平：《在河北省阜平县考察扶贫开发工作时的讲话》（2012 年 12 月 29 日、30 日）。

[2] 习近平：《在参加十二届全国人大二次会议贵州代表团审议时的讲话》（2014 年 3 月 7 日）。

精准识别就像衣服上的第一粒扣子。第一粒扣子扣错了，后面的每一粒扣子都会扣错。2017 年 3 月 23 日，习近平总书记在中央政治局常委会会议审议关于 2016 年省级党委和政府扶贫开发工作成效考核情况的汇报上讲道：有的地区做法很好，派大量干部下去，一家一家摸底，然后公示，让村民来议贫，还要了解外面买没买房子、有没有务工、实际生活条件怎么样，经过一系列环节后才认定贫困户，认定以后群众也认同。识贫要弄准，否则扶的对象不对，从头就错了，第一粒扣子就扣错了。[1] 第一粒扣子扣错了，就得重新再来，前面的努力都会付诸东流。只有第一步走得对、走得稳，才能走好今后的每一步。精准识别作为精准扶贫的第一步，必须走好。

精准扶贫贵在精准。强调“精准”的意义就相当于一个射击选手参加打靶比赛一样，只有精准瞄准环中心，才能得高分，才能一击致命击败对手。扶贫路上的对手就是贫困，只有将这个对手扳倒在地，贫困群众才能摆脱贫困的干扰与束缚。2015 年 6 月 18 日，习近平总书记在部分省区市扶贫攻坚与“十三五”时期经济社会发展座谈会上指出：扶贫开发推进到今天这样的程度，贵在精准，重在精准，成败之举在于精准。搞大水漫灌、走马观花、大而化之、手榴弹炸跳蚤不行。要做到“六个精准”，即扶持对象精准、项目安排精准、资金使用精准、措施到户精准、因村派人（第一书记）精准、脱贫成效精准。各地都要在这几个精准上想办法、出实招、见真效。[2]

精准扶贫的目的是精准脱贫。2015 年 11 月 27 日，习近平总书记在中央扶贫开发工作会议上的讲话中强调：要加快建立反映客观实际的贫困县、贫困户退出机制，努力做到精准脱贫。具体来讲可以分为四个步骤。一是设定时间表，实现有序退出。贫困县摘帽要和全面建成小康社会进程对表，早建机制、早作规划，每年退出多少要心中有数。二是留出缓冲期，在一定时间内实行摘帽不摘政策。三是实行严格评估，按照摘帽标准验收。鼓励贫困县摘帽，但不能弄虚作假、蒙混过关，或者降低扶贫标准、为摘帽而摘帽。要严格脱贫验收办法，明确摘帽标准和程序，确保摘帽结果经得起检验。四是加强对脱

---

[1]　习近平：《在中央政治局常委会会议审议〈关于二〇一六年省级党委和政府扶贫开发工作成效考核情况的汇报〉时的讲话》（2017 年 3 月 23 日）。

[2]　习近平：《在部分省区市扶贫攻坚与“十三五”时期经济社会发展座谈会上的讲话》（2015 年 6 月 18 日）。

贫工作绩效的社会监督，可以让当地群众自己来评价，也可以建立第三方评估机制，以增强脱贫工作绩效的可信度。四是要实行逐户销号，做到脱贫到人。[1] 贫困县和贫困户退出贫困既拖不得也急不得，要循序渐进。当贫困村和贫困户达到了脱贫的标准时，需要留出享受扶贫政策的缓冲期，其意义在于帮助其巩固和培育自身的发展能力。脱贫的目的是真脱贫、脱真贫，不能为了在指定时间内完成上级指派的任务而虚假脱贫。

2. 湖北实践

所谓贫有百样、困有千种，每个贫困人口都有不一样的致贫原因。湖北省委十届六次全体（扩大）会议审议通过《中共湖北省委湖北省人民政府关于全力推进精准扶贫精准脱贫的决定》（下文简称为《决定》）。《决定》对湖北省做好精准扶贫脱贫工作作出总体部署，是具有湖北特色的扶贫脱贫攻坚决战的行动纲领。湖北省宜昌市五峰土家族自治县按照分乡镇试点、分类型实施、分对象施策、分层次规划的思路，针对贫困户不同的致贫原因，做到因户施策、精准帮扶。

一是分乡镇试点。五峰自治县采用“解剖麻雀”式的调研，摸清贫困户家底。五峰自治县的一些村落的领导班子采用调研辅助开展“践行三严三实，推进精准脱贫”主题调研活动。通过这一调研活动，参与扶贫工作的相关人员充分了解到了该村经济社会发展状况，随后顺利开展了建档立卡贫困户核查。主题调研活动也会对全县的其他乡镇产生积极的影响，从而为全县实施精准扶贫精准脱贫提供决策依据。

二是分类型识别。系统性地进行分类型识别的工作基础是对贫困户进行建档立卡。与此同时，要推进建档立卡的核查工作，避免弄虚作假，确保信息的准确性。五峰自治县按照“一察看二对照三计算四审定五分类六调整”的办法精准识别建档立卡贫困户，瞄准特困户。“一察看”是指主要察看住房、劳动力、教育、经济收入等情况；“二对照”是指按照五保低保家庭优先、重大疾病患者家庭优先、残疾人家庭优先、D级危房户家庭优先、重灾户家庭优先、有高中和大学生家庭优先“六优先”的原则，干部职工家庭不准、轿车家庭不准、老板家庭不准、“洋楼”家庭不准、懒汉家庭不准、赌博家庭不准、

[1]　习近平：《在中央扶贫开发工作会议上的讲话》（2015年11月27日），《习近平关于社会主义经济建设论述摘编》，中央文献出版社2017年版，第223～224页。

不履行赡养义务家庭不准的“七不准”要求，对优先纳入对象和不予纳入对象进行判别；“三计算”是指通过问卷调查和人均可支配收入测算等方式，进行建档立卡数据核查；“四审定”是指采用召开村民代表会议、公示公告等形式，接受群众监督；“五分类”是指对所有建档立卡贫困户，按照“五个一批”要求核查确认、对号入座；“六调整”是指按照“怎么进就怎么出”的程序，对建档立卡贫困户进行动态调整。

三是分对象施策。为了贯彻落实习近平总书记提出要将传统的“大水灌溉式”扶贫转变为“滴灌式”扶贫的重要指示，五峰自治县健全县乡干部“一对一”帮扶建档立卡贫困户工作机制，按照“扶思路、扶产业、扶技能、扶资金”的帮扶理念，对扶贫对象进行分类处理。由此可见，五峰自治县在精准施策、有的放矢的工作上下足了功夫，着力提高了精准扶贫、精准脱贫实效。

四是分层次推动。分层次推动有助于将扶贫工作上下贯通起来，使得各层“链条”高效运转。五峰自治县以“十三五”经济社会发展规划为蓝本，制订全县精准扶贫、精准脱贫计划，出台了“县摘帽、村出列、户脱贫”的路线图和时间表，具体工作可以简单地概括为以下几点：坚持把“户脱贫”作为工作底线，着力于“五个一批”，解决贫困户脱贫的问题；坚持把“村出列”作为工作轴线，着力于基层组织建设、村集体经济发展，解决贫困村基础设施落后、群众生产生活条件差、基本公共服务不均衡等问题；坚持把“县摘帽”作为工作标线，着力于新县城建设、特色产业培育、生态旅游发展等，解决县域经济不强、产业结构不优等问题。

3. 经验与启示

扶贫之举成败在于“精准”。精准的具体要求是：扶贫对象精准、项目安排精准、资金使用精准、措施到户精准、因村派人精准以及脱贫成效精准。这六个部分是具有一定的内在联系的。在扶贫过程中，只有将这六个具体要求联系在一起，才能使扶贫扶到点上，扶到根上。在落实“精准识别、精准脱贫”工作体系的构建上，五峰自治县的实践过程可以概括为以下几点：第一，分乡镇试点。分乡镇开展扶贫工作可以帮助具体落实到村到户到人，有助于提高后期的扶贫工作的效率。第二，分类型识别。建档立卡是精准扶贫的工作基础，推进建档立卡核查便于对贫困状况进行动态监测。同时，确保了信息的准确性，从而更好地帮助精准施策。第三，分对象施策。比如说，有的贫困户可能是因为缺乏某项技能而致贫，有的则是身体残缺而致贫，这两种人的帮扶措施肯定不一样。第四，分层次推动。五峰自治县制定了精准扶贫总体规划，按照贫困县摘帽、贫困村出列、贫困户脱贫这一规划，分层次进行。

（三）建立上下联动、统一协调的政策体系

1. 重要论述

一个上下联动、统一协调的政策体系必然是多维度的，包括健康、教育、社会保障等方面的政策，这样才可以将政策落实到扶贫工作的每个角落，然后才能使得政策兑现、落地生根。2017 年 2 月 21 日，习近平总书记在十八届中央政治局第三十九次集体学习时作出了如下讲话：目前看，财政、土地等政策支持力度很大，要抓好落实，交通扶贫、水利扶贫、金融扶贫、教育扶贫、健康扶贫等扶贫行动要加强，扶贫小额信贷、扶贫再贷款等政策要突出精准。脱贫攻坚期内扶贫政策要保持稳定，贫困县、贫困村、贫困人口退出后，相关政策要保持一段时间。驻村帮扶、东西部协作扶贫、定点扶贫等政策要继续执行。同时，要针对特困地区、特困群体和贫困村，研究制定特殊的政策措施，必要时采取一些超常规的办法推动脱贫。[1]

首先，健康问题可能引发贫困陷阱。比如说，由于生活在有害的环境中，工人可能会无法正常工作，儿童可能会因病无法正常上学，孕妇可能会生下不健康的婴儿，每一种情况都可能使当前的不幸转化成未来的贫穷。[2] 天有不测风云，患病是致贫返贫的重要原因。2016 年 8 月 19 日，习近平总书记在全国卫生与健康大会上的讲话中提到：据统计，我国农村贫困人口中患大病的有 240 万人，患长期慢性病的有 900 多万人。要深入实施健康扶贫工程，提高贫困地区医疗卫生服务能力，做到精确到户、精准到人、精准到病，通过加强人才培养、对口支援等形式提高当地卫生服务能力，保障贫困人口健康。[3] 应该加快建设健康扶贫工程、完善与健康有关的政策体系，从而帮助减

---

[1]　习近平：《在十八届中央政治局第三十九次集体学习时的讲话》（2017年2月21日）。

[2]　［印］阿比吉特·班纳吉、［法］埃斯特·迪弗洛：《贫穷的本质》，中信出版集团 2018 年版，第 52 ～ 53 页。

[3]　习近平：《在全国卫生与健康大会上的讲话》（2016年8月19日），《习近平关于社会主义社会建设论述摘编》，中央文献出版社 2017 年版，第 108 页。

少因病致贫返贫的群众。

教育是影响脱贫速度与质量的另外一个重要因素。特别是农村地区，缺少教育容易导致贫困代际传递。习近平总书记在河北省阜平县考察扶贫开发工作时作出了以下讲话：治贫先治愚。要把下一代的教育工作做好，特别是要注重山区贫困地区下一代的成长。下一代要过上好生活，首先要有文化，这样将来他们的发展就完全不同。义务教育一定要搞好，让孩子们受到好的教育，不要让孩子们输在起跑线上。古人有"家贫子读书"的传统。把贫困地区孩子培养出来，这才是根本的扶贫之策。[1] 但是对于那些贫困地区的家庭来说，孩子上学所产生的费用在短期内会使一个家庭陷入更深的贫困。所以，要深入实施教育扶贫工程，完善与教育有关的政策体系，做到上下联动、统一协调。

习近平总书记在陕甘宁革命老区脱贫致富座谈会上强调：家有良田万顷，不如薄技在身。要加强老区贫困人口职业技能培训，授之以渔，使他们都能掌握一项就业本领。[2] 对于贫困户而言，掌握一门技术相当于掌握了一门生财之道，能够帮助其脱贫。

对贫困人口而言，拥有完善的社会保障会增加他们的安全感。基本医疗、大病保险、医疗救助也是防止老百姓因病返贫的重要保障。党中央提出了贫困人口社保兜底政策。2019 年 4 月 15 日，习近平总书记在重庆考察石柱土家族自治县脱贫攻坚工作情况时强调：要把工作往深里做、往实里做，重点做好那些尚未脱贫或因病因伤返贫群众的工作，加快完善低保、医保、医疗救助等相关扶持和保障措施，用制度体系保障贫困群众真脱贫、稳脱贫。[3]

2. 湖北实践

为了贯彻落实习近平总书记提出的"建立上下联动、统一协调的政策体系"，湖北省政府积极响应，创新了体制机制。湖北省首创扶贫地方立法，出台了《湖北省农村扶贫条例》以及《湖北省促进革命老区发展条例》。湖北

[1]　习近平：《在河北省阜平县考察扶贫开发工作时的讲话》（2012 年 12 月 29 日、30 日）。

[2]　习近平：《在陕甘宁革命老区脱贫致富座谈会上的讲话》（2015 年 2 月 13 日）。

[3]　习近平：《统一思想一鼓作气顽强作战越战越勇　着力解决"两不愁三保障"突出问题》，《人民日报》2019 年 4 月 18 日。

省各市县也出台了符合区域特征的相关政策。

第一，健康扶贫政策。例如，湖北省荆门市设立健康扶贫补充医疗救助基金，并且提倡党政机关、人民团体、事业单位捐赠一天的办公经费，企业捐赠一天的利润，个体工商户捐赠一天的盈利，干部职工捐赠一天的工资，部队官兵捐赠一天的津贴或基本工资。荆门市希望通过公益救助，帮助贫困户和特殊困难人口减轻医疗负担，解决因病致贫、因病返贫问题。

第二，教育扶贫政策。例如，襄阳市谷城县成立以县政府、教育局和乡镇中心学校为三级组织领导的网络体系，统筹教育扶贫工作，协调解决问题。同时，结合当地的实际情况制订了《谷城县教育扶贫实施方案》。一是建立精准精确帮扶机制。谷城县将贫困家庭学生进行单列统计，逐一核实、登记造册、建档立卡。学校积极对上争取省、市等专项资金，主动衔接落实地方配套资金，加强资金使用管理，提高资金使用效益。二是健全“三包”结对帮扶机制。“三包”指的是领导干部包校、学校包村以及老师包生。领导干部包校是指建立机关干部联系学校教育扶贫工作制度，落实专门联校人员和专职经办人员，具体负责上情下达、下情上报及日常事务。学校包村是指建立学校联系行政村制度，每个学校联系辖区内的各个村，负责村辖区内所有建档立卡贫困家庭贫困学生统计、核实、资金发放，确保贫困学生统计不漏一人，资金发放不少一分。教师包生是指建立贫困中小学生、幼儿“一对一”结对帮扶制度，为每位贫困学生安排一名优秀老师，定期家访，认真开展学业辅导、心理咨询、人文关怀等，让贫困学生安心上学。三是构建动态多元帮扶机制。谷城县设立教育扶贫基金，并且适当提高贫困学生资助标准，扩大特别困难贫困学生补助范围，确保贫困家庭不因学举债。

第三，技术扶贫政策。小龙虾是潜江市的一张闪亮的名片，潜江市更是将小龙虾产业作为扶贫的重点对象。从事养殖业需要一定的技术，掌握科学的养殖技术可以提高小龙虾的存活率，也能更好地适应市场需求。为了提高养殖人员的技术水平，落实技术扶贫政策，潜江市出台了《潜江市小龙虾产业精准扶贫实施方案》和《潜江市小龙虾养殖精准扶贫技术培训实施方案》。潜江市以区、镇、处和村组为单位集中进行培训，方便农民参训。为了使参训农民能够真真正正学到知识，提高学习的趣味性，潜江市采用多样化的小龙虾养殖培训课程，有效避免了模式的单一化，提高了知识转化率。小龙虾培训课程采取课堂集中授课和现场实地讲解指导相结合的方式，让参训农民一听就懂，一学就会。同时，小龙虾产业培训内容比较丰富，涉及小龙虾市场行情、生物学特性、模式效益分析、养殖技术要点、病害防治等。经过培训，参训人员不但掌握了小龙虾养殖技术，还懂得如何把握市场，获得最大经济效益。

第四，社保扶贫政策。宣恩县是湖北省 37 个国贫县之一，贫困基数大、贫困发生率高、贫困程度深，脱贫攻坚工作难度大。为了充分发挥社会保障兜底在脱贫攻坚中的职能作用，有效保障困难群众的基本生活，该县及时印发了《宣恩县精准脱贫社会保障兜底专项行动实施方案（2018—2020 年）》。方案要求通过 3 年的专项行动，全面推进农村最低生活保障制定、农村特困供养制度、临时救助制度、代缴养老保险制度、残疾人“两项补贴”制度等政策的落实，实现应保尽保、应养尽养、应救尽救，确保到 2020 年建档立卡贫困人口中部分或者完全丧失劳动力、无法依靠产业扶持和就业帮助脱贫的家庭实施政策性保障兜底，让其有更多的获得感、幸福感、安全感。为了全面完成目标任务，该县精准扶贫指挥部明确了专项行动的 11 项具体内容，分别是落实低保标准、强化保障对象的动态管理、实行特殊群体重点救助、加强农村低保制度与扶贫开发政策有效衔接、落实救助供养标准、准确认定特困人员、推进农村福利院服务质量提升、发挥临时救助的再兜底作用、准确认定临时救助对象、落实养老保险代缴政策、落实残疾人“两项补贴”政策。

3. 经验与启示

在落实健康扶贫政策方面，荆门市设立健康扶贫补充医疗救助基金。教育扶贫能让贫困地区的孩子掌握知识、改变命运、造福家庭，是最有效、最直接的精准扶贫。[1] 在落实教育扶贫政策方面，谷城县成立以县政府、教育局和乡镇中心学校为三级组织领导的网络体系，统筹教育扶贫工作。扶贫应该重在扶技能。贫困人口的受教育水平、就业能力和发展活力的提高可以有效促进贫困人口可持续发展能力的培育，中心环节便是为贫困户提供技术指导、激发脱贫意愿。在落实技术扶贫政策方面，潜江市为了提高养殖人员的技术水平，对养殖人员进行全面的技术培训。有学者认为，贫困人口的生理性致贫因素增强，以生产为中心的开发式扶贫在增加贫困人口社会资本和社会安

[1] 刘传铁：《教育是最根本的精准扶贫》，《人民日报》2016 年 1 月 27 日。

全方面的作用呈现减弱趋势。[1] 因此，国家应该增强包括社会保障、社会权利救济在内的社会保护式的扶贫力度，保障贫困群体的基本生活水平，增强贫困人口的社会发展能力。

（四）建立保障资金、强化人力的投入体系

1. 重要论述

（1）建立保障资金的投入体系

充足的财政扶持资金是脱贫攻坚顺利进行的物质基础与保障。2015 年 6 月 18 日，习近平总书记在部分省市扶贫攻坚与“十三五”时期经济社会发展座谈会上的讲话中强调：要加大中央和省级财政扶贫投入，坚持政府投入在扶贫开发中的主体和主导作用，增加金融资金对扶贫开发的投放，吸引社会资金参与扶贫开发。要积极开辟扶贫开发新的资金渠道，多渠道增加扶贫开发资金。[2] 财政扶贫资金是扶贫开发的前提，特别是对于地方财政困难的西部地区而言，扶贫效果的好坏可以直接与上级政府下拨的财政扶贫资金的多少相挂钩。所以，要从多个维度增加财政扶贫资金的投入。

除了加大财政扶贫资金的投入外，还应提高财政扶贫资金的分配和使用效率。2015 年 11 月 27 日，习近平总书记在中央扶贫开发工作会议上也强调了财政扶贫资金分配和使用效率有待提高。从经济学的角度来看，任何经济事物的使用需要满足资源的配置价值，即用于扶贫的财政资金只有踏踏实实用在真正需要扶贫的对象上，用在适宜于当地发展的扶贫项目上，其使用效益才能实现最大化，减贫效果才是最好的。

影响扶贫资金效率的其中一个因素是资金的整合力度。在增加财政投入的同时，要加大扶贫资金整合力度。习近平总书记针对资金的整合问题强调：在中央层面，要抓紧对目标相近、方向类同的扶贫资金进行整合。要给贫困县更多扶贫资金整合使用的自主权，支持贫困县围绕本县突出问题，以脱贫规划为引领，以重点扶贫项目为平台，把专项扶贫资金、相关涉农资金、社会

---

[1] 左停、赵梦媛、金菁：《路径、机理与创新：社会保障促进精准扶贫的政策分析》，《华中农业大学学报（社会科学版）》2018 年第 1 期。

[2] 习近平：《在部分省区市扶贫攻坚与“十三五”时期经济社会发展座谈会上的讲话》（2015 年 6 月 18 日）。

帮扶资金捆绑使用。[1]

影响扶贫资金使用效率的另一个因素是扶贫资金的管理。扶贫资金对于贫困户来说具有重要的意义，是贫困群众的“救命钱”，所以要坚决杜绝腐败。2018 年 2 月 12 日，习近平总书记在打好精准脱贫攻坚战座谈会上强调：在资金使用管理方面，一些地方虚报冒领、贪占挪用扶贫资金等问题时有发生，主要发生在乡村两级。一些地方扶贫项目规划不科学不合理，资金闲置浪费。一些地方资金使用不公开不透明，群众不知晓、难监督。扶贫领域的“苍蝇式”腐败，虽然可能是单个案件金额不大，但危害不可小视。“蚁穴虽小溃大堤，蝗虫多了吞沃野。”如果任由这些行为滋生蔓延，积少成多，不仅会使脱贫成效大打折扣，而且将严重损害党和政府在群众心目中的形象。[2] 因此，各级领导一定要履职尽责，不辱使命，拒绝腐败，一心一意为人民谋福祉。

一方面要加大以政府为主导的财政资金的投入，另一方面还应该让市场发挥作用，即要做好金融扶贫这篇文章。习近平总书记在中央扶贫开发工作会议上强调：要鼓励和支持社会资本在贫困县发起成立村镇银行、小额贷款公司等小微型金融机构，增加农村金融产品和服务。要发挥财政资金“四两拨千斤”的导向作用，支持成立政府出资的担保机构，扩大扶贫贴息贷款规模，撬动更多信贷资金支持贫困户发展生产和就业创业。[3] 加快农村金融改革的步伐，首先应该深刻认识到金融扶贫的意义。金融扶贫的资金来源广，可以有效解决政府财政扶贫资金来源单一的问题，而且资金可循环使用。另一方面，金融扶贫能够加快促进扶贫工作和农村改革的有机结合，实现可持续发展。

（2）建立强化人力的投入体系

人才是第一资源，科技是第一动力。在脱贫攻坚过程中，党中央和省级政府要强化对人力的投入。脱贫攻坚任务能否完成，关键在人。2018 年 2 月 12 日，习近平总书记在打好脱贫攻坚战座谈会上也讲到：打好脱贫攻坚战，

---

[1] 习近平：《在中央扶贫开发工作会议上的讲话》（2015 年 11 月 27 日）。

[2] 习近平：《在打好精准脱贫攻坚战座谈会上的讲话》（2018 年 2 月 12 日），人民出版社 2018 年版，第 16 页。

[3] 习近平：《在中央扶贫开发工作会议上的讲话》（2015 年 11 月 27 日）。

关键在人，在人的观念、能力、干劲。贫困地区最缺的是人才。[1]

致富不致富，关键看干部。基层干部作为直接与贫困户打交道的关键性人物，是脱贫攻坚过程中需要重点培养的对象。2016年7月20日，习近平总书记在东西部扶贫协作座谈会上的讲话中提到：在脱贫攻坚战场上，基层干部在宣讲扶贫政策、整合扶贫资源、分配扶贫资金、推动扶贫项目落实等方面具有关键作用。要采取双向挂职、两地培训等方式，加大对西部地区干部特别是基层干部、贫困村致富带头人的培训力度，帮助西部地区提高当地人才队伍能力和水平，打造一支留得住、能战斗、带不走的人才队伍。[2]

与此同时，选派扶贫工作队是加强基层扶贫工作的有效组织措施，也是强化人力投入体系的一种有效方式，要遵循"因村选人组队"的原则。2015年6月18日，习近平总书记在部分省市扶贫攻坚与"十三五"时期经济社会发展座谈会上的讲话中强调：选派扶贫工作队是加强基层扶贫工作的有效组织措施，要做到每个贫困村都有驻村工作队、每个贫困户都有帮扶责任人。工作队和驻村干部要一心扑在扶贫开发工作上，强化责任要求，有效发挥作用。对在基层一线干出了成绩、群众拥护的驻村干部，要注意培养使用，让他们在扶贫开发工作中发挥更大作用。[3]

2. 湖北实践

（1）沙市区多管齐下用好财政扶贫资金

荆州市沙市区秉承财政扶贫资金是贫困群众的"救命钱"的指导思想，采用多种方法加强财政扶贫资金管理，逐年加大财政统筹资金整合力度，提升扶贫项目资金的使用效率和监管水平，确保扶贫资金的每一分钱都花在刀刃上。

一是规范资金使用。"打酱油的钱不能用来买醋"一直是沙市区各乡镇、部门开展扶贫工作的"心病"。这一现象反映出当前财政扶贫资金的分配存在一些问题，比如说，资金的分配太过于死板，使用不够灵活。有了钱不知道能不能用、用了钱不知道违不违规，是诸多"想干事，能干事"的扶贫干部开

---

[1]　习近平：《在打好精准脱贫攻坚战座谈会上的讲话》（2018年2月12日）。

[2]　习近平：《在东西部扶贫协作座谈会上的讲话》（2016年7月20日）。

[3]　习近平：《在部分省区市扶贫攻坚与"十三五"时期经济社会发展座谈会上的讲话》（2015年6月18日）。

展扶贫工作的“拦路虎”。为此，沙市区多次通过扶贫攻坚领导小组会议及月度扶贫工作调度会上对财政部新出台的《中央财政专项扶贫资金管理办法》进行专题培训，对负面清单进行逐一解读，明确各乡镇、部门在扶贫资金和项目上的具体责任。这一举措为资金的使用指明了方向，也杜绝了资金使用一发了之的情况。

二是提前选择项目、择优实施项目。沙市区按照国家关于完善县级脱贫攻坚项目库建设指导意见，不断完善项目库建设与管理。每年四季度对入库项目及时调整，按照规定流程补充新项目入库，对无法实施的项目调整出库，实现项目进出有序；在每年 11 月前选择下年度实施的扶贫项目，确保项目落地见效，实现建设资金投入的良性循环；加大结转结余财政扶贫资金消化力度，对结余资金通过及时整合到其他项目或收归国库等方式予以消化，决不允许财政扶贫资金长期在账上“趴窝”。

三是强化督办力度。沙市区扶贫攻坚作战指挥部成立专班，对年度实施的财政扶贫项目进行定期检查，以督察通报的形式，针对实施进度缓慢、收益分红不到位、结余结转资金较大等问题项目进行重点督办，并将问题台账移交给项目所属乡镇党委，由上至下督促各村整改销号。此举有效改变了以往项目资金拨付跨年、贫困户参与度低、资金结余结转量大等问题，加快了项目的实施进度，带动了更多贫困户增产增收。

（2）郧西县强化人才支撑助力精准扶贫

一是加强人才选用，形成扶贫合力。十堰市郧西县积极承接省市人才项目，抢抓“博士服务团”服务基层计划的有利时机，引进高层次人才进行科技扶贫；积极外引人才回乡扶贫，以“双回归”工程为载体，促使人才回乡、企业回迁、价值回归，并且引导在外创业成功人士回村担任村干部、领办企业、发展特色产业，带领群众脱贫致富；组织党员干部力量下移扶贫，在“千名干部进万家，访民情保平安促发展”活动中，组织机关干部与村级干部组成县乡村三级工作队，按照“五个一”（确定一个增收目标、找准一个增收项目、落实一个帮扶措施、直接扶持或协调一笔资金、一月入户一次）要求，开展精准扶贫工作。

二是加强人才帮扶，增强扶贫成效。郧西县统筹整合各类人才力量，积极引导各类专业人才带着专业、技术、信息和服务进村入户，为精准扶贫提供智力帮扶；举行农业专家基层行活动，农业技术专家通过现场技术指导、专题培训、科普宣传等方式，开展蔬菜、桑蚕、农机、林业、气象等方面的专题培训；开展“千名医生入万户家庭惠十万群众”活动，整合“技能就业计划”“雨露计划”等资源，开展劳动技能培训，帮助贫困劳动力掌握一技之长。

三是加强人才培育，提升扶贫水平。郧西县加强党政干部培训，从脱贫思路上精准扶贫。充分利用市县党校教育培训平台，将精准扶贫的政策法规、各地的成功经验和先进典型纳入党校的教学计划之中，在精准扶贫思路上、措施上、机制上对党政干部进行系统化培训。加强专业技术培训，从智力支撑上精准扶贫。充分利用县委党校对农业人才、医护人才、教育人才等人才进行专业技术培训，积极和省市开展教育培训交流合作。加强产业带头人培育，从产业发展上精准扶贫。建立领导干部联系优秀人才工作机制，发挥市场和政府的作用，大力培植龙头企业、农民专业合作社、家庭农场、种养大户等产业带头人。

3. 经验与启示

资金是影响脱贫攻坚进度的一个重要因素。仅仅靠政府加大财政支持是不够的，还需要对财政资金进行有效分配，提高扶贫资金的整合力度，从而使扶贫资金的使用效率提高，达到资源配置与使用最优的效果。一方面，要防止资金管理的腐败。另一方面，要对资金的使用采取正确引导。荆州市沙市区多管齐下用好财政扶贫资金，在事前规范资金使用，之后择优选择项目，同时加大监督力度，确保了扶贫资金的每一分钱都花在刀刃上。

随着经济社会的发展，人力资本对经济的贡献作用越来越大。人的素质、知识、技能等对经济的发展越来越具有决定性作用。对于农村的贫困地区而言，人才缺失是非常严重的。因此，强化人力投入体系的建设就显得尤为重要。十堰市郧西县通过加大人才的外引内育力度、加强人才帮扶以及人才培育，解决了农村精准扶贫人才不够、层次不高、智力短缺的难题，形成了各类人才齐力推动精准扶贫的工作合力，为精准扶贫的顺利实施提供了人才保障。

（五）建立因地制宜、因村因户因人施策的帮扶体系

1. 重要论述

2013 年 11 月 3 日，习近平总书记在赴湘西土家族苗族自治州花垣县排

碧乡十八洞村调研扶贫攻坚时讲到：扶贫要实事求是，因地制宜。要精准扶贫，切忌喊口号，也不要定好高骛远的目标。[1]

精准施策是实施精准扶贫的要求。简单地把所有扶贫措施同每一个贫困户挂钩是不合理的做法，也可能会产生新的矛盾点与不稳定性。2015 年 6 月 18 日，习近平总书记在部分省区市扶贫攻坚与“十三五”时期经济社会发展座谈会上强调：治病要找病根，扶贫也要找“贫根”。对不同原因、不同类型的贫困，采取不同的脱贫措施，对症下药、精准滴灌、靶向治疗。各地要通过深入调查研究，尽快搞清楚现有贫困人口中，哪些是有劳动能力、可以通过生产扶持和就业帮助实现脱贫的，哪些是居住在“一方水土养不起一方人”的地方、需要通过易地搬迁实现脱贫的，哪些是丧失了劳动能力、需要通过社会保障实施兜底扶贫的，哪些是因病致贫、需要实施医疗救助帮扶的，等等。[2]

贫困人口中有一部分是具有劳动能力、有耕地或其他资源，但缺资金、缺产业、缺技能的，于是就产生了“发展生产脱贫一批”这一途径。实施这一途径的关键是要立足于当地资源，扶持发展具有本地特色的产业，实现就地脱贫。在 2018 年 11 月 27 日召开的中央扶贫开发工作会议上，习近平总书记特别指出：对这类贫困地区和贫困人口，要把脱贫攻坚重点放在改善生产生活条件上，着重加强农田水利、交通通信等基础设施和技术培训、教育医疗等公共服务建设，特别是要解决好入村入户等“最后一公里”问题。要支持贫困地区农民在本地或外出务工、创业，这是短期内增收最直接见效的办法。劳务输出地政府和输入地政府，对贫困人口外出务工要多想办法、多做实事。[3]

习近平总书记在中央扶贫开发工作会议上的讲话也指出：易地搬迁脱贫一批，这是一个不得不为的措施，也是一项复杂的系统工程，政策性强、难度大，需要把工作做深做细。各地在移民搬迁中几乎都遇到了一个问题，就是越贫困的农户越拿不出钱，结果就越享受不到政府补助。要通过整合相关项

[1]　习近平：《赴湘西土家族苗族自治州花垣县排碧乡十八洞村调研扶贫攻坚时的讲话》（2013 年 11 月 3 日）。

[2]　习近平：《在部分省区市扶贫攻坚与“十三五”时期经济社会发展座谈会上的讲话》（2015 年 6 月 18 日）。

[3]　习近平：《在中央扶贫开发工作会议上的讲话》（2015 年 11 月 27 日）。

目资源、提高补助标准、用好城乡建设用地增减挂钩政策、发放贴息贷款等方式，拓宽资金来源渠道，解决好扶贫搬迁所需资金问题。要做好规划，合理确定搬迁规模，区分轻重缓急，明确搬迁目标任务和建设时序，按规划、分年度、有计划组织实施。要根据当地资源条件和环境承载能力，科学确定安置点，尽量搬迁到县城和交通便利的乡镇及中心村，促进就近就地转移，可以转为市民的就转为市民。要想方设法为搬迁人口创造就业机会，保障他们有稳定的收入，同当地群众享受同等的基本公共服务，确保搬得出、稳得住、能致富。一些贫困群众虽然生活艰难，但故土难离观念很重。要坚持群众自愿、积极稳妥，尊重群众意愿，加强思想引导，不搞强迫命令。也就是说，易地搬迁脱贫这一项目在实施过程中，要以尊重群众意愿为前提，加强对贫困户的思想引导；以科学的规划为依托，高效地解决资金问题，并且科学地确定安置点。[1]

有些地方虽然生存条件差，但其所处的生态系统非常重要，因此可以结合生态环境保护和治理，探索一条生态脱贫的新方式，于是就产生了“生态补偿脱贫一批”这一途径。习近平总书记在中央扶贫开发工作会议上的讲话也对这一途径作出了指示：要加大贫困地区生态保护修复力度，增加重点生态功能区转移支付，扩大政策实施范围。要加大贫困地区新一轮退耕还林还草力度，对贫困地区二十五度以上的基本农田，可以考虑纳入退耕还林范围，并合理调整基本农田保有指标。中央财政用于国家重点生态功能区的生态补偿资金使用不够精准，有些被省里截留平均分配了，有些拨付到县里后被挪作其他用途了，要做些改革。[2]

有一些贫困地区的教育发展面临着比较大的困难，众所周知，教育能够培养经济与社会发展需要的劳动力，促进人的发展，推动经济增长，于是就产生了“发展教育脱贫一批”这一途径。同样，习近平总书记在中央扶贫开发工作会议上也对“发展教育脱贫一批”作出了指示：贫困地区教育事业是管长远的，必须下大气力抓好。脱贫攻坚期内，职业教育培训要重点做好。一个贫困家庭的孩子如果能接受职业教育，掌握一技之长，能就业，这一户脱贫就有希望了。国家教育经费要继续向贫困地区倾斜、向基础教育倾斜、向职业教育倾斜，特岗计划、国培计划同样要向贫困地区基层倾斜。要帮助贫困地区改善办学条件，加大支持乡村教师队伍建设力度，建立省级统筹乡村教

[1][2] 习近平：《在中央扶贫开发工作会议上的讲话》（2015 年 11 月 27 日）。

师补充机制。要探索率先从建档立卡的贫困家庭学生开始实施普通高中教育免学（杂）费，落实中等职业教育免学（杂）费政策，实行大城市优质学校同贫困地区学校结对等帮扶政策。要对农村贫困家庭幼儿特别是留守儿童给予特殊关爱，探索建立贫困地区学前教育公共服务体系。[1]

有一些贫困人口致贫的原因是因为完全或部分丧失劳动能力，一定的社会保障可以缓解或者降低他们进一步加深贫困的风险，于是就产生了“社会保障兜底一批”这一途径。习近平总书记在中央扶贫开发工作会议上提到：目前，农村扶贫标准由国家统一确定，而农村低保标准则由地方确定，相当多地方两个标准有一定差距。要统筹协调农村扶贫标准和农村低保标准，按照国家扶贫标准综合确定各地农村低保的最低指导标准，低保标准低的地区要逐步提高到国家扶贫标准，实现“两线合一”，发挥低保线兜底作用。还要加大其他形式的社会救助力度，对因灾等造成的临时贫困群众要及时给予救助，加强农村最低生活保障和城乡居民养老保险、五保供养等社会救助制度的统筹衔接。[2]

2. 湖北实践

保康县是湖北省深度贫困县，也是襄阳市唯一的全山区县，群众生存条件差。两峪乡位于保康县东南部，贫困发生率达 41.9%。两峪乡境内七成以上地区属典型的喀斯特地貌，贫困人口大多集居在高寒贫瘠、干旱缺水的山区，生存条件恶劣，自然灾害频繁，资源匮乏，交通闭塞，群众文化素质偏低，基本上处于一方水土养不活一方人的状况。两峪乡认真落实习近平总书记关于扶贫工作的重要论述，对“一方水土养不活一方人”的贫困群众实施易地扶贫搬迁，同时坚持“挪穷窝”与“换穷业”并举、“输血”和“造血”同步，创新易迁资产收益扶贫模式，稳步提升搬迁群众收入，实现搬得出、稳得住、能致富的目标。

正如习近平总书记所说的，通过易地搬迁这一方式脱贫，后续工作处理不当可能产生一些问题。2017 年，搬迁群众搬至两峪乡双堰湾集中安置点后，稳住难、发展难以及致富难的问题便逐步凸显。搬迁前，贫困群众依靠住处附近的山林、土地等资源能发展种植业，养殖猪、牛、羊、鸡等家畜，能保障基本生活。搬迁后，由于距原居住地远，搬迁群众回原居住地发展产业成本

[1][2]　习近平：《在中央扶贫开发工作会议上的讲话》（2015 年 11 月 27 日）。

高，收入骤减。在发现“三难”问题之后，两峪乡党委、政府迅速将工作重心调整到易地扶贫搬迁后续帮扶和稳定脱贫上来，立足山区实际和搬迁贫困群众需求，创新推行资产收益扶贫方式。

为了解决“三难”问题，保康县因地制宜，出台了《保康县推进易地扶贫搬迁集中安置点产业发展的意见》。另外，两峪乡党委以及政府立足于现有配套产业发展资金，采取“企业＋合作社＋基地＋农户”模式，成立专业合作社，鼓励易迁户和农户入社，将产业发展资金投资在蓝莓项目和门面房建设这两个方面。两峪乡的合作社采取“自愿入股、股本多样化、村委会监督、保底分红”模式。在这一模式出台后，安置点及周边村贫困户纷纷入社。

为了防范化解市场风险，确保安置点资产保值增值，两峪乡党委始终坚持市场导向，推动安置点资产市场化运作，积极防范。比如说，两峪乡成功打造了具有本地特色的蓝莓品牌。同时，两峪乡借助全域旅游发展、乡村振兴战略实施等有利契机，发展蓝莓采摘休闲旅游项目，全力催生门票经济，增加采摘收入。

除了化解风险，还应保障收益稳定。为了确保如期脱贫，两峪乡政府也做足了工作，具体措施有以下几点。第一，两峪乡研究制订《两峪乡双堰蓝莓种植合作社收益分配方案》，使得社员可以取得合作社收益的分红。第二，积极创造搬迁群众就地增收的机会。当蓝莓基地需要蓝莓种植、采摘等务工劳力时，合作社统一安排搬迁群众前去务工，从而增加他们的劳务收入。第三，对搬迁群众原居住地山林、土地等资源进行整合。比如说，通过成立村级专业合作社、种养大户带动等方式，帮助流转搬迁户土地，盘活搬迁户资产资源，增加他们的收入。第四，大力发展产业促增收。比如说，两峪乡稳步发展烟叶、茶叶、药材、核桃等特色产业。第五，及时掌握企业用工需求，引导搬迁群众就地就近就业。同时，加强与沿海发达城市、省内经济发达地区工作对接，及时发布企业用工信息，引导安置点贫困劳动力劳务输出。第六，扎实开展农村电商、烟叶种植等实用技术培训，提高搬迁群众技能水平和就业创业能力。第七，立足安置点实际需要，设置保洁员、房屋管理员、水电工等公益性岗位，优先安排安置点搬迁群众就业，由乡政府统一购买服务，重点帮助劳动能力较弱的“零就业”搬迁家庭。

3. 经验与启示

在“五个一批”脱贫方式中，易地搬迁脱贫最为复杂。生存条件恶劣是他们的共同特征，但是这些搬迁的贫困户可能还叠加了许多其他致贫原因，比如说，患有疾病、受教育程度低、家庭劳动力少等。为了实现通过易地搬迁脱贫一批，在搬迁的同时就需要为搬迁户提供相应的帮扶，但仅仅依靠搬迁是不能实现易地扶贫搬迁目标的。习近平总书记也曾说过，易地搬迁脱贫是一项复杂的系统工程，政策性强、难度大，需要把工作做深做细。在搬得出的问题解决后，后续的持续发展才是关键。同时，搬迁后特别容易产生一些问题，如果处理得不好，很可能再度返贫。为了帮助这些搬迁的贫困户在搬迁定居地获得稳定的收入，也需要对搬迁地集中安置地进行考察，考察到底适合发展什么样的产业，确立稳定的帮扶体系。

保康县两峪乡搬迁群众在搬迁后面临着“三难”问题（即发展特色农林业无资源、发展劳务经济无意愿、发展养殖业无条件），搬迁群众日后的生活没有保障。两峪乡党委、政府立足于现有配套产业发展资金，推行安置点资产收益扶贫方式，采取“企业＋合作社＋基地＋农户”模式，成立专业合作社，易迁户和农户均可入社。同时，一边化解市场风险，一边保障资金稳定，确保了如期脱贫。

（六）建立广泛参与、合力攻坚的社会动员体系

1. 重要论述

滴水不成海，独木难成林。贫困问题仅仅靠政府或市场都难以有效地解决，集中力量办大事是社会主义的最大优势，只有积极地汇聚各方力量，才能更好、更快、更有效率地实现脱贫致富。在 2015 年 11 月 27 日召开的中央扶贫开发工作会议上，习近平总书记进一步强调：调动各方力量，加快形成全社会参与的大扶贫格局。“人心齐，泰山移。”脱贫致富不仅仅是贫困地区的事，也是全社会的事。要更加广泛、更加有效地动员和凝聚各方面力量。要强化东西部扶贫协作。东部地区不仅要帮钱帮物，更要推动产业层面合作，推动东部地区人才、资金、技术向贫困地区流动，实现双方共赢。不仅要推动省级层面协作，而且要推动市县层面协作。守望相助、扶危济困是中华民族的传统美德。要研究借鉴其他国家成功做法，创新我国慈善事业制度，动员全社

会力量广泛参与扶贫事业，鼓励支持各类企业、社会组织、个人参与脱贫攻坚。同时，要引导社会扶贫重心下沉，促进帮扶资源向贫困村和贫困户流动，实现同精准扶贫有效对接。[1]

2016年7月20日，习近平总书记在银川主持召开了东西部扶贫协作座谈会，指出要鼓励、激发企业加入脱贫攻坚战中来，强调：加大产业带动扶贫工作力度，关键是要激发企业到贫困地区投资的积极性，使企业愿意来、留得住。中央出台了一系列关于企业参与脱贫攻坚的支持政策，如吸纳农村贫困人口就业的企业按规定享受税收优惠、职业培训补贴等政策支持，落实企业和个人公益扶贫捐赠所得税税前扣除的政策，对带动贫困人口脱贫的企业给予扶贫再贷款的政策，等等。[2]

同时，在这次会议上习近平总书记也指出要使得东西部扶贫协作和对口支援这一方式长久地持续下去，并且对东西部扶贫协作和对口支援作出了新的要求：新形势下，东西部扶贫协作和对口支援要注意由“输血式”向“造血式”转变，实现互利双赢、共同发展。西部地区产业支撑带动能力不强，自身造血功能比较弱，靠过去单一的、短期的、救济式的送钱送物难以从根本上解决问题。西部地区资源富集、投资需求旺盛、消费增长潜力巨大、市场广阔，这对东部地区发展来说是重要机遇，可以动员东部地区企业广泛参与。[3] 也就是说，我们要转换以前以“输血”为主的帮扶方式。只注重“输血”而不重视“造血”必然不能使得机体长久地焕发生机，只有培养其“造血”功能才能真正地增强其“免疫能力”，才能从根本上解决问题。

2. 湖北实践

湖北省恩施州鹤峰县通过不断完善和创新企业与农民之间的利益联结机制，激发参与扶贫的积极性，形成了一套比较完整的“企业主力”扶贫机制。这套扶贫机制可以概括为以农业企业为龙头、以“161”机制为支撑、以千家万户为支点的产业扶贫之路。其中，“161”中两个“1”分别指企业与农户，“6”指的是六种方式和途径，包括加工厂、合作社、大户、基地、就业和电商。总的来说，这套扶贫机制可以概括为以下六种模式：第一，“企业＋加工厂＋农户”，即“车间前移”与“驻点扶贫”相结合；第二，“企业＋合作社＋农户”，

---

[1] 习近平：《在中央扶贫开发工作会议上的讲话》（2015年11月27日）。

[2][3] 习近平：《在东西部扶贫协作座谈会上的讲话》（2016年7月20日）。

即“集约经营”与“对焦扶贫”相结合；第三，“企业＋大户＋农户”，即“产品创新”与“示范扶贫”相结合；第四，“企业＋基地＋农户”，即“源头管理”与“集中扶贫”相结合；第五，“企业＋就业＋农户”，即“就近用工”与“爱心扶贫”相结合；第六，“企业＋电商＋农户”，即“市场拓展”与“智慧扶贫”相结合。

鹤峰县是生态农业大县，有茶叶、烟叶、蔬菜、林果等特色农产品板块基地。精准扶贫攻坚战打响以后，该县作为国家级重点贫困县之一，围绕 2017 年在全州率先脱贫目标，在茶叶资源上大做文章，积极探索产业扶贫之路。

第一，坚持党的领导，以政府为主导，充分调动企业参与产业扶贫的思想自觉和行动自觉，使之成为产业扶贫的中坚力量。为了让企业主动地参与到扶贫工作中来，县乡党委、政府以“万名干部进万企”“千企帮千村”等活动为契机，围绕“产业扶贫，企业助力”主题，召开了各个层次的精准扶贫工作动员会、座谈会、研讨会，与企业深入研究产业扶贫政策，探讨产业扶贫措施，寻求产业扶贫途径。通过宣传引导、畅谈交流，企业负责人普遍认识到，精准扶贫不仅是党委、政府的一项重大政治任务，也是包括企业在内的全社会的共同责任，更是一次国家投入大、优惠政策多，企业借力发展的空前机遇。企业只有主动在扶贫工作中有所作为，才能捕捉发展先机，赢得更多支持。鹤峰县内的企业纷纷转换思想观念，积极响应党委、政府号召，形成主动参与精准扶贫的热潮。

第二，不断激发企业的扶贫热情。扶贫是一项持久性的工作，因此仅让企业参与到扶贫工作中来还不够，还需要激发企业的扶贫热情，这样才能使得企业长久地、坚定地投入到这项事业中去。鹤峰县政府坚持“扶贫资金跟着扶贫项目”走，对扶贫企业大张旗鼓地给予鼓励支持，坚持“三个优先”。一是领导上给予优先支持。鹤峰县坚持对扶贫企业高看一眼、厚爱一分，加大领导支持和部门服务的力度。二是投入上给予优先保障。针对扶贫企业自身无力投入的水、电、路等产业基地配套设施，鹤峰县政府从扶贫项目中优先安排资金予以支持。三是政策上给予优先倾斜。鹤峰县出台金融激励政策，态度鲜明地支持扶贫企业，对参与扶贫并有扶贫业绩的企业在安排农业综合开发等项目时优先支持。

第三，积极创造宽松和谐的扶贫环境。鹤峰县各级党委、政府积极主动创造助推企业进行扶贫工作的良好环境和必要条件。例如，鹤峰县走马镇专门下发了《关于创优环境大力支持扶贫企业开展精准扶贫工作的通知》，要求镇直各单位、各村组，对企业进村开展精准扶贫工作必须大力支持、全力配合，为其提供必要的工作条件。同时，做好后勤保障，在基础数据、基本情况等方面必须按企业要求及时提供。另一方面，县领导在全县范围内大力弘扬企业的扶贫善举，及时对他们进行宣传推介，一批扶贫企业负责人不仅在县内被评为“最美鹤峰人”，还被推介到全国接受表彰。

通过这一系列举措，全面激发了全县重点企业扶贫帮困的信心和热情。企业真正走进了农村和贫困家庭，他们真心去帮、贴心去助、用心去扶，为全县扶贫事业贡献了巨大力量。更重要的是，在企业的帮扶带动下，广大群众变被动扶助为主动参与，变“政府输血”为“企业造血”，愿意为改变自身的生存状况主动努力，自我发展的内生动力明显增强，扶贫成果的稳定性和可持续性显著提高。

3. 经验与启示

社会力量参与精准扶贫，有助于实现精准扶贫的重心下移，有利于提升扶贫资源供给与农村贫困人口需求之间的有效衔接，从而提升精准扶贫资源配置的契合度，因而社会力量扶贫是精准扶贫资源配置的一种补充性吸纳机制。[1]

湖北省恩施州鹤峰县充分利用了企业这一社会力量，通过不断完善和创新企业与农民之间的利益联结机制来让企业积极主动地参与到扶贫工作中来。鹤峰县为了广泛动员企业这一社会力量参与到扶贫工作中，先是通过举办专题会议让企业负责人普遍认识到，精准扶贫不仅是党委、政府的一项重大政治任务，也是包括企业在内的全社会的共同责任。同时也让企业负责人意识到，参与扶贫工作对企业的发展来说是一次空前的大好机遇。只有主动在扶贫工作中有所作为，才能捕捉到发展先机，赢得更多支持。接着，为了让企业拥有长久地、坚定地投入到这项事业中去的热情，给予参与扶贫的企业一定的政策倾斜。最后，还给企业创造了宽松和谐的扶贫环境，助推企业扶贫工作的顺利进行。

---

[1] 陈成文、王祖霖：《“碎片化”困境与社会力量扶贫的机制创新》，《中州学刊》2017 年第 4 期。

反贫困具有显著的公共物品的属性，扶贫工作必须坚持以政府为主体，让政府发挥主导作用。但是，这并不代表扶贫工作只能靠政府源源不断的支持才能顺利开展。"政府输血"很重要，但是这绝对不是唯一途径。企业拥有雄厚的融资实力、丰富的社会资源以及灵敏的市场触角，是帮助"造血"的重要源头。鹤峰县变"政府输血"为"企业造血"这一扶贫方式，值得我们深入学习与思考。

（七）建立多渠道全方位的监督体系和最严格的考核评估体系

1. 重要论述

脱贫攻坚战的目的是实现贫困县摘帽、贫困人口脱贫。但是，我们要杜绝形式主义的脱贫。2015 年 11 月 27 日，习近平总书记在中央扶贫开发工作会议上强调：要实行严格评估，按照摘帽标准验收。鼓励贫困县摘帽，但不能弄虚作假、蒙混过关，或者降低扶贫标准、为摘帽而摘帽。要严格脱贫验收办法，明确摘帽标准和程序，确保摘帽结果经得起检验。要加强对脱贫工作绩效的社会监督，可以让当地群众自己来评价，也可以建立第三方评估机制，以增强脱贫工作绩效的可信度。对玩数字游戏、搞"数字扶贫"的，一经查实，要严肃追责。[1]

打赢脱贫攻坚战是一场持久战，需要多方的监督。2017 年 6 月 23 日，习近平总书记在深度贫困地区脱贫攻坚座谈会上提出：要加强检查督察，打赢脱贫攻坚战绝非朝夕之功，不是轻轻松松冲一冲就能解决的。党中央没有硬性要求地方提前完成脱贫任务，更何况贫困问题错综复杂的深度贫困地区。脱贫计划不能脱离实际随意提前，扶贫标准不能随意降低，决不能搞数字脱贫、虚假脱贫。要实施最严格的考核评估，坚持年度脱贫攻坚报告和督察制度，加强督察问责，对不严不实、弄虚作假的严肃问责。要加强扶贫资金管理使用，对挪用乃至贪污扶贫款项的行为必须坚决纠正、严肃处理。扶贫工作必须务实，脱贫过程必须扎实，脱贫结果必须真实，让脱贫成效真正获得群众认可、经得起实践和历史检验。[2]

除了多渠道全方位的监督体系外，还需要建立最严格的考核体系。实行

[1]　习近平：《在中央扶贫开发工作会议上的讲话》（2015 年 11 月 27 日）。

[2]　习近平：《在深度贫困地区脱贫攻坚座谈会上的讲话》（2017 年 6 月 23 日）。

最严格考核制度，是脱贫攻坚的根本要求。2017 年 3 月 23 日，习近平总书记在中央政治局常委会会议审议《关于二〇一六年省级党委和政府扶贫开发工作成效考核情况的汇报》会议上提出：要发挥考核指挥棒作用，对省级党委和政府脱贫攻坚工作成效进行考核，是倒逼各地抓好落实的重要手段。考核不能走过场，不能一团和气。考核不严格，对问题不较真，等于鼓励敷衍了事、弄虚作假。该批评的要严肃批评，该处理的要严肃处理，不怕揭短亮丑，不怕红脸出汗，要让搞形式主义、弄虚作假的人付出代价。对考核结果好的地区要通报表扬、给予鼓励，树立讲实效的导向。对问题突出的地区要问责批评，督促整改，发挥警示作用。要通过较真碰硬的考核，树导向、言规矩、压责任，确保脱贫攻坚工作质量。[1]

在进行考核之后，还应该注意考核结果运用。习近平总书记在此次会议上也强调：要把考核结果作为组织部门对省级党委和政府主要负责同志和领导班子综合评价的重要依据。这次考核工作做得扎实，方法比较实、比较严、比较生动，一些机制和方法可以在其他考核中运用。要认真总结，完善考核工作机制，坚持问题导向，敢于较真碰硬，使考核工作更加科学有效、符合实际，进而有力督促引导各地区做到精准扶贫、精准脱贫，不断提高脱贫攻坚工作成效。[2]

2. 湖北实践

2015 年 8 月 17 日，湖北省委组织部、省扶贫办联合出台《湖北省贫困县党政领导班子和领导干部经济社会发展实绩考核评价办法》（下文简称为《考核评价办法》）。《考核评价办法》规定：在 2015—2020 年期间，湖北省的 37 个贫困县的党委、政府领导班子和主要领导将接受年度评价考核。考核内容包括经济社会发展和精准扶贫两方面内容，总分值为 100 分，经济社会发展考核仅占 30% 的权重，精准扶贫占 70% 的权重。扶贫方面的考核内容由“扶贫成效”“基本生产生活条件、公共服务改善和产业发展”“资金投入和管理”“扶贫开发主体责任落实”“约束条件”5 个指标组成。按年度考核结果，湖北将对贫困县排列出 A（优）、B（良）、C（中）、D（差）四个等次。按照《考核评价办法》，考核结果为 A、B 等次的贫困县，以省委、省政府名义通报表扬，

[1][2] 习近平：《在中央政治局常委会会议审议〈关于二〇一六年省级党委和政府扶贫开发工作成效考核情况的汇报〉时的讲话》（2017 年 3 月 23 日）。

并在财政专项扶贫资金分配和项目安排时给予奖励和倾斜。《考核评价办法》将湖北省政府与贫困地区市（州）、县所签订的精准扶贫精准脱贫责任状中所规定的年度减贫人数和贫困县、贫困村“摘帽”计划，作为年度目标管理硬任务和扶贫开发评先表优的刚性条件，凡没有完成减贫目标任务的一律不得参加 A、B 类评选。考核结果为 C、D 等次的贫困县，由所在市（州）党委、政府主要领导约谈其党委、政府主要领导。特别是考核结果为 D 等次的贫困县，还将由省委组织部、省扶贫办约谈其党委、政府主要领导，督促整改。同时，上级将对连续三年考核结果为 A 等次的贫困县党委、政府主要领导，予以表彰和提拔重用；对连续两年考核结果为 D 等次且整改不力的贫困县党委、政府主要领导，将按干部管理权限进行组织调整。对于提前实现脱贫目标的贫困县，依据有关规定和程序，解除《国务院扶贫开发领导小组关于建立贫困县约束机制的通知》《省委办公厅省政府办公厅印发〈关于建立贫困县约束机制的实施意见〉的通知》中规定的贫困县限制或禁止的事项，但仍继续享受规划期限内的扶贫开发政策，次年起不再参与贫困县考核，并按有关政策予以表彰奖励。

表 1-4-1　市州党委和政府扶贫开发工作成效第三方机构核查指标

序号	考核内容	指标名称	权重
1	精准识别	贫困人口识别准确率	15
		贫困人口退出准确率	7
2	精准帮扶	群众对到村到户帮扶工作的满意度	13
3	扶贫投入	本级增列专项扶贫预算完成情况	5
		县级政府整合投入占资金总量的比重	5
合　计			45

表 1-4-2　贫困县党政领导班子和领导干部精准扶贫考核第三方机构核查指标

序号	指标组	指标名称	权重
1	减贫成效	减贫成效群众满意度测评	2
2	精准识别	贫困人口识别准确率（%）	3
		贫困人口退出准确率（%）	4
3	精准施策	特色产业带动贫困户的比率（%）	3
		成立了农村合作社的贫困村占全县贫困村比例（%）	1
		贫困户参加新农合就医报销比例提高情况	2

续表

序号	指标组	指标名称	权重
3	精准施策	农村留守老人、留守妇女、留守儿童服务体系建设	1
4	扶贫投入	整合资金占当年可整合资金的比例（%）	4
		政策规定的到户扶贫项目资金落实情况	3
		扶贫小额贷款贫困户覆盖率（%）	1
合　计			24

表 1-4-3　插花贫困县党政班子和干部扶贫成效考核第三方机构核查指标

序号	考核内容	指标名称	权重
1	精准识别	贫困人口识别准确率	15
		贫困人口退出准确率	7
2	精准帮扶	群众对到村到户帮扶工作的满意度	13
3	扶贫投入	本级增列专项扶贫预算完成情况	5
		县级政府整合投入占资金总量的比重	5
合　计			45

在具体落实方面，比如，湖北省十堰市房县在健全监督和考核评估体系方面，按照“四个等级”强化对精准扶贫精准脱贫工作的督察考评。具体做法如下：规定乡镇精准扶贫工作考评占年度工作目标考评总分值的 70%，县直成员单位占目标总分值的 30%，县直其他单位占目标总分值的 20%。考核结果设立 A、B、C、D 四个等次。考核结果为 A、B 等次的乡镇和县直单位，以县委、县政府名义通报表扬，对连续三年考核结果为 A 等次的乡镇党委、政府和县直单位主要领导予以表扬和提拔重用；考核结果为 C 等次的乡镇和县直单位，由县委、县政府主要领导约谈其党委、政府和县直单位主要领导；考核结果为 D 等次的乡镇和县直单位除约谈外，当年不得评为全县综合目标考核合格单位；连续两年考核结果为 D 等次且整改不力的乡镇党政正职和县直单位主要领导，就地免职专抓精准扶贫工作。房县把精准扶贫作为干部考察的重要内容，对表现突出的干部进行重点培养和提拔重用，问题严重、群众不满的干部不得评为称职等次，并视情况采取调整岗位、降职使用或免职处理。同时，对于调查程序不到位导致扶贫对象不精准或扶贫工作弄虚作假，执行政策不力或执行政策走样，工作进展缓慢或不能如期完成责任目标任务，违反政治纪律、组织纪律、廉政纪律、群众工作纪律和生活纪律，违反资金使

用要求或监督管理不力造成重大损失等行为，一律由上级部门严格按照相关程序依纪依规依法追究问责处理。

3. 经验与启示

从顶层设计到基层落实，各种政策与实际的适应性以及产生的综合效应，需要开展评估，为相关政策的完善提供依据。[1]湖北省出台的《考核评价办法》在很大程度上可以确保脱贫过程扎实、脱贫结果真实，从而使得脱贫攻坚成效经得起实践和历史的检验。由于这一套考核评价办法是有奖有惩的，所以在很大程度上能够绷紧各个贫困县党委、政府主要领导扶真贫、真扶贫的弦。湖北省实施对连续三年考核结果为 A 等次的贫困县党委、政府主要领导，予以表彰和提拔重用，可以起到激励干部的作用；对连续两年考核结果为 D 等次且整改不力的贫困县党委、政府主要领导，按干部管理权限进行组织调整，可以起到警示干部的作用。扶贫方面的考核内容由“扶贫成效”“基本生产生活条件、公共服务改善和产业发展”“资金投入和管理”“扶贫开发主体责任落实”“约束条件”这 5 个指标组成，可以比较全面地衡量与评价扶贫工作人员的扶贫工作效率与成效，避免扶贫工作的弄虚作假。湖北对于调查程序不到位导致扶贫对象不精准或扶贫工作弄虚作假，违反政治纪律、廉政纪律、群众工作纪律或违反资金使用要求或监督管理不力造成重大损失等行为，一律由上级部门严格按照相关程序依纪依规依法追究问责处理。

（八）建立党政“一把手”负总责的扶贫开发工作责任制

1. 重要论述

习近平总书记在贵州召开部分省区市党委主要负责同志座谈会，不但提出要强化扶贫开发工作领导责任制，还提出了将党政“一把手”负总责的扶贫开发工作责任制落到实处，并对这一工作责任制进行相关的阐述，认为党政“一把手”特别是贫困问题较突出地区的党政主要负责同志，肩上有沉甸甸的担子，身后有群众眼巴巴地期盼，职责所系、群众所盼，不能有丝毫懈怠。要当好扶贫开发工作第一责任人，履行领导职责，深入贫困乡村进行调查研

[1]　黄承伟：《论中国新时代扶贫理论实践研究》，《华中农业大学学报（社会科学版）》2019 年第 1 期。

究，因地制宜提出措施办法，亲自部署和协调落实。[1]

2017 年 12 月在北京召开的中央农村工作会议上，习近平总书记再次提出，“要强化党政“一把手”负总责的责任制，强化县级党委作为全县脱贫攻坚总指挥部的关键作用。各级党政部门要加强扶贫工作力量，选好配强干部。我在这里再次重申，脱贫攻坚期内贫困县级党政正职要保持稳定，干得好的可以就地提级。希望在这个岗位上的同志不辱使命，把党交给的光荣任务全面完成好。扶贫干部要增强责任感，扑下身子到村里同群众一起干，真正干出成效。群众不脱贫，干部不离村。要关心爱护脱贫攻坚一线干部，保护和调动他们的工作积极性”[2]。

习近平总书记在党的十九大后主持召开第一次脱贫攻坚座谈会，对党政“一把手”负总责的扶贫开发工作责任制作出了具体阐释，认为贫困县党委和政府对脱贫攻坚负主体责任，党政“一把手”是第一责任人，攻坚期内干部队伍要保持稳定，把主要精力用在脱贫攻坚上。对于不能胜任的要及时撤换，对于弄虚作假的要坚决问责。中央有关部门要研究制定脱贫攻坚战行动计划，明确年攻坚战的时间表和路线图，为打好脱贫攻坚战提供导向。[3]

2. 湖北实践

加强党对扶贫工作的领导有利于在脱贫攻坚过程中统筹全局、协调各方，有利于资源和人力的调度与合理使用，是打赢脱贫攻坚战的重要组织保障。建立并完善党政“一把手”负总责的扶贫开发工作责任制，体现了强大的组织领导能力。[4]湖北省将打赢脱贫攻坚战作为“第一民生工程”和“头等大事”来抓，以脱贫攻坚统揽经济社会发展全局，各级党委作为脱贫攻坚的第一责任主体，为赢得脱贫攻坚战的胜利奠定了政治基础和组织基础。

2012 年时任国务院副总理的李克强对恩施扶贫工作了重要部署：龙凤为点、恩施为片，在退耕还林、扶贫搬迁、移民建镇、产业结构调整等方面先行先试。湖北省成立由省委书记任第一组长、省长任组长的扶贫攻坚领导小组，

---

[1] 习近平：《在部分省区市扶贫攻坚与“十三五”时期经济社会发展座谈会上的讲话》（2015 年 6 月 18 日）。

[2] 习近平：《在中央农村工作会议上的讲话》（2017 年 12 月 28 日）。

[3] 习近平：《在打好精准脱贫攻坚战座谈会上的讲话》（2018 年 2 月 12 日）。

[4] 黄承伟：《脱贫攻坚彰显中国共产党治理能力》，《中国领导科学》2020 年第 3 期。

市、县两级也成立由党政主要领导为组长的扶贫攻坚领导小组，层层签订“军令状”。省里负责政策制定、宏观调研、工作计划、制定目标、调配重大项目、筹措资金等重大事项，市州党委、政府主导，县委、县政府作为作战单位具体落实。全省上下形成责任到人、任务上肩、上下贯通、横向到边、纵向到底的责任体系。[1]

龙凤镇被确定为综合扶贫改革试点之后，全省建立综合扶贫改革试点协调小组，帮助恩施市制定总体规划和专项规划，颁布了《关于在湖北省恩施市开展综合扶贫试点的报告》，提出“围绕扶贫搬迁、移民建镇、退耕还林、产业结构调整四项重点内容，加大产业及基础设施建设力度，引导群众向城镇、社区及居民点聚集”的思路，逐步形成“一主两副三轴四板块九个社区”。恩施市出台《龙凤镇综合扶贫改革试点城乡建设总体规划》，强调规划的引领作用，提出以武陵山片区区域发展和扶贫攻坚规划为指导，编制衔接好龙凤镇综合扶贫改革试点总体规划、镇村发展总体规划、土地利用总体规划、新型农村社区建设总体规划以及扶贫搬迁、移民建镇、退耕还林、产业结构调整等专业规划。这就为扶贫攻坚和乡村振兴提供了蓝图，也为前后衔接提供了政策基础。

恩施市龙凤镇综合扶贫改革试点以加快城镇化步伐和发展特色产业“双轮驱动”为重点，按照“一主两副三轴四板块九个社区”总体布局，先行先试，在创新扶贫发展方式的同时，也总结了很多经验。自成为全国扶贫改革试点以来，龙凤镇聚焦精准脱贫目标，立足于改革创新先行先试，着眼于村镇长远发展，加快乡镇政府职能转变，落实强化服务功能，健全服务机制，创新服务手段，增强服务意识，提升服务效能，人民生产生活方式发生重大改变，农民增收渠道得到有效拓展，探索出了一条治理体系和治理能力现代化的扶贫发展新路。探索城镇户籍管理制度，变农民为居民，发展壮大农村新社区。探索城镇及农村社区社会管理方式，强化基层组织及带头人队伍建设，提升推动经济发展和服务群众的能力，推进镇村党务、政务、村务公开，提高基层民主管理水平。培育多元公共服务组织，完善农村公益事业“以钱养事”新机制。深入开展民族团结进步创建活动，促进少数民族文化传承和发展，建设和谐

[1]　何红卫、乐明凯：《湖北：举全省之力打好扶贫攻坚战》，《农民日报》2015 年 8 月 17 日。

城镇、幸福城镇。

试点区域 15 个重点贫困村全部脱贫出列，到 2016 年底，该镇从全州率先脱贫出列，比 2020 年全国全面脱贫的目标整整提前了四年。2017 年龙凤镇进入由“扶贫试点”向“小康试点”转变阶段。龙凤镇综合扶贫改革试点为全国连片特困地区和少数民族地区县域乡镇全面脱贫并建成小康社会作出了良好示范。

3. 经验与启示

湖北每年召开全省扶贫攻坚动员誓师大会，深入学习贯彻习近平总书记系列重要讲话精神。各级党委、政府把扶贫开发作为一项重大政治责任和政治任务，担当起精准扶贫的主体责任，领导同志做清醒人、明白人，切实履行第一责任人的责任。按照军事作战原则，实行挂图作战，坚决打赢扶贫攻坚决胜之战。

“一把手”总负责制加大脱贫攻坚力度。扶贫工作既是政治任务，也是民生工程。加快发展是最好的扶贫，是最根本的脱贫。落实各级党政“一把手”的政治责任、各贫困县的主体责任、省直有关单位的部门责任，加大对贫困地区支持力度，统筹、汇聚和整合各种扶贫资源向最贫困区域和最困难人群聚集，形成加快区域发展和精准扶贫的强大合力。

“一把手”总负责制能够形成扶贫大合唱。要充分发挥市场配置资源的决定性作用，有效统筹整合各类资源，实现“三农”资源资本最大化；坚持用区域发展的理念谋划片区扶贫工作，解决区域发展的基础设施、产业、公共服务等瓶颈问题；要强化党委、政府的主体责任，坚持党政“一把手”负总责的扶贫责任制，积极动员社会各界参与，形成扶贫大合唱。

“一把手”总负责制体现党的组织领导能力。加强党对扶贫工作的领导有利于在脱贫攻坚过程中统筹全局、协调各方，有利于资源和人力的调度与合理使用，是打赢脱贫攻坚战的重要组织保障。建立并完善党政“一把手”负总责的扶贫开发工作责任制，体现了强大的组织领导能力。

五、脱贫攻坚的精准之道

（一）坚持扶持对象精准

1. 重要论述

扶贫必先识贫，要使精准扶贫长久有效，就必须先准确地识别出贫困家庭和贫困人口。2015 年 6 月 18 日，习近平总书记在部分省区市扶贫攻坚与“十三五”时期经济社会发展座谈会上指出：“精准扶贫，关键的关键是要把扶贫对象摸清搞准，把家底盘清，这是前提。心中有数才能工作有方。如果连谁是贫困人口都不知道，扶贫从何处发力呢？搞准扶贫对象，一定要进村入户，深入调查研究。”[1] 坚持扶贫对象精准是开展精准扶贫工作的前提，识好贫才能治好贫。

2015 年 11 月 27 日，习近平总书记在中央扶贫开发工作会议上指出：“精准识别贫困人口是精准施策的前提，只有扶贫对象清楚了，才能因户施策、因人施策。多年来，我国贫困人口总数是国家统计局在抽样调查基础上推算出来的，没有具体落实到人头上。也就是说，这么多贫困人口究竟是谁、具体分布在什么地方，说不大清楚。要问有多少贫困户，还可以回答个大概情况；要问谁是贫困户，则大多是说不准。”与此同时，习近平总书记在这次会议上还强调：“解决好‘扶持谁’的问题。扶贫必先识贫。建档立卡在一定程度上摸清了贫困人口底数，但这项工作要进一步做实做细，确保把真正的贫困人口弄清楚。只有这样，才能做到扶真贫、真扶贫。要提高统计数据质量，既不要遗漏真正的贫困人口，也不要把非贫困人口纳入扶贫对象。要把贫困人口、贫困程度、致贫原因等搞清楚，以便做到因户施策、因人施策。”[2] 因此，对于贫困人口认定，要抛弃以往统计推算的方法，而是要通过建档立卡来将这项工作做实做细。

2017 年 3 月 23 日，习近平总书记在中央政治局常委会会议审议《关于二〇一六年省级党委和政府扶贫开发工作成效考核情况的汇报》时指出：“精

[1] 习近平：《在部分省区市扶贫攻坚与“十三五”时期经济社会发展座谈会上的讲话》（2015 年 6 月 18 日）。

[2] 习近平：《在中央扶贫开发工作会议上的讲话》（2015 年 11 月 27 日）。

准扶贫，首先要精准识贫。识贫要下功夫。有的地区做法很好，派大量干部下去，一家一家摸底，然后公示，让村民来议贫，还要了解外面买没买房子、有没有务工、实际生活条件怎么样，经过一系列环节后才认定贫困户，认定以后群众也认同。识贫要弄准，否则扶的对象不对，从头就错了，第一粒扣子就扣错了。”[1] 由此可知，如何保证对贫困户的识别做到精准有效，一个重要的途径就是要引入民主评议。

精准识别是精准扶贫工作的“第一粒纽扣”，是精准扶贫取得良好成效的前提。只有先把“第一粒纽扣”系好，对于贫困户的后续帮助才能够顺利进行。当前，我国识别贫困人口的方法主要是通过建档立卡和基层民主评议来完成的。由于贫困问题具有多维性，所以在评议的过程中不仅仅要考虑农户的收入和消费水平，为了有效降低人为操作的可能性，还应该通过民主评议和否决性指标来剔除不符合标准的农户，坚持“应收尽收，应退则退”的原则。

2. 湖北实践

实践一：阳新县“阳光卡”精确认定贫困户

阳新县隶属湖北省黄石市，地处湖北省东南部、长江中游南岸，曾是国家级贫困县，于 2019 年 4 月实现脱贫摘帽。在精准扶贫工作开展之初，阳新县采取农户申请、入户调查、群众评议、公开公示、镇村联审、严格审批“六步工作法”，对全县贫困人口全面开展再识别、再确认，全面了解各贫困村的贫困人口和主要致贫原因。把 2800 元低保线作为贫困线最终界定标准，实现在贫困线标准和农村低保标准“双线合一”的基础上，综合考虑因病、因学、因灾、因残 4 种特殊困难和较大支出因素，将人均收入高于贫困线而实际生活困难的人口一并纳入扶贫对象。摸底后，2015 年初，阳新县有 98 个贫困村、11.47 万贫困人口。

阳新县在推进精准扶贫工作时制定了“帮就医、帮建房、帮就业创业、帮上学”的“四帮到户”优惠扶贫政策。但具体实施中发现，这些政策涉及部门多，内容多，加上大多数困难群众文化程度较低，理解把握政策难度大，难以操作，导致好的政策难以落地、落实、见效。2016 年，为解决落实政策“最后一公里”问题，该县梳理并制定了精准扶贫政策清单，针对全县精准识别

[1] 习近平：《在中央政治局常委会会议审议〈关于二〇一六年省级党委和政府扶贫开发工作成效考核情况的汇报〉时的讲话》（2017 年 3 月 23 日）。

的2万多户贫困户，分门别类制作帮扶“阳光卡”，一户一卡一策，贫困户需要什么就给予哪类政策的帮扶。

在“阳光卡”上记载有帮扶政策摘要、贫困人口姓名、身份证号码、主要帮扶项目、帮扶责任人及联系电话。贫困户拿着这张卡到相关职能部门信息系统进行身份识别后，就可直接享受各项精准扶贫政策，并且系统会及时做好记载，能起到很好的跟踪监督作用，直到贫困户脱贫为止。

借助这张“阳光卡”，阳新县打通了群众享受政策的“快车道”。2016年，阳新县扶持就业创业9860余人，改造土坯房1084户，资助贫困生800人，各类帮扶资金达1亿余元。并且通过推进精准扶贫政策的落实，阳新县制定“三包六定”的组织措施，明确要求副县级以上领导干部每人包3户贫困户，副科级以上干部包2户，一般干部包1户，并且这些干部的联系方式都会印在“阳光卡”上，加强了贫困户与扶贫干部之间的联系。

实践二：竹溪县县乡村三级联动精确识别贫困户

竹溪县隶属湖北省十堰市，位于南水北调中线工程核心水源区，曾是秦巴山集中连片特困地区国家级贫困县，于2020年4月实现脱贫摘帽。为促进贫困群众早日脱贫奔小康，竹溪县认真贯彻落实中央及省、市关于扶贫开发工作的一系列重要指示，坚持区域发展与精准扶贫相结合，注重突出重点、分类施策，整合资源、凝聚合力，创新机制、提升水平，长效推进全县扶贫开发工作，为打赢脱贫攻坚战奠定坚实基础。

在开展贫困户识别工作的过程中，竹溪县坚持县乡村三级联动，通过入户集中对表、查访核验、层层确定建档立卡对象。开展建档立卡贫困对象信息数据大清洗、大比对和贫困人口精准识别审计整改工作，在此基础上，对贫困户进行再摸底、再调查、再登记，现场解剖麻雀、打分比对，摸清贫困对象的底数，做到了不错一户、不漏一人。在扶贫开发的初期，先后开展了贫困对象数据大清洗、大比对和贫困人口精准识别审计整改工作，进一步精准识别贫困对象。

在政策方面来看，竹溪县坚持动态管理适时适度调整，印发《竹溪县建档立卡贫困对象动态管理工作方案》，明确精准识别规范程序和流程，建档立卡贫困对象拟定数据规模完善“两评议两公示一比对（县级）一公告（县级）”程序，易地扶贫搬迁对象拟定数据规模完善“两评议两公示一比对（县级）

一承诺”程序，严格执行《贫困人口识别负面清单》的要求，逐步建立程序规范、公开公平、档案完备的工作体系。

同时，竹溪县为了广泛开展精准扶贫政策、目标宣传活动，先后多次集中对全县乡村干部、驻村工作队队员和农户开展扶贫政策、易地扶贫搬迁专项政策大宣讲活动。同时也借助网络，大力拓展精准扶贫工作宣传渠道。

实践三：红安县“四看五步法”提高贫困户认定精准度

红安县隶属湖北省黄冈市，位于湖北省东北部，鄂豫两省交界处，曾是大别山集中连片特困地区的国家级贫困县，于 2018 年 10 月实现脱贫摘帽。红安县在精准扶贫工作中，坚持按照“精准扶贫、不掉一村、不漏一户、不落一人”的总目标，创新贫困对象精准识别办法，详细制定“四看”评分细则和“五步工作法”工作流程，以“一看房、二看粮、三看劳力强不强、四看家中有没有读书郎”的“四看”为评分细则，对房、粮、劳力、读书郎等家庭贫困情况进行详细调查登记，同时对初步确认对象采取“召开村组干部和驻村工作队成员会、召开群众代表大会、逐户核对调查、召开村组干部和群众代表会、镇村两级公示”的“五步工作法”，一一登记，一一核实，一一公示，一一确定，确保贫困对象“应包全包、应扶尽扶、应定确定”，对有异议的重新按程序核对确定，无异议的由乡镇和工作队、村委会三方签字盖章，统一上报县扶贫办，极大地提高了贫困对象确认的精准度和公信度。

通过“四看五步法”，2015 年红安县 398 个工作队和市县 140 名第一书记通过进村入户，逐一复查，共确认贫困户 3.7 万户，共 10.1 万人。在此之后，县委、县政府按照总体帮扶脱贫计划，以“一村一业”的帮扶措施、“一户一策”的脱贫计划，突出“智力扶贫、产业扶贫、金融扶贫、工业扶贫、行业扶贫、服务业扶贫”等扶贫办法，开始对这些贫困户进行进一步的具体帮扶工作。

3. 经验与启示

坚持扶持对象精准就是要做到应纳尽纳不遗漏。从阳新县的“阳光卡”到竹溪县的“乡县村三级公开”再到红安县的“四看五步法”，湖北省各地在开展贫困户认定工作的过程中无不体现着各地在精准扶贫工作中对于贫困户认定工作的高度重视与方法创新，因地制宜结合实际情况，建立起能够准确识别贫困户与需帮扶对象的工作机制。在湖北省扶贫开发的过程中，各地逐渐意识到只有当地扶贫干部才是最了解当地贫困户具体情况的群体，只有从实际出发，结合当地实际情况，制订翔实的措施与计划，并深入实地开展摸排走访工作，才能够确保真正困难的群众被识别出来。

随着乡村振兴战略的提出和逐步展开，应该不断加强扶贫基层队伍力量建设、严格执行精准识别要求、创造群众普遍愿意参与的社会环境、优化监督机制。今后需要改进识别方法，要利用多维贫困的测量方法来测度贫困。基层在评议需帮扶的群体时，也要从多角度多维度衡量，更加系统地去评估，不遗漏任何一个帮扶对象。

（二）坚持项目安排精准

1. 重要论述

坚持项目安排精准，就是要做到因人因户施策，在贫困户被识别出来后准确找到其致贫原因，精准施策，扶到根上。2015 年 6 月 18 日，习近平总书记在部分省区市扶贫攻坚与“十三五”时期经济社会发展座谈会上指出，精准扶贫，一定要精准施策。要坚持因人因地施策，因贫困原因施策，因贫困类型施策。俗话说，治病要找病根。扶贫也要找“贫根”。对不同原因、不同类型的贫困，采取不同的脱贫措施，对症下药、精准滴灌、靶向治疗。各地要通过深入调查研究，尽快搞清楚现有贫困人口中，哪些是有劳动能力、可以通过生产扶持和就业帮助实现脱贫的，哪些是居住在“一方水土养不起一方人”的地方、需要通过易地搬迁实现脱贫的，哪些是丧失了劳动能力、需要通过社会保障实施兜底扶贫的，哪些是因病致贫、需要实施医疗救助帮扶的，等等。国务院扶贫办要在各地调查的基础上，汇总出全国情况，提出分类施策的具体办法。[1] 对于扶贫项目的具体安排而言，应该针对不同贫困户贫困的原因对症下药、精准滴灌、靶向治疗。

2017 年 3 月 23 日，习近平总书记在中央政治局常委会会议审议《关于二〇一六年省级党委和政府扶贫开发工作成效考核情况的汇报》时指出：“精准扶贫，要分类施策。农区和牧区，生态资源保护区和经济发展区，脱贫政策措施能一样吗？现在已经不搞大片区扶贫了，不是整个西北、整个东北怎么扶的问题，而是在不同区域里碎片化的情况下怎么抓的问题。我在今年全国

[1]　习近平：《在部分省区市扶贫攻坚与“十三五”时期经济社会发展座谈会上的讲话》（2015 年 6 月 18 日）。

‘两会’期间讲扶贫要拿出‘绣花’功夫，不是定了贫困户以后给他们几头羊、几袋种子，给他们盖房子或者搬走了事，而是要针对不同贫困户，帮其解决不同的致贫原因。扶贫是大政策，大政策还要细化，就像绣花一样。”[1] 因此，精准扶贫不应整体施策，而是要细化政策，苦下“绣花”功夫。

2017 年 12 月 18 日，习近平总书记在中央经济工作会议上指出：“打好脱贫攻坚战，关键是聚焦再聚焦、精准再精准，采取更加集中的支持、更加有力的举措、更加精细的工作，瞄准特定贫困群众精准帮扶。对有劳动能力的，要通过产业扶持、转移就业等办法实现脱贫；对丧失劳动能力的，要确保他们病有所医、残有所助、生活有兜底，要通过最低生活保障及其他政策措施，确保他们基本生活有保障，实现脱贫。要向深度贫困地区聚焦发力，以解决突出制约问题为重点，以重大扶贫工程和到村到户帮扶为抓手，强化支持保障体系，加大政策倾斜和扶贫资金整合力度，因地制宜，着力解决这些地区公共服务、基础设施欠缺等问题，改善其发展条件。”[2] 由此可知，通过对致贫原因进行分类归纳，总结出最有效的扶贫项目措施，能够有效缓解贫困户当前所面对的主要问题。

在扶贫对象被识别出来并进行建档立卡之后，就需要对贫困户的致贫原因进行梳理和总结，并根据其贫困原因提供具有针对性的扶贫项目帮扶。在这个过程中，最关键的一步就是结合具体情况进行分析，看哪些贫困户是可以通过短期帮扶来使其摆脱贫困状态，哪些贫困户是需要对其进行更加长期的干预，做到因人因户施策。在精准扶贫的过程中，我国逐渐形成了发展生产脱贫一批、易地搬迁脱贫一批、生态补偿脱贫一批、发展教育脱贫一批、社会保障兜底一批的“五个一批”工程，目的就是为了能够根据贫困户的致贫原因采取更具针对性的方案，以期系统性地解决贫困户各项贫困问题。

2. 湖北实践

实践一：宣恩县依靠补短板项目加快推进脱贫摘帽

宣恩县隶属湖北省恩施土家族苗族自治州，地处湖北省西南边陲，曾是武陵山集中连片特困地区的国家级贫困县，于2019年4月29日实现脱贫摘帽。

---

[1] 习近平：《在中央政治局常委会会议审议〈关于二〇一六年省级党委和政府扶贫开发工作成效考核情况的汇报〉时的讲话》（2017 年 3 月 23 日）。

[2] 习近平：《在中央经济工作会议上的讲话》（2017 年 12 月 18 日）。

为了能够如期实现脱贫摘帽，2018 年 7 月 12 日宣恩县印发了《2018 年全县脱贫摘帽补短板项目“9+5+N”进度考评办法》(以下简称《办法》)，旨在加快推进宣恩县 2018 年精准扶贫项目实施进度。该办法明确指出，今后的脱贫攻坚工作要以推进“9+5+N”项目的落实和考评为主。“9”指农村安全饮水、电网改造、道路建设、通信网络、特色产业、易地搬迁、村级阵地建设、村级卫生室建设、危房改造等项目建设情况；“5”指“两不愁三保障”全覆盖情况；“N”指村集体经济收入和推进精准扶贫、精准脱贫工作的好经验和好做法。

2018 年是宣恩县整县实现脱贫摘帽的决战年，为了能够让脱贫项目能够精准发挥作用，全县紧紧围绕“两不愁三保障”“三率一度”，迅速补齐水、电、路、网、产业发展、易地搬迁、阵地建设、村卫生室、危房改造等方面存在的短板，以决战决胜的信心和勇气，快速保质保量地推进补短板项目建设，保证全县 2018 年所有的精准扶贫补短板项目能够在 9 月底全面完成，为该县脱贫验收打下坚实基础，确保全县如期脱贫摘帽。

同时，为了确保扶贫补短板项目能够有效运行，《办法》还提出了各项规定，要求各乡镇各部门要加快精准扶贫补短板项目建设进度，全面掌握本单位本部门每一个项目的建设情况，对还没有开工或建设进度缓慢的项目，单位主要负责人要亲自过问、亲自督办。通过县督战队、县精准扶贫办项目组和各前线指挥部对精准扶贫补短板项目建设的督办，并对项目实施缓慢的责任人下达督战令，扶贫补短板项目的完成效率大大提升。

实践二：五峰县教育扶贫阻断贫困代际传递

五峰土家族自治县隶属湖北省宜昌市，地处湖北省西南部，曾是武陵山集中连片特困地区的省级贫困县，于 2020 年 4 月实现脱贫摘帽。五峰县是少数民族聚居地区，其中以土家族为主的少数民族人口占 84.8%。同时，五峰县也是典型的山区，全境皆山，森林覆盖率达 81%。教育扶贫能让贫困山区的孩子掌握知识、改变命运、造福家庭，是最有效、最直接的精准扶贫方式。自开展精准脱贫工作以来，五峰县把教育扶贫作为摆脱贫困的治本之策、阻断贫困代际传递的重要途径，致力于办好人民满意的教育，努力让每一位贫困学子能上学、上好学，让每一个贫困劳动人口有技能、能就业，为阻断贫困代际传递作出了有益的探索。

在具体开展教育扶贫的过程中，五峰县确立了“能上学、上好学、教得好、富脑袋、共同成长”五大教育扶贫目标，通过实施困难学生全程资助、切实改善学校办学条件、加强农村教师队伍建设、加强农民职业培训、亲情关爱特殊群体等措施，将教育扶贫落到实处。通过不断建立完善教育扶贫工作措施和机制，五峰县初步形成学生在当地就能享受到优质义务教育资源、老百姓的孩子不出县也能考上好大学的教育扶贫工作局面。具体来讲，首先就是构建了全面贫困学生资助体系，2015 年至 2019 年五年时间，五峰县累计资助建档立卡贫困学生 43458 人次 3276 万元。其次是改善了薄弱学校办学条件，新县城渔洋关镇形成“一所高中、一所职中、一所初中、两所小学、两所幼儿园”的校点新布局。同时，五峰县教师队伍建设水平也得到了提高，农民职业教育有序开展，特殊群体学生得到重视与关爱。

实践三：利川市发展民宿旅游激发产业扶贫新动能

利川市隶属湖北省恩施土家族苗族自治州，位于湖北省西南边陲，曾是武陵山集中连片特困地区的国家级贫困县、全省贫困人口最多的县级市，于 2020 年 4 月实现脱贫摘帽。2014 年农业户籍人口 78.7 万人，建档立卡贫困人口 21.6 万人，贫困村 141 个，贫困发生率为 27.4%。利川市结合本地优质旅游资源，以新发展理念为引领，坚持“生态立市”，将民宿旅游作为全域旅游的重要板块纳入长期发展规划，大力实施“十村百企万户”民宿旅游工程，有效利用丰富的旅游资源，以民俗旅游为杠杆带动全市产业实现整体发展。

在推动民宿旅游产业发展的过程中，利川市结合多种形式多种渠道，采取“文化 + 民宿旅游”“文体 + 民宿旅游”“媒体 + 民宿旅游”“人文 + 民宿旅游”等形式，为民宿旅游的发展注入新动能。在文化方面，利川市依托地方特色举办“贡茶节”“水杉节”“山药节”“马铃薯节”等乡镇节会，由贫困户在文化活动中担任农事文化体验员、服务员以及厨师等职务，帮助贫困户解决就业；在文体方面，利川市连续举办中国山地马拉松系列赛事，并借此机会将民俗旅游产业推向全国；在媒体方面，与阿里巴巴、今日头条、百度地图等平台全方位、深层次、立体化合作，利用互联网打通民宿出山的“最后一公里”；在文化方面，利川市结合脱贫攻坚工作任务，大力开展农村人居环境整治，造出让“山更青、水更绿、天更蓝、土更净、家更洁、乡愁更浓”的优美乡村。经过 4 年时间的精心打造，利川市“农区变景区、田园变公园、农产品变商品、民房变客房”的昔日愿景变成美好的现实，人居环境得到不断改善，乡村人气得到聚集，农民收入持续增加。

3. 经验与启示

在安排扶贫项目的过程中，无论是宣恩县的扶贫补短板项目、五峰县的教育扶贫，还是利川市的民宿旅游产业，其本质都是从当地的实际情况出发，结合本地的短板与优势而制定出的精准扶贫规划，并且在最后都达到了预期的目标，为实现脱贫奠定了基础。正如习近平总书记所言，要针对不同原因、不同类型的贫困，采取不同的脱贫措施，对症下药、精准滴灌、靶向治疗。只有这样，才能够提高精准扶贫工作的开展效率，为脱贫攻坚工作节省更多的扶贫资源，使有限的资源发挥更大的价值。在湖北省各落后地区的发展过程中，可能导致其贫困的原因是多种多样的，例如缺技术、缺土地、缺水、缺文化、因灾致贫、因学致贫、交通等基础设施条件落后等诸多因素都有可能导致一个地区社会经济发展的落后。因此全省在实施脱贫攻坚的过程中，往往致力于找准导致其贫困落后的原因所在，针对病因采取提供技术、土地流转、兴修水利、发展教育、兜底保障等一系列举措，进行靶向治疗，帮助其早日摆脱贫困。

在扶贫攻坚的关键阶段，对于项目安排要更加注重帮扶措施的精准有效。在项目开展之前要进行充分的调研论证，既不能让"病急乱投医"的项目盲目上马，也不能让想当然的项目随意上马，要着力解决扶贫项目长效发展难的问题，不仅要着眼于眼下的困境，更应该关注今后更加持久的发展。此外，在今后的扶贫开发以及乡村振兴发展的过程中还要推动项目科学安排和效果提升，要处理好充分发挥市场配置资源的决定性作用和更好发挥政府作用的关系；要注重项目的市场化、组织化程度，发展产权明晰、分配合理的农村产业；要坚持以市场需求为导向，同时充分发挥政府在规划引导、政策支持、市场监管、法治保障等方面的积极作用。

（三）坚持资金使用精准

1. 重要论述

资金使用精准就是要在具体的扶贫项目确定之后保证这些项目有相应的资金支持，同时还要加强涉农资金的整合与管理，提高资金使用的精准度。

2015 年 11 月 27 日，习近平总书记在中央扶贫开发工作会议上指出："近几年，中央财政投入扶贫的资金总量一直在增加，数量也不小，但同脱贫攻坚的需求相比仍显不足。”“基层最知道自己哪儿疼，却没法开方抓药。行业部门项目资金各有各的使用方向、各有各的管理考核办法，贫困县难以统筹整合。一些地方同志反映，许多中央财政补助的公益性项目要求地方资金配套，而贫困地区往往配套不起，造成项目难以落地。”[1] 因此，财政扶贫资金的分配和使用效率得到保障是坚持资金使用精准的一个重要方面。

2018 年 2 月 12 日，习近平总书记在打好精准脱贫攻坚战座谈会上指出：“要加强资金整合，理顺涉农资金管理体系，确保整合资金围绕脱贫攻坚项目精准使用，提高使用效率和效益。要建立县级脱贫攻坚项目库，加强项目论证和储备，防止资金闲置和损失浪费。”[2] 由此可知，对于扶贫资金的精确管理也是坚持资金使用精准的重要方面。

在各项扶贫资金（包括专项扶贫资金以及部门扶贫资金等）下达之后，不免会出现资金管理不灵活、地方政府无法自主使用资金、资金使用标准规定过死等一系列导致资金使用不精准的问题。同时，资金使用信息不公开，贪污腐败等现象也时有发生。因此对扶贫资金进行必要且公开的监管就成了资金使用过程中必不可少的一个环节。同时，在实际扶贫开发的过程中，各地的致贫原因往往是千差万别的，所以帮扶项目的确立和帮扶方式的实施也是有所不同的。扶贫资金要想使用精确，就应该将这些资金精准地投向那些需要资金的项目和群体，因地制宜地安排扶贫资金。

2. 湖北实践

实践一：罗田县扶贫资金精准助力产业发展

罗田县是湖北省黄冈市下辖县，位于湖北省东北部，曾是大别山集中连片特困地区的国家级贫困县。罗田县素来就有养殖黑山羊、种植板栗的传统，产业优势突出，但是对于贫困户而言，缺资金、缺技术、缺保障等一系列难题一直以来都是困扰他们的难题。因此，罗田县把全县 80% 的财政扶贫资金，都用在了扶持黑山羊、板栗、电子商务等优势特色产业上。

针对不同产业，罗田县结合实际制定特色的贫困户帮扶政策。对于黑山羊产业，罗田县向适合养羊的贫困户一次性提供 3 万元担保贴息贷款和 1 万

[1] 习近平：《在中央扶贫开发工作会议上的讲话》（2015 年 11 月 27 日）。

[2] 习近平：《在打好精准脱贫攻坚战座谈会上的讲话》（2018 年 2 月 12 日）。

元扶贫资金，支持贫困户通过发展黑山羊养殖达到脱贫致富的目标。对于中药材产业，罗田县向具有中药材种植意愿和条件的贫困户提供 3 万元担保贴息贷款和 5000 元扶持补贴资金。对于板栗产业，罗田县按照每户贫困户不突破 3 万元扶贫贴息贷款和 5000 元扶贫资金额度，对规模达到 20 亩以上的栗园，按流转面积、不同改造措施分别给予不高于 100 元 / 亩的扶持。针对旅游产业，罗田县对具备一定条件且有意愿新建农家乐的贫困户，由贫困户户主申请，经审批调查合格后，由金融部门按相关程序办理贷款发放业务，每户扶贫贷款额度为 3 万元，期限 3 年，由县财政予以贴息。针对电商产业，罗田县引导和扶持有一定文化素质的贫困人口自主开办扶贫网店，每户赠送一台电脑，负责安装光纤到户，并以政府购买服务的方式，由专业公司技术人员定期上门服务。[1] 基于此，罗田县优势特色产业得以持续发展，助力全县脱贫摘帽。

实践二：麻城市多措并举确保扶贫资金用在实处

麻城市是由黄冈市代管的省辖县级市，地处湖北省东北部，曾是大别山集中连片特困区的国家级贫困县，于 2020 年 4 月脱贫摘帽。扶贫攻坚以来，麻城市不断完善制度建设，加强扶贫项目资金管理，提高资金使用精准度和效益，切实把扶贫资金用在实处。通过《关于加强扶贫项目资金结余管理的通知》，加强扶贫项目资金结余管理并建立长效机制，全方位下放审批权限，激发基层活力，实行资金、项目、招投标、管理、责任“五到乡镇”，下放专项扶贫项目审批权限到乡镇办。同时在扶贫项目的管理方面，麻城市明确县、乡、村三级职责，形成了“专人负责、全程收集、乡村一致、分类存放、长期备案”的扶贫项目管理模式，为扶贫资金的有效使用奠定了基础。

麻城市在资金使用的过程中，对有些资金使用局限性强、部分资金无明确项目、项目完工结算多余资金等，按照权责对等的原则，由市政府授权各乡镇统筹整合相关资金，迅速落实到具体的精准扶贫项目；对违反合同规定延误工期或验收不合格，限期整改不到位的施工单位，取消参与扶贫项目建设的资格；对不按扶贫项目、资金和财务管理规定及时办理竣工验收、工程决算和财务报账的单位和责任人，依照有关规定追责问责。有了出色的扶贫资金管理机制，麻城市将扶贫资金用于打造特色产业带，真正实现了“镇镇有主导产业、村村有产业项目、户户有增收途径”，并且近年来通过推进

---

[1] 《罗田县产业精准扶贫实施办法》（罗政办〔2015〕77 号）。

“一乡一业、一镇一品”产业模式，各乡镇特色产业如雨后春笋般茁壮成长起来。

实践三：鹤峰县扶贫资金精准滴灌到村到户

鹤峰县隶属恩施土家族苗族自治州，位于湖北省西南部，曾是武陵山集中连片特困地区的国家级贫困县，于 2019 年 4 月实现脱贫摘帽。为使扶贫资金能够精确帮扶贫困户，2019 年鹤峰县围绕“两不愁三保障”，统筹整合各类专项资金、涉农资金和本级财政预算资金 5.2 亿元，完成留存的 183 户 466 人减贫任务，并且集中财力、精准发力，因地制宜，推动薄弱村基础设施建设，夯实产业发展基础，增强贫困村、贫困户的“造血”功能，巩固脱贫摘帽成果。同时，对于资金的监管使用，鹤峰县建立健全项目公示制度，严格痕迹管理，严格项目验收及资金拨付程序，并且不断完善绩效评价制度，切实提高资金整合项目的使用效益。

以鹤峰县唐家铺村为例，2019 年唐家铺村争取到东西部扶贫协作项目资金 208 万元，共建设 4 栋民宿，设精品客房 24 间。同时，升级改造农家乐 540 平方米。特色民宿产权归村集体所有，由村集体经营公司经营。项目建成后，全村民宿产业实现规模化，可带动旅游、垂钓、采摘、户外等多个产业发展，全村农户人均可增收 500 元，村集体每年可增收 30 万元。整村出列后的唐家铺村能阔步走上致富路，得益于鹤峰县扶贫资金的精准滴灌。

3. 经验与启示

坚持资金使用精准，就要做到精准滴灌。湖北省各地在落实扶贫资金使用精确的实践中，罗田县将扶贫资金精准投入到能够助推当地发展的黑山羊、板栗等传统行业中，从而实现当地产业发展优势不断扩大；麻城市从制度层面出发，采取多种政策举措确保扶贫资金的精准使用，为扶贫开发中的资金使用问题设立警戒哨；鹤峰县则是将扶贫资金精准滴灌到与贫困户息息相关的项目当中，助力当地的脱贫攻坚工作。可以看出，湖北省各地在开展精准扶贫工作时对于资金的使用各有侧重，这便是得益于在此前的工作中，已经对贫困户精准识别并且针对当地特殊发展问题而设立扶贫开发项目，因而扶贫资金便可以精准地投向这些项目和贫困群体。不过需要注意的是，在资金使用的过程中项目精准不代表资金使用就能够精准，对于扶贫资金使用的监督与监管也是在这项工作中必不可缺的一环，必须引起足够的重视。全省各地通过确定正确的资金使用方向，再加上严格的资金使用流程监管，助推扶贫过程中精准使用扶贫资金，对扶贫项目和群体实现精准滴灌。

要保障资金使用精准，首先就要对资金使用的流程进行规范，提高扶贫资金的分配和使用效率，避免出现资金过于集中于一些项目而导致另外一些项目无钱可用。其次要提高扶贫资金的管理水平，推行扶贫资金阳光化管理。通过优化扶贫资金的管理方式能够有效盘活存量资金，用好增量资金。并且在这个过程中贯彻落实好“谁分配、谁公开，谁使用、谁公开，分配到哪里、公开到哪里”的资金使用原则，对资金的分配情况、使用情况进行公开，就能够确保扶贫资金使用精准。

（四）坚持措施到户精准

1. 重要论述

要保证精准扶贫能够达到预期效果，只靠扶持项目和帮扶资金还是远远不够的，更重要的是要确保帮扶措施能够精确落实到贫困户身上。2015 年 11 月 27 日，习近平总书记在中央扶贫开发工作会议上指出：“在‘扶持谁’的问题上，要防止不分具体情况，简单把所有扶贫措施都同每一个贫困户挂钩。强调扶贫措施精准到户到人，主要是强调对贫困户要有针对性的帮扶措施，缺啥补啥，但并不是说每一项扶贫措施都是对着所有贫困户去的。发展现代农业、推广良种良法、开发特色产业，需要一定经营规模，也需要农民合作社、家庭农场等新型经营主体引领，不是随便一家一户就能干得了的。如何将产业扶持和精准扶贫有机结合起来，应该允许和鼓励地方探索。进行农村基础设施建设，有的需要整村推进，有的需要整乡整县推进，有的需要整流域或整片区推进，应该统筹谋划。有些民族地区，由于多种原因，务工机会少，扶贫脱贫难度比其他地方更大，政策应该更倾斜、工作落实力度应该更大。对仍处于深度贫困的偏远边境地区的人口较少民族，应该有更特殊的措施予以扶持。”同时他还强调：“各地和有关部门要对扶贫政策进行科学分类，制定精准扶贫的具体操作办法，该精准到户的一定要精准到户，该精准到群体的一定要精准到群体，防止出现新的矛盾和不稳定因素。”[1] 由此可知，要坚持扶贫措施精准到户，不仅需要对贫困个体提供有针对性的帮扶措施，更需要建立

[1] 习近平：《在中央扶贫开发工作会议上的讲话》（2015 年 11 月 27 日）。

起配套的贫困户受益机制。

2019年4月22日，习近平总书记在中央财经委员会第四次会议上强调："现在距全面建成小康社会收官还有不到两年时间，要集中优势兵力打歼灭战。要全面完成脱贫攻坚任务，把扶贫工作重心向深度贫困地区聚焦，在普遍实现'两不愁'的基础上，重点攻克'三保障'面临的最后堡垒。"[1] 也可以看出，"两不愁三保障"作为保障贫困户基本生活水平的举措，是实现扶贫措施到户到人的重要一环。

在以往的扶贫过程中，一些扶贫项目虽然被确立，但是却很难到达贫困户，并且在到户之后也很难持续有效，效果欠佳。究其原因，一方面是因为有些项目在确立之初就没有考虑到帮扶对象所存在的个体差异，还是以"大水漫灌"的思路去开展扶贫工作，导致精准扶贫缺乏针对性。另一方面是因为贫困户在开展生产的过程中会面临诸多阻碍，他们往往会面临缺乏资金、技术、市场信息、现代化的管理经验等一系列问题。因此就需要考虑如何将这些贫困户纳入现代化的产业链中，建立能够使他们受益的利益联结机制，以此来解决扶贫措施不能精确到户到人的问题。同时，在脱贫攻坚的决胜时期，措施到户精准也就意味着要保证所有贫困户都能够受到精确有效的帮助，享受到扶贫措施所带来的好处，进而实现摆脱贫困的共同目标。

2. 湖北实践

实践一：秭归县依托电网实施个性化帮扶

秭归县隶属湖北省宜昌市，位于湖北省西部，曾是武陵山片区国家级贫困县，于2019年4月实现脱贫摘帽。近年来，秭归县抢抓国家电网"阳光扶贫行动"机遇，把光伏扶贫作为脱贫攻坚的重要举措，建成光伏扶贫电站50座，总装机容量10.86兆瓦，项目覆盖全部贫困村，收益惠及贫困户8609户。为了使项目扶贫收益能够精准覆盖到每一个贫困户，秭归县坚持因地制宜、精准分配、以收定支、厉行节约，严格控制分配范围，把收益用在刀刃上。并且将直接受益对象锁定为电站关联的建档立卡贫困户，严格按照"三议两公开"议事制度，制订和执行收益分配方案，把电站收益精准分配到每一个贫困户、每一项村级公益事业上。

---

[1] 习近平：《聚焦全面建成小康社会的短板弱项实施精准攻坚　勇于破题善于解题落实好中央经济工作会议》，《人民日报》2019年4月23日。

此外，秭归县还根据贫困户情况制订个性化帮扶方案。为了让村级公益事业有人管、有钱管，秭归县根据各个贫困村的实际情况，因事设岗、因人设岗，通过设置护路岗、护河（沟）岗、护学岗、卫生岗、绿化岗、保安岗、大病关爱岗、“三留守”服务岗、精神疾患护理岗等岗位，合理设置岗位职责和考核目标，做好公益岗位与弱劳动力贫困户和特殊困难贫困户的精准对接，充分调动贫困户“做事挣钱”的积极性和主动性，实现“有劳有获”。如屈原镇屈原村设置11个路长、沟渠长，为重度残疾五保户徐某设立1个服务岗，还设立4个关照员岗位，负责居民点的环境卫生、纠纷调解、治安安全等，使贫困户“我要脱贫”的思想蔚然成风。

实践二：郧西县依靠产业发展的利益联结机制精准帮扶

郧西县隶属湖北十堰市，位于湖北省西北边陲，曾是秦巴山集中连片特困地区的国家级贫困县，于2020年4月实现脱贫摘帽。面对扶贫措施难以精准到达贫困户的问题，郧西县把“发展生产脱贫一批”作为打赢脱贫攻坚战重中之重，通过建立与完善产业发展的利益联结机制，推动扶贫措施精准到达贫困户，不断增加贫困群众可持续性收入。

具体来看，郧西县所建立的产业发展与贫困户的利益联结机制主要有以下几个方面：一是探索“龙头企业＋扶贫车间（作坊）＋贫困户”模式。积极引导企业参战脱贫攻坚，扶持企业通过订单模式，充分利用镇村闲置房屋、仓库等资源创办扶贫车间，发展就业门槛低、工时灵活的劳动密集型加工业，既满足贫困劳动力“挣钱顾家两不误”的需求，又缓解企业发展面临的用房用工难题。二是探索“返乡能人创业＋扶贫车间（作坊）＋贫困户”模式。依托乡亲扶贫协会，积极为返乡能人搭建创业发展平台，支持其在乡、村建立“扶贫车间”，促进贫困群众参与务工增收。三是探索“产业基地＋扶贫车间（作坊）＋贫困户”模式。充分利用本土产业资源的独特优势，积极引导和扶持产业合作社创建农产品加工扶贫车间，在886个易地扶贫搬迁集中安置点规划建设香菇产业扶贫车间，带动易地扶贫搬迁群众就近就业。四是探索“合作社＋扶贫车间（作坊）＋贫困户”模式。积极扶持“合作社＋扶贫车间＋贫困户”等带动就业发展模式，辐射带动较多的贫困群众参与扶贫产业增收脱贫。基于此，通过因地制宜建立与贫困户的利益联结机制，确保了措施到户到人的精准。

3. 经验与启示

坚持措施到户精准，就要做到精准帮扶全受益。在以往的帮扶工作中，项目及政策的制定并不意味着全体贫困户都能够因此而脱贫。由于贫困户往往会存在个体差异，同一个项目在针对不同贫困户的时候也会存在到达偏差。从湖北省扶贫开发的具体实践来看，秭归县在实施电网扶贫的过程中，将扶贫发电站的受益落实到了每个贫困户的身上，确保了扶贫项目受益能够到达每一个贫困户。从扶贫实践的案例中可以看到，湖北省各地在发展产业和项目的同时，往往并不是盲目发展，而是在项目设立之初就已经确定了贫困户在项目和产业发展的过程中的具体受益机制，保障每个贫困户都能够参与到其中并获取收益，从而避免了项目收益在到达贫困户时存在偏差的情况，为全省不落一人打赢脱贫攻坚战树立了样板。

对于我国发展落后的地区而言，贫困往往是由于缺少资源条件、技术、资金等原因所导致的。同时，伴随着当前现代产业发展的逐步完善，落后地区的贫困户要想再参与到现代产业体系当中去就会显得尤为困难，阻碍了精准扶贫过程中扶贫项目精准到达每一个贫困户。因此在落后地区发展产业的同时，就要建立起与贫困户的利益联结机制，在产业发展和创收方面，重点探索如何将贫困户纳入现代产业链中，解决贫困农户面临的信息、技术、资金、市场等方面的困难。例如采取“公司+合作社+贫困户”的产业组织形式，依靠在产业发展领域具有专业技术及经验的公司，并由合作社将这些贫困户组织起来，为其提供专业信息、技术、资金，甚至产品销售等多方面帮扶，解决贫困户所面临的难题。这样做不仅能够在公司和合作社的指导下提供高质量产品，还能够解决贫困户受益难的问题，极大降低了贫困户参与产业发展的门槛。不仅是在脱贫攻坚当中，而且是在今后很长一个时期内，如何让欠发达地区农户参与到专业化的生产当中去并得到收益，都是值得关注的一个重要问题。

（五）坚持因村派人精准

1. 重要论述

坚持因村派人精准，就是上级政府在结合贫困村现实情况的基础上，向贫困村选派第一书记和驻村工作队，以期在短期内大幅提高贫困村的管理水平，为扶贫工作的开展提供保障。2015 年 6 月 18 日，习近平总书记在部分省区市扶贫攻坚与“十三五”时期经济社会发展座谈会上指出：“扶贫开发，要给钱给物，更要建个好支部。要把扶贫开发同基层组织建设有机结合起来，抓好以村党组织为核心的村级组织配套建设，选好配强村级领导班子，鼓励和选派思想好、作风正、能力强、愿意为群众服务的优秀年轻干部、退伍军人、高校毕业生到贫困村工作，落实好向贫困地区村党组织选派第一书记举措，真正把基层党组织建设成带领群众脱贫致富的坚强战斗堡垒。”[1] 因此，坚持因村派人精准，首先要选派能力出众的干部到基层去，将基层党组织建设成为带领群众脱贫致富的坚强战斗堡垒。

2015 年 11 月 27 日，习近平总书记在中央扶贫开发工作会议上指出：“要注重选派一批思想好、作风正、能力强的优秀年轻干部和高校毕业生到贫困村工作，根据贫困村的实际需求精准选配第一书记、精准选派驻村工作队。”[2] 可以看出，坚持因村派人精准，还要在选派干部的过程中完善基层组织的各项建设，为贫困村带去新资源、输入新血液。

精准扶贫作为一项系统性的工程，它的成功离不开强有力的组织保障。在现实的扶贫过程中，扶贫基层决策的制定以及扶贫工作的具体开展大多集中于村一级，因此村级工作能力就会对整体的扶贫效果产生至关重要的影响。在因村派人的过程中，首先是要选派能力出众、思想觉悟高的优秀干部到基层去，以此来带动基层组织管理水平的有效提升，强化基层组织在扶贫工作开展过程中的作用。其次是在选派过程中要结合贫困村的实际需求和具体情况，有针对性地为贫困村提供帮助。同时还要通过向贫困村选派驻村干部的机会，完善基层组织的各项建设，通过引入外部资源创新扶贫模式，为基层扶贫输入新鲜血液。

2. 湖北实践

实践一：丹江口市三举措促第一书记履职尽责

丹江口市是湖北省辖县级市，由十堰市代管，位于湖北省西北部、汉江中上游，曾是秦巴山集中连片特困地区的国家级贫困县，于 2019 年 4 月实现脱

---

[1]　习近平：《在部分省区市扶贫攻坚与“十三五”时期经济社会发展座谈会上的讲话》（2015 年 6 月 18 日）。

[2]　习近平：《在中央扶贫开发工作会议上的讲话》（2015 年 11 月 27 日）。

贫摘帽。

近年来，丹江口市不断探索完善选派机关优秀干部到村任第一书记工作，坚持“硬抽人、抽硬人”，确保完成“硬任务”。驻村第一书记认真履行“第一责任”，抓党建、抓扶贫、夯基础、谋发展、惠民生，取得了明显成效，为脱贫攻坚提供了坚强的组织保证。总结下来，丹江口市确保因村派人精准的措施主要有以下三点。

一是选“能人”、用“硬人”，精兵强将下基层。在深入调研、摸清问题的基础上，丹江口市对全市 194 个村级党组织进行分类定级，按照不低于 10% 的标准确定软弱涣散村和贫困村，并实施建档立卡管理。坚持因村派人、按需选派原则，注重把履职能力、部门特点、行业优势和任职村实际相结合，选派第一书记。对软弱涣散村和重点贫困村实行优先选派、重点关照，舍得把能力全面、作风过硬、业务突出的精兵强将派往基层。第一书记到驻点村后及时公开姓名、职务、联系方式，作出履职承诺，接受群众监督，致力打造群众心中“不走的当家人”。

二是抓党建、谋发展，精准扶贫惠民生。第一书记以建强基层组织、开展“双建双培”、推动精准扶贫、发展特色产业、做好政策宣传、为民办事服务、提升治理水平为主要职责，积极发挥协调、示范、引导、参谋作用。当好协调员，协调驻村工作队开展扶贫工作，充分发挥第一书记渠道广、思路活的优势；当好指导员，充分发挥第一书记善于抓班子、带队伍的优势；当好参谋员，充分发挥第一书记懂经营、会管理的优势，落实产业经济发展项目，决战决胜脱贫攻坚工作。

三是常督导、严考核，履职尽责抓落实。市委制定驻村第一书记考核管理办法，统一建立驻村第一书记负面工作清单和绩效考核制度，定期就履职尽责情况、驻点工作实绩和党员群众满意度等方面，对第一书记进行严管实考和综合评价。对工作成效突出的给予表扬激励，对工作不到位、效果不明显、群众不满意的，在全市进行通报批评并进行约谈问责。

实践二：恩施市全力促进第一书记信得过、下得去、干得好

恩施市是湖北省恩施土家族苗族自治州首府，位于湖北省西南部，曾是武陵山集中连片特困地区的国家级贫困县（市、区），于 2020 年 4 月实现脱贫摘帽。在开展精准扶贫工作的过程中，恩施市针对 145 个重点贫困村，结

合具体情况选派了 145 名机关党员干部到这些贫困村担任第一书记，并围绕发挥第一书记作用，有力助推精准扶贫工作。为了确保这些第一书记能够起到精确帮扶的作用，恩施市从选派到执行再到监督，每一个环节都制定了详细的计划。

首先是精准识别，让第一书记信得过。恩施市结合全市 145 个重点贫困的实际，按照因村派人、因人定村的原则，选派工作经验丰富、能“接地气”的第一书记，让老百姓信得过。对村级组织软弱涣散、有经济基础但产业发展较弱、基础设施建设滞后、社情民意比较复杂等多种情况的村组织，分别选派能够妥善处理村内矛盾的干部进行分类派遣，确保村内问题得到解决，带领村民致富。

其次是精准定位，让第一书记下得去。为确保第一书记职责定位准确、思路清晰，组织开展第一书记任前培训和就职谈话，要求第一书记围绕各村精准扶贫的工作任务和时间节点，放下架子、沉下身子、静下心来开展工作，全面摸清任职村发展现状，逐户分析致贫原因，做到一个村一个科学的脱贫规划、一家一户一套帮扶措施。

最后是精准考评，让第一书记干得好。坚持“工作从严、保障从优”，从日常管理、待遇保障、绩效考核等方面出台具体措施，明确规定第一书记到村工作的时间天数和管理办法，杜绝各种不良现象。同时，将各单位支持第一书记驻村情况纳入单位党建考核，由市直机关工委组织考核，并充分发挥群众监督的作用，实现“干得好不好，群众最明了”。

实践三：孝昌县选派第一书记助脱贫

孝昌县是孝感市辖县，位于湖北省东北部，曾是大别山集中连片特困地区的国家级贫困县，于 2020 年 4 月实现脱贫摘帽。2014 年，孝昌县制订了《关于选派机关党员干部驻村（社区）担任第一书记的实施方案》，并派遣全县 444 名党员干部奔赴村（社区）担任第一书记，抓党建、聚人心，接地气、转作风，办实事、提能力。

在确保因村派人精准的过程中，孝昌县逐渐总结出了诸多在派遣第一书记到地方村镇的经验。首先，要让基层认可、群众满意，关键是把实事办好。要充分认识到选派第一书记工作不是走形式、添履历，而是干实事、看实绩，只有俯下身、沉下心、知民情、解民忧，才能干成事、暖民心。其次，要让第一书记准确定位、发挥作用，关键是加强管理。有效的管理是开展工作的保障。在对第一书记的管理中，既要让他们摆正位置，又要明确工作纪律，不给基层增加负担。最后，要让选派第一书记务实肯干、取得实效，关键要健全机制。针对选派对象的不同特点进行专项测评、分别评比，确保第一书记真心干事、务实干事、干净干事。

3. 经验与启示

坚持因村派人精准，就要做到选派能人助脱贫。贫困村能否实现脱贫，带路人往往能够发挥至关重要的作用。湖北省在开展因村派人工作的过程中，不论是丹江口市，还是恩施市和孝昌县，都采取了多种举措促进精准扶贫因村派人精准，结合贫困村发展的具体情况选取能够切实带动该村发展并且具有突出能力的第一书记上任，并且采取多种措施强化基层组织建设，实施具有针对性的考核。在实际的扶贫开发过程中，在向贫困村派遣驻村干部的时候容易出现各类问题，导致驻村干部（第一书记）未能发挥其该有的作用。其原因主要出在以下几点：首先是驻村干部对于自身的定位存在偏差，认为自己在扶贫结束后迟早还是要回到原单位，所以就以一个外人的心态来对待贫困村的各项工作，并没有将自身投入到扶贫开发中去；其次是有些准村干部思想上并没有做足准备，把驻村工作经历当作提升自己履历的手段之一，只关注自身的发展，而没有真心实意地为贫困村着想；最后是一些驻村干部会出现自身能力不足的情况，缺乏基层工作的经验，不能在实际工作中领导好群众，发挥应有的作用。

在我国的扶贫开发过程中往往会发现，由于贫困地区的社会经济发展情况相较于发达地区比较落后，所以就会导致贫困村大量青壮年劳动力外出工作，留守在村子里的村干部反而是那些年龄偏大、文化水平低的人。这就导致贫困村在基层治理层面往往会处于一个比较落后的状态，成为阻碍贫困村发展的一个障碍。并且这种状况如果不施加外力作用，往往在短时期内难以得到改变。因此就需要上级政府将有经验、有能力的干部派遣到基层，在短时间内提高贫困村的基层管理水平，助力精准扶贫工作的实施。不只是精准扶贫，在我国的很多政策中都能够看到这种向贫困落后地区派遣干部的做法，不仅能够短时间内提升落后地区的基层管理能力，还能够让干部在基层得到历练，助推干部队伍能力得到提升。

（六）坚持脱贫成效精准

1. 重要论述

我国开展精准扶贫的目的就是要使现有标准下的贫困人口到2020年实现全部脱贫，因此脱贫成效精准就是要确保脱贫成果可靠，并且长期有效不返贫。2015年11月27日，习近平总书记在中央扶贫开发工作会议上指出："全面建成小康社会、实现第一个百年奋斗目标，农村贫困人口全部脱贫是一个标志性指标。对这个问题，我一直在思考，也一直在强调，就是因为心里还有些不托底。所以，我说小康不小康，关键看老乡，关键看贫困老乡能不能脱贫。全面建成小康社会，是我们对全国人民的庄严承诺，必须实现，而且必须全面实现，没有任何讨价还价的余地。""我们必须动员全党全国全社会力量，向贫困发起总攻，确保到二〇二〇年所有贫困地区和贫困人口一道迈入全面小康社会。"[1] 到2020年确保农村贫困人口实现脱贫，确保贫困县全部脱贫摘帽是我们党对全国人民的庄严承诺，也是确保脱贫成效精准的一个既定前提。

同时，在这次会议中习近平总书记还强调要解决好"如何退"的问题："解精准扶贫是为了精准脱贫，目的和手段关系要弄清楚。要加快建立反映客观实际的贫困县、贫困户退出机制，努力做到精准脱贫。""部署脱贫任务不能不顾贫困分布现状、采取层层分解的简单做法。这种做法必然会使一些贫困户'被脱贫'。脱没脱贫，要同群众一起算账，要群众认账。对贫困户的帮扶措施，即使销号了也可以再保留一段时间，做到不稳定脱贫就不彻底脱钩。"具体来讲，就是要遵循设定时间表、留出缓冲期、实行严格评估以及实行逐户销号这四个步骤。习近平总书记所提出的这四项要求，详细阐明了贫困县和贫困户在面临"退不退"以及"如何退"问题时的解决方案，为最终实现"两个确保"打下了坚实基础，也确保了脱贫成果的精准有效。

2016年7月20日，习近平总书记在东西部扶贫协作座谈会上指出："脱贫攻坚工作要做实，必须把贫困识别、建档立卡工作做实。要紧盯扶贫对象，实行动态管理，应该退出的及时销号，符合条件的及时纳入，定期开展'回头看'活动，既不要漏掉真正的贫困人口，也不能把非贫困人口纳入扶贫对象。帮扶措施一定要实，因地制宜、因人因户施策，找准症结把准脉，开对药方拔

[1] 习近平：《在中央扶贫开发工作会议上的讲话》（2015年11月27日）。

‘穷根’。”[1] 开展“回头看”活动，能够在大体的扶贫工作结束之后，继续对贫困户进行监测与管理，能够保证扶贫成果长期有效。

精准扶贫是一项系统性的工程，不仅存在较长的周期，并且涉及众多的部门与地区，是一项惠及数千万贫困人口的巨大工程。精准扶贫的目的就是要使现有标准下的贫困人口到 2020 年实现全部脱贫，并且这个结果不能有半点掺假，必须是真实可靠的。如何确保脱贫成效能够精准作用到每一个贫困户呢？在实现前面五个精准的基础上，还需要在脱贫工作开展的末期对脱贫效果进行科学的考核与评价，对每一个贫困县以及每一户贫困户进行考察验收，以防止脱贫成果造假、贫困户“被脱贫”等一系列脱贫成果不精准的问题。

2. 湖北实践

实践一：通城县探索脱贫长效机制确保成效精准

通城县隶属湖北省咸宁市，位于湖北省东南部，曾是幕阜山片区省定贫困县，于 2020 年 4 月实现脱贫摘帽。近年来，通城县立足坚决打赢脱贫攻坚战的同时，着眼于长久确保脱贫成效，积极探索减贫防贫长效机制。2019 年 6 月 28 日，通城县联合太平洋保险公司在全省创设第一份“减贫防贫保险”，率先成立减贫防贫服务中心；同年 8 月 20 日，省扶贫协会扶贫长效机制研讨会暨中国太平洋保险防贫减贫（武汉）研究院成立大会在通城县减贫防贫服务中心成功举行。截至 2020 年 6 月，通城县累计投入减贫防贫保险 600 万元，其中财政投入 200 万元，整合社会捐赠慈善资金 400 万元；完成理赔帮扶 10 批次 285 户 462 万元，有效阻止了临贫易贫人群返贫致贫，确保了全县脱贫成效精准。

在探索脱贫长效机制的过程中，通城县首先是建立起了精准的监测机制，根据大数据分析结果，精准帮扶因病（残）、因灾、因学三大主要致贫因素导致的贫困风险，并且建立起了对减贫防贫重点保障对象的监测机制。其次是建立有效保障机制，通过整合资源加大投保、动态调整保障范围、分类设置赔付标准、精准提升脱贫能力、阳光操作赔付流程五项措施，对脱贫成果实现精准保障。最后是建立便捷服务机制，通过成立专门工作机构方便群众进行保险申报、业务办理等流程，引导社会广泛关注，并统筹多方协调配合，以此来确保全县在脱贫攻坚决胜时刻的脱贫成效精准。

[1]　习近平：《在东西部扶贫协作座谈会上的讲话》（2016 年 7 月 20 日）。

实践二：郧西县依靠防止返贫机制助推脱贫成效精准

郧西县坚持把防止返贫致贫作为当前及今后一个时期扶贫工作的重要任务，增强预见性，突出针对性，下好先手棋，打好主动仗。为了实现脱贫成效精准，郧西县建立了防止返贫的监测和帮扶机制，为全县实现长效脱贫和稳定持续发展奠定基础。

郧西县在提升脱贫地区整体发展实力的同时，结合实际，对脱贫监测户、边缘户加强预防和监测，提前采取针对性帮扶措施。一是建立监测机制。研究制定《郧西县关于防止返（致）贫开展动态监测和帮扶的实施方案》，从机制上明确了预防和监测的对象和范围、相关部门的职责和任务，提出产业、就业、消费、综合保障、扶志扶智、防贫保险等巩固“两不愁三保障”成果措施。二是加强动态监测。依据“两不愁三保障”政策，针对人均纯收入低于5000元的家庭，以及因疫因病、因残因灾等引发的刚性支出明显超过上年度收入和收入大幅缩减的家庭，坚持个人自愿申报和走访筛查相结合，分类建立监测工作台账。三是强化帮扶举措。坚持把事前预防与事后帮扶相结合，开发式帮扶与保障性措施相结合，政府主导与社会参与相结合，外部帮扶与群众主体相结合，具体采取“产业＋就业＋综合保障＋防贫保”等措施分类精准帮扶，为贫困户提供针对性的帮扶，确保脱贫成效精准，切实防止返贫致贫。

实践三：建始县瞄准脱贫成效助推“整县脱贫”

建始县隶属湖北省恩施土家族苗族自治州，位于湖北省西南山区北部，曾是武陵山集中连片特困地区的国家级贫困县，于2020年实现脱贫摘帽。2019年，建始县发布脱贫攻坚指挥部1号令《建始县2019年脱贫摘帽作战方案》，以此来确保现行标准下全县农村贫困人口实现脱贫，消除绝对贫困；确保全县脱贫摘帽，解决区域性整体贫困。

为了确保脱贫成效精准，以期早日实现整县脱贫，建始县制定了“六个清零”的目标，分别是饮水安全问题“清零”、住房安全问题“清零”、基础设施短板项目建设“清零”、集体经济空壳村“清零”、涉贫信访问题“清零”以及各类问题整改“清零”，着眼于贫困户在生活、生产等各个方面所遇到的问题。与此同时，建始县还提出了“六个全覆盖”，即走访贫困对象“全覆盖”、贫困户产业就业“全覆盖”、惠民政策落实“全覆盖”、农村人居环境整治“全覆盖”、乡风文明引领“全覆盖”、基层党建提升“全覆盖”，确保脱贫攻坚能够深入贫困户生活的方方面面，确保脱贫成效能够精准作用于每一个贫困户。

3. 经验与启示

坚持脱贫成效精准，就要做到全面覆盖阻断返贫。为了确保在扶贫开发中每一个贫困户都能享受到政策所带来的好处，并且阻断贫困户在实现脱贫之后又再次返贫的通道，湖北省各地都在尝试积极有益的实践。通城县通过联合太平洋保险公司设立“减贫防贫保险”，为贫困户提供了一份专属保障，并在这个基础上探索建立起了脱贫长效机制，确保贫困户能够实现脱贫不返贫；郧西县则是通过提升脱贫地区整体发展实力的同时，结合实际，对脱贫监测户、边缘户加强预防和监测，提前采取针对性帮扶措施，防止脱贫成效不精准；建始县通过实施整县脱贫方案，确保全县脱贫摘帽，解决区域性整体贫困，并且在这个过程中落实“六个清零”与“六个全覆盖”，确保脱贫成效能够作用到每个贫困户。可以看出，湖北省各地针对脱贫成效全面覆盖并阻断返贫现象的发生作出了各类具有借鉴意义的实践，为今后可能出现的贫困户返贫、项目发展不持续等问题的发生提前打好预防针。

2020 年我国现行标准下农村贫困人口实现脱贫，贫困县全部摘帽。要实现这一目标，就必须要在脱贫成效上下足功夫，发挥精准扶贫精细到每个项目、每个村、每个人的优势，全面推进脱贫攻坚向下纵深进行，让每个贫困户都能借助脱贫项目实现稳定脱贫，保证项目脱贫成效能够经得起群众和时间的考验，不断巩固和扩大脱贫成果，让每一位贫困地区农户都能够享受到改革与发展所带来的成果。与此同时，在巩固脱贫成果，阻断返贫通道的同时，还应该致力于研究接下来将会面临的问题，例如在实施乡村振兴战略的过程中如何确保脱贫攻坚与乡村振兴能够有效衔接，确保已脱贫贫困户在乡村振兴战略的实施过程中能够继续保持稳定发展态势，持续增加农村相对贫困人口的收入，不断提升其生活水平，推动农村社会经济持续高质量发展。

六、脱贫攻坚的资金支持

（一）加大各级财政对扶贫开发的支持力度

1. 重要论述

2015 年 6 月 18 日，习近平总书记在部分省市区扶贫攻坚与“十三五”时期经济社会发展座谈会上指出：“要加大中央和省级财政扶贫投入，坚持政府投入在扶贫开发中的主体和主导作用，增加金融资金对扶贫开发的投放，吸引社会资金参与扶贫开发。要积极开辟扶贫开发新的资金渠道，多渠道增加扶贫开发资金。”[1] 2017 年 6 月 23 日，习近平总书记在深度贫困地区脱贫攻坚座谈会上指出：“要发挥政府投入的主体和主导作用，发挥金融资金的引导和协同作用。新增脱贫攻坚资金主要用于深度贫困地区，新增脱贫攻坚项目主要布局于深度贫困地区，新增脱贫攻坚举措主要集中于深度贫困地区。各部门安排的惠民项目要向深度贫困地区倾斜，深度贫困地区新增涉农资金要集中整合用于脱贫攻坚项目。各级财政要加大对深度贫困地区的转移支付规模，增加金融投入对深度贫困地区的支持，资本市场要注意对深度贫困地区的上市企业安排，保险机构要适当降低对深度贫困地区的保费收取标准。要增加建设用地对深度贫困地区支持力度，新增建设用地指标优先保障深度贫困地区发展用地需要，允许深度贫困县将城乡建设用地增减挂钩指标在省域范围内使用。通过各种举措，形成支持深度贫困地区脱贫攻坚的强大投入合力。”[2] 通过这次会议，习近平总书记详细阐述了各级财政在扶贫开发工作中的各项要点，通过新增脱贫攻坚项目、加大转移支付规模、增加建设用地支持等一系列措施，为深度贫困地区的脱贫攻坚工作提供有力支持。

精准扶贫工作要想深入实际、一个不落，离不开各级财政对于扶贫开发的大力支持。尤其是到了脱贫攻坚时期，深度贫困地区的扶贫工作就成为最

---

[1] 习近平：《在部分省区市扶贫攻坚与“十三五”时期经济社会发展座谈会上的讲话》（2015 年 6 月 18 日）。

[2] 习近平：《在深度贫困地区脱贫攻坚座谈会上的讲话》（2017 年 6 月 23 日）。

难啃的“硬骨头”，不能有一丝一毫懈怠，需要下大力气去攻克。近年来，我国财政扶贫资金投入呈现逐年增加的趋势。2016 年至 2019 年，中央财政累计安排专项扶贫资金 3843.8 亿元，年均增长 28.6%，对贫困地区的一般性转移支付力度不断加大，引导有助于脱贫的农业、教育、医疗、交通、生态等转移支付向贫困地区、贫困人口倾斜。

2. 湖北实践

实践一：湖北省以政府投入为主导提升资金使用绩效

强化政府投入是实现脱贫攻坚的一项重要保障。近年来，湖北省逐渐构建起了财政扶贫资金稳定增长机制，发挥政府投入在脱贫攻坚中的主体地位和主导作用，为全省打赢脱贫攻坚战奠定了基础。

2017 年，湖北省省、市、县三级共投入财政扶贫资金 134.57 亿元。28 个国定贫困县共整合资金 265.3 亿元；筹措资金 5 亿元支持贫困地区统筹建立贫困村产业发展基金、贫困村发展乡村旅游基金、贫困地区“双创”基金；承接金融机构政策性专项贷款 200.49 亿元、地方债券 97.5 亿元、国家专项建设基金 50 亿元。

2018 年，湖北省省、市、县三级共投入财政专项扶贫资金 136.47 亿元。28 个国定贫困县整合资金 220.51 亿元；承接金融机构政策性专项贷款 220.07 亿元、地方债券 141.58 亿元、国家专项建设基金 50 亿元；发放扶贫小额贷款 85.53 亿元，18.22 万户贫困户获贷，各类扶贫资金投入再创新高。

2019 年，湖北省省、市、县三级共投入财政专项扶贫资金 163.13 亿元，同比增长 19.1%。28 个国定贫困县 2019 年统筹资金达 225 亿元；各地按照年人均 200 元左右的标准为每个贫困人口购买补充医疗保险，全年投入 14.44 亿元；全省共设立扶贫小额信贷风险补偿金 26 亿元（县均 2708 万元）。同时，全省不断推进扶贫项目建设，累计入库项目达到 20.99 万个，已实施 13.36 万个。其中当年新增 6.2 万个，实施 2.98 万个。

扶贫资金逐年稳步增长，对于扶贫资金的监管也不能够松懈，湖北省出台“三大举措”巩固提升资金绩效。一是全程公示公告。针对基层不敢、不愿、不会公示公告的问题，采取系统核、实地督、随机抽取等方式，推动制度落实落地。二是实时暗访调研。将资金监管作为“不忘初心、牢记使命”主题教育的重要内容，省扶贫办、省财政厅组织专班采取实地复核、抽样访谈、查阅资料等方式对37个贫困县、10个非贫困县进行暗访，较真碰硬深挖问题。三是全面跟踪审计。坚持“每分必审、逢贫必审”，2019年审计反馈31个贫困县361条问题，审计署武汉特派办反馈6个贫困县35条问题，以审促改、边审边改，推动政策落实，保障了扶贫资金安全。

实践二：巴东县统筹整合财政资金投入助力精准扶贫

巴东县隶属湖北省恩施土家族苗族自治州，位于湖北省西南部、长江中上游两岸，曾是武陵山集中连片贫困特区的国家级贫困县，于2020年4月实现脱贫摘帽。近年来，巴东县为了强化政府投入在脱贫攻坚中的主体和主导作用，以统筹整合政策为抓手，在统筹整合资金范围内“因需而整、应整尽整”，按照“大类间打通，跨类别使用”的要求，县攻坚办统一下达项目、县财政局统一分配资金、县主管部门统一行业管理，实质性整合深入推进。在精准精细编制统筹整合方案的同时，严格“负面清单”管理，每个项目必须来自项目库，每笔资金必须明确具体来源、支出方向、精准到村到户。

2019年，巴东县共统筹整合财政资金12.9亿元，其中：中央级财政专项资金5亿元，省级财政专项资金4.2亿元，州级财政专项资金4321万元，县级财政专项资金2.6亿元，北京对口支援资金5725万元。这其中实质性整合资金达9.97亿元，占比77%。同时，巴东县2020年的计划统筹整合资金为8亿元，其中：中央级财政专项资金4亿元，省级财政专项资金1.6亿元，州级财政专项资金1934万元，县级财政专项资金1.7亿元，对口支援资金4733万元。

在此基础之上，巴东县整合资金坚持目标标准，突出脱贫实效，区分轻重缓急，补齐民生短板。按照产业布局，该县近年累计投入10.2亿元，支持发展茶叶15.31万亩、柑橘13.5万亩、中药材25万亩等特色农业产业，持续增强贫困群众自主脱贫能力，带贫比例达94.9%。2016年起投资5.8亿元，实施小型集中供水工程1223处、分散及单户供水1.39万处，实现农村贫困人口安全饮水问题“清零”。此外，巴东县连续五年来先后投入12.85亿元，实施通畅工程3000千米，整修砂石路面2600千米，改造危桥24座，完成农村公路安防设施建设930千米，322个行政村均已通沥青路或水泥路。如今，群众“出行难、行路难、运输难”等基础设施问题有效缓解，已连续两年被评为“四好农村路示范县”。

实践三：蕲春县五年来持续财政投入助力精准扶贫

蕲春县隶属湖北省黄冈市，位于湖北省东南部、长江中游以北，于 2020 年 4 月实现脱贫摘帽。自脱贫攻坚战打响以来，蕲春县全面深入贯彻落实中央、省、市精准扶贫精准脱贫一系列决策部署，强力推进财政专项资金整合，助力精准扶贫项目实施。2015 年以来，蕲春县按需整合，应统尽统，共统筹扶贫资金 47 亿元投入精准扶贫。2019 年是蕲春县的脱贫摘帽年，该县按照新增财力不低于 15% 的要求，实施项目、部门、财务、金融“四个”统筹到位，共整合扶贫项目资金 9.9 亿元，实施 337 个扶贫项目。投入 2.1 亿元对 420 个非贫困村实施“垸垸通”工程，投资 1.8 亿元建设 26 兆瓦光伏发电站，投入 6745 万元实施农村安全饮水工程，投入 4800 万元实施危房改造工程，投入 9600 万元实施深度贫困村提升工程，投入 8000 万元实施社会保障兜底工程等，充分发挥了政府投入在扶贫开发中的主体和主导作用。

2015 年以来，蕲春县抢抓政策机遇，坚持“三结合”工作举措，累计投入 6 亿元，有力有效推进“四好农村路”建设，新建农村公路 278 千米，拓宽农村公路 521 千米，完成公路安防 784 千米，改造或新建危桥 120 座，不断提升群众获得感和满意度。同时，为了助推当地蕲艾产业发展，蕲春县还委托县扶贫办牵头组织，采取“政府 + 银行 + 企业 + 保险 + 贫困户”五位一体的运行模式，投入风险保障金 8500 万元，为小额扶贫贷款购买保险提供担保。李时珍医药集团向银行提供合法有效的资产抵押担保，从而确保政府、银行、贫困户三方“零风险”。

为了确保统筹资金在扶贫开发的过程中能够发挥最大效用，蕲春县成立了由 20 个部门 17 个工作专班参与的专项资金领导小组，在县财政局设立资金统筹办，负责资金拨付，形成了县政府统一领导、项目规划统筹编制、项目主管单位组织实施、资金归口统筹使用的工作机制。该县分管领导带队，组织精准扶贫“五个一批”牵头单位和乡镇分管负责人，分赴红安、兰考、井冈山等地考察，学习和借鉴外地精准扶贫资金统筹、使用和监管经验做法。通过统筹整合扶贫资金投入精准扶贫，蕲春县有力推进了全县脱贫攻坚进程。到 2019 年底，全县贫困人口由 2014 年的 161176 人减少到 738 人，已实现 136 个贫困村出列，贫困发生率从 2014 年年初的 19.24% 下降到 0.086%，农村基础设施和公共服务设施实现全面改观，农村居民收入稳定提升，脱贫成效显著。

3. 经验与启示

在扶贫开发的过程中，各级政府加大各级财政支持力度，发挥政府投入的主导作用。古语云，“兵马未动，粮草先行”，各级财政对于精准扶贫工作的资金投入是打赢脱贫攻坚战的重要保障。从湖北省的扶贫实践来看，各级政府也在这个过程中充分发挥着主体和主导作用。2017—2019 年，湖北省省、市、县三级共投入财政扶贫资金就从 134.57 亿元增长至 163.13 亿元，财政投入持续逐年增长，财政投入项目也逐步呈现科学化、体系化趋势。从地方的实践来看，巴东县与蕲春县近年来都通过财政资金的整合不断扩大对扶贫开发项目的投资，为全县实现脱贫攻坚保驾护航，同时他们还将整合的扶贫资金主要应用于能够支持该县发展的特色产业项目、基础公共设施建设项目以及贫困户基本生活保障项目等，为打赢脱贫攻坚战奠定了基础。在湖北省脱贫攻坚实践中，正是有了自上至下的各级财政资金支持，持续不断地发挥政府投入在脱贫攻坚中的主体和主导作用，才能够保障脱贫目标如期实现。

脱贫攻坚能否如期实现，不仅关乎着我国全面建成小康社会的庄严使命，更关乎着今后一个时期的乡村发展问题。因此要将扶贫开发工作摆到突出位置，履行好财政支持的各项职责，不断健全财政帮扶的制度体系，提高财政投入的力度，继续保持政府投入在扶贫开发中的主体和主导作用，支持脱贫攻坚与乡村振兴。首先就是要千方百计加大财政扶贫投入力度，确保资金投入；其次要优化财政涉农资金供给机制，支持贫困县统筹整合使用财政涉农资金，鼓励地方政府通过采取资金整合的方式筹集资金；同时还要突出财政扶贫工作的各项重点，促进扶贫资金精准使用，精准到达真正需要资金的项目和群体；最后则是实行严格的监督考核，确保财政资金安全有效使用，为扶贫开发工作保驾护航。

（二）加大扶贫资金整合力度

1. 重要论述

由于长期以来我国都实行以政府主导的扶贫模式，财政扶贫资金和项目由多个政府部门共同参与和管理，有些地方就不免会出现管理机制分散，缺乏资金整合的问题。2015 年 11 月 27 日，习近平总书记在中央扶贫开发工作会议上指出："在增加财政投入的同时，要加大扶贫资金整合力度。一方面财政投入不足，另一方面有限的资金又被分割，造成资金使用效率低下，各地对此反映强烈。这个问题表现在下边，根子在上边，必须下决心解决。在中央层面，要抓紧对目标相近、方向类同的扶贫资金进行整合。""要发挥好各级扶贫开发领导小组在扶贫政策安排、扶贫规划制定、扶贫工程实施上的统筹协调作用，提高资金使用效率。"[1] 扶贫资金在下达地方后如若不能有效整合在一起，就会出现资金分散不统一，使用效率低下，无法服务基层扶贫开发的问题。

2020 年 3 月 6 日，习近平总书记在决战决胜脱贫攻坚座谈会上指出："中央财政要继续增加专项扶贫资金规模，各级财政也要保证脱贫攻坚的资金需求。要加大财政涉农资金整合力度，加强扶贫资金监管，提高资金使用效率和效益，用好扶贫的土地和金融政策。对已经实现稳定脱贫的地方，各地可以统筹安排专项扶贫资金，支持非贫困县、非贫困村的贫困人口脱贫。""要深化东西部扶贫协作和中央单位定点扶贫。当前，最突出的任务是帮助中西部地区降低疫情对脱贫攻坚的影响……要立足国家区域发展总体战略，深化区域合作，推进东部产业向西部梯度转移，实现产业互补、人员互动、技术互学、观念互通、作风互鉴，共同发展。"[2]

2. 湖北实践

实践一：竹溪县出台整合财政专项资金管理办法

在实施精准扶贫的过程中，竹溪县为有效解决财政资金使用分散、社会资金合力不强、扶贫开发效益不高等问题，集中财力精准扶贫、精准脱贫，确保精准扶贫目标顺利实现，制定出台了《竹溪县精准扶贫整合财政专项资金管理办法》（以下简称《办法》），用以规范整合资金监管。《办法》规定了整合范围、重点支持方向、项目申报和管理、资金管理、监督检查等多方面问题，为扶贫资金的整合制定了明确的制度，有效提升了扶贫资金整合的效率与覆盖面，为实现脱贫摘帽奠定了基础。

在扶贫资金使用与整合管理的过程中，竹溪县不断加大投入力度，加大各类涉农资金的整合力度，以《办法》作为资金整合工作的统领，实行跨部

---

[1] 习近平：《在中央扶贫开发工作会议上的讲话》（2015 年 11 月 27 日）。

[2] 习近平：《在决战决胜脱贫攻坚座谈会上的讲话》（2020 年 3 月 6 日）。

门、跨年度、跨层级整合，切实增强精准扶贫工作资金保障力度。同时在这个过程中加强对扶贫资金的规范管理，建立了"统一发展规划、统一投入支持重点、统一管理办法、统一项目审查、统一组织项目验收、统一拨付资金"的工作机制，切实增强扶贫资金使用的精准度和时效性。在此基础之上，竹溪县还严格规范扶贫资金的使用管理，坚持扶贫资金是扶贫工作的红线，所有扶贫资金坚决做到专户专账专人管理，加强扶贫资金日常监督，坚决防止资金滥用现象发生。

实践二：大悟县整合涉农资金促进产业发展

大悟县隶属湖北省孝感市，地处湖北省东北部，曾是大别山集中连片特困地区的国家级贫困县，于 2020 年 4 月实现脱贫摘帽。大悟县是著名革命老区，面对精准扶贫对象多、社会保障"兜底"任务重等困难，大悟县整合涉农资金，创新机制严格监管，盘活资源用活资金，有力地促进精准扶贫各项政策措施落实落地，迎来了山乡巨变。

大悟县以精准扶贫为统领，创新财政资金"四个统筹"模式，有效破解资金零星分散的困局，上下联动整合资金，全力保障精准扶贫。同时，大悟县组织开展区域基本情况、精准扶贫建设与发展项目、涉农项目投入"三项摸底调查"。遵循"早、实、细"原则，自下而上、上下结合，做细、做实年度统筹方案，实现"以规划为龙头，以发展定规划，以规划定项目，以项目筹资金"。此外，大悟县还坚持预防为主，创新机制，管控源头，建立资金筹措、项目申报、资金拨付、核查核报、项目验收、资料归档等全流程、"一站式"监管机制，确保精准扶贫资金管得好、用得活。

有了统筹资金作为保障，大悟县立足县情实际，念"山字经"，打"特色牌"，通过统筹资金，扶持青油茶、板栗、花生、药材等特色农业板块基地建设，打造特色农产品产业园。近年来，统筹现代农业、农技推广、农村公路等项目资金，"打捆"投入到农副产品加工园，支持特色农产品企业向精深加工方向发展。目前，大悟县农副产品加工园已建成核心区面积 3000 亩，引进红翼农林、悟道茶等农业产业化龙头企业 9 家。

实践三：团风县"五举措"狠抓扶贫财政资金统筹整合

团风县隶属湖北省黄冈市，位于湖北省东部，曾是大别山集中连片特困地区的国家级贫困县，于 2019 年 4 月实现脱贫摘帽。针对扶贫资金整合难的问题，团风县围绕精准扶贫“1+N”政策扶持计划，通过五大举措，不断加大精准扶贫财政资金统筹整合力度，将财政资金精准投放、精准使用于支持全县精准扶贫和农业发展急需的重点领域，集中财力办大事、办实事。2019年全县统筹整合财政资金6.5亿元，为巩固脱贫成果和实施乡村振兴战略发挥积极的作用。

一是加强领导抓统筹，由县统筹整合工作领导小组及办公室统一来规范管理统筹整合财政资金的归集和拨付。二是紧扣政策抓统筹，按照国家文件要求，明确统筹整合资金范围，实施“源头”整合，统筹上级和本级、涉农和非涉农、结转和增量等一切可用财政性资金，做大做实资金盘子。三是规划平台抓统筹，根据县“1+N”等扶贫政策体系和年度脱贫计划，建立扶贫项目信息库，并实施统一管理。四是资金引领抓统筹，将涉农资金整合贯穿于预算编制及资金分配、使用、管理的每一个环节。五是强化监管抓统筹，一方面加强扶贫资金公开，明确县、乡、村三级公开的公开方式，主动接受群众监督；另一方面坚持监管常态化，不定期开展监督检查，对目标任务完成、资金拨付使用管理、项目建设完成情况进行全领域、全过程监管。

3. 经验与启示

在统筹扶贫开发资金的过程中，一方面要解决好财政投入不足的问题，另一方面则要避免有限的资金在下达基层后又被再次分割，导致资金使用“撒胡椒面”。因此要加大扶贫资金整合力度，确保扶贫开发资金支持。从湖北省各地推行扶贫资金整合的实践中看，竹溪县通过出台《竹溪县精准扶贫整合财政专项资金管理办法》确立了扶贫资金整合的方式、流程、监管等各项工作的具体要求，从制度层面上为扶贫资金的有效整合提供了保障；大悟县以精准扶贫为统领，创新财政资金“四个统筹”模式，有效破解资金零星分散的困局，通过上下联动来整合扶贫资金，全力保障精准扶贫工作的开展；团风县通过加强领导抓统筹、紧扣政策抓统筹、规划平台抓统筹、资金引领抓统筹、强化监管抓统筹这“五举措”提升扶贫资金整合力度，不放过资金使用的任何一个环节，狠抓精准扶贫财政资金统筹整合。可以看出，对于扶贫资金的整合，不仅需要从制度层面上给予支持，同时还应该落实到资金使用的各个环节，统筹精准扶贫工作中的零星资金，同时对于资金整合的过程也应该给予一定的监督，才能够保障精准扶贫资金发挥最大效用。

将有限的扶贫资金整合在一起，并投入到那些真正迫切需要资金的扶贫项目以及群众，才能够实现集中力量办大事的目标，推动精准扶贫工作向更深层更贫困地区推进。具体来看，首先是要建立中央牵头、地方配套的资金整合统筹协调机制，通过建立起自上而下统一的扶贫资金统筹协调机制，打破以往受制于不同部门之间各自利益阻隔的壁垒；其次是对各级政府间扶贫事项以及资金支出进行明确的权责划分，以此来明确各级政府的职责范围，确保扶贫资金在分配之初就能够确定其到达的项目和方式，以此便可以从预算编制入手，使得财政扶贫资金能够从源头实现整合；最后则是要将更多资金审批的权力下放给基层政府，只有这样才能够让最了解基层扶贫工作真实情况的基层政府有更多权限统筹扶贫资金，助推扶贫资金整合并投入到真正需要的项目中去。

（三）做好金融扶贫这篇文章

1. 重要论述

金融扶贫是将金融产业引入到扶贫开发中的一种新型扶贫方式。金融产业本身能够吸引和带来资金，而扶贫目标又是缺乏资金、技术的群体。2015年11月27日，习近平总书记在中央扶贫开发工作会议上指出："要做好金融扶贫这篇文章。解决这个问题，根本上要靠改革。广西田东县通过建设机构、信用、支付、保险、担保、村级服务组织等六大金融服务体系，有效缓解了贫困户资金缺、贷款难问题，农户贷款覆盖率达到百分之九十。要加快农村金融改革创新步伐，提高贫困地区和贫困人口金融服务水平。要通过完善激励和约束机制，推动各类金融机构实施特惠金融政策，加大对脱贫攻坚的金融支持力度，特别是要重视发挥好政策性金融和开发性金融在脱贫攻坚中的作用。要鼓励和支持社会资本在贫困县发起成立村镇银行、小额贷款公司等小微型金融机构，增加农村金融产品和服务。要发挥财政资金'四两拨千斤'的导向作用，支持成立政府出资的担保机构，扩大扶贫贴息贷款规模，撬动更多信贷资金支持贫困户发展生产和就业创业。"做好金融扶贫这篇文章，能够为贫困户提供更加有针对性的资金支持，是开展多种形式扶贫的重要途径。

在这次会议上习近平总书记还强调："金融扶贫潜力尚未充分发挥。据统计，建档立卡贫困户中有信贷需求的约一千万户，信贷需求规模约三千亿元，而二〇一四年扶贫小额信贷实际只覆盖了六十二万户，只占有信贷需求贫困户的百分之六点二。”[1] 可以看出，金融扶贫在我国的扶贫开发中大有可为，能否用好金融扶贫这一有力举措，对扶贫开发工作至关重要。

通过政府引导与金融机构参与，金融扶贫能够为贫困地区的产业生产提供资金，变“输血”为“造血”，有效提高贫困户的发展能力，为贫困地区的发展注入活力，助力脱贫攻坚目标实现。随着金融扶贫的不断发展，在扶贫开发中已经形成了政府主导的金融扶贫模式、金融机构参与的金融扶贫模式、产业化金融扶贫模式、“互联网 +”金融扶贫模式等多种扶贫模式，金融扶贫也逐渐发展成了一项高度专业化的扶贫模式。

2. 湖北实践

实践一：郧阳区推行扶贫小额信贷助力脱贫

近年来，郧阳区始终把扶贫小额信贷作为助推贫困户持续稳定增收的重要保障，按照“政府服务、群众主体、人行牵头、金融机构参与、产业对接”的总体思路，率先在湖北省出台扶贫小额信贷业务实施方案、成立覆盖全区的村级金融扶贫工作站，率先在全国推出一张 2 亿元的综合性大保单。

在发展扶贫小额信贷的过程中，郧阳区首先是建立“1351”贷款服务体系，确保贫困户贷得到。通过出台一个扶贫小额信贷业务实施方案，建立三级金融服务体系，创新受理申请、收集资料、入户调查、集中会签、发放贷款的“五步工作法”，推出一张保额为 2 亿元的扶贫小额信贷综合性大保单，逐步深化金融扶贫供给侧结构性改革，打通银行放款的“最后一公里”和群众贷款的“最先一公里”。

此外，郧阳区还建立“1+2+N”产业扶贫体系，确保扶贫信贷资金用得好。郧阳区坚持把扶贫小额信贷作为推动产业扶贫的“利器”，立足实际，反复论证，慎重研究，坚持“产业发展到哪里，金融产品就配套到哪里”，摸清群众需求，发展“1+2+N”（一个劳务经济 + 香菇、袜业两个兜底主导产业 +N 个发展项目）扶贫产业，实现供需对接。在这个过程中坚持户户走到、摸清需求以及分类施策、应贷尽贷，为有资金需求的贫困户提供定制信贷服务，帮助其解决发展生产所面临的各项问题。

---

[1] 习近平：《在中央扶贫开发工作会议上的讲话》（2015 年 11 月 27 日）。

实践二：长阳县从供给侧着手金融助力精准脱贫

长阳土家族自治县是宜昌市所辖的一个自治县，位于湖北省西南山区，曾是武陵山集中连片特困地区的国家级贫困县，于 2020 年 4 月实现脱贫摘帽。为了解决扶贫开发与产业发展中的资金问题，长阳县与当地银行结合当地经济、扶贫项目特点，积极创新产品与服务，主动适应农业供给侧改革的需求，探索出以市场为导向的“政府信贷增信 + 银行 + 龙头企业 + 建档立卡贫困户”全产业链金融扶贫服务新模式，取得了较好的经济效益与社会效益。

以该县农行长阳支行为例。该行根据县域特色支柱产业特点，采取“法人贷款 + 生产经营贷款 + 农户小额贷款或扶贫惠农贷款”的产品组合，满足农村产业化龙头企业、合作社（或收购大户）、农户不同的金融需求。实施“一乡一品”的信贷策略，全力助推不同区域的农业产业化发展策略，逐步形成高山菜、中山油、低山茶、渔峡口椪柑、资丘飞鸡、高家堰盆景、清江石、清江鱼等地理品牌的重点扶持对象。同时在这个过程中实施金融惠民全覆盖，持续深化“四位一体”（物理网点 + 智慧银行 + 村组平台 + 移动金融）服务体系建设，形成“人工物理网点 + 离行自助设备 + 助农存取款服务点”的物理渠道，辅之“惠农通 +E 农管家 + 商户 POS+ 网上银行 + 手机银行”的电子渠道，形成了全覆盖的金融服务网络。

基于此，长阳县推动本地金融机构从供给侧着手金融助力精准脱贫，创新全产业链金融扶贫服务新模式，以融资黏合各方利益，打造“从田间到舌尖”的现代全产业链金融服务模式，创新产品、创新渠道、创新模式、创新风险共担机制，产业扶贫、金融扶贫、渠道扶贫相融合，驱动脱贫攻坚战可持续发展。

实践三：五峰县发行全国首单专项扶贫债券助脱贫

五峰县县域经济发展落后，财政自给率不足 15%。多年来，其扶贫项目建设主要依靠各级政府财政拨款。但由于财政款项逐年拨付，大部分扶贫项目需财政资金到位后才能动工建设，扶贫工程进度缓慢。2017 年 11 月 3 日，在上海证券交易所证券交易大厅内，五峰成功发行全国首单专项扶贫债券，总规模 5 亿元，惠及该县 3.6 万多贫困人口。这不仅标志着五峰县创新金融扶贫发展新模式，为其实现脱贫奠定坚定基础；还标志着我国金融扶贫的重大创新，标志着债券发行模式发生巨大变化，由过去“输血”模式，变成“造血”模式，为有效运用金融市场化机制参与国家精准扶贫提供了可以参考借鉴的模板。

通过发行专项扶贫债券，五峰县将筹集资金专项用于精准扶贫项目，从“易地搬迁、产业扶贫、绿色发展”的角度出发，瞄准五峰 12 个重点贫困村和 3.6 万贫困人口，并以此引导社会资本参与，积极对接五峰现有的茶叶、蔬菜、五倍子、中蜂、中药材、乡村旅游等特色优势产业，带动群众脱贫致富，有效解决了五峰以往融资难、融资贵的发展困境。

3. 经验与启示

扶贫开发要做好金融扶贫文章，优化创新融资渠道。在我国扶贫开发的过程中，虽然政府投入发挥着主体和主导作用，但是并不意味着只能依靠政府投资这种单一的方式来为扶贫开发注资。金融扶贫就是在政府的支持和引导下，由金融机构通过金融产品来向贫困地区和贫困户提供相应资金帮扶的扶贫模式，以此来缓解政府投入过程中的资金压力，同时引入现代化的金融体系，来为扶贫开发工作注入活力。在湖北省开展金融扶贫实践的过程中，十堰市郧阳区率先在全省出台扶贫小额信贷业务实施方案、成立覆盖全区的村级金融扶贫工作站，并在全国推出一张 2 亿元的综合性大保单；长阳县从供给侧出发，与当地银行联合积极创新产品与服务，主动适应农业供给侧改革的需求，探索出以市场为导向的“政府信贷增信 + 银行 + 龙头企业 + 建档立卡贫困户”全产业链金融扶贫服务新模式，取得了较好的经济效益与社会效益；五峰县创新金融扶贫发展新模式，发行全国首单专项扶贫债券，为全县实现脱贫奠定坚实基础。可以看出，在湖北省金融扶贫实践当中，各地都在不断积极探索创新金融扶贫工具，通过银行小额信贷业务、综合型保单、专项扶贫债券等多种形式，为本地精准扶贫工作提供资金支持。

随着我国金融行业的不断发展与完善，能够用好金融扶贫这一有力工具，往往能对贫困地区的扶贫事业产生十分重要的影响。因此，为了助推金融扶贫能够发挥更大效用，首先加强政府部门对金融扶贫的支持与领导，不仅要出台相关金融扶贫政策为金融扶贫发展保驾护航，还需要推动财政政策、税收政策、产业政策、扶贫政策等各项政策与金融政策的有机协调配合；其次是要建立与金融扶贫相适应的运行机制，通过在金融精准扶贫的过程中建立起监督考核评价机制，并不断完善金融扶贫贷款风险分担补偿机制，来逐步完善金融扶贫相关的体制机制，为金融扶贫的开展建立起良好的环境；最后是健全贫困地区的金融组织体系，不断发挥各类金融机构优势互补的作用，逐步建立起政策性、商业性、合作性金融机构共同参与的金融发展新格局，充分发挥各类金融机构在扶贫开发中的作用。

（四）加强扶贫资金阳光化管理

1. 重要论述

推行扶贫资金的阳光化管理，就是要让地方在使用扶贫资金时接受社会群众的监督，从源头避免资金管理混乱，防止贪污腐败现象的发生。2015 年 11 月 27 日，习近平总书记在中央扶贫开发工作会议上指出："扶贫资金是贫困群众的'救命钱'，一分一厘都不能乱花，更容不得动手脚、玩猫腻！要加强扶贫资金阳光化管理，加强审计监管，集中整治和查处扶贫领域的职务犯罪，对挤占挪用、层层截留、虚报冒领、挥霍浪费扶贫资金的，要从严惩处！"[1] 扶贫资金是贫困群众的"救命钱"，因此不仅要用好这笔钱，将这笔钱用到实处，来改善贫困户的生活，更要有效地杜绝挪用、浪费、挥霍等现象。

2017 年 12 月 28 日，习近平总书记在中央农村工作会议上指出："要强化脱贫攻坚资金支持，在投入上加力，切实加强扶贫资金管理，优化资金配置，提高使用效率，确保每一分钱都花在刀刃上，对挪用乃至贪污扶贫款项的行为必须坚决纠正、严肃处理。"[2]

2018 年 2 月 12 日，习近平总书记在打好精准脱贫攻坚战座谈会上强调："完善资金管理。扶贫资金量大、面广、点多、线长，监管难度大，社会各方面关注高。要强化监管，做到阳光扶贫、廉洁扶贫。要增加投入，确保扶贫投入同脱贫攻坚目标任务相适应。""要健全公告公示制度，省、市、县扶贫资金分配结果一律公开，乡、村两级扶贫项目安排和资金使用情况一律公告公示，接受群众和社会监督。要加大惩治力度，对扶贫领域腐败问题，发现一起，严肃查处问责一起，绝不姑息迁就！"[3] 加强扶贫资金阳光化管理，就是建立健全扶贫资金的公示制度，通过接受群众的监督来避免问题发生，并且在发现腐败问题后严肃处理，从根上铲除腐败滋生的土壤。

---

[1] 习近平：《在中央扶贫开发工作会议上的讲话》（2015 年 11 月 27 日）。

[2] 习近平：《在中央农村工作会议上的讲话》（2017 年 12 月 28 日）。

[3] 习近平：《在打好精准脱贫攻坚战座谈会上的讲话》（2018 年 2 月 12 日）。

对扶贫资金的监督、管理和使用，事关全面建成小康社会，事关增进人民福祉，事关巩固党的执政基础，事关国家长治久安。因此，要通过推行扶贫资金阳光化管理，让扶贫资金的每一分钱都用在刀刃上。

2. 湖北实践

实践一：利川市开启精准扶贫“阳光监督”新模式

2016年利川市出台《全市实施精准扶贫使用资金管理暂行办法》(以下简称《办法》)，加大对实施精准扶贫使用资金的监督力度。通过建立贫困户电子信息档案、完善相关规范制度、实行专项资金动态监管、加大信访工作力度等措施，确保精准扶贫专项资金有效监管。同时，建立市、乡、村三级公示制度，要求项目主管部门将资金政策文件、管理制度、资金分配、精准扶贫对象、项目建设情况、工作进度等信息，在中国利川网和利川财政与编制政务公开网上进行公开，公示内容包括项目名称、实施单位、建设内容、建设地点、投资规模、资金数额、完成时间、责任人、举报电话等，确保精准扶贫资金在“阳光”下运行。

此外，《办法》还明确了专项资金的使用范围、项目管理、拨付程序、监督检查、责任追究等方面，要求实行纪检监察、审计等部门和群众、社会中介机构等多层次参与，日常监督和专项检查等多元化监督，事前、事中、事后检查和竣工验收等多环节管理的监督检查体系。有了相关政策作为保障，利川市开始采取专项督察、明察暗访、开门接访等方式，走村入户，着力发现精准扶贫资金方面的案源线索，严查截留、挤占、挪用等各类违法违规行为，对在资金使用中存在不作为、慢作为、乱作为等问题的部门和单位严格追责问责。基于此，利川市面对此前在精准扶贫过程中所产生的资金使用不规范、不透明的问题有了系统的解决方案和监督机制，通过自上而下的监察与社会大众的监督，有效遏制了资金使用的各项问题，确保了精准扶贫过程中的资金支持。

实践二：麻城市多举措抓好扶贫资金透明使用

自精准扶贫开展以来，麻城市认真贯彻落实中央文件精神，将涉农资金管理摆在脱贫攻坚和财政支农工作的重要位置，坚持高标准、严要求、动真格、求实效，多举措抓好扶贫资金的透明化管理与使用，确保各项措施落实到位。

首先，麻城市构建了资金统筹整合使用的制度体系。通过制定《麻城市统筹使用财政专项资金管理办法》，从资金统筹与分配、资金使用与拨付、资金管理与监督方面，加强财政专项资金统筹使用管理，提高资金使用效益。结合脱贫攻坚规划，编制《麻城市统筹资金推进精准扶贫工作方案》《麻城市统筹资金及精准扶贫资金整合调整方案》，将整合资金分解下达到责任部门或项目主体，加快项目实施并切实加强资金使用管理。其次，加大资金保障力度。麻城市以财政资金统筹为主体，整合社会资源，激活和引导金融资金、工商资金和社会资金参与统筹项目和精准扶贫，有力地支持了精准扶贫、精准脱贫工作。在此基础之上，麻城市全面推行公开公示制度。通过落实县级、乡镇级、村级公示公告公开制度，加强扶贫资金监管。在市人民政府网站公开扶贫政策、方案、当年项目资金分配及使用情况，乡镇在当地公告栏公开当前项目资金分配及使用情况，村在所在行政村公告公示项目和资金安排情况，提高群众对扶贫政策和当地行政村扶贫项目知晓率，对疑似有问题的项目鼓励群众监督。最后，麻城市实行严格的监督评价。通过出台《麻城市财政扶贫资金绩效考评暂行办法》《麻城市扶贫资金专项检查方案》等政策，各乡镇扶贫部门会同财政部门开展财政专项扶贫资金绩效考评自评工作、扶贫资金专项检查工作，市财政局、市扶贫办委托第三方（中介机构）根据各乡镇财政专项扶贫资金使用情况开展了绩效评价、扶贫资金专项检查。通过引入中介机构参与绩效评价和全程跟踪，强化扶贫资金绩效管理，严明扶贫资金是“高压线”的纪律要求，确保扶贫资金专款专用，确保扶贫攻坚取得实效。

实践三：竹山县“三个统一”规范精准扶贫资金管理

竹山县隶属湖北省十堰市，位于湖北西北秦巴山区腹地，曾是秦巴山集中连片特困地区的国家级贫困县，于 2020 年 4 月实现脱贫摘帽。在精准扶贫的过程中扶贫资金使用的政策导向性强，具体使用的要求高，因此监管部门也就面临着比较大的压力。如何确保扶贫财政资金的使用不出问题，是各级财政部门都需要面对和解决的一个重要任务。竹山县为了在精准扶贫中更大程度地发挥扶贫资金的作用，本着创新扶贫资金监管办法，服务扶贫开发的原则，结合具体实际实行“三个统一”方案，规范精准扶贫资金管理。

一是统一精准扶贫资金台账模式。制作统一格式的“××年精准扶贫资金台账”模板，以扶贫项目为单元，设计收入、支出两栏，按照收、支发生时序，详细记录每个项目、每笔资金发生的资金名称、金额、资金去向、签批人、经办人等信息，通过项目资金台账，完整反映每笔资金的来源渠道和使用流向，确保做到“内行人”一看就明白、“外行人”一看能看懂。

二是统一精准扶贫资金核算科目。针对国库集中收付改革下会计核算科目的新变化，统一全县乡镇精准扶贫资金实物核算会计科目，如乡镇财政收到一笔资金统一用“借：零余额账户用款额度—财政扶贫资金；贷：专项收入—财政扶贫资金”科目核算，而不是沿用“借：银行存款—财政扶贫资金；贷：上级补助收入—财政扶贫资金”科目核算，杜绝乡镇与乡镇之间会计科目使用混乱的局面。

三是统一精准扶贫资金拨付财务附件要求。按照资金拨付流程和步骤，统一使用对应的财务附件。其中：工程项目类扶贫资金，必须备齐工程发票、政府采购相关手续、施工合同、工程预算书、监理方意见单、验收结算清单、资金拨付审批单（乡镇领导审批单）、拨付凭证、公开公示证明资料、审计报告 10 个佐证附件；到人到户补助类扶贫资金，必须备齐享受对象花名册、拨付凭证、银行回单 3 个附件，且签批要素务必完整。

3. 经验与启示

扶贫开发要加强扶贫资金监管，推动资金管理阳光化。开展扶贫资金的阳光化管理，实际上就是要加强对扶贫资金的监督与管理，同时在这个过程中引入社会监管机制，让扶贫资金的使用在阳光下运行，避免对扶贫资金的无效使用和贪污浪费。在湖北省开展扶贫资金阳光化管理的实践中，利川市通过制定《全市实施精准扶贫使用资金管理暂行办法》，加大对实施精准扶贫使用资金的监督力度，开启对精准扶贫资金的“阳光监督”新模式；麻城市将涉农资金管理摆在脱贫攻坚和财政支农工作的重要位置，多举措抓好扶贫资金的透明化管理与使用，从资金统筹使用、资金扶持力度、公示公开制度、监督管理体系等方面强化资金使用的精准与规范，确保各项保障措施落实到位，助力扶贫资金阳光化管理；竹山县从创新扶贫资金监管办法的角度出发，服务扶贫开发的原则，结合具体实际实行统一精准扶贫资金台账模式、统一精准扶贫资金核算科目、统一精准扶贫资金拨付财务附件要求这“三个统一”方案，从资金账务的角度出发规范精准扶贫资金管理。

为了确保精准扶贫资金的阳光化管理，一方面要加大扶贫项目资金监管力度。通过及时公示扶贫项目信息，将项目名称、资金来源、金额、用途、责任人、受益对象等各项信息，通过县、乡、村三级公开体系公开，确保扶贫资金在阳光下接受社会大众的监督。同时还要强化监督检查，由县一级主管部门和乡镇对资金实行全程监管，从项目申报到最后的竣工验收，都要随时进行监督与检查，核对项目资金使用，跟踪资金政策的执行情况。另一方面则是要健全扶贫资金监管问责机制，由县脱贫攻坚领导小组进行统一的监察，建立完善的扶贫资金监管问责机制，对于已经出现的问题，要追责到底，查清查明资金使用过程中出现问题的原因，将责任落实到基层个人，严格遵循“分级问责、分类问责、精确问责、严格问责、权责统一”的原则，强化扶贫资金使用过程中的各项职责，避免出现资金使用问题。同时，对于性质严重恶劣、涉嫌犯罪的行为要移送司法机关依法追究刑事责任。

（五）吸引社会资金参与脱贫攻坚

1. 重要论述

吸引社会资本参与脱贫攻坚是指在政府的倡导与动员下，全社会资本力量共同参与扶贫开发，为贫困地区的社会经济发展提供资金支持的扶贫活动。2015 年 2 月 13 日，习近平总书记在陕甘宁革命老区脱贫致富座谈会上指出：“在顶层设计上，要采取更加倾斜的政策，加大对老区发展的支持，增加扶贫开发的财政资金投入和项目布局，增加金融支持和服务，鼓励引导社会资金投向老区建设，鼓励引导企事业单位到老区兴办各类事业和提供服务，形成支持老区发展的强大社会合力。”[1]

2018 年 2 月 12 日，习近平总书记在打好精准脱贫攻坚战座谈会上强调：“坚持加大投入，强化资金支持。脱贫攻坚，资金投入是保障。必须坚持发挥政府投入主体和主导作用，增加金融资金对脱贫攻坚的投放，发挥资本市场支持贫困地区发展作用，吸引社会资金广泛参与脱贫攻坚，形成脱贫攻坚资金多渠道、多样化投入。”[2] 吸引社会资本的投入是扩充扶贫资金来源渠道的一条重要途径，能够通过市场机制更加灵活地为贫困地区提供帮扶。

相较于其他国家的反贫困实践而言，我国所实行的是以政府为主导的、自上而下的扶贫开发模式。一方面，这符合我国多年形成的政府主导社会公

[1]　习近平：《在陕甘宁革命老区脱贫致富座谈会上的讲话》（2015 年 2 月 13 日）。

[2]　习近平：《在打好精准脱贫攻坚战座谈会上的讲话》（2018 年 2 月 12 日）。

共服务的基本模式，能够发挥社会主义集中力量办大事的优势，提高我国扶贫开发的推进速度；另一方面，也会一定程度上削弱社会力量对于扶贫开发的参与程度，因此就要广泛地吸引社会资本参与到扶贫开发中来。当前社会扶贫作为我国扶贫开发事业中的重要参与力量，已经逐步形成了社会组织扶贫资金、企业扶贫资金、企事业单位纵向定点扶贫资金以及东中西部地区之间的横向对口扶贫资金等多种社会资金扶贫模式。

2. 湖北实践

实践一：秭归县引入国家电网投资实施光伏扶贫

2016 年，国家电网公司投资 830 万元，在秭归县茅坪镇建东村新建 800 千瓦集中式农光互补光伏电站一座。2017 年又全额出资 8820 万元，在秭归县建档立卡贫困村建设光伏扶贫电站 47 座。同时，秭归县还自筹资金建设光伏电站 2 座。截至 2019 年 10 月底，新建电站累计发电 2743 万度，创造收益 2962 万元，每个贫困村年均增加收入 22 万元。在实现了稳定收益之后，国家电网一期、二期综合评估对秭归光伏电站的发电效益、收益分配、后期管护给予了肯定，其经验和做法在全省得到了推广。

在有了国家电网公司的投资以及专业化的指导之后，秭归县以市场为导向，建立起了专业化的运维队伍。首先是以县扶贫办为光伏电站行政监管主体，专门设立光伏管理办公室，定期召开联席会议，破解项目实施难题。其次是采取市场化公开招标的方式，确定紫昕国投为运维主体，全面负责电站的运行维护，按照标杆电价的 5% 支付运维费用。同时配套运维制度管理，制定村级光伏扶贫电站运维管理办法、收益分配管理办法等制度，规范管理村级光伏扶贫工作。并且针对管护问题，探索出了“站长 + 看护员”的管护模式，实行电站站长负责制，明确责、权、利，看护员按日常考核和发电效益兑现工资，确保电站实现从“建起来”到“管起来”“用起来”。最后将光伏电站的运维纳入考核，将光伏扶贫纳入镇、村精准扶贫目标责任考核，年底开展专项绩效评价，评价结果与综合目标考核结账挂钩。

针对电站收益的分配问题，秭归县以“社会效益”为导向推行精准化分配。按照村情户情，将收益分配与贫困户家庭精准对接，满足不同地方、不同群体的差异化需求，有效避免“平均分配”，使其更符合基层实际。如针对建档立卡贫困户发展产业、改房、改厕、建水池等设置具体条件进行奖补；针对贫困户遭受大病大灾、子女就学出现困难设置具体条件进行救助；针对贫困村公路、沟渠、集中饮水管道、小型环卫设施等维护维修设置具体条件进行补助。

实践二：来凤县丰富社会扶贫主体促脱贫

来凤县隶属湖北恩施土家族苗族自治州，位于湖北省西南部，曾是武陵山集中连片特困地区的国家级贫困县，于 2019 年 4 月实现脱贫摘帽。在实现整县脱贫的过程中，来凤县坚持政府主导、部门支持、全社会共同参与的扶贫共治模式，让社会扶贫成为专项扶贫、行业扶贫和社会扶贫“三位一体”的中坚力量，以此来推动整个县域范围内的长效脱贫。

来凤县按照“村企共建、合作共赢”的理念，采取“一帮一”“多帮一”“一帮多”的形式，号召县内企业对贫困村实施定点结对帮扶，并且在结对帮扶的同时，强化结对签约帮扶动态管理。先后共有 46 个重点贫困村及 4 个非贫困村与 64 家民营企业（2 家县外企业）签约，实现县域范围内的帮扶全覆盖。在这个过程中，来凤县突出产业扶贫的重点，结合企业生产经营特点，发挥产业扶贫优势，补齐产业发展短板。64 个民营企业在 46 个重点贫困村及 4 个非贫困村共实施产业帮扶项目 27 个，就业帮扶项目 28 个，公益帮扶项目 43 个，其他帮扶项目 7 个。在所有的帮扶项目中，企业累计投入项目资金 5238 万元。

从帮扶项目来看，来凤县帮扶企业在推进产业扶贫的过程中根据实际情况有针对性地开展扶贫工作，通过金融扶贫、危房改造、就业帮扶等方式给予贫困村帮扶。例如金凤建材有限公司为翔凤镇老茶村捐献水泥 5 吨，对贫困村符合用工条件的优先安排；方圆石材有限公司帮助贫困村开展新建、旧房整修帮扶，并为贫困户家庭免费提供沙石；帅丰家居建材公司在翔凤镇老虎洞村投入资金 8 万元，帮扶 5 户贫困户危房改造，并在贫困村大量招收季节用工；来凤县康复医院对兴安村 60 岁以上的老年人、五保户、低保户医疗费用自费部分全免。

来凤县还积极发挥社会组织动员优势，不断培育和丰富多元社会扶贫主体。首先是充分发挥各级统战部门、工商联、侨办等统战系统单位的主导作用，引入武汉卓尔控股有限公司、武汉佰钧成技术有限公司、湖北易瓦特科技股份有限公司等 20 余家民营企业扶贫资金 200 万元，形成了系统内互通、多方合作、共同推进的工作模式，全方位、多层次整合了扶贫资源。其次是在东西部扶贫的框架下，积极落实东西部扶贫协作相关规定，组织来凤县社会化扶贫组赴浙江省杭州市拱墅区开展社会化扶贫对接工作，落实杭州市拱墅区对口帮扶来凤战略部署，进一步加强了两地组织、经贸、慈善、教育、人社等领域协作，为全县脱贫攻坚工作带来新动力、注入新活力。最后是在解决贫困地区留守儿童的问题中，县妇联开展“关爱留守儿童，爱心结对帮扶”爱心公益活动，来帮助提升留守儿童的生活水平；团县委组织开展“一对一帮扶”“回家过年”“梦想起航、阳光助学”“亲情陪护”等各类留守儿童关爱服务活动，让留守儿童实实在在感受到了社会的温暖、家的温馨。同时县政府还通过开展一系列活动积极支持社会各公益组织团体、公司、个人等到来凤贡献爱心。

实践三：大悟县社会资本“引”进来助力脱贫攻坚

为有效解决扶贫开发中所遇到的资金问题，大悟县发挥统筹资金的倍增效应和蝶变效应，以统筹资金为引导，吸引、撬动、激活社会资本，变单一的财政投入为多元化的社会投入，彰显“1+1 > 2”的效应。通过吸引社会资金，有效拓展了项目扶贫资金的来源渠道，同时社会企业在为扶贫项目注入资金的同时，带来的不仅仅只是资金，还有其专业的产业技术和项目管理经验，能够为落后的贫困地区带来更加具有针对性的帮助，助力脱贫长效化，阻断返贫。

在社会资本“引”进来的过程中，大悟县发挥政府的统筹推动作用和财政政策的导向作用，积极引导和鼓励民间资本参与统筹资金的项目建设，建立多层次、多渠道的统筹资金机制。在实施“绿满大悟”及水土保持统筹项目中，通过政府投资带动，共吸引 10 余家涉林企业和 50 多个造林大户，投入资金 4000 多万元，参与林特基地开发，形成了“政府扶持大户，大户带动贫困户”的精准扶贫模式。通过统筹农村公路、土地整理等项目资金 1860 万元，以旅游扶贫的形式支持城关镇中心村发展乡村旅游，并且在项目实施后成功引进武汉方源公司，助力贫困地区产业发展。武汉方源公司计划总投资 1.8 亿元，一期工程投资 8000 万元，经核算统筹资金与社会资金的放大比例达到 1∶3.3。该项目采取“公司联村带户参股扶贫”模式，统筹资金和村级集体山场、林地、水面等资源将折资入股并参与分红，同时武汉方源公司还就近招聘务工人员 200 多人，中心村的旅游扶贫项目将有力推动农民变农工、村民变股民、农村变景区。

3. 经验与启示

在扶贫开发过程中引入社会资金，不仅能够解决扶贫开发资金紧张的问题，还能在扶贫开发的同时将市场资源引进来，为贫困地区的产业发展提供更好的发展环境。在湖北省扶贫开发吸引社会资金的实践中，秭归县通过引入国家电网公司投资，在建档立卡贫困村建设光伏扶贫电站40余座，并将发电站收益落实到每个贫困户身上，实现精准帮扶；来凤县号召县内企业对贫困村实施定点结对帮扶，为贫困村提供个性化和专业化的扶贫帮扶；大悟县发挥政府的统筹推动作用和财政政策的导向作用，积极引导和鼓励民间资本参与统筹资金的项目建设，建立多层次、多渠道的统筹资金机制。通过引进社会资金，贫困地区不仅解决了困扰当地产业发展的资金问题，同时随着企业和组织的投资，也带了专业化的技术及管理经验，为贫困地区特色产业的发展注入了活力与动力。

随着我国市场经济的不断发展，社会力量已经成为扶贫开发工作中不可忽视的力量。伴随着我国脱贫攻坚取得全面胜利，新时代乡村振兴战略成为今后一个时期我国“三农”工作的重点，政府更应该适时地进行角色转化，通过社会力量以及市场机制来助推乡村实现全面振兴。

七、脱贫攻坚的内生动力

（一）只要有信心，黄土变成金

1. 重要论述

2012年12月29日至30日，习近平总书记到河北阜平县慰问革命老区群众，在考察结束后发表的谈话中强调，脱贫攻坚要坚定信心。只要有信心，黄土变成金。贫困地区尽管自然条件差、基础设施落后、发展水平较低，但也有各自的有利条件和优势。只要立足有利条件和优势，用好国家扶贫开发资金，吸引社会资金参与扶贫开发，充分调动广大干部群众的积极性，树立脱贫致富、加快发展的坚定信心，发扬自力更生、艰苦奋斗精神，坚持苦干实干，就一定能改变面貌。[1]

---

[1]　习近平：《做焦裕禄式的县委书记》，中央文献出版社2015年版，第17页。

2. 湖北实践

近年来，湖北精准扶贫战线捷报频传，但仍有很多“硬骨头”。在一些地方，确实存在少数贫困户不思进取、“扶不起来”的现象。应该清晰地认识到，树立脱贫的信心本来就是扶贫工作的一部分，只重视物质扶贫的老路是走不通的。“身贫”好扶，“心贫”难治。对于那些有强烈脱贫愿望的群众，物质扶持即可使他们走上自主脱贫之路；而对那些“身贫”又“心贫”的群众，如果不“扶志”给他们树立脱贫的信心，即使通过给钱给物使其一度脱贫，也很可能马上坐吃山空再度返贫，进而耽误脱贫攻坚全局。湖北省在脱贫过程中注重调动广大干部群众的积极性，树立脱贫致富、加快发展的坚定信心，发扬自力更生、艰苦奋斗精神，坚持苦干实干，全力改变贫困面貌的思想旗帜。不断通过树立脱贫典型、建设文化阵地、开展移风易俗、创办爱心超市等方式，为贫困群众强信心、强志气，不断激发脱贫内生动力，实现了主动脱贫、勤劳致富。

树立典型引领脱贫。扎实开展“脱贫好榜样”“勤劳致富之星”“新乡贤”等系列评选活动，选树脱贫典型，用身边人讲身边事、用身边事育身边人。利用新闻媒体舆论优势，大力宣传勤劳致富、扶贫济困、孝老爱亲典型人物、感人事迹，营造尊敬典型、学习先进的浓厚氛围。发挥文明创建思想教育阵地和理论平台优势，开展理论宣讲，发放精神扶贫手册，树典型与正风气相得益彰。

爱心超市激励脱贫。探索以表现换积分、以积分换物品的“爱心公益超市”自助式帮扶做法，实现社会爱心捐赠与贫困群众个性化需求精准对接。以乡镇、行政村大型超市、商店为依托设立爱心超市，成立爱心积分管理工作小组，具体负责贫困户积分积累、商品兑换等工作。引导贫困户通过学习一技之长、投身扶贫产业、参与扶贫工作、参加公益劳动、孝老敬亲、邻里团结等获得相应积分。通过创办爱心超市，让贫困户改掉不劳而获、“等靠要”等不良习气。

移风易俗助力脱贫。巩固人情新风治理成果，引导贫困村修订完善村规民约，发挥村民议事会、清风协会、红白理事会等群众组织作用，加大高额彩礼、薄养厚葬、子女不赡养老人等问题专项治理力度，引导群众向上、向善、向美。全面开展“清三堆（土堆、粪堆、柴堆）”“治三乱（污水乱泼、垃圾乱倒、柴草乱堆）”“美三口（路口、村口、家门口）”等整治活动，共治“脏乱差”，让贫困群众住上好房子、过上好日子、养成好习惯。

文化下乡促进脱贫。坚持物质文明与精神文明一起抓，以乡镇文化站为依托，兴建乡镇综合性文化服务中心；以农家书屋、民歌堂为依托，整合广播电视、科技培训、文体广场等资源，兴建村级综合文化服务中心；定期开展送戏、送书、送字画下乡活动，弘扬社会正能量，提振群众精气神。

法制教育保障脱贫。以“七五”普法和精准扶贫问题线索核查清零为契机，针对性开展法律法规进乡村宣传活动，提高群众法律意识。成立养老敬老理事会，制定养老敬老村规民约，开通老人赡养问题热线电话和乡镇受理点。针对拒绝赡养老人、不履行赡养义务的，优先受理、优先审判、优先执行，并列入失信“黑名单”。采用“巡回法庭”方式，现场调解结案，通过“以案说法”达到“审结一案、教育一片”的良好效果。

3. 经验与启示

党的十八大以来，习近平总书记作出了一系列精准扶贫的重要论述。其中“扶贫先扶志”的论断，指出扶贫工作既要送温暖，又要送志气、送信心。扶志的目的是要帮贫困人口树立脱贫的信心，应该从克服思想障碍、良好的示范效应、做好文化宣传、好的激励措施四个方面入手。

扶志树信心，要解决贫困人口的思想障碍。“求木之长者，必固其根本；欲流之远者，必浚其泉源。”扶贫，要把水浇到根上，才能断掉穷根。只有将扶贫和扶志有机结合起来，引导贫困户从“要我脱贫”转变为“我要脱贫”，给予贫困户更多的关怀，从根本上激发贫困户内生动力，才能打开制约贫困的“思想枷锁”。农村是一个相对封闭的社会，一些贫困人口在这样的环境中，自身容易安于贫困的现状。一些贫困人员因为生病、生产经营不善等原因，在长期恶性循环中，逐渐形成自暴自弃的想法，自我封闭，更进一步加深其贫困。所以，扶贫扶志首先要在思想上下功夫，帮助贫困者树立自信心，只要发扬自力更生、艰苦奋斗的精神，坚持苦干实干，就一定能改变生活的贫困面貌。

扶志树信心，需要形成好的示范效应。在长期的思维封闭中，一些贫困人口对周围事物产生了不信任的想法，光靠政策宣传难以取得实效，应以鲜活的实例触动其树立自我脱贫的自信心和勇气。火车跑得快，全靠车头带。主要通过培育一批脱贫及扶贫先进典型，通过身边的典型起到示范作用，鼓舞广大贫困地区贫困群众的斗志，振奋他们的精神，鼓足勇气奋勇前进。

扶志树信心，发挥文化宣传的影响力。利用文化扶贫、文化熏陶和人文功能，来帮助群众提升文化修养和精神引导，从内心深处树立脱贫的主动意识，从而实现自主驱动的自我发展，增强脱贫的自觉性，从根源上解决生存和发展的困境。另外，经常性、长效性开展宣传教育。大力宣传中央、省委和各级党委、政府的脱贫攻坚政策，让广大贫困地区的贫困群众，能够认识到自力更生、艰苦奋斗、脱贫攻坚的重要性、急迫性和必要性，增强使命感、责任感、荣誉感，从内心来激发脱贫愿望。除政策宣传以外，还将中华民族的光荣传统纳入宣传教育内容，经常讲，反复讲。例如，勤劳节俭一直是我们的优良传统，村里经常组织一些文化活动，以群众喜闻乐见的形式，宣传勤劳节俭的美德，鞭笞好吃懒做的恶习。对自强自立成功脱贫的贫困户，在加大宣传的同时，给予精神和物质上的奖励。

扶志树信心，要创新激励机制。坚持因地制宜，鼓励多劳多得、先劳先得，在扶持政策上不搞一刀切，坚决杜绝“干与不干一个样、干多干少一个样、干好干坏一个样”的现象。不能平均地给予某些所谓的资金扶持，而是用“以奖代补”的方式来奖励那些有主动作为的贫困户，对干得好的给予免费送物资等激励性的政策支持，起到奖勤促懒的作用。例如，爱心超市的建立，通过日常评选和季度评分相结合，有效调动全体村民创建的热情，实现了村民行为的可视化、积分化、效仿化，带动了村民参与自治的积极性，引导民风向善，促进了社会和谐，强化了基层治理，夯实了脱贫成果，助推了乡村振兴。

（二）扶贫必扶智，治贫先治愚

1. 重要论述

2012 年 12 月 29 日习近平总书记在河北省阜平县考察扶贫开发工作时发表讲话强调，治贫先治愚。要把下一代的教育工作做好，特别是要注重山区贫困地区下一代的成长。下一代要过上好生活，首先要有文化，这样将来他们的发展就完全不同。义务教育一定要搞好，让孩子们受到好的教育，不要让孩子们输在起跑线上。古人有“家贫子读书”的传统。把贫困地区孩子培养出来，这才是根本的扶贫之策。[1]

[1] 习近平：《做焦裕禄式的县委书记》，中央文献出版社 2015 年版，第 24 页。

2015年9月9日在第31个教师节来临之际，习近平总书记给“国培计划（2014）”北京师范大学贵州研修班全体参训教师回信，对他们提出殷切希望，并向全国广大教师致以节日的祝贺和诚挚的祝福。在信中，习近平总书记强调，扶贫必扶智。让贫困地区的孩子们接受良好教育，是扶贫开发的重要任务，也是阻断贫困代际传递的重要途径。党和国家已经采取了一系列措施，推动贫困地区教育事业加快发展、教师队伍素质能力不断提高，让贫困地区每一个孩子都能接受良好教育，实现德智体美全面发展，成为社会有用之才。[1]

党的十八届五中全会后在北京召开了第一个中央工作会议暨中央扶贫开发工作会议，体现了党中央对扶贫开发工作的高度重视。习近平总书记强调，扶贫既要富口袋，也要富脑袋。要坚持以促进人的全面发展的理念指导扶贫开发，丰富贫困地区文化活动，加强贫困地区社会建设，提升贫困群众教育、文化、健康水平和综合素质，振奋贫困地区和贫困群众精神风貌。[2]

2016年7月20日习近平总书记在宁夏调研期间在银川主持召开东西部扶贫协作座谈会时指出，摆脱贫困首要并不是摆脱物质的贫困，而是摆脱意识和思路的贫困。扶贫必扶智，治贫先治愚。贫穷并不可怕，怕的是智力不足、头脑空空，怕的是知识匮乏、精神委顿。脱贫致富不仅要注意富口袋，更要注意富脑袋。东西部扶贫协作和对口支援要在发展经济的基础上，向教育、文化、卫生、科技等领域合作拓展，贯彻“五位一体”总体布局要求。要继续发挥互派干部等方面的好经验、好做法，把东部地区理念、人才、技术、经验等要素传播到西部地区，促进观念互通、思路互动、技术互学、作风互鉴。西部地区要彻底拔掉穷根，必须把教育作为管长远的事业抓好。东部地区要在基础教育、职业教育、高等教育等方面，通过联合办学、设立分校、扩大招生、培训教师等多种方式给予西部地区更多帮助。还要注意解决好因病致贫、因病返贫的问题，东部地区可以通过援建医院、培训医生、远程诊疗、健康快车等帮助西部地区。[3]

---

[1]《习近平给“国培计划（二〇一四）”北师大贵州研修班参训教师的回信》，《人民日报》2015年9月10日。

[2]《十八大以来重要文献选编》（下），中央文献出版社2018年版，第50页。

[3] 习近平：《在东西部扶贫协作座谈会上的讲话》（2016年7月20日）。

人的现实生活，是物质生活和精神生活的统一。如果长期一条腿长、一条腿短，迟早要出问题。从我国的扶贫工作体制机制来看，扶贫工作的任务分解、责任落实、考核评估主要侧重贫困群众收入水平等可量化的物质方面因素，参与扶贫工作的干部也往往“重物轻人”，疏于俯下身子，设身处地地思考贫困群众的精神需求。如果说物质扶贫是显绩，那精神扶贫就是潜绩，一味重显绩轻潜绩，很可能造成“基础不牢，地动山摇”的后果。[1]

2. 湖北实践

湖北省在《中共湖北省委关于打好三大攻坚战重点战役的意见》中明确提出要提升贫困户基本素质。坚持扶贫与扶志扶智相结合，激发群众的内生动力。要富口袋，先富脑袋。近年来，湖北省各地扶贫办坚持以实施“雨露计划”为平台，以技能培训为突破口，“筛选差别式扶贫培训对象、制定差别式扶持政策、选择差别式扶贫培训方式、实行差别式多渠道就业”。其中长阳县探索出了“政府扶持、学校承办、贷款参训、就业还贷、培训一人、脱贫一家”的智力扶贫“长阳模式”，得到了国务院扶贫办的高度肯定，培训对象转移就业实现了“四个转变”。

由“盲目型”向“有序型”转变。以建档立卡的贫困家庭劳动力为对象，以初中、高中毕业后未升学、未就业的“两后生”为主，实施“阵地式”的“长短结合”职业技能培训，实施差异化学制。按照“政策引导、农户自愿、实事求是、据实补贴”“指导计划、资金到县、培训到户、直补到人”的工作路径，学员依托一技之长，能够成为家庭脱贫致富的“顶梁柱”。例如，长阳职教中心是“雨露计划”培训的示范基地。该校“走出去、请进来”，先后与韩国三星电子、江苏住友电工、飞利浦电子、洛兹集团等国内外企业“战略牵手”，大力开展“单培训”，学员前脚才进校门，后脚就找到了就业岗位。

由“苦力型”向“技能型”转变。一人参训，全家脱贫，带动一方。举行“雨露计划·五个一”实用技术培训启动仪式。聘请正高职高级专业技师分别就畜牧养殖技术和经济作物种植技术进行专业授课，并到田间地头进行现场技术指导，农民不但可以分享“扶贫实用技术培训大餐”，还能免费领到农业技术资料。学会一技，受益一生。其中，长阳县扶贫办以国家“雨露计划”实施方式改革试点为契机，以重点贫困村、重点老区村和优势产业示范点为

[1] 钟超：《精准扶贫莫忘扶智》，《光明日报》2017 年 4 月 10 日。

培训重点，全年举办规模培训场。力争通过数年努力，实现农业科技入户率90%以上，实现“每户一个技术明白人、每组一个带头人、每村一个传播人”的智力扶贫目标。

由“异地型”向“本土型”转变。为促进外出务工农民“回流”到家乡，推动产业化扶贫，连续多年实施“五个一”计划，即每年新建油茶、核桃、茶叶、栀果、魔芋各一万亩的高标准示范基地。扶贫办依托涉农的中高级专家为技术支撑，组建“产业扶贫科技顾问团”，进村入户“送科技、送信息、送项目”，领衔开展扶贫实用技术培训。结合产业扶贫，着力推进“科技扶贫中心户”培训工程，在田间地头常年开设“流动扶贫学堂”，把农村实用技术免费传授给农民朋友。

由“打工型”向“创业型”转变。在共青团成立纪念大会上，扶贫办联合授予青年“创业明星”称号，表彰首批“回乡创业”的脱贫致富带头人。近年来，一批贫困村的有志青年参加“雨露计划”培训后，走出大山，以土家人质朴、勤劳、睿智的特质赢得了尊重，干出了尊严，赚到了“第一桶金”，有了资本的原始积累，便产生了浓浓的“桑梓情”，纷纷“回乡创业”，把外面的观念、信息、技术、资金带回家乡，带领贫困农民致富，发挥了“领头羊”作用。

3. 经验与启示

扶贫要先扶智。“智”指的是思想，是知识，唯有知识方能改变命运。只有抓住贫困的根本原因，对症下药，不是头痛医头脚痛医脚，才能标本兼治，药到病除。扶贫必扶智，提升贫困户人力资本。文化教育落后是造成深度贫困的主要原因，并由此形成能力贫困。短期看，应探索能与这些群体产生对接的文化要素。长期看，需要大力发展教育来阻断贫困的代际传递。

在扶贫开发中，教育是一种人力资本投资，目的是提高受助者素质；发放救助金和物资等是物力资本救济，目的是改善受助者的生活条件，二者缺一不可。与物力资本救济相比，教育扶贫具有不同的特点：一是直接作用于受助者本人，并且需要受助者有较高的参与度；二是不对赈济、扶助对象的经济生活进行显性干预，而是增强其内在地改变自己生活境遇的能力和动力。在实践中，教育已被证明是效益远大于成本的投入，其效益不仅在于提高个人长期收入，还包括提高国民素质和社会文明程度、增加就业等社会收益，最终有助于在更大范围消除贫困。[1]

同时，教育为扶贫助贫提供人才保障。人才是实施精准扶贫的先导，是扶智的前提。古往今来，教育从来都是脱贫致富的一个重要路径，因此贫困地区的人口教育必须纳入统一的扶贫规划中统筹安排，把教育扶贫当作精准扶贫的一项重要任务去抓。人从来都是生产力要素中最为关键的一环，是改变社会创造历史的主体。通过教育，提升困难群众的思想境界和认识，帮助他们认识自身存在的差距和不足，努力去改变现状，这才是脱贫攻坚第一阶段需要实现的目标。一些贫困地区有着丰富的自然资源，但是缺乏有见识有能力的人，不会开发利用身边资源，导致资源白白浪费。精准扶贫首先就是要解决贫困地区缺少人才的问题，这就要求扶贫工作转变观念，把扶贫从提升困难群众的经济收入转变为先提升困难群众的思想认识和技术水平，再提升经济收入这样的过程。只要有了人才，贫困地区就有了“造血”的基础，脱贫致富就有了希望，因此对贫困地区的教育要做好详细的规划，针对不同人群，从义务教育、职业培训、技能培训等方面入手，促使贫困地区人才的综合水平迈上新台阶。[2]

在推动贫困地区的精神扶贫时，还必须满足群众的精神需求。以往我们说“扶贫必扶智，治贫先治愚”，往往侧重教育扶贫，把贫困地区的孩子培养出来，成为阻断贫困代际传递、彻底拔掉穷根的根本之策。通过教育扶贫全覆盖，很多贫困家庭的命运得以改变。然而，对于贫困地区的落后面貌，刚走出村庄的孩子往往是无能为力的。改变贫困农村的落后面貌，还得依赖于常住农村的群众，这就要求赋予“扶贫必扶智”新的内涵，探索创新群众喜闻乐见的文化形式，满足贫困地区群众的精神需求，推动社会主义核心价值观在贫困地区入脑入心、落地生根、开花结果。[3]

---

[1] 李伟、丁延庆:《既扶贫又扶智　教育扶贫效益巨大》,《人民日报》2016 年 7 月 26 日。

[2] 姚金梅:《切实抓住精准扶贫“牛鼻子”》,《人民论坛》2018 年第 16 期。

[3] 钟超:《精准扶贫莫忘扶智》,《光明日报》2017 年 4 月 10 日。

（三）授人以鱼，不如授人以渔

1. 重要论述

2015 年 2 月 13 日习近平总书记在春节前夕到陕西看望慰问群众，并在中国延安干部学院主持召开的陕甘宁革命老区脱贫致富座谈会上强调，家有良田万顷，不如薄技在身。要加强老区贫困人口职业技能培训，授之以渔，使他们都能掌握一项就业本领。[1]

2015 年 10 月 16 日减贫与发展高层论坛在北京人民大会堂举行。习近平总书记出席论坛并发表题为《携手消除贫困促进共同发展》的主旨演讲指出，授人以鱼，不如授人以渔。扶贫必扶智，让贫困地区的孩子们接受良好教育，是扶贫开发的重要任务，也是阻断贫困代际传递的重要途径。我们正在采取一系列措施，让贫困地区每一个孩子都能接受良好教育，让他们同其他孩子站在同一条起跑线上，向着美好生活奋力奔跑。[2]

“授人以鱼，不如授人以渔”意思是说：送鱼给别人，不如教会他怎样捕鱼。喻指传授给人既有知识，不如传授给人学习知识的方法。长期以来，一提到扶贫人们就会想到送钱送物，而这样的扶贫方式，往往是帮得了一时帮不了一世。解决了一时的生活之需，并不能完全解决贫困人口的脱贫问题，单纯地依靠“输血”进行资金帮扶，贫困群众固然一时能够得到帮助，但是往往事后会再度返贫。也有部分贫困群众在尝到甜头后，滋生了“等靠要”的思想，本来有能力通过个人的劳动脱贫，却安于现状、不思进取；有的甚至将领取到的帮扶用于吃喝玩乐，最终陷入“越穷越要、越要越懒、越懒越穷”的恶性循环。扶贫工作不是简单的“输血”，关键还在于帮助贫困地区的贫困群众增加“造血”功能，使贫困群众有一技之长，引导贫困群众能够自力更生，通过自己的劳动创造美好生活，真正实现脱贫致富。

2. 湖北实践

湖北省关于贯彻实施《中共中央、国务院关于打赢脱贫攻坚战的决定》的意见中指出，加大“雨露计划”培训力度，对接受中、高等职业教育的贫困

---

[1]　习近平：《在陕甘宁革命老区脱贫致富座谈会上的讲话》（2015 年 2 月 13 日）。

[2]　习近平：《携手消除贫困　促进共同发展——在 2015 减贫与发展高层论坛的主旨演讲》（2015 年 10 月 16 日），人民出版社 2015 年版，第 7 页。

家庭学生，给予每生每学年不低于 3000 元的补助，符合条件的同时享受职教资助政策。加大职业技能培训和农业实用技术培训力度，对有需求的贫困人口全覆盖。以就业为导向，统筹资源，加大投入，提高劳务输出培训的针对性。建立就业援助机制，为有劳动能力和就业愿望的贫困人口每人每年至少提供一次就业服务。支持贫困地区建设县乡基层劳动就业和社会保障服务平台，引导和支持用人企业在贫困地区建立劳务培训基地，开展订单定向培训。各地对跨省务工的农村贫困人口可提供交通补助。加大对贫困地区农民工返乡创业支持，制定省级返乡创业示范园认定和扶持办法，引导农民工返乡创业。对在城镇工作生活一年以上的农村贫困人口，输入地政府要承担相应的帮扶责任，并优先提供基本公共服务，促进有能力在城镇稳定就业和生活的农村贫困人口有序实现市民化。湖北各市县结合自身产业特色，积极开展技术培训，助力贫困群众脱贫。

麻城市开展农作物栽培管理技术培训。为全力提升精准扶贫户能力素质，强化农村科技扶贫效力，夯实智力帮扶基础力量。麻城市就业局就业培训中心举办精准扶贫实用技术培训班，邀请农业局的园林专家为贫困户进行茶油、板栗、莲米等农作物栽培管理技术培训。此次培训是落实“党建 + 扶贫，支部联支部”的要求，力促农业增效、农民增收的一项新举措。通过此次培训，推进“授人以渔”工程的实施，使贫困户进一步了解油茶、板栗、莲米的种植技术要领，增加了贫困户脱贫致富的信心。既增加了见识，又拓宽了思路，今后将努力把学到的知识，应用到实际生产当中去，实现共同脱贫致富。[1]

咸丰县开展茶叶采摘技术培训。咸丰县形成了以“绿”为主题的产业链，企业、农业部门开展茶叶采摘及管理技术培训。培训注重内容，不走形式，没有领导讲话，只有技术人员指导，从茶叶的栽培和管理、病虫害防治、施肥管理到茶叶的采摘时间和技术要求贯穿前后。茶叶主产乡镇茶叶采摘及管理技术培训全面展开，茶农既获得技术又获得收入。扶贫工作就要达到这种效果，帮助老百姓发展产业，产业发展了还要提高他们自我增收的能力，授人以鱼，不如授人以渔。[2]

宣恩县开展技术培训促全县核桃产业提质增效。为深入推进专项扶贫

---

[1] 麻城市扶贫办:《麻城市农业技术培训助力精准扶贫》，2017 年 6 月 28 日。

[2] 湖北省扶贫办:《咸丰县扶贫办开展茶叶采摘技术培训》，2013 年 9 月 2 日。

项目精细化管理，确保扶贫项目的经济效益和社会效益。宣恩县通过广泛征求群众意见，确定将核桃产业作为扶贫开发重点村脱贫致富的支柱产业，探索出宣恩特色产业发展好模式。保障全县核桃产业健康发展，尽快让种植户得到实效。全县开展核桃相关技术培训核桃专家采取“理论课程＋现场指导交流”的方式，密切结合实际，就核桃产业发展、核桃苗移栽、嫁接、病虫害防治等内容进行深入浅出的讲解，并从整地、挖坑、施肥、放水等工序进行现场演示，同时就核桃种植、管护过程中的疑难问题同与会人员进行详细的交流。[1]

3. 经验与启示

“授人以鱼，不如授人以渔”是摆脱贫困的长久之计，发展教育是其重要手段。让贫困地区的孩子们接受良好教育是扶贫开发的重要任务。相比过去给钱给物救济式扶贫，教会贫困群众脱贫致富的本领，才是摆脱贫困的长久之计。同时，扶智能够阻断贫困的代际传递。习近平总书记不止一次强调，“扶贫必扶智，让贫困地区的孩子们接受良好教育，是扶贫开发的重要任务，也是阻断贫困代际传递的重要途径。”“发展乡村教育，让每个乡村孩子都能接受公平、有质量的教育，阻止贫困现象代际传递，是功在当代，利在千秋的大事”。

完善基础义务教育。习近平总书记多次强调，“要把下一代的教育做好，特别是要注重山区贫困地区下一代的成长。要紧紧扭住教育这个脱贫致富的根本之策，再穷不能穷教育，再穷不能穷孩子。务必把义务教育搞好，确保贫困家庭的孩子也能受到良好的教育，不要让孩子们输在起跑线上。要把发展教育作为治本之策，确保贫困人口的子女都能接受良好的基础教育，具备就业和创业能力”。2013 年颁布的《关于实施教育扶贫工程的意见》，明确提出到 2020 年，要实现集中连片特殊困难地区基本公共教育服务水平接近全国平均水平。

完善职业教育和培训体系。以中等职业教育为重点，对贫困家庭超过了义务教育年龄的青年，做好职业教育培训，使他们掌握一门职业技术，成为脱贫致富的知识型劳动者。一方面要根据需要设置急需的专业。有些贫困地方自然资源丰富，具有很大的潜在开发价值，但缺乏专业技术人员进行有效开

[1]　宣恩县扶贫办：《宣恩县开展技术培训促全县核桃产业提质增效》，2017 年 5 月 18 日。

发利用，因此职业教育的重点是培养实用性技术人才。另一方面要继续充实现有的职业技术学校，为贫困地区输送更多人才。此外，通过组织短期培训，提高贫困群众的劳动技能和素质。

精准资助高等教育。为防止产生因学致贫、因学返贫的现象，我国已建立起了全方位的学生资助政策体系，有减有免，并对贫困学生给予一定补助，不让一个孩子因经济困难失学。党的十九大报告再次强调，健全学生资助制度，使绝大多数城乡新增劳动力接受高中阶段教育、更多接受高等教育。根据精准扶贫的政策要求，应加大识别、资助力度，让品学兼优的学生真正得到高等教育阶段精准的资助，通过减免费用、奖学金、助学贷款、勤工俭学等，让寒门学子真正靠知识改变命运。[1]

新时代的教育培训工作，要坚持知识和方法传授并重，不仅授人以鱼，更要授人以渔。教育培训仅仅传授知识、技能是远远不够的，更重要的是传授思维方法、工作方式，让被教育人员遇到新问题时可以妥善解决，留下“永远带不走的老师”。[2]

（四）用好外力、激发内力是必须把握好的一对重要关系

1. 重要论述

2016年7月20日习近平总书记在宁夏调研期间在银川主持召开东西部扶贫协作座谈会，参加座谈会的包括有帮扶任务的东部相关省市的党委书记及接受帮扶的西部相关省区市的党委书记、京津冀协同发展对口帮扶的河北省委书记，中央和国家机关有关部门负责同志。在座谈会上习近平总书记强调，脱贫攻坚是干出来的，首先靠的是贫困地区广大干部群众齐心干。用好外力、激发内力是必须把握好的一对重要关系。对贫困地区来说，外力帮扶非常重要，但如果自身不努力、不作为，即使外力帮扶再大，也难以有效发挥作用。只有用好外力、激发内力，才能形成合力。没有比人更高的山，没有比脚更长的路。只要贫困地区干部群众激发走出贫困的志向和内生动力，以更加振奋的精神状态、更加扎实的工作作风，自力更生、艰苦奋斗，就能凝

[1] 曲世侠:《扶志扶智　摆脱贫困》,《瞭望》2018年第7期。

[2]《教育培训既要授人以鱼更要授人以渔》,《检察日报》2018年9月17日。

聚起打赢脱贫攻坚战的强大力量。[1]

实践证明，用好外力、激发内力相结合，为正确处理外部帮扶和贫困群众自身努力关系、有效激发内生动力指明了方向和路径。在脱贫攻坚战中，充分尊重贫困群众的主体地位和首创精神，不断改进包办代替和简单发钱发物的帮扶方式，在激发贫困群众摆脱贫困的斗志和勇气的同时，通过采取以工代赈、生产奖补、劳务补助等形式，开展实用有效的技术培训、指导，实施契合实际的产业帮扶、就业帮扶等措施，切实增强贫困群众的自我"造血"功能。[2]

2. 湖北实践

唯物辩证法认为，内因是根本，起主导作用；外因是条件，要通过内因起作用。内力与外力相互联系与相互影响，由此规定了事物的性质及其发展变化。外力帮扶非常重要。湖北省委十届六次全体（扩大）会议审议通过的《中共湖北省委、湖北省人民政府关于全力推进精准扶贫精准脱贫的决定》，涉及产业扶持、项目安排、资金投入、能力建设、社会保障等方面，包含许多"真金白银"的政策措施。与过去相比，这些精准措施，力度更大、针对性更强、作用更直接，效果也更可持续。这是举全省之力推进扶贫开发工作的战略决策，对帮助贫困地区脱贫发挥重要作用。"穷且益坚，不坠青云之志"。如果贫困地区自身不努力、不主动、不作为，一味"等靠要"，即使外力帮扶再大，也难以有效发挥作用。给钱给物或能解燃眉之急，如果没有自我发展能力，就难以从根本上改变贫穷面貌；外力帮扶可能能够建设一些新村，但如果内在活力不足，没有经济上的持续来源，这些新村还是丢不掉贫穷的帽子。扶贫开发工作必须将外力与内力有机结合起来，特别是要发掘、激发群众的内生动力，克服"等靠要"、安于贫困、不思进取的消极心态，点燃求富、求荣、求美、求变的致富激情，通过自力更生、艰苦奋斗，最终实现脱贫致富的美好梦想。先动手再伸手，不空手；先伸手再动手，只能得一手；只伸手不动手，

[1] 习近平：《在东西部扶贫协作座谈会上的讲话》（2016 年 7 月 20 日）。

[2] 《决战决胜脱贫攻坚　全面建成小康社会——深入学习〈习近平谈治国理政〉第三卷》，《人民日报》2020 年 8 月 14 日。

什么都没有。[1] 鄂州市打好脱贫攻坚战，充分利用资金帮扶。金融精准扶贫贷款作为资金重要供给主体，金融扶贫通过创新金融产品和服务，从“大水漫灌”的粗放式扶贫向“定向滴灌”的精准脱贫模式转变，以提高人的发展能力为核心，调动贫困群众脱贫的积极性和创造性，向可持续的金融扶贫新路子走去。

金融活水精准“滴灌”到户。对“四有”贫困户“应贷尽贷”。湖北省农商银行率先在商业银行中推出基准利率、全贴息、免抵押、无担保的扶贫小额信贷产品，贫困户因担心利息高，无法偿还，产品遇冷。湖北省力求思变创新，推行利于贫困户的贷款套餐。例如，鄂州市扶贫小额信贷合作银行扩展到中国邮政储蓄银行鄂州市分行、中国农业银行鄂州分行、鄂州农村商业银行，分别对口支持鄂城区、华容区和梁子湖区。三家银行基层信贷员在不到一年的时间里，走访了两千余户贫困户，筛选出符合贷款条件的贫困户，确保每一笔扶贫小额贷款精准“滴灌”到户。扶贫小额信贷的对象是有创业潜质、有技能素质、有一定偿还能力和有较好信用的“四有”贫困户。扶贫小额信贷申请名单首先由村、乡镇两级扶贫办推荐，再经银行业务员实地走访和大数据比对，力争对符合条件的贫困户“应贷尽贷”。

“金融扶贫不是来送钱的，是为了激发‘四有’贫困户自发脱贫的内生动力。有‘造血’能力，才能使贫困户真正脱贫，让富民增收状态保持真稳定。”对于有养殖意愿、饲养条件和技术缺乏、资金缺乏的贫困户，扶贫小额信用贷款的推出为其蹚出了一条扶贫新路子：帮助贫困户理清靠产业带动发展的思路，让其对自身的生产经营有本“明白账”，分享农业全产业链和价值链的增值收益。

严格遵行“户贷户用户还”的扶贫小额信贷。小额信贷亦可“四两拨千斤”，“户贷企用”比“户贷户用”资金回款更稳，操作起来更方便，但金融扶贫贷款并不是贷完就结束了。贫困户将贷款放入企业坐等分红的“户贷企用”模式，看上去风险更低、更省事，但弊端也越来越突出：一些企业打着扶贫名义搜集贫困户贷款，实则“搭便车”将资金挪作他用；同时也造成了农村的懒汉现象，违背了提升贫困户主动脱贫能力的初衷。严格遵行“户贷户

[1] 《用好外力　激发内力——四论坚决打赢精准扶贫攻坚战》，《湖北日报》2015 年 10 月 12 日。

用户还”的扶贫小额信贷，也能起到资金的集聚效应。以鄂州市碧石渡镇龙会村为例，在驻村工作队和村“两委”帮助下，以贫困户为法人代表成立专业合作社，成功吸收当地贫困户为社员，通过吸纳小额信贷资金，合作发展蔬菜种植基地、管理社内土地流转经营，贫困户真正成为带地带资入股的股东。贫困群众在参与中学有标杆、干有标准，学习技术、学会经营，再通过产业政策引导个体农户走向农业规模化经营，形成脱贫致富长效机制。做实“户贷户用”，坚持“户贷户用户还”方向，创新推广扶贫小额信贷“一自两合”模式，即户贷户用自我发展模式、户贷互用合伙发展模式、户贷社管合作发展模式。在到期还款的贫困户中评选出诚信户，在原贷款授信额度的基础上适当提高再贷款额度。银行依靠农村地区熟人社会的特点，利用村“两委”熟悉全村情况的优势，建立扶贫小额信贷资金监督、激励机制，让金融扶贫见实效、可持续。[1]

3. 经验与启示

习近平总书记善于运用内因与外因这一辩证关系原理思考扶贫问题，科学处理“用好外力”与“激发内力”这一重要关系。外力固然重要，但是单纯依靠给钱给物的扶持，必然是不可持续的，“贫困地区发展要靠内生动力”[2]。

合力攻坚首先要用好外力。经济基础决定上层建筑，基础建设方面，高质高效地推进水、电、路、网等基础设施建设，明确目标任务、时间进度，对照时间节点，倒排工期，确保工作落地落细，完善危房改造，确定试点对象，迅速启动试点项目建设，以点带面，推进危房改造工作的落地落实；强化职责，各单位要各司其职、各负其责，明确专班加快推进，抓好脱贫攻坚“补短板”工作。在产业扶持方面，积极支持贫困地区充分利用当地优势资源，集中力量扶持优势产业，制定优惠政策吸引外来资本投资贫困地区，参与经营，实施产业化扶贫。在社会保障方面，完善与农村扶贫制度相衔接的农村养老保险、医疗保险、最低生活保障和五保供养等社会保障制度。对因灾因病等陷入暂时性贫困的人口提供救济救助；对没有劳动能力或者劳动能力丧失的贫困人

[1]　鄂州市扶贫办：《鄂州市金融造血激发脱贫内生动力》，2018 年 12 月 7 日。

[2]　肖向平：《习近平关于扶贫工作重要论述的哲学方法论探析》，《中共云南省委党校学报》2020 年第 21 卷第 2 期。

口提供最低生活保障。

合力攻坚应更加注重激发内力。人民群众的“智和志就是内力、内因”，内生动力的激发，主要在抓好贫困群众“智和志”的培育。扶贫资金再多，也只能管一时、不能管长久，“群众参与是基础，脱贫攻坚必须依靠人民群众”。一是要尊重贫困群众的主体地位。只有充分调动贫困群众的主观能动性，依靠自己的辛勤劳动实现脱贫致富，才能真脱贫、脱真贫。二是要激发贫困群众的信心。要激发贫困群众的积极性和主动性，激励和引导他们靠自己的努力改变命运。只要有信心，黄土变成金。三是要克服“等靠要”的思想。着力培育贫困群众自力更生的意识和观念，引导广大群众依靠勤劳双手和顽强意志实现脱贫致富。

摆脱贫困就是要摆脱意识和思路的贫困。为此，一是要重视义务教育。通过教育把贫困地区的孩子培养起来，帮助他们实现德智体美全面发展，成为社会的有用之才，这才是根本的扶贫之策。二是要重点做好职业技能培训。习近平总书记借用民间俗语“家有良田万亩，不如薄技在身”，要求帮助贫困群众掌握一项就业本领，变“输血”为“造血”，这样才能真正有效推动贫困群众实现稳步脱贫。三是要改善贫困地区办学条件。通过各项政策制度支持乡村教师队伍建设，为贫困地区教育可持续发展提供可靠的师资保障。[1]

（五）变“要我脱贫”为“我要脱贫”

1. 重要论述

2017 年 2 月 21 日中共中央政治局就我国脱贫攻坚形势和更好实施精准扶贫进行第三十九次集体学习。习近平总书记在主持学习时关于脱贫攻坚作出了专门的论述，强调要防止忽视贫困群众主体作用。干部和群众是脱贫攻坚的重要力量，贫困群众既是脱贫攻坚的对象，更是脱贫致富的主体。现在，一些地方出现了“干部干，群众看”的现象。一些贫困群众“等靠要”思想严重，“靠着墙根晒太阳，等着别人送小康”，认为“扶贫是干部的事，反正干部立了军令状，完不成任务要撤职”。出现这种现象，既有群众的原因，也有干部的原因。一些地方工作还是老办法老路子，简单给钱给物。对群众的思

[1]　肖向平：《习近平关于扶贫工作重要论述的哲学方法论探析》，《中共云南省委党校学报》2020 年第 21 卷第 2 期。

想发动、宣传教育、感情沟通不到位，在调动贫困群众脱贫积极性、激活内生动力上做得不够。要注重扶贫同扶志、扶智相结合，把贫困群众积极性和主动性充分调动起来，引导贫困群众树立主体意识，发扬自力更生精神，激发改变贫困面貌的干劲和决心，变“要我脱贫”为“我要脱贫”，靠自己的努力改变命运。[1]

在中华民族的传统节日农历鸡年春节来临之际，习近平总书记在河北省张家口市，看望慰问基层干部群众，考察脱贫攻坚工作和北京冬奥会筹办工作，并召开座谈会，强调要把扶贫同扶志结合起来，着力激发贫困群众发展生产、脱贫致富的主动性，着力培育贫困群众自力更生的意识和观念，引导广大群众依靠勤劳双手和顽强意志实现脱贫致富。[2]

2018年2月12日习近平总书记在四川成都主持召开打好精准脱贫攻坚战座谈会，听取脱贫攻坚进展情况汇报，集中研究打好今后三年脱贫攻坚战之策。习近平总书记强调，贫困群众既是脱贫攻坚的对象，更是脱贫致富的主体。要加强扶贫同扶志、扶智相结合，激发贫困群众积极性和主动性，激励和引导他们靠自己的努力改变命运，使脱贫具有可持续的内生动力。要改进帮扶方式，多采取以工代赈、生产奖补、劳务补助等方式，组织动员贫困群众参与帮扶项目实施，提倡多劳多得，不要包办代替和简单发钱发物。要加强教育引导，各地要办好各种类型的农民夜校、讲习所，通过常态化宣讲和物质奖励、精神鼓励等形式，促进群众比学赶超，提振精气神。要发挥村规民约作用，推广扶贫理事会、道德评议会、红白理事会等做法，通过多种渠道，教育和引导贫困群众改变陈规陋习、树立文明新风。这也有利于减轻群众负担。要加强典型示范引领，总结推广脱贫典型，用身边人身边事示范带动，营造勤劳致富、光荣脱贫氛围。[3]

习近平总书记多次强调，加强扶贫同扶志、扶智相结合，发挥贫困户主体作用，引导他们树立“宁愿苦干，不愿苦熬”的观念，变要我脱贫为我要脱贫，克服消极的情绪和“等靠要”的惰性心理，自力更生、艰苦奋斗，靠自己的双

---

[1] 习近平：《在十八届中央政治局第三十九次集体学习时的讲话》（2017年2月21日）。

[2] 习近平：《二〇一七年春节前夕赴河北张家口看望慰问基层干部群众时的讲话》，《人民日报》2017年1月25日。

[3] 习近平：《在打好精准脱贫攻坚战座谈会上的讲话》（2018年2月12日）。

手改变落后的面貌。其中，加强扶贫与扶志、扶智相结合提供了激发群众内生动力的路径。

2. 湖北实践

湖北省2019年发布的《关于构建稳定脱贫长效机制的意见》，强调坚持扶贫与扶志、扶智相结合，激发群众的内生动力。加强思想政治教育，扶志气、扶志向，补齐"精神贫困"短板。精准扶贫、精准脱贫，激发群众内生动力是关键。坚持精准扶贫与引导群众转变观念两手抓，变"要我脱贫"为"我要脱贫"，才能从骨子里剜除"病根"，激发群众脱贫意愿，让广大群众真正投入到精准扶贫的主战场。湖北省各县政府高度重视激发贫困群众的内生动力，采取了许多措施，并取得了显著成效。

第一，注重政策宣传，让群众心明。一是强化理论学习。将习近平总书记关于脱贫攻坚的重要讲话以及各级党委、政府关于脱贫攻坚的相关政策纳入党委（党组）中心组、支部主题党日学习的重要内容，不断夯实党员干部脱贫攻坚的责任感和使命感，让成千上万扶贫干部以饱满的精神状态带动和影响广大群众，让群众看到党委、政府精准扶贫的坚定决心，从而激发群众脱贫攻坚的内生动力。二是加强政策宣讲。成立宣讲团和若干支宣讲队，按照"一团多队"全覆盖宣讲模式，通过报告会、屋场院子会等形式，广泛宣传党的十九大精神以及各级党委、政府的扶贫政策，让人民群众清楚明白扶贫政策。组织精准扶贫系列宣讲活动，用群众的语言和视角，将扶贫政策送达到田间地头。驻村工作队利用进村入户开屋场院子会的机会，大力宣讲扶贫政策，基本形成一名扶贫干部就是一名宣讲员的格局。通过多种形式的政策宣讲，让群众心明，解开了群众心结，激发了群众脱贫的内生动力。

第二，注重典型示范，让群众心动。一是选树一批典型。在做好精准扶贫政策宣传的同时，加大扶贫领域先进典型和模范人物的挖掘培育力度，着力推介一批单位和干部全力帮扶、社会力量广泛参与、基层组织引领带动、群众率先脱贫致富等方面的先进典型。例如巴东县涌现了以"倒贴书记"王祖华为代表的帮扶典型、以陈兹方为代表的脱贫典型，用榜样的力量激发群众的内生动力。二是讲好脱贫故事。树标杆，更要用好标杆。加强对先进典型的宣传力度，讲好他们的感人故事；积极邀请先进典型走进群众中去，让他们"现身说脱贫"，通过他们和群众的互动交流，感染带动引领更多的人，充分释放先进典型的榜样示范作用，激发了群众自强不息脱贫奔小康的内生动力。

第三，注重技术培训，让群众心热。一是聘请专家指导。产业发展，必须加强对农民实用技术的培训，真正增强农民自身发展能力，让一户有一个农业技术明白人。农民懂技术，懂管理，产业才兴旺，否则就会陷入“种了就毁”“毁了又种”的恶性循环之中。组织新型农民培训，邀请农业技术专家结合每个村的产业发展需求，实地讲授农业实用技术，并深入到田间地头，现场指导作物的种植管理，深受群众的欢迎。组织贫困村致富带头人培训，充分发挥带头人的“领头雁”作用。组织农业科技特派员到田间地头把脉问诊，残联组织残疾人开展电商培训，激发了群众发展产业的内生动力。二是乡土人才带动。农村有很多的乡土人才，懂技术和管理。他们通过组织农民专业合作社，和群众形成利益联结机制，义务充当了农村农业技术人员角色。每到种植、管理的关键时期，他们都会自觉走进田间地头，手把手传经送宝，帮助群众发展特色产业，让群众看到了产业发展的希望，也增强了群众脱贫致富的信念，纷纷自觉向种植大户学习。他们以身示范，培育了一大批懂技术的新型农民，极大地激发了群众发展产业的积极性。

第四，注重文明乡风，让群众心善。一是开展“最美”评选。为深入推进农村精神文明建设，进而以农村精神文明建设助力脱贫攻坚，广泛开展“最美乡村”“最美家庭”“最美扶贫人”系列评选活动，积极引导村民自觉立思想、立精神，推动移风易俗，树立文明乡风，为脱贫攻坚营造向真、向善、向美、向上的良好社会氛围，提振了脱贫攻坚的精气神。二是强化“三治”融合。推行“自治、法治、德治”相结合的乡村治理体系，编印指导手册，指导各乡镇、村积极引导村民共同参与村规民约的修订及完善，通过村规民约立规树矩，约束群众行为。大力推广红白理事会、乡贤理事会等群众自治组织，把村里德高望重、崇尚节俭、热心服务群众的老党员等选入这些组织中，充分发挥乡贤在促进邻里和谐、建设洁净家园、引领文明新风、开展扶贫帮困等方面的作用，通过群众自我教育、自我管理，引导群众自觉抵制陈规陋习。

第五，注重舆论引导，让群众心服。一是开展文化惠民活动。国家歌舞团、省文艺队送戏下乡慰问演出活动组织巡演，用群众喜闻乐见的形式，宣传党的十九大精神，宣传扶贫政策，教育引导广大群众感党恩、跟党走，自强不息奔小康，起到了潜移默化的教育作用。二是营造浓厚宣传氛围。深入挖掘、宣传、推介在脱贫攻坚主战场涌现出来的典型经验和典型人物，用典型事迹和感人故事教育引导广大干部群众自觉向典型看齐，克服“等靠要”的消极思想。通过全媒体对外宣传，营造了脱贫攻坚的浓厚氛围。

3. 经验与启示

习近平总书记在福建宁德工作时就作出“弱鸟先飞”的重要论断，就是说贫困地区、贫困群众，首先要有“飞”的意识和“先飞”的行动。没有内在动力，仅靠外部帮扶，帮扶再多，你不愿意“飞”，也不能从根本上解决问题。[1] 变“要我脱贫”为“我要脱贫”应将扶贫同扶志、扶智相结合，激发贫困人口内生动力。其中，扶志是前提条件，扶智是重要的根本性策略。从扶志与扶智的现实路径上讲，需要二者的同向发力。[2]

扶志是变“要我脱贫”为“我要脱贫”的前提条件。志穷则办法不多，志短则思想不立。倘若思想观念不改变，必然阻碍脱贫步伐。要引导群众正确认识外部帮扶与自身努力的关系，培养自力更生意识，积极参与务工经商技能培训，充分激发贫困群众内生动力，决胜脱贫攻坚战。在教育内容上，要推进社会主义荣辱观教育，宣传社会主义核心价值观，培养“人穷志不穷”“穷则思变”的精神。

在教育方式上，要借助村民代表大会、贫困户会议、乡村振兴课堂等载体，开展党的路线方针政策、种养殖技术等宣传和培训工作；借助学校教育平台，通过对学生进行脱贫政策宣传，倡导并弘扬传统美德教育，引导贫困家庭培养积极向上的精气神。树立脱贫典型，宣传攻坚典范。既要用好用活致富带头人，讲述致富经和创业史，唱响脱贫攻坚主旋律，形成示范效应；也要坚持正确舆论导向，总结推广典型事迹，给予相应物质和精神奖励，营造扶贫的良好社会氛围。同时，对于好逸恶劳、不愿脱贫的建档立卡贫困户等精神贫困者，要严格标准、严肃要求、严格程序、深刻教育引导，直至其转变思想观念。培育优良文化，发展文化扶贫。针对贫困地区群众，做好宣传、教育、引导、组织工作，让他们行动起来，引导他们树立自力更生、艰苦创业的理念以及靠劳

[1] 习近平：《在深度贫困地区脱贫攻坚座谈会上的讲话》，人民出版社 2017 年版，第 16 页。

[2] 孔宪峰：《扶志与扶智：脱贫攻坚之本——学习习近平关于脱贫攻坚的重要论述》，《广西社会科学》2019 年第 10 期。

动来改变贫困的信心和决心。要大力发展文化扶贫，通过喜闻乐见的艺术形式，将业余生活引导至健康文明轨道，改变落后观念和社会不良习俗。要坚持以人的全面发展为中心，不断丰富人民群众的文化活动，提高百姓文化水平和综合素质，振奋贫困群众脱贫致富的精神风貌。

技能扶贫提素质。扶智是变“要我脱贫”为“我要脱贫”的根本策论。治贫先治愚，要确保脱贫攻坚实施效果，就是要加大教育扶贫力度，提升技能扶贫水平。技能培训是贫困群众脱贫致富的有效路径。在精准扶贫中，要充分了解贫困群众的需求，本着群众“需要什么，培训什么；缺什么，补什么”的原则，有的放矢地打造培训项目，立竿见影地巩固脱贫功效。一是传授谋生技能，助力脱贫攻坚。通过提升贫困地区群众的就业创业能力，拓宽转移就业渠道，为实现高质量就业，更好脱贫攻坚奠定坚实基础。二是推广科学种养，培养新型职业农民。引导贫困户进行科学种养，提高农产品质量和产量，提升贫困户经济收入水平。三是鼓励就业创业，带动整体脱贫。通过建立各种类型的合作社，搞活种养产业。通过开展技能培训、技术竞赛、科学普及等技能提升活动，培养一批新型农业技能人才，并在当地创业就业，确保贫困群众能够就近就业。

教育扶贫树根基。教育是脱贫攻坚的强力抓手，是扶贫“造血”的根本途径，也是阻断贫困代际传递的有效方略。一要通过教育引导调动贫困群众的积极性。习近平总书记多次强调，扶贫工作要充分发挥贫困户的主体作用。在脱贫攻坚道路上，要通过各种形式的教育活动，调动贫困群众积极性，把脱贫任务干好。二要让贫困地区孩子接受良好教育。既要推动贫困地区教育事业发展，提升教师队伍素质，帮助贫困群众及其子女接受充分的学历教育、职业教育，实现德智体美劳全面发展；要依托新媒体技术，借助互联网实现网络课程共建，确保教育资源共享，让贫困地区孩子也能够享受到优质教育资源，帮助他们提高文化素质和未来就业能力。[1]

[1]　王宇：《统筹扶志与扶智在精准扶贫中的关系》，《人民论坛》2019 年第 7 期。

八、脱贫攻坚的强大合力

（一）加快形成“三位一体”大扶贫格局

1. 重要论述

扶贫济困是中华民族的优良传统。从先秦诸子百家倡导的“仁爱”“民本”“兼爱”“大同”等思想理念，到中国共产党消除贫困、改善民生的使命追求，消除贫困始终是中华民族孜孜不倦的向往追求。[1] 在古代，社会生产力水平较低，一旦遇到自然灾害或战乱，贫困现象就会十分突出。在这种情况下，完全依靠国家的力量来进行扶贫工作是远远不够的，民间力量的帮扶便成了古代扶贫的一种重要途径，比如说社仓、义庄等行之有效的方法。

2012 年 12 月 29 日、30 日，习近平总书记在河北省阜平县考察扶贫开发工作中的讲话强调：要大力弘扬中华民族扶贫济困的优良传统，凝聚全党全社会力量，形成扶贫开发工作强大合力。[2] 我们必须坚持专项扶贫、行业扶贫、社会扶贫的大扶贫格局，动员最广泛的力量投入到打赢脱贫攻坚战之中。2015 年 6 月 18 日，习近平总书记在部分省区市扶贫攻坚与“十三五”时期经济社会发展座谈会上的讲话指出：扶贫开发是全党全社会的共同责任，要动员和凝聚全社会力量广泛参与。要坚持专项扶贫、行业扶贫、社会扶贫等多方力量、多种举措有机结合和互为支撑的“三位一体”大扶贫格局，强化举措，扩大成果。[3]

专项扶贫是指国家财政安排专项资金，由地方各级政府和相关部门，主要是扶贫部门组织实施的扶贫活动。专项扶贫包括很多方面，比如易地搬迁、以工代赈、就业促进、产业发展、扶贫试点等工作。国家相关部门为了专项扶贫工作的顺利开展也做足了工作。比如，为了顺利推进易地搬迁扶贫工作，

---

[1] 黄承伟：《论中国新时代扶贫理论实践研究》，《华中农业大学学报（社会科学版）》2019 年第 1 期。

[2] 习近平：《在河北省阜平县考察扶贫开发工作时的讲话》（2012 年 12 月 29 日、30 日）。

[3] 习近平：《在部分省区市扶贫攻坚与“十三五”时期经济社会发展座谈会上的讲话》（2015 年 6 月 18 日）。

2015年12月，国家发展改革委等五个部门联合印发了《“十三五”时期易地扶贫搬迁工作方案》，该方案明确指出：要按照政府主导、群众自愿、量力而行、保障基本，因地制宜、科学规划，精确瞄准、创新机制，中央统筹、省负总责的工作原则，用5年时间对“一方水土养不起一方人”的地方建档立卡贫困人口实施易地扶贫搬迁，力争“十三五”期间完成1000万人口搬迁任务，与全国人民一道同步进入全面小康社会。同时，该方案强调，要明确中央有关部门、省级政府和市（县）政府的责任分工，加强国务院有关部门的协调配合，强化省级政府的监督考核，充分调动市县政府的积极性、主动性，各负其责、齐抓共管，形成做好易地搬迁扶贫工作的强大合力。[1]

行业扶贫是指各行业主管部门，结合自身职能范畴，制定相关脱贫规划，通过本部门实施相关扶贫项目和资金倾斜，改善贫困地区发展条件。为了确保习近平总书记有关扶贫工作重要论述在本行业内得到贯彻落实，各行业主管部门结合自身职能出台了相关的政策文件。比如说，通过扶持发展各地的特色产业、完善基础设施、发展教育文化事业、完善社会保障制度等，全方位助力贫困地区和困难群众更好更快地实现脱贫致富。2015年11月29日，中共中央、国务院颁布的《关于打赢脱贫攻坚战的决定》对推进行业扶贫作出了具体部署：制定贫困地区特色产业发展脱贫规划；加大科技扶贫力度，实施电商扶贫工程；加强贫困地区交通、水利、电力等基础设施建设；着力加强教育脱贫，加快实施教育扶贫工程；实施健康扶贫工程，开展医疗保险和医疗救助脱贫。[2]

在信息化社会，将工业化与信息化有机融合在一起必然会碰撞出奇妙的火花，为国家的进步增添能量，这也是大势所趋。2016年4月19日，习近平总书记在出席网络安全和信息化工作座谈会上提出了这样的建议：可以做好信息化和工业化深度融合这篇大文章，发展智能制造，带动更多人创新创业；可以瞄准农业现代化主攻方向，提高农业生产智能化、经营网络化水平，帮助广大农民增加收入；可以发挥互联网优势，实施“互联网＋教育”“互联网＋

---

[1]　董铭胜：《国家发展改革委等五部门联合印发 实施“十三五”时期易地扶贫搬迁工作方案》，国家扶贫办网站，2015年12月8日。

[2]　中共中央、国务院：《关于打赢脱贫攻坚战的决定》，《人民日报》2015年12月8日。

医疗”“互联网 + 文化”等，促进基本公共服务均等化；可以发挥互联网在助推脱贫攻坚中的作用，推进精准扶贫、精准脱贫，让更多困难群众用上互联网，让农产品通过互联网走出乡村。[1]

社会扶贫主要指社会各界参与扶贫开发，主要包括定点扶贫、东西部扶贫协作、企业和社会各界参与扶贫等。习近平总书记所提出的社会扶贫理论旨在动员全社会齐心协力地参与到脱贫攻坚战中，同时激发全社会投身到脱贫攻坚战中去的热情，从而实现“先富”带动“后富”。2016 年 12 月，中共中央办公厅、国务院办公厅印发的《关于进一步加强东西部扶贫协作工作的指导意见》，为做好新时代东西部扶贫协作和对口支援工作提出了指导性意见，进一步调整结对关系，扩大帮扶范围，实现了对 30 个民族自治州结对帮扶的全覆盖。

2018 年 2 月 12 日，习近平总书记在打好精准脱贫攻坚战座谈会上再次强调：坚持社会动员，凝聚各方力量。脱贫攻坚，各方参与是合力。必须坚持充分发挥政府和社会两方面力量作用，构建专项扶贫、行业扶贫、社会扶贫互为补充的大扶贫格局，调动各方面积极性，引领市场、社会协同发力，形成全社会广泛参与脱贫攻坚格局。[2] 心往一处想、力往一处使，全社会广泛参与的大扶贫格局必然能够使得脱贫攻坚工作顺利如期完成。

2. 湖北实践

习近平总书记在出席网络安全和信息化工作座谈会上提出的“发挥互联网在助推脱贫攻坚中的作用，推进精准扶贫、精准脱贫，让更多困难群众用上互联网，让农产品通过互联网走出乡村”，湖北省各地积极响应，做出了有利探索。

实践一：宜昌市“土特产”飞出“穷山窝”

近几年来，宜昌市结合贫困地区山大人稀、特色农产品运输销售困难的现实问题，充分发挥扶贫部门牵头作用，坚持上下联动、行业互动、电商配合，大力发展电商扶贫，帮助贫困群众解决“好产品”却“难销售”的现实困难，带农村“土特产”飞出“穷山窝”，实现贫困群众增收致富。具体做法如下。

强化规划指导。为了强化规划指导，宜昌市政府先后制定印发了《宜昌

---

[1] 习近平：《在网络安全和信息化工作座谈会上的讲话》（2016 年 4 月 19 日）。

[2] 习近平：《在打好精准脱贫攻坚战座谈会上的讲话》（2018 年 2 月 12 日）。

市电商扶贫领头人培养工程工作方案》《全市电商精准扶贫领头人培养工程工作计划》等文件。在这些文件的规划指导帮助下，全市电子商务产业扶贫工作有了一个明确的目标，不再盲目行事。同时，宜昌市着力培育一批年电商交易额过千万元的龙头农村电商企业。为了增强宜昌猕猴桃、宜昌蜜橘、宜昌宜红茶等品牌互联网影响力，宜昌市大力推进农村电商培训、农村电商品牌培育等工作。宜昌市联合市委人才办等部门，发起了宜昌市电商精准扶贫领头人培养工程。该项工程计划用三年时间，为全市建档立卡的贫困村培养一批电商精准扶贫的创业致富领头人，为特色农产品拓展网络营销新渠道。

强化教育培训。当前主要的矛盾是具备电商知识的年轻人很少从事农村电商，而种植农产品的农民又缺乏从事电商所需的相关基本技能。因此，宜昌市加大电商人才培养，着力培育农村电商人才。宜昌市开展精准扶贫领头人培养工程培训、跨境电商专题培训等活动。

强化电商帮扶。为了引导电商企业对接帮扶贫困村，宜昌市组织五峰、远安、秭归等地，开展县域电商大会、电商扶贫服务队等“村企互联”公益活动；为了促进贫困村农产品的网络销售，宜昌市组织贫困县市农村电商企业参加义乌国际电子商务博览会、武汉电商博览会等专业产品对接展会活动。参加博览会是一个很好的拓展贫困地区农特产品网络营销渠道的方式，不仅能增强品牌的知名度，也能够直接引来顾客；为了协调调动各电商平台、电商企业的资源和能力，宜昌市组织开展“线上春茶节”等线上线下互动活动，对接大型电商平台资源，促进贫困村农特产品销售。

强化配套支撑。一方面，宜昌市积极争取示范县市项目，成功争取秭归、五峰等县纳入国家电子商务进农村综合示范县，伍家岗区、枝江市等县市区成为入驻阿里巴巴兴农扶贫频道试点县。另一方面，宜昌市积极组织宜都市、当阳市等县市区申报全省电子商务进农村综合示范项目。在全国、全省范围内分别争取到了国家电子商务进农村综合示范县、全省电子商务进农村综合示范项目。对于宜昌市来说，这两个重大成就非常有效地推进了宜昌的电商园区建设。电商园区的建设是电子商务产业发展的基础，是区域电商发展的重要平台支撑。如今，宜昌市已建成规模较大的电商产业园，入驻的电商企业数量也非常可观，并且每年的数量也在不断增加。贫困村电商站点建设是重中之重，它关系到能否正确高效地引导贫困村的农民参与到电子商务这一创新性脱贫方式中来。同样，宜昌对全市贫困村电商服务站点建设情况进行调查摸底，加强督促相关县市区，优先解决涉及贫困村的电商基础设施短板问题。

强化典型引路。宏伟的事业需要典型的引领，奋斗的征程需要榜样的召唤。宜昌市在开启电商扶贫计划后，有许多县、村将这项工作做得非常出色，成为其他地方的学习榜样。例如，远安县河口乡的本土食用菌产业在市场上有一定的优势。该乡立足于食用菌产业优势，同时借助“互联网 +”优势，使得食用菌年销售近千万元，有效促进了农民增收，成功实现了“农产品进城”。夷陵区下堡坪乡围绕农业供给侧结构性改革，抢先抓住农村电商发展和“互联网 +”机遇，让龙头企业打头阵、以特色农产品作子弹，全乡农村电商市场达到一个可观的规模，农村常住居民人均可支配收入也随之增加，成功走出了一条三产融合发展、农民脱贫致富的新路子。

实践二：大悟县“三个一”创新“互联网 + 社会扶贫”模式

近年来，大悟县围绕织密“一张网”、建好“一个群”、做实“一条链”的“三个一”主题，创新“互联网 + 社会扶贫”模式，广泛动员社会力量参与扶贫开发，凝聚脱贫攻坚强大合力，打好打赢脱贫攻坚战。具体做法如下。

织密“一张网”。第一，运行体系规范化。大悟县充分利用中国社会扶贫网，并将其上升为县级战略。为了规范化运行，成立中国社会扶贫网推广应用工作领导小组，组建宣传推广、培训应用等相关工作专班，建立健全县级信息管理中心、服务站等重要部门，村村择优配齐信息管理员，实行一人一岗责任制，每人每月按标准落实工作报酬。同时，为了激励工作人员认真对待工作，将村级信息管理员纳入村级后备干部培养，这一举措着实对构建高效的中国社会扶贫网起着重要的作用。第二，宣传推广常态化。电视、网络等平台是很好的宣传平台，大悟县通过这些平台播放大量的中国社会扶贫网宣传片，同时也帮助这些宣传推广走进街道、企业以及景区等地方。通过这种方法，中国社会扶贫网知晓度得到了大大提升。另一方面，大悟县依靠领导的示范作用，带动社会各界人员在中国社会扶贫网上注册。除此之外，领导人经常在全县的重大会议召开期间，引导参会人员带头注册，带头对接贫困户。干部的带头加上社会各界的联动，该县成功帮助大量的贫困户下载注册，也引导着越来越多的社会各界人士注册成为爱心人士。第三，需求对接精准化。

一方面，大悟县结合支部主题党日等活动，帮助贫困户发布需求信息。当然，相关负责人会事先认真识别、严格筛选需求信息，以此确保信息真实合理。另一方面，注重分类施策，即将贫困户发布的需求信息分门别类，让不同的部门来接手。比如说，“两不愁三保障”这种最基本的需求以行业主管部门解决为主，其他需求则动员社会力量努力解决。与此同时，线下加强与省委组织部、武汉大学、保利集团等区域协作和定点扶贫单位对接，推动线上线下联动，提高对接成功率。截至目前，对接率达百分之九十多。

建好“一个群”。第一，用心培育“爱心群体”。信息管理员负责贫困户需求信息的摸底、审核等工作，并且帮助帮扶物资以及扶贫资金有效对接。所以，对大悟县的贫困户而言，信息管理员就相当于他们的“爱心使者”。为了扩大“爱心群体”的阵容，大悟县以结对帮扶干部为基础，广泛吸纳社会爱心人士。同时，鼓励企业回馈社会，对一大批参与社会扶贫并且做出突出贡献的企业颁发“爱心企业”匾牌，激励更多企业参与脱贫攻坚。第二，认真搭建“爱心平台”。为进一步提高贫困户需求对接效率，大悟县建立了县级爱心仓库、村级爱心超市等“爱心平台”，高效地帮助了中国社会扶贫网的爱心物资接收、中转以及配送。充分调动社会各界人士参与捐赠的热情，并且对他们所捐赠的爱心物资登记造册，同时定期将物资发至乡镇村，高效地实现了爱心物资下行。另一方面，同时推进物资需求上行。即贫困户发布物资需求，由爱心仓库及时对接或征集，从而确保贫困户的困难需求得到及时有效解决。第三，努力实现“爱心连接”。从 2014 年起，国务院将每年的 10 月 17 日定为我国的“扶贫日”，大悟县每年在“扶贫日”会组织一次大型献爱心活动。在 2018 年“国家扶贫日”期间，大悟县总共接受社会各界捐赠物资 7000 多件。大悟县是武汉市的对口帮扶对象，该县利用这一优势，通过中国社会扶贫网对接脱贫困难户发布了大量物资需求信息。同时，利用扶贫网的日常帮扶，鼓励爱心人士与贫困户点对点对接，并且对这些爱心人士发放电子荣誉证书，让参与社会扶贫成为一种自觉行动。

做实“一条链”。第一，打造“互联网 +”消费扶贫链。大悟县依托中国社会扶贫网大悟县扶贫电商旗舰馆，落实了国务院办公厅关于开展消费扶贫助力打赢脱贫攻坚战的有关精神。打造这一消费扶贫链可以简单地概括为以下几个关键环节：首先，将农产品的相关信息发布到农产品集散中心，相关负责人员运营这一平台。然后，管理员在网上设置扶贫大礼包，同时建立“微信直销群”。湖北省的一些高校也积极参与到消费扶贫这一工作中来，带动众多贫困户受益。第二，打造“互联网 +”产业扶贫链。大悟县鼓励贫困户自主发展、新型经营主体带动发展，不断培育壮大特色扶贫产业。大悟县种植了大量的绿茶、油茶、板栗等农作物。同时，大力培育农业产业化龙头企业以及优秀的新型扶贫合作社。通过“贫困户 + 基地 + 合作社 + 企业 + 扶贫电商”模式，在中国社会扶贫网上线销售茶叶、茶油、板栗等特色农产品，带动众多贫困群众受益。另一方面，大悟县致力推动市场信息下行工作，以市场指导生产，引导贫困户改变生产方式，使得农业产业结构不断优化，最终实现稳定增收。第三，打造“互联网 +”文化旅游扶贫链。首先，大悟县依托中国社会扶贫网这一平台，对村级文化需求进行摸底。此外，该县通过自筹自演、文化下乡等形式，丰富农民群众的文化生活。同时，开通“大悟扶贫”微信公众号，在公众号上开展“讲脱贫故事”活动，引导贫困户忆苦思甜，感党恩、听党话、跟党走。在旅游业方面，该县规定注册使用中国社会扶贫网的旅客可以享受旅游景点门票优惠、食宿打折，发动广大游客成为爱心人士，成功汇聚到更多的帮扶力量。这一举措不仅增加了景区的旅游收入，还带动了景区周边贫困户增收。第四，打造“互联网 +”创业就业扶贫链。大悟县坚持扶志扶智相结合，将贫困户创业就业需求发布到中国社会扶贫网，然后将这些需求信息分层次分类别地建立到创业就业信息库中。同时，大悟县依托中国社会扶贫网，及时整合人社局、农业农村局等职能部门培训资源，有针对性地开展农村电商、海员、驾驶等专业技能培训班，帮助贫困户实现就业，带来人均收入的增加。同时，大力发展扶贫车间与扶贫基地，成功帮助贫困人口实现家门口就业。

3. 经验与启示

总的来说，宜昌市的“互联网 + 扶贫”模式可以概括为五个方面：规划指导、教育培训、活动促销、配套支撑和典型引路。规划指导就相当于一个框架，从整体上指导商户；教育培训可以帮助培养优秀的电商人才，引领产业的发展；活动促销可以让大众了解产品与品牌，增加消费者的购买兴趣；配套支撑可以进一步完善框架体系，促进产业的发展；典型引路既可以让商户看到成功的希望，又可以学习更加先进的做法来提升自己。大悟县的“三个一”

创新“互联网＋社会扶贫”模式做到了以下三点：第一，通过体系运行的规范化、推广宣传的常态化及需求对接的精准化让“互联网＋”社会扶贫更加接地气；第二，通过培育“爱心群体”、搭建“爱心平台”及实现“爱心连接”让“互联网＋”社会扶贫更聚人气；第三，通过打造“互联网＋”消费扶贫链、产业扶贫链、文化旅游扶贫链和创业就业扶贫链让“互联网＋”社会扶贫更有名气。

互联网的出现，使得万物皆可联。因此，对于农村地区而言，商流、物流、信息流都更加通畅。农民通过网络，不单可以非常迅速地获得外界的信息，也可以利用互联网这个平台将自家农产品的销售信息发布出去。随着人们物质水平和经济条件的提高，网购使得城市人能快速购买来自农村的土特产，当人们在购买扶贫消费产品时，无形中增加了贫困地区的收入，为贫困户带来了脱贫的希望与动力。

（二）健全东西部协作和对口支援、党政机关定点扶贫机制

1. 重要论述

2015 年 6 月 18 日，习近平总书记在部分省区市扶贫攻坚与“十三五”时期经济社会发展座谈会上的讲话中提到：要健全东西部协作、党政机关定点扶贫机制，各部门要积极完成所承担的定点扶贫任务，东部地区要加大对西部地区的帮扶力度，国有企业要承担更多扶贫开发任务。[1] 东部地区在支持西部地区减贫发展的同时，拓展了自身发展空间，彰显了社会主义实现共同富裕的价值取向。中央国家机关单位定点扶贫，不仅为定点帮扶县带来资金项目、新理念新思路、新技术新市场，而且使定点扶贫成为中央国家企事业单位干部了解农村、密切干群关系、培养锻炼干部的重要平台和渠道。[2]

东西部扶贫协作始于 1996 年，是党中央和国务院的一项重大战略决策，其目的是加快西部贫困地区扶贫开发工作的进程、缩小东西部之间的发展差

---

[1]　习近平：《在部分省区市扶贫攻坚与“十三五”时期经济社会发展座谈会上的讲话》（2015 年 6 月 18 日）。

[2]　黄承伟、袁泉：《习近平扶贫论述与中国特色减贫道路发展》，《中国经济学人（英文版）》2019 年第 12 期。

距，从而促进东西部之间的共同富裕。[1] 2016年7月20日，习近平总书记在东西部扶贫协作座谈会上的讲话中再一次对东西部协作和对口支援作出了指示：东西部扶贫协作和对口支援，是推动区域协调发展、协同发展、共同发展的大战略，是加强区域合作、优化产业布局、拓展对内对外开放新空间的大布局、是实现先富帮后富、最终实现共同富裕目标的大举措，必须长期坚持下去。[2]

东西部协作需要双方向着共同的目标而为之奋斗。相对贫穷落后的西部地区既需要东部地区的支持与帮助，也需要强化内源动力，增加自身的主动性与紧迫感。在东西部扶贫协作座谈会议上，习近平总书记也对东西部协作作出了新的定义与指示：形势逼人，形势不等人。西部地区要增强紧迫感和主动性，不以事艰而不为，不以任重而畏缩，倒排工期、落实责任，抓紧施工、强力推进。东部地区要增强责任意识和大局意识，下更大气力帮助西部地区打赢脱贫攻坚战。要加强组织领导，双方党政主要负责同志要亲力亲为推动工作，每年要召开高层联席会议，把实现西部地区现行标准下的农村贫困人口如期脱贫作为主要目标，加大组织实施力度。要搞好政策设计，坚持精准扶贫、精准脱贫，科学编制帮扶规划，细化帮扶举措，把帮扶资金和项目重点向贫困村、贫困群众倾斜，扶到点上、扶到根上。要加大投入力度，东部地区要根据财力增长情况，逐步增加对口帮扶财政投入，并列入年度预算；西部地区要整合用好扶贫协作和对口支援等各类资源，聚焦脱贫攻坚，形成脱贫合力。[3]

省际结对能够有效强化东西部协作扶贫工作，并且针对性强。习近平总书记在东西部扶贫协作座谈会上强调：在完善省际结对关系的基础上，帮扶双方要着力推动县与县精准对接，组织辖区内经济较发达县（市、区）同对口帮扶省份贫困县结对帮扶，实施“携手奔小康”行动。贫困县是落实脱贫政策的关键环节，经济较发达县（市、区）在搞活经济、发展产业上有经验，在动员整合资源上有效率，县帮县更能帮上忙、扶到位、出实效。还可以探索东西部乡镇、行政村之间结对帮扶。要动员东部地区各级党政机关、人民团体、企事业单位、社会组织、各界人士等积极参与脱贫攻坚工作。[4]

---

[1] 王芳：《东西部扶贫协作，二十载春华秋实》，《脱贫攻坚》2016年第1期。

[2][3][4] 习近平：《在东西部扶贫协作座谈会上的讲话》（2016年7月20日）。

在脱贫攻坚战中，党政机关定点扶贫机制是中国的独有特色，也是世界上其他国家反贫困所无法比拟的。党政机关定点帮扶贫困地区的工作始于1986年，最初是由科技部等10个部委分别在全国18个集中连片的贫困地区选定一个区域作为联系点开展定点扶贫，此后逐步形成了中央党政机关定点帮扶到县，省、地、县党政机关定点帮扶到贫困乡、村的工作格局。[1] 组织党政机关参与扶贫开发工作，不仅有利于密切党和政府同群众的联系，而且有利于党的干部全面认识我国的基本国情，提高做群众工作的本领和解决实际问题的能力。

2015年12月18日，习近平总书记在对中央单位定点扶贫工作作出的批示中强调了党政机关、企事业单位定点扶贫：党政军机关、企事业单位开展定点扶贫，是中国特色扶贫开发事业的重要组成部分，也是我国政治优势和制度优势的重要体现。多年来，各有关单位围绕定点扶贫做了不少工作，取得了积极成效。做好新形势下的定点扶贫工作，要深入贯彻中央扶贫开发工作会议精神，切实增强责任感、使命感、紧迫感，坚持精准扶贫、精准脱贫，坚持发挥单位、行业优势与立足贫困地区实际相结合，健全工作机制，创新帮扶举措，提高扶贫成效，为坚决打赢脱贫攻坚战作出新的更大贡献。[2]

2020年3月6日，习近平总书记在决战决胜脱贫攻坚座谈会上的讲话中强调：要深化东西部扶贫协作和中央单位定点扶贫，帮助中西部地区降低疫情对脱贫攻坚的影响。要立足国家区域发展总体战略，深化区域合作，推进东部产业向西部梯度转移，实现产业互补、人员互动、技术互学、观念互通、作风互鉴，共同发展。[3]

2. 湖北实践

恩施州是湖北省的重点扶贫对象。近年来，在国家提倡扶贫协作的浪潮下，浙江省杭州市倾力支援恩施州。随着两地协作扶贫工作的深入开展，扶贫协作力度越来越大、内容不断丰富、层次不断提升、效果越来越好。两地均获国家扶贫协作考核“好”的等次，成功进入第一方阵。

---

[1] 韩广富、王芳：《当代中国农村扶贫开发的组织动员机制》，《理论月刊》2012年第1期。

[2] 习近平：《对中央单位定点扶贫工作作出的批示》（2015年12月8日）。

[3] 习近平：《在决战决胜脱贫攻坚座谈会上的讲话》（2020年3月6日）。

2016年，杭州市余杭区结对帮扶恩施州咸丰县。余杭区和咸丰县抢抓东西部扶贫协作机遇，全面学习贯彻习近平总书记关于扶贫工作重要论述，以强烈的政治责任感探索出了“三园、三进、三入”的扶贫协作新模式，高质量推进扶贫实践，协作取得明显实效。余杭区先后投入大量财政帮扶资金，并且引导社会各界捐款，鼓励浙商企业落户咸丰，带动大量人口脱贫。“三园、三进、三入”的扶贫协作新模式具体如下。

突出产业扶贫，携手共建“三园”。产业扶贫是协作扶贫的核心。根据相对优势理论，两个不同地区在不同的方面都是具有相对优势的。倘若把余杭区和咸丰县放在一起做比较，余杭区在产业上具有相对优势，咸丰县在资源上具有相对优势。两地借助各自的相对优势，协作建设“三园”，走出了一条特色化、绿色化、品牌化产业发展之路，提升了产业帮扶实效。“三园”之一是共建“咸丰余杭现代农业园”。为了帮助建设“咸丰余杭现代农业园”，余杭区投入大量的帮扶资金。随着现代农业园的建成，贫困群众的就业岗位多了，贫困户的收入也增加了。“三园”之二是共建“咸丰余杭电商产业园”。在国家大力支持电商产业发展的背景下，余杭区和咸丰县抢抓被列为“国家电子商务进农村综合示范县”的机遇，引进专业的农村淘宝公司，整合供应链体系，建立了“咸丰余杭电商产业园”。“三园”之三是共建“咸丰余杭高新技术产业园”。现如今，高新技术产业园区是促进经济增长与社会持续发展的重要途径。咸丰余杭高新技术产业园区引进了余杭优质湖羊新品种，在贫困村建设共享生态牧场，大力发展生态循环模式的特色养殖项目。

突出民生福祉，全力组织“三进”。民生福祉是评价扶贫开发工作好坏的一个较为客观的指标。余杭区借助其在人才、资金、技术等方面的优势，深入推进技术、人才、企业“三进”咸丰，大力推进教育、医疗等“组团式”帮扶，民生福祉实现新提升。“三进”之一是“先进技术进咸丰”，包括帮助咸丰县建立远程医疗会诊系统、建立先进的心脏手术室、引入免费的中小学生线上学习系统等方面；“三进”之二是“专业人才进咸丰”，包括余杭区的街道与咸丰县的贫困村结对、两地的学校与医院结对，派遣余杭区的专业技术人才到咸丰的医院、学校等部门挂职；“三进”之三是“名誉村主任进咸丰”，包括聘任“名誉村主任”、开展“万企帮万村”等活动。

突出智志双扶，协作推进“三入”。智与志均为内源性的动力，具有无限的潜力。扶贫也重在扶“智”与“志”。两地坚持将咸丰所需与余杭所能精准对接，推动干部、劳务、产品“三入杭”。“三入”之一是“干部入杭”，包括派遣党政领导干部、专业技术人才赴余杭区挂职锻炼，有力促进了干群综合素质提升；“三入”之二是“劳务入杭”，包括成立余杭咸丰劳务协作工作站、联合举办专场招聘会，为贫困人口提供就业岗位；“三入”之三是“硒品入杭”，包括在余杭开设展销门店、设置农产品销售平台、开展“硒品入杭”现场推介活动等，从而帮助打通咸丰农特产品入杭通道。通过这样一系列活动，咸丰农产品在余杭深受欢迎。

3. 经验与启示

二十多年来，东西部协作已经成功地从单一的经济援助，发展为产业互补和旅游、教育、文化、医疗等多领域合作的新格局；从单纯的政府行为，发展为政府援助、企业等各类市场主体合作、社会团体与民间组织及爱心人士共同参与相结合的对口协作机制。[1] 健全东西部协作与对口支援，具有多方面的积极影响。首先，对贫困地区而言，可以加快脱贫致富的步伐，不断地缩小地区间的发展差距，最后逐步实现共同富裕的目标。对于东西部发达省市而言，可以帮助其了解贫困地区发展的客观规律和突出问题，从而增进对贫困地区群众的感情。

杭州市余杭区结对帮扶湖北省恩施州咸丰县，加快了咸丰县脱贫致富的步伐，缩小了与其他地区间的发展差距。在结对帮扶过程中，许多浙商企业落户咸丰。对咸丰县而言，这些企业的落户无疑为贫困户带来了就地就业的机会。另一方面，对落户的浙商企业而言，咸丰县也为企业提供了相对于沿海地区更为廉价的劳动力与更好的原材料等。所以，健全的协作机制是具有重要意义的。余杭区在帮扶咸丰县的过程中，全面学习贯彻习近平总书记关于扶贫工作重要论述，以强烈的政治责任感探索出了“三园、三进、三入”的扶贫协作新模式，高质量地推进了扶贫工作，为其他地区的扶贫工作提供了一个学习典范。

[1] 王芳：《东西部扶贫协作，二十载春华秋实》，《脱贫攻坚》2016 年第 1 期。

（三）广泛调动社会各界参与扶贫开发积极性

1. 重要论述

扶贫开发不仅是党和政府的责任，更是全社会的共同责任。在这个日新月异的时代，广泛调动社会各界参与到脱贫攻坚战中也是历史与时代的迫切要求。2014 年 10 月 17 日，习近平总书记在首个“扶贫日”之际作出了如下批示：我国将每年 10 月 17 日设立为“扶贫日”，并于 2014 年第一个扶贫日之际表彰社会扶贫先进集体和先进个人，进一步部署社会扶贫工作，对于弘扬中华民族扶贫济困的传统美德，培育和践行社会主义核心价值观，动员社会各方面力量共同向贫困宣战，继续打好扶贫攻坚战，具有重要意义。[1] 设立“扶贫日”无疑营造了一种人人以参与扶贫为荣的氛围，进而帮助激发社会各界人士参与扶贫的热情。

2015 年 6 月 18 日，习近平总书记在部分省区市扶贫攻坚与“十三五”时期经济社会发展座谈会上提到：要广泛调动社会各界参与扶贫开发积极性，鼓励、支持、帮助各类非公有制企业、社会组织、个人自愿采取包干方式参与扶贫。[2] 让社会力量参与到扶贫开发事业中，可以分担政府责任、减轻政府的负担，从而可以有效地弥补政府在扶贫中存在着“耗资大、效率低、官僚作风、针对性弱”等问题，实现优势互补，协同推进扶贫开发工作的新局面。

通过产业带动扶贫开发工作是一个行之有效的途径，关键在于企业是否有到贫困地区投资的积极性。也就是说，我们要采取各种方法广泛调动企业参与扶贫开发的积极性。2016 年 7 月 20 日，习近平总书记在东西部扶贫协作座谈会上的讲话指出：加大产业带动扶贫工作力度，关键是要激发企业到贫困地区投资的积极性，使企业愿意来、留得住。中央出台了一系列关于企业参与脱贫攻坚的支持政策，如吸纳农村贫困人口就业的企业按规定享受税收优惠、职业培训补贴等支持政策，落实企业和个人公益扶贫捐赠所得税税前扣除的政策，对带动贫困人口脱贫的企业给予扶贫再贷款的政策，等等。

[1] 习近平：《在首个“扶贫日”之际作出的批示》（2014 年 10 月 10 日）。

[2] 习近平：《在部分省区市扶贫攻坚与“十三五”时期经济社会发展座谈会上的讲话》（2015 年 6 月 18 日）。

这些政策要加紧细化、落到实处。[1] 马斯洛认为，人最基本的需要是生理的需要，而最高级的需要是自我实现的需要。同样，企业家最基本的需要是获取一定的利润，然后才是为社会做贡献。在扶贫开发工作中，只有通过一系列优惠政策的引领，才能吸引企业积极地参与到这项工作中来。

除了积极引导企业参与到扶贫开发工作中，还需要广大群众、干部、扶贫主体等各方面真心实意帮扶。为了铭记那些为扶贫作出贡献的各界人士，2016 年 10 月 15 日，习近平总书记在全国脱贫攻坚奖表彰活动中作出决定：设立全国脱贫攻坚奖，表彰对扶贫开发作出杰出贡献的组织和个人，树立脱贫攻坚先进典型，对动员全党全社会共同努力打赢脱贫攻坚战具有重要意义。[2] 同时，习近平总书记在这次会议中作出了如下指示：全面建成小康社会，实现第一个百年奋斗目标，一个标志性的指标是农村贫困人口全部脱贫。完成这一任务，需要贫困地区广大干部群众艰苦奋战，需要各级扶贫主体组织推动，需要社会各方面真心帮扶，需要不断改革创新扶贫机制和扶贫方式。要广泛宣传学习先进典型，激励全党全社会进一步行动起来，激励贫困地区广大干部群众进一步行动起来，形成扶贫开发工作强大合力，万众一心，埋头苦干，切实把精准扶贫、精准脱贫落到实处，不断夺取脱贫攻坚战新胜利。[3]

引导扶贫开发的形式并不是固定不变的，是具有弹性的，可以灵活多变。2017 年 6 月 23 日，习近平总书记在深度贫困地区脱贫攻坚座谈会上的讲话中强调：要通过多种形式，积极引导社会力量广泛参与深度贫困地区脱贫攻坚，帮助深度贫困群众解决生产生活困难。要在全社会广泛开展向贫困地区、贫困群众献爱心活动，广泛宣传为脱贫攻坚作出突出贡献的典型事例，为社会力量参与脱贫攻坚营造良好氛围。[4] 多种形式的引导加上广泛的宣传，必然可以营造一种全民参与扶贫工作的积极向上的氛围。从更深层次来讲，这是提高全社会成员获得感、幸福感、安全感的现实要求。

2. 湖北实践

实践一：天风证券结对帮扶房县携手推进精准扶贫

2016 年 8 月，中国证券业协会发起开展“一司一县”结对帮扶行动倡议。

[1]　习近平：《在东西部扶贫协作座谈会上的讲话》（2016 年 7 月 20 日）。

[2][3]　习近平：《对全国脱贫攻坚奖表彰活动作出的指示》（2016 年 10 月 15 日）。

[4]　习近平：《在深度贫困地区脱贫攻坚座谈会上的讲话》（2017 年 6 月 23 日）。

天风证券作为首批响应证券业协会倡议的券商，第一时间成立扶贫工作小组，走访调研贫困地区，并于 8 月底在房县开展结对帮扶工作。天风证券作为脱贫攻坚中社会帮扶阵营的一员，无疑为脱贫攻坚的顺利进行锦上添花，也间接地调动了社会各界参与扶贫开发工作的积极性。

只有先深入地了解当地的实际情况，才能因地制宜，设计出最好的、最合适的扶贫方案。在确定帮扶方案前，天风证券多次派驻专业金融人才前往房县考察调研，了解当地政府和企业需求，制订针对性的金融帮扶方案，帮助当地企业拓宽融资渠道，宣传推介当地优质特色农产品。

2016 年 11 月 20 日，天风证券股份有限公司与房县人民政府正式签订“一司一县”结对帮扶战略合作协议，携手推进房县精准扶贫精准脱贫。为了更加科学地开展证券扶贫工作，天风证券与科研机构合作，探索建立“天风金融扶贫指数”，构建这一指数的设计思路是：以贫困地区扶贫项目库为基础，围绕地方优势产业和龙头产业，结合扶贫政策和企业需求展开分析，监测和评估扶贫效果，为政府扶贫决策和考核提供依据。协议签署后，天风证券在产业扶贫、公益扶贫、消费扶贫等方面与房县进一步深化合作，还将联合子公司天风期货及保险公司在房县开展“期货 + 保险”试点，为农户免费提供农作物自然灾害险及价格险，切实保障农户收入，帮助贫困群众实现脱贫致富，为金融机构参与县域扶贫树立典范。

在产业扶贫方面，天风证券围绕做大做强黄酒、生物医药、林下经济、旅游产业，帮助企业解决融资需求，协助企业对接资本市场，发行企业债、公司债，助推企业转型升级。在公益扶贫方面，天风证券为房县受灾地区提供捐款、捐物等公益救助。同时，引进大数据服务及技术，协助房县建立“智慧党建”系统，利用云计算和大数据，协助房县开展贫困监测和扶贫工作评估；在消费扶贫方面利用互联网、物联网、大数据等技术，协助房县推荐销售或消费认购房县黄酒、花菇、黑木耳等特色产品。另一方面，为县内特色农产品提供包装设计、品牌塑造、渠道推广等方面的协助。在扶贫智库方面，派驻金融专家到房县挂职，协助开展金融扶贫。同时，阶段性派驻专业金融人员，协助县内单位及企业开展金融服务，为房县产业发展提供智力支持。为了帮助培养金融人才，开展资本市场业务培训，协助房县建立专业金融人才培训体系，助推县域经济快速发展。

实践二：京山市实施“三个一”做实社会扶贫

自开展脱贫攻坚工作以来，京山市认真贯彻落实习近平总书记构建“三位一体”大扶贫格局的重要指示精神，建机制、聚合力，大力开展“三个一”社会扶贫，为高质量打赢脱贫攻坚战奠定了坚实的基础。具体做法如下。

一是打好一套组合拳，多管齐下促脱贫。京山市通过政府领导、企业融入、个人参与这一套组合拳，紧盯贫困村出列、贫困户脱贫目标任务，调动全社会力量参与精准扶贫，形成多管齐下的扶贫局面。

第一，政府引导。由于自身利益和市场竞争因素的存在，企业很难保证在任何情况下都能自觉地履行社会责任。因此，政府需要对企业的市场行为进行一定的引导，使其承担社会责任。京山市委、市政府通过企业发展资金调度、项目申报、贷款贴息、爱心企业评选等一系列政策，调动企业和个人参与精准扶贫的积极性。最近几年，市政府组织评选出多家热心帮扶“爱心企业”，并在兑现奖励政策、安排贴息资金时予以倾斜。在政府的领导下，社会各界参与扶贫开发的积极性得到了增加。

第二，企业融入。企业在支持扶贫工作中享受到优惠政策，不仅自身得到发展，而且在社会中赢得荣誉，从而进一步使得企业支持精准扶贫的热情高涨。在政府引导、企业融入扶贫工作的背景下，已经有数百家企业和新型农村经营主体参与扶贫，企业也从最初的政策诱导变为企业自愿。比如说，京山康泽眼科医院是一家新设立不久的民营医院，该医院主动到扶贫办要求包联贫困村，同时安排得力人员常年驻村帮扶贫困户，很好地落实了驻村帮扶工作任务。

第三，个人参与。政府的领导、企业的融合能够使得宏观上的扶贫环境改善，扶贫工作的深层次推进还需要具体到人。京山市组织机关干部包联贫困户，开展企业家认领贫困村、“两代表一委员”认领贫困户、爱心人士认领留守儿童和贫困生、志愿者认领孤寡老人“四认领”活动，营造人人参与扶贫的良好氛围。

二是办好一系列活动，多层帮扶促脱贫。京山市通过开展形式多样的帮扶活动，引导人民团体、社会组织、民营企业和爱心人士积极参与扶贫，切实提高了社会扶贫的参与度。

第一，开展红色领航员活动。京山市向贫困村派驻红色领航员，这些驻村人员发挥了较好的引领作用。同时，京山市督促指导各镇（区）和重点贫困村做好“八强八促”工作，党建的引领带动了贫困村和贫困户真脱贫、脱真贫。比如，杨集镇三口堰村红色领航员赵瑞元得知该村扶贫产业草莓滞销后，利用互联网发布销售信息，引来周边群众上门采摘，帮助贫困户解决了销售难题。

第二，开展“人大代表在行动”活动。京山市结合“聚力脱贫攻坚、人大代表在行动”活动，鼓励人大代表进村入户走访贫困户，对贫困户提出的困难及时伸出援助之手，给予帮扶。同时，各级人大代表“一对一”为贫困村、贫困户捐钱捐物。比如，曹武镇毛承明代表发挥自身职业优势，为贫困户细致宣讲健康扶贫政策，并为出行不便的患病贫困户义务出诊。

第三，开展科技特派员活动。京山市从农村致富带头人、农技员、农业种养殖专家等农业科技队伍中选派本地科技特派员，荆门市也选派科技特派员帮助京山市开展科技特派员活动，两级科技特派员几乎覆盖全市重点贫困村，为贫困村扶贫产业发展提供专业的技术指导。比如，杨集镇李冲村依托自然资源优势，发展中蜂养殖扶贫产业，但产业起步初期，遇到了蜂群在喂养一段时间后自己迁走的情况，这无疑为中蜂养殖增添了困难。中蜂养殖科技特派员得知消息后立即赶到现场，查找到原因，及时解决了问题。

三是织好一张网，多方联动促脱贫。京山市充分借助“互联网+”扶贫平台，充分发挥社会扶贫网的社会帮扶作用，提高了社会扶贫网注册率和帮扶需求对接率，为贫困户的多元需求与全社会精准帮扶搭建起对接桥梁。

第一，建队伍。京山市建立了“政府主导、干部主推、社会主帮”的工作机制。同时，京山市构建了“市设管理中心、镇设服务站、村设信息点”的工作网络，即以市为单位，信息管理中心聘请专职工作人员负责全市社会扶贫网推广应用工作；以镇（区）为单位，设立服务站，实行专责管理；以村委单位，成立由帮扶干部、村“两委”干部和信息专管员组成的推广应用队伍，负责贫困户、爱心人士注册，需求信息采集、审核、发布。

第二，强注册。一方面，强化贫困户注册。京山市组织帮扶干部、村干部对贫困户实行“一包一”注册。注册是需要在网上完成的，对于老弱病残以及无智能手机的贫困户，帮扶干部手把手帮助他们注册并负责发布贫困需求。另一方面，强化爱心人士注册。京山市市直单位组织全体干部职工全覆盖注册爱心人士，各机关群团、行业协会组织企业员工、个体从业者、志愿者也积极开展爱心人士注册。此外，京山市巧妙地利用北京、广州等地的商会，引导多名京山籍在外成功人士注册。移动、联通、电信各营业网点也帮助设立爱心人士注册窗口，开展注册送话费流量、送电话卡等活动，引导群众注册。

第三，真对接。京山市为了提高贫困需求发布对接成功率和社会爱心人士帮扶参与度，将贫困户多元需求与“爱心企业”评选、群团组织活动、三大运营商等活动相结合。全市各类需求与资金的对接成功率高达百分之九十多。2018 年，京山市针对少数贫困大学生入学困难的情况，组织发布上百条需求信息，帮助众多贫困大学生圆了大学梦。需求的真对接可以帮助提高信息的转化率，也能及时帮助解决贫困户的困难，从而带动脱贫。

3. 经验与启示

民者，国之根也。群众参与是基础，脱贫攻坚也必须依靠广大的人民群众。因此，我们必须广泛地调动社会各界参与扶贫开发工作的积极性。我们应该要让社会各界人士意识到：扶贫开发不单是党和政府的责任，也是全社会的共同责任。

社会扶贫是构建扶贫大格局的重要部分，扶贫大合力是摆脱贫困的“组合拳”，传承的是中国人守望相助的人文精神，彰显的是我国社会的强大凝聚力。广泛调动社会力量参与扶贫开发工作的积极性有助于增强中华民族的凝聚力，也能营造一种良好的社会风尚，发挥中华民族的传统美德，让世界各国人民看到中国强大的制度优势和动员能力。

第二篇　脱贫成绩：

如期兑现脱贫攻坚“军令状”

消除贫困、改善民生、实现共同富裕，是社会主义的本质要求，是中国共产党的重要使命，是中国人民孜孜以求的梦想，也是实现中华民族伟大复兴的重要内容。党中央立足我国国情，把握减贫客观规律，出台一系列超常规政策举措，构建了一整套行之有效的政策体系、工作体系、制度体系，走出了一条中国特色减贫道路，形成了中国特色反贫困理论。湖北作为我国脱贫攻坚的主战场之一，在产业扶贫、易地搬迁、教育扶贫、健康扶贫等方面均取得了卓越成绩，如期兑现了向党中央立下的“军令状”，书写了中国减贫奇迹的荆楚篇章。

一、数字话脱贫：脱贫目标全面完成

（一）全国脱贫概况

消除贫困是人类的共同理想，中国共产党和中国政府始终把让人民过上好日子作为奋斗目标，为此进行了长期艰苦卓绝的努力。2021 年 2 月 25 日，习近平总书记在全国脱贫攻坚总结表彰大会上发表了重要讲话，宣告我国脱贫攻坚战取得了全面胜利，现行标准下 9899 万农村贫困人口全部脱贫，832 个贫困县全部摘帽，12.8 万个贫困村全部出列，区域性整体贫困得到解决，完成了消除绝对贫困的艰巨任务，创造了又一个彪炳史册的人间奇迹！

党的十八大以来，习近平总书记多次强调，“小康不小康，关键看老乡，关键在贫困的老乡能不能脱贫”，承诺“决不能落下一个贫困地区、一个贫困群众”，拉开了新时代脱贫攻坚的序幕。2013 年，党中央提出精准扶贫理念，创新扶贫工作机制。2015 年，党中央召开扶贫开发工作会议，提出实现脱贫攻坚目标的总体要求，实行扶持对象、项目安排、资金使用、措施到户、因村派人、脱贫成效“六个精准”，实行发展生产、易地搬迁、生态补偿、发展教育、社会保障兜底“五个一批”，发出打赢脱贫攻坚战的总攻令。2017 年，党的十九大把精准脱贫作为三大攻坚战之一进行全面部署，锚定全面建成小康社会目标，聚力攻克深度贫困堡垒，决战决胜脱贫攻坚。2020 年，为有力应对新冠肺炎疫情和特大洪涝灾情带来的影响，党中央要求全党全国以更大的决心、更强的力度，做好“加试题”、打好收官战，信心百倍向着脱贫攻坚的最后胜利进军。

自 2019 年 12 月 23 日起，脱贫攻坚战场捷报频传，西藏、重庆、黑龙江、陕西、河南、海南、河北、湖南、内蒙古、山西、吉林、青海、江西、安徽、湖北、新疆、云南、宁夏、四川、广西、甘肃、贵州陆续通过验收、完成公示，相继宣布脱贫摘帽。2020 年 11 月 23 日，贵州省政府新闻办举行新闻发布会，会上通报，经贵州省扶贫开发领导小组和贵州省人民政府审定，紫云县、纳雍县、威宁县、赫章县、沿河县、榕江县、从江县、晴隆县、望谟县等 9 个县退出贫困县序列。至此，贵州全省 66 个贫困县实现脱贫，这也标志着全国 832 个贫困县全部脱贫摘帽。

表 2–1–1 中国各省区市脱贫时间表 [1]

时　间	省　份
2019 年 12 月 23 日	西藏贫困县“清零”
2020 年 2 月 22 日	重庆贫困县“清零”
2020 年 2 月 26 日	黑龙江贫困县“清零”
2020 年 2 月 27 日	陕西贫困县“清零”
2020 年 2 月 28 日	河南贫困县“清零”
2020 年 2 月 29 日	海南和河北贫困县“清零”
2020 年 3 月 2 日	湖南贫困县退出贫困序列
2020 年 3 月 5 日	内蒙古贫困县“清零”
2020 年 3 月 6 日	山西贫困县“清零”
2020 年 4 月 11 日	吉林贫困县“清零”
2020 年 4 月 21 日	青海所有贫困县退出贫困序列
2020 年 4 月 26 日	江西所有贫困县退出贫困序列
2020 年 4 月 29 日	安徽所有贫困县退出贫困序列
2020 年 9 月 14 日	湖北贫困县“清零”
2020 年 11 月 14 日	新疆和云南贫困县“清零”
2020 年 11 月 16 日	宁夏所有贫困县退出贫困序列
2020 年 11 月 17 日	四川所有贫困县退出贫困序列
2020 年 11 月 20 日	广西所有贫困县退出贫困序列
2020 年 11 月 21 日	甘肃所有贫困县退出贫困序列
2020 年 11 月 23 日	贵州贫困县“清零”

基于 2020 年现行标准下农村贫困人口实现脱贫、贫困县全部摘帽、解决区域性整体贫困的目标任务和“一超过”（贫困人口年人均收入稳定超过国家扶贫标准）、“两不愁”（不愁吃、不愁穿）和“三保障”（义务教育、住房安全、基本医疗）的脱贫标准，通过脱贫攻坚战的实施，中国的贫困人口规模由 2010 年的 16567 万人减少到 2019 年的 551 万人，年均减少约 1800 万贫困人口，贫困发生率由 2010 年的 17.2% 下降到 2019 年的 0.6%。

[1] 张艳玲：《832 个国家级贫困县全部脱贫摘帽》，数据来源：中国网，2020 年 11 月 24 日。

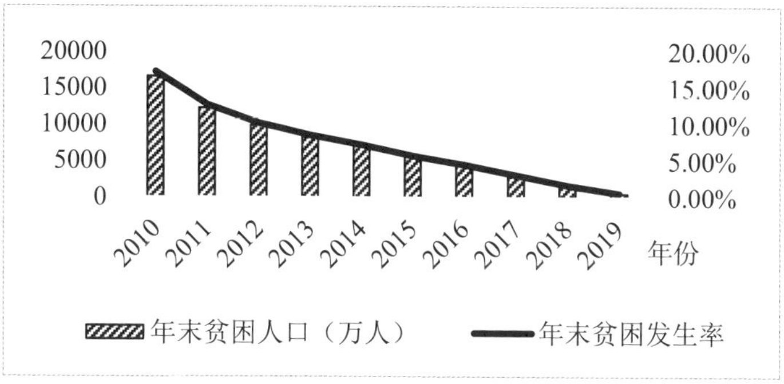

图 2–1–1　2010—2019 年中国贫困人口规模与贫困发生率

八年来，党中央把脱贫攻坚摆在治国理政的突出位置，把脱贫攻坚作为全面建成小康社会的底线任务，组织开展了声势浩大的脱贫攻坚人民战争。中国共产党带领人民披荆斩棘、栉风沐雨，发扬钉钉子精神，敢于啃硬骨头，攻克了一个又一个贫中之贫、坚中之坚，脱贫攻坚取得了重大历史性成就：农村贫困人口全部脱贫，为实现全面建成小康社会目标任务作出了关键性贡献；脱贫地区经济社会发展大踏步赶上来，整体面貌发生历史性巨变；脱贫群众精神风貌焕然一新，增添了自立自强的信心勇气；党群干群关系明显改善，党在农村的执政基础更加牢固；创造了减贫治理的中国样本，为全球减贫事业作出了重大贡献。经过八年持续努力，中国现行标准下农村贫困人口已经全部脱贫，贫困县已经全部摘帽，近 1 亿农村贫困人口实现脱贫。中国将继续巩固和拓展脱贫攻坚成果，扎实推进共同富裕，不断提升民生福祉水平。

脱贫攻坚取得举世瞩目的成就，靠的是党的坚强领导，靠的是中华民族自力更生、艰苦奋斗的精神品质，靠的是中华人民共和国成立以来特别是改革开放以来积累的坚实物质基础，靠的是一任接着一任干的坚守执着，靠的是全党全国各族人民的团结奋斗。在脱贫攻坚中，党中央立足我国国情，把握减贫规律，出台一系列超常规政策举措，构建了一整套行之有效的制度体系、政策体系、工作体系，走出了一条中国特色减贫道路，形成了中国特色反贫困理论。第一，坚持党的领导，为脱贫攻坚提供坚强政治和组织保证。第二，坚持以人民为中心的发展思想，坚定不移走共同富裕道路。第三，坚持发挥我国社会主义制度能够集中力量办大事的政治优势，形成脱贫攻坚的共同意志、共同行动。第四，坚持精准扶贫方略，用发展的办法消除贫困根源。第五，坚持调动广大贫困群众积极性、主动性、创造性，激发脱贫内生动力。第六，坚持弘扬和衷共济、团结互助美德，营造全社会扶危济困的浓厚氛围。第七，坚持求真务实、较真碰硬，做到真扶贫、扶真贫、脱真贫。这些重要经验和认识，是我国脱贫攻坚的理论结晶，是马克思主义反贫困理论中国化最新成果，必须长期坚持并不断发展。

（二）湖北脱贫概况

1. 脱贫成绩

在以习近平同志为核心的党中央坚强领导下，经过全省上下艰苦卓绝的接续奋斗，湖北省脱贫攻坚战取得全面胜利，全省 581 万贫困人口全部脱贫，37 个贫困县全部摘帽，4821 个贫困村全部出列，如期兑现向党中央立下的“军令状”、向全省人民作出的庄严承诺，书写了中国减贫奇迹的荆楚篇章。

湖北是全国脱贫攻坚战场的重要组成部分。2012 年，组织实施大别山区、秦巴山区、武陵山区、幕阜山区四大片区扶贫攻坚，拉开了湖北新时代脱贫攻坚的宏大序幕。2015 年，贯彻党中央推进精准扶贫精准脱贫的决策部署，吹响了湖北脱贫攻坚的决战号角。2020 年，面对新冠疫情、严重汛情带来的“加试题”，全省上下统筹打好战疫、战洪、战贫三场硬仗，全力克服疫情灾情对脱贫攻坚的影响，圆满完成剩余 5.8 万贫困人口脱贫任务，打赢了脱贫攻坚收官战，确保了全面建成小康社会底线不破、后墙不倒，做到了质量更高、成色更好。湖北省连续 5 年在省级党委和政府脱贫攻坚成效考核中被评为“综合评价好”的省份。

脱贫攻坚目标任务全面完成，为全面建成小康社会打下决定性基础。用 8 年时间，完成占全省近 1/10 人口、超 1/3 县市的脱贫任务，绝对贫困和区域性整体贫困问题得到历史性解决。581 万贫困人口全部实现不愁吃、不愁穿，义务教育、基本医疗、住房安全、饮水安全有保障。8000 多名义务教育阶段因贫辍学孩子重返校园，人生有了更多出彩的机会。189 万因病致贫人口实现了有地方看病、看得起病、看得好病，生活更有尊严、更有希望。138.5 万贫困群众通过危房改造实现了安居梦想。37 个贫困县农村自来水普及率达到 91%，比 2012 年提高 37 个百分点。在大山深处，输水管网飞架绝壁成“天渠”，汩汩清水流进千家万户。从边远山区到革命老区，从神农之顶到长江之滨，扶贫政策的甘霖雨露润泽荆楚大地，千百万人切实感受到党和政府的关怀和温暖。

脱贫地区生产生活条件取得长足进步，整体发展能力显著提高。加快补齐基础设施建设短板，行路难、吃水难、用电难、通信难、上学难、就医难等“老大难”问题得到有效解决。贫困地区完成新改造农村公路 6.3 万公里，行政村内硬化道路达 27.95 万公里。4 条 3813 公里的特色扶贫路，贯穿四大集中连片特困地区，惠及数百万贫困人口。“愚公支书”王光国带领村民绝壁开路、寒暑无歇，历经 8 年使天堑变通途。贫困地区全部通动力电，新建和改造线路 6.7 万公里。贫困村光纤和 4G 覆盖率达到 100%。县乡两级医疗卫生机构完成达标提标建设，乡村两级医疗卫生机构“空白点”全面消除，实现村卫生室、村医全覆盖。

脱贫举措落实精准有效，逐步实现从“输血”到“造血”的转变。聚焦提高脱贫攻坚成效，扎实推进“五个一批”工程，创新实施健康扶贫、光伏扶贫等新脱贫模式，脱贫地区“造血”功能显著增强。脱贫地区特色经济作物新增面积超 500 万亩，培育扶贫主导产业 54 个，培育新型农业经营主体超 10 万家，76.6% 以上的贫困户依靠发展产业脱贫。实施搬迁规模中部第一、全国第四的异地扶贫搬迁，31.84 万户、88.23 万贫困群众挪穷窝、换穷业，彻底改变了世代贫困“宿命”。13.56 万户贫困群众享受到生态补偿政策红利，累计选聘生态护林员 21.74 万人次，帮助 26 万余贫困人口在家门口实现就业脱贫。落实资助资金 326.57 亿元，资助家庭经济困难学生 2032.49 万人次。122.7 万建档立卡贫困人口纳入农村低保或特困人员救助供养范围，实现应保尽保、应兜尽兜。

脱贫群众实现物质和精神“双脱贫”，坚定了勤劳致富的底气和勇气。脱贫群众收入明显提高，2013 至 2019 年，37 个贫困县农民人均可支配收入从 7266 元增加到 12911 元。社会主义核心价值观春风化雨，社会主义文明新风尚润物无声，脱贫群众在享受政策、感受温暖、接受教育中燃起希望、鼓起斗志，在苦干实干、战胜困难、脱贫致富中增进自信、找到自我，自力更生、勤劳致富成为普遍共识。

党群干群关系更加密切，党的执政基础进一步夯实。始终坚持抓党建促脱贫攻坚，一批软弱涣散的村党组织得到有效整顿，2.2 万多个村级党组织成为带领群众脱贫致富的坚强战斗堡垒。

2. 脱贫历程

湖北省总面积18.59万平方千米，人口5775万人。全省共有13个地级行政区、103个县级行政区、1249个乡级行政区。2019年，全省实现地区生产总值45828.31亿元，按可比价格计算，增长7.5%；地方一般公共预算收入完成3388.39亿元，增长2.5%；全省城镇常住居民人均可支配收入37601元，增长9.1%；农村常住居民人均可支配收入16391元，增长9.4%。2013—2019年，37个贫困县农村常住居民人均可支配收入由7266元增长到12911元，年均增长10.06%，比同期全国农村居民人均可支配收入增幅高2.56个百分点；全省建档立卡贫困户人均纯收入由2015年的3296元增加到2019年的8149元，年均增幅25.4%。

2013年年底，湖北省建档立卡贫困人口191.5万户581万人，其中贫困县有建档立卡贫困人口120.1万户376万人（深度贫困县有建档立卡贫困人口34.1万户105万人）、非贫困县有建档立卡贫困人口71.4万户205万人，全省贫困发生率14.4%。2019年年底，剩余未脱贫人口2.7万户5.8万人，其中贫困县未脱贫人口0.8万户1.93万人（9个深度贫困县未脱贫人口0.2万户0.5万人）、非贫困县未脱贫人口1.9万户3.82万人，全省贫困发生率降至0.14%。剩余未脱贫人口中，因病致贫占51.2%，因残致贫占29.86%。60岁以上的有2.05万人，占35.6%；患有大病或慢性病的有2.2万人，占37.4%；持证残疾人有1.3万人，占22.1%。2019年年底，全省摸底脱贫监测户和边缘户共5.8万户17.53万人，占全省2019年底建档立卡贫困人口总规模的3.08%。其中脱贫监测户2.5万户7.53万人，边缘户3.3万户10万人。

全省有贫困县37个，其中国定贫困县28个（其中深度贫困县9个）、省定贫困县9个。2014年，全省确立建档立卡贫困村4821个（2017年，在这4821个村中确立深度贫困村507个），37个贫困县有建档立卡贫困村2576个（其中深度贫困村351个）。2019年年底，全省4821个建档立卡贫困村全部出列。

表 2-1-2　湖北省贫困县分布情况表 [1]

片区	所辖市州	国定贫困县（28）	省定贫困县（9）
大别山片区（8）	黄冈市（6）	红安县、麻城市、罗田县、**英山县**、蕲春县、团风县	—
	孝感市（2）	大悟县、孝昌县	—
秦巴山片区（14）	十堰市（8）	郧阳区、**郧西县**、**竹山县**、**竹溪县**、**房县**、**丹江口市**	张湾区、茅箭区
	襄阳市（3）	**保康县**	南漳县、谷城县
秦巴山片区（14）	神农架林区（1）	神农架林区	
	宜昌市（2）	—	兴山县、远安县
武陵山片区（11）	宜昌市（3）	秭归县、长阳县、**五峰县**	—
	恩施州（8）	恩施市、利川市、建始县、**巴东县**、宣恩县、咸丰县、来凤县、鹤峰县	—
幕阜山片区（4）	黄石市（1）	阳新县	—
	咸宁市（3）	—	通山县、通城县、崇阳县

2017 年，湖北省“摘帽”贫困县 3 个，其中国定贫困县 2 个，为红安县、神农架林区；省定贫困县 1 个，为远安县。2018 年，湖北省“摘帽”贫困县 17 个，其中国定贫困县 10 个，为阳新县、丹江口市、保康县、秭归县、团风县、罗田县、英山县、宣恩县、来凤县、鹤峰县；省定贫困县 7 个，为十堰市茅箭区、张湾区、南漳县、谷城县、兴山县、崇阳县、通山县。2019 年，湖北省“摘帽”贫困县 17 个，其中国定贫困县 16 个，为郧阳区、郧西县、竹溪县、竹山县、房县、长阳县、五峰县、孝昌县、大悟县、麻城市、蕲春县、恩施市、利川市、建始县、咸丰县、巴东县；省定贫困县 1 个，为通城县。2016 年至 2019 年，国家对省级党委和政府扶贫开发工作成效考核，湖北省连续 4 年被评为“综合评价好”的省份；2013 年至 2019 年，国家财政专项扶贫资金绩效评价，湖北省连续 7 年被评为“优秀”等次；2018 年、2019 年国家开展的东西部扶贫协作考核，湖北省和恩施州、浙江省和杭州市连续 2 年被评为“综合评价好”的省、市（州）。

[1]　表格中黑体加粗的为深度贫困县。宜昌市的兴山县、远安县，纳入秦巴山片区范围，秭归县、长阳县、五峰县纳入武陵山片区范围。

表 2-1-3　2014—2019 年湖北省脱贫攻坚成效[1]

时间	贫困人口脱贫	贫困村“出列”	贫困县“摘帽”
2014 年	69.3 万人	11 个	
2015 年	128.1 万人	249 个	
2016 年	96.1 万人	1785 个	
2017 年	91.7 万人	1013 个	3 个
2018 年	105.5 万人	963 个	17 个
2019 年	92.5 万人	800 个	17 个

2014—2019 年，湖北省农民家庭全年总收入由 14836.14 元增至 22524.84 元，增加了 51.82%；全年纯收入由 10849.06 元增至 16390.86 元，增加了 51.08%；工资性收入由 3298.61 元增至 5352.90 元，增加了 62.28%；家庭经营纯收入由 5009.34 元增至 6807.69 元，增加了 35.90%；转移性收入由 2415.66 元增至 4019.61 元，增加了 66.4%；财产性收入由 125.44 元增至 210.66 元，增加了 67.94%。37 个贫困县农村常住居民人均可支配收入由 2013 年的 7266 元增加到 2019 年的 12911 元，年均增长 10.06%[2]。

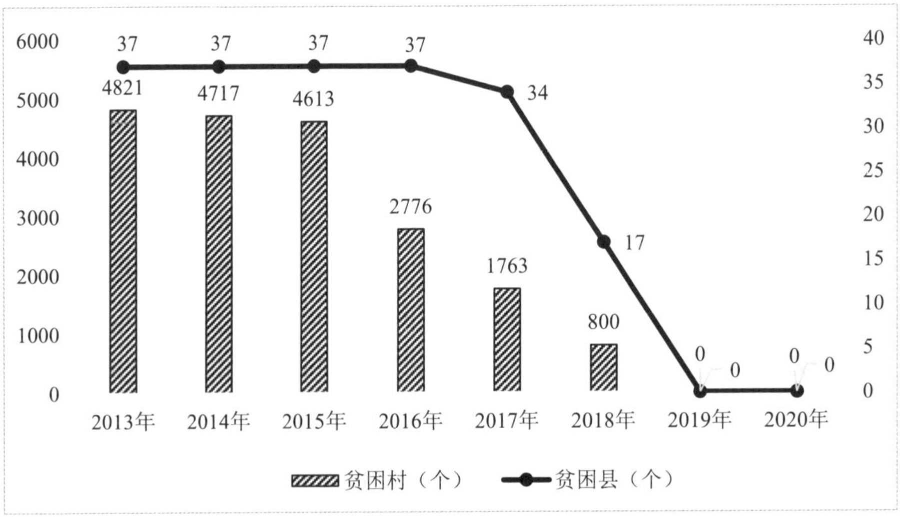

图 2-1-2　2013—2020 年湖北省贫困县和贫困村变动情况

[1]　因为贫困人口是动态管理，动态管理内容包括新识别纳入、家庭成员自然变更（自然变更增加：新生儿、婚入、户籍迁入等；自然变更减少：死亡、婚出、户籍迁出等），所以剩余贫困人口数不等于 2013 年年底建档立卡贫困人口数减去历年脱贫人口数。

[2]　数据来源：湖北省扶贫办。

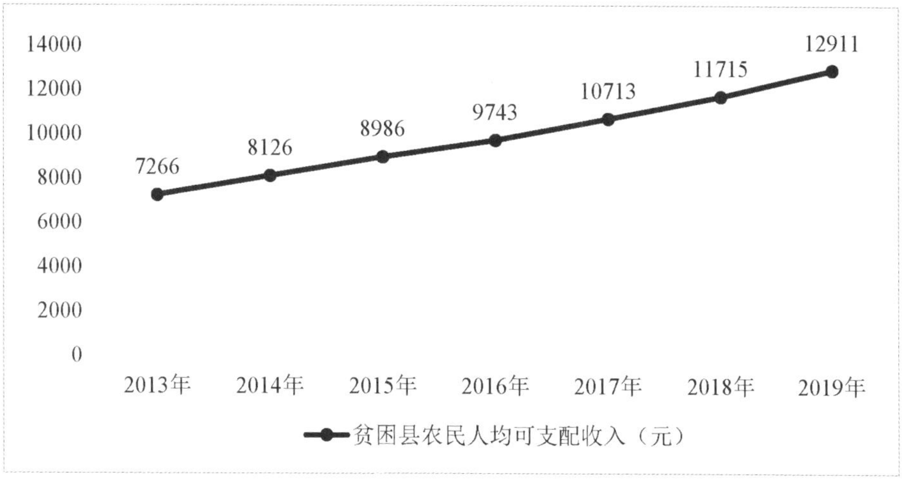

图 2-1-3　2013—2019 年湖北省贫困县农民人均可支配收入增长情况

表 2-1-4　2014—2019 年湖北省农民家庭年人均纯收入（可支配收入）及构成[1]

指标	2014 年	2015 年	2016 年	2017 年	2018 年	2019 年
全年总收入（元）	14836.14	15819.16	16807.81	17927.34	20158.66	22524.84
全年纯收入（元）	10849.06	11843.89	12724.97	13812.09	14977.82	16390.86
工资性收入（元）	3298.61	3682.91	4023.04	4389.58	4886.79	5352.90
家庭经营纯收入（元）	5009.34	5281.41	5534.01	5963.95	6270.85	6807.69
转移性收入（元）	2415.66	2718.79	3009.32	3292.77	3634.24	4019.61
财产性收入（元）	125.44	160.78	158.60	165.79	185.94	210.66
占全年纯收入的比重						
工资性收入占比（%）	30.40	31.10	31.62	31.78	32.63	32.66
家庭经营纯收入占比（%）	46.17	44.59	43.49	43.18	41.87	41.53
转移性收入占比（%）	22.27	22.96	23.65	23.84	24.26	24.52
财产性收入占比（%）	1.16	1.35	1.25	1.20	1.24	1.29
贫困地区农村居民人均可支配收入（元）	—	—	—	—	11518	12911

在脱贫攻坚时期，湖北省构建了财政扶贫资金稳定增长机制，2016—2020 年，省市县财政共投入扶贫资金 670.46 亿元，其中 2020 年投入 168.53 亿元；28 个国定贫困县整合资金 1257.19 亿元，其中 2020 年整合资金 215.17 亿元。创新财政专项扶贫资金管理机制，实行资金、项目、招投标、管理、责

[1]　数据来源：湖北省统计年鉴。

任直接到县。完善资金绩效评价，落实公告公示制度，强化审计监督，做到阳光扶贫、廉洁扶贫。[1]

从2015年到2020年，全省中央财政扶贫资金以及省级财政扶贫资金到县情况总体上呈现上升趋势。其中，2015年中央财政扶贫资金全省合计130751万元，省级财政扶贫资金全省合计22710万元；2016年中央财政扶贫资金全省合计225510万元，省级财政扶贫资金全省合计22710万元；2017年中央财政扶贫资金全省合计320081万元，省级财政扶贫资金全省合计22710万元；2018年中央财政扶贫资金全省合计364430万元，省级财政扶贫资金全省合计52908万元；2019年中央财政扶贫资金全省合计503132万元，省级财政扶贫资金全省合计44842万元；2020年中央财政扶贫资金全省合计598759万元，省级财政扶贫资金全省合计51170万元。

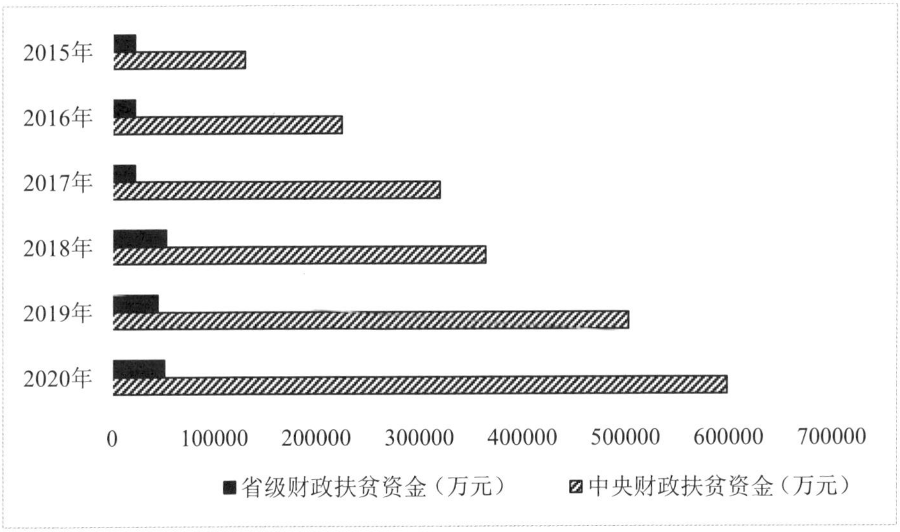

图2-1-4　2015—2020年湖北省财政扶贫资金到县情况[2]

湖北在财政方面提出，“绝不因财政工作不到位影响精准脱贫，绝不因财政政策不落实影响精准脱贫”。2020年，湖北再获国家财政扶贫奖励资金3.8亿元。至此，湖北省已连续7年在国家财政专项扶贫资金绩效评价中获得“优

[1] 资料来源：《中共湖北省委　湖北省人民政府关于2020年全省脱贫攻坚工作总结的报告》。

[2] 条形图数据来源：湖北省财政扶贫发展资金分配表（2015—2020年）。

秀”等次，累计获得财政部奖励资金 7.76 亿元；已连续 4 年在国家扶贫开发工作成效考核中获得“综合评价好”，累计获得奖励资金 15 亿元。国家财政专项扶贫资金绩效评价，湖北省是全国唯一实现“七连优”的省份。

2016 年以来，湖北筹措基建资金 504.52 亿元，支持 37 个贫困县农村基础设施建设工程项目；筹措资金 245.83 亿元，支持推进高标准基本农田土地整治、农村环境综合提升等工程建设，全面改善农村生产生活条件；筹措资金 423.28 亿元，支持“四好农村路”建设；筹措农村综合改革转移支付资金 36.95 亿元，支持美丽乡村试点和村级公益事业建设。筹措农村饮水安全巩固提升中央和省级资金 22.66 亿元，共完成 953 万人农村饮水安全巩固提升任务，其中 242.3 万建档立卡贫困人口全部实现安全饮水目标，并在国家扶贫开发信息系统中销号。2015 年以来，争取中央农村危房改造补助资金 68.55 亿元，落实省级补助资金 18.64 亿元，全面完成 47 万户建档立卡贫困户、低保户、分散供养特困人员、贫困残疾人家庭等四类重点对象的危房改造任务，为完成脱贫攻坚任务贡献出巨大力量。

3. 脱贫经验

党的十八大以来，湖北省坚持以习近平总书记关于扶贫工作重要论述为指导，深入贯彻党中央关于脱贫攻坚的决策部署，以不落一人践行初心使命，构建了严密的责任体系、工作体系、多元化投入体系、精准帮扶体系、社会动员体系和考核评估体系，形成了整体联动、协调并进的系统工程，推动湖北脱贫攻坚不断从胜利走向胜利。

坚持党的集中统一领导，是打赢脱贫攻坚战的政治保证。坚持把党的领导贯穿脱贫攻坚全过程，严格落实中央统筹、省负总责、市县抓落实的工作机制和党政“一把手”负总责的限期脱贫责任制，在全国率先提出精准扶贫“挂图作战”，层层签订责任状，五级书记抓扶贫、部门联动促攻坚，保持贫困县党政正职相对稳定，压紧压实脱贫攻坚的政治责任。成立以各级党委和政府主要负责同志任组长的扶贫攻坚领导小组，建立省领导联系片区和贫困县制度，42 位省级领导同志分别联系 37 个贫困县，不脱贫不脱钩。湖北省脱贫攻坚实践再次证明，中国共产党领导的政治优势和中国特色社会主义制度优势，是脱贫攻坚取得胜利的根本保证。只要坚持党的集中统一领导，增强“四个意识”，坚定“四个自信”，做到“两个维护”，我们就一定能够战胜前进道路上的任何艰难险阻，创造新时代湖北更加辉煌的业绩。

坚持以人民为中心，是打赢脱贫攻坚战的价值追求。湖北省把贫困群众一起迈向小康社会、一起过上好日子作为脱贫攻坚的出发点和落脚点，把脱贫攻坚作为第一民生工程，出台184项政策举措，建立稳定的财政投入增长机制，用政策“干货”和真金白银支持脱贫攻坚。在全国率先创新建立涉农资金统筹整合机制，8年来累计投入扶贫资金721亿元，整合资金1259亿元，发放扶贫小额信贷276亿元。对9个深度贫困县的基础设施、特色产业、民生工程等补短板项目优先计划、优先保障、优先安排、优先实施，深度贫困地区整体面貌焕然一新。湖北省脱贫攻坚实践再次证明，只要始终坚持以人民为中心的发展思想，始终把实现好、维护好、发展好最广大人民根本利益作为一切工作的出发点和落脚点，我们就一定能够在社会主义现代化建设新征程上阔步前行，不断满足人民对美好生活的向往，向实现共同富裕目标迈进。

坚持精准扶贫精准脱贫基本方略，是打赢脱贫攻坚战的制胜法宝。贫有百样，困有千种。只有贯彻精准扶贫方略，把握“准、实”要求，才能对症下药，斩断穷根。湖北省紧紧围绕“六个精准”“五个一批”，开展建档立卡，解决好“扶持谁”；选派驻村干部，解决好“谁来扶”；坚持分类施策，解决好“怎么扶”；严格贫困退出，解决好“如何退”；建立健全机制，解决好“如何稳”，有效推动各项政策举措精准落地。探索形成“政策 + 市场主体 + 银行 + 保险 + 贫困户”五位一体产业扶贫模式，联责联心联利，形成产业扶贫共同体。统筹省内、省外两个就业市场，对内实施公益岗位倍增计划，对外与东部省份开展“6+1”劳务协作行动，推动湖北人、湖北农副产品走出去。2020年，努力克服疫情影响，帮助204.8万贫困群众稳住了岗位、稳定了收入。湖北省脱贫攻坚实践再次证明，“精准”既是脱贫攻坚的重要方法论，也是科学的思维方式，更是务实的工作方法。只要我们以精准思维谋事，以精准施策干事，就一定能够解决发展不平衡不充分的问题，奋力谱写新时代湖北高质量发展新篇章。

坚持扶贫与扶志、扶智相结合，是打赢脱贫攻坚战的动力源泉。贫困群众既是脱贫攻坚的对象，更是脱贫致富的主体。湖北动员广大贫困群众不等不靠，撸起袖子加油干，用双手创造美好生活，靠奋斗绘就脱贫奇迹，带领广大贫困群众积极发展壮大集体经济，增加贫困村“造血”功能，一批淘宝村、电商村、旅游村不断涌现，一批一穷二白的村集体富起来了，贫困群众的口袋也鼓起来了。湖北省脱贫攻坚实践再次证明，只要我们始终坚持一切为了人民，一切依靠人民，充分发挥广大人民群众的积极性主动性创造性，就一定能够凝聚强大的智慧和力量，扎实推进共同富裕。

坚持弘扬和衷共济、团结互助美德，是打赢脱贫攻坚战的重要支撑。积极推进东西部扶贫协作，浙江省和杭州市对口协作帮扶恩施州，直接带动23.36万贫困人口脱贫增收。积极推进定点扶贫和省内区域协作，水利部、农业农村部、国家电网等17家中央单位定点帮扶湖北省25个国家级贫困县，直接投入帮扶资金近40亿元；全省36个经济强市、强县以及412家省直部门、企事业单位结对帮扶37个贫困县，累计投入财政援助资金和帮扶资金54亿元。积极开展“千企帮千村”行动，7000家民营企业签约帮扶6000多个行政村，累计投入帮扶资金72亿元。社会组织、爱心人士倾情相助，积极支持湖北脱贫攻坚。湖北省脱贫攻坚实践再次证明，面对任何困难挑战，只要全省上下心往一处想、劲往一处使，团结带领荆楚人民和社会各界同风雨、共奋进，我们就一定能够汇聚起排山倒海、攻坚克难的磅礴力量。

坚持求真务实、较真碰硬，是打赢脱贫攻坚战的作风保障。湖北省突出实的导向、严的规矩，认真抓好中央脱贫攻坚专项巡视及“回头看”等反馈问题整改，省委对贫困县开展专项巡视，省人大常委会开展“聚力脱贫攻坚·人大代表在行动”活动，省政府对脱贫攻坚进行重点督查，省政协开展扶贫议政性调研，形成监督推进合力。大力开展形式主义、官僚主义集中整治，坚持每年在全省部署开展扶贫领域大数据监督检查，坚决杜绝数字脱贫、虚假脱贫，坚决查处贪污挪用、截留私分、虚假冒领扶贫资金等问题，确保扶贫工作务实、脱贫过程扎实、脱贫结果真实，让脱贫成效真正获得群众认可、经得起实践和历史检验。湖北省脱贫攻坚实践再次证明，坚持实事求是的思想方法和工作方法，是如期高质量完成脱贫攻坚目标任务的重要保障。只要我们一以贯之地坚持实事求是，坚持目标导向、问题导向、结果导向，察实情、讲实话、出实招、抓落实，就一定能够打造“政治生态好、用人导向正、干部作风实、发展环境优”的省份，确保党中央决策部署在湖北落实见效。

二、产业扶贫筑牢发展根基

习近平总书记在十九届中央政治局第八次集体学习时指出：“产业兴旺，是解决农村一切问题的前提，从‘生产发展’到‘产业兴旺’，反映了农业农村经济适应市场需求变化、加快优化升级、促进产业融合的新要求。”产业扶贫是解决农村贫困人口增收脱贫的一项根本性和长远性重要举措，是从短期效益到长期效益、从“输血式”扶贫到“造血式”扶贫转变的关键路径。产业扶贫以市场为导向，以当地资源为依托，以大型企业为发展龙头，通过建立完善的产业化经营体系，进而持续稳定地带动贫困人口增收脱贫。产业扶贫是以“精准”为核心，以产业扶贫精准化为主要抓手，通过扶贫措施将扶贫资源精准配置到贫困户，进而扶持贫困户选择和发展符合其自身条件的产业项目，获得产业收益，并激活贫困户脱贫的内生动力。简言之，产业扶贫对于促进就业、带动贫困人口增收、拉动经济增长具有重要意义，发展产业是实现贫困人口稳定脱贫的根本途径和长久之策。

（一）湖北产业扶贫成效

湖北省是全国扶贫攻坚的主战场，有大别山、武陵山、秦巴山、幕阜山4个集中连片特困地区，37个贫困县，其中28个国家贫困县（深度贫困县9个、省定贫困县9个），4821个贫困村（深度贫困村507个），全省建档立卡贫困人口581万人。近年来，湖北省认真贯彻习近平总书记视察湖北重要讲话精神，牢固树立“抓产业就是抓扶贫、抓扶贫就是促产业”的理念，累计惠及316万农村贫困人口，产业扶贫带动率88.7%。通过扶贫产业带动脱贫成果不断巩固，群众获得感和满意度持续提升，探索了一条富有特色的农业产业扶贫新路子。

湖北按照“新建发展一批，巩固提升一批，淘汰退出一批”的思路，37个贫困县优质粮油和特色经济作物生产基地达4865.86万亩，新增标准化生产基地439.15万亩，其中茶叶、水果、蔬菜（含食用菌）、中药材分别同比增长4.2%、6%、12.2%、4.8%，形成“大产业、大聚集，小产业、广覆盖”格局。大力发展“一村一品、一乡一业”，在贫困地区创建23个省级特色农产品优势区，逐步形成在全国具有较强竞争力的农业特色产业集群。

一是扶贫产业发展稳健。截至2019年年底，湖北省37个贫困县通过发展扶贫产业累计惠及316万人，产业扶贫带动率（占有劳动能力的贫困户）达88.7%，同比提高8.1个百分点，逐步实现建档立卡有劳动能力的贫困农户能够有稳定的脱贫主导产业的目标。湖北省结合资源禀赋，制定全省产业精准扶贫规划，在结构调整上明确四大山区发展富硒茶叶、道地药材、高山蔬菜等30余种区域特色产业，“四座茶山”（武陵山、秦巴山、大别山、幕阜山）、“三条水果带”（长江流域柑橘、汉江流域砂梨、316国道甜桃）、“十草五木三花一菌”（苍术、白术、半夏、艾叶、黄连、麦冬、天麻等19个骨干品种）中药材等特色板块进一步凸显。2019年，全省37个贫困县农林牧渔增加值平均增长4.0%，建成主导产业54个；创建5个国家级特色农产品优势区和23个省级特色农产品优势区；创建44个全国“一村一品”示范村镇、85个省级休闲农业示范点、858个农旅产业扶贫基地。建成特色产业扶贫基地近2万个，优质粮油和特色经济作物生产面积稳定在4500万亩左右。建立起以龙头企业为引领、农民合作社为纽带、特色产业为承载的产业扶贫体系，逐步形成了“大产业、大聚集，小产业、广覆盖”的良性发展格局。[1]各地区因地制宜，持续发展“茶果菜药”等多种区域特色产业，目前优质粮油和特色经济作物生产基地达4466.79万亩，其中茶叶、水果、蔬菜、中药材面积分别同比上升1.9%、2.4%、0.3%、7.7%。水产产业坚持绿色发展、生态优先，2019年产量同比下降47.0%。37个贫困县共形成54个主导产业，基本实现主导产业全覆盖的目标。产业培育方面。37个贫困县共创建国家级特色农产品优势区（恩施硒茶、武当道茶、宜昌蜜橘、通城油茶、蕲春蕲艾）5个和省级特色农产品优势区23个，“三品一标”等品牌数达1201个，农产品质量监测合格率达到99%以上。贫困地区建设产地初加工设施2000余座，创建现代农业产业园12个，11个贫困县优先实施农业产业强镇建设项目。远安县、五峰县、罗田县等6县启动瓦仓大米、五倍子等扶贫产业园建设。37个贫困县共创建44个全国“一村一品”示范村镇、85个省级休闲农业示范点、858个农旅产业扶贫基地。[2]

[1]　李雨、沈雅洁、骆文德：《“数”读2019湖北脱贫攻坚》，湖北之声，2020年1月13日。

[2]　数据来源：《2019年湖北省脱贫攻坚发展报告》。

二是产业化扶贫特色产业基地具备规模。目前，湖北省贫困地区特色产业基地总面积达1600多万亩，覆盖贫困乡村、贫困农户达80%左右，农民从特色产业基地中获得的收入占纯收入的50%以上。其中，十堰市充分发挥山区比较优势，加大农业结构调整力度，加快农业供给侧结构性改革，深入实施以茶叶、中药材、林果、草牧、蔬菜、水产（饮）品业为主的“61”产业强农计划。全市特色产业基地面积累计达到600万亩，重点特色产业产值240亿元，市级以上农业产业化龙头企业达到178家，其中国家级农业产业化龙头企业1家，省级45家。全市有效使用“三品一标”品牌达180个，8个农产品获“中国驰名商标”，“武当道茶”荣获中国第一文化名茶，品牌价值达40.6亿元，特色农产品市场竞争力不断增强。2018年全市农民家庭经营收入369.7亿元，是1978年的10倍。2019年全市农民人均可支配收入预计实现11222元，是1969年（农民人均纯收入）的244倍。[1]

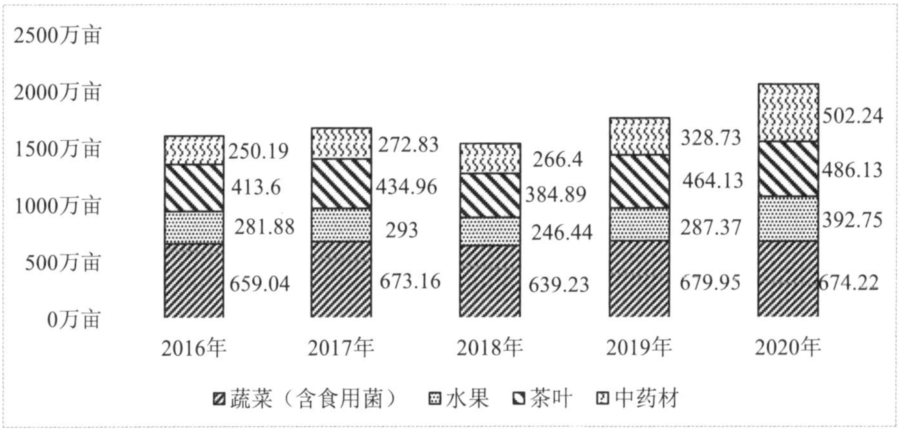

图 2–2–1　2016—2020 年湖北省贫困县菜果茶药生产基地发展情况

三是新型经营主体带动效果显著。截至2019年，37个贫困县共有农业产业化龙头企业2060家，合作社35861家，家庭农场11470家。湖北悟道茶业有限公司、秭归县屈姑食品有限公司、湖北省九宫山茶业有限公司3家贫困地区农业企业成功入选第六批农业产业化国家重点龙头企业名单，这些龙头企业在推进农业供给侧结构性改革、引领乡村产业发展和促进农民就业增收、助力脱贫攻坚中发挥了重要作用。目前，贫困地区新型农业经营主体带

[1]　数据来源：2018年湖北省扶贫开发统计监测资料。

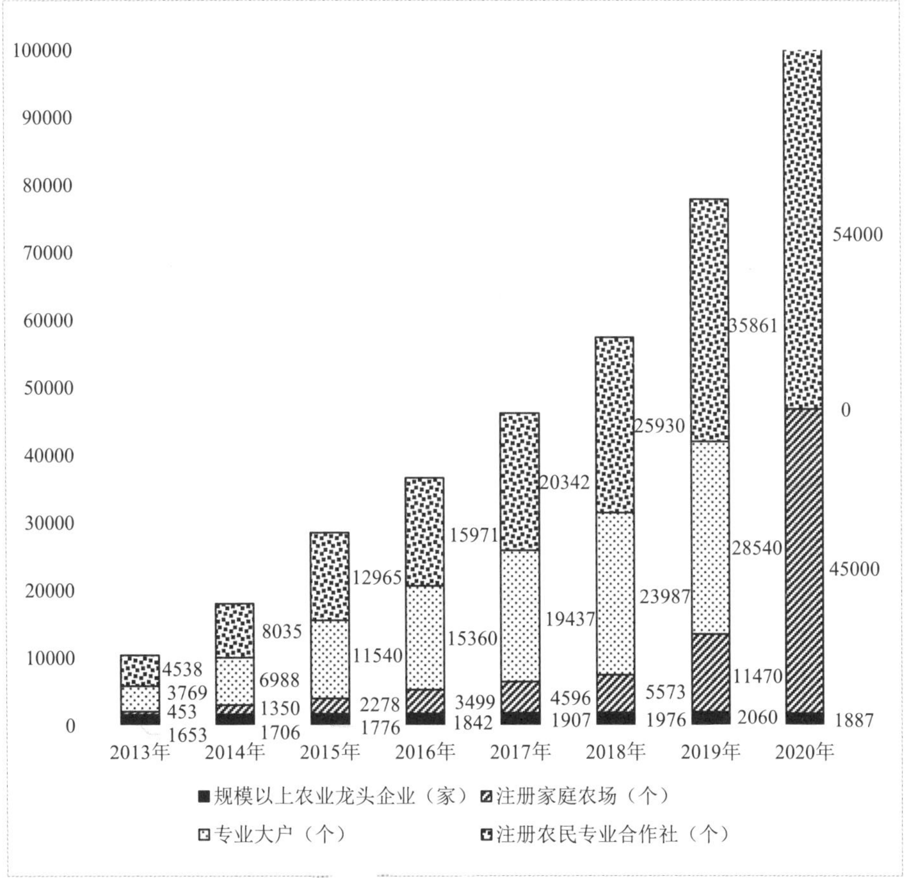

图 2-2-2　2013—2020 年湖北省贫困县新型经营主体发展情况

动贫困户超 90 万户。全省指导建立股份经济合作社 8570 个村（组），量化集体资产 519.6 亿元，累计分红 8.3 亿元；统筹安排中央、省、县财政资金 5.8 亿元支持 1168 个村发展新型村级集体经济。

2019 年在建档立卡贫困村设置 1.8 万余名产业指导员。持续开展技术服务（培训）活动，培训新型经营主体 2.9 万人次，培训贫困人口 29.7 万人次，助力扶志扶智。全省先后扶持的近千个龙头企业，还有 1 个企业上市，2 个企业成为国家级龙头企业，23 个企业成为省级龙头企业，100 个企业成省级产业化扶贫龙头企业，网络了 50 万农户生产经营，安置了 5 万贫困劳动力就业，实现了农民、银企与财政多赢，提升了产业化扶贫效益。湖北长友现代农业股份公司，已经成长为总资产 1.78 亿元的外向型现代股份公司，被定为国家重点龙头企业，跻身于中国农产品深加工企业50强。

四是优势产业、支柱产业相继兴起。贫困地区自给自足、小而全的传统产业向一乡一品、多村一业、一县一业或多业迈进，一批优势产业、特色产业相继兴起，柑橘大县、茶叶大县、黄姜大县、药材大县、花生大县、畜牧大县、水产大县、反季节蔬菜大县脱颖而出，形成具有区域优势的拳头产品和支柱产业。著名将军县红安县，2013年以来充分利用本地自然和人文优势，依靠科技进步，把花生产业作为主导产业大力发展，形成了具有红安特色的花生产业发展新格局。红安花生产业被省委、省政府列为全省产业化经营的十大重点产业之一。

五是农产品流通和加工体系基本建立。近年来，湖北省建立各种批发、综合、专业市场近10个，产供销联合体、经贸公司1000多个，在全省贫困地区初步形成了多方式、多渠道、少环节、吞吐量大、辐射面广的流通网络。以食品加工为主的农产品加工业得到较快发展，农产品加工率和加工深度不断提高，企业规模和技术装备稳步扩大，以农产品为原料的加工业增加值和农业增加值的比例稳定上升。其中，黄冈市经过多年努力，建立了212个综合批发市场，207个特色产业市场，年交易额过亿元的批发市场达20个；全市农副产品加工企业达3000多家，系列产值100多亿元。

六是经营机制日趋完善。合同制、股份制、股份合作制、托管制等多种形式的利益联结机制逐步扩大运用。对于用扶贫信贷资金扶持壮大的龙头企业，坚持用合理的办法调节产业化扶贫各环节之间的利益关系，调动各方面积极性，实现共同受益。既坚持树立扶持龙头企业就是扶持农业、扶持农民的观念，切实保持龙头企业的利益，又坚持在龙头企业与基地、农户之间采取合同、契约方式，实行合同定购、利润返还、制订保护价和提供相关服务，规范企业经营行为，保护贫困农户利益；同时，严格遵守扶贫信贷资金安全、效益的原则，切实保持金融单位的利益，努力实现各方经营共赢。

（二）湖北经验

1.具体做法

政策积极引导与有力支撑。产业扶贫政策通过农林牧渔产业、乡村旅游开发等途径激发农户内源动力，是促进贫困地区脱贫农户摆脱生计脆弱性并实现稳定增收和长远致富的重要保障。湖北省围绕农业产业新技术应用、新产品开发、新业态拓展，先后制定并印发了《湖北省农业产业扶贫三年行动工作方案》《省农业科技助力精准扶贫三年行动方案》《湖北省农产品品牌三年培育方案》等系列产业扶贫支撑政策。2020 年，13 个部门又联合出台了《湖北省消费扶贫行动实施方案》，进一步强化了扶贫政策措施。

培育新型经营主体。一是培育龙头企业。在申报竞争性项目和省级重点龙头企业的监测、申报认定工作中，对贫困地区带动能力强的龙头企业适当放宽申报条件，并在全省范围内认定 150 家扶贫龙头企业，给予贴息贷款等政策支持。二是提升合作社质量。开展农民专业合作社“空壳社”专项清理工作，注销“空壳社”0.7 万家；实施新型农业主体高质量发展工程，对 507 个深度贫困村每村安排 10 万元，着力在每个深度贫困村培育提升 1 ～ 2 个农民专业合作社或家庭农场。三是创新利益联结。鼓励新型经营主体运用订单、股份、劳务、服务、租赁等方式，变贫困户“单打独斗”为“嵌入产业链条”，构建“租金 + 薪金 + 股金”的利益联结机制，持续推广“三乡工程”“五位一体”“121+X”“自强互助脱贫合作社 + 贫困户”等产业扶贫模式。四是壮大村集体经济。开展村集体经济“三资”专项清理工作，据 2019 年贫困村集体经济发展情况台账反映，全省贫困村（实际数为 4764 个）负债总额为 28.62 亿元，其中：无负债村 1265 个，占比 26.55%；负债 10 万元以下的有 776 个，占比 16.29%；负债 10 万～ 50 万元的有 1257 个，占比 26.39%；负债 50 万～ 100 万元的有 745 个，占比 15.64%；负债 100 万元以上的有 721 个，占比 15.13%。开展村集体资产、资源租赁发包合同清理和规范工作，进一步巩固了农村集体“三资”清理成果，维护了村集体合法权益，夯实了集体经济发展基础。

完善利益联结方式。利益联结方式得到进一步完善，通过采取“党支部、企业、基地、合作社 + 低收入群体”的产业扶贫模式，稳定带动 265.9 万农村贫困人口，形成了“租金、薪金、股金”利益分配机制。利益联结渠道不断拓宽，指导各地建立股份经济合作社 3106 个，量化集体资产 390.6 亿元，推进“资源变资产、资金变股金、农民变股东”改革，支持贫困县建立县级交易机构 25 个，部署“湖北农村资产交易管理信息平台”，为开展产权抵押创造了有利条件。同时，2018 年以来，湖北省不断加强扶贫产业品牌宣传，积极开展各类产业扶贫对接活动，着力优化农产品流通体系，深入实施“荆楚农优品”工程，推动质量兴农、绿色兴农、品牌强农。目前，湖北省已经创建28个省级以上特色农产品优势区。《湖北省农产品品牌三年培育方案》中提出实施农产品品牌培育“222”行动，重点培育2个省级核心大品牌、20个区域公用品牌和200个企业产品品牌，极大地提升了湖北省扶贫产业品牌知名度和价值。[1]一是龙头企业引领模式。逐步建立起“政府扶龙头、龙头建基地、基地联农户”的帮扶带动机制，37个贫困县培育规模以上龙头企业1735家，带动18.3万户62.4万人。二是农民专业合作社服务带动模式。形成了“合作社＋基地＋贫困户”“合作社＋贫困户”等经营模式，37个贫困县建立35841家农民专业合作社，4821个贫困村专业合作社覆盖率达96.88%，507个深度贫困村专业合作社实现全覆盖。三是“壮大集体经济”扶贫模式，通过建立和完善村集体经济的管理体制机制，差异性扶贫到户，探索出一条“统分结合、权责分明”的集体经济“共建、共管、共享”的发展之路。[2]总结提炼出一批立得住、叫得响、能推广的模式和范例，汇总整理武汉市“三乡工程”、黄冈市“五位一体”、十堰市“扶贫车间”、恩施州“121+X”、郧阳区“一社一司”、长阳县“五张网”、宣恩县“四茶路径”以及神农本草、汉家刘氏、屈姑食品、神峰山庄等市、县、乡、村和市场主体100个产业扶贫典型经验，共同讲好产业扶贫“湖北故事”。[3]

形成上下联动、整体推进的工作合力。按照“省负总责、市县抓落实”的工作要求，全省各地均成立了相应组织领导机构，压实工作责任，畅通调度沟通渠道，形成上下联动、整体推进的工作合力。建立健全工作协调机制。落实了农业农村、扶贫、发改、商务、旅游、金融等10多个省直部门和单位参与的产业扶贫工作联席会议制度，加强产业扶贫省级指导和政策创设。注重工作指导。先后制定并印发了《湖北省农业产业扶贫三年行动工作方案》《省农业科技助力精准扶贫三年行动方案》《2019年全省农业产业扶贫工作要点》《湖北省农产品品牌三年培育方案》《关于促进新型农业经营主体高质量发展的通知》等系列指导性文件，明确了年度目标任务，突出发展重点，推动工作

[1] 数据来源：《2018年湖北省脱贫攻坚发展报告》。

[2] 数据来源：《2019年湖北省脱贫攻坚发展报告》。

[3] 数据来源：2019年湖北省扶贫开发统计监测资料。

落地落实。四是强化绩效考评。37个贫困县结合资源禀赋和工作实际，开展规划评估和完善规划设计，出台支持扶贫产业奖补政策，分年度制定工作实施方案，加大统筹资金投入，产业扶贫持续向前推进。[1]

构建产业支撑服务体系。湖北省着力加强品牌宣传，开展对接活动，优化农产品流通体系。一是扩大品牌效应。实施农产品品牌培育“222”行动，着力打造宜昌蜜橘、恩施硒茶等名优特“金字”招牌，重点推送宜昌蜜橘、大别山黑山羊、恩施玉露等品牌广告片亮相央视；“一红一绿”（利川红和恩施玉露）成为第七届世界军人运动会指定用茶并开展专题推介。二是搭建推介平台。2019年组织贫困地区24家农业龙头企业参加了第三届中国国际茶叶博览会，恩施硒茶、鹤峰有机茶、来凤藤茶分别举办了专题推介会；组织宜昌、恩施、十堰、襄阳共44个企业90余种特色农产品，参加农业农村部武陵山区、中西部五省贫困地区农产品产销对接活动，北京新发地批发市场与建始县签订1.2亿元的意向协议；组织来凤县和咸丰县12家企业、合作社参加了第十七届中国国际农产品交易会扶贫展区推介活动，现场销售农产品6.6万元，意向签约2480万元；组织恩施市、利川市、赤壁市、宜昌市等地的6家企业开展“湖北名茶沿海行”“湖北名茶边疆行”活动；支持竹山县成功举办“首届茶商大会”；专门组织省内贫困地区百家企业参加武汉农博会，邀约电商平台、商超企业以及投资商、经销商、采购商现场对接。三是实施“走出去”行动。利用组团出国交流互访及参加湖北—澳门—葡语国家产能合作对接会、湖北—萨克森环保与农业技术及食品企业论坛、东盟博览会、中非经贸论坛等活动机会，并在俄罗斯、摩洛哥设立中国茶展销中心，推动茶叶、香菇、柑橘等优势农产品“走出去”。四是推进电商扶贫。37个贫困县实现电子商务进农村综合示范全覆盖，建立5786个村级服务网点，累计服务建档立卡贫困人口126万人次，累计帮助建档立卡贫困人口增收总金额1.7亿元，累计带动建档立卡贫困人口就业13万人。省商务厅、省扶贫办联合阿里巴巴集团举办2019年湖北省农村电商发展峰会暨淘宝直播村播活动，利用网红为县域电商赋能，助力农村电商发展，带动农民增收。2019年中国农民丰收节期间（8月1日—9月25日），阿里巴巴平台销售8.0亿元湖北农产品，销售产品2600万件，分别比2018年同期增加21.5%和13.2%。

---

[1] 李丽、沈雅洁、骆文德：《“数”读2019湖北脱贫攻坚》，湖北之声，2020年1月13日。

完善特色产业技术服务体系。一是组队伍。组建省、市、县三级农技专家团队 179 个、专家 639 名，特聘 161 名农技员，在建档立卡贫困村设置 1.8 万余名产业指导员，基本实现县有服务团队、乡有服务站所、村有服务网格员。秭归县完善基层农技推广体系“以钱养事”新机制，制定《产业发展指导员工作考评办法》，为产业扶贫提供强有力的技术支撑。二是推技术。组织遴选了茶园绿色防控、中药材标准化生产、稻渔综合种养等绿色高产高效主推技术在贫困地区推广实施。襄阳市收集提炼 40 种种养技术和 58 种产业扶贫模式，汇编《农业产业扶贫模式推广手册》下发各地农口部门及扶贫工作队，指导开展产业扶贫。三是强培训。持续开展培技术、推模式、学范例活动，培训新型经营主体 2.9 万人次，培训贫困人口 29.7 万人次，助力扶志扶智。

着力构建多方协作体系。一是财政支农资金倾斜。争取中央、省级支农专项向 37 个贫困县倾斜，2019 年已安排贫困地区支农投入 42.5 亿元，同比增加 7.1 亿元。二是区域互动。利用东西部扶贫协作，全年向恩施州投入协作资金 3.88 亿元、实施项目 305 个，深入实施农特产业、旅游业、硒品入杭和浙企入恩等四大产业提升工程，带动恩施州销售农特产品 4.77 亿元，促进 2.48 万贫困人口增收。三是社会联动。实施“三乡工程”“千企帮千村”活动，组织 6678 家民营企业帮扶 6089 个行政村，累计投入 67.09 亿元，惠及贫困人口 75.52 万人。

金融及农业保险支持。协调人民银行武汉分行推出“新型经营主体 + 建档立卡贫困户”产业带动信贷扶贫模式，累计发放贷款 86 亿元，带动帮扶贫困户 12.8 万户。指导省农业担保公司在市、县建立 22 家分支机构，累计为小微新型经营主体开展业务 2500 余笔，放贷近 20.2 亿元。各地联合金融机构设立风险补偿专项资金，开发“扶贫贷”“楚农贷”等品种多样的贷款信贷产品，为新型经营主体和贫困户提供不同的信贷需求。各级保险机构在贫困地区创新推出政银保、财银保、银保模式信用保证等 30 多个扶贫保险产品，并在部分县设立减贫防贫保险服务机构，创新开发“防贫”险种。

积极扩充人才储备。一是加强扶贫人才力量接续使用，将扶贫驻村工作队和扶贫第一书记转变为乡村振兴驻村工作队和第一书记，探索组建由政府部门、企事业单位和社会组织参与的乡村振兴驻村工作队。二是强化扶贫产业的人才载体作用，加大对乡村产业及其人才支持力度，提升高技能、高层次优秀人才待遇，吸引更多人才助力乡村产业发展。三是拓展人才引进渠道，利用好高等院校及科研人员扶贫帮扶队伍力量，大力提升乡村“智力”水平。完善人才评价激励机制，对脱贫攻坚中农村涌现出的致富带头人、创新创业人才、专业技能人才等，应加大政策、资金和项目支持。

高度重视生态修复。湖北省连片特困区与生态脆弱区存在地理空间的高度重叠，实现生态振兴要以“两山”思想为指导，将生态振兴与产业振兴融合起来，推进产业生态化、生态产业化，实现贫困地区绿色、可持续发展。一是通过发展生态种养殖业，实现“基地＋合作社＋贫困户＋生态养殖”“企业＋基地＋贫困户＋环境”等利益联结紧密的生态产业发展模式，以产业发展推动贫困地区生态保护。二是大力发展全域旅游生态产业，建立起“旅游＋贫困人口＋服务＋产品”的生态发展模式，实现旅游业在精准扶贫和生产振兴中的“金钥匙”功能。

着力强化组织保障。农村组织创新是农业农村发展的核心驱动力，能有效提高农村社会的运行效率，增强农村集体的行动能力。一是继承并创新领导体系和工作机制，建立健全责任体系、监督体系、考核体系等制度体系，持续发挥精准脱贫中建立起的“县级领导包乡镇、包村、包户”制度优势，强化县—乡—村多级贫困治理体系。二是加强县级涉农项目整合，推进项目融合与村庄自组织能力提升融合发展。三是巩固和完善利益联结机制，将原有的各种“＋贫困户”模式升级为“＋农户”模式，完善新型农业经营主体与小农户间的利益联结机制。

2. 经验总结

（1）要发挥比较优势，优化区域布局，构筑产业化扶贫特色体系

湖北贫困地区大多是资源相对富集、极具发展潜力的地区。在推进产业化扶贫过程中，湖北省根据贫困地区自然资源、生产条件和产业基础的不同情况，优化区域布局，解决贫困地区品种结构雷同、特色产品分散和“小而全、大而全”的问题，坚持“生态＋扶贫”双轮驱动，走特色化、绿色化产业发展之路。一是培育特色产业。持续在37个贫困地区发展“茶果菜药”等区域主导特色产业，建设种、养、加、旅及扶贫车间等特色产业扶贫基地近2万个。二是推进绿色发展。在贫困地区实施耕地地力保护、果菜茶有机肥替代、绿色高产高效创建、畜禽废弃物资源化利用、农作物病虫害防控示范区等项目，

“三品一标”等品牌数达1201个，农产品质量安全合格率达到99%。三是促进三产融合。在贫困地区建设2000余座产地初加工设施，创建12个省级现代农业产业园，实施11个农业产业兴村强镇建设项目，建成全国一村一品示范村镇44个、85个省级休闲农业示范点和858个农旅产业扶贫基地。通过近年的努力，湖北省贫困地区正逐步形成数村一品、多乡一业、一县几个骨干品种的支柱产业梯级结构，产业化扶贫迈向良性发展轨道。[1]

（2）要遵循市场规律，培植龙头企业，提升产业化扶贫效益

龙头企业是带动特色产业经济发展的“火车头”，没有龙头企业带动，产业化扶贫就失去了发展的动力。近年来，湖北省持续开展省级重点农业产业化龙头企业的监测、申报认定工作，对贫困地区带动能力强的龙头企业给予倾斜支持，配合省扶贫办认定150家扶贫龙头企业，在贷款贴息等方面给予政策支持。对507个深度贫困村每村安排10万元，着力培育提升1～2个农民专业合作社或家庭农场。采取多种形式，重点从培植农副产品加工企业上突破，不断把龙头企业做大做强。一是立足优势，培植龙头。湖北省坚持以“特色、精品、高效”为目标，围绕资源开发上项目，围绕特色农业搞加工，着力培植壮大一批龙头加工企业，带动千家万户脱贫致富。二是优化环境，引进龙头。贫困地区充分利用自身的区位优势、特色优势和政策优势，采取大规模、宽领域、多渠道的引资策略，吸引省内外、海内外客商到贫困地区安营扎寨，兴办农产品加工龙头企业。汇源、双汇、均瑶、椰风、娃哈哈、农夫山泉、森达等都是湖北省在产业化扶贫工作中招商引资的成功典范。宜昌引进的双汇肉食品加工集团，年实现销售收入7亿多元，实现利税5400多万元，安置820位贫困农民就业，并发展和带动了一大批养殖户脱贫致富。三是创新机制，兴办龙头。采取兼并、重组、租赁、股份合作、私营独资等多种形式，壮大龙头企业，促进产业化扶贫。四是加大扶持，壮大龙头。全省累计投放扶贫贷款80多亿元，先后扶持了近千家龙头骨干企业。

（3）要依靠科技推动，坚持标准化生产，增强产业化扶贫后劲

将科技进步贯穿于产业化扶贫的始终，实行标准化生产，提高产品质量，增强市场竞争力。一是坚持科技推广与培训。结合产业化扶贫基地建设，建立健全技术服务推广与培训体系，采取科技专家下乡、推广应用电脑农业、科

[1] 《湖北省产业扶贫2020年工作要点》，湖北省农业农村厅网站，2020年4月24日。

普专题讲座等多种形式，每年培训农户 100 万人次以上，使大多数贫困农户掌握了 1 ~ 2 门实用技术。同时，围绕特色主导产业，建立连片的高效农业示范区，大力推广生物工程等高新技术，不断提高产品的科技含量。罗田县过去板栗空包率高达 53%，通过推广喷硼和增雌技术，使空包率下降到 5% 以内，单产翻了一番。二是强化科技开发攻关，培植精品名牌。湖北省在推进产业化扶贫的进程中，把依靠科技攻关、培植精品名牌产品摆在生死攸关的战略位置，加强科学技术向产业化过程的各个生产环节、各个工艺流程的渗透，做到一个支柱产业有一个名牌产品当龙头，一个系列产业有一批拳头产品作支撑，一个县市有一批特色精品作支柱。近年来，全省贫困地区有 100 多个产品达到无公害、绿色、有机食品的标准，获国家省级名牌产品称号。三是推进标准化生产。为了提高特色产业的市场竞争力，跨越日益提高的贸易壁垒和市场准入门槛，湖北省按照“特色 + 绿色”的思路，以质量安全为核心，按照国家、行业、地方的质量标准，建设基地，对产品的生产、加工、贮藏、运输、销售全过程进行标准化管理。蕲春县对全县中药材生产推进 GAP 规范管理，建成了 3 个标准化的药材基地，其中红丹参 GAP 基地通过省级验收，成为全省同类药材的示范基地，带动 5.1 万农户参与生产经营，实现人均年增收 140 元。

（4）要优化发展环境，完善服务体系，营造产业化扶贫良好氛围

为了加快产业化扶贫进程，湖北省采取得力措施改善发展环境。一是加强基础设施建设，大力改善硬环境。良好的农业生产条件和完善的基础设施是实施产业化扶贫的重要保证。近年来，湖北省每年投入上 10 亿元资金用于贫困地区交通、电力、通信等基础设施建设，实现了 95% 以上的村通路、通电，极大地夯实产业化扶贫基础。五峰县近年来下功夫狠抓了交通、电力、通信等三大通道建设，投入上亿元资金新修村组公路 1000 余千米，“电信宽带网”和“广电宽带网”在各乡镇已投入使用，80% 的龙头企业都自行制作网页推介和销售特色产品，带动贫困农户建设高标准茶园 8 万亩。二是强化政府职能转变，大力优化软环境。湖北省切实改革审批制度，减少审批项目，简化审批程序，实行行政服务中心“一站式”服务；坚持领导联席制度，对重点扶贫企业，帮助指导发展，协调解决难题，鼓励发展提高；坚持部门帮扶制度，发改委、财政、扶贫、工商、税务、金融、公安、土管等部门既管理又服务，积极为扶贫企业找信息、选项目；坚持挂牌保护制度，纪委、监察部门把治理乱集

资、乱收费、乱罚款、乱摊派列为经常性工作，加大查处力度，对重点扶贫企业实行挂牌保护。农产品加工企业特别是重点龙头企业生产经营需征用土地，根据统一规划，依法报批，优先安排。同时，在推进产业扶贫中，尊重和保护企业的经营自主权，杜绝政府部门干扰企业正常经营，优化信用环境。三是加强宣传引导，创造良好的舆论环境。全省贫困地区采取在报刊、电台、电视台开辟专栏，在互联网设置专页，在外地开设窗口等多种形式，大力宣传产业化扶贫的经验办法，大力推介产业扶贫龙头企业和特色精品名牌产品，扩大知名度。2020 年上半年，湖北省政府在农业博览会和林产品博览会上，组织贫困地区重点龙头企业集中招商和推介产品，一大批企业拿到了订单，一些成长型扶贫龙头企业的产品走进了大型超市。宜昌市“土老憨”山野菜系列率先进了上海农工商超市，“土家嫂”系列菜进了武汉中百超市。

（5）要强化部门作为，完善服务保障，促进产业化扶贫发展

湖北省委、省政府高度重视产业化扶贫工作，先后出台了一系列优惠政策措施，加大产业化扶贫工作力度。一是加强技术服务。积极推进农业科技助力精准扶贫三年行动（2018—2020 年），组建产业扶贫技术专家组深入一线进行指导，特聘基层农技员上岗开展服务，在全省建档立卡贫困村建立了产业发展指导员制度，着力提高帮扶的针对性和精准性。二是培育农技队伍。推进贫困地区基层农技推广服务体系建设，开展基层农技人员知识更新培训，打造了一批农业科技示范服务平台，推广了一批农业先进适用技术模式，建设了一支高素质农技推广队伍，为贫困地区产业发展提供了有力科技支撑。三是培育产业扶贫带头人。扎实开展贫困地区农民教育培训，将贫困地区产业扶贫带头人优先纳入各类培训，培育的一批新型职业农民已成为带动农民脱贫致富的中坚力量。深入推进“一村多名大学生”计划，2019 年全省 9 所涉农院校已录取农民大学生 4015 人，其中贫困村 1813 人。

（三）典型案例

1. 中蜂产业，助力五峰脱贫攻坚[1]

近年来，五峰县委、县政府牢固树立“生态立县”战略，提出了“以中蜂

[1] 湖北省人民政府扶贫开发办公室：《五峰县发展中蜂产业助力脱贫攻坚》，湖北省乡村振兴局官网，2020 年 6 月 28 日。

产业发展推进精准扶贫”的发展思路，把中蜂产业作为继茶叶之后的特色优势产业，予以重点扶持和培育。历经三年发展，全县中蜂养殖由5000多群发展到7.1万群，养殖户数达到8914户，其中贫困户2725户2.05万群，蜂蜜产量近40万千克，养蜂综合产值1亿元，获得了“全国养蜂精准扶贫试点示范县”“全国中蜂产业发展贡献奖”“全国蜂业优秀成熟蜜基地”等荣誉。2019年年底，五峰中蜂扶贫被联合国作为世界减贫案例在全世界推广。

（1）科学决策，优化完善顶层设计

五峰县委、县政府高度重视中蜂产业发展，成立以县政协主席为组长的中蜂产业领导小组，统筹协调中蜂产业发展工作，注重抓好中蜂产业发展的科学谋划和顶层设计。一是出台政策保障。加大财政投入力度，设立中蜂产业发展基金，加大金融信贷扶持力度，出台《关于培育壮大新型经营主体促进适度规模经营的意见》《“深贫保”实施方案》，从政策层面加大中蜂产业支持力度，为产业发展保驾护航。二是谋划产业布局。制定中蜂产业发展规划，根据气候条件、空气质量、蜜源植物分布、产业区划等情况，划定仁和坪镇、渔洋关镇为种蜂繁育区域，长乐坪镇以西的六个乡镇为蜂产品主产区。三是建设蜜源基地。科学制定蜜源基地建设规划，以优质木本蜜源为主，以优质草本蜜源植物为辅，以优质药本蜜源植物为特色，根据不同海拔气候和不同季节，优化时间空间区域布局，确保全县全域一年四季蜜源丰富充足，切实提高全县蜜源基地承载量。“十三五”期间，全县新增优质蜜源基地10万亩以上。四是推进产业融合。以优质药本蜜源植物为特色，结合中药材产业，优选五倍子、白及、贝母等适宜当地生长的中药材品种种植蜜源植物，将中药材、中蜂和经济林木三个特色产业进行有机结合，形成了五峰“林—药—蜂”生态种养模式。

（2）授人以渔，强化技术培训支撑

根据中蜂养殖产业发展需要，进一步加大人才培育力度，成立专家组，在全县范围内推广先进适用的中蜂养殖技术。一是开好技术培训班。两年来，累计开展养蜂技术培训54场次，培训人数近5000人次，发放技术指导手册近2000份，帮助蜂农通过理论学习和实地学习，掌握技术，实现科学养蜂。二是培养技术带头人。培育50多名专家型技术人才，100名中蜂养殖经营管理人才，150余个中蜂养殖示范户，成为带领群众致富和产业发展的“领头雁”，推广先进技术，开发中蜂产品，进基地、进协会、进企业开展技术指导，辐射带动蜂农。三是邀请专家大会诊。召开中国农民蜂收节暨全国中蜂产业扶贫高峰论坛，邀请国内300多名业内顶级专家汇聚五峰，为五峰中蜂产业发展把脉问诊，传授顶尖养殖技术。

（3）开拓市场，完善中蜂产业链条

发展产业，最终目的就是要把产品变成钱。五峰积极开拓市场，培育主体，形成了一条完整的产业链条。一是市场主体形成规模。通过出台中蜂产业发展奖补政策，先后培育了11家中蜂种蜂繁育场，20家80群以上的标准化中蜂养殖示范场，近200家30群以上的家庭养殖示范户，培育建成一家产值过千万元的蜂具生产企业（五峰顺山蜂业）和蜂产品线上线下营销龙头企业（五峰万绿电子商务有限责任公司），引进重庆德惠达智能蜂业公司落户五峰。二是产业联盟形成合力。成立中蜂产业协会，制定中蜂产业协会章程，建立健全中蜂产业发展的组织保障体系。注册“五峰蜂蜜”公共品牌，设立蜂蜜检测实验室严把蜂蜜品质关，让产业联盟抱团发展，利益共享。三是推进蜂旅融合发展。大力培育中蜂养殖观光产业园，栽培特色蜜源植物，打造特色农旅线路，全面推进蜂旅融合发展。同时，在全县游客服务中心、重点旅游企业、重点旅游景区、酒店和旅游宣传推介平台等设置蜂产品展示柜，宣传推介“五峰蜂蜜”。四是产品推介形成效应。积极组织县内蜂企到各大城市进行产品推介和展销活动，宣传效应显著。“五峰蜂蜜”在21世纪第三届蜂业科技与产业发展大会海峡两岸产业交流合作论坛暨首届北京密云蜂产业发展高峰论坛获得由中国养蜂学会颁发的“优质中蜂及百花成熟蜜铜奖”，五峰土家族自治县在四川眉山举办的2018全国蜂业大会暨全国蜂产品博览会上获得中国蜂产品协会颁发的“中国五倍子蜜之乡”称号。

（4）创新模式，拓宽“甜蜜”脱贫路径

经过实践与探索，形成了五种中蜂产业扶贫模式。一是推行中蜂产业“1211”模式。即帮助一个贫困户培育2亩高标准蜜源植物基地，饲养10群以上中蜂，年增收1万元以上。整合全县对中蜂产业发展的农业、林业、金融等相关扶贫政策及资金，贫困户基本做到发展中蜂产业致富零风险。二是推行贫困户中蜂扶贫奖补模式。及时制定全县在册贫困户中蜂产业普惠政策，对在册贫困户全面实行以奖代补，从5群起补，每群奖补200元，最高奖补10群共计2000元。第一次享受奖补政策后，次年依然按其增量进行奖补。三是推行易地搬迁集中安置点中蜂产业覆盖模式。针对易地搬迁集中安置点贫困户发展产业的困难瓶颈，选择中蜂这一“空中产业”，充分依托中蜂专业合作社，结合贫困户的养殖能力、资源状况等实际，分别采取“合作社托管分成”“合作社＋互助组＋搬迁贫困户”和“合作社＋搬迁贫困户分段式养殖”等不同帮扶模式，分类施策，按不同比例进行收益分成，有效破解贫困山区易地搬迁集中安置点产业发展难题。四是推行极贫重扶模式。对于既无人力又无资金的极贫户，政府出台专项扶持政策，按每户10群、每群600元的标准给予蜂种扶持，一次投到中蜂养殖市场主体，由当地村委会监督中蜂养殖市场主体与贫困户签订委托代管或合作分成协议，明确中蜂产权属贫困户，经营管理风险由养殖市场主体承担，实行保底并按比例分成，确保极贫户每年有稳定的产业收入。五是推行普通中蜂养殖户产业扶贫模式。在往年中蜂产业扶贫的基础上，进一步扩大中蜂产业扶贫战果，将中蜂产业奖补政策向非贫困户延伸，5群起补，每群奖补100元，最多奖补15群1500元。三年来，政府累计发放中蜂产业到户奖补资金787.63万元，其中贫困户560.98万元，非贫困户226.65万元。通过以上五种模式基本实现了全县中蜂产业精准扶贫全覆盖。

2. 鹤峰打造“百亿”茶产业[1]

鹤峰是中国茶叶之乡、全国重点产茶县，是万里茶道茶源地，中国“宜红”茶的主产地和恩施硒茶的发源地，享有“宜红之源”“硒茶之源”的美誉。全县茶园总面积达37.2万亩，有机认证及转换认证茶园8.5万亩；茶叶产量3.5万吨，农业产值12亿元，综合产值35亿元。全县90%的村和70%的农户种茶，农民收入的50%以上来自于茶，工业增加值有43%来自茶产业，茶业产值占全县GDP总量的23%。人均茶园面积、产量、产值均居全省首位、全国前列。近年来，鹤峰以“全域有机”为抓手，聚力打造“百亿”茶产业。

（1）高位推进，坚定不移强保障

一是强化组织保障。县委、县政府高度重视，将茶产业作为全县的第一产业、农民增收的第一财源、产业扶贫的第一抓手，成立了县委书记为组长的

[1]　恩施州扶贫办：《鹤峰以“全域有机”为抓手，聚力打造“百亿”茶产业》，恩施新闻网，2020年3月30日。

领导小组，一届接着一届干，形成一级抓一级、齐抓共管的工作格局。全面落实了县领导带部门带乡镇联系企业、茶产业发展工作例会、茶产业链建设考评等制度，在全县范围内营造了引领茶业、支持茶业、推动茶业发展的良好氛围。二是强化投入保障。制定政策扶持“一揽子”计划，切实加大对茶产业链建设的政策倾斜和资金投入力度，县财政每年统筹4000万元资金用于有机茶发展，协调金融机构每年为茶叶企业提供贷款2亿元以上，用足用活产业配套政策，实现茶产业可持续发展。三是强化科技保障。与中茶所签订了科技合作协议，与农科院、华中农业大学建立了长期合作关系，充分发挥科技在茶产业建设中的重要作用，切实做好技术服务工作，加大茶业培训力度，培养“土”专家，外引茶人才，强化了科技人才支撑。

（2）转型升级，坚定不移抓品质

一是加强“全域有机”建设。县委十五届四次全会出台了《关于加快推进茶叶“全域有机”发展的决定》，以邬阳乡为试点，将发展“全域有机”作为茶叶供给侧结构性改革的主攻方向，做到以点带面、稳步推进。全县100多个产茶村开展有机茶基地转换，48家茶叶企业获得有机茶认证，认证总面积8.5万亩，居全国第一位。全域有机茶叶发展思路得到了中茶所专家肯定，《人民日报》、《湖北日报》、新华网等多家主流媒体聚焦推介鹤峰有机茶，全县有机创建的氛围不断升温，茶企茶农效益不断提升。二是推行绿色生产方式。严控化学肥料及农药使用，组织市场主体为茶农采购有机肥料，积极推广农业、物理、生物措施防治病虫草害，在走马、太平、铁炉等乡镇设立茶园绿色农资专柜，在细杉、龙潭等村建立茶园绿色防控示范点。提高茶叶清洁化加工水平，鑫农、骑龙、走马红、金阳、龙豪、三农等公司新建及改造加工厂房，引进智能化生产线，茶产品质量明显提高。以乡村治理促进自治、法治、德治深度融合，茶农自发组建“有机协会”“环保协会”等自治组织，覆盖全县100多个产茶村，不施化肥、不用农药、不燃放烟花爆竹、不使用一次性塑料制品的“四不意识”已成为茶农的思想认知和行动自觉。三是加快茶产业融合发展。积极打造“世界茶谷”，着力推进“万里茶道”申遗，充分发挥木耳山“中国最美茶园”“走马环游线”全国精品路线等金字招牌，推进茶旅融合。抢抓全国第二批电子商务进农村综合示范项目机遇，通过本土电商平台“土家购”，强化“订单服务”销售模式，有效拓展了有机茶叶销售渠道。

（3）质量立茶，坚定不移保安全

一是实行最严格的监管。推行茶叶标准化生产和产品质量安全可追溯制度，依托中南民族大学开发了茶叶质量安全追溯智能管理系统。强化行政执法，从源头加强投入品监督管理。坚持对全县有机茶基地进行鲜叶农残抽检，检测不达标的一律取消奖补政策。加大对茶叶交易市场、茶企、茶叶专卖店的监督检查力度，严厉打击掺次使假、假冒伪劣等各种违法违规行为，确保茶叶质量安全。二是实行最严厉处罚。面向社会公开曝光茶叶农药残留抽检不合格及加工中掺杂使假的产品，并严格按照相关法律法规进行处罚。茶叶企业、专业合作社基地未达要求的，取消优秀品牌评选资格，取消政策扶持资格。三是实行最严肃问责。建立健全县、乡、村三级农产品质量安全监督管理机制，对茶叶质量安全问题零容忍，针对茶叶质量安全标准执行、宣传培训、监管服务不到位的，相关负责人一律被视为“不作为”进行严肃问责。

（4）拓展市场，坚定不移增后劲

一是做强龙头增实力。按照“扶优、扶大、扶强”的原则，加大对企业的支持力度，建立了“公司＋基地＋合作社＋协会＋农户”的生产经营模式，形成龙头引领、协会助推、大户示范、全员共建的现代茶产业推进体系。二是创优品牌强动力。支持茶企加快“三品一标”建设。目前，茶叶注册商标63件，“鹤峰茶”公用品牌获农产品地理标志登记和国家地理标志产品保护；“官鼎”牌珍稀白茶、“白果”牌走马翠毫获“中茶杯”金奖；鹤峰绿茶出口到亚洲、非洲及欧洲10多个国家和地区。三是丰富载体营氛围。积极举办、参与各类茶事活动，开拓茶叶销售市场。成功举办了两届“鹤峰茶·世界品”为主题的湖北鹤峰茶商大会，连续四年开展“恩施硒茶·鹤峰茶”鉴评活动，不定期举办“茶为国饮·品味生活”全民饮茶日暨“生态鹤峰·醉美茶乡”摄影比赛。鹤峰茶每年在北京国际茶博会、武汉茶博会、中国杭州国际茶博会等展会上备受关注。

3. 湖北光伏扶贫经验全国推广[1]

光伏扶贫，已成为湖北脱贫攻坚的一支生力军。截至2020年10月底，全省录入国家扶贫开发信息系统的光伏扶贫项目共有5646个，装机总规模

[1]　湖北省人民政府扶贫开发办公室：《湖北光伏扶贫经验在全国推广》，湖北省乡村振兴局官网，2020年11月18日。

122.77 万千瓦，累计发电约 30.68 亿千瓦时；全省光伏扶贫电站共设置光伏扶贫专项公益岗位 7.8 万个，惠及贫困人口 80.34 万人。

早在 2015 年，湖北省能源局就在全国较早提出光伏扶贫的思路，主动请缨将光伏扶贫纳入全省脱贫攻坚总体方案，并在革命老区红安县先行试点。该局率先提出多村联建光伏扶贫电站，明确电站以政府投资为主，这一做法获得国家能源局充分肯定并在全国推广。省能源局先后拟定《湖北省光伏扶贫规划》《湖北省光伏扶贫工程实施方案》《关于有序推进全省光伏扶贫工作的指导意见》等政策并组织实施，有效促进光伏扶贫工作开展。

此外，湖北省能源局推动采取“政 + 企 + 银”三方合作的方式筹措建设资金，协调建立光伏扶贫项目建设“绿色通道”和国家补贴资金垫付机制，协调出台省级电价补贴政策，将符合条件的光伏扶贫项目的配套电网建设工程纳入全省农网改造投资计划予以支持。坚持线下维护与线上联控相结合，出台了《湖北省村级光伏扶贫电站运维管理工作要点》，指导县市加强电站运维管理，全省光伏扶贫电站通达效率达到 99% 以上。

三、易地搬迁点亮美好生活

易地扶贫搬迁是指将生活在缺乏生存条件地区的贫困人口搬迁安置到其他地区，并通过改善安置区的生产生活条件、调整经济结构和拓展增收渠道，帮助搬迁人口逐步脱贫致富。2020 年 12 月 3 日，国务院新闻办新闻发布会宣布，“十三五”易地扶贫搬迁任务已全面完成，960 多万建档立卡贫困群众全部乔迁新居。

（一）湖北易地搬迁成效

易地扶贫搬迁是打赢脱贫攻坚战的“头号战役”和“标志性工程”，解决的是“一方水土养不好一方人”的难题。“十三五”时期，湖北省认真学习贯彻习近平总书记关于扶贫工作的重要论述，不断提升政治站位，强化责任落实、政策落实、工作落实，坚持规划引领、政策引导、项目推进和目标导向、问题导向、效果导向，全省 31.84 万户 88.23 万人全部搬进新房，全部脱贫，高质量完成了国家确定的目标任务。

1. 搬迁建设任务全部完成

“十三五”时期，国家下达湖北省易地扶贫搬迁规模数为 31.84 万户 88.23 万人，总规模居全国第四。经过五年的克难攻坚，全省建设任务已全部完成，搬迁群众已全部入住，搬迁人口已全部脱贫。湖北省易地扶贫搬迁以集中安置为主，全省共建成安置区 10359 个，集中安置 25.37 万户 67.47 万人，集中安置率为 76.5%，其中最大的安置区——十堰市郧阳区青龙泉社区共安置 4155 户 14989 人；分散安置 6.42 万户 20.76 万人，占总搬迁规模的 23.5%。全省应拆旧复垦 26.41 万户，已拆旧复垦 26.41 万户，复垦耕地面积 8.8 万亩，生态复绿面积 2.9 万亩，拆旧复垦工作已全部完成。全省共交易增减挂钩指标 81592 亩，总交易资金 264 亿元。全省已累计投放易地扶贫搬迁资金 571.19 亿元。

2. 基本公共服务配套齐全

全省安置区的安全饮水、生活用电均已到户，硬化路均已通达，广播电视、通信网络、排污设施已实现全覆盖，安置区均已配建或共享学校、卫生室、室外活动场地等基础设施。

3. 产业发展和就业较好

全省 80% 左右安置区建有扶贫车间或周边有带贫企业，可带动搬迁人口 10 多万人就业，带贫效果明显。全省搬迁户中有劳动力的家庭为 21.63 万户，实现就业 39.68 万人，实现了每个有劳动能力搬迁户至少有 1 人在外打工或就近就地就业，促进了搬迁群众持续增收，实现了稳定脱贫。

4. 社区治理不断完善

强化党建引领，建立健全基层党组织，全省 4220 个满足条件的安置区党组织实现全覆盖。全省安置区融入安置地原有村（社区）自治组织管理，25 个需要新设置群众自治单元的大中型安置区均已配齐了自治组织或临时管理机构，新成立 958 个村（居）民小组。

表 2-3-1 湖北省“十三五”时期易地扶贫搬迁安置情况统计表

地区	分散安置				集中安置					汇总			
	搬迁规模				安置点区数量	搬迁规模				搬迁规模			
	户	人	其中：建档立卡贫困人口			户	人	其中：建档立卡贫困人口		户	人	其中：建档立卡贫困人口	
			户	人				户	人			户	人
湖北	64763	209804	64763	209804	10356	253630	674784	252952	672527	318393	884588	317715	882331
恩施州	26092	87913	26092	87913	1425	46708	154930	46708	154930	72800	242843	72800	242843
巴东县	3273	11927	3273	11927	265	9686	31270	9686	31270	12959	43197	12959	43197
恩施市	3411	9987	3411	9987	178	2831	8406	2831	8406	6242	18393	6242	18393
鹤峰县	4447	14510	4447	14510	212	3495	11617	3495	11617	7942	26127	7942	26127
建始县	8069	28856	8069	28856	230	6200	19974	6200	19974	14269	48830	14269	48830
来凤县	1256	4732	1256	4732	94	2402	8738	2402	8738	3658	13470	3658	13470
利川市	4935	15251	4935	15251	177	6498	20924	6498	20924	11433	36175	11433	36175
咸丰县	257	905	257	905	213	6461	21801	6461	21801	6718	22706	6718	22706
宣恩县	444	1745	444	1745	56	9135	32200	9135	32200	9579	33945	9579	33945
黄冈市	2512	5924	2512	5924	1505	34275	63639	34275	63639	36787	69563	36787	69563
红安县	109	167	109	167	136	3349	8006	3349	8006	3458	8173	3458	8173
黄梅县	21	37	21	37	39	1135	2798	1135	2798	1156	2835	1156	2835
黄州区	—	—	—	—	1	136	340	136	340	136	340	136	340
罗田县	115	370	115	370	323	7461	12706	7461	12706	7576	13076	7576	13076
麻城市	54	165	54	165	156	4433	7950	4433	7950	4487	8115	4487	8115
蕲春县	206	575	206	575	227	5734	12833	5734	12833	5940	13408	5940	13408

续表

地区	分散安置				集中安置					汇总			
	搬迁规模				安置点区数量	搬迁规模				搬迁规模			
	户	人	其中：建档立卡贫困人口			户	人	其中：建档立卡贫困人口		户	人	其中：建档立卡贫困人口	
			户	人				户	人			户	人
团风县	166	283	166	283	119	2455	4229	2455	4229	2621	4512	2621	4512
武穴市	98	234	98	234	37	705	1667	705	1667	803	1901	803	1901
浠水县	76	177	76	177	45	1300	2165	1300	2165	1376	2342	1376	2342
英山县	1667	3916	1667	3916	422	7567	10945	7567	10945	9234	14861	9234	14861
黄石市	1094	3178	1094	3178	199	2580	7454	2580	7454	3674	10632	3674	10632
阳新县	1094	3178	1094	3178	199	2580	7454	2580	7454	3674	10632	3674	10632
荆门市	324	827	324	827	177	5359	14049	5359	14049	5683	14876	5683	14876
东宝区	34	102	34	102	3	33	92	33	92	67	194	67	194
京山市	288	719	288	719	152	3231	8164	3231	8164	3519	8883	3519	8883
屈家岭管理区	2	6	2	6	1	18	65	18	65	20	71	20	71
沙洋县	—	—	—	—	6	926	1546	926	1546	926	1546	926	1546
钟祥市	—	—	—	—	15	1151	4182	1151	4182	1151	4182	1151	4182
荆州市	304	991	304	991	30	706	2000	706	2000	1010	2991	1010	2991
洪湖市	52	238	52	238	6	112	491	112	491	164	729	164	729
监利县	197	638	197	638	2	112	347	112	347	309	985	309	985
石首市	20	57	20	57	9	309	788	309	788	329	845	329	845
松滋市	35	58	35	58	13	173	374	173	374	208	432	208	432

续表

地区	分散安置				集中安置					汇总			
	搬迁规模				安置点区数量	搬迁规模				搬迁规模			
	户	人	其中：建档立卡贫困人口			户	人	其中：建档立卡贫困人口		户	人	其中：建档立卡贫困人口	
			户	人				户	人			户	人
神农架	589	1850	589	1850	65	826	2174	826	2174	1415	4024	1415	4024
神农架林区	589	1850	589	1850	65	826	2174	826	2174	1415	4024	1415	4024
十堰市	14078	48859	14078	48859	4022	109190	307946	108512	305689	123268	356805	122590	354548
丹江口市	2506	8828	2506	8828	461	10601	33641	10601	33641	13107	42469	13107	42469
房县	3852	14494	3852	14494	609	19307	52403	19307	52403	23159	66897	23159	66897
茅箭区	109	419	109	419	56	869	2571	869	2571	978	2990	978	2990
武当山特区	54	176	54	176	12	217	630	217	630	271	806	271	806
郧西县	180	567	180	567	886	25704	70361	25704	70361	25884	70928	25884	70928
郧阳区	1857	7807	1857	7807	354	19828	55688	19828	55688	21685	63495	21685	63495
张湾区	333	1068	333	1068	112	2149	6571	2149	6571	2482	7639	2482	7639
竹山县	3514	9465	3514	9465	700	12216	33845	11538	31588	15730	43310	15052	41053
竹溪县	1673	6035	1673	6035	832	18299	52236	18299	52236	19972	58271	19972	58271
随州市	1019	2517	1019	2517	508	7736	15125	7736	15125	8755	17642	8755	17642
曾都区	100	250	100	250	12	146	356	146	356	246	606	246	606
大洪山	37	119	37	119	—	—	—	—	—	37	119	37	119
高新区	33	93	33	93	—	—	—	—	—	33	93	33	93
广水市	335	859	335	859	237	3877	7369	3877	7369	4212	8228	4212	8228

续表

地区	分散安置				集中安置					汇总			
	搬迁规模				安置点区数量	搬迁规模				搬迁规模			
	户	人	其中：建档立卡贫困人口			户	人	其中：建档立卡贫困人口		户	人	其中：建档立卡贫困人口	
			户	人				户	人			户	人
随县	514	1196	514	1196	259	3713	7400	3713	7400	4227	8596	4227	8596
咸宁市	4267	13633	4267	13533	402	7018	20360	7018	20360	11285	33993	11285	33993
赤壁市	7	23	7	23	8	97	349	97	349	104	372	104	372
崇阳县	494	1559	494	1559	103	1663	5477	1663	5477	2157	7036	2157	7036
嘉鱼县	60	172	60	172	15	222	626	222	626	282	798	282	798
通城县	2397	7776	2397	7776	104	2060	5079	2060	5079	4457	12855	4457	12855
通山县	1306	4098	1306	4098	166	2894	8548	2894	8548	4200	12646	4200	12646
咸安区	3	5	3	5	6	82	281	82	281	85	286	85	286
襄阳市	5134	16617	5134	16617	927	17433	39928	17433	39928	22567	56545	22567	56545
保康县	3798	13354	3798	13354	400	8267	20930	8267	20930	12065	34284	12065	34284
谷城县	614	1261	614	1261	197	3399	6473	3399	6473	4013	7734	4013	7734
老河口市	—	—	—	—	1	88	275	88	275	88	275	88	275
南漳县	644	1772	644	1772	276	4160	10455	4160	10455	4804	12227	4804	12227
襄州区	57	204	57	204	1	13	44	13	44	70	248	70	248
枣阳市	21	26	21	26	52	1506	1751	1506	1751	1527	1777	1527	1777
孝感市	1591	4982	1591	4982	432	11340	22217	11340	22217	12931	27199	12931	27199
安陆市	167	359	167	359	54	743	1615	743	1615	910	1974	910	1974

续表

地区	分散安置				集中安置					汇总			
	搬迁规模				安置点区数量	搬迁规模				搬迁规模			
	户	人	其中：建档立卡贫困人口			户	人	其中：建档立卡贫困人口		户	人	其中：建档立卡贫困人口	
			户	人				户	人			户	人
大悟县	1370	4503	1370	4503	283	7433	13327	7433	13327	8803	17830	8803	17830
孝昌县	54	120	54	120	95	3164	7275	3164	7275	3218	7395	3218	7395
宜昌市	7759	22513	7759	22513	664	10459	24962	10459	24962	18218	47475	18218	47475
当阳市	148	285	148	285	18	210	328	210	328	358	613	358	613
点军区	346	781	346	781	21	320	532	320	532	666	1313	666	1313
五峰县	1069	3323	1069	3323	78	1500	4307	1500	4307	2569	7630	2569	7630
兴山县	596	1723	596	1723	73	1801	3640	1801	3640	2397	5363	2397	5363
夷陵区	219	542	219	542	30	385	838	385	838	604	1380	604	1380
宜都市	167	483	167	483	28	353	900	353	900	520	1383	520	1383
远安县	87	208	87	208	46	580	1178	580	1178	667	1386	667	1386
长阳土家族自治县	3141	9356	3141	9356	189	3024	7640	3024	7640	6165	16996	6165	16996
枝江市	16	33	16	33	1	82	84	82	84	98	117	98	117
秭归县	1970	5779	1970	5779	180	2204	5515	2204	5515	4174	11294	4174	11294
总计	64763	209804	64763	209804	10356	253630	674784	252952	672527	318393	884588	317715	882331

（二）湖北经验

“十三五”时期，湖北省高质量完成了31.84万户88.23万人的易地扶贫搬迁任务。易迁工作得到国家高度肯定和搬迁群众广泛称赞，多次受到国务院办公厅和国家发改委通报表扬，搬迁群众有较强的获得感、幸福感、安全感。湖北省易地扶贫搬迁工作，2017年受到国务院办公厅通报表扬；2016年至2020年，先后5次在全国扶贫开发工作会或全国易地扶贫搬迁现场会议上作交流发言；2020年5月，国家发改委对全国22个有易地扶贫搬迁任务的重点省份考核排名，湖北省再次名列前茅。国家发改委先后3次通过《政策指引》向全国推介湖北经验。2020年，宜昌市秭归县等7个“搬迁工作成效明显县”，十堰市发改委等14个“搬迁工作担当有为集体”，十堰市郧阳区青龙泉社区等14个“美丽搬迁安置区”，以及21名“奋进易地搬迁干部”、28名“励志易地搬迁群众”，作为“十三五”易地扶贫搬迁典型案例向全国推介。

1. 统筹推进

省发改委与省扶贫办一起认真履行牵头职责，协调成员单位和各市（州）县，精心组织，靶向目标，集中发力，强化管理服务，扎实推进工程建设，有效提升易地扶贫搬迁质量和成效。经湖北省政府同意，省发改委印发《湖北省“十三五”易地扶贫搬迁规划》，明确目标任务、搬迁对象、安置方式、建设内容、资金来源和保障措施等。省级统筹制定相关政策，县（市、区）细化政策措施，做到“两公开”（公开评定搬迁对象、公开搬迁政策）、“两不准”（不准超面积建设、不准搬迁户因建房增贫）、“两配套”（配套基础设施和公共服务、配套脱贫项目）、“一统配”（政府统一建设，实行“交钥匙工程”）。

2. 创新推进

在易地扶贫搬迁工作推进中逐步探索出“七个五”的经验做法。一是“五联动”工作责任制。即实行省、市、县、乡、村五级书记负责制。二是实行“五到县”管理机制。即严格执行“项目到县、资金到县、招投标到县、管理到县、责任到县”的管理机制，既落实了“放管服”的要求，又调动了各地的主动性、积极性和创造性。三是创新“五统一”建管模式。即统一规划设计、统一招标建设、统一质量监管、统一竣工验收、统一安置到户。“五统一”既保证了建设工期，又保证了工程质量。四是采取“五靠近”集中安置。即采取靠近中心村、靠近生态旅游区、靠近产业园区、靠近集镇、靠近城区的集中安置方式。五是严守“五条线”政策边界。即严把搬迁对象的界限、住房面积的标线、项目资金的红线、搬迁不负债的底线、建新需拆旧的边线的政策边界。六是后续扶持聚焦“五基本”。即始终聚焦基本产业、基本就业、基本公共服务、基层社区治理、基层组织建设等五项后续扶持工作目标，一体推进“挪穷窝”与“换穷业”两项工程。七是建立“五机制”推进举措，包括建立定期会商机制、督导通报机制、考核评估机制、约谈问责机制、信息共享机制五大机制的实施，有效提升了易地扶贫搬迁质效。

3. 整改推进

湖北省认真对照中央巡视、国家考核、国家发改委监管巡查、审计等反馈各类问题，照单全收，逐一结账、清零销号，以整改成效提升易地扶贫搬迁质效。一是压实责任抓整改。成立了整改工作领导小组与整改工作专班，将各类反馈问题一体部署、一体推进、一体整改。针对各类反馈问题，迅速制定整改措施，明确责任单位，限期整改。二是举一反三抓整改。坚持举一反三，以点带面，持续开展全省易地扶贫搬迁工作问题排查整改。同时，持续组织人员赴相关县市区开展易地扶贫搬迁问题整改跟踪督导，切实督导推进各项问题整改工作。三是突出重点抓整改。会同省直有关部门对易地扶贫搬迁中存在的各类风险隐患点进行全面排查梳理，持续开展安置区地质灾害隐患和房屋质量安全排查整改等相关重点工作，确保对发现的问题及时整改到位，让搬迁群众住得放心安心。

与此同时，湖北省易地扶贫搬迁后续产业发展尚不充分，脱贫群众就业增收压力大，部分安置区配套设施和公共服务不健全，搬迁群众融入难等问题依然存在。

开局“十四五”，奋进新征程。湖北省坚持“四个不摘”，对照“五个振兴”和“20字”总要求，补短板、强弱项，立足于易地扶贫搬迁后续扶持与乡村振兴、新型城镇化、社会治理体系和治理能力现代化的有效衔接，以“五基”（基本产业、基本就业、基本公共服务、基层社区治理、基层组织建设）为重点，聚焦安置区产业发展、就业帮扶和社区治理，不断强化易地扶贫搬迁后续扶持，把巩固拓展脱贫攻坚成果抓得细之又细，把衔接乡村振兴的绣花功夫下得实之又实，确保实现“稳得住、有就业、逐步能致富”目标，向省委、省政府和全省人民交上一份满意答卷。

一是巩固完善精准帮扶政策。严格落实“四个不摘”政策，根据易地扶贫搬迁安置区规模、分布和搬迁群众年龄结构、就业能力等，进一步压实各地方、各部门的帮扶责任，细化实化相关政策举措，加快推进产业培育、就业帮扶、社区管理、社会融入等工作，推动政策、项目、资金向易地扶贫搬迁后续扶持聚焦。

二是巩固壮大特色优势产业。将全省安置区产业发展纳入乡村振兴战略统筹推进。围绕打造十大“千（百）亿”优势农业产业链，建设一批特色农产品基地，培育一批带动力强的龙头企业，整合打造在全国叫得响的农产品品牌。因地制宜盘活搬迁群众迁出地的土地资源，鼓励和支持龙头企业、农民专业合作社、平台公司等进行流转开发，让迁出地土地资源继续成为搬迁群众的稳定收入来源。继续广泛动员机关、企事业单位开展消费帮扶活动，促进安置区特色农产品销售。大力推广“龙头企业＋基地＋搬迁户”和“租金＋股金＋薪金”模式，强化龙头企业联农带农的利益联结机制，确保每个安置区至少有 1 个特色优势产业，让搬迁群众更多分享产业增值收益，通过“产业强”带动“农民富”。

三是巩固拓展就业增收门路。深入开展就业帮扶专项行动，开拓就业市场、提供就业信息、抓好就业培训。聚焦农业农村生产生活、交通、水利、文化旅游和林业等五大领域基础设施建设，积极推广以工代赈方式，优先安排一定数量的岗位吸纳搬迁劳动力，确保项目资金中劳务报酬发放比例不低于 15%。积极开发一批乡村公益性岗位，优先安置搬迁群众。鼓励搬迁群众自主创业，在场地、贷款等方面给予适当政策支持。确保有劳动力搬迁户至少有 1 人在外务工或就近就地就业，促进搬迁群众持续增收致富。

四是巩固提升公共服务能力。统筹推进安置区与城乡融合发展一体规划，与乡村振兴同步实施。抓好安置区基础设施补短板、强弱项工作，注重加强普惠性、兜底性、基础性民生建设。做好基本公共服务衔接，积极推进搬迁群众在迁入地落户、产权证办理，精准做好搬迁学龄儿童转学配套工作。充实教育、医疗等人员队伍，提高安置区基本公共服务水平。

五是巩固增强社区治理水平。强化党建引领、村民自治，充分发挥基层党组织战斗堡垒作用和党员先锋模范作用，引导搬迁群众积极参与社区治理。

加强搬迁群众与所在地居民融合交往，引导所在地居民真正接纳、真诚帮助搬迁群众，让他们从心理上、情感上相互认同，形成团结和谐、互帮互助的新型邻里关系，让搬迁群众既住上好房子，又养成好习惯，更形成好风气。

（三）典型案例

产城融合促脱贫　安居乐业奔小康
——十堰市郧阳区“三大五进”易地扶贫搬迁做法及成效

湖北省十堰市郧阳区地处秦巴山集中连片特困地区，是国家级贫困县、南水北调中线工程核心水源区和国家限制性功能开发区。全区建档立卡贫困人口 4.9 万户 16.3 万人，易地扶贫搬迁对象 2.2 万户 6.4 万人。近年来，十堰市郧阳区认真贯彻落实习近平总书记“易地扶贫搬迁不仅要改善人居条件，更要实现可持续发展”重要指示，紧紧围绕“搬得出、稳得住、能致富”的工作目标，突出“户户走到、安幼养老、扶贫作坊、强基固本”，坚持全域大集中、全优大配套、全员大产业，引导易迁对象搬到好地方、找到好门路、过上好日子、形成好风尚。2018 年湖北省易地扶贫搬迁现场会在郧阳区召开，郧阳模式备受全省关注。

1. 主要做法及成效

（1）主导主体，全域统筹大集中

坚持政府主导、群众主体，立足长远发展，突出集中安置，从根本上阻断贫困代际传递。

一是高起点规划。区委、区政府高度重视，不仅把易地搬迁作为脱贫攻坚的重点工程，更把它作为乡村振兴、县域经济高质量发展的重大机遇。针对“八山一水半分田，半分道路和庄园”的实情，打破镇村界线，用最好的地方安置、最全的设施配套、最优的产业帮扶，在环郧阳湖中心城区和汉江生态经济带、国省道沿线城镇经济带统筹规划 354 个集中安置点。对照国家易地扶贫搬迁政策要求和规范标准，坚持多规合一、产城一体，结合推进新型城镇化，邀请北京绿十字等大家大院，科学编制集中安置点规划，做到搬迁与脱贫同步，彻底改变搬迁群众原有的生产资料和生活方式，实现“挪穷窝、换穷貌、改穷业、拔穷根”。

二是高标准建设。严格执行省定“交钥匙”标准，引进民族集团等大企业，采取法人契约、群众监督、进度奖惩等办法，高质量推进项目建设，让群众舒心搬迁、放心入住。投资10亿元，在城市规划核心区整理土地3000亩，集中安置全区18个乡镇4155户14989人，配建年产1000万棒的香菇产业基地和5万平方米袜业扶贫车间，打造集易地搬迁安置区、香菇产业基地、香菇贸易街、香菇主题文化公园等功能于一体的香菇产业特色小镇，建设全省最大的易地扶贫搬迁单体项目。在城市建成区柳陂新集镇建设龙韵新村，集中安置本镇24个村843户3044人，配套建设3条文化扶贫商业街、1个袜业扶贫车间和100万棒香菇种植观光园。在安阳中心集镇建成安阳口社区，整村搬迁安置3个村861户1759人，配套建设袜业扶贫车间和香菇种植基地。

三是高质量安置。分层分类、因户施策，以岗定搬、以业定迁，探索“五进”模式，让群众真心融入、用心发展。进城就近务工，引导1611户有劳力、有意愿进城务工家庭，进城购房安置，同步消化库存商品房面积近20万平方米、安置就业4500人。进园服务创业，在长岭开发区、汉江绿谷、子胥湖等园区、景区，建设安置点18个，安置1450户，就近务工创业致富。进镇发展产业，在香菇小镇、龙韵新村、安阳口等特色小镇，集中安置5784户，配套香菇、袜业等兜底产业。进村灵活创业，在各村产业基地、交通干道、中心地段科学选址，建设321个集中安置点，安置7900户，发展“四小”产业，灵活创业。进院兜底保障，在20个乡镇（场）高标准建设幸福院，兜底安置5167户5479人农村孤寡老人、残疾智障等特殊群体。

（2）安心暖心，民本至上大配套

坚持以人民为中心，从群众需求侧出发，全方位配套基础设施，改善公共服务供给水平，让群众安心生产、舒心生活。

一是配齐生产资料。尊重易迁群众生活习惯和生产意愿，出台易迁群众户籍自愿迁移、前三年物业费政府兜底、原土地山林承包权限不变等政策，统一配套生产用房、畜禽养殖栏圈和每户1分菜园地，让易迁群众吃菜有着落、农具有处放、生产生活有保障。

二是配强基础设施。实施“三通四有”（村村通水泥路、通客车、通网络，有正常运营的合作社和扶贫开发公司、有主导产业、有万元以上增收项目）到村工程和“三改两加强一落实”（改房、改水、改厕，加强万元增收项目建设、加强十星级文明农户创建，落实到村到户扶贫政策）到户工程，自筹资金

10亿元，改房2.5万户，改水5.4万户，改厕3.3万户，通路1152千米，新开通客车76班次。所有安置小区实现通水、通电、通路、通宽带、通网络，有路灯、有公厕、有垃圾箱、有绿化、有污水处理设施。

三是配优公共服务。坚持自治、法治、德治相结合，在安置小区成立党组织57个、居委会17个，配建学校8所、卫生室27个、老年日间照料中心87个、留守儿童托管中心123个、物业188个、小商店363个，开发公益性岗位451个，实现入学、就医、购物、办事、文化娱乐“五便利”。村村制订村规民约，成立红白喜事、卫生监督等五个理事会，评选“十大脱贫明星户”“百名自主脱贫示范户”“千名十星级文明农户”，引导群众养成好习惯、形成好风气。

（3）宜居宜业，绿色发展大产业

坚持搬迁跟着产业走、产业跟着群众走，大力发展绿色产业，带动搬迁群众稳定增收。

一是主导产业兜底。选择产业链条完整、群众能够接受、增收稳定可靠的脱贫项目，区建扶贫产业园、镇村建扶贫车间、户建扶贫作坊。投资15亿元，在谭家湾镇建设集原材料供应、产品深加工、科研、观光等于一体的食用菌扶贫产业园，在19个乡镇建设香菇制棒车间28个、点菌车间850个，生产香菇3000万棒，带动1.2万户贫困户，户均增收1万元。投资10.5亿元，在柳陂镇建设袜业扶贫产业园，其他18个乡镇建设袜业扶贫车间，已签约配置袜机8000台，年织袜达10亿双，近万名农村群众在家门口务工创业，户均增收2万元以上。

二是四小产业开花。实施“三乡工程”，通过农企对接、能人带动、手工艺传承，引导留守妇女、老人等劳动力较弱的搬迁户，利用房前屋后场地，发展小种养、小作坊、小庭院、小买卖“四小产业”，确保户户有万元增收项目。培育汽车坐垫、服装玩具、农特产品加工等扶贫作坊2700余个；依托长江医药等18家农业产业化龙头企业，发展中药材、蔬菜等特色产业基地33.7万亩；建立覆盖所有镇村的电商平台和物流体系，成立郧阳区五小电商公司，培育农村电商、微商主体2000多个，2019年网上销售农产品6亿余元，成功创建全国电子商务进农村综合示范县。

三是一社一司串联。全覆盖组建区、镇、村三级专业合作社和扶贫开发公司，上联优质企业、下联贫困户，让贫困群众生活在组织中、依附在产业链上增收。引导贫困户入社入股，通过发展产业、项目建设、培训就业等方式，带动农户资产入股分利金、土地流转收租金、就地务工拿薪金、政策扶持得现金，确保 100% 的行政村集体经济收入达到 5 万元以上，70% 以上的行政村集体经济收入过 10 万元，2.2 万贫困家庭户均增收 3000 元以上。

2. 几点启示

易地扶贫搬迁，搬的是人心，扶的是民心，强的是党心。郧阳区始终把“户户走到、安幼养老、扶贫作坊、强基固本”作为迁移扶贫、攻坚拔寨的制胜法宝。

第一，“户户走到”是易地扶贫搬迁的基础工作。落实“五级书记遍访贫困对象行动”，足印农家，交心谈心，身到、心到、感情到、措施到、效果到，做到谋划听取民意、选址尊重民愿、群众参与建设，确保“搬得出”。

第二，“安幼养老”是解放农村劳动力的重要手段。在安置区、扶贫车间建设老年人日间照料中心、留守儿童活动中心、卫生服务中心，把贫困家庭留守儿童全部集中到城区寄宿制学校，实现幼有所育、学有所教、老有所养、病有所医，让农村劳动力从照看小孩、老人中解放出来，做到顾家挣钱两不误，确保“稳得住”。

第三，“扶贫作坊”是易迁群众稳定致富的关键抓手。综合考虑镇村资源优势、产业基础、市场需求等因素，依托群众现有成熟项目和基础，推进“1+2+N”（一个劳务经济 + 香菇和袜业两个主导产业 +N 个发展项目）产业扶贫模式，因村施策、因户制宜发展扶贫车间、扶贫作坊，实现村村有产业、户户有项目、人人有事做，确保“能致富”。

第四，“强基固本”是打赢脱贫攻坚战的根本保障。充分发挥基层党组织战斗堡垒和党员先锋模范作用，做到搬迁群众安置到哪里，党的组织就建设到哪里，社区管理就跟进到哪里，确保干群齐心“奔小康”。

四、教育扶贫阻断代际传递

习近平总书记指出，扶贫必扶智。让贫困地区的孩子们接受良好教育，是扶贫开发的重要任务，也是阻断贫困代际传递的重要途径。越穷的地方越难办教育，但越穷的地方越需要办教育，越不办教育就越穷。这种马太效应，实际上也是一个“穷”和“愚”互为因果的恶性循环。要加大对农村地区、民族地区、贫困地区职业教育支持力度，努力让每个人都有人生出彩的机会。

（一）湖北教育扶贫成效

近年来，中国陆续实施学前教育三年行动计划、乡村教师生活补助计划，实施中等职业学校免学费、补助生活费政策及面向贫困地区定向招生专项计划，切实保障贫困人口受教育的权利。2005—2010 年，湖北省“雨露计划”资金由 850 万元增加到 5000 万元，2020 年更是达到了 4.6 亿多元。

表 2-4-1 湖北省历年“雨露计划”资金投入情况

年度	省投入“雨露计划”补贴资金（万元）
2004	200
2005	850
2006	1600
2007	3000
2008	4000
2009	4000
2010	5000
2011	4779.98
2012	5528.1
2013	5265.4
2014	5281.34
2015	4294.72
2016	8771.68
2017	23572.68
2018	35316.96
2019	42299.48
2020	46674.1

第一阶段（2004—2009 年）：以培训基地为核心、以短期培训为重点的指令性计划强力推进阶段（采取委托培训、定点培训方式，依托培训基地实行间接补贴的方式进行；基地学校先行减免学费，认定对象并实现就业后，将补助资金拨付到基地）。第二阶段（2010—2014 年）：以职业学历教育为重点、以直补到户为重要标志的实施方式改革试点阶段（以接受中高职为主，

短期技能培训为辅，取消培训基地，自主参训，直补到户）。第三阶段（2015—2018 年）：以信息化技术手段支撑的“精准扶贫、应补尽补”阶段（网上申报、网上审核、资金直补到户，以职业教育为主，各地自行开展短期技能培训）。第四阶段（2019 年至今）：取消个人申报，采用比对数据标注审核认定新阶段（取消了个人申报环节，“雨露计划”扶贫助学对象的认定，采用比对数据标注审核认定的方式进行补助发放，各地自行开展短期技能培训）。

2010 年以来，湖北全省“雨露计划”完成数基本维持在 5 万人左右，离“应补尽补”要求距离较大。2016 年，全省“雨露计划”完成人数为 5.4 万余人。而直至 2017 年，补助人数首次突破 10 万人，截至 2020 年，达到峰值 22 万余人。

表 2-4-2　湖北省“雨露计划”实施情况汇总表（2004—2014 年）

年度	全省计划人数（人）	实际完成人数		实际完成分类			省投入补贴资金（万元）	省定补助标准（元 / 人）
		人数（人）	占计划（%）	3～6个月短训人数（人）	中职教育人数（人）	高职教育人数（人）		
2004	8000	8000	100	4000	4000	0	200	250
2005	21250	24357	115	17320	7037	0	850	400
2006	32000	37010	116	28547	8463	0	1600	500
2007	50000	55015	110	22006	33009	0	3000	600
2008	50000	57195	114	29905	27290	0	4000	800
2009	50000	54715	109	31621	23094	0	4000	800
2010	50000	54264	108	22815	31449	0	5000	1000
2011	50000	51411	102.8	9028	42383	0	4779.98	600（短训） 1000（长训）
2012	50000	58973	118	9230	35627	14116	5528.1	600（短训） 1000（长训）
2013	50000	55194	110.4	6350	38650	10194	5265.4	600（短训） 1000（长训）
2014	50000	53819	107.6	2514	39624	11681	5281.34	600（短训） 1000（长训）
合计	461250	509953	110.56	183336	290626	35991	39504.82	—

表 2-4-3　湖北省“雨露计划”实施情况汇总表（2015—2020 年）

年度	补助人数（万人次）	补助标准（元 / 年）	补助金额（万元）	
			扶贫专项资金（万元）	其他资金（万元）
2015	5.2985	600（短训）/3000（长训）	4294.715	0
2016	5.4286	600（短训）/3000（长训）	8771.68	6.6
2017	13.093	600（短训）/3000（长训） 5000（深度贫困地区长训）	23572.68	322.15
2018	16.8729	600（短训）/3000（长训） 5000（深度贫困地区长训）	35316.96	73.35
2019	20.1876	600（短训）/3000（长训） 5000（深度贫困地区长训）	42299.48	30.25
2020	22.9084	600（短训）/3000（长训） 5000（深度贫困地区长训）	46674.1	0
合计	83.789	—	160929.615	432.35

1. 补助对象瞄准率提高

自 2010 年启动实施国家“雨露计划”方式改革试点以来，湖北省国家试点县的补助对象瞄准率逐年提高，到 2013—2014 学年达到 95% 以上；国家试点的补助对象瞄准率明显高于非试点县，高出 15～20 个百分点。这说明，“雨露计划”实施方式改革试点政策措施，对于落实精准扶贫工作机制，确保培训补助资金瞄准和直接拨付到建档立卡贫困户，发挥了至关重要的作用，取得了预期效果。

2. 补助对象覆盖率提高

为评价“雨露计划”补贴资金覆盖符合条件贫困家庭的范围程度或受益面大小，反映“应补尽补”工作目标的实现程度。按全省建档立卡贫困人口 1.8% 系数（全国平均系数）测算了抽样调查县“应补尽补”对象规模，结果表明，国家试点县补助对象覆盖率（87.6%）明显高于相邻的抽样非试点县（46.5%），约高出 41.1 个百分点。“雨露计划”实施方式改革试点政策，从总体上提高了补助对象覆盖率，但即使是在国家试点县，因多方面原因，补助对象覆盖率也存在很大差异。

表 2–4–4　湖北省国家试点县及抽样国家试点县“雨露计划”职业教育补助人数及瞄准率[1]

单位	指标	2010—2011 学年	2011—2012 学年	2012—2013 学年	2013—2014 学年	四学年合计
全省	补助学生总数（人）	1699	8438	22281	23068	55486
	其中建档立卡学生（人）	986	6739	20535	23008	51268
	补助对象瞄准率（%）	58	79.9	92.3	99.7	92.5
罗田县	补助学生总数（人）	—	1532	2981	1908	—
	其中建档立卡学生（人）	—	996	2502	1908	—
	补助对象瞄准率（%）	—	65	83.9	100	—

表 2–4–5　湖北省国家“雨露计划”试点县与非试点县补助人数及瞄准率

学年	全省试点县			全省非试点县		
	职业教育补助人数(人)	其中建档立卡补助人数（人）	补助对象瞄准率（%）	职业教育补助人数(人)	其中建档立卡补助人数（人）	补助对象瞄准率（%）
2011—2012	8438	6739	79.9	50535	31770	62.9
2012—2013	22281	20565	92.3	32913	24418	74.2
2013—2014	23068	23008	99.7	30751	28873	93.9
三学年合计	53787	50312	93.5	114199	85061	74.5

表 2–4–6　湖北省国家试点县与非试点县抽样中职学校补助对象瞄准率对比

抽样县	抽样学校	指标	三学年合计
国家试点县	罗田县理工中专	补助学生总数（人）	2880
		其中建档立卡学生（人）	2473
		补助对象瞄准率（%）	85.9
非试点县	麻城市理工中专	补助学生总数（人）	3464
		其中建档立卡学生（人）	1608
		补助对象瞄准率（%）	46.4

3. 补助资金安全性提高

“雨露计划”实施方式改革的重要目标之一，是提高补助资金的安全性。一是操作程序及执行规范。国家试点县相对于非试点县，都能按照“农户申请村级确认、学校证明、乡镇初审、县级审核、社会公示、直补到户”的试点

[1]　数据来源：抽样学校提供；瞄准率系计算结果。

工作程序进行操作，主要环节的工作程序落实得比较到位，执行得比较规范，这也是在全国范围内继续深化“雨露计划”实施方式改革的必然要求。二是直补到户最终落实到位。实地调研问卷显示，“雨露计划”补助资金直补到户在国家试点县得到了落实，减少了中间环节，资金在拨付到户的过程中是直达的、安全的，而非试点县这项工作相对滞后，存在着不容忽视的问题。三是外部审计监督有待改善。从外部审计监督角度看，审计部门反映的问题主要是补助对象瞄准出现偏差。尽管这一比例逐年下降，到目前在 5% ～ 10% 之间，但这仍是一个需要高度重视和亟待改进的问题。

总体来说，湖北“雨露计划”的成效，一是补助对象瞄准率逐年提高。“雨露计划”实施方式改革措施的落实，对于推进精准扶贫到户，确保培训补助资金瞄准和直接拨付到建档立卡贫困户，发挥了十分重要的作用，取得了预期效果。二是补助对象覆盖率逐年扩大。三是贫困“两后生”接受职业教育比例逐年提升。“雨露计划”政策对引导和鼓励农村贫困家庭子女在完成九年义务教育和高中阶段教育以后继续接受中高等职业教育，发挥了较明显的激励作用。四是“雨露计划”项目规范化管理逐年得到强化。既定的工作程序落实得比较到位，执行得比较规范。补助资金直补到户得到了落实，减少了中间环节，保证了资金的安全性。

（二）典型案例

1. 崇阳县教育扶贫体系

湖北省崇阳县义务教育阶段教育扶贫的规模不断扩大，崇阳县义务教育阶段教育扶贫覆盖率较高。针对建档立卡户（以 2013 年建档立卡的 196540 户贫困户为标准）的住宿生，小学阶段给予每人每学年 1000 元补助，中学阶段给予每人每学年 1250 元的补助；针对“教育扶贫”项目的学生，实现读书 0 元费用，包括食堂生活就餐、教辅资料全免；针对特别贫困的山区学生，有扶贫干部下乡送米、送油，保障家庭生活需要物资。湖北省崇阳县义务教育阶段需要教育扶贫的人主要分布在农村乡镇，包括因病残致贫人口、低保户、多子女上学户、孤儿、因学致贫人口，其中 90% 为建档立卡户。

（1）完善教育扶贫体系

崇阳县义务教育阶段教育扶贫工作的开展，从国家层面来讲有助于中国脱贫攻坚，实现全面小康社会，实现“两个一百年”奋斗目标；对于崇阳县而言，完善当地教育制度，缩小当地教育与发达地区教育的差距；对于崇阳县享受教育扶贫的人群而言，减少当地辍学情况，减轻贫困学生家庭负担，确保了贫困生有更加公平充分的接受教育机会。同时，崇阳县义务教育阶段教育扶贫工作完善了中国各项政策，其中包括2011年《中国农村扶贫开发纲要（2011—2020）》中提出的“到2020年，贫困地区基本普及学前教育，义务教育水平进一步提高”；2013年国家《关于实施教育扶贫工程的意见》中提到的教育扶贫主要地方是十四个集中连片特困地区；2015年《关于打赢脱贫攻坚战的决定》中强调的“教育经费向贫困地区、基础教育倾斜，实施教育结对帮扶行动计划”；2016年《教育脱贫攻坚“十三五”规划》；2017年《国家教育事业发展“十三五”规划》具体提出的“教育扶贫目标，实现家庭经济困难学生资助全覆盖”；2018年《深度贫困地区教育脱贫攻坚实施方案（2018—2020）》中提出的“教育资助全面落实，推广普通话，严格考核监督机制”。

（2）推动教育扶贫工程项目发展

近年来，崇阳县义务教育阶段大力推进基础教育设施建设工程，全面改善义务教育薄弱学校基本办学条件，包括校舍建设和设施设备购置两类。

表2-4-7　崇阳县教育扶贫工程项目发展情况

校舍建设	教学及辅助用房、学生宿舍、食堂（伙房）、厕所、锅炉房、浴室、运动场地及附属设施建设等
设施设备购置	课桌椅、教学仪器设备、音体美器材、图书、多媒体远程教学设备、数字教育资源、食堂设备、学生用床，以及饮水、洗浴、采暖、消防、安保设施设备等

（3）完善学生资助政策体系

一是实施全面覆盖建档立卡户寄宿生补贴政策。崇阳县已经建立健全了建档立卡户贫困家庭学生接受教育保障和资助制度。自2016年开始实施建档立卡户贫困学生家庭保障和资助，确保不让一个家庭的学生因贫困辍学。在义务教育阶段，对建档立卡户贫困家庭学生，在原本的义务教育学杂费、书本费全免之外，按照小学生人均1000元、初中生人均1250元的标准给寄宿生发放生活补助。崇阳县大集中学给住宿生发放补助是以连心卡的方式，学校将补助分两次打到学生的连心卡上，且规定获得补助的学生一天可用补贴的最高额度，防止获得补助的学生乱消费。

二是对贫困学生给予营养补助。崇阳县按照国家教育部标准，为确保义务教育阶段贫困学生身体健康，给贫困学生发放营养餐补助，落实国家“奶蛋工程”。

三是针对教育扶贫对象对点资助。为进一步巩固崇阳县脱贫攻坚成果，确保实现义务教育有保障，崇阳县教育扶贫工作专班深入开展“义务教育有保障”工作，全面开启控辍保学“送教模式”，确保崇阳学生在上好学的路上，一个也不少，一个也不掉队。截至 2019 年 9 月，崇阳县共有 21 名学生辍学，17 名学生因残因病失学，4 名学生因学习困难厌学不愿上学。县教育局摸清底数后，进一步锁定辍学学生范围，将每一位学生定点到学校、班级。老师全面开展走访、送教等活动，实行“一人一档”“一人一策”，对学生进行营销号管理，实行对点资助，全面落实“一个不能少”的要求。

四是发挥社会第三方力量对贫困学生进行资助。崇阳县义务教育阶段贫困学生受到社会广泛关注，不断有社会第三方力量对贫困学生进行资助。2018 年 12 月，崇阳县实验小学在实验楼报告厅举行了“爱心助学　筑梦前行”的捐款仪式，武汉建设工程造价管理协会向该小学 100 名贫困生捐款 10 万元；2019 年 12 月 24 日上午青山镇西冲小学举行了“香城泉都巾帼公益行”活动，咸宁市女企业家一行爱心人士给青山镇西冲、江田、回头 3 所小学的学生送来了关爱，送来了温暖。

（4）加强乡村教师队伍建设

国务院办公厅印发《乡村教师支持计划（2015—2020 年）》，全面部署乡村教师队伍建设工作，强调地方各级人民政府是实施主体，要制订实施办法，加大投入力度，加强督导检查，切实将计划落到实处。崇阳县深入贯彻落实这一政策，积极改变贫困乡村教师不足的现状，在义务教育阶段，新入编制的教师必须在农村服务五年，通过遴选才可以有机会进入城区工作；全面提高乡村教师待遇，对于在乡村任教的教师，适当给予相关政策补贴；评职称向乡村学校倾斜，对乡村教师职称评定不做外语成绩、发表论文的刚性要求；做好乡村教师培训工作，按照乡村教师要求给予培训机会。

2. 兴山县教育扶贫

（1）高中“三免”政策

兴山县集山区县、库区移民县、革命老区县于一体，山多坡陡田少，土地贫瘠，信息闭塞，农民的智力资源匮乏，致富基础薄弱。山里人要脱贫，大力发展山区教育，让山里孩子走出大山去看、去学、去创造，是脱贫致富、拔除穷根的根本之策。兴山县自筹资金，在全省率先实行高中免费教育，靶心出击，精准发力，切实促进全县教育事业持续健康发展，真正提高广大农民长久脱贫致富的基础能力。

一是“三免”政策让所有孩子全部读完高中教育，不会因为经济困难而辍学。二是家长无学费、住宿费和书费之忧，可将有限的经济来源补贴到学生生活上，让孩子们的营养健康得到持续改善和可靠保障。同时，困难家庭也能挤出更多资金用于发展产业，更好脱贫致富。三是“三免”政策是一项惠及千家万户的基础性民生工程，所有学生和家长感受到县委和县政府的关怀，所有贫困家庭学生及家长脱贫致富的信心和希望更加坚定。孩子们对来之不易的学习机会更加珍惜，学习更加刻苦，考取大学走出大山的人数持续增多，教育扶智即扶贫的成效逐步显现。

兴山县全县教育咬定“能上学、上好学，扶贫先扶智”的教育扶贫攻坚目标，进一步加大投入，全力保障高中“三免”政策的稳定、持续执行，充分发挥教育在扶贫工作中的基础性作用，全力打赢贫困代际传递的阻击战。

自2016年春季开始，兴山县全县高中阶段教育全面实施“三免”政策，即对在县内就读普通高中和职业高中的学生免收学费、住宿费和书费，所免资金由财政全额预算补助。五年来，享受“三免”政策共26676人次，共免收2792.581万元，财政对应向学校预算补助2792.581万元。

（2）心理健康教育政策

心理健康扶贫是兴山县响应“扶贫先扶志”的要求，开展“健康扶贫”的一个重大举措。该项目是针对贫困家庭成员提供心理健康筛查、矫治及心理健康知识普及的一个专项扶贫工作。

一是将心理健康教育课作为地方课程纳入学校课程计划，每周0.5课时，订有心理健康教育教材，配备心理健康教育教研员、专兼职心理健康教育教师，在学校设立心理辅导室。心理健康教育课为全体学生提供发展性、预防性的心理健康教育；学校心理辅导室为师生、家长提供心理辅导，解决心理困惑。

二是多通道、多层次对教师进行培训，大力提升教师心理健康意识及心理辅导能力。2020 年借力清华大学与北京幸福公益的“抗击疫情心理援助”公益心理课程，培训教师 150 人；借力“清心公益”心理健康课程培训教师 237 人；借力“湖北省家庭教育工作培训”培训教师 40 人；宜昌市心理健康教育全员培训 104 人；宜昌市心理危机评估与干预培训 5 人；兴山县九年级心理健康教育教师及班主任培训 39 人；“兴山县教育圆梦心理志愿者”16 人团队每两周组织开展 1 次研修与督导。

三是多通道协同，促进师生、家长心理健康和科学养育。心理健康教研员制作、精选、周密策划，专兼职心理教师通过班级群推送小视频、心理电影、文章、微课、手抄报比赛、课堂教学等形式，为全体师生、家长提供防疫抗疫知识与方法；“教育圆梦心理志愿者”主动作为，通过 QQ、微信、钉钉、电话、家访等形式为家长、学生、教师等人群提供心理服务，至 2020 年 6 月底共做个案 300 余人次；“教育圆梦心理志愿者”团队进社区开展“亲子关系疗愈——信任与发现之旅”拓展活动，提升亲子相互理解与信任，融洽亲子关系；在“为爱发声—乔能珍”家长微信群，长期开讲家长心理成长课程，帮助家长解决养育中常见的孩子管教问题。

四是上好复课“心理健康教育开学第一课”，做好学生心理健康筛查与干预，帮助学生疏解情绪，适应学校新生活，保障学生身心安全。复课前全面培训心理教师，解读“心理健康教育开学第一课”，指导教师上课及心理健康筛查工作；开学初对学生进行全员心理健康普查，建立学生心理档案，并分层分级进行心理疏导及跟踪服务。

五是减轻学生过重的课业负担。严格执行各级关于减轻学生过重课业负担的规定，在规范课程开设、作息时间、作业总量、保障睡眠、加强体育锻炼等方面加强专项督导，发现问题，及时整改。

五、健康扶贫完善医疗保障

健康扶贫是通过提升医疗保障水平、实施疾病分类救治、提高医疗服务能力、加强公共卫生服务等手段，让贫困人口能够享受基本健康服务。健康扶贫总体要求是，按照党中央、国务院关于脱贫攻坚部署安排和精准扶贫、精准脱贫基本方略要求，针对因病致贫、因病返贫问题，区别不同情况，采取一地一策、一户一档、一人一卡，精确到户、精准到人，瞄准因病致贫的家庭和病种，突出重点地区、重点人群、重点病种，防治并举，分类救治，助力脱贫攻坚。针对贫困地区医疗卫生事业发展的重点难点问题，以提高农村贫困人口受益水平为着力点，整合现有各类医疗保障、资金项目、人才技术等资源，加大对贫困地区的支持力度，采取更加贴合贫困地区实际、更加有效的政策措施，切实保障农村贫困人口享有基本医疗卫生服务。到 2020 年实现中国扶贫开发纲要提出的“农村贫困人口基本医疗有保障，贫困地区基本医疗卫生服务主要指标接近全国平均水平”的目标。

（一）湖北健康扶贫成效

2012 年 1 月底，湖北省发布方案，从 4 月起实施城乡居民大病保险工作，覆盖全省所有城镇居民医保新农合人员。5 月初，省发改委公示《湖北省城乡大病保险合同（范本）》，内容比此前公布的方案更为具体，划定了分段支付的具体额度。参保群众住院费在按照基本医保政策报销后的余数，以 8000 元为大病医保起付线，8000 元至 3 万元部分可报销 50%，3 万元至 5 万元部分可报销 60%，5 万元以上部分可报销 70%。

2013 年以来，湖北各地结合实际不断完善医疗救助实施办法，强化规范管理，加强统筹衔接，切实保障困难群众基本医疗权益，有效减轻了农村贫困人口医疗支出负担，充分发挥了医疗救助制度的基本底线保障功能。

2015 年 6 月，湖北省政府转发了《省民政厅等部门关于进一步完善医疗救助制度全面开展重特大疾病医疗救助工作的实施办法》，要求各地全面开展重特大疾病医疗救助，加强规范管理，健全工作机制，加强制度衔接着力解决因病陷入困境群众的医疗负担。

一是拓展医疗救助对象范围。将医疗救助对象由低保家庭成员、特困供养人员逐步拓展到低收入救助对象和因病致贫家庭重病患者。

二是加大救助力度。规定对重点救助对象住院治疗合规费用的基本医疗救助比例不低于 70%。明确了分类设置重特大疾病医疗救助比例原则，即重点救助对象的救助比例高于低收入救助对象，低收入救助对象高于其他对象，同一类对象自付费用数额越大，救助比例越高。

三是全面开展重特大疾病医疗救助。湖北要求各地全面开展重特大疾病医疗救助，取消重特大疾病医疗救助病种限制。

四是不断健全完善医疗救助“一站式”即时结算机制。为了方便困难群众看病就医，2013年以来湖北省不断巩固医疗救助与基本医疗保险、大病保险“一站式”即时结算服务，目前在湖北全省所有县（市、区）已经实现医疗救助定点医疗机构“一站式”即时结算全覆盖。

2015年11月，湖北省民政厅会同相关部门联合下发了《湖北省农村医疗保障精准扶贫工作实施意见》，将农村低保家庭成员农村“五保”对象、农村孤儿纳入医疗保障精准扶贫对象，给予扶贫政策倾斜。

在湖北各地，大多数地市都已经对城乡低保对象、“五保”供养对象和其他特殊困难对象实施医疗救助，城乡低保对象不设起付线，住院医疗费个人自付部分按70%给予救助，年封顶线1万元；其他特殊困难对象住院医疗费个人自付部分达到3万元以上的按30%给予救助，年封顶线5000元。

2016年以来，按照党中央、国务院、省委、省政府关于打赢脱贫攻坚战和健康扶贫的部署要求，全省健康扶贫工作取得了一定成效。

1. 主要成效

一是因病致贫返贫人口大幅减少。2015年，全省建档立卡农村贫困人口192.7万户、573万人，其中因病致贫返贫73万户、189.6万人。截至2019年底，未脱贫人口2.71万户、5.8万人，其中因病致贫返贫1.39万户、3.46万人，因病致贫返贫率51.2%。

二是贫困人口兜底医疗保障制度逐步完善。农村建档立卡贫困人口全部纳入基本医疗保险、大病保险、医疗救助范围，构建了具有湖北特色的“基本医保+大病保险+医疗救助+补充医疗保险”的四位一体医疗保障机制。农村贫困人口县域内住院，政策范围内医疗费用报销比例达到90%左右，大病、特殊慢性病县域内门诊、政策范围内医疗费用报销比例达到80%左右。农村贫困人口县域内就医，年度个人负担政策范围内医疗费用控制在5000元以内。

三是大病集中救治情况。截至2019年年底，湖北省儿童先心病、儿童白血病、食道癌、肺癌、胃癌等25种大病患者147350人，已救治145960人，救治比例为 99.1%。继续开展“光明扶贫工程”，累计为 28704 名贫困白内障患者实施手术。

四是慢性病签约服务管理情况。为贫困患者开展一次免费健康体检，建立健康档案，实行个性化健康管理，重点对精神病、高血压、糖尿病等慢性病实施跟踪管理。截至 2019 年年底，贫困人口签约数 183.3 万户，签约率为 96.5%。

五是贫困人口住院“先诊疗后付费”和“一站式”即时结算全面落实。农村贫困人口在县域内定点医疗机构住院，无须交纳住院押金，出院时“一站式”即时结算，只需结算个人自付部分。

2. 效果评估

（1）基本公共卫生项目有效落实

2019 年，湖北省基本公共卫生服务项目按照“质”“量”并举的工作思路，全面推进各项目标任务有效落实，进一步提高了城乡居民的获得感。

一看项目资金情况分析。截至 2019 年年底，湖北省原 12 大类基本公共卫生服务项目共执行资金 368399 万元，人均 62.18 元，超出国家标准 2.18 元，项目资金执行率为 103.63%。各地坚持做到“四个严格”：严格配套、严格监管、严格使用、严格村医待遇落实。按照规定时间节点及时下拨项目补助资金，坚持将基本公共卫生考核结果与资金拨付挂钩，“先预拨，后结算”的资金拨付机制得到较好落实。绝大部分县（市、区）成立了会计核算中心，对项目补助资金实行“三统一”：统一管理、统一核算、统一审批使用，确保资金使用安全。大多数县（市、区）能够将补助资金通过国库直接拨付到卫生机构（含村卫生室）。基层医疗卫生机构严格财务管理制度，对项目资金实行专项核算、专账管理、专款专用。

二看项目绩效指标完成情况分析。

第一，产出指标完成情况分析。2019 年全省城乡居民电子健康档案建档率达到 87.19%；适龄儿童国家免疫规划主要疫苗接种率均保持在 95.23% 以上，新生儿访视率和儿童健康管理率分别达到 92.05% 和 89.39%；孕妇早孕建册率达到 87.44%，产妇产后访视率达到 91.94%；老年人健康管理率达到 68.07%；管理高血压管患者 4422567 人，规范管理率达到 80.11%；管理糖尿病患者 1144712 人，规范管理率达到 79.64%；严重精神障碍患者规范管理率达到 88.03%，肺结核患者管理率达到 97.70%，老年人和 0 ～ 3 岁儿童中医药健康管理率分别达到 62.61% 和 73.15%；传染病疫情和突发公共卫生事件相关信息报告率分别达到 99.86% 和 100.00%。各项绩效指标均圆满达到国家任务要求。

第二，效益指标完成情况分析。一是群众知晓率不断提升。群众对基本公共卫生服务项目的知晓率不断提高，满意度保持在较高水平。2018 年对常住居民的随机调查结果显示，受调查居民对项目政策和基本健康知识的知晓率达到了 89.2%，比 2009 年上升了 47.6%。二是群众获得感不断增强。通过基本公共卫生服务项目与家庭医生签约服务工作的有效结合，由粗放式运行逐步转向精细化管理，不断满足群众多层次健康服务需求。2019 年，受调查的老年人、糖尿病患者和儿童家长等重点人群服务对象，对所获得的健康管理服务的综合满意度为 84.15%，比 2009 年上升近 19%。三是群众依从性不断提高。近年来，随着湖北省基本公共卫生服务质量逐步提高，重点人群对基本公共卫生服务的依从率逐渐提高。同时，由于群众在基层医疗卫生机构享受到了免费、质量较高的基本公共卫生服务，促进了基本医疗的发展，2019 年全省基层医疗卫生机构门急诊量达到 1.88 亿人次，较 2018 年增长 1.47%。

（2）湖北红安精准扶贫兜底性医疗救助

红安县充分整合资金和管理资源，优化服务流程，积极探索并实施健康扶贫工作，即通过落实四定原则（定救助对象、定就诊机构、定兜底标准、定报账方式），推行三大举措（入院不缴费、报账一站式、就诊一卡通），强化两保障（健康全管理、就医全兜底），实现一个目标（绝不让一个贫困户再因病致贫、因病返贫）。

首先，效果评估。2016 年 8 月，根据对红安县兜底性医疗救助政策的资金运行状况进行分析，政策实施效果明显，且流程逐步完善，机制逐步健全，基本达到预期目标。

第一，基本实现政府全兜底，达到政策预期目标。2015 年 12 月实施该政策以来，红安县精准扶贫医疗救助工作有序推进。截至 2016 年 7 月 20 日，住院诊疗 10512 人次，住院医疗总费用 5432.9 万元，其中：新农合报销 3322.3 万元，政府兜底 1624.3 万元，群众自付 485.6 万元。贫困患者次均住院自付费用仅457.3元，较健康扶贫政策实施前同比下降77%，有效减轻了贫困患者的医疗负担。对绝大多数贫困户来说，450元左右的自付费用是家庭可以承受的。从补偿结构看，新农合报销水平从政策实施前的57.86%增加到61.15%，增长并不明显，新增部分主要是兜底性救助使贫困患者的自付比从42.14%下降到8.94%（见表2-5-1）。这一补偿水平事实上比城镇职工保障水平更高。

表2-5-1　红安县精准扶贫医疗救助实施前后对比[1]

项目	2015年1月—7月20日	2016年1月—7月20日
报销人次	9339	10512
住院总费用（万元）	4836.1	5432.9
其中：新农合实际补偿比（%）	57.86	61.15
政策兜底贡献率（%）	—	29.90
自付比例（%）	42.14	8.94
患者自付费用（元）	1988.26	457.3

第二，贫困患者住院人次明显增加，就医需求得以释放。2015年12月实施兜底性医疗救助政策以来，红安县贫困人口被压抑的医疗服务需求得到爆发式释放，患者就诊住院量突增。现场调查了解到，很大一部分贫困户由于没钱治病，过去只能一直拖着、忍着，这部分前期沉淀的病人知道兜底性医疗救助政策后纷纷住院看病，因此出现了住院人数的井喷式增长，从2015年12月的489人增长到2016年3月的2001人。此后三个月逐渐稳定，但7月出现了明显下降，主要是两方面原因：一是7月正值农忙，一些患者没有时间去医院住院；二是当年7月湖北省遇到特大洪灾，很多患者由于交通不便，将住院时间推后。7月以后，住院人数又迅猛增加（见表2-5-2）。

表2-5-2　2015年12月—2016年9月红安县贫困患者当月住院人数

时间	住院人数（人）
2015年12月	489
2016年1月	1110
2016年2月	1346

[1]　数据来源：《卫生经济研究》2017年第9期。

续表

时间	住院人数（人）
2016 年 3 月	2001
2016 年 4 月	1577
2016 年 5 月	1644
2016 年 6 月	1714
2016 年 7 月	1016
2016 年 8 月	1775
2016 年 9 月	2457

第三，患者自付比明显下降，医疗救助范围逐步扩大。精准健康扶贫救助对象的住院总费用不断递增，但每月的补偿比基本稳定在 60% 的水平（见表 2-5-3），和政策预期相吻合。而政府兜底贡献率则出现较大波动，最大峰值在 2016 年 8 月（35.42%），最小在 2015 年 12 月（23.72%），这与当月扶贫对象的发病率及所患病种情况密切相关。患者自付比在 2016 年 8 月和 9 月下降最为明显，说明患者的疾病经济负担在逐步减轻。

表 2–5–3　2015 年 12 月—2016 年 9 月红安县贫困患者新农合补偿情况

时间	住院总费用（万元）	新农合报销费用（万元）	新农合实际补偿比（%）	政府兜底（万元）	政府兜底贡献率（%）	个人自付（万元）	自付比（%）
2015 年 12 月	352.8	236.2	66.95	83.7	23.72	32.8	9.30
2016 年 1 月	568.8	345.5	60.74	169.00	29.71	54.3	9.55
2016 年 2 月	831.4	473.9	57.00	283.5	34.10	74.00	8.90
2016 年 3 月	1081.7	651.00	60.18	327.1	30.24	103.6	9.58
2016 年 4 月	801.4	486.3	60.68	242.2	30.22	73.00	9.11
2016 年 5 月	790.7	465.5	58.87	245.8	31.9	79.4	10.04
2016 年 6 月	761.6	459.8	60.37	228.1	29.95	73.6	9.66
2016 年 7 月	370.00	229.1	61.92	105.4	28.49	35.5	9.59
2016 年 8 月	1116.7	636.4	56.99	395.5	35.42	84.7	7.58
2016 年 9 月	1441.2	881.4	61.16	350.5	24.32	80.5	5.59

其次，问题探讨与政策建议。

第一，存在过度服务需求，保障基金面临巨大压力。一是有些病人在自付 5000 元后，因为不会再增加疾病经济负担，可以享受免费医疗，因此没有出院的积极性，出现“赖床”。二是少数患者医疗服务需求过高，表现在部分重大疾病患者点大型医院、点治疗方案、点昂贵药品。三是部分医疗费用巨大的病例，如白血病骨髓移植、危重肿瘤患者，寄希望于政府全兜底，容易导致医患纠纷。以上问题都会给保障基金带来巨大的压力。对此，一方面应加大对患者就医的正确引导，对精准健康扶贫对象采取有针对性的就医指导和健康宣传教育，帮助其树立正确、理性的就医观念。另一方面，建立一整套识别红安县住院服务过度需求的明确的“非诊断性标准”，对患者住院合理性进行审核，减轻精准健康扶贫患者及社会的就医负担。此外，针对部分费用过高的病例，还应根据当地疾病谱、经济承受能力，研究和制定合理的地方补偿病种目录。对病种目录之外的疾病，通过县级以上大病救助基金、企业捐赠、慈善力量等其他救助渠道去寻求解决途径。

第二，药品配套政策没跟上，贫困户仍存在因病返贫的风险。目前对贫困救助对象的药物补偿政策尚不完善，例如手术后患者康复期用药，尤其是重大疾病手术后需长期服药的，对较高的药物费用难以承受。再如，达不到住院或手术程度的慢性病患者，以住院为主的兜底性医疗救助政策目前并未给其带来实际的好处。对此，需要政府根据当地实际情况尽快出台相应的药物补偿配套政策，进一步拓展救助范围。

第三，全人群健康管理亟待加强，使健康扶贫政策发挥更大效应。红安县精准医疗救助对患重大疾病的扶贫对象实行健康全管理、就医全兜底，但事实上健康全管理工作还有很大的空间。调研发现，一些卫生院的健康档案分类管理尽管理念设计很好，但缺乏电子实时监控系统，健康档案没有用活用好，工作重心仍在健康体检和医疗救助上。因此，红安县应将工作重点逐步转移到对全人群的健康管理工作上，响应国家“大健康”建设要求，充分发挥好家庭医生健康“守护人”的作用，实现对扶贫对象全生命周期的健康管理。

（3）宜昌市健康扶贫成效

2016—2020 年健康扶贫在宜昌实施以来取得了较好成绩，其中 2016 年至 2017 年是健康扶贫政策逐步摸索实施的过程，在政策口径上未有特别明确的标准，导致宜昌市卫健及医保部门没有确切的数据统计，2017 年“三个一批”政策出台奠定了政策的雏形，2018 年医保局成立，把贫困人口县域内住院实际报销比例，大病、特殊慢性病门诊实际报销比例纳入统计范围，如表2-5-4所示。

表 2-5-4 宜昌市近年健康扶贫报销情况总览[1]

年度	报销比例 / 情况
2016 年	无专门统计
2017 年	无专门统计
2018 年	贫困人口县域内住院实际报销比例达 92.4% 大病、特殊慢性病门诊实际报销比例达 91.78%
2019 年	贫困人口县域内住院实际报销比例达 92.63% 大病、特殊慢性病门诊实际报销比例达 92.44%
2020 年	贫困人口县域内住院实际报销比例达 91.21% 大病、特殊慢性病门诊实际报销比例达 89.26%

截至2020年6月，全市建档立卡贫困人口152868户共401797人。2020年，有扶贫任务的10个县市区财政为贫困人口参加城乡居民医保补贴6360.93万元，投入1371.34万元落实了为农村贫困人口购买补充医疗保险（设立兜底保障资金）给予兜底保障工作，参保率为100%。贫困人口县域内住院“先诊疗后付费”及“一站式一票制”即时结算落实比例为100%。

贫困人口住院政策范围内报销比例为90%。2020年1—6月，全市贫困人口在县域内住院33270人次，住院总费用20164.15万元（政策内19400.29万元），报销医疗费用17996.41万元，政策范围内报销比例为91.21%。贫困人口大病、门诊特殊慢性病政策范围内报销比例80%。2020年1—6月，宜昌市贫困人口大病、特殊慢性病门诊就诊39947人次，医疗总费用4345.52万元（政策内4308.53万元），政策范围内报销比例为89.26%。年度个人负担政策范围内医疗费用有效控制在5000元以内。

目前宜昌救治病种逐步扩大至35种，已累计救治55284人/次。做实做细农村贫困人口家庭医生签约服务，实现“应签尽签”。截至2020年6月底，建档立卡贫困人口签约393962人，签约率为98.38%。

全市有扶贫任务的10个县市区共19个县级综合医院（含中医医院）、90所乡镇卫生院（含高新区白洋镇）、1309个村卫生室业务用房、设备配置、

[1] 资料来源：湖北省扶贫办。

人员配备均达到各类机构建设标准，符合医疗卫生机构“三个一”、医疗技术人员“三合格”、医疗服务能力“三条线”要求，没有空白点。

（二）典型案例

因病致贫、因病返贫是导致贫困的重要原因。长期以来，我国农村地区医疗救助保障水平较低，困难群众因病需要支付大额医疗费用，显著加剧家庭经济负担，有效防止因大病致贫、返贫是贫困治理亟须解决的问题。“五个一批”中明确提出“通过医疗救助扶持一批”，正是希望减轻贫困人口的医疗负担，杜绝因病致贫增加贫困人口，也防止因病返贫，使扶贫工作倒退。健康扶贫政策的核心是要让贫困地区农村贫困人口“看得上病、看得起病、看得好病、少生病”，湖北各地市州开展的医疗救助政策全面、措施精准，取得了良好成效。

1. 红安县医疗救助为贫困户兜底

湖北红安县位于鄂东北、大别山南麓，是全国唯一一个以“红”字命名的县。在1796平方千米的县域面积内，有12个乡镇、402个行政村，总人口66万人。全县耕地总面积50.05万亩，是一个典型的山区农业县。中华人民共和国成立之前因受到严重的战争影响，加之自然禀赋不足，红安县贫困情况严重。“十二五”期间，红安县贫困人口从2010年的15.99万人减少到2014年的10.16万人，贫困发生率从30%下降到18%，剩余的贫困人口中因病致贫、因病返贫情况突出，占贫困户总数的69.6%，患病人口占贫困总人口的61%左右。在这一地区，“小病拖，大病扛，扛不过去亲人忙”是贫困群众因病致贫的真实写照。即使有新农合与大病保险，贫困患者住院治疗依然面临巨大的经济压力。同时，受到分级诊疗报销比例、科目内外用药等限制，患者住院仍需承担一半以上的医药费用。对于部分患大病的贫困户而言，一次性就医费用就可能高达几十万元，根本无法支付。大病、重病成为贫困人口致贫、返贫的重要原因。

红安县在精准扶贫中在为贫困户提供医疗救助方面推出了体系性强、覆盖面广的多种帮扶措施，具体内容如下。

一是系统构建医疗救助精准扶贫“4321”政策支撑体系。2015年开始，红安县正式推行《红安县医疗救助精准扶贫实施办法》，探索实行“4321”医疗救助扶贫体系。首先，明确“四定”原则，对救助对象、服务机构、救助标准、结算方式予以确定。其次，推行“三大”举措，针对建档立卡贫困户实施入院不缴费、就诊一卡通、报账一站式的就医举措。再次，强化“两项”保障，对贫困对象全部实施“健康全管理”“就医全兜底”的重要保障。最后，明确“一个”医疗救助目标，即通过健康扶贫不让一个贫困户因病致贫、因病返贫。

二是推行“新农合（或基本医保）+ 大病保险 + 民政大病救助 + 医疗救助”四位一体医疗救助精准扶贫模式。红安县政府在充分调研、深入研究的基础上，确定医疗救助的兜底标准和报账方式。首先，对患病需要住院的医疗救助对象，县新农合取消住院起付线，按政策标准及时给予患者“一站式”结报。对政策报销后补偿水平仍未达到 90% 的，由县政府资金整合办公室补偿到 90%。同时，个人当年自付累计超过 5000 元的部分，由县政府资金整合办公室兜底解决。这意味着，红安县贫困人口看病每年最多花费 5000 元，剩下的都由政府兜底。其次，整合新农合、大病保险、商业医疗补充保险、城乡居民医疗救助基金等政策，多途径降低贫困对象就医负担。救助对象的医疗费用报销以新农合为主（占 60%），政策兜底保障 30%，患者自付 10%。经测算，政府每年新增 3600 万元投入医疗救助扶贫，其中，医疗救助资金 2246 万元，健康体检费用 200 万元，临时救助资金 1154 万元。此外，县政府还在整合民政部门“五保”户、低保户大病救助基金的基础上，为精准扶贫救助对象购买大病医疗救助保险。

三是创新实施“先诊疗后付费”、建立专属健康档案、配备“家庭医生”等措施，让贫困户享受医疗 VIP 待遇。过去贫困户看病通常存在就医难、费用高、报账不便等问题。根据红安县的医疗扶贫政策，精准扶贫对象在定点医院住院治疗时，可以实行“先诊疗后付费”，无须缴纳入院押金。贫困户只需要在出院时，在定点医院专用窗口一次性结清自付部分即可。同时，省、县、乡三级医疗机构之间实行双向转诊、分级诊疗。目前，红安县整合全县卫计系统执业（助理）医师、乡村医生，对其统一登记造册后与所有建档立卡贫困户结成“一对一”的帮扶关系，为贫困户设立“一对一”的家庭健康管理医生。这些家庭医生会指导患病贫困户如何用药、实施随访服务，使贫困户免于奔波乡镇、县城的医院，大大提高其就医便捷性。

四是构建健康扶贫服务管理信息系统，创新打造“互联网 + 健康扶贫”

模式。红安县根据自身的健康扶贫工作模式，自主研发并启用“红安县健康扶贫服务管理信息系统”，创新打造“互联网＋健康扶贫”模式。该系统设置在红安县健康扶贫大厅，以户为单位，建立了县域内扶贫对象花名册，包括贫困对象基本信息、致贫原因、扶贫帮扶措施、家庭签约医生等信息，并实时采集贫困对象住院就诊信息、公共卫生服务的健康体检信息、医疗救助信息。此外，该系统实时或定期以手机短信的形式自动、分类向健康扶贫对象开展“两推送”服务，推送健康知识、健康扶贫政策、就诊及救助情况等信息，让健康扶贫对象对自身健康状况、疾病发生情况、医疗救治情况、医疗费用发生与补助情况、脱贫情况都清楚明白。该系统的数据查询、数据挖掘与分析功能，可以实现贫困对象综合信息精准查询、管理和服务，创新性、实用性很强，值得借鉴。

2. 竹溪县狠抓健康扶贫工作

湖北省竹溪县以服务群众健康需求为目标，围绕中心，服务大局，聚焦问题，精准发力抓好五项工作，确保健康扶贫政策落实落地。

一是抓落实，确保健康扶贫政策落地落实。以抓实国家、省、市深入开展健康扶贫行动为契机。通过对基层首诊落实不力、慢性病覆盖率偏低等 15 项关涉贫困人口切身利益问题的重点整治，确保竹溪健康扶贫政策样样落地，件件落实。

二是抓政策、给实惠，降低贫困群众看病自付费用。首先是继续落实“六提高、一扩大、一取消、一降低”的“6111”医疗保障政策。“六提高”，即贫困人口门诊重症定额补偿在普通患者标准上提高 200 元；符合补偿政策的意外伤害，居民医保和大病医疗保险报销次封顶线分别由 5000 元、1 万元提高到 1 万元、1.2 万元；外伤年住院封顶线由 10 万元提高到 12 万元；在定点医疗机构住院，居民医保和大病医疗保险政策范围内报销比例一、二级医院分别提高到 90%、85% 以上；在非定点医疗机构住院的，提高 5% 的报销比例；重特大疾病住院实际补偿率由 70% 提高到 80%。“一扩大”，即门诊重症病种数量由 22 种扩大到 25 种；“一取消”，即取消贫困人口住院起付线；“一降低”，即大病保险起付线由 8000 元降低到 5000 元。其次是继续实施“三减免”惠民举措。全县所有贫困人口在县域内一级及以上医疗机构就诊免门诊挂号费、门诊诊疗费，减免 5% ～ 10% 的住院费。最后全面落实“先诊疗、后付费”

和“一站式、一张单”结算“一通道”便捷服务。

三是抓公卫、建档案，补齐基本公共卫生服务短板。优先开展对贫困人口家庭医生签约服务，建立稳定的契约式服务关系，在稳定签约数量、巩固覆盖面的基础上向提质增效转变，全面做到签约一人，履约一人，做实一人。加强高血压、糖尿病、结核病、严重精神障碍等重点人群管理，实施国家免疫接种，开展重大传染病防控，减少农村疾病发生。为全县贫困人口做到家庭医生签约服务、建立健康档案、免费健康体检、面对面个性化健康教育“四个100%”。

四是抓慢性病、防重病，扩大“一定补、一兜底”覆盖面。首先是以集中确诊为抓手扩大覆盖率。为贯彻落实“重病兜底保障一批”核心政策，不断扩大贫困人口覆盖范围，竹溪以慢性病集中确诊为抓手，通过医保、民政、财保三方共担1060万元，医疗机构减免337万元，全县有6208人得到免费住院治疗，慢性病政策覆盖辖区内贫困总人口的7.8%以上。其次是以建立机制为手段提高享受率。建立偏远地区贫困人口免费领药绿色通道，实行药品集中代购和上门送药服务，2018年年底慢性病门诊享受率达到90%以上。最后是以补充保险为补充实现重病兜底保障。为贫困人口购买大额补充医疗保险，贫困人口住院费用经居民医保、大病保险、医疗救助和补充医疗保险“四道保障”，第一个保险实施年度后，住院实际报销比例达到90%以上，力争个人年度自付费用控制在5000元以内。

五是抓重点、治大病，全面完成“两救治”任务。全面启动白内障免费专项救治工作。2018年，在原10种大病基础上，新增肺癌、乳腺癌、宫颈癌、儿童肿瘤和尘肺病5个大病病种，将15种大病覆盖到全县所有建档立卡贫困人口，做到对全县所有大病患者发现一例，救治一例，应治尽治，不落一人，逐步实现大病救治和白内障免费专项救治达到100%。

专栏2-5-1　红安县医疗救助兜底政策

红安七里坪镇马安山村三组贫困户来巧荣的家，三间土坯房，没有任何现代化家电。病魔数次折磨着这个本就贫困的家庭。来巧荣的老伴戴新田，因脑中风，落下后遗症，丧失劳动能力。两个儿子也先后得过大病，全家欠下了20多万元外债。“我有十几年的喉疾，以前舍不得花钱看病，一直拖着忍着”。

但从 2014 年开始，来巧荣一家不再为看病付不起昂贵费用而发愁。2014 年 12 月中旬，来巧荣老伴的高血压又复发，来巧荣又因为喉咙疼得无法吞咽，双双住进了医院。出院时，费用高达 6324 元，但和以往不同，这次她只出了 632 元。来巧荣掏出一本绿封皮的红安县精准扶贫医疗救助证，里面记载着救助结报金额和个人自付金额。“以前到县医院看病新农合只报 60%，现在是按 90% 的比例报，这 600 多块钱，我卖七只母鸡就能凑够了。”“小病硬扛不治、大病因贫难治”是因病致贫返贫的真实写照。

据统计，红安县 53855 贫困人口中，因病致贫返贫人数占比 49%。县卫计局局长罗卫国介绍，大病年花费可能高达几十万元。过去贫困对象享受新农合和大病保险政策后，自费至少还要承担好几万元，仍是很重的负担。2015 年，红安县推出精准扶贫医疗救助新政：乡镇、县、省三级定点医疗机构住院费用报销比例上升到 90%，个人自费只承担 10%，且当年自费部分累计超过 5000 元还有财政兜底。同时简化结账手续，“入院不交费报账一站式、结算一次性”，让贫困户轻松便捷就医。因病致贫、因病返贫人口基数庞大，需要多少资金才能兜得住？据测算，该县贫困人口医疗救助兜底每年大概需要 2400 多万元。“通过整合扶贫专项资金，财政配套指标解决一部分，基金结转追加解决一部分，大病保险支付解决一部分，医院降费让利解决一部分。这个底兜得住！”红安县副县长郭金城很有信心。

上新集镇韭菜园村 26 岁的袁太平 2012 年因胸膜炎住院接受治疗，几年下来治疗费用 26 万元，花光了父亲养猪攒的所有积蓄，家庭也因此严重返贫。2015 年 10 月袁太平再次住院，总费用达 1530 元，可他没想到这次出院时仅仅交了 153 元的治疗费用。政策好了，如何防止小病大治、大病久治等过度医疗现象？红安县除了施行分级医疗部门监管外，还创新引入保险公司作为第三方，监督医院和贫困户的规范诊疗。每人建立一份健康档案，每人确定一名健康管理家庭医生。目前，红安县 53855 名精准扶贫医疗救助对象中，已有 40732 名贫困户完成免费体检，建立了健康档案，其中一般疾病和重大疾病人员共有 12789 人。医疗救助新政自 2015 年 10 月施行以来，全县已结算住院人数 1121 人，总住院费用 454 万元，其中精准扶贫医疗救助 181 万元，新农合报销 227 万元。

资料来源：孟静、郭振意：《红安医疗救助为贫困户兜底：让乡亲不再因

病返贫》，《湖北日报》2016年2月27日。

专栏2-5-2 宜昌市提高医保报销比例

宜昌农民吕益（化名）因患肺癌在武汉协和医院接受住院治疗，对这个并不富裕的家庭来说，高达20余万元的医疗费用几乎是个难以承受的天文数字。幸运的是，因参加了新农合大病保险以及中国人寿宜昌分公司的大病补充医疗保险，吕益最终报销医疗费用142369.98元，近全部费用的70%，解了燃眉之急。

为了预防农村居民因大病医治返贫，中国人寿宜昌分公司在全市开展了大病补充保险业务，报销比例最高可达90%。此前，宜昌市新农合大病保险报销比例分为三档，分别是报销50%、60%、70%。为了进一步减轻居民负担，中国人寿宜昌分公司在全市开办大病补充保险业务后，已经参加了新农合的农民采取自愿投保的方式，每年每人仅需缴纳保险费50元，大病医疗费报销比例可分别增加10个、15个、20个百分点，即报销60%、75%、90%。这项保险业务减轻了大病患者负担，深受好评，该公司也先后荣获全国五一劳动奖状、全国金融五一劳动奖状。为更加方便地服务农民，宜昌分公司招聘了708名驻村代表，基本覆盖了全市主要行政村，以乡镇为单位打印实付赔款清单明细，由驻村代表张贴公示；部分村还建起了"大病保险爱心服务站"。

"在宜昌地区定点医疗机构结算医疗费时，居民可以一站式即时结算；在外地务工的农民，可以回到宜昌结算。目前，我们正在进行全省联网。"该公司总经理陈家勇介绍说。他们与全市35家定点医疗机构分别签订了合作协议，悬挂"城乡居民大病保险定点医疗机构"标识牌。在服务居民的同时，大病保险的开展还进一步发挥出监督医疗机构、进行风险管理的作用。据中国人寿湖北省分公司总经理王吉山介绍，他们针对一些金额较大、信息缺失的案件及外伤案件选择性地进行了审核，2013年核减了233万元不合规的医疗费用；2014年通过核查医疗费用、异地调查、外访调查等方式，核查出607笔不合规医疗费用，避免了大病保险及基本医保基金不合理开支430余万元。从全省来看，湖北省分公司累计为12.1万名大病患者支付了大病保险赔款，人均赔款3215元，占患者人均医疗费用支出的10.6%，最高单笔赔付58.97万元，切实减轻了参保居民负担。

资料来源：程莉莉：《预防农民因病返贫，宜昌提高医保报销比例》，《工人日报》2015 年 6 月 4 日。

专栏 2-5-3　荆州实现贫困人口医保全覆盖

荆州 40 多万贫困人口中，因病、因残致贫率达 74% 左右，其中因病致贫率高达 58%。健康是“1”，其他是“0”，如何筑牢这 58% 贫困人群的健康防线？荆州全面实施健康扶贫工程，实现贫困人口参保全覆盖，减轻看病负担，为贫困户“除病根”“拔穷根”，筑牢健康之基。

第一，“小病扛大病拖”成历史。35 岁的朱玉青终于当上爸爸，他说是健康扶贫圆了他的梦想，也救了他的家庭。朱玉清是沙市区岑河镇白渎村村民，3 岁时因为高烧患上小儿麻痹症，腿脚行动不便。妻子徐伟患先天性心脏病，生育风险较高。2015 年荆州市民政局和荆州市中心医院帮助徐伟做了心脏修复手术，绝大部分住院医疗费得到报销。养好身体后，徐伟顺利生下一个健康可爱的宝宝。“因病致贫、因病返贫是江汉平原贫困的主因。江陵县从 2016 年开始率先试点一揽子健康扶贫政策，把当时所有关于健康扶贫的政策‘串珠子’一样串了起来。”荆州市医保局副局长乐梅介绍，在此基础上，全市逐步统一执行健康扶贫“985”政策，即农村贫困人口在县域内住院医疗费用报销 90%，大病、特殊慢性病医疗费用报销 80%，年度个人负担医疗费控制在 5000 元以内。荆州市扶贫办副主任刘胜介绍，荆州贫困人口基本医疗保险实现全覆盖，医疗费用实现定点医疗机构“一站式一票制”即时结算。去年贫困人口住院报销比例达到 92.78%，门诊慢性病就医实际报销比例 92.31%，基本解决贫困人口“看病贵”的问题。

第二，小病不用出村。“我和老伴都有高血压，家庭医生经常来给我测血压、检查身体。”公安县甘家厂乡炊皮山村年过八旬的贫困户薛光新说，跟政府签了一份合同，平时有个头痛脑热也不用发愁。薛光新签的“合同”，是家庭医生签约服务协议书。荆州市卫健委以炊皮山村为示范，为建档立卡贫困群众推出家庭医生签约服务。炊皮山村建档立卡贫困户 106 户全部签约，采取“1+1+1+1”签约模式：1 名市级三级医院医生 +1 名县级医院医生 +1 名乡卫生院医生 +1 名村卫生室医生组成家庭医生签约服务团队，为签约成员提供健康指导、疾病咨询、上门随访、政策优惠等系列服务。荆州市卫健委驻炊皮山村扶贫工作队队长王万元介绍，驻村以来，他们发挥卫健部门优势加强对炊皮山村卫生室的帮扶，邀请三甲医院医生开展大型义诊，为老百姓送医送药送健康。荆州市卫健委副主任彭康介绍，医疗资源不均衡，导致农民小病也要往县里甚至市里跑，加重了贫困户经济负担。为解决农民有地方看病，荆州在全市2394个村都建立村卫生室，消除乡村医疗卫生机构设置空白点。同时，该市推进优质医疗资源下沉，全市组建899个家庭医生签约服务团队，近40万贫困户慢性病患者纳入签约服务管理，让农村贫困人口在家也能享受优质医疗服务。

第三，种植药材"金疙瘩"。"别小看这个像芋头的土疙瘩，它可是'金疙瘩'。"洪湖市峰口镇朱市村种植户陈美珍算了一笔账，"水稻每亩收益不到1000元，棉花不到2000元，半夏却有5500元。"丈夫早逝，儿子残疾，陈美珍用柔弱肩膀撑起了家。驻村扶贫单位荆州市中医医院健康扶贫为她除了"病根"，产业扶贫又帮她拔了"穷根"。"朱市村是省级贫困村，此前一直没有找到合适的特色产业之路。"荆州市中医医院驻村工作队干部汪振华说，根据村里的自然条件，请来专家论证后，决定发展特色中药材种植产业，向大健康产业延伸。2019年，荆州市中医医院为陈美珍等贫困户提供资金，联系潜半夏药业有限公司提供种子、农资及技术支持。2020年6月，半夏丰收。看到好收成，朱市村决定流转20亩土地种植半夏发展村集体经济。荆州市农业农村局数据显示，近年来当地农民开始种植中药材，现有中药材种植面积4.2万亩。值得一提的是，江陵县自2013年"半夏人工种植"成功以来，全县种植面积达3000亩，年产量1000吨，总产值8000万元，经济效益非常可观；松滋市葛根种植面积5000亩，以"公司＋合作社＋农户"的经营模式经营，2019年实现经济效益超5000万元。"荆州是农业大市，以传统作物为主。中药材种植等特色产业具有附加值高、市场广阔等特点，更能带动脱贫致富。"荆州市农业农村局发展规划科负责人李磊博士介绍，荆州已摸索出一条可复制、可推广、可持续的中药材种植产业精准扶贫之路，"绿水青山"与"金山银山"融合并进发展。

资料来源：张茜、黄煦晴、王路：《荆州实现贫困人口医保全覆盖》，《湖北日报》2020年10月26日。

专栏 2-5-4　安陆打好健康扶贫组合拳

“太感谢你们了，坐在家里就有医生来看病！”2020 年 7 月 11 日，见到上门的镇卫生院家庭签约医生，安陆市洑水镇文武村贫困户卢永银连声道谢。与他一样，洑水镇所有精准扶贫对象都可以享受到家庭医生上门就诊体检服务。安陆市扶贫攻坚指挥部提供的数据显示，目前，全市贫困人口健康档案建档率、签约服务率均达 100%。

第一，四条保障线让贫困患者看得起病。“没有国家好政策，我老伴命早丢了。”7 月初，见到上门回访的卫健系统干部，安陆市南城街道办事处金沟社区一组建档立卡贫困户蒋从俊说。蒋从俊说的“好政策”，就是“四位一体”健康扶贫模式——基本医保 + 大病保险 + 医疗救助 + 补充医疗保险。“这四条保障线，可以有效防止贫困户因病致贫、返贫。”安陆市卫健局副局长李召涛说。数据显示，安陆目前有贫困人口 25724 人，其中因病致贫 13537 人，占比 52%。政府按照每人每年 200 元的标准，为所有贫困人口购买了补充医疗保险，确保住院报销比例达 90% 以上。蒋从俊的老伴胡有珍，患胃恶性肿瘤。2019 年住院 15 次，医疗总费用达 27 万余元，享受“四位一体”政策各项报销后，个人支付仅为 24624 元，实际报销比例为 91%。“小病变大病，大病要人命”，这是很多贫困患者的无奈。为打破这种无奈，让贫困患者看得起病，安陆持续推进“三个一批”健康扶贫行动：大病集中救治一批，慢性病签约服务管理一批，重病兜底保障一批。这些政策覆盖 100% 的贫困群体，30 种重大疾病由政府兜底保障。贫困患者在县域内住院，可“先诊疗后付费”“一站式一票制”即时结算。安陆市卫健局提供的数据显示，2019 年，该市贫困人口住院 18057 次，总费用 8930 万元。“四位一体”合计报销 8088 万元，实际报销比例 90.57%。

第二，分级诊疗让贫困患者看得好病。5 月 19 日，安陆市洑水镇建档立卡贫困户、69 岁的杨祖国，在洑水镇中心卫生院诊断出心脏病，被转到安陆普爱医院心血管内科。住院 11 天，杨祖国症状缓解，病情好转。5 月 30 日，他办理出院手续，从普爱医院转回洑水，继续康复治疗。首诊在基层、大病向上转、康复回乡镇。作为全省 28 个分级诊疗试点县市之一，2015 年起，安陆正式实施分级诊疗。让群众就近享受优质医疗服务，初步建立“基层首诊、双向转诊、急慢分治、上下联动”的分级诊疗体系。为提升基层诊疗水平，安陆加快紧密型医共体建设。2019 年底，按网格化布局，以市人民医院（市普爱医院）、市中心医院为牵头单位，分别与南城社区服务中心、赵棚卫生院、巡店卫生院等 15 家基层医疗单位组建两家紧密医共体。村卫生室和社区卫生服务站依托乡镇卫生院和社区卫生服务中心，纳入医共体业务一体化管理。远程会诊是医共体建设的重要内容之一。目前，安陆开通远程 DR、心电、B 超、检查检验会诊服务。疫情防控期间，实现城乡区域协同医疗。医共体内开通救治“绿色通道”，让贫困患者“方便看病”“看得好病”。安陆市普爱医院在一楼二楼均设立精准扶贫报销窗口。该院医保科主任席立介绍，贫困患者 12 种门诊特殊慢性疾病、26 种门诊重症疾病产生的费用可纳入报销。入院时先只交纳住院起付线，出院时享受“先诊疗后付费”待遇，按政策结清个人自付费用。2019 年，该院健康扶贫对象住院 4369 人次，医疗费用共计 3006 万元，报销比例为 91.60%。

第三，健康管理让贫困人口少生病。“有了家庭医生，经常咨询，懂得更多的健康知识，对自己的健康更放心。”周国平是南城街道办事处金沟社区二组建档立卡贫困户，很满意家庭医生李顶的服务。周国平是南城社区卫生服务中心的签约服务对象。他因车祸致残，患有高血压。李顶作为他的家庭医生，经常上门回访，询问其健康状况，指导用药，还为他做了一次健康体检。李顶与金沟社区二组 12 户 25 名建档立卡贫困户签约。每次挨家上门服务，一轮下来，要花 3 个小时左右。南城社区卫生服务中心副院长王小明介绍，2019 年该中心有全科医生、护士、乡村医生等 55 人，组建 3 个家庭医生团队，共签约贫困人口 736 人，签约率达 99.73%。家庭医生团队依据协议约定，为签约贫困人口规范提供基本医疗、公共卫生、健康管理等服务。2019 年，该市贫困人口已签约 25394 人，签约率 97.44%，已体检 19427 人，体检率 74.54%。为调动医务人员签约服务积极性，安陆出台政策，按照每名贫困人口每季度上门服务一次补助 7 元的标准，对签约团队进行补助。“我们将实现对所有贫困人口应签尽签、应检尽检。重点加强对已签约贫困人口中高血压、糖尿病、结核病、严重精神障碍等慢性病患者的规范管理和健康服务。”安陆市卫健局副局长何亚林说。

资料来源：董晓方、蒋鹏飞：《四等保障线 + 分级诊疗 + 健康管理：安陆打好健康扶贫组合拳》，《湖北日报》2020 年 7 月 24 日。

六、生态扶贫促进绿色发展

生态扶贫是将生态保护与扶贫开发相结合的一种扶贫工作模式。国家发展和改革委员会国务院扶贫办等六部门于 2018 年 1 月 18 日印发《生态扶贫工作方案》，要求到 2020 年，贫困人口通过参与生态保护、生态修复工程建设和发展生态产业，收入水平明显提升，生产生活条件明显改善。贫困地区生态环境有效改善，生态产品供给能力增强，生态保护补偿水平与经济社会发展状况相适应，可持续发展能力进一步提升，湖北省的生态扶贫实践，近年来取得了显著成效。

（一）湖北生态扶贫成效

在生态扶贫中，不断完善党委领导、政府主导、企业和社会各界参与的体制机制，强化顶层设计，通过政策优惠、完善公共服务等多种途径，引导社会力量参与到生态扶贫之中，积累了实现脱贫攻坚与生态文明建设“双赢”的宝贵经验。2015 年，湖北省创新生态扶贫模式，增加重点生态功能区转移支付，扩大政策实施范围，让有劳动能力的贫困人口就地转成护林员等生态保护人员。[1] 党的十八大以来，习近平总书记明确指出，“我们既要绿水青山，也要金山银山。宁要绿水青山，不要金山银山，而且绿水青山就是金山银山”。为践行习近平总书记的“两山论”，2016 年，湖北以发展生态产业脱贫一批为突破口，结合供给侧结构性改革，实施林业扶贫攻坚规划，拨付天然林管护费 3 亿元，加快建设天然林资源保护工程。率先在贫困地区实施森林生态效益补偿，贫困林农人均增加现金收入近千元，选聘 2.5 万名贫困人口担任生态护林员，让绿水青山成为建在贫困林农家门口的绿色银行。[2] 2018 年全省设置贫困人口生态护林员岗位 3.375 万个。2019 年，全省林下经济经营和利用面积达到 2308.2 万亩，惠及近 300 万贫困人口。落实贫困地区公益林生态补偿金近 7 亿元。选聘 6.68 万贫困人口为生态护林员，发放补助资金 2.67 亿元。[3]

---

[1]　资料来源：《2015 年度湖北省脱贫攻坚发展报告》。

[2]　资料来源：《2016 年度湖北省脱贫攻坚发展报告》。

[3]　资料来源：《关于报送 2019 年度湖北省脱贫攻坚工作总结的报告》。

2020 年，全省选聘 6.69 万名贫困人口为生态护林员，吸纳 1400 个建档立卡贫困人口参与水土保持重点工程，通过封禁治理管护等措施新增 200 个生态扶贫岗位，着力推进生态扶贫，全省落实贫困地区公益林生态补偿金近 7 亿元。[1]

牢固树立“绿水青山就是金山银山”的理念。在生态扶贫工作中树立“绿水青山就是金山银山”的理念，就是要把扶贫项目的实施同生态环境保护紧密结合起来，不以牺牲环境为代价脱贫；建立有效的绿色转化机制，因地制宜地将绿水青山转化为金山银山，实现可持续减贫和绿色发展的共赢。同时，用好贫困地区“绿水青山”资源，根据当地特点发展绿色产业，打造贫困地区绿色品牌，为贫困地区稳定脱贫及后续可持续发展夯实内力。只有将资源变为资本，通过资本创造出财富，才是减贫富民的根本之路。

精准识别生态贫困。通过精准识别，建档立卡，确定生态扶贫的范围，明确生态扶贫的对象及其致贫原因、应采取的帮扶措施。通过精准识别，做到政策资源的有效对接，逐步实现生态扶贫由“大水漫灌”向“精准滴灌”转变，切实做到对扶贫资源精确配置，对扶贫对象精准扶持。同时，根据不同时期的贫困工作开展状况和成果调整贫困识别机制。

建立多元化的生态扶贫资金投入。生态扶贫资金保障机制是由国家财政投入，带动社会资本参与的多元组合机制。持续加大中央财政对国家重点生态功能区中贫困县的转移支付力度及贫困地区重要生态产品供给的投入保障，通过推动贫困区实施生态综合补偿，解决生态贫困问题。创新绿色金融为生态扶贫广辟资金渠道，将金融政策融入区域生态保护规划和经济社会发展规划，强化绿色金融与相关扶持政策对贫困地区的支持力度。拓宽社会资本来源渠道，缓解政府财政资金压力，有效分散风险，提高资源优化配置及项目运作效率，保障各方利益。大力发展生态产业，提升贫困地区“造血”功能，使生态产业资金为生态扶贫提供重要保障。

建立有效的生态扶贫保障制度。生态扶贫能否成功，制度是关键。一是建立完善的监管机制。落实生态脱贫攻坚责任制，层层传导压力，压实脱贫责任；制定和完善有关生态扶贫干部考核管理制度；建立严格的生态扶贫资

[1] 资料来源：《中共湖北省委 湖北省人民政府关于2020年全省脱贫攻坚工作总结的报告》。

金审批、拨付、使用流程。二是建立完善协调服务机制。生态扶贫往往跨行业、跨产业、跨地区运作，涉及农业、林业、扶贫、环保等多部门，生态扶贫重点地区要加强协调。三是建立长效保障机制。既要通过生态扶贫解决目前的贫困问题，也要防止脱贫后的返贫问题，立足长远建立制度，保持生态扶贫各项措施的稳定性和持续性。

（二）典型案例

五峰县位于湖北省西南部，属于武陵山支脉，以喀斯特地貌为主，是一个典型的少数民族山区县。属亚热带温湿季风区，山地气候显著，四季分明，年均日照 1533 小时，年均气温 13℃～17℃，无霜期 240 天，年均降水量 1600 毫米。县境东邻宜都市和松滋市，西接鹤峰、巴东两县，南抵湖南省石门县，北接长阳土家族自治县。全县面积 2372 平方千米，辖 5 镇 3 乡 96 个行政村 12 个社区居委会，总人口 20.8 万人。[1]

1. 生态环境逐步好转

五峰县贫困地区基本上都是生态脆弱地区，很多地区不宜人居，如果一味地按照传统的方式开展生产生活，对自然资源的过度利用和对生态环境的恣意破坏，将导致不可逆转的生态恶果。在生态扶贫过程中，通过农村能源项目建设、退耕还林还草项目建设等，使得生态环境得到了初步改观，促进了美丽乡村建设。例如，在生态扶贫过程中，由农业农村局和扶贫办负责组织实施农村无害化卫生厕所建设和改造工程，对五峰县农村家庭厕所建、改推荐三种模式，即三格化粪池式、“三联”沼气式、上下管道水冲式。

“厕所革命”攻坚行动计划从 2018 年下半年到 2020 年，通过三年努力，全县完成农村无害化卫生厕所建设和改造 7000 户，农村公厕建设和改造任务 102 座，城镇公厕建设和改造任务 45 座，旅游厕所建设和改造任务 30 座，交通厕所建设和改造任务 4 座，全面改善城乡人居环境，助力美丽乡村建设。“厕所革命”的践行，提高了人民群众的环保意识和卫生防病意识，引导老百姓养成了良好的卫生生活习惯。

---

[1]　数据来源：《2018 年五峰土家族自治县政府工作报告》。

2. 生态产业初具规模

五峰县大力实施生态产业扶贫工程，全面抓牢抓实生态产业扶贫工作，按照“1+1+N”模式（一名县级牵头领导 + 一个主责单位 + 多个配合协助单位）组建了 15 个产业扶贫专班，推动“专业合作式”产业扶贫，重点发展茶叶、蔬菜、中药材、干鲜果、中蜂等九大特色优势产业，加强培训指导，提升实效。组建农业、畜牧、林业等产业专业技术服务队 4 个。每个贫困村选派一名技术员驻村指导，每村培育 1 ～ 3 名科技示范主体。2017 年全县选派技术指导员 43 个，培育科技示范主体 475 个。全年共组织各类农业技术培训 50 余场次，培训农民 5642 人次，其中贫困村培训 1929 人次，产业脱贫户接受培训覆盖率达到 93.8%。抓实利益联结，稳定增收，全县 24 个贫困村自建、联建各类专业合作社达到 145 家，合作社建设率达到 100%。建立 12 个蔬菜基地，6 个茶叶基地，5 个畜牧养殖基地。制定出台产业扶贫政策，连续两年整合约 1.5 亿元资金促进产业发展，实现旅游、茶叶、五倍子、中蜂养殖等特色优势产业，覆盖全县 2.14 万贫困户。

在特色产业培育上，优化完善 7 项产业扶持奖补政策，2017 年产业补贴 2000 万元；在旅游扶贫带动上，发展全域旅游，推进美丽宜居乡村建设，促进 75% 的乡村旅游发展；出台贫困户发展农家乐奖补政策，让贫困户通过发展农家乐、采摘园、农业体验园等实现脱贫。在电商扶贫拉动上，大力推进电子商务进入农村，通过“互联网 + 电商龙头企业 + 专业合作社 + 贫困户”模式，2017 年，农产品电商交易额达到 1.5 亿元，大约带动了 2000 户贫困户增收。同时银行部门筹集了 2000 万元贷款风险基金，发放 2218 项扶贫贷款，共计 1.19 亿元，扶贫小额信贷有效解决了产业发展资金不足的问题。2017 年，综合融资规模达到 11.63 亿元，主要用于支持生态产业、农村基础设施建设和民生的发展，有效加快了五峰精准扶贫进程。

3. 生态补偿渐次推进

一是让贫困户参与林业项目建设，享受国家林业建设补贴。把林业建设项目与精准扶贫工作相结合，在实施退耕还林、造林直补、森林管护等林业项目建设中，优先向贫困村、贫困户实施生态补偿项目，全力打好生态建设项目补助扶贫主动仗，争取补助资金增加贫困户收入，助推脱贫。着力推进生态扶贫，全省落实贫困地区公益林生态补偿金近 7 亿元；2020 年选聘 6.69 万名贫困人口为生态护林员。

二是在建档立卡贫困户中聘请生态护林员，增加劳务收入。在建档立卡贫困户中，选聘符合条件的人员作为生态护林员，让一批有管护能力的贫困人员就地就业，享受劳务工资收入，助推脱贫。共选聘（续聘）生态护林员950人，让其在生态保护中获得收益，完成管护任务，经考核合格，按每人每年4000元兑付管护工资。

三是坚持把农村能源建设项目向贫困地区、贫困户倾斜，大力改善建档立卡贫困户生活条件。全县农村能源建设项目太阳能热水器4968套、成品炉灶3456台，每套太阳能热水器价格2580元，县级补助1780元、农户自筹800元，每台成品炉灶价格759元，县级补助609元、农户自筹150元。其中：太阳能热水器用户中建档立卡贫困户有3478户，占70%，县级补助资金达619万元；成品炉灶用户中建档立卡贫困户有2765户，占79%，县级补助资金达168万元。

七、兜底保障织密民生网底

兜底保障作为脱贫攻坚重要的制度安排，是“五个一批”分类施策的重要内容，是脱贫攻坚最后一道防线。对特殊贫困群体，特别是无劳动能力的贫困人口、贫困户，在其他帮扶政策发挥不了作用时，就要靠制度来兜底。有了兜底保障等制度，才能够做到解决绝对贫困不落一人、不留“锅底”。

（一）湖北兜底保障成效

1. 织牢织好兜底保障网

我国基本养老保险覆盖超过9.5亿人，失业参保人数在2亿人以上，且多年来保障待遇稳步提高；在基本医疗体系中，针对农村贫困人口的大病、重病住院报销比例已提高至90%左右；近年来累计建设的8000多万套保障房和棚改安置房，帮助2亿多人安了家……贫、寡、孤、残等特殊群体，整体上实现了老有所养、病有所医、居有所安。[1]

在遭遇自然灾害、突发公共卫生事件等冲击时，从中央到地方各项政策

[1]　邱超奕：《把兜底保障网做密做实》，人民网，2020年5月15日。

及时出台、精准实施。比如，为应对食品等价格上涨，中央财政将 2020 年 3 月至 6 月的价格临时补贴金额提高 1 倍发放，且扩大补贴人群范围。财政部门为此提前安排 1030 亿元救助补助资金，很快又追加约 530 亿元，资金额度超过 2019 年全年实际执行数。

湖北省建立防止返贫监测和帮扶机制，对脱贫不稳定户和边缘易致贫户，实施“一户一策”动态管理，关注他们的生产生活状况，逐户逐项排忧解难。相关管理部门设身处地为困难人员着想，创新保障内容和服务方式，帮到了点子上。

兜底保障政策执行中务必量力而行、尽力而为，相关措施、标准要重在“保基本”，围绕困难群众最现实、最紧迫的基本需要去发力，有多大能力办多大事情。不能大水漫灌、“撒胡椒面”，要真正把好事办好，让这张兜底保障网经得住风雨，经得起时间的检验。

2. 构建稳定脱贫长效机制

2019 年 10 月，湖北省出台《关于构建稳定脱贫长效机制的意见》，提出全省农村仍有贫困人口 39.95 万人，贫困村 1448 个，尚有 13 个县未实现脱贫摘帽，剩余的贫困对象都是坚中之坚。同时，脱贫人口比例逐年上升，巩固脱贫成果、防止致贫返贫任务日益繁重。面对脱贫与防贫压力双重叠加的严峻形势，建立脱贫防贫长效机制迫在眉睫。湖北省脱贫防贫工作的总体要求和主要目标是：聚焦深度贫困地区和解决“两不愁三保障”突出问题，坚定信心不动摇，咬定目标不放松，整治问题不手软，落实责任不松劲，转变作风不懈怠，确保 2019 年 13 个贫困县、33 万贫困人口脱贫出列；确保 2020 年剩余 6.95 万贫困人口全部稳定脱贫，高标准高质量打赢脱贫攻坚战；确保做到“四个不摘”，巩固扩大脱贫成果，建立健全防贫长效机制，夯实贫困地区乡村振兴和长远发展基础。要着力打好高质量打赢脱贫攻坚战、推进脱贫攻坚与乡村振兴战略有效衔接、创新工作机制三个部分 15 项措施。湖北省聚焦深度贫困地区、特殊贫困群体，继续坚持“两不愁三保障”脱贫标准。在 2020 年，一手抓剩余贫困人口的脱贫，一手抓已脱贫人口的巩固提升。

2019 年，湖北省共有 92.5 万人脱贫，800 个贫困村出列，贫困发生率由 2018 年年底的 2.4% 降至 2019 年年底的 0.14%。[1] 工作重心从注重脱贫向脱

[1] 数据来源：《2019 年湖北省脱贫攻坚发展报告》。

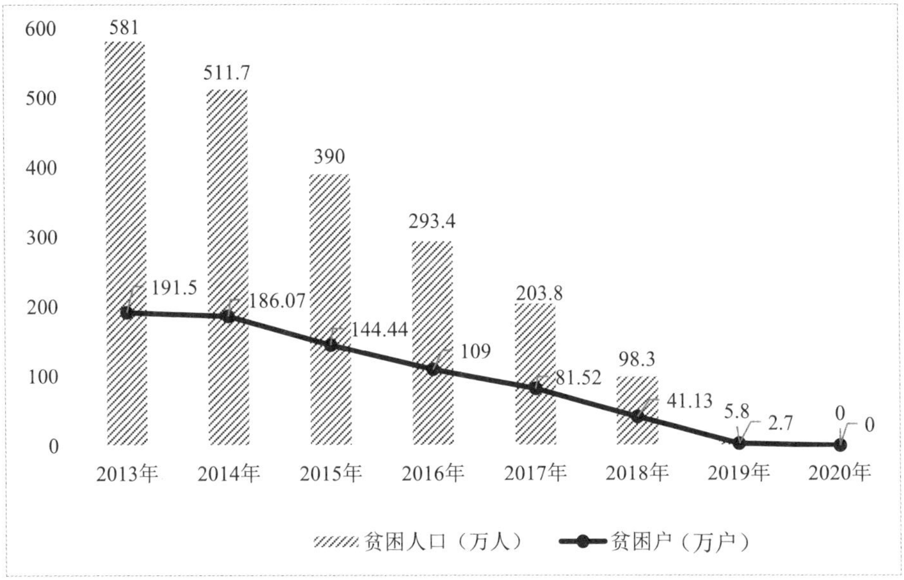

图 2-7-1　2013—2020 年湖北省贫困人口变动情况

贫和巩固提升并重转变，严格落实“四个不摘”要求，保持政策连续性，保证脱贫攻坚质量。全省建立健全返贫监测预警和动态帮扶机制，对边缘户和易致贫、返贫人口进行动态监测，及时提供帮扶。同时，将保险纳入防贫保障体系，坚持“农户自愿、政府补贴、社会资助、市场调节”的思路，对贫困人口、收入水平略高于建档立卡贫困户的群体，量身定制保险，使这些人初步具备抵抗风险的能力。对全省有劳动能力的贫困人口主要通过产业扶贫、就业扶贫、金融扶贫等帮扶措施，确保持续增收、稳定脱贫；对完全丧失劳动能力和部分丧失劳动能力且无法依靠产业扶持和就业帮助脱贫的贫困人口，实施政策性保障兜底；对低保家庭中的老年人、未成年人、重度残疾人和重病患者等特殊困难对象，按照不低于当地月低保标准的 20% 增发补助金；对建档立卡的重度残疾人和享受农村低保的残疾人纳入困难残疾人生活补贴和重度残疾人护理补贴范围，推进供养服务机构为农村贫困重度残疾人提供托养服务。

（二）典型案例

1. 兜底严密，保障有力

打好脱贫攻坚战是实施乡村振兴战略的优先任务。2020 年是我国脱贫攻坚决战决胜之年，在地方实践中，湖北省委、省政府始终把脱贫攻坚作为“头等大事”和“第一民生工程”，不断巩固脱贫攻坚成效。湖北省是农业大省，农业资源丰富，2020年，乡村振兴取得重要进展、走在中部前列，制度框架和政策体系基本形成。其中，贫困县全部摘帽、贫困村全部出列、建档立卡贫困户实现脱贫，小康社会全面建成。实现脱贫攻坚与乡村振兴的统筹衔接，彰显了中国共产党领导和中国特色社会主义制度的政治优势，体现了实现共同富裕的社会主义本质要求。

近年来，湖北省充分利用各方资源，凝聚各方力量，齐心协力，农村扶贫事业取得举世瞩目的成就。2017年湖北省扶贫攻坚领导小组出台了《湖北省深度贫困地区脱贫攻坚工作实施意见》，制定了13条硬措施，新增脱贫攻坚资金与项目主要用于和布局于深度贫困地区，以产业化扶贫和异地搬迁扶贫为依托，整村推进消除贫困。2013—2018年减贫进程明显加快，2018年湖北省105.5万人脱贫、963个贫困村出列、17个贫困县摘帽，贫困发生率从2014年年初的14.4%下降到2.4%，年均减贫92万人以上;2018年国家考核反馈，湖北省贫困退出准确率为99.75%，脱贫质效明显提升。贫困地区基础设施进一步改善，公共服务水平稳步提升，社会保障兜底更加牢靠，区域贫困有效缓解，脱贫根基不断夯实，群众的获得感不断提升。其中，全省9个深度贫困县减贫8.21万户、23.32万人，171个贫困村出列，3个深度贫困县实现脱贫摘帽，贫困发生率由21.4%降至7.11%，退出准确率达98.42%，群众满意度达98%以上。2019年湖北省大力推进产业扶贫，惠及贫困人口316万人；深入推进易地扶贫搬迁，全面完成31.83万户、88.23万人的易地扶贫搬迁建设任务。湖北省92.5万人脱贫、800个贫困村出列，2019年末农村贫困人口为5.8万人，贫困发生率由2018年年底的2.4%下降到0.14%。脱贫攻坚中的“两不愁”问题得到基本解决，“三保障”水平显著提高。[1]

2. 不落一人，生动实践

（1）广水市“五个落实”健全社会救助兜底保障网[2]

2020年以来，广水市聚焦特殊群体和群众关切，弘扬伟大抗疫精神，采

[1] 数据来源:2018年湖北省扶贫开发统计监测资料。

[2] 湖北省人民政府扶贫开发办公室:《广水市“五个落实”健全社会救助兜底保障网》，湖北省乡村振兴局官网，2020年7月14日。

取多项措施确保贫困人口兜底保障不漏一户、不落一人，努力提升群众获得感、幸福感、安全感。

第一，应保尽保，落实农村低保政策。强化农村贫困人口低保倾斜政策，持续稳步提高城乡低保标准，用足用好贫困家庭“单人户”施保、特殊刚性支出核算扣减、低保渐退等针对贫困人口的倾斜政策，确保兜住底。全面下放城乡最低生活保障审批权限至各镇办，缩短审批时限，方便群众办事，实现便民精准高效救助。强化农村低保与扶贫开发“两项制度”有效衔接，保证精准救助。关注孤寡老人、重度残疾人、重病患者和事实无人抚养儿童，优先将他们纳入兜底保障和临时救助范围。2020 年 4 月 1 日起，继续提高全市城乡困难群众基本生活保障标准，城市低保月人均达到 500 元，农村低保月人均标准提高 36 元，达到 407 元。2020 年新增农村低保 118 户 254 人，其中新增建档立卡贫困户 116 户 249 人。

第二，应救尽救，落实临时救助政策。广水市充分发挥临时救助在脱贫攻坚中“救急难、补短板”的作用，着力在政策普及、方法改进、责任落实等方面统筹推进，对因遭遇意外及突发事件等原因导致的各类突发性、紧迫性、临时性基本生活困难的，给予临时救助。每年发放临时救助资金 1000 万元。2020 年 1—6 月份，临时救助 7151 人次 598.1 万元，其中救助建档立卡贫困对象 636 人次 56.7 万元。

第三，应养尽养，落实特困供养政策。2016 年以来，累计投入 2060 万元用于各镇办福利院改扩建和维修，让院内老人留得住、院外老人愿入住。同时，在骆店镇农村福利院开展“公建民营”，在广办、武胜关福利院购买民办福利院服务等改革试点，让老人享有更好的照料和康复治疗服务。创新开展政府购买救助服务，委托第三方专业社工机构，分上、下半年对全市 18 家农村福利院及福利院院长进行了工作考核，全面提升全市农村福利院管理服务水平。

第四，应享尽享，落实救助补助政策。落实困难老年人、残疾人、孤儿以及“三留守”等特殊困难群体的生活保障和关爱。强化社会救助政策综合运用，健全残疾人“两项补贴”标准动态调整机制。落实各项补助和提补政策，发放困难群体价格临时补贴，城镇和农村每人每月分别为 196 元和 146 元；重度残疾人每人每月 150 元护理补助，困难残疾人每人每月 100 元生活补贴；自理特困人员每人每月 284 元、半失能特困人员每人每月 384 元、失能特困人员每人每月 1333 元的护理补贴，每户每月 15 度电费补贴。

第五，应管尽管，落实关爱监护机制。加大农村“三留守”关爱保护工作实施力度，建立健全农村社会保障体系。各镇办配备“三留守”督导员，村（社区）配备“三留守”主任。开展暑期安全隐患排查，举办“爱满荆楚”“七彩童年”“希望家园”“双结双促”等活动，留守儿童 3500 人次受益，督促监护人加强监护责任，确保儿童暑期安全；大力推进“三直达”工作，建立农村留守老人关爱服务体系和救助保护机制，更新留守老人信息台账，把关爱服务落到实处。

（2）随州市社保扶贫“一个都不能少”[1]

近年来，湖北省随州市积极发挥城乡居民养老保险作为“社会保障兜底扶贫”的抓手作用，截至 2020 年 6 月，全市 13.08 万建档立卡贫困人口和 4.81 万低保对象、特困人员、重度残疾人等特困对象全部纳入城乡居民养老保险统筹范围，17.87 余万贫困人员全部实现动态清零。

一是让“流浪”老人安心回家。“感谢张书记、感谢曾都区居保局帮我回了家，让我和村里其他老人一样享受到养老金待遇。”洛阳镇易家湾村的易志金老人手持社保卡向社保工作人员连连道谢。2019 年随州市社保扶贫工作如火如荼地展开，按政策凡年满 60 周岁的建档立卡贫困居民都可按月领取城乡居民养老保险待遇。通过信息比对发现只有洛阳镇的易志金老人没有享受待遇，全区贫困人员养老待遇实现应发尽发就少了这个“唯一”，“老金”成了社保部门和扶贫工作队的“心上人”。调查后得知，“老金”出生于 1948 年 12 月，因家庭原因于 1999 年离家出走，18 年间杳无音信。该地人社中心和驻村书记张教兵通过村民微信群广泛发动村民寻找“老金”，并特别叮嘱外出务工人员多多打听其下落。2019 年 12 月 5 日，有同村村民提供了老金在武汉的线索和联系方式。好不容易联系上后，老金却称自己在外流浪多年，一事无成，无脸回家；而且没有身份证既不能买火车票，也不能办理养老金领取手续，言语间哽咽不已。当天，张教兵驾车到武汉将其接回，先到当地派出所办理身份证，又带着老人到镇人社中心办理城乡居保待遇领取手续。就在这天，老金既有了“身份”又有了社会保障卡，在儿女的陪同下开开心心地回

[1] 湖北省人民政府扶贫开发办公室：《随州市念好“三字经”做好社保行业扶贫》，湖北省乡村振兴局官网，2018 年 2 月 6 日。

家养老了。为促进相关政策落地，近年来随州市社保部门积极与扶贫、卫健、民政、残联等部门对接，建立信息数据共享机制。根据贫困人员名册，实现部门间信息“应比尽比”；及时将未参保、未领取待遇的贫困人员纳入参保范围，实现“应保尽保、不少一个”。

二是让残疾人养老有保障。随州广水市十里办事处灵台山村的聂涛是重残帮扶对象，由于身体重度残疾、经济困难无力缴纳保费，一直未参加城乡居民养老保险。当地人社中心在收到广水市居保局监测的情况后，立即安排工作人员上门为聂涛办理参保手续，并将社保扶贫政策向其宣传：“只要符合城乡居民养老保险参保条件的重残人员、未脱贫的低保对象、特困人员等困难群体，广水市政府每人每年代缴保费 100 元。”聂涛激动地拉着工作人员的手说：“没想到，政府没有忘记我这样的残疾人，把晚年的生活保障都为我安排好了。”近年来，随州市社保部门对重度残疾人、建档立卡户贫困户、五保户等困难群体全面摸排、细致核查、不漏一人，对那些行动不便的残疾人员、孤寡高龄老人等提供上门服务、跟踪服务，让“信息多跑路，群众少跑腿”。

三是让精神病患者老有所依。2019 年 6 月，随州市随县居保局通过信息比对发现尚市镇敖鹏村年满 60 周岁的村民敖开海未参保领取待遇，村干部反映此人是严重精神疾病患者，行踪不定，时常失联。县居保局对此高度关注，将其作为局长督办的重点工作。该局副局长祁波协调当地派出所办理了身份证，因无社保卡还是领不了待遇。经多方奔走联系到其在武汉打工的弟弟敖开刚，请他从武汉赶回协助办理社保卡。经与县残联、县民政局、随县农业银行等部门沟通，终于将社保卡交到敖开刚的手中，敖开刚激动地说：“感谢居保局的各位同志，让我哥有了生活保障，帮我们家解决了后顾之忧。”如何将社保扶贫惠民政策精准落实到每一个贫困对象身上？这是社保扶贫政策落实落地的难点。为此，随州市社保机构对扶贫部门提供的人员信息“照单全收”，采取“三个一批”措施，保证扶贫路上一个贫困户都不掉队。开展“全民参保登记”解决一批，深入乡村社区，通过电视媒体网站、集中宣讲、发放宣传单等线上线下多种途径，积极进行养老扶贫政策宣传解释，引导贫困人员及时参保，将大部分贫困人员纳入进来；开展“大数据比对”解决一批，通过部门间数据信息共享核查，将失踪、失联及长期外地工作生活等符合条件的贫困人员“纳进来、保起来”；开展“上门服务”解决一批，全市组织 100 多个工作专班，重点解决建档立卡贫困人员的参保问题，挨家挨户上门走访，先后将500多名残疾人、“五保”户、智力障碍患者等特殊群体人员纳入参保范围，解决了最后的“死角”问题。

八、金融扶贫激活内生动力

金融扶贫是指利用银行信贷资金或者与国内外金融机构合作，从事产业开发，改善贫困地区、贫困农户生产生活条件的一种扶贫方式。党的十八大以来，人民银行、银保监会、证监会、国务院扶贫办等部门不断完善金融扶贫政策体系，通过加强宏观信贷政策指导，综合运用多种货币政策工具，调动全金融系统力量集中攻坚，引导金融机构将更多资源投向贫困地区，为打赢脱贫攻坚战提供有力支撑。

（一）湖北金融扶贫成效

2015年，湖北省建立金融扶贫特惠机制，出台《创新扶贫小额信贷实施意见》，对有需求的贫困户实现“10万元以内、三年期限、无担保、免抵押、全贴息”贷款全覆盖，并发放小额贷款23.9亿元。引导金融机构采取“担保基金+扶贫互助社+银行”“产业扶贫担保贷款”等融资方式，推进设立扶贫再贷款，尽力满足贫困地区经营主体需求[1]。2016年，湖北省创立“金融服务网格化”普惠金融模式，依托地方政府社会综合治理网格，建立金融精准扶贫工作站，有效对接当地贫困户和产业扶贫项目，推行“能人大户/合作社/小微企业/农业龙头企业+贫困户+银行”信贷扶贫模式，推出了30多个特色新产品，让金融服务进村，实现平台共享、信息共享、发展共促。鼓励和引导各类金融机构加大金融扶贫力度，在贫困村共建立2791个金融精准扶贫工作站。截至2016年10月底，全省扶贫再贷款余额15.03亿元。全省银行业扶贫贷款比年初增长20%，高于各项贷款平均增速6.6个百分点，通过加大脱贫投入，为推进脱贫攻坚提供了充裕的资金保障。[2] 2017年，湖北省创新扶贫小额信贷方式，建立小额信贷风险补偿金机制，创新贫困户信用评级办法；

---

[1] 资料来源：《2015年度湖北省脱贫攻坚发展报告》。

[2] 资料来源：《关于湖北省2016年脱贫攻坚年度总结的报告》。

借助“金融扶贫网格化”平台，实现4821个贫困村“村级金融精准扶贫工作站”全覆盖，实现插花贫困县“乡镇惠农金融服务站”全覆盖。创新保险扶贫模式，量身定做扶贫保险产品30余个，累计为全省贫困户提供130亿元风险保障；启动农村治安保险、自然灾害公众责任保险、巨灾保险、民生保险试点。创新运用扶贫再贷款政策工具，通过政府推动、人行撬动、主办银行能动、特色保险联动、市场主体带动、贫困户互动，确保扶贫再贷款落地。十堰市郧阳区创建了全国第一支扶贫公益股，丹江口市建立了2亿元的全国首家绿色产业扶贫基金，五峰县发行了规模5亿元的全国首单扶贫专项债券。湖北省探索出了银行业、证券业、保险业“三驾齐驱”助推脱贫的新路子。2019年，新增扶贫小额信贷21.66亿元、5.22万户贫困户获贷。强化资本市场扶贫，在国务院扶贫办的大力支持下，湖北和远气体已拿到证监会上市批文[1]。2020年新发放贷款55.05亿元，13.02万户贫困户获贷。强化资金保障，保持财政投入力度总体稳定，继续落实扶贫小额信贷政策。[2]

1. 湖北省农村金融扶贫主体

（1）以政府部门为扶贫主体

在省委、省政府的指导下，各部门也积极参与到金融扶贫的具体事务中来，主要负责金融扶贫相关政策的制定、统筹金融扶贫工作和对各个参与的金融机构进行指导与支持，这些部门和金融机构主要包括各级政府的扶贫办、地方金融部门、中央银行及其他银行等。中央银行的主要工作是制定相应的金融政策以影响金融系统的运营；通过利率和再贴现率的调整以支持各地金融机构增加扶贫信贷资金；对各地金融机构提供业务制定，帮助其顺利开展工作，积极探索金融试点；指导各地金融机构创新符合当地特色的金融产品。

（2）以金融机构为扶贫主体

一是政策性和开发性金融机构。政策性和开发性金融机构主要是指国家开发银行、中国农业发展银行和中国进出口银行等金融机构，这些金融机构一般由政府参股或财政直接出资成立，不以营利为目的，以贯彻中央政策为目标，在政府需要的范围内进行金融活动，促进政策的落实和社会经济的发

[1]　资料来源：《关于报送2019年度湖北省脱贫攻坚工作总结的报告》。

[2]　资料来源：《中共湖北省委 湖北省人民政府关于2020年全省脱贫攻坚工作总结的报告》。

展进步。这些金融机构的金融活动会带动社会资本和商业银行的投资，激活市场资金活力，助力金融扶贫。

二是商业性金融部门。商业性金融机构是指以吸收社会存款为资金来源，以盈利为目的的金融机构，主要有四大行和地方所属银行等。在农村金融扶贫体系中，起主要作用的商业金融机构主要是农行、邮政储蓄银行等。这些商业金融机构作为国家发放信贷资金的重要渠道，其主要业务在于发放信贷资金以支持贫困地区产业发展，完善各地贫困户的信用档案建设，根据信用情况合理发放小额贷款以支持贫困户创业等，增加贫困户收入，提升贫困户金融素养。

三是合作性金融机构。合作性金融机构主要指农村信用合作社，它是由社员入股组成，并为社员提供金融服务的金融机构，在农村贫困地区，发挥着重要的作用。相对于其他金融机构而言，其具有以下优势：一是在农村有着广泛的群众基础，二是对农村贫困地区比较熟悉，三是在农村地区分布广。

四是新型农村金融机构。新型农村金融机构主要有三种类型，即村镇银行、农村资金互助社和小额贷款公司。2006 年银监会发布《关于调整放宽农村地区银行业金融机构准入政策更好地支持社会主义新农村建设的意见》后，新型农村金融机构相继成立，但他们的资金来源略有不同，其中农村互助社的资金主要来源于财政扶贫专项资金，然后村民以入股方式注资，实行内部管理，管理人员由内部选举产生，对于管理人员只有少量工资。互助社资金主要用于村内的公共建设和贫困户生产，并实行封闭运行。其控制风险的主要途径是通过熟人社会对借款人进行识别，如果符合借款条件就签订借款合同，并通过社会压力和信用担保等方式对其还款进行施压，以减少信用违约。

农村小额贷款则以自由资金为主，根据相关法律法规规定设立，并且不吸收存款，只发放贷款。其贷款具有规范、简洁、快捷等特点，同时也弥补了民间借贷不规范、不合法的缺陷，农村小额贷款的设立对于农村贫困地区的资金不足、贫困户贷款难等问题具有深远影响和重要意义。[1]

2. 湖北省农村金融扶贫业务领域

（1）基础设施建设

贫困地区的基础设施建设一般都比较薄弱，这些基础设施主要包括一些

[1] 资料来源：《关于创新机制扎实推进农村扶贫开发工作的意见》。

道路交通、饮水和通信等问题，国家也在不断加大对贫困地区的金融投资，如南水北调工程、棚户区改造工程等，但是这些工程一般都周期长、资金需求量较大，所以由国家政策性金融机构提供资金支持。对湖北的基础设施薄弱的问题，湖北省各部门也积极与相关金融机构进行合作，如2016年湖北省交通运输厅与国家开发银行湖北省分行合作，为湖北交通扶贫事业融资500亿元等。

（2）扶贫搬迁

扶贫搬迁也是扶贫工作的一项重要举措。湖北的山区面积较大，扶贫搬迁工作也异常艰难，涉及地区多、贫困户多、资金短缺等多重问题，湖北省根据当地情况，与农发行、国开行等多家金融机构合作，共同发力促进湖北扶贫搬迁任务。根据《湖北省人民政府办公厅关于印发湖北省2016年度易地扶贫搬迁实施计划的通知》精神，湖北省扶贫开发公司与政策性银行签订金融扶贫融资的相关协议，然后由各地人民政府和扶贫部门与该公司签订协议进行融资，解决贫困过程中的资金问题。

（3）特色产业发展

产业扶贫是长久之计，是扶贫工作中的重点，主要以当地龙头企业为主体，带动当地上下游企业（包括当地农村、合作社等）共同发展，创造更多的就业机会，增加当地普通农民和贫困户的收入，为当地经济和贫困户提供可持续的发展力量。因此，在产业扶贫过程中，金融机构要对当地特色产业的发展有一定的政策倾斜，提供更便捷、高效的金融服务，支持当地特色产业发展。湖北省在金融扶贫过程中，高度重视产业扶贫工作，重视各类金融机构对湖北产业扶贫的支持力度。

（4）贫困农户生产贷款

贫困农户生产贷款是直接向建档立卡贫困农户提供信贷支持。其前提是金融机构先对贫困户进行建档立卡，然后对其信用和还款能力进行相应的评估，只要符合相应的最低条件，金融机构就可以对贫困户提出的贷款需求进行直接审批和拨付，不仅有利于贫困户快速得到贷款进行创业，增加收入，而且还有利于农村农户的信用体系完善与扶贫的精准性和有效性。但是金融机构在此过程中，承担了较高的信用违约风险和高成本，所以该项举措在实际推行中覆盖面有限。

（5）贫困家庭助学

教育是解决贫困问题最重要的途径之一，一个贫困家庭如果能够培养出一个大学生，那么该家庭基本可以摆脱贫困了。贫困家庭助学贷款就是解决贫困户大学生能够顺利入学且毕业工作的重要举措，该项举措具有较强的外部性，但该举措的投资周期较长，投入成本较高，因此，一般由政策性银行承担金融扶持工作。我国目前的助学贷款主要由省级教育部门与政策性银行省级分行共同合作，由县级教育部门具体落实完成，对于解决我国贫困户大学生入学具有重要意义。

3. 湖北省农村金融扶贫的运作机制

金融扶贫运作机制根据在金融扶贫中起到的作用程度大小，可以划分为以下三种。

（1）政府主导的金融扶贫运作机制

政府主导的金融扶贫运作机制主要分为以下几种：第一，政府出台针对贫困地区的金融优惠政策，通过对贫困地区金融市场提供贷款贴息补助，引导金融机构对贫困地区提供金融资源的支持。对于贫困地区的重点龙头产业，金融机构会在政策指导下进行信贷支持，并在借贷周期和借贷利率上根据政策灵活调整。对于贫困地区的贫困个体，金融机构会根据自身生产发展所需的资金需求，提供相对匹配的金融服务产品，促进贫困地区的经济产业稳步发展，提高贫困群体的收入水平，减少贫困人口的数量。第二，政府成立专项担保基金为贫困地区企业和个体提供信用担保，避免金融担保机构出于风险管控的考虑致使参与贫困地区金融扶贫的意愿不强。政府通过在银行开设专门风险担保账户，做到专款专用，确保财政资金的划拨专门用于对贫困地区的担保用途，金融担保机构根据政府的担保基金比例对贫困地区提供金融担保服务。不仅扩大金融资源在贫困地区的倾斜程度，而且有利于倒逼贫困地区群体建立良好的担保信用，以此来享受金融机构的担保服务。第三，政府出于宏观战略层面的规划，通过行政指令来指导金融扶贫的运行，具体通过央行和下级政府对涉及贫困地区的重点惠民项目进行指标配置，最终在金融扶贫主体各方的协调下完成政府的强制性指令。第四，人民银行根据扶贫发展态势对基层金融机构下发政策性的指导意见。以政府为主导的金融扶贫运作机制的优点是目的性非常明确，政策导向性很强，所以政府主导的金融扶贫运作机制适用于对贫困程度较深的地区，在政府的统筹部署下各金融扶贫主体会相互配合完成政府的宏观调控使命。但是这种运作机制的缺点也十分明显，政府会承担过高的运行成本，增加政府的财政负担，所以这种运作机制的可持续能力差，长期下来也会造成贫困地区群体对政府形成过度的依赖。[1]

（2）金融机构主导的金融扶贫运作机制

金融机构主导的金融扶贫运作机制主要是在市场化的条件下对贫困群体提供金融服务产品。目前，金融机构对贫困地区群体提供的金融服务产品逐渐多元化，能逐渐满足贫困群体的差异化需求，金融机构的帮扶形式也日趋多样化，除了传统的信贷、抵押担保和保险等金融服务外，还创造性地探索新型产权交易形式和专业化程度高的其他贷款形式等，不断扩大金融服务在贫困地区的覆盖范围。由金融机构主导的金融运行机制的优点是市场在金融资源配置中起决定性作用，服务形式多样，覆盖范围广，运作机制的可持续能力强。但这种运作机制也存在明显的缺陷，在贫困程度高的深水区，这种金融扶贫运行机制显得十分无力，金融机构的进驻意愿匮乏。

（3）新形势下政府与金融机构两者结合的金融扶贫运作机制

政府与金融机构两者结合的金融扶贫运行机制，是在金融扶贫新形势下衍生出的产物。实践表明，金融扶贫的推进不能脱离产业扶贫的基础，产业扶贫的壮大离不开金融扶贫的助力，这种运行机制融合了产业扶贫和金融扶贫，实现了政府和金融机构的优势互补。具体而言，政府依托于贫困地区的特色产业优势，以龙头产业为核心，围绕产业脱贫制定重点帮扶政策，借助于贫困地区的产业优势蓄势做大做强，引导带动贫困地区相关的其他上下产业的持续性发展，促进贫困地区经济稳步持续发展；在此基础上金融机构充分发挥出在金融扶贫中的杠杆作用，弥补了单纯依靠政府主导的运行机制的高成本缺陷，也能促进贫困地区金融市场的灵性循环运转，避免了运行机制的不可持续性。[2]

4. 扶贫小额信贷与 IPO“绿色通道”

扶贫小额信贷是为建档立卡贫困户量身定制的金融精准扶贫产品，政策

[1]　资料来源：《关于全面改革扶贫贴息贷款管理体制的通知》。

[2]　伍思凯：《湖北省农村金融扶贫模式选择和实现机制研究》，中共湖北省委党校硕士学位论文，2019 年。

要点是“5 万元以下、3 年期以内、免担保免抵押、基准利率放贷、财政贴息、县建风险补偿金”。截至 2020 年 7 月底，湖北省共设立风险补偿金 20.96 亿元，累计发放扶贫小额信贷 225.85 亿元，累计获贷贫困户 54.23 万户，累计户贷量 4.16 万元，累计户贷率 40.25%，贷款余额 83.59 亿元，逾期率 0.11%。

明确支持保障对象。扶贫小额信贷主要支持建档立卡贫困户（含已脱贫的贫困户），对有发展意愿和产业项目但缺乏资金的边缘户等监测对象，可提供扶贫小额信贷支持，确保能贷尽贷。

明确贷款用途。扶贫小额信贷要坚持户借、户用、户还，精准用于贫困户发展生产，不能用于结婚、建房、理财、购置家庭用品等非生产性支出，更不能集中用于政府融资平台、生产经营企业等。

明确贷款条件。新申请扶贫小额信贷（含续贷、展期）的贫困户，必须通过银行评级授信、有贷款意愿、有必要的技能素质和一定还款能力，借款人年龄原则上应在 18 周岁（含）～ 65 周岁（含）之间。

落实续贷政策。对于贷款到期仍有用款需求的贫困户，经办银行应提前介入贷款调查和评审。脱贫攻坚期内，在贷款户符合申请扶贫小额信贷条件、具有一定还款能力、还款意愿良好、确有资金需求、风险可控的前提下，可无须偿还本金办理续贷。续贷期限由经办银行根据贷款项目、还款能力等情况综合决定，原则上不超过 3 年且只能办理 1 次续贷，办理续贷的贷款继续执行扶贫小额信贷政策。

落实展期政策。对符合申请扶贫小额信贷条件却因非主观因素不能偿还到期贷款的贫困户，经办银行可为其办理贷款展期。一年期以内的短期贷款展期期限不超过原贷款期限，一年期到三年期的中期贷款展期期限不超过原贷款期限的一半。原则上只能办理一次展期，办理展期的贷款继续执行扶贫小额信贷政策。

落实延期政策。适当延长到期日在 2020 年 1 月 1 日后（含续贷、展期）出现还款困难的贫困户扶贫小额信贷还款期限，延期最长不超过 6 个月，期间继续执行原合同条款，各项政策保持不变，鼓励承办银行机构适当降低延期期间贷款利率。

贫困县企业首次公开发行股票、在新三板挂牌、发行公司债券等，按规定实行“绿色通道”政策。对注册地和主要生产经营地均在贫困地区且开展生产经营满三年、缴纳所得税满三年的企业，或者注册地在贫困地区、最近一年在贫困地区缴纳所得税不低于2000万元且承诺上市后三年内不变更注册地的企业，申请首次公开发行股票并上市的，适用“即报即审、审过即发”政策。对注册地在贫困地区的企业申请在全国中小企业股份转让系统挂牌的，实行“专人对接、专项审核”，适用“即报即审、审过即挂”政策，减免挂牌初费。对注册地在贫困地区的企业发行公司债、资产支持证券的，实行“专人对接、专项审核”，适用“即报即审”政策。长阳县湖北和远气体股份有限公司于2020年1月13日，在深圳证券交易所正式挂牌上市，成为全省贫困地区利用“绿色通道”政策上市的首家企业。

（二）典型案例

目前，全国范围内确定了14个集中连片特困地区，基本覆盖了全国绝大部分贫困地区，涵括了全国绝大多数的深度贫困群体。就湖北省而言，武陵山连片特困地区范围包括宣恩县在内共计11个县市，其建档立卡贫困人口占全省的22.7%，是现阶段湖北省扶贫攻坚的主战场。在地理位置上，宣恩县位于湖北省西南边陲，其所处的地理位置在武陵山片区腹地、鄂湘贵渝四省市交界区域。历史上与周边地区往来频繁，经济文化类型相似，并具有一定特色的民族信仰、农耕生产、生态环境、风土人情等。同该片区大部分县市区一样，宣恩县存在经济总量偏小、工业基础薄弱、产业发展缓慢、财政收入偏低等特征，对宣恩县金融扶贫基本现状进行分析，可以较好地反映出其所在片区金融扶贫发展的一般性现实状况及存在的共性问题。

1. 宣恩县贫困现状

宣恩县所在的恩施州是全国最年轻的少数民族自治州，同时被纳入西部大开发的区域，属于民族政策、西部大开发政策双重叠加区域。从整体上看，2017年初恩施州辖内全面小康指数仅为73.09%[1]，低于湖北省平均值13.09个百分点，低于全国平均值23.91个百分点，距离全面建成小康社会目标还较远，呈现出相对贫困的特征。

---

[1] 中国信息协会信用专业委员会竞争力智库：《〈中国城市全面建成小康社会监测报告2018〉发布》，《中国经济导报》2018年11月23日。

2. 宣恩县金融扶贫主要措施

（1）择优选择对象，确定试点产业

宣恩县在已设立村级合作社的贫困村进行摸底，决定把椒园镇黄坪村和万寨乡伍家台村作为首批两个试点行政村，并为两个试点贫困村分别提供专项资金 15 万元，作为同银行开展担保合作贷款业务的担保基金，引导贫困农户发展黄金梨、茶叶、观光农业等产业。同时，将农村地区种养大户、农民合作社、家庭农场、涉农小微企业等履行扶贫帮扶义务的农村新型经营主体也纳入扶贫互助担保范围，并提供贷款贴息。

（2）引入竞争机制，确定试点机构

为提高金融机构的积极性和主动性，宣恩县引入竞争激励机制，各涉农金融机构自主申报，县扶贫部门认定承贷金融机构，通过各金融机构业务开展情况合理分配扶贫资金比例。根据各涉农金融机构自主申报情况，将宣恩农村商业银行与恩施村镇银行宣恩支行作为首批试点银行，直接与试点村进行对接，并充分运用自身优势开展业务。业务运行顺畅后，金融机构合作试点范围扩大到国有大型商业银行。扶贫部门对各涉农金融机构分别开设风险补偿基金专户，并根据金融机构实际情况分配风险补偿基金额度。同时，对各金融机构贷款投入情况、信贷资产质量、回收情况进行考核，适时对各金融机构的风险补偿基金额度进行调整。

（3）制订管理办法，规范操作流程

按照统一要求，试点金融机构制订了农村资金互助合作社担保贷款管理办法，将办理扶贫互助担保贷款比例控制在 1∶10 以内，借款金额原则上与入社农户缴纳的会费挂钩，单户控制在 5 万元以内，贷款期限控制在 1 年以内。贷款用途主要用于农业生产发展、扩大再生产、产业结构调整等领域。为进一步明晰办理流程，宣恩县扶贫办制定了业务操作流程，确保流程规范，并在实践中减少中间环节，在合情、合理、合规的前提下，尽可能简化流程。

（4）加强风险控制，防范信贷风险

为确保该模式的可持续发展，加强风险控制，堵塞可能存在的制度漏洞，宣恩县采取了一系列措施：一是建立联合监管机制，县扶贫开发办与承贷金融机构签订监管合作协议，强化对资金互助合作社的监督管理；二是实行贷款公示制度，试点村级资金互助合作社在提供贷款担保后，在全村范围内对贷款发放情况进行公示，确保公正、公开、透明，同时便于相互监督；三是建立清偿机制，担保贷款形成不良后，由县级合作联社按照一定比例履行代偿义务，代偿比例超过规定标准，暂停担保业务并启动不良贷款清收工作。

（5）实行利率补贴，降低运行成本

为最大限度地降低贫困农户融资成本，宣恩县扶贫办同金融机构进行约定，凡通过资金互助合作社发放的担保贷款，利率原则上低于商业银行当年的小额农贷利率，对建档立卡贫困户需支付的利息由县扶贫开发办按照贷款金额的5%给予补贴。对于村级合作社，建立考核激励机制，对于办理担保贷款规模大、扶贫效果好、资金回收率高的合作社，于次年对其办理担保贷款的规模进行增加，并允许多家金融机构参与，初步建立具有竞争性的金融市场。

（6）强化业务指导，做好配套服务

为稳步推进试点工作，宣恩县政府安排专人负责业务指导：一是指导行政村召开村组社员大会、制订合作社章程、筹建资金互助合作社，协调注册登记、开设账户等事宜，建立贷款担保公示制度；二是指导试点承贷银行制订资金互助合作社贷款担保管理办法，协助双方签订贷款担保合作协议；三是协调财政部门向合作社划拨扶贫担保基金，并明确合作金融机构；四是向资金互助合作社拨付启动经费，协助合作社组织村民缴纳入社费用；五是督促承贷金融机构按贷款所实现利息收入按照一定比例通过返还的方式支付给合作社，保证农村资金互助合作社正常业务运转。

3. 宣恩县金融扶贫效果

在十多年的探索过程中，宣恩县找到了金融部门参与扶贫开发的切入点，不遗余力引导金融机构参与扶贫开发，形成了自己的特色。从工作推进情况来看，宣恩县金融扶贫工作得到了各级部门的充分肯定并大范围推广；从金融发展情况来看，金融行业在宣恩县金融扶贫工作推进中得到了更好的发展环境，开拓了农村地区的金融市场，农村地区信贷供给增长较快。

（1）机构建设日趋完善

截至2017年年底，宣恩县建立了金融扶贫互助社272家，县、乡、村三级合作社实现机构全覆盖，机构的成功搭建为工作推进奠定了基础。同时，宣恩县整合扶贫资金，将风险补偿基金扩大至5000万元规模，风险补偿金已授权合作社超过 190 家，可撬动信贷资金达 5 亿元。此外，在合作社的协助下，宣恩县各金融机构基本完成对全县贫困农户的信用等级评定工作，切实解决了县域农村市场主体面临的融资担保难和贫困农户增信等问题。

（2）金融发展环境持续向好

从金融发展环境来看，宣恩县金融环境有持续向好态势。一是信用状况好，宣恩县已连续 14 年荣获湖北省“金融信用县”称号，不良贷款率始终控制到 5% 以内，未出现重大信贷风险和违约情况；二是贷款规模增幅理想，宣恩县贷款余额增幅连续 3 年排在恩施州各县市首位，金融机构对宣恩县经济发展信心十足；三是信用企业连续多年实现快速增长，市场主体带动贫困户脱贫效应逐步显现；四是金融扶贫领域风险状况优良，2017 年至 2018 年金融扶贫领域不良贷款余额代偿后分别为 25.28 万元、6.46 万元，损失类贷款占比极少。

（3）模式推广效果理想

目前，宣恩县金融扶贫模式效果显著，产业结构明显优化，农户参与意识明显增强，信用环境明显好转，信贷需求量显著增加。同时，农村资金互助合作社利用自身优势，帮助金融机构组织存款、清收不良贷款，激发了金融机构进一步参与扶贫开发的积极性和主动性。宣恩县金融扶贫工作在取得一定效果后，在恩施州范围内进行推广，被州政府称为金融改革的“黄坪样板”，并成功创建湖北省首批“金融扶贫示范县”。同其他金融扶贫模式相比较，宣恩县的金融扶贫模式操作简单、易于推广，便于相类似的地区学习借鉴，该模式同时被中国人民银行称为金融扶贫的“恩施模式”。

（4）后续配套措施持续跟进

宣恩县将在现有金融扶贫成效的基础上，从乡镇、村组着眼，打特色牌、亮点牌，推进“金融扶贫示范区”“金融扶贫示范村”创建及“金融扶贫细胞工程”的实施运作，从乡镇、村组、市场主体三个方面将工作进一步细化，持续深化扶贫开发金融服务内涵，以点带面促进农村经济的持续、快速、健康发展。

第三篇　荆楚实践：

中国减贫奇迹的湖北答卷

湖北省在脱贫攻坚过程中，始终坚持“顶层设计 + 基层创新”，推动扶贫政策落地见效。在产业扶贫方面，坚持走特色化、标准化、绿色化、品牌化的农业产业发展之路；在易地扶贫搬迁方面，开创了“七个五”“1+6+N”“交钥匙工程”等具有湖北特色的搬迁模式；在教育扶贫方面，构建了完备全面的体系，使得人、钱、物等方面有政策保障；在健康扶贫方面，首次提出了“985 健康扶贫”的概念；在生态扶贫方面，深入践行绿色理念，区域分级分类推进，落实生态补偿与就业问题；在兜底保障方面，落实临时救助政策、救助补助政策以及完善关爱监护机制等；在金融扶贫方面，形成了以小额信贷为代表的信贷政策、防贫保险政策、资本市场政策等相结合的完善体系。

一、政策创新：精准务实，扎实推动扶贫政策落地见效

（一）产业扶贫政策

湖北省作为全国脱贫攻坚的主战场，产业扶贫坚持走特色化、标准化、绿色化、品牌化的农业产业发展之路。本章根据湖北省产业扶贫政策的特色与重点，对湖北省产业扶贫的相关政策进行分类与梳理。

1. 产业扶贫政策梳理

湖北省最早的成体系的扶贫政策是于 1996 年 11 月 22 日公布施行的《湖北省扶贫条例》（以下简称《条例》），在 2009 年 11 月 25 日湖北省第十一届人民代表大会常务委员会第十三次会议上通过再次修订。《条例》分为总则、政府责任与社会参与、扶贫内容与主要途径、扶贫项目与资金管理、法律责任、附则 6 章 49 条，自 2010 年 2 月 1 日起施行。

（1）实施背景

《湖北省扶贫条例》是湖北省根据《国家八七扶贫攻坚计划（1993—2000 年）》以及《中国农村扶贫开发纲要（2001—2010 年）》的具体要求，提出的综合性农村扶贫条例，通过经济社会发展与扶贫开发的有效结合，经各部门的大力支持，有针对性地进行产业扶贫。《湖北省扶贫条例》的颁布是为了更好地促进和规范湖北省农村扶贫工作，加快贫困地区经济、社会、文化、生态建设，提高贫困地区人民生活水平，缩小城乡和区域发展差距，进而促进经济社会全面、协调、可持续的发展。

（2）具体内容

第一，1996 年版《湖北省扶贫条例》。

加大资金投入。第八条“扶贫资金包括国家财政扶贫投入、扶贫专项贷款、以工代赈资金、地方财政扶贫资金及其他方面的扶贫资金。省级财政扶贫投入应按国家扶贫投入的 30% ～ 50% 配套安排，市（地）、州、县（市）财政投入比例由省人民政府确定。国有商业银行每年应安排一定比例的扶贫开发贷款”。从中可以看出，湖北省在专项扶贫资金的投入上大力向贫困地区倾斜。

实现项目覆盖。第九条“扶贫资金重点用于贫困地区农民技术培训等方面。扶贫专项贷款重点用于能带动贫困地区群众脱贫致富的种植业、养殖业、林果业和相关的加工业等。国有商业银行扶贫开发贷款主要用于省定的贫困县（市）和贫困乡（镇）”。从中可以看出，产业扶贫重点将资金投入在技术培训以及能致富的特色产业上，并进一步加大金融信贷机构的扶贫贷款力度。

借助社会力量。第二十条“在科技推广、人才引进、人员培训、劳务输出等方面重点支持”。第二十一条“省人民政府应组织经济发达地区和有关企业帮助贫困县（市）、乡（镇）、村，联系省外的政府和企业支持省贫困地区”。第二十二条“省和贫困地区各级人民政府应组织有关部门驻点到乡（镇）、村，帮扶到户的帮扶活动”。第二十四条“组织开展扶贫宣传和‘向贫困地区献爱心’活动”。通过社会各界的支持，借助多方面的资源优势，进一步加快扶贫产业的发展，从而有效实现贫困地区人口增产增收，脱贫致富。

第二，2009 年修订版《湖北省农村扶贫条例》。

完善政府责任。第五条“各级人民政府对本行政区域内的农村扶贫工作负总责”。第八条“省人民政府应当将财政扶贫投入纳入财政预算，逐年增加。省级财政扶贫投入应当按照国家扶贫投入的百分之四十至百分之五十配套安排”。第九条“省人民政府及有关部门应当协助做好争取国家机关定点帮扶和发达地区对口支持等工作”。第十条“建立扶贫对口帮扶制度。省直扶贫成员单位应当发挥各自优势，组织资金、项目、人才、技术，帮助对口帮扶县（市、区）、乡（镇）、村发展经济和社会事业”。通过借助政府的力量，加大扶贫专项资金的投入，协助社会各部门做好定点帮扶工作，充分利用帮扶单位的资源优势，发展扶贫产业，实现经济增长。

产业科技扶持。第十二条“鼓励支持企业事业单位、社会团体和个人到贫困地区参与经济建设，从事科技推广、人才引进、人员培训等活动”。第十三条“鼓励大专院校、科研院所为贫困地区培养人才，鼓励大、中专毕业生到贫困地区就业创业”。第二十二条“切实加强贫困地区劳动力职业技能培训和就业指导”。第三十一条“实施农村人才培养计划，增强农村基层组织带领村民自力更生、脱贫致富的能力”。通过对贫困户进行农业专业技能培训，进而培育更多的职业农民以及能人大户，从而有效带动扶贫产业的发展。

金融信贷扶持。第十五条“通过发展农村金融机构，完善金融组织体系，创新金融产品，加强对贫困地区的信贷支持。鼓励其他金融机构加大信贷支持力度用于农村扶贫”。第三十八条“财政扶贫资金和有关部门筹集的资金重点用于贫困地区生产生活条件改善、扶贫产业发展、人力资源开发、扶贫移民；扶贫贴息贷款重点用于扶贫龙头企业、农民专业合作组织和农户发展扶贫产业”。第四十一条“各级财政部门应当设立财政扶贫资金专户，扶贫项目建设单位应当设立财政扶贫资金专账”。通过金融体系的完善，有力拓宽贫困户贷款权限，进而为扶贫产业提供金融信贷方面的政策支持。

龙头企业培育。第十七条“县级以上人民政府应当通过大力发展县域经济，建设现代农业，培育龙头企业，兴办特色农产品加工业和乡村旅游业，增强财政实力，多渠道转移贫困农民就业，不断提高贫困地区和贫困人口的收入水平。大力支持贫困地区发展村级集体经济、农民专业合作社和农民专业户规模经济”。通过对龙头企业、专业合作社等新型市场经营主体的培育，大力带动了农村扶贫产业的发展，同时也有效解决了贫困户就业问题，实现贫困户增产增收。

特色产业开发。第十九条“县级以上人民政府应当积极支持贫困地区充分利用当地优势资源，集中力量扶持优势产业，制定优惠政策吸引外来资本投资贫困地区，参与经营，实施产业化扶贫”。通过利用贫困地区的资源禀赋优势，有针对性地制订扶贫方案，着力发展特色主导产业，进而实现产业化扶贫，带动当地村民增产增收，实现脱贫。

（3）湖北与全国产业扶贫政策比较

对《湖北农村扶贫条例》与《“十三五”脱贫攻坚规划》（国发〔2016〕64号）进行对比分析。

共性之处：

通过对比，不难看出二者在产业扶贫内容上的相同点：第一，立足贫困地区资源禀赋优势，发展特色脱贫产业，促进产业融合发展，带动当地贫困人口就地就近择业。第二，充分发挥农民合作组织、龙头企业等市场经营主体作用，建立产业到户到人的精准扶持机制，进而促进贫困户收入稳定增长。第三，注重农业专业技术的推广和职业培训。大力扶持新型职业农民培育、农村实用人才带头人和大学生村干部示范培训、致富带头人培训等专项工程。第四，加大金融政策扶持力度，要求财政、投资、金融各类资金要进一步向贫困地区倾斜，为打赢脱贫攻坚战提供资金保障。第五，全面落实政府责任，创新扶贫考评体系，加强脱贫成效考核，有效保障脱贫任务的顺利完成。

湖北特色：

湖北的农村扶贫政策特色在于坚持开发式扶贫方针，坚持以人为本、政府主导、统筹规划、社会参与、群众自立、因地制宜、持续发展的原则，实现农村扶贫与资源保护、生态建设相结合，增强贫困地区和贫困人口自我发展能力等诸多方面，也形成了一些自身的特点，分述如下。

在政府职责方面，湖北在制定产业发展规划时，与当地专项农村扶贫规划有效衔接，进而统筹、优先安排贫困地区建设项目。湖北省人民政府积极协助各界定点帮扶单位与企业开展对口帮扶工作，组织实施产业扶贫协作项目，湖北省人民政府还建立了扶贫对口帮扶制度体系。湖北省麻城市积极引导民营企业多层次、多领域对接交流，积极开展扶贫济困、乡村振兴等“百企帮百村”的精准扶贫行动，实施“回归创业”的工程，目前在全市有 23 家企业与 53 个贫困村建立特色产业对口扶贫项目。

在财政资金投入上，湖北省级财政扶贫投入按照国家扶贫投入的 40% 至 50% 配套安排。重点通过发展农村金融机构，完善金融组织体系，创新金融产品，加强对湖北贫困地区的信贷支持。对扶贫资金进行具体规划，将财政扶贫资金和有关部门筹集的资金用于贫困地区的扶贫产业发展、人力资源开发，将扶贫贴息贷款重点用于扶贫龙头企业、农民专业合作组织以及农户发展扶贫产业项目上。

在人才技术培育上，将农村扶贫与基层组织建设相结合，切实推动农村人才培养计划，增强贫困地区基层组织带领村民自力更生、脱贫致富的能力。

2. 湖北产业扶贫政策体系

这里，我们将梳理湖北省的各项扶贫政策，对其进行系统性分类，从特色产业、科技扶持、资金扶持这三个主要方面来进行总结，凸显湖北省产业扶贫的特色与重点。详细可见表 3-1-1。

表 3–1–1　湖北产业扶贫政策体系

分类	发文字号	湖北政策	具体内容
特色产业	鄂发〔2015〕19号	《湖北省委省政府关于全力推进精准扶贫精准脱贫的决定》	大力发展有特色的种植业、养殖业及其加工业，推进一、二、三产业融合发展。支持特色产业基地及工业园区建设，发挥龙头企业聚集带动效应，形成比较优势，拉长产业链，提高附加值
	鄂农发〔2017〕2号	《湖北省“十三五”产业精准扶贫规划（2016—2020年）》	坚持区域扶贫与产业精准扶贫“两轮驱动”。结合湖北省四大片区农牧业发展的自然经济条件，围绕市场需求，依照规模化、标准化、品牌化的要求，推进地域特色农业生产基地建设
	鄂扶组发〔2017〕24号	《湖北省深度贫困地区脱贫攻坚实施方案》	一是因地制宜培育扶贫产业，重点发展贫困人口能够受益的特色产业、劳动密集型加工业和服务业，促进一、二、三产业融合发展。二是做强特色产业，推进“一村一品”、“一乡一业”建设。在深度贫困地区因地制宜适度开发乡村旅游和特色旅游项目
	鄂农发〔2019〕14号	《湖北省产业精准扶贫规划（2019—2020年）》	推进主导产业和区域性特色产业做大做强、做精做优。重点将特色粮油、蔬菜、水果、茶叶、畜牧、中药材、烤烟、生态水产、林果、观光旅游等十大产业培育成扶贫支柱产业
科技扶持	鄂发〔2015〕19号	《湖北省委省政府关于全力推进精准扶贫精准脱贫的决定》	一是大力开展贫困劳动力技能培训及实用技术培训，动员和组织社会力量开展就近就地培训。二是提高“雨露计划”信息化管理水平和技能培训补贴标准。三是加大人才支持力度，实施各项优惠政策。四是鼓励各行各业志愿者定期到贫困地区工作，鼓励科研院所、医疗机构为贫困地区培养人才，鼓励高校毕业生到贫困地区就业创业
	鄂扶组发〔2017〕24号	《湖北省深度贫困地区脱贫攻坚实施方案》	一是加大科技人才引领。举办“千百人计划”专家对接活动。二是实施技能脱贫行动。加大全省20所技工院校与37个贫困县开展结对帮扶力度。三是实施湖北省贫困地区专业技术人才奉献岗位计划，开展结对培养、项目合作、研修培训等措施。四是实施龙头企业高层次人才支撑计划。五是打造博士服务团、挂职干部、优秀返乡大学生、“三支一扶”等人才支撑体系。六是推进科技特派员制度和“三区”人才计划。七是依托现代农业产业技术体系专家团队和农技推广队伍，实施农技推广服务特聘计划试点

续表

分类	发文字号	湖北政策	具体内容
科技扶持	鄂农发〔2019〕14号	《湖北省产业精准扶贫规划（2019—2020年）》	打造科技扶贫特派员队伍，为贫困户提供菜单式服务。建立产业发展指导员制度。构建多级科技人才服务体系。挖掘农村能人、农民土专家、返乡农民工、返乡大学生、企业技术人员的潜能，形成县乡村三级科技人才服务体系。建设农业科技示范基地，进行示范基地培训学习，培育一批农业科技示范主体（户），加快农业优良品种、适用技术和农业新装备在贫困地区的应用
资金扶持	鄂发〔2015〕19号	《湖北省委省政府关于全力推进精准扶贫精准脱贫的决定》	一是强化财政扶贫投入保障机制。建立与经济发展相适应的财政扶贫投入增长机制，省、市、插花县按当年地方财政收入增量的15%增列专项扶贫预算，各级财政当年清理回收可统筹使用的存量资金中50%以上用于精准扶贫。二是创新金融扶贫投入机制。加快贫困地信用体系建设，全面实施金融服务网格化，建立风险补偿机制，建立担保金机制，创新发展扶贫小额信贷。支持贫困地区推进农业保险体系建设。加大扶贫贴息贷款支持力度。三是建立扶贫资源资本化投入机制。推行农村资源变股权、资金变股金、农民变股民的改革试点，开展农村承包土地经营权、村民住房财产权、集体建设用地使用权、林权抵押试点。鼓励贫困户按照量化到户、股份合作、保底分红、滚动发展的原则，抱团入股参与企业、合作社生产经营。支持贫困县建立农村产权综合交易平台
	鄂扶组发〔2017〕24号	《湖北省深度贫困地区脱贫攻坚实施方案》	加大财政投入力度。对纳入统筹使用范围的中央财政资金，分配给深度贫困地区的资金增幅不得低于该项资金的全省平均增幅。中央财政专项扶贫资金以工代赈支出方向新增部分，全部安排到深度贫困县。加大金融支持力度，每个深度贫困县每年扶贫再贷款不低于1亿元。落实扶贫小额信贷政策，推广“政银企保农”五位一体模式。推广“扶贫保”。加强扶贫资金监管。支持采用生产奖补、劳务补助等方式开展项目建设
	鄂扶组发〔2020〕4号	《2020年全省脱贫攻坚工作要点》	加大扶贫小额信贷投放力度，简化信贷程序，帮助受疫情影响的贫困户尽快恢复生产，适当延长6个月的还款期限。推广产业保险，加大扶贫保、深贫保、防贫保等对扶贫产业的覆盖面。加大资金项目监管力度。做到阳光扶贫，防止违规违纪问题发生。加强审计等发现问题的整改和督办。推进财政专项扶贫资金绩效目标管理和绩效评价工作，落实奖惩激励。加大县级脱贫攻坚项目库建设和项目实施力度

资料来源：湖北省人民政府扶贫开发办公室、湖北省农业农村厅。

（1）立足特色发展扶贫产业

在湖北，产业扶贫多依靠农业种养业和农业加工业对扶贫产业进行培育和发展。农业产业具有持续时间长、影响力大、覆盖面广的特点，但又受到气候地理条件的严格制约，因此做好特色扶贫产业规划是展开扶贫工作的基础。在《湖北省委省政府关于全力推进精准扶贫精准脱贫的决定》（鄂发〔2015〕19号）中提到，“依托资源禀赋优势，大力发展特色种植业、养殖业及其加工业，加速推进一、二、三产业融合发展。通过全力打造农业全产业链，培育支柱型特色产业，进而形成比较优势，提高产品附加值，提高经济效益，加快脱贫步伐”。接下来将从种植业、养殖业以及其他产业这几个方面来进行具体分析。

一是种植业。在《湖北省产业精准扶贫规划（2019—2020年）》中，确定了湖北十大扶贫支柱产业，它们是粮油、蔬菜、水果、茶叶、畜牧、中药材、烤烟、生态水产、林果、观光旅游。在这十大产业中，有半数以上是种植业。其中湖北的主要政策重点是因地制宜，发挥好地区资源优势。这里重点分析茶叶、水果这两类特色产业。

首先，从茶产业出发，湖北的贫困地区多是山区、高海拔地区，交通不便、土地贫瘠，不适合发展粮油等大田作物和需要高运输量的作物，因此比较适合发展茶叶类运输量少、附加值高的产业。湖北从以下几个方面对茶产业进行规划。一是划定优势区。《湖北省产业精准扶贫规划（2019—2020年）》明确规定“四大茶山”[1]，重点培育恩施硒茶、武当道茶、青砖茶等区域公共品牌。二是确定经营规模。建设以英山、大悟、孝昌、红安、麻城为重点的鄂东大别山优质绿茶产业带，推动茶叶生产由分散型向集中型转变、茶叶经营由粗放型向集约型转变。三是强调深加工。创新开发茶食品、茶饮料、茶日用品、茶保健品等深加工产品。四是加快产业融合。推动茶旅融合，打造十条茶文化旅游精品线路，支持深度贫困地区培育茶文化游。

其次，水果产业也是与湖北贫困地区的地理气候条件较为吻合的产业。湖北的37个贫困县多是水果特产县市。比如，秭归县、兴山县、巴东县、长阳县、丹江口市等贫困县市都是湖北的重点柑橘产区，其中丹江口和秭归的

---

[1] 即鄂西武陵山富硒绿茶和宜昌三峡名优绿茶及宜红茶区、鄂东大别山优质绿茶区、鄂南幕阜山名优早茶及边销茶区、鄂西北秦巴山高香绿茶区。

柑橘尤具盛名。因此，发展湖北优势产业往往与促进贫困地区的扶贫产业发展具有高度的一致性。以柑橘为例，在《湖北省产业精准扶贫规划（2019—2020 年）》中，政策引导的重点为：一是加强区域产业布局[1]。根据柑橘生产的资源气候特点，建设长江中游柑橘带、清江流域柑橘带、丹江库区特色柑橘生产基地。二是品种多样，错位发展。秭归发展脐橙，丹江口发展温州蜜橘，清江发展四季柑橘等。这些品种既能够发挥地方资源优势，又可以相互补充，形成完整的柑橘品种体系。不仅避免同质竞争，而且还提高附加值。三是技术更新。依托省内高校的科研优势，促进柑橘种植研究技术成果转化，着重培育特色品牌。

二是养殖业。在《湖北省产业精准扶贫规划（2019—2020 年）》中，确定的湖北十大扶贫支柱产业中畜牧业排名靠前。在畜牧等养殖业中，生猪养殖和水产养殖对贫困户影响最大。在生猪养殖方面：第一，规划生猪养殖区域，以大别山、武陵山片区生猪产业带为主，重点发展麻城、红安、孝昌、英山、团风、大悟等 6 县市生猪标准化养殖区。建设 318 国道沿线和 209 国道沿线两条瘦肉型生猪养殖带。第二，强调规模化，重点围绕生猪优势农产品，加快建设一批专业化、规模化、标准化的农业生产基地。第三，发展特色保险产品，建立生猪价格指数保险等新型保险产品。在水产养殖方面：第一，规划水产养殖区域。在大别山片区重点支持麻城、团风、红安、大悟、孝昌等县市发展水产健康养殖和稻田综合种养。第二，加强水产育种，支持建设一批小龙虾、河蟹、黄鳝、泥鳅、鳜鱼等水产特色品种良种选育、繁育基地，提高特色苗种供给能力。第三，促进农产品精深加工，进一步开发鱼糜制品、休闲鱼制品和保健美容产品，形成特色产业品牌。

三是其他产业。在《湖北省产业精准扶贫规划（2019—2020 年）》文件中，除了对湖北省的种植业、养殖业进行了详细规划外，也对其他的扶贫产业进行了布局，最具特色的当属休闲旅游业。第一，对大别山片区重点整合红色旅游资源、生态资源和人文资源，秦巴山片区重点加快生态文化旅游产业建设，幕阜山片区大力开发“湖光山色”资源。第二，持续推进深度贫困地区旅游扶贫，着力打造特色产业增长极。第三，持续推进古村落保护工程。第四，

[1] 湖北柑橘种植十分集中，分布呈现“两江一区”格局，即长江中游柑橘带、清江流域带和丹江库区，主要集中在宜昌市。

支持“旅游后备箱工程”建设。第五，加大在乡村旅游方面的创业扶持力度，进行专项资金的扶持。

（2）产业科技扶持扶贫产业

由于多数贫困户受教育水平不高、年龄偏大、学习能力有限的制约，他们只能使用低水平的技术，生产出来的农产品市场竞争力往往不高，因而在所有的产业扶贫政策中都对产业科技支持进行了详细的规定。希望通过科技知识的传递，不仅加快农技的推广，同时还提升贫困户自身的综合素质，从而提高产业脱贫覆盖率和主体带动率，增强农村经济“造血”功能，为贫困地区农民稳定脱贫、走向富裕打下坚实基础。

强调技能培训。在《关于开展产业扶贫精准脱贫的实施意见》中提到“对符合条件、参加职业技能培训（含技工院校劳动力预备制培训）的贫困人口除按规定给予200～2000元职业培训补贴外，在培训期间给予一定生活补助；对接受中、高等职业教育的农村建档立卡贫困家庭子女，按每人每年不低于3000元的标准予以补助”。《湖北省产业精准扶贫规划（2019—2020年）》提到“对有意愿外出打工的贫困户，根据其自身条件，帮助联系定点企业开展有针对性的技能培训”等。在《湖北省深度贫困地区脱贫攻坚实施方案》中提到，“实施湖北省贫困地区专业技术人才奉献岗位计划，开展结对培养、项目合作、研修培训等措施”。在2021年的《中共中央　国务院关于全面推进乡村振兴，加快农业农村现代化》的意见中提到应该不断加强农村低收入人口常态化帮扶，开展农村低收入人口动态监测，实行分层分类帮扶，对有劳动能力的农村低收入人口，坚持开发式帮扶，帮助其提高内生发展能力，发展产业、参与就业，依靠双手勤劳致富。

组织专家队伍。在《湖北省产业精准扶贫规划（2019—2020年）》中对组织专家队伍的情况进行了规定：一是对口帮扶。“建立完善扶贫专家团制度和对口帮扶机制，县市区组建扶贫技术服务团，向贫困村选派科技特派员、农业科技人员和懂技术、会经营、善管理的能人”。二是技术服务。“选派一批‘一懂两爱’的产业科技特派员、农技专家服务团和产业扶贫技术团队，为贫困村、贫困户提供菜单式服务”。三是信息沟通。“加快建设‘12316’益农信息社服务体系，扎实推进农技推广服务信息化改造和‘12316’专家服务价值化提升，重点推动‘12316’农业信息综合服务与基层农技推广体系融合发展”。

湖北以其得天独厚的科教资源优势，组织专家团队开展经常性的技能培训活动。比如，落实产业发展指导员制度，特聘农技员精准帮扶，开展以“三万计划”为代表的人才下乡工程，建立完善的扶贫专家对口帮扶机制等。向每个贫困村选派符合需求的科技特派员，开展驻村带点、入户入田、进圈进园等活动，为贫困村提供“基层点菜、专家上门”的菜单式服务。湖北省襄阳市科技局通过开展多种形式产学研合作，以科技助力精准扶贫。在2018年，襄阳市着重加强农业科技创新平台建设，加大农业科技扶贫力度，共申报省级农业科技扶贫项目4个，立项3个，共获得项目支持资金150万元；深入推行科技特派员制度和“三区”人才计划，共选派省级科技特派员7名、国家“三区”人才17名，申报国家和省级星创天地9个，以科技助力精准扶贫。

（3）财政资金扶持扶贫产业

对于贫困群众而言，农业产业具有风险大、前期投入大、见效慢的特点，发展扶贫产业离不开财政资金统筹整合和全方位的支持。

财政资金统筹整合。将分散的扶贫资金统筹使用，可以从系统性和整体性上提升扶贫产业的扶贫效果。湖北在连续多年的国家扶贫资金审核考评中获得优秀，全国少有，且创新点较多。在《中共湖北省委湖北省人民政府关于全力推进精准扶贫精准脱贫的决定》中提到，“创新建立省、市、县三级‘当年财政收入增量的15%增列扶贫预算、当年清理回收可统筹使用的存量资金50%以上用于精准扶贫’的财政扶贫投入增长机制和考核评价体系，从而确保资金需求与打赢脱贫攻坚相匹配”。在“十三五”期间，湖北省各级财政累计投入财政专项扶贫资金884.76亿元，年平均增幅达20%以上。到2020年，对每个深度贫困县的倾斜安排达2500万元，对每个深度贫困村的倾斜安排达50万元。在资金和科技资源整合方面，《湖北省产业精准扶贫规划（2019—2020年）》提到，“从中央到地方都要求财政涉农资金整合，以脱贫攻坚为导向，安排使用涉农资金，破除以前的条条框框，为产业扶贫提供了资金来源”。在2017年，湖北围绕贫困地区优势特色产业，设立了850万元的科技精准扶贫专项资金，实施科技精准扶贫项目34个，建成一批科技扶贫农业示范基地，推动贫困地区产学研合作，带动农民脱贫致富。

财政资金投入方式。崇阳县创新了财政扶贫投入方式，实行“多个渠道进水，一个池子蓄水，一个龙头放水”的方法（吴晓文，2019），采取因素法分配、切块下达资金，省级下放审批权限，实行资金、项目、招投标、管理和责任“五到县”。2018 年，湖北省财政厅在分配财政专项扶贫资金时，贫困县、贫困村和贫困人口三因素分配权重由 2∶2∶6 调整为 1∶2∶7，同时对插花贫困地区加大倾斜力度。2016 年累计筹措资金 14.2 亿元，支持 37 个贫困县发展优势特色产业，着力打造农业知名品牌。安排 2.6 亿元对列入 2017 年至 2019 年光伏扶贫规划的光伏电站扶贫项目给予以奖代补支持。

3. 培育农村新型经营主体

农村经营主体中的龙头企业以及能人大户都是贫困户进行产业扶贫的带路人，是带贫机制中的关键一环，也是湖北省产业扶贫政策中实施力度最大的一项，相关政策可见表 3-1-2。湖北省在产业扶贫中，通过发展培育新型市场主体，建立多元化的带贫和益贫机制，在降低贫困户参与产业风险的同时提高产业收益。

表 3–1–2　湖北产业扶贫在农村经营主体方面的相关政策

发文号	湖北政策	具体内容
鄂发〔2015〕19 号	《关于开展产业扶贫精准脱贫的实施意见》	一是培育农村新型经营主体。重点扶持种养大户、家庭农场和联户经营。二是培育经营性农业服务组织，鼓励贫困地区兴办专业合作社。三是支持龙头企业加强联合、加大品牌建设，提高自主创新能力，鼓励与合作社、家庭农场、专业大户等经营主体深入融合，建立市场主体、合作组织与贫困户的利益联结机制。四是对吸收贫困户参股、带动增收效果好的农民合作组织在财政项目资金、贴息贷款及税收等方面给予支持
鄂扶组发〔2017〕24 号	《湖北省深度贫困地区脱贫攻坚实施方案》	加大对九个深度贫困县（市）龙头企业、农民专业合作社、专业大户、家庭农场等各类新型经营主体的培育力度，力争在每个深度贫困村至少扶持发展一个农村专业合作组织
鄂扶组发〔2020〕4 号	《2020 年全省脱贫攻坚工作要点》	发动新型经营主体带动贫困户发展短期替代产业。另外，对周期较长的产业，要注重长期培育和支持

资料来源：湖北省人民政府扶贫开发办公室、湖北省农业农村厅。

（1）扶持农村经营主体

《关于开展产业扶贫精准脱贫的实施意见》（鄂发〔2015〕19 号）指出，

“产业扶贫要加强培育农村新型经营主体，重点扶持种养大户、家庭农场和联户经营；培育经营性农业服务组织，鼓励贫困地区兴办专业合作社；支持龙头企业与合作社、家庭农场、专业大户等经营主体深入融合，建立市场主体、合作组织与贫困户的利益联结机制”。在《湖北省产业精准扶贫规划（2019—2020年）》中提到，“到2018年，37个贫困县省级以上龙头企业224家，全省4821个建档立卡贫困村专业合作社覆盖率达96.88%，37个贫困县建档立卡贫困村和507个深度贫困村专业合作社实现全覆盖，全省贫困地区家庭农场达9726家，专业大户达28540家，培育形成了一批脱贫攻坚的地方军”。一是给予资金和补贴。在《湖北省产业精准扶贫规划（2019—2020年）》中提到，“对于吸纳贫困户人口就业达到20%以上的农业企业、合作组织及自主创业的贫困户申请抵押担保贷款的，财政优先贴息，补贴担保费用，助推新型主体加快发展”。在《关于开展产业扶贫精准脱贫的实施意见》（鄂发〔2015〕19号）中提到，“对吸收贫困户参股、带动增收效果好的农民合作组织在财政项目资金、贴息贷款及税收等方面给予支持”。二是加强培训与学习。《湖北省深度贫困地区脱贫攻坚实施方案》（鄂扶组发〔2017〕24号）中提到，“加大对九个深度贫困县（市）龙头企业、农民专业合作社、专业大户、家庭农场等各类新型经营主体的培育力度，力争在每个深度贫困村至少扶持发展一个有带动作用的农村专业合作组织，形成政府扶龙头，龙头建基地，基地联农户的产业扶贫体系”。贫困户可以在合作社学习农业技术，进一步提升自己的专业能力，加速脱贫步伐。三是提供其他便利。在《湖北省产业精准扶贫规划（2019—2020年）》提到，“重点支持新型农业经营主体发展农产品加工，对深耕深松、机播机收、疫病防治等生产服务给予补助。指导农民合作社坚持依法经营、诚信经营、善于经营，引导贫困户自愿入社”。

（2）确定经营主体的带贫方式

从贫困户角度看，一是入股（土地和资金入股、资产收益入股）产业增加分红。在《湖北省产业精准扶贫规划（2019—2020年）》中提到，“新型经营主体运用订单、股份、劳务、服务、租赁等方式，变贫困户‘单打独斗’为‘嵌入产业链条’，探索出‘藤上结瓜、入股分红、资产收益’等利益联结机制，总结提炼出武汉市‘三乡工程’、黄冈市‘五位一体’、十堰市‘租金、薪金、股金三金增收’和恩施州‘121+X’等产业扶贫模式”。二是产地加工降低成本。在《湖北省产业精准扶贫规划（2019—2020年）》中提到，“支持新型农业经营主体建设产地贮藏保鲜烘干等初加工设施，开发和推广一批新型农产品初加工适用技术和设施装备”。三是通过打工获取稳定收入。在《湖北省产业精准扶贫规划（2019—2020年）》中提到，“对有意愿外出打工的贫困户，根据其自身条件，帮助联系定点企业开展有针对性的技能培训，组织季节性劳务创收和长期性劳务输出，实现增收脱贫。采取就业补贴、税收优惠、金融扶持等方式，鼓励企业优先吸纳贫困户务工就业，增强企业在扶贫带动工作中的积极性”。

（3）有效分担市场经营风险

通过农村新型经营主体带动脱贫，最大的优势就在于可以有效地分担市场风险。湖北创新了一些分散市场经营风险的策略和方法：一是利益共享。在《湖北省产业精准扶贫规划（2019—2020年）》中提到，“鼓励新型经营主体和有产业发展能力的贫困对象，依法签订利益共享、风险共担的合作协议，共同开发特色产业。按照协议，贫困户生产和提供产品，新型经营主体提供服务、收购产品。推行土地托管、委托代养、借母还犊、寄养付酬、反租倒包等模式带动贫困户”。二是资金担保。《湖北省产业精准扶贫规划（2019—2020年）》中提到，“根据经营主体带动建档立卡贫困户数量，按照每户不低于10万元标准合理确定贷款额度，最高不超过200万元，贷款利率在基准利率基础上最高可上浮3个百分点，并按照相关规定享受扶贫贷款贴息。鼓励各地创设吸引政策，通过政策引导、项目支持、财政补助等方式，培育发展龙头企业做大做强，提升实力，积极培育龙头企业和联合体”。三是产业融合。《湖北省深度贫困地区脱贫攻坚实施方案》（鄂扶组发〔2017〕24号）中提到，“加大九个深度贫困县（市）龙头企业、农民专业合作社、专业大户、家庭农场等各类新型经营主体的培育力度，力争在每个深度贫困村至少扶持发展一个农村专业合作组织”。加强一、二、三产业融合发展，俗话说“东方不亮西方亮”，鼓励贫困地区因地制宜发展特色产业园区，通过发展劳动密集型产业，带动贫困户就近务工，进而获得稳定收入，减轻贫困压力。

（4）湖北与全国在经营主体培育政策上的比较

通过《关于开展产业扶贫精准脱贫的实施意见》（鄂发〔2015〕19号）、《湖北省深度贫困地区脱贫攻坚实施方案》（鄂扶组发〔2017〕24号）、《2020

年全省脱贫攻坚工作要点》（鄂扶组发〔2020〕4 号）与《“十三五”脱贫攻坚规划》（国发〔2016〕64 号）、《农业农村部办公厅 国务院扶贫办综合司关于做好 2020 年产业扶贫工作的意见》（农办规〔2020〕3 号）等政策文件对比可知，湖北省在农村市场主体的培育上，更加注重对吸收贫困户参股、带动增收效果好的农民合作组织在财政项目资金、贴息贷款及税收等方面给予支持；加大各类新型经营主体的培育力度，力争在每个深度贫困村至少扶持发展一个农村专业合作组织；发动新型经营主体带动贫困户发展短期替代产业，对周期较长的产业，要注重长期培育和支持。

另外，国家政策更加注重支持发展产供直销，鼓励采取订单帮扶模式对贫困户开展定向帮扶，提供全产业链服务。大力推进贫困地区农民专业合作示范社创建，在项目安排、资金扶持、示范评定、用地用电等方面加大对带贫能力强的新型经营主体的支持力度。大力推广订单生产、土地流转、生产托管、股份合作、资产租赁等带贫模式，推动贫困户与带贫主体建立稳定利益联结关系，全面纠正“一股了之”等问题。这些措施也是湖北省在主体培育政策方面所需借鉴与完善的。

（二）易地扶贫搬迁政策

1. 顶层设计

易地扶贫搬迁是指按照“政府主导、群众自愿”原则，将居住在生存条件恶劣、生态环境脆弱、自然灾害频发等“一方水土养不好一方人”地区的农村贫困人口搬迁到生存发展条件较好地方，并通过产业、就业、教育、健康、社会保障等一系列帮扶措施，使其摆脱贫困状况、实现稳定脱贫的综合性扶贫方式。易地扶贫搬迁是实现贫困群众跨越式发展的根本途径，也是打赢脱贫攻坚战的重要途径。

易地扶贫搬迁是农村扶贫开发的重要举措，能够从根本上解决居住在相对偏远、基础设施较为落后、生态环境极度脆弱和自然灾害高发地区的贫困人口的脱贫和发展问题。20 世纪 80 年代初的“三西”（河西、定西、西海固）农业建设计划是易地扶贫搬迁的初步探索，提出了“拉吊庄”的搬迁办法，鼓励农民向河西、河套地区迁移，招民工承包水利工程，实施以工代赈。在“国家八七扶贫攻坚计划”实施过程中，易地扶贫搬迁被正式列为我国农村扶贫开发的基本途径之一，甘肃、宁夏、广西、湖北、云南等省也出台了相关政策，将易地扶贫搬迁作为解决贫困问题的一种常规手段。在21世纪的第一个十年里，易地扶贫搬迁政策逐步转为一项有整体规划和计划推行的系统工程，明确易地扶贫搬迁具有消除贫困和改善生态双重目标。“十二五”期间，连片特困地区成为扶贫攻坚主战场，易地扶贫搬迁政策得到进一步强化，提出了移民非农安置的新思路[1]。在中央和地方的共同努力下，截至2015年底，全国已累计搬迁1200万人以上，建设了一大批安置住房、基础设施和教育、卫生、文化等公共服务设施，推动了城镇化进程，产生了良好的经济、社会和生态效益，受到搬迁对象的普遍欢迎[2]。

在“十三五”规划实施之前易地扶贫搬迁工作已经取得了重大的成就，但依然存在一些问题。一是扶贫目标上出现偏离。部分地区搬迁村、组并不是自然条件和社会条件最差的，搬迁户也不是贫困户，而贫困户由于缺乏搬迁内在动力，反而出现搬不动、搬不了的情况。而且，部分搬迁户即便是搬动了也并未真正脱贫，或出现返贫。二是存在因搬迁的负债过高而难以搬迁或难以脱贫的问题。《全国“十一五”易地扶贫搬迁规划》给出的补助标准为人均不超过5000元，各省在不超过中央分省人均补助标准的基础上因地制宜确定搬迁项目的具体补助标准[3]，《易地扶贫搬迁“十二五”规划》中人均补助标准上升至6000元[4]，但补助款对部分搬迁户的作用并不大，农户因搬迁欠债或因家庭情况选择不搬的情况并不少见。三是地方财政压力较大。易地扶贫搬迁是一项解决农户居住安全和生存发展的综合性工程，涉及住房建设、基本农田、水利、道路、教育、文化、卫生等设施建设，需要大量的资金，但中央对地方资金的筹措和具体运作并未给出明确的指导，地方在实际操作过程中出现过资金短缺的问题。四是搬迁户后续生计问题。我国耕地、草场等资源有限，贫困地区利用新开发土地、置换土地等落实承包地的方法实现农业安置的空间狭小，以传统农业安置的方式难以满足贫困地区和贫困人口脱贫致富的

---

[1] 陆汉文、黄承伟：《中国精准扶贫发展报告（2016）——精准扶贫战略与政策体系》，社会科学文献出版社2016年版，第102～110页。

[2] 国家发展改革委：《全国“十三五”易地扶贫搬迁规划》，2016年9月20日。

[3] 国家发展改革委：《易地扶贫搬迁“十一五”规划》，2007年9月25日。

[4] 国家发展改革委：《易地扶贫搬迁“十二五”规划》，2012年9月17日。

需要[1]。

“十三五”时期是我国全面建成小康社会的决战决胜阶段，不能再继续延续“灌水式”“输血式”的传统扶贫模式。2013 年底，国家提出了精准扶贫方略，着手对扶贫开发战略进行创新性部署。在精准扶贫背景之下，易地扶贫搬迁逐渐成为实现精准扶贫、精准脱贫的重要方式。在 2015 年 10 月通过的《中共中央关于制定国民经济和社会发展第十三个五年规划的建议》中提出精准扶贫、精准脱贫建议，要求因人因地施策，提高扶贫实效，分类扶持贫困家庭，对“一方水土养不活一方人”的贫困地区实施扶贫搬迁。《全国“十三五”易地扶贫搬迁规划》明确了易地扶贫搬迁的指导思想，并且成为各地推进易地扶贫搬迁工作的行动纲领，从顶层设计上回应了之前工作中存在的问题，并提出了创新性的做法。在该规划的指导下，各地结合本地情况，制定了更为具体的政策条例。

坚决打赢脱贫攻坚战，如期实现全面建成小康社会目标，是党中央作出的庄严承诺，是重大政治任务，是国之大事。易地扶贫搬迁是脱贫攻坚的重要内容，主要目标是确保搬迁群众“搬得出、稳得住、能脱贫”。“十三五”时期，为坚决打赢脱贫攻坚战，党中央、国务院决定，按照精准扶贫、精准脱贫要求，加快实施易地扶贫搬迁工程，从根本上解决“一方水土养不活一方人”地区的脱贫发展问题。2011 年出台的《中国农村扶贫开发纲要（2011—2020）》提出，“对生存条件恶劣地区扶贫对象实行易地扶贫搬迁。引导其他移民搬迁项目优先在符合条件的贫困地区实施，加强与易地扶贫搬迁项目的衔接，共同促进改善贫困群众的生产生活环境”[2]。2015 年 12 月，国家发改委、国务院扶贫办、财政部、国土资源部、中国人民银行联合印发《“十三五”时期易地扶贫搬迁工作方案》，是新一轮易地扶贫搬迁工作的行动指南，明确了易地扶贫搬迁工作的总体要求、搬迁对象与安置方式、建设内容与补助标准、资金筹措、职责分工、政策保障等。2019 年 10 月，国家发改委等 14 部委联合印发《新时期易地扶贫搬迁工作百问百答》（发改振兴〔2019〕1068

---

[1]　陆汉文、覃志敏：《我国扶贫移民政策的演变与发展趋势》，《贵州社会科学》2015 年第 5 期。

[2]　国务院扶贫办：《中国农村扶贫开发纲要（2011—2020 年）》，《国务院公报》，2011 年第 35 号。

号），为扎实推进新时期易地扶贫搬迁工作提供了基本遵循和工作指南。根据《“十三五”时期易地扶贫搬迁工作方案》《全国“十三五”易地扶贫搬迁规划》和《新时期易地扶贫搬迁政策宣讲解读参考提纲》《新时期易地扶贫搬迁工作百问百答》等系列政策文件，主要体现在以下四个方面。

（1）精准识别与精准搬迁

为了避免扶贫目标出现偏差、施策不精准的问题，中央强调了对搬迁对象的精准识别。一方面对符合条件的建档立卡贫困人口“应搬尽搬”，另一方面处理好整村搬迁的随迁户与建档立卡户之间关系，提高搬迁对象精准识别和动态管理水平。搬迁对象是在确定迁出区域之后根据建档立卡情况确定的，迁出区主要有以下几种情形：深山石山、边远高寒、荒漠化和水土流失严重，且水土、光热条件难以满足日常生活生产需要，不具备基本发展条件；国家主体功能区规划中禁止开发或限制开发；交通、水利、电力、通信等基础设施，以及教育、医疗卫生等基本公共服务设施十分薄弱，工程措施解决难度大、建设和运行成本高；地方病严重、地质灾害频发，以及其他确需实施易地扶贫搬迁的地区。在此基础之上，经国务院扶贫办扶贫开发建档立卡信息系统核实，确定易地扶贫搬迁的人口。

搬迁方式包括自然村整村搬迁和分散搬迁两种，安置方式则综合考虑水土资源条件、城镇化进程、群众意愿等，采取集中安置与分散插花等多种安置方式，因地制宜。集中安置包括行政村内就近安置、建设移民新村安置、小城镇或工业园区安置、乡村旅游区安置、针对特困人员和残疾人等的集中安置。分散安置主要有当地政府回购空置房屋、配置耕地等方式进行的插花安置，以及自主选择进城务工、投靠亲友等其他安置方式。易地扶贫搬迁优先保障建档立卡贫困人口的安置与后续脱贫，确保搬迁一户、脱贫一户。

（2）资金精准使用与区域差异化补助政策

易地扶贫搬迁是一项复杂的系统性工程，包括搬迁户住房建设、安置区基础设施建设、迁出区生态建设以及搬迁户脱贫等。为了更好地使用、管理并解决资金问题，中央进一步拓宽了资金来源渠道，并明确了资金投向。[1] 中央预算内投资补助资金向集中连片特困和国家扶贫开发工作重点县倾斜，且

[1]　何畅、张昭：《“十三五”时期易地扶贫搬迁投融资模式研究》，《开发性金融研究》2017 年第 11 期。

主要用于搬迁对象建房。另外，中央也要求实施易地扶贫搬迁的省（自治区、直辖市）制定省域内差异化补助标准，建档立卡贫困户住房建设最低补助标准由各省（自治区、直辖市）自行确定。

（3）机制创新与超常规支持政策

对土地出让和调整资金也抽取部分用于扶贫。国土资源部 2016 年 2 月 17 日印发《关于用好用活增减挂钩政策积极支持扶贫开发易地扶贫搬迁工作的通知》，要求用活用好增减挂钩政策，将之作为实施精准扶贫、精准脱贫的有力抓手，促进政策落实落地。在分解下达全国增减挂钩指标时，向脱贫攻坚任务重的省份倾斜，省、市、县在安排指标时，也要重点支持扶贫开发及易地扶贫搬迁工作。同时，允许节余在省域范围内流转使用，允许相应调整规划规模。

（4）搬迁安置与后续发展

"五个一批"是相互支撑、相互补充的，在完成搬迁安置工作后，要将着眼点和着力点更多地放在搬迁对象创业就业、产业发展、技能培训等方面，突出精准性和可操作性。《"十三五"时期易地扶贫搬迁工作方案》提出要鼓励和引导金融机构通过扶贫小额信贷等方式支持安置区后续产业发展，为符合条件的搬迁对象提供贴息贷款支持。《"十三五"时期易地扶贫搬迁工作政策指引》（第 3 期）也指出，必须统筹好搬迁安置与后续发展、稳定脱贫的关系，确保"搬得出、稳得住、有就业、逐步能致富"。各省根据情况细化任务目标，落实扶持政策，组织实施与监督。

2. 湖北易地搬迁政策梳理

易地搬迁工程涉及多个方面，因此需要制定详细的政策，方能实现"搬得出，稳得住，能致富"的目标。湖北省委、省政府坚决贯彻落实中央关于扶贫工作的重要论述，按照党中央、国务院决策部署，开创了"七个五""1+6+N""交钥匙工程"等具有湖北特色的搬迁模式。

（1）集中安置背景

实行易地搬迁首先要满足"搬得出"的前提，保障贫困户有处可去。湖北省"十三五"易地搬迁扶贫，有八十多万搬迁人口，如何解决搬迁人口的"搬得出"的问题至关重要，同时搬迁人口的管理也是一项艰巨的任务，为此，湖北省将集中安置、统一管理作为易地搬迁最有力的手段。既能保障搬迁人口

“搬得出”，又可以对搬迁人口集中管理，确保搬迁人口“稳得住，能致富”。

（2）湖北省集中安置的政策

2016年中央印发《“十三五”时期易地扶贫搬迁工作方案》（以下简称《方案》）指出“十三五”时期，我国将加快实施易地扶贫搬迁工程，通过“挪穷窝”“换穷业”“拔穷根”，从根本上解决约1000万建档立卡贫困人口的稳定脱贫问题。根据中央文件，湖北出台了《“十三五”时期易地扶贫搬迁工作政策指引》《湖北省2017年度易地扶贫搬迁实施计划》《湖北省深度贫困地区脱贫攻坚实施方案》等一系列文件保障湖北易地扶贫搬迁工作的顺利进行。

第一，《“十三五”时期易地扶贫搬迁工作政策指引》对中央文件做出了政策阐释，对易地搬迁工作做出明确的安排。湖北省对于易地搬迁在扶贫对象、安置地点、搬迁基金都做出了解释，为易地搬迁扶贫工作提供了全面的体系保障。

易地扶贫搬迁对象。易地扶贫搬迁对象，是指生活在特定自然环境和发展条件下需要实施搬迁的农村建档立卡贫困人口。发展改革部门依据扶贫部门核定的搬迁规模和搬迁对象，组织编制易地扶贫搬迁规划、实施方案和年度计划，并会同相关部门做好组织实施工作。政府考虑到迁出地自然环境和发展条件具有同质性，还有部分生活在同一迁出地的非建档立卡人口需要实施同步搬迁。为统筹做好安置区配套基础设施和公共服务设施建设，各地在严格区分不同搬迁对象性质和规模基础上，将同步搬迁人口统一纳入“十三五”易地扶贫搬迁规划、工作方案和年度计划。按照中央有关脱贫攻坚考核工作部署，各地易地扶贫搬迁工作绩效考核的主要依据和核心内容是建档立卡贫困户人口搬迁任务完成情况和脱贫情况。各地结合本地实际，合理确定同步搬迁人口规模，防止因同步搬迁人口规模过大影响建档立卡贫困人口搬迁进度和脱贫效果。

安置住房建设标准。“十三五”易地扶贫搬迁，重点要解决好搬迁对象住房安全和脱贫问题。安置住房建设要以“保障基本、安全适用”为原则，建筑面积严格控制在人均25平方米以内。安置住房建筑面积人均25平方米，既是“保障基本”的强制性标准，也是最高限制标准，对象是农村建档立卡贫困搬迁户。具体执行中，不得变相扩大建设面积，也不得脱离实际提高建设标准，防止因搬迁而举债、因搬迁而难脱贫。对于按照一户一宅方式安置的，可以采取在分配的宅基地预留续建空间等办法，由搬迁对象今后根据自身经济条件改善状况和实际能力自主决定是否扩建。对于同步搬迁人口安置住房建设，要在统筹安置区相关配套基础设施和公共服务设施建设基础上，区别具体情况，做到因户施策，相关建设标准可以不一致。文件要求各地在制定“十三五”易地扶贫搬迁规划和出台相关配套政策时，要严格执行建档立卡搬迁户安置住房建设“保障基本”的要求。各级政府要以规划为引领，进一步强化建设规划和安置区建设方案的约束力。市（县）政府特别是组织实施部门要全面准确把握政策，严格执行建设标准。

安置住房补助标准。根据政策要求，需要全面理解和把握好以下三个要点：

一是综合考虑各渠道资金支持情况。《方案》中明确的资金渠道包括：中央预算内投资和农民自筹，共计约 1000 亿元；地方政府债 1000 亿元，以项目资本金形式注入到省级投融资主体；专项建设基金 500 亿元，由国家开发银行和农业发展银行以项目资本金形式注入到同一省级投融资主体；国家开发银行和农业发展银行发行政策性长期贷款，最高限额 3500 亿元。除中央预算内投资和农民自筹资金外，其他渠道资金均需由地方政府偿还，属于有偿资金。需要说明的是，上述各渠道资金形成的约 6000 亿元总盘子，投向范围包括搬迁户安置住房、安置区配套基础设施和公共服务设施等建设，以及纳入统筹规划的同步搬迁人口相关基础设施和公共服务设施建设。安排对象是“十三五”时期全国需要实施易地扶贫搬迁的 300 万户 1000 万建档立卡贫困人口。因此，不能将上述资金简单地理解为国家给予每个建档立卡搬迁户补助 20 万元，或给予每个建档立卡贫困人口补助 6 万元，更不能误解为上述资金都可以无偿使用，从而盲目提高补助标准。

二是制定安置住房建设人均最低补助标准。制定最低补助标准，是确保建档立卡贫困搬迁群众建得起、住得起安置房的保障措施之一，原则上以政府通过统筹各渠道资金形成的补助资金能够满足住房建设安全适用的基本需求为底线。因此，人均最低补助标准实际上包括中央补助和地方补助两部分，中央补助主要为中央预算内投资人均建房补助；地方补助主要为地方政府统筹易地扶贫搬迁或其他相关资金形成的人均补助。各地方在制定本地方安置房建设最低补助标准时，应综合考虑中央补助标准、本地财力状况、还贷能力等因素，同时要做好新老政策的解释、宣导工作。

三是制定差异化补助政策。考虑到各地自然条件、安置资源、发展基础、建设成本等情况千差万别，有必要通过分档分类的办法，体现对安置房建设补助的差异化支持。目前，国家发展改革委将有搬迁任务的省份分为三类地区，相应明确了中央预算内投资人均补助的差异化标准。各地也可结合省域、市域、县域搬迁安置情况，相应制定建档立卡贫困人口安置住房建设的差异化补助标准。需要注意的是，差异化标准制定工作，要统筹前后、兼顾左右，各档各类补助标准之间的差距不宜过大。

第二，《湖北省 2017 年度易地扶贫搬迁实施计划》指出，为贯彻落实党中央、国务院和省委、省政府打赢脱贫攻坚战的决策部署，从根本上解决我省“一方水土养不起一方人”地区脱贫发展问题。根据全国和湖北省“十三五”易地扶贫搬迁规划和实施方案的要求，2017 年度，全省计划实施易地扶贫搬迁建档立卡贫困人口 152360 户 405190 人。按照“保障基本、安全适用”的原则，建档立卡搬迁人口住房建设面积严格执行不超过 25 平方米 / 人的标准，分散安置的单人户住房建设面积也不得超过 25 平方米 / 人。集中安置与分散安置均实行“交钥匙工程”，坚决防止建档立卡搬迁人口因建房而负债。

第三，《湖北省深度贫困地区脱贫攻坚实施方案》指出，打好易地扶贫搬迁攻坚战。坚持把易地扶贫搬迁作为脱贫攻坚的标志性工程来抓，精准锁定搬迁对象，切实扣牢“第一颗纽扣”。严守人均建设面积不超过 25 平方米、不因建房而举债、建新房必须拆旧房三条红线，全面实施“交钥匙工程”。积极开展拆旧复垦工作，稳步推进贫困地区城乡建设用地增减挂钩节余指标交易工作。牢牢把握“搬迁是手段，脱贫是目的”根本要求，切实解决好搬迁群众的生计保障和后续发展。确保按国家要求在 2020 年前全省 32.8 万户、90.1 万人应搬迁人口全部搬迁入住，确保贫困户住房安全有保障。

从上述政策中可以看出实行易地搬迁首先要满足“搬得出”的前提，保障贫困户有处可去。为此湖北省实行“交钥匙工程”，统一规划、统一建设、统一质量安全监督、统一分配。集中安置人均住房建设面积均不得超过 25 平方米；不因建房举债；建新房必须拆旧房，实行土地复垦、生态修复。湖北还创造了“七个五”的搬迁模式，其中“五靠近”是指采取靠近中心村、靠近生态旅游区、靠近产业园区、靠近集镇、靠近城区的集中安置方式。总的来说，集中安置是湖北易地扶贫最有力的手段。

3. 湖北易地搬迁的政策体系

“十三五”时期，为了贯彻落实党中央、国务院和省委、省政府打赢脱贫攻坚战的决策部署，从根本上解决湖北省“一方水土养不起一方人”地区脱贫发展问题，根据全国和湖北省“十三五”易地扶贫搬迁规划和实施方案的要求，湖北省颁布了一系列政策。

2017 年湖北省发布《湖北省 2017 年度易地扶贫搬迁实施计划》。计划指出，建档立卡搬迁人口住房建设面积严格执行不超过 25 平方米 / 人的标准，分散安置的单人户住房建设面积也不得超过 25 平方米 / 人。集中安置与分散安置均实行“交钥匙工程”，坚决防止建档立卡搬迁人口因建房而负债。

2018 年《省人民政府关于全面落实积极财政政策　聚力增效促进高质量发展的意见》要求加强民生领域补短板工程建设，统筹保障性安居工程资金，加强结余资金管理，健全激励约束机制，深入推进保障性安居工程建设。调整易地扶贫搬迁融资方式，在安排政府一般债券时，优先保障易地扶贫搬迁资金需求，确保全面完成易地扶贫搬迁目标任务。

2019 年《湖北省农村扶贫条例》指出，要因地制宜地实施扶贫移民和生态移民，对生态保护重点地区、生存条件恶劣地区、地质灾害严重地区实行异地开发、搬迁扶贫，努力改善生存和发展条件。《关于贯彻实施〈中共中央、国务院关于打赢脱贫攻坚战的决定〉的意见》提出要大力实施易地搬迁。采取多种安置方式，严格建房标准，足额落实补助，有序实施搬迁，到 2019 年完成 30.63 万户、97.79 万贫困人口搬迁任务。完善后续扶持政策，通过发展特色经济、参与合作社经营、务工就业等渠道，提高搬迁户发展能力。加快危房改造和环境整治。加快推进贫困地区农村危房改造，加大省级投入，探索采用贷款贴息、建设集体公租房等方式，到 2019 年完成 32 万户农村危房户改造任务。《湖北省深度贫困地区脱贫攻坚实施方案》指出，打好易地扶贫搬迁攻坚战。坚持把易地扶贫搬迁作为脱贫攻坚的标志性工程来抓，精准锁定搬迁对象，切实扣牢“第一颗纽扣”。打好农村危房改造攻坚战。按照“住房安全有保障”的精准脱贫要求，加快推进农村危房改造和住房保障工作，消除安全隐患，补齐基本居住功能，保障基本卫生健康条件。

“十三五”时期，湖北省出台的一系列易地搬迁政策，从资金、安置、产业多方面做出了政策要求，保障移民“搬得出，稳得住”。

在 2020 年，湖北已完成了“十三五”易地扶贫搬迁任务，但后续移民的生活问题仍需关注，为此湖北省政府发布政策保障移民“稳得住，能致富”。

湖北省政府发布《湖北省农村房屋安全隐患排查整治工作实施方案》要求省发改委负责督促易地扶贫搬迁点的农村房屋安全管理。《2020 年全省脱贫攻坚工作要点的通知》明确表示要加强易地搬迁后续扶持。摸清易地扶贫搬迁群众入住、产业、就业等情况，以集中搬迁安置点为重点，有效解决搬迁群众产业、就业、基本公共服务、社会融入、社区治理等实际问题，确保搬迁群众搬得出、稳得住、有就业、逐步能致富。防止脱贫人口返贫，是易地扶贫搬迁需要继续关注和重视的问题。

表 3–1–3　全国易地搬迁政策

时间	全国文件	文件内容
2015 年	《“十三五”时期易地扶贫搬迁工作方案》	方案要求进一步明确搬迁对象；尽快确定省级投融资主体；抓紧制定“十三五”省级实施方案和 2016 年实施计划；尽快上报“十三五”易地扶贫搬迁省级规划；切实加强风险控制和资金监管
2016 年	《中共中央 国务院关于落实发展新理念加快农业现代化 实现全面小康目标的若干意见》	实施脱贫攻坚工程。实施精准扶贫、精准脱贫，因人因地施策，分类扶持贫困家庭，坚决打赢脱贫攻坚战。通过产业扶持、转移就业、易地搬迁等措施解决 5000 万左右贫困人口脱贫；对完全或部分丧失劳动能力的 2000 多万贫困人口，全部纳入低保覆盖范围，实行社保政策兜底脱贫。实行脱贫工作责任制，进一步完善中央统筹、省（自治区、直辖市）负总责、市（地）县抓落实的工作机制。各级党委和政府要把脱贫攻坚作为重大政治任务扛在肩上，各部门要步调一致、协同作战、履职尽责，切实把民生项目、惠民政策最大限度向贫困地区倾斜。广泛动员社会各方面力量积极参与扶贫开发。实行最严格的脱贫攻坚考核督察问责
2017 年	《支持深度贫困地区脱贫攻坚》	加大中央财政投入力度，加大金融扶贫支持力度，加大项目布局倾斜力度，加大易地扶贫搬迁实施力度，加大生态扶贫支持力度，加大干部人才支持力度，加大社会帮扶力度，集中力量攻关，构建起适应深度贫困地区脱贫攻坚需要的支撑保障体系
2017 年	《兴边富民行动“十三五”规划》	边境地区国家扶贫开发工作重点县增减挂钩指标可以在省域范围内调剂使用，增减挂钩收益按规定全额缴入国库后，通过支出预算统筹安排用于改善边民生产生活条件和生态移民搬迁

续表

时间	全国文件	文件内容
2017年	《关于建立资源环境承载能力监测预警长效机制的若干意见》	对生态超载地区，制定限期生态修复方案，实行更严格的定期精准巡查制度，必要时实施生态移民搬迁，对生态系统严重退化地区实行封禁管理
2017年	《国家生态文明试验区（江西）实施方案》和《国家生态文明试验区（贵州）实施方案》	创新生态扶贫机制。建立生态保护补偿扶贫机制，加大对罗霄山集中连片特困地区、五河一湖及东江源头地区的流域生态保护补偿专项资金支持力度，建立补偿资金与扶持贫困人口脱贫挂钩机制。加大地方政府债券对重大生态修复工程的支持力度。在贫困地区开展水电和矿产资源开发资产收益扶贫改革试点。深入实施易地扶贫搬迁工程，迁出区生态恢复36万亩。组建100个绿色技术推广团队，建设100个绿色技术扶贫示范点。开展绿色培训，建立绿色创业扶贫基金，培养农村地区绿色农业发展带头人。支持上犹县、遂川县、乐安县、莲花县等开展生态扶贫试验区建设
2018年	《中共中央 国务院关于实施乡村振兴战略的意见》	瞄准贫困人口精准帮扶。对有劳动能力的贫困人口，强化产业和就业扶持，着力做好产销衔接、劳务对接，实现稳定脱贫。有序推进易地扶贫搬迁，让搬迁群众搬得出、稳得住、能致富。对完全或部分丧失劳动能力的特殊贫困人口，综合实施保障性扶贫政策，确保病有所医、残有所助、生活有兜底。做好农村最低生活保障工作的动态化精细化管理，把符合条件的贫困人口全部纳入保障范围
2018年	《乡村振兴战略规划（2018—2022年）》	对位于生存条件恶劣、生态环境脆弱、自然灾害频发等地区的村庄，因重大项目建设需要搬迁的村庄，以及人口流失特别严重的村庄，可通过易地扶贫搬迁、生态宜居搬迁、农村集聚发展搬迁等方式，实施村庄搬迁撤并，统筹解决村民生计、生态保护等问题。拟搬迁撤并的村庄，严格限制新建、扩建活动，统筹考虑拟迁入或新建村庄的基础设施和公共服务设施建设。坚持村庄搬迁撤并与新型城镇化、农业现代化相结合，依托适宜区域进行安置，避免新建孤立的村落式移民社区。搬迁撤并后的村庄原址，因地制宜复垦或还绿，增加乡村生产生态空间。农村居民点迁建和村庄撤并，必须尊重农民意愿并经村民会议同意，不得强制农民搬迁和集中上楼

续表

时间	全国文件	文件内容
2019 年	《2019 年政务公开工作要点》	围绕解决“两不愁三保障”面临的突出问题、深度贫困地区和特殊贫困群体脱贫攻坚、易地扶贫搬迁后续扶持措施等方面，重点做好相关政策举措、扶贫项目、财政专项扶贫资金、精准扶贫贷款、行业扶贫相关财政资金、东西部扶贫协作财政援助资金等信息公开工作。围绕持续开展大气污染治理攻坚、加快治理黑臭水体、防治农业面源污染、推进重点流域和近岸海域综合整治、加强固体废弃物和城市垃圾分类处置等方面，进一步做好生态环境信息公开
2019 年	《国务院办公厅关于对真抓实干成效明显地方进一步加大激励支持力度的通知》	对易地扶贫搬迁工作积极主动、成效明显的省（区、市），进一步加大易地扶贫搬迁工作支持力度，并在以工代赈资金安排上予以倾斜，支持贫困地区改善基础设施条件（国家发展改革委负责）
2020 年	《中共中央 国务院关于抓好“三农”领域重点工作 确保如期实现全面小康的意见》	巩固脱贫成果防止返贫。各地要对已脱贫人口开展全面排查，认真查找漏洞缺项，一项一项整改清零，一户一户对账销号。总结推广各地经验做法，健全监测预警机制，加强对不稳定脱贫户、边缘户的动态监测，将返贫人口和新发生贫困人口及时纳入帮扶，为巩固脱贫成果提供制度保障。强化产业扶贫、就业扶贫，深入开展消费扶贫，加大易地扶贫搬迁后续扶持力度。扩大贫困地区退耕还林还草规模。深化扶志扶智，激发贫困人口内生动力
2020 年	《国务院办公厅关于应对新冠肺炎疫情影响强化稳就业举措的实施意见》	优先支持贫困劳动力就业。企业复工复产、重大项目开工、物流体系建设等优先组织和使用贫困劳动力，鼓励企业更多招用贫困劳动力。支持扶贫龙头企业、扶贫车间尽快复工。利用公益性岗位提供更多就地就近就业机会，优先对贫困劳动力托底安置。加大对“三区三州”等深度贫困地区、52 个未摘帽贫困县、易地扶贫搬迁大型安置区的支持力度。对吸纳贫困劳动力就业规模大的，各地可通过财政专项扶贫资金给予一次性奖励（发展改革委、财政部、人力资源社会保障部、农业农村部、扶贫办按职责分工负责）
2020 年	《中共中央 国务院关于新时代推进西部大开发 形成新格局的指导意见》	改善住房保障条件。完善分类分级补助标准，加大对农村危房改造补助资金倾斜支持力度。鼓励通过闲置农房置换或长期租赁等方式，解决农村特困群体基本住房安全问题。落实易地扶贫搬迁政策，完善安置区配套基础设施和公共服务设施。积极改善城镇中等偏下及以下收入住房困难家庭、新就业无房职工和城镇稳定就业的无房外来务工人员居住条件

续表

时间	全国文件	文件内容
2020年	《中共中央关于制定国民经济和社会发展第十四个五年规划和二〇三五年远景目标的建议》	实现巩固拓展脱贫攻坚成果同乡村振兴有效衔接。建立农村低收入人口和欠发达地区帮扶机制，保持财政投入力度总体稳定，接续推进脱贫地区发展。健全防止返贫监测和帮扶机制，做好易地扶贫搬迁后续帮扶工作，加强扶贫项目资金资产管理和监督，推动特色产业可持续发展。健全农村社会保障和救助制度。在西部地区脱贫县中集中支持一批乡村振兴重点帮扶县，增强其巩固脱贫成果及内生发展能力。坚持和完善东西部协作和对口支援、社会力量参与帮扶等机制
2021年	《中共中央 国务院关于全面推进乡村振兴加快农业农村现代化的意见》	“十三五”时期，现代农业建设取得重大进展，乡村振兴实现良好开局。粮食年产量连续保持在1.3万亿斤以上，农民人均收入较2010年翻一番多。新时代脱贫攻坚目标任务如期完成，现行标准下农村贫困人口全部脱贫，贫困县全部摘帽，易地扶贫搬迁任务全面完成，消除了绝对贫困和区域性整体贫困，创造了人类减贫史上的奇迹

资料来源：中国政府网等网站。

表3–1–4 湖北易地搬迁政策

时间	湖北文件	文件内容
2017年	《湖北省2017年度易地扶贫搬迁实施计划》	为贯彻落实党中央、国务院和省委、省政府打赢脱贫攻坚战的决策部署，从根本上解决我省居住在“一方水土养不起一方人”地区贫困人口的脱贫发展问题，根据全国和湖北省“十三五”易地扶贫搬迁规划和实施方案的要求，2017年度，全省计划实施易地扶贫搬迁建档立卡贫困人口152360户405190人。易地扶贫搬迁涉及面广、政策性强，各地各有关部门要不折不扣地执行相关政策规定。按照“保障基本、安全适用”的原则，建档立卡搬迁人口住房建设面积严格执行不超过25平方米/人的标准，分散安置的单人户住房建设面积也不得超过25平方米/人。集中安置与分散安置均实行“交钥匙工程”，坚决防止建档立卡搬迁人口因建房而负债
2018年	《省人民政府关于全面落实积极财政政策聚力增效促进高质量发展的意见》	加强民生领域补短板工程建设。统筹保障性安居工程资金，加强结余资金管理，健全激励约束机制，深入推进保障性安居工程建设。统筹一般公共预算资金、土地出让金、住房公积金增值收益和棚户区改造专项债券资金，实施棚户区改造三年攻坚行动。调整易地扶贫搬迁融资方式，安排政府

续表

时间	湖北文件	文件内容
		一般债券时，优先保障易地扶贫搬迁资金需求，确保全面完成易地扶贫搬迁目标任务
2019 年	《湖北省农村扶贫条例》	因地制宜地实施扶贫移民和生态移民，对生态保护重点地区、生存条件恶劣地区、地质灾害严重地区实行异地开发、搬迁扶贫，努力改善生存和发展条件
2019 年	《关于贯彻实施中共中央、国务院关于打赢脱贫攻坚战的决定的意见》	大力实施易地搬迁。采取多种安置方式，严格建房标准，足额落实补助，有序实施搬迁，到 2019 年完成 30.63 万户、97.79 万贫困人口搬迁任务。完善后续扶持政策，通过发展特色经济、参与合作社经营、务工就业等渠道，提高搬迁户发展能力。加快危房改造和环境整治。加快推进贫困地区农村危房改造，加大省级投入，探索采用贷款贴息、建设集体公租房等方式，到 2019 年完成 32 万户农村危房户改造任务
2019 年	《湖北省农村扶贫开发“十二五”规划》	整合扶贫政策、库区政策和其他强农惠农政策，加大综合开发投入力度，把扶贫搬迁与生态移民、旅游开发、基本公共服务事业发展、中心村社区和小城镇建设结合起来，加快社会主义新农村建设步伐
2019 年	《关于全力推进精准扶贫精准脱贫的决定》	着力实施危房改造。编制贫困村建设规划，科学确定人口空间布局，引导人口相对集中居住
2019 年	《湖北省深度贫困地区脱贫攻坚实施方案》	打好易地扶贫搬迁攻坚战。坚持把易地扶贫搬迁作为脱贫攻坚的标志性工程来抓，精准锁定搬迁对象，切实扣牢“第一颗纽扣”。打好农村危房改造攻坚战。按照“住房安全有保障”的精准脱贫要求，加快推进农村危房改造和住房保障工作，消除安全隐患，补齐基本居住功能，保障基本卫生健康条件
2019 年	《2019 年湖北省政务公开工作要点》	围绕解决“两不愁三保障”面临的突出问题、深度贫困地区和特殊贫困群体脱贫攻坚、易地扶贫搬迁后续扶持政策措施等方面，重点做好相关政策举措、扶贫项目、财政专项扶贫资金、精准扶贫贷款、行业扶贫相关财政资金、东西部扶贫协作财政援助资金、脱贫摘帽情况等信息公开工作
2020 年	《湖北省农村房屋安全隐患排查整治工作实施方案》	省发改委负责督促易地扶贫搬迁点的农村房屋安全管理

续表

时间	湖北文件	文件内容
2020 年	《2020 年全省脱贫攻坚工作要点的通知》	加强易地搬迁后续扶持。摸清易地扶贫搬迁群众入住、产业、就业等情况，以集中搬迁安置点为重点，有效解决搬迁群众产业、就业、基本公共服务、社会融入、社区治理等实际问题，确保搬迁群众搬得出、稳得住、有就业、逐步能致富

资料来源：湖北省人民政府门户网站等网站。

（三）教育扶贫政策

习近平总书记强调，“治贫先治愚”，“扶贫先扶智”。古人有“家贫子读书”的传统。让贫困地区的孩子们接受良好教育，“绝不让一个学生因贫困而失学”，是扶贫开发的重要任务，也是阻断贫困代际传递的重要途径。把贫困地区的孩子培养出来，成为社会主义的建设者，是根本性的扶贫脱贫之策。

1. 国家顶层设计

（1）国家顶层设计概述

“扶贫先扶智”决定了教育扶贫的基础性地位，“治贫先治愚”决定了教育扶贫的先导性功能，“脱贫防返贫”决定了教育扶贫的根本性作用。联合国教科文组织研究表明，不同层次受教育者提高劳动生产率的水平不同：本科 300%、初高中 108%、小学 43%，人均受教育年限与人均 GDP 的相关系数为 0.562。“积财千万，不如薄技在身”，“一技在手，终身受益”，教育在促进扶贫、防止返贫方面的作用，是根本性的、可持续的。

《“十三五”脱贫攻坚规划》《教育脱贫攻坚“十三五”规划》《国家教育事业发展“十三五”规划》是对教育精准扶贫的顶层设计。上述规划提出，要全面推进教育精准扶贫、精准脱贫。对接农村贫困人口建档立卡数据库，提高教育扶贫精准度，让贫困家庭子女都能接受公平有质量的教育，阻断贫困代际传递。进一步完善贫困县的教育扶持政策，相关教育项目优先支持贫困县。免除公办普通高中建档立卡等家庭经济困难学生（含非建档立卡的家庭经济困难残疾学生、农村低保家庭学生、农村特困救供养学生）的学杂费，加大对贫困家庭大学生的资助力度。继续对农村和贫困地区学生接受高等教育给予倾斜，让更多困难家庭孩子能够受到良好教育。

加大职业教育力度。启动实施职教圆梦行动计划，省级教育行政部门统筹协调国家示范和国家重点中职学校，选择就业好的专业，列招生计划，针对建档立卡贫困家庭子女招生，确保至少掌握一门实用技能，提升贫困家庭自我发展的“造血”能力。实施中等职业教育协作计划，支持建档立卡贫困家庭初中毕业生到省（区、市）外经济较发达地区接受中等职业教育。

强化教育对口支援。实施教育扶贫结对帮扶行动，推进省内城镇中小学、优质幼儿园对口帮扶农村中小学、幼儿园，实现每一所贫困地区学校都有对口支援学校。鼓励高水平大学尤其是东部高校扩大对口支援中西部地区高校范围，加强东部职业教育集团和国家职业教育改革示范校对口帮扶集中连片特困地区职业学校。继续推进定点联系滇西边界山区工作。

（2）国家教育精准扶贫具体措施

党的十八大以来，教育部门认真学习贯彻习近平总书记关于扶贫开发的重要战略思想，全面落实精准扶贫、精准脱贫的基本方略，采取超常规政策举措，精准聚焦贫困地区的每一所学校、每一名教师、每一个孩子，启动实施教育扶贫全覆盖行动，先后组织实施了 20 项教育惠民政策措施，实现了贫困地区义务教育普及、学校基础设施建设、学生资助体系、教师队伍建设、民族教育发展、职业教育提升等多个领域的教育扶贫全方位覆盖，为 2020 年农村贫困人口全部脱贫、贫困地区同步建成小康社会奠定坚实基础。这 20 项全覆盖教育扶贫政策中，既有贫困地区教育发展总体部署，也有具体支持项目。既有面向学生的举措，也有服务于教师的政策。既有普通教育，也有职业技术教育。既有面向 11 个连片特困地区的政策，也有专门针对新疆南疆四地州等地区的特殊政策。既有改善基础设施条件的，也有提高学生身体素质的。通过教育扶贫全覆盖行动的实施，努力办好贫困地区每一所学校，遍及每一名教师，培养好每一名孩子。

中国教育扶贫的有关政策支持如表 3-1-5 所示。

表 3–1–5　中国教育扶贫政策支持[1]

教育阶段	具体政策
学前教育	原则上按每生每年 1000 元的标准给予生活补助

[1]　数据来源：全国学生资助管理中心网站。

续表

教育阶段	具体政策
义务教育	①免学费、免费发放教科书 ②对寄宿学生，按小学每生每年 1000 元、初中每生每年 1250 元的标准补助生活费，非寄宿困难家庭学生按寄宿生一半的标准予以资助 ③国家试点地区按照每生每天 4 元补助标准实施义务教育学生营养改善计划
普通高中教育	免学费，按平均每生每年 2000 元的标准发放国家助学金
职业教育	①中职学生免学费，按每生每年 2000 元的标准发放国家助学金 ②高职学生按平均每生每年 3300 元的标准发放国家助学金，并帮助申请最高限额 8000 元的国家助学贷款，在校期间给予全额贴息 ③实施高职院校精准扶贫招生计划
本科教育	①按平均每生每年 3300 元的标准发放国家助学金，并帮助申请最高限额 8000 元的国家助学贷款，在校期间给予全额贴息 ②实施国家、地方、高校三个本科专项招生计划
研究生教育	①按硕士研究生平均每生每年 6000 元、博士研究生平均每生每年 13000 元的标准发放国家助学金 ②帮助申请最高限额 12000 元的国家助学贷款，在校期间给予全额贴息

（3）国家教育精准扶贫具体政策

《国家贫困地区儿童发展规划（2014—2020 年）》。该规划在习近平总书记的关怀下，由 9 个部门共同编制。该规划将 680 多个连片特困县从出生开始到义务教育阶段结束的农村儿童作为实施范围，重点围绕健康、教育两个核心领域，加快实现从家庭到学校、从政府到社会对儿童关爱的全覆盖，确保农村孩子生得好、长得好、学得好，编就一张保障贫困地区儿童成长的安全网。

《乡村教师支持计划（2015—2020 年）》。这是一项惠及广大乡村教师、亿万乡村孩子的民心工程，通过拓展乡村教师补充渠道、提高乡村教师生活待遇等关键举措，造就一支素质优良、甘于奉献、扎根乡村的教师队伍，让每个乡村孩子都能接受公平、有质量的教育，帮助乡村孩子学习成才，阻止贫困现象的代际传递。

《中国农村扶贫开发纲要（2011—2020 年）》。该纲要的目标任务包括总体目标、主要任务这两个方面。第一总体目标是：到 2020 年，稳定实现扶贫对象做到“两不愁三保障”，即不愁吃、不愁穿，保障其义务教育、基本医疗和住房。贫困地区农民人均纯收入增幅高于全国平均水平，基本公共服务主要领域接近全国平均水平，扭转发展差距扩大的趋势。第二提出就业：就业促进是我国农村新时期扶贫开发工作的重要措施之一，而就业促进主要工作载体是“雨露计划”。“雨露计划”是以提高农村贫困人口整体素质和自我发展能力为核心的专项扶贫措施。在新时期，做好就业促进工作，必须进一步明确培训对象和任务，充分利用农村最低生活保障与扶贫开发两项制度衔接试点的成果，积极稳妥地引导和扶持贫困家庭新生劳动力参加正规职业教育和预备制培训，积极探索农业实用技术、产业发展和创业培训的有效途径，改革和完善“雨露计划”管理方式，加大对农村贫困人口就业的扶持力度，动员社会资源参与就业促进工作。

《中共中央国务院关于打赢扶贫攻坚战的决定》（中发〔2015〕）指出：我国扶贫开发已经进入啃硬骨头、攻坚拔寨的冲刺期。要把精准扶贫、精准脱贫作为基本方略，加快实施教育扶贫工程，让贫困家庭子女都能接受公平教育，阻断贫困代际传递。在精准教育扶贫阶段，需重点关注三个问题：第一，经济资助对象精准（即“扶谁的贫”精准）；第二，经济资助部门精准（即“谁扶贫”精准）；第三，经济资助措施精准（即“怎么扶”措施精准）。

2. 湖北教育扶贫政策

近年来，湖北整合教育资源，改善贫困地区义务教育办学条件，提高义务教育水平，扩大学前教育覆盖面，对贫困户子女实行免费高中教育，安排贫困户子女到大城市接受学费生活费全免的职业教育，优先安排就业等举措，通过教育扶贫斩断代际贫困传递链条。

（1）“雨露计划”

①起源。2004 年 8 月，国务院扶贫办下发《关于加强贫困地区劳动力转移培训工作的通知》（国开办发〔2004〕57 号），提出“要把贫困地区劳动力转移培训作为战略性措施来抓”。以此文件为标志，由扶贫部门组织实施的贫困地区劳动力转移培训工作，在全国范围内正式启动并全面铺开。2005 年 6 月，国务院扶贫办在湖北省宜昌市召开贫困地区劳动力转移培训经验交流会”。会议提出，将扶贫部门实施的具有特惠性质的“农村贫困家庭转移培训”简称为“雨露计划”。会议后湖北省扶贫办、省财政厅印发了《关于加强农村贫困劳动力转移培训工作的意见》（鄂政扶发〔2005〕14 号）、《湖北省贫困劳动力转移培训试行办法》（鄂政扶发〔2005〕20 号），并率先在全国使用“雨

露计划”项目管理，开通了全国第一家专业网站“湖北雨露网”。由此，湖北被誉为全国“雨露计划”的发源地。2006年，湖北省财政厅省扶贫办共同印发了《湖北省农村贫困劳动力转移培训“雨露计划”财政扶贫补助资金管理办法（试行）》（鄂财发〔2006〕50号），规范补助资金管理，提高资金使用效益。省扶贫办出台了《湖北省扶贫系统“雨露计划”实施年度考核（试行）办法》《湖北省“雨露计划”培训基地年度考核（试行）办法》（鄂政扶发〔2006〕43号），对各地“雨露计划”实施情况，进行百分制考核。

②发展。2007年3月，国务院扶贫办下发《关于在贫困地区实施“雨露计划”的意见》和《贫困青壮年劳动力转移培训工作实施指导意见》（国开办发〔2007〕15号）。明确了“十一五”期间，开展职业技能培训、创业培训农业实用技术培训的总体目标。湖北省扶贫办下发了《关于转发国务院扶贫办〔2007〕15号文件的通知》（鄂政扶发〔2007〕20号），要求各地结合自身的实际情况，认真组织实施，并制定出台了《湖北省“雨露计划”转移培训就业台账登录管理办法》（鄂政扶发〔2007〕54号）。2008年至2010年期间，湖北省扶贫办共认定“雨露计划”培训基地101个，建立了一整套计划管理、资金拨付台账上网、培训指导、就业安置跟踪服务、考核监督等工作制度和运行机制，在全国起到示范作用。

③改革。2011年5月《中国农村扶贫开发纲要（2011—2020年）》（中发〔2011〕10号），首次将“雨露计划”写入中央文件，提出了完善“雨露计划”的新要求。同年，省扶贫办、省财政厅联合印发了《关于加强“雨露计划”管理改革完善实施方式的意见》（鄂政扶发〔2011〕46号），启动“雨露计划”实施方式改革，实行扶贫到户，直补到人。

2012年3月，湖北全省扩大“雨露计划”直补范围，从补贴建档立卡贫困户家庭中的中职学生扩大到中、高职学生。同年9月，印发《湖北省“雨露计划”转移培训项目管理试行办法》，推进“雨露计划”扶贫项目精细化管理，至此湖北全省“雨露计划”政策与国家试点全面接轨。

2013年12月，《关于创新机制扎实推进农村扶贫开发工作的意见》（中办发〔2013〕25号）将教育扶贫列为扶贫开发10项重点工作之一，湖北省下发《关于做好2013年”雨露计划”工作的通知》（鄂政扶发〔2013〕5号），进一步明确“雨露计划”转移培训工作的重点内容和职责分工。

2014 年 5 月，国务院扶贫办等七部门联合下发《建立精准扶贫工作机制实施方案》（国开办发〔2014〕30 号），提出“培育扶贫开发品牌项目”。湖北省继续推进“雨露计划”实施方式改革，重新修订《湖北省“雨露计划”转移培训项目管理试行办法》（鄂政扶发〔2014〕22 号），取消省定计划，取消推荐基地，完善信息化申报手段，简化补贴对象认定程序，努力实现应补尽补。

④完善。2015 年 6 月，国务院扶贫办、教育部、人力资源和社会保障部联合下发了《关于加强“雨露计划”支持农村贫困家庭新成长劳动力接受职业教育的意见》（国开办发〔2015〕19 号），安排部署下阶段“雨露计划”工作。湖北省扶贫办、教育厅、人社厅等部门通力合作，积极行动，联合下发《关于加强“雨露计划”支持农村贫困家庭新成长劳动力接受职业教育的实施意见》（鄂政扶发〔2015〕25 号），按照“精准扶贫、瞄准对象、直补到户、应补尽补、规范管理、提高实效”的工作原则，加大政策扶持力度完善项目管理手段，确保实现精准扶贫目标要求。

梳理湖北省“雨露计划”发展历程，可以说湖北省这项工作一直走在全国前列，始终坚持改革创新，注重制度建设，讲求工作实效，使“雨露计划”在湖北全省扶贫开发中发挥了重要作用，产生了重大社会影响。

在教育扶贫中，湖北省积极、及时地响应中央教育扶贫政策，出台了多项针对性的政策，希望通过教育扶贫赋予贫困地区群众自身的可持续发展能力，分类施策、控辍保学、联校办学和集团化办学等政策措施也颇具特色。

⑤“雨露计划”的内容。“雨露计划”面向农村建档立卡贫困户中两类人群（一类是初高中毕业生；另一类是青壮年劳动力），是一项由扶贫部门通过资助、引导，使其通过接受学历教育和技能培训，来增强就业、创业能力，实现脱贫致富的扶贫培训计划。

面向的第一类人群：贫困地区初、高中毕业后未能升入普通高中或高校的毕业生可以经由自愿报名，通过“雨露计划”进入办学条件较好的职业教育机构和就业趋向较好的专业继续学习，同时还可以享受各级政府的资金补贴。

面向的第二类人群：一些贫困地区的青壮年劳动力希望转移就业但不具备相应技能，或者转移就业之后仍想提高自己职业技能，“雨露计划”针对这一类贫困户，为他们提供了就业技能培训和提升技能的相应培训。除此以外，还结合产业扶贫，开展了农村地区产业发展技能提升工程和产业发展带头人培养工程。

⑥湖北与全国“雨露计划”的比较。比较全国“雨露计划”的实施，湖北省起步早，注重改革创新与工作实效，对贫困地区劳动力转移起到了积极作用，有着比较重大的社会影响。

首先是起步早。湖北被誉为全国“雨露计划”的发源地。由于湖北的贫困户中亟待转移的劳动力数量达几百万人，且技能、技术缺少，难以实现脱贫致富，故湖北开始探索贫困劳动力转移培训的政策与方法。

提出。湖北省扶贫办、省财政厅印发了《关于加强农村贫困劳动力转移培训工作的意见》（鄂政扶发〔2005〕14 号）、《湖北省贫困劳动力转移培训试行办法》（鄂政扶发〔2005〕20 号）。2005 年 6 月，国务院扶贫办在湖北省宜昌市召开“贫困地区劳动力转移培训经验交流会”。会议提出，将扶贫部门实施的具有特惠性质的“农村贫困家庭转移培训”简称为“雨露计划”。

发展。2006 年，湖北率先开通了全国第一家专业网站“湖北雨露网”。同年，通过出台《湖北省农村贫困劳动力转移培训“雨露计划”财政扶贫补助资金管理办法（试行）》（鄂财发〔2006〕50 号）和《湖北省扶贫系统“雨露计划”实施年度考核（试行）办法》《湖北省“雨露计划”培训基地年度考核（试行）办法》（鄂政扶发〔2006〕43 号）来规范补助资金管理，提高资金使用效益并对各地“雨露计划”实施情况进行百分制考核。其次，注重改革创新与工作实效。由于贫困地区劳动力自身的择业观念比较落后，阻碍了“雨露计划”的推行。而且随着项目的开展，还发现了资金补贴不到位、培训基地有局限等问题。于是，湖北创新、简化了资金补贴方式，加快培训场地的建设，完善了考核机制。

扩大。在“雨露计划”实施期间，湖北紧跟国家政策，结合自身情况，不断推进“雨露计划”的改革创新。2011 年，省扶贫办、省财政厅联合印发了《关于加强“雨露计划”管理改革完善实施有方式的意见》（鄂政扶发〔2011〕46 号），启动“雨露计划”实施方式改革，实行扶贫到户，直补到人。2012 年，通过印发《湖北省“雨露计划”转移培训项目管理试行办法》，推进“雨露计划”扶贫项目精细化管理，全省“雨露计划”政策与国家试点全面接轨。

完善。2014 年，湖北重新修订《湖北省“雨露计划”转移培训项目管理试行办法》（鄂政扶发〔2014〕22 号），取消省定计划，取消推荐基地，完善信息化申报手段，简化补贴对象认定程序，努力实现应补尽补。此后，又出台了《关于加强“雨露计划”支持农村贫困家庭新成长劳动力接受职业教育的实施意见》（鄂政扶发〔2015〕25 号）、《关于切实加强“雨露计划”职业教育扶贫助学工作的通知》等文件不断调整完善该计划。

及时调整。在 2020 年疫情期间，出台《关于切实加强“雨露计划”职业教育扶贫助学工作的通知》（鄂政扶发〔2020〕6 号）文件，规定“因疫情影响，各地春季学期‘雨露计划’扶贫补助对象补助金发放可根据学生返校时间分批次审核发放。补助金于 2020 年 7 月底发放到位”，灵活调整政策，为“雨露计划”惠及的学生保驾护航。

（2）控辍保学

贫困地区的一些适龄儿童因贫失学辍学，因上学远、上学难、升学难而辍学，因观念陈旧、认为读书无用而辍学和失学。大部分的失学辍学儿童，倘若不接受教育，更难以摆脱贫困命运。针对贫困地区不同程度的失学、辍学现象，李克强总理等多位党政主要领导人强调：“教育公平是社会公平的重要基础。政府主要职责首先是守住底线、补齐短板。加强控辍保学，要让寒门子弟都有机会通过教育、特别是义务教育改变自身命运，阻断贫困代际传递。”

所谓控辍保学，“控”是防控，“辍”是辍学，“保”是保障，“学”是就学，即防控义务教育学生失学辍学，保障适龄儿童少年依法接受义务教育。实现义务教育有保障是教育脱贫攻坚战的重大政治任务，也是“两不愁三保障”之教育保障的底线目标之一。

纵观湖北省教育扶贫的政策文件，控辍保学是施行力度最大且被反复强调的扶贫内容。

其一，资金补贴。《湖北省教育精准扶贫行动计划（2015—2019 年）》中明确在义务教育阶段，学费、课本费全免，按小学每生每年 1000 元、初中每生每年 1250 元的标准补助寄宿生生活费；继续实施农村义务教育学生营养改善计划。

其二，联控联保。《关于构建稳定脱贫长效机制的意见》（鄂扶组发〔2019〕14 号）中提到“要切实解决‘两不愁三保障’突出问题。扎实推进义务教育控辍保学，落实‘双线控辍保学’责任制，建立失学辍学儿童少年信息台账，做好劝返复学工作”。湖北省教育厅等十部门关于转发《教育部等十部门关于进一步加强控辍保学工作健全义务教育有保障长效机制的若干意见》的通知中也提到要“组织和保障适龄儿童少年入学、防止辍学，是地方政府的法定职责。各地教育、扶贫、统战、发展改革、公安、民政、司法、财政、人社、卫生健康等部门要按教基〔2020〕5号文件要求，加强沟通协作，落实工作责任，形成齐抓共管的合力”。

其三，保障办学条件。《湖北省教育精准扶贫行动计划（2015—2019年）》提到“积极推进农村中小学标准化和寄宿制学校建设。大力实施义务教育薄弱学校改造5年规划，将贫困县（村）所在学校全部纳入‘全面改薄’中央和省级资金支持范围，优先安排建设项目，按照‘缺什么补什么’和‘分项、分校推进’的原则，确保贫困县（村）所有学校校舍、教育装备、图书、生活设施等达到国家办学条件基本要求”。

对比全国的控辍保学政策，湖北省的控辍保学工作标准更高、精度更大、有地方特色。

其一，高标准。《省人民政府办公厅关于进一步加强控辍保学提高义务教育巩固水平的通知》中提出到2020年，全省义务教育巩固率达到98%的目标，高于国务院发文中95%的目标。

其二，高精度。在《湖北省扶贫攻坚领导小组关于打赢脱贫攻坚战三年行动的实施意见》（鄂扶组发〔2018〕13号）等文件中，先是列出了教育扶贫推进过程中的具体问题，再给出意见与对策，力图实现对症下药。

其三，突出地方特色。湖北较早试点教师“县管校聘”制度，并且提出在全省范围内落实该制度，建立校长、教师统筹配置、跨区域调整和轮岗交流机制，实行动态管理，提高乡村教师工资待遇，满足农村学校教师需求。

3. 湖北教育扶贫的政策体系

湖北教育扶贫体系完备全面，在人、钱、物等方面均有政策保障。

（1）教育扶贫中的人才投入

贫困地区一般位于比较偏僻闭塞的农村地区，在其区域内的任教教师得到的薪资较少，培训机会较少且教学环境也相对较差，教师“下不去、留不住、教不好”。故而，湖北省通过各项政策改善教师执教条件，提高其积极性；同时加强优秀教师的轮岗交流，提升教学质量。

具体而言：湖北积极推进教师轮岗交流、对口帮扶、三支一扶等举措，并且加强对乡村教师的培训、增加他们的补贴与奖励。《湖北省扶贫攻坚领导小组关于打赢脱贫攻坚战三年行动的实施意见》（鄂扶组发〔2018〕13号）有“深入推进义务教育阶段教师校长交流轮岗和对口帮扶工作，公费师范生培养、中小学教师信息技术应用能力提升工程等重点支持贫困地区”，以及“完善乡村教师奖励基金和关爱基金管理办法，对长期扎根基层的优秀乡村教师和特困乡村教师给予奖励和关爱”的内容。《湖北省扶贫攻坚领导小组印发〈关于解决“两不愁三保障”突出问题的实施意见〉的通知》（鄂扶组发〔2019〕12号）也强调要“加强义务教育教师补充、培训，进一步提升义务教育教师队伍整体素质，抓紧制定并实施中小学教师“县管校聘”政策方案”。除此以外，《湖北省教育精准扶贫行动计划（2015—2019年）》《湖北省教育厅办公室关于做好2020年银龄讲学计划有关实施工作的通知》《省政府办公厅关于进一步加强控辍保学提高义务教育巩固水平的通知》（鄂政办发〔2017〕72号）、《省委、省政府关于全面深化新时代教师队伍建设改革的实施意见》（鄂发〔2018〕23号）等文件均提及了教师队伍的建设问题。

（2）教育扶贫中的资金投入

湖北不断加大财政资金投入，调整、改良资金补贴方式，力求将资金利用效率最大化。《湖北省扶贫攻坚领导小组关于打赢脱贫攻坚战三年行动的实施意见》（鄂扶组发〔2018〕13号）提出要“调整资助资金分配方式。改变过去按在校学生基数为主要分配因素为按建档立卡贫困家庭学生基数为主要分配因素的分配方式，切实加大对深度贫困地区的倾斜支持力度”。《湖北省教育精准扶贫行动计划（2015—2019年）》提出要“强化县级统筹功能，坚持以县为主统筹使用教育扶贫资金。县级教育行政部门要进一步调整教育经费支出结构，集中财力向扶贫对象精准发力。对各类捐赠给教育的资金由教育行政部门归口管理，实行‘多渠道进水，一个龙头放水’”。此外，《湖北省扶贫攻坚领导小组印发〈关于解决“两不愁三保障”突出问题的实施意见〉的通知》（鄂扶组发〔2019〕12号）等文件也都提出要加大资金投入，切实补齐教育短板。

（3）教育扶贫中的基础设施投入

在基础设施建设方面，湖北不仅推行了不少改造薄弱学校的政策，也关注教育信息化建设。《省政府办公厅关于全面加强乡村小规模学校和乡镇寄宿制学校建设的实施意见》（鄂政办发〔2018〕79 号）、《关于构建稳定脱贫长效机制的意见》（鄂扶组发〔2019〕14 号）等文件中都提出要加强对乡村薄弱学校的建设，改善基本办学条件。而在教育信息化建设方面：在 2014 年，湖北省获批全国唯一教育信息化试点省份。随后，省政府制订印发《湖北“国家教育信息化试点省”建设实施方案》和《湖北省教育信息化发展规划（2014—2020 年）》，全面部署和安排我省的教育信息化发展工作。《湖北“国家教育信息化试点省”建设实施方案》提出“到 2017 年，基本完成‘三通两平台’建设任务”的目标。根据《湖北省教育精准扶贫行动计划（2015—2019 年）》，湖北继续加强贫困地区中小学信息技术基础设施建设，大力推进“互联网 + 教育扶贫”。加强优质数字资源的开发和应用，巩固提升贫困地区“教学点数字教育资源全覆盖”项目成果。在《湖北省扶贫攻坚领导小组关于打赢脱贫攻坚战三年行动的实施意见》（鄂扶组发〔2018〕13 号）中也有“在贫困地区加大实施教育信息化建设力度，加强学校网络教学环境建设，共享优质教育资源”的内容。

表 3–1–6　教育扶贫国家政策

《面向 21 世纪教育振兴行动计划》	1. 实施“跨世纪素质教育工程”，提高国民素质 2. 实施“跨世纪园丁工程”，大力提高教师队伍素质 3. 实施“高层次创造性人才工程”，加强高等学校科研工作，积极参与国家创新体系建设 4. 继续并加快进行“211 工程”建设，大力提高高等学校的知识创新能力 5. 创建若干所具有世界先进水平的一流大学和一批一流学科 6. 实施“现代远程教育工程”，形成开放式教育网络，构建终身学习体系 7. 实施“高校高新技术产业化工程”，带动国家高新技术产业的发展，为培育经济新的增长点做贡献 8. 贯彻《高等教育法》，积极稳步发展高等教育，加快高等教育改革步伐，提高教育质量和办学效益

续表

	9. 积极发展职业教育和成人教育，培养大批高素质劳动者和初中级人才，尤其要加大教育为农业和农村工作服务的力度 10. 深化办学体制改革，调动各方面发展教育事业的积极性 11. 依法保证教育经费的“三个增长”，切实增加教育的有效投入 12. 高举邓小平理论的伟大旗帜，加强高等学校党的建设和思想政治工作，把高等学校建设成为社会主义精神文明建设的重要阵地
《2003—2010 年全国农民工培训规划》（国办发〔2003〕79 号）	1. 政府扶持，齐抓共管 2. 统筹规划，分步实施 3. 整合资源，创新机制 4. 按需施教，注重实效
《关于加快推进贫困地区劳动力培训促进就业工作的通知》（国开办发〔2005〕68 号）	1. 通力合作，明确目标任务 2. 充分发挥劳动保障部门培训机构的作用 3. 加强组织管理，提高培训质量 4. 积极做好职业技能鉴定和职业资格证书发放工作 5. 加强对学员的就业服务，促进培训后稳定就业 6. 大力维护贫困地区转移就业劳动力的合法权益 7. 加大投入，强化对扶贫培训资金的管理 8. 加强领导，加快推进培训促进就业工作
《关于在贫困地区实施“雨露计划”的意见》和《贫困青壮年劳动力转移培训工作实施指导意见》（国开办发〔2007〕15 号）	1. 以人为本，注重开发 2. 突出重点，分类实施 3. 紧跟市场，按需施教 4. 整合资源，创新机制 5. 政府主导，共同参与
《中国农村扶贫开发纲要（2011—2020 年）》（中发〔2011〕10 号）	1. 推进边远贫困地区适当集中办学，加快寄宿制学校建设，加大对边远贫困地区学前教育的扶持力度，逐步提高农村义务教育家庭经济困难寄宿生生活补助标准 2. 免除中等职业教育学校家庭经济困难学生和涉农专业学生学费，继续落实国家助学金政策。在民族地区全面推广国家通用语言文字 3. 推动农村中小学生营养改善工作。关心特殊教育，加大对各级各类残疾学生扶助力度 4. 继续实施东部地区对口支援中西部地区高等学校计划和招生协作计划。贫困地区劳动力进城务工，输出地和输入地要积极开展就业培训

续表

	5. 继续推进广播电视村村通、农村电影放映、文化信息资源共享和农家书屋等重大文化惠民工程建设。加强基层文化队伍建设
《教育部等五部门关于印发〈边远贫困地区、边疆民族地区和革命老区人才支持计划教师专项计划实施方案〉的通知》（教民〔2012〕6号）	1. 认真落实选派任务 2. 精准选派支教教师 3. 加大宣传选树力度 4. 完善管理服务工作 5. 加大工作督察力度 6. 做好总结评估工作
《关于创新机制扎实推进农村扶贫开发工作的意见》的通知（中办发〔2013〕25号）	1. 科学布局农村义务教育学校，保障学生就近上学 2. 大力发展现代职业教育，办好一批中、高等职业学校，支持一批特色优势专业，培育当地产业发展需要的技术技能人才 3. 完善职业教育对口支援机制，鼓励东部地区职业院校（集团）对口支援贫困地区职业院校 4. 国家制定奖补政策，实施中等职业教育协作计划，支持贫困地区初中毕业生到省内外经济较发达地区中等职业学校接受教育 5. 广泛开展职业技能培训，使未继续升学的初高中毕业生等新成长劳动力都能接受适应就业需求的职业培训 6. 继续推进面向贫困地区定向招生专项计划和支援中西部地区招生协作计划的实施，不断增加贫困地区学生接受优质高等教育机会
《乡村教师支持计划（2015—2020年）》（国办发〔2015〕43号）	1. 全面提高乡村教师思想政治素质和师德水平 2. 拓展乡村教师补充渠道 3. 提高乡村教师生活待遇 4. 统一城乡教职工编制标准 5. 职称（职务）评聘向乡村学校倾斜 6. 推动城镇优秀教师向乡村学校流动 7. 全面提升乡村教师能力素质 8. 建立乡村教师荣誉制度
《中共中央国务院关于打赢脱贫攻坚战的决定》（中发〔2015〕34号）	1. 国家教育经费向贫困地区、基础教育倾斜 2. 健全学前教育资助制度，帮助农村贫困家庭幼儿接受学前教育 3. 稳步推进贫困地区农村义务教育阶段学生营养改善计划

续表

	4. 加大对乡村教师队伍建设的支持力度，特岗计划、国培计划向贫困地区基层倾斜，为贫困地区乡村学校定向培养留得下、稳得住的一专多能教师，制定符合基层实际的教师招聘引进办法，建立省级统筹乡村教师补充机制，推动城乡教师合理流动和对口支援 5. 全面落实连片特困地区乡村教师生活补助政策，建立乡村教师荣誉制度。合理布局贫困地区农村中小学校，改善基本办学条件，加快标准化建设，加强寄宿制学校建设，提高义务教育巩固率。普及高中阶段教育，率先从建档立卡的家庭经济困难学生实施普通高中免除学杂费、中等职业教育免除学杂费，让未升入普通高中的初中毕业生都能接受中等职业教育 6. 加强有专业特色并适应市场需求的中等职业学校建设，提高中等职业教育国家助学金资助标准。努力办好贫困地区特殊教育和远程教育 7. 建立保障农村和贫困地区学生上重点高校的长效机制，加大对贫困家庭大学生的救助力度 8. 对贫困家庭离校未就业的高校毕业生提供就业支持。实施教育扶贫结对帮扶行动计划
国务院扶贫办、教育部、人力资源和社会保障部《关于加强“雨露计划”支持农村贫困家庭新成长劳动力接受职业教育的意见》（国开办发〔2015〕19号）	1. 精准扶贫、直补到户 2. 就业导向，群众自愿 3. 政府推动，社会参与
《教育脱贫攻坚“十三五”规划》（教发〔2016〕18号）	1. 对建档立卡学龄前儿童，确保都有机会接受学前教育 2. 对建档立卡义务教育阶段适龄人口，确保都能接受公平有质量的义务教育 3. 对建档立卡高中阶段适龄人口，确保都能接受高中阶段教育特别是中等职业教育 4. 对建档立卡高等教育阶段适龄人口，提供更多接受高等教育的机会 5. 对建档立卡学龄后人口，提供适应就业创业需求的职业技能培训

续表

《国家教育事业发展“十三五”规划》（国发〔2017〕4号）	1. 保基本、补短板、促公平 2. 优化人才供给结构 3. 创新教育供给方式 4. 改革教育治理体系
《关于全面深化新时代教师队伍建设改革的意见》（中发〔2018〕4号）	1. 坚持兴国必先强师，深刻认识教师队伍建设的重要意义和总体要求 2. 着力提升思想政治素质，全面加强师德师风建设 3. 大力振兴教师教育，不断提升教师专业素质能力 4. 深化教师管理综合改革，切实理顺体制机制 5. 不断提高地位待遇，真正让教师成为令人羡慕的职业 6. 切实加强党的领导，全力确保政策举措落地见效
教育部等六部门《关于加强新时代乡村教师队伍建设的意见》（〔2020〕5号）	1. 准确把握时代进程，深刻认识加强新时代乡村教师队伍建设的重要意义和总体要求 2. 加强师德师风建设，激发教师奉献乡村教育的内生动力 3. 创新挖潜编制管理，提高乡村学校教师编制的使用效益 4. 畅通城乡一体配置渠道，重点引导优秀人才向乡村学校流动 5. 创新教师教育模式，培育符合新时代要求的高质量乡村教师 6. 拓展职业成长通道，让乡村教师获得更广阔的发展空间 7. 提高地位待遇，让乡村教师享有应有的社会声望 8. 关心青年教师工作生活，优化在乡村建功立业的制度和人文环境 9. 强化组织领导，确保各项政策措施落到实处
教育部办公厅、人力资源社会保障部办公厅、国务院扶贫办综合司《关于做好52个未摘帽贫困县建档立卡贫困家庭高校毕业生就业精准帮扶工作的通知》（教学厅函〔2020〕21号）	1. 升学培训促就业 2. 政策岗位促就业 3. 专场招聘促就业 4. 精准服务促就业 5. 对口支援促就业

续表

教育部办公厅《关于做好 2020 年边远贫困地区、边疆民族地区和革命老区人才支持计划教师专项计划有关实施工作的通知》（教师厅函〔2020〕5 号）	1. 认真落实选派任务 2. 精准选派支教教师 3. 加大宣传选树力度 4. 完善管理服务工作 5. 加大工作督察力度 6. 做好总结评估工作

资料来源：根据教育部、国家发展改革委、财政部、国务院扶贫办、人力资源社会保障部、公安部、农业部等部门公开文件整理得。

（四）健康扶贫政策

1. 顶层设计

中国贫困治理体系的一个突出特点是，通过深化改革的办法，破解制约减贫与发展的体制机制障碍，着力补齐各种短板因素。顺应贫困人口的需求，总结工作经验，逐渐形成了“中央统筹、省负总责、市县抓落实”的管理体制。在健康扶贫领域，中央层面的顶层设计明确了健康扶贫的总体目标、各项改革的布局，省级层面则在国家顶层设计的基础上，结合省域实际形成指导性的方案，市县一级结合县域工作的实际，形成操作方案，从而形成“三级精准”的政策体系。

党的十八大以来，习近平总书记多次在重要场合就新时期脱贫攻坚战略的推进发表重要讲话，针对健康扶贫，习近平总书记多次强调“没有全民健康，就没有全面小康”，推进健康中国建设是党对人民的郑重承诺，各级党委和政府要把这项重大民心工程摆上重要日程，强化责任担当，狠抓推动落实。2015 年 11 月 27 日，总书记在中央扶贫工作会议上的讲话中，明确指出健康扶贫是“五个一批”扶贫工作中的重要内容，“要加强医疗保险和医疗救助，新型农村合作医疗和大病保险政策要对贫困人口倾斜”。

国务院扶贫办 2014 年建档立卡数据显示，因病致贫、因病返贫户占所有贫困户的 42.2%；2015 年下半年，贫困人口“回头看”数据显示，因病致贫、因病返贫户占比 44.1%。2019 年底，居民医保人均财政补助达到 550 元水平，农村贫困人口参保率稳定在 99.8% 以上。据国务院扶贫办统计，2020 年农村贫困人口经三重制度综合保障后医疗费用实际报销比例超过 80%，全国累计使近1000万户因病致贫返贫的贫困户成功摆脱贫困。防止因病致贫、因病返贫对于脱贫攻坚至关重要。推进贫困地区基本公共卫生服务均等化，构筑基本医疗保险、大病保险、医疗救助“三重医疗保障”，有助于有效遏制和阻止因病致贫、因病返贫。为此，自2015年以来，国家出台了一系列医疗保障与健康促进政策。

一是贫困人口住院总体报销水平可达80%。

2018年以来，医保扶贫政策累计惠及贫困人口4.8亿人次，帮助减轻医疗负担近3300亿元，帮助近1000万户因病致贫返贫群众脱贫。医保部门会同卫健、扶贫等部门聚焦“贫困人口基本医疗有保障”，建成了世界上规模最大的基本医疗保障网，发挥了最大范围的防贫减贫作用。

贫困人口应保尽保。通过定额和全额资助，同时与有关部门进行信息共享，动态调整参保人员，将贫困人口尽可能“一个不落”纳入制度保障，最大限度减轻其疾病负担。目前，贫困人口的参保率稳定在99.9%以上。

农村兜底脱贫逐步实行。国家制定农村低保制度与扶贫开发政策相衔接实施方案，各地紧紧围绕贫困人口脱贫目标，完善政策措施，健全工作机制，努力实现农村低保制度政策性兜底保障，不断提高贫困人口社会保障水平。对于符合农村低保条件的建档立卡家庭，按规定程序纳入低保范围，根据家庭人均收入与当地低保标准的差额发放低保金。对于符合扶贫条件的农村低保家庭，按规定程序纳入建档立卡范围，根据不同致贫原因予以精确帮扶。对于脱贫后再返贫的家庭，分别纳入临时救助、医疗救助、农村低保等社会救助制度和建档立卡帮扶政策范围。2015年，全国保障农村低保对象共4903.6万人，农村低保标准从2011年的平均每人每月143元提高到265元；农村特困人口集中和分散供养年人均标准分别达到6026元和4490元，比2012年同期分别增长48.4%和49.3%。2019年，全国保障城乡低保对象共4333.5万人，城市低保月人均标准617元，农村低保年人均标准5247元，同比分别增长7.4%、10.4%。全国供养特困人员471.6万人，累计支出救助供养资金335.1亿元。发放价格临时补贴资金59.1亿元，惠及2.36亿人次。截至2020年，城乡低保4426.8万人，低保标准同比增长8.6%、11.7%。城乡特困人员477.7万人，基本生活标准同比增长9.2%、12.2%。25.4万事实无人抚养儿童首次纳入国家保障。残疾人生活补贴和护理补贴分别惠及1212.6万人、

1473.8 万人。

贫困群体医疗保障水平得到提高。因病致贫、因病返贫是中国贫困人口突出的贫困特征。减轻农村贫困人口医疗负担、增强贫困地区医疗服务能力一直是中国扶贫的重要内容。目前，我国已基本建立起覆盖了贫困人口的多项医疗体系，例如新型农村合作医疗制度已逐步完善，覆盖 97% 以上的农村居民，新农合人均补助标准连年上升（如表 3-1-7）；全国已全面实施城乡居民大病保险和重特大疾病医疗救助，并在精准扶贫进程中重点向贫困人口覆盖。并且，多个地区针对建档立卡贫困户设立县域就医“零支付”、就医“绿色通道”等帮扶措施，大大减轻贫困人口就医负担，为其就医提供便捷。

表 3-1-7　2012—2020 年新农合人均补助标准 [1]

年度	新农合人均补助标准（元）
2012 年	240
2013 年	280
2014 年	320
2015 年	380
2016 年	420
2017 年	450
2018 年	490
2019 年	520
2020 年	550

加大深度贫困地区资金倾斜投入。2020 年，居民医保人均财政补助标准超 550 元，较 2012 年增加了 310 元。中央财政下达医疗救助的补助资金达 275 亿元，90% 投向中西部地区。2018 年起，连续三年中央财政累计投入 120 亿元，有力解决深度贫困地区贫困人口的医疗保障问题。

实施药品带量采购等措施，降低医疗服务成本。三个批次的药品带量采购涉及 112 个品种，平均降幅 54%。国家组织冠脉支架集中招标采购，原来 1.3 万元的支架降到了 700 元左右，降幅达 93%。

二是贫困地区群众健康水平明显提升。

坚持预防为主，聚焦重点地区、重点人群、重点疾病，强化重大疾病综合

[1]　数据来源：国新网。

防控和重点人群健康改善，推动健康扶贫关口前移。近年来，一些长期影响贫困群众健康的重大疾病问题得到有效解决，贫困地区健康环境全面改进，群众健康水平明显提升。

加强重大疾病综合防控。成立国家级专家组，为贫困地区地方病患者抢救性治疗提供技术保障。中央财政累计投入 12 亿元，支持开展贫困地区地方病防治措施落实、患者救治救助、健康教育以及能力建设等工作。实施尘肺病防治攻坚行动，加强重大慢性病防控。加强健康教育、早期筛查干预和健康管理，贫困地区肿瘤早诊早治率明显提升。实施“三区三州”传染病、地方病防治攻坚行动。推进妇女、儿童和老人健康改善计划。实施农村妇女宫颈癌和乳腺癌筛查、免费孕前优先健康检查等公共卫生项目；实施贫困地区新生儿疾病筛查项目，累计救助先天性结构畸形和遗传代谢病患儿 2.6 万人次。

弱势群体健康水平明显改善。妇女、儿童等弱势群体是中国减贫重点关注的对象。近年来，中国逐步开展农村妇女“两癌”检查项目，每年为全国 1000 万名适龄农村妇女进行免费宫颈癌检查，为 120 万名适龄农村妇女进行免费乳腺癌检查，目前已覆盖 532 个贫困县，并通过实施“母亲安居工程”“母亲健康快车”等公益项目，帮助贫困单亲母亲、患病贫困妇女改善生存和发展状况。不仅如此，儿童的健康状况也得到明显的改善。一方面，婴儿死亡率、5 岁以下儿童死亡率显著下降，其中 2019 年农村婴儿死亡率和 5 岁以下儿童死亡率分别为 6.6‰和 9.4‰，分别比 2010 年降低 9.5‰和 10.7‰。另一方面，儿童营养状况得到改善。自 2012 年起，政府实施贫困地区儿童营养改善项目，通过为贫困地区婴幼儿免费提供营养包，普及科学喂养知识等措施进一步促进贫困地区婴幼儿健康发展。

（1）保障基本医疗

2015 年 11 月 29 日，《中共中央国务院关于打赢脱贫攻坚战的决定》指出，打赢脱贫攻坚战的总体目标是“到 2020 年，稳定实现农村贫困人口不愁吃、不愁穿，义务教育、基本医疗和住房安全有保障”。其中，为实现基本医疗有保障这一目标，《中共中央国务院关于打赢脱贫攻坚战的决定》提出：开展医疗保险和医疗救助脱贫。实施健康扶贫工程，保障贫困人口享有基本医疗卫生服务，努力防止因病致贫、因病返贫。对贫困人口参加新型农村合作医疗个人缴费部分由财政给予补贴。新型农村合作医疗和大病保险制度对贫困人口实行政策倾斜，门诊统筹率先覆盖所有贫困地区，降低贫困人口大病费用实际支出，对新型农村合作医疗和大病保险支付后自付费用仍有困难的，加大医疗救助、临时救助、慈善救助等帮扶力度，将贫困人口全部纳入重特大疾病救助范围，使贫困人口大病医治得到有效保障。加大农村贫困残疾人康复服务和医疗救助力度，扩大基本医疗保险范围的残疾人医疗康复项目。建立贫困人口健康卡。对贫困人口大病实行分类救治和先诊疗后付费的结算机制。建立全国三级医院（含军队和武警部队医院）与连片特困地区县和国家扶贫开发工作重点县县级医院稳定持续的一对一帮扶关系。完成贫困地区县乡村三级医疗卫生服务网络标准化建设，积极促进远程医疗诊治和保健咨询服务向贫困地区延伸。为贫困地区县乡医疗卫生机构订单定向免费培养医学类本专科学生，支持贫困地区实施全科医生和专科医生特设岗位计划，制定符合基层实际的人才招聘引进办法。支持和引导符合条件的贫困地区乡村医生按规定参加城镇职工基本养老保险。采取针对性措施，加强贫困地区传染病、地方病、慢性病防治工作。全面实施贫困地区儿童营养改善、新生儿疾病免费筛查、妇女“两癌”免费筛查、孕前优生健康免费检查等重大公共卫生项目。加强贫困地区计划生育服务管理工作。

（2）医疗救助

2015 年 4 月 21 日，国务院办公厅转发民政部等部门《关于进一步完善医疗救助制度全面开展重特大疾病医疗救助工作意见的通知》，通知要求整合城乡医疗救助制度、合理界定医疗救助对象、资助参保参合、规范门诊救助和完善住院救助，与此同时还要求科学制定实施方案、合理确定救助标准、明确就医用药范围、加强与相关医疗保障制度的衔接。依据托住底线、统筹衔接、公开公正和高效便捷的基本原则，最低生活保障家庭成员和特困供养人员是医疗救助的重点救助对象；低收入家庭的老年人、未成年人、重度残疾人和重病患者等困难群众以及县级以上人民政府规定的其他特殊困难人员也将逐步纳入救助范围；发生高额医疗费用、超过家庭承受能力、基本生活出现严重困难家庭中的重病患者纳入重特大疾病医疗救助对象范围，并将重点加大对重病、重残儿童的救助力度。

为贯彻落实《国务院关于全面建立临时救助制度的通知》等文件精神，

充分发挥中央企业在社会救助工作中的补充作用，积极探索中央企业参与“救急难”工作的方法、路径，为社会力量广泛参与“救急难”工作积累经验、奠定基础，2015年10月22日，民政部、国资委决定在63个中央企业定点扶贫县开展“同舟工程——中央企业参与‘救急难’行动”，并共同制定了《同舟工程——中央企业参与“救急难”行动实施方案》。“同舟工程”是在全国63个中央企业定点扶贫县开展的专项救助活动，旨在通过中央企业的参与，重点帮助经政府救助后个人自负医疗费用仍然过大的困难家庭减轻医疗负担，倡导“同舟共济、共渡难关”“一方有难、八方支援”的社会风尚。“同舟工程”的实施，是中央企业履行政治责任、社会责任的重要体现，也是各级民政部门开展“救急难”综合试点的重要内容和探索建立社会力量参与社会救助工作机制的有益尝试。

2018年9月30日，国家医保局、财政部、国务院扶贫办联合颁发《医疗保障扶贫三年行动实施方案（2018—2020年）》指出：到2020年，实现农村贫困人口全部纳入基本医保、大病保险、医疗救助范围，医疗保障受益水平明显提高，基本医疗保障更加有力。实现农村贫困人口制度全覆盖，基本医保、大病保险、医疗救助覆盖率分别达到100%。基本医保待遇政策全面落实，保障水平整体提升，城乡差距逐步均衡。大病保险加大倾斜力度，农村贫困人口大病保险起付线降低50%、支付比例提高5个百分点、逐步提高并取消封顶线。医疗救助托底保障能力进一步增强，确保年度救助限额内农村贫困人口政策范围内个人自付住院医疗费用救助比例不低于70%，对特殊困难的进一步加大倾斜救助力度。促进定点医疗机构严格控制医疗服务成本，减轻农村贫困人口目录外个人费用负担。医疗保障经办管理服务不断优化，医疗费用结算更加便捷。明确要求各地在确保贫困人口应保尽保基础上，公平普惠提高基本医保保障水平，加大大病保险倾斜保障力度，落实大病保险精准支付政策，增强医疗救助托底保障能力，发挥好三重保障制度梯次减负的综合效应。

（3）健康中国建设

党的十八届五中全会通过的《中共中央关于制定国民经济和社会发展第十三个五年规划的建议》提出推进建设健康中国的新目标。《中华人民共和国国民经济和社会发展第十三个五年规划纲要》将“推进健康中国建设”纳入其中，并强调构建强大公共卫生体系、深化医药卫生体制改革、健全全民医保制度、推动中医药传承创新、建设体育强国、深入开展爱国卫生运动等。

（4）儿童健康

针对儿童这一特殊群体，特别是集中连片特殊困难地区的4000万儿童，国务院办公厅2015年1月15日发布《国家贫困地区儿童发展规划（2014—2020年）》。该规划的基本目标是“到2020年，集中连片特殊困难地区儿童发展整体水平基本达到或接近全国平均水平”。规划提出，要加强出生缺陷综合防治，加强孕产妇营养补充，加强孕产妇和新生儿健康管理和加强优生优育宣传教育。

为缓解我国儿童医疗卫生服务资源短缺问题，促进儿童医疗卫生事业持续健康发展，2016年5月18日国家卫生计生委、国家发展改革委、教育部、财政部、人力资源社会保障部和国家中医药管理局制定了《关于加强儿童医疗卫生服务改革与发展的意见》，开展贫困家庭儿童医疗救助，该意见指出，要全面实施贫困地区新生儿疾病筛查项目，完善城乡医疗救助制度，加大贫困家庭儿童医疗救助力度，做好与城乡居民基本医保、大病保险、疾病应急救助等制度的衔接，进一步提高儿童重大疾病救治费用保障水平，减少贫困儿童家庭因病致贫、因病返贫。

为进一步加强农村留守儿童关爱保护工作，为广大农村留守儿童健康成长创造更好的环境，《国务院关于加强农村留守儿童关爱保护工作的意见》提出了总体目标：家庭、政府、学校尽职尽责，社会力量积极参与的农村留守儿童关爱保护工作体系全面建立，强制报告、应急处置、评估帮扶、监护干预等农村留守儿童救助保护机制有效运行，侵害农村留守儿童权益的事件得到有效遏制。到2020年，未成年人保护法律法规和制度体系更加健全，全社会关爱保护儿童的意识普遍增强，儿童成长环境更为改善、安全更有保障，儿童留守现象明显减少。医疗机构在其中扮演重要角色，参与强制报告、评估帮扶及医疗救治等相关工作，保障农村留守儿童的健康成长。

（5）残疾人医疗保障与健康促进

没有残疾人的小康，就不是真正意义上的全面小康。为保障和改善残疾人民生活水平，加快推进残疾人小康进程，《国务院关于加快推进残疾人小康进程的意见》提出：加大残疾人社会救助力度；建立完善残疾人福利补贴制度；

帮助残疾人普遍参加基本养老保险和基本医疗保险；优先保障城乡残疾人基本住房。特别是，制定了针对残疾人的医疗保障与健康促进措施。

（6）农民工医疗保障与健康促进

农民工已成为我国产业工人的主体，是推动国家现代化建设的重要力量，为经济社会发展作出了巨大贡献。为进一步做好新形势下为农民工服务工作，切实解决农民工面临的突出问题，有序推进农民工市民化，《国务院关于进一步做好为农民工服务工作的意见》特别就农民工的医疗保障与健康促进提出任务，包括：扩大农民工参加基本医疗保险覆盖面；加强农民工职业健康保护；加强农民工医疗卫生和计划生育服务工作；开展流动人口卫生计生动态监测和“关怀关爱”活动。

（7）乡村医生队伍建设

乡村医生是我国医疗卫生服务队伍的重要组成部分，是最贴近亿万农村居民的健康“守护人”，是发展农村医疗卫生事业、保障农村居民健康的重要力量。近年来，特别是新一轮医药卫生体制改革实施以来，乡村医生整体素质稳步提高，服务条件显著改善，农村居民基本医疗卫生服务的公平性、可及性不断提升。但乡村医生队伍建设仍是农村医疗卫生服务体系的薄弱环节，难以适应农村居民日益增长的医疗卫生服务需求。按照深化医药卫生体制改革的总体要求，为进一步加强乡村医生队伍建设，切实筑牢农村医疗卫生服务网底，2015 年 3 月 23 日，《国务院办公厅关于进一步加强乡村医生队伍建设的实施意见》提出：“通过 10 年左右的努力，力争使乡村医生总体具备中专及以上学历，逐步具备执业助理医师及以上资格，乡村医生各方面合理待遇得到较好保障，基本建成一支素质较高、适应需要的乡村医生队伍，促进基层首诊、分级诊疗制度的建立，更好保障农村居民享受均等化的基本公共卫生服务和安全、有效、方便、价廉的基本医疗服务。”

2020 年 6 月我国施行的《基本医疗卫生与健康促进法》规定，国家加强乡村医疗卫生队伍建设，建立县乡村上下贯通的职业发展机制，完善对乡村医疗卫生人员的服务收入多渠道补助机制和养老政策，为乡村医生队伍建设提供法律保障。

（8）其他医疗保障与健康促进措施

开展健康扶贫，首先要做到精准识别，准确掌握贫困人口的家庭状况和病因、病种等基本情况。积极开展“因病致贫、因病返贫”情况调查，通过入户调查，完善调查对象基础信息和健康状况，依托镇卫生院和村卫生室，完善基本公共卫生服务信息、建立健全贫困人口健康电子档案和数据库。其次，实施健康扶贫工程，在核准农村贫困人口情况的基础上，建档立卡，开展签约服务，采取不同措施，实施分类救治，区别不同情况，采取“一地一策”“一户一个台账”，健康扶贫精准到户、精准到人。习近平总书记多次强调，精准扶贫，一定要精准施策。健康扶贫也要因地因人施策、因病救治，精准滴灌、靶向治疗。实施健康扶贫，要加大基层卫生服务体系建设投入，健全基层医疗卫生服务体系，让贫困群众“看得上病”；要建立并完善以基本医疗保障制度为主体、其他形式医疗保险和商业健康保险为补充的多层次医疗保障体系，让贫困群众“看得起病”；要通过增强医疗服务能力、转变医疗服务模式，让贫困群众“看得好病”;要从贫困人口的健康教育抓起，倡导健康的生活方式，让贫困群众“更好防病”。归根究底，通过实施健康扶贫工程，为贫困户提供一张社会安全网，增强其对抗风险的能力，为贫困户解决健康方面的后顾之忧，同时也为其发展生产助力，提高其自我发展能力。因此，健康扶贫需要建立长效机制，帮助贫困人口解决看病就医等方面的问题，以有效防止因病致贫、因病返贫现象的发生。

2. 湖北健康扶贫政策

在《关于进一步完善保障农村贫困人口基本医疗的若干措施》(鄂办发〔2018〕24号)中，首次提出了“985健康扶贫”的概念。“985健康扶贫”政策中的“9”是指农村贫困人口住院医疗费个人实际报销比例90%以上；“8”是指大病、特殊慢性病门诊医疗费报销80%；“5”是指年度个人承担医疗费不超过5000元。该政策始于2018年，而后逐年完善。

“985健康扶贫”政策出台前，湖北省其他县市曾进行过探索。如荆州市早期的“9875健康扶贫”：“9875”中的“9”是指农村贫困人口住院医疗费个人实际报销比例90%左右；“8”代表大病、特殊慢性病门诊医疗费报销80%；“7”是指贫困人口普通门诊报销“70%”；“5”是指贫困户每人每年实际支付医疗费用不超过5000元。医疗救助范围和补贴力度相较于“985健康扶贫”略有不同。

在《关于进一步完善保障农村贫困人口基本医疗的若干措施》(鄂办发

〔2018〕24号）中对健康报销予以具体的规定，主要内容为：实行基本医保、大病保险、医疗救助、补充医疗保险“四位一体”工作机制，确保农村贫困人口住院医疗费用个人实际报销比例提高到90%左右，大病、特殊慢性病门诊医疗费用个人实际报销比例提高到80%左右，年度个人实际负担医疗费用控制在5000元以内。

《卫生健康委、发展改革委、财政部、医保局、国务院扶贫办关于印发健康扶贫三年攻坚行动实施方案的通知》（国卫财务发〔2018〕38号）提出“实施贫困人口大病和慢性病精准救治、贫困地区重点传染病、地方病综合防控、贫困地区妇幼健康和健康促进、医疗保障扶贫等三年攻坚行动”，细分并增加大病报销种类，提出三年攻坚的具体目标。

3. 湖北健康扶贫体系

除了关注主要的健康环节之外，湖北在一些薄弱环节也进行了有效的管理和补充，从而形成了较为完整的健康扶贫体系（详见表3-1-8和表3-1-9）。湖北省健康扶贫体系主要包括四个方面的内容：医疗信息、签约医生、药物供给和人才培养。习近平总书记在2018年视察湖北时，特别强调了要针对因病、因残比例较大这个问题，加大健康扶贫力度，完善大病兜底保障机制。因此，湖北各地区在认真贯彻湖北《关于湖北省健康扶贫工程的实施意见》（鄂卫生计生发〔2016〕22号）、《关于进一步完善保障农村贫困人口基本医疗的若干措施》（鄂办发〔2018〕24号）等政策精神基础上，形成了具有湖北特色的健康医疗体系。

（1）共享医疗信息

提出了两项措施来推动城乡医疗信息的共享，让边远地区贫困人口也能享受到专家诊疗。一是组建医疗集团和医共体。网格化布局组建城市医疗集团和县域医共体，2018年底前全省50%的县市组建医共体，推进重大疾病和短缺医疗资源专科联盟建设，加快远程医疗协作网建设。二是发展“互联网+医疗健康”。制定促进“互联网+医疗健康”发展行动计划，推进智慧医院和全民健康信息平台建设，加快推动实名制就医及医疗机构之间诊疗信息共享，推进医疗机构建设远程医疗系统并接入省远程医疗服务与监管平台。

（2）推进医生签约入户，预防慢性病

提出了家庭医生签约入户的措施，通过基本体检来提早预防慢性病。推进家庭医生签约服务，完善激励机制，落实保障政策，加强考核评价，优先做好重点人群签约服务，推进湖北省家庭医生签约服务综合管理系统建设。

采用联动机制，保障药物供给，建立了乡镇的药物供给的联动机制。一是对基本药物形成二级以上医疗机构和基层医疗机构的联动。统一全省二级以上医疗机构与基层医疗卫生机构药品采购目录，建立基本药物、基本医保联动和保障医保可持续的机制，推动公立医疗机构优先使用基本药物。二是对短缺药物形成协同应用平台。加强短缺药品供应保障监测预警，合理确定储备规模，完善储备管理办法，建立储备目录的动态调整机制。建设省级短缺药品信息采集和供应业务协同应用平台。

（3）健康保健人才的培育

从调节薪资奖励的两项政策出发，加强医务人员的保障，为医疗人才的培养打基础。一是加强后备人才的基础培养。加强公共卫生相关学科建设和后备人才培养，继续实施农村订单定向医学生免费培养工作。二是开展对在职人员的知识培训。继续开展县乡村卫生人员能力提升培训，全面推开乡村全科执业助理医师资格考试，加强全科医学师资培训。强化对包括全科医生在内的临床医生公共卫生知识培训。提出了对全科医生的岗位政策倾斜，激励健康保健人才的培养，强化岗位管理。

表 3-1-8　国家健康扶贫政策

文件	内容
国务院《关于印发“十三五”脱贫攻坚规划的通知》	1. 加强疾病预防控制和公共卫生、健康扶贫工程 2. 城乡居民基本医疗保险和大病保险 3. 农村贫困人口大病慢性病救治 4. 全国三级医院与贫困县县级医院“一对一”帮扶行动 5. 贫困地区县乡村三级医疗卫生服务网络标准化建设工程 6. 重特大疾病医疗救助行动 7. 医疗救助与基本医疗保险、大病保险等“一站式”结算平台建设
《关于促进“互联网＋医疗健康”发展的意见》	1. 健全“互联网＋医疗健康”服务体系 2. 完善“互联网＋医疗健康”支撑体系 3. 加强行业监管和安全保障

续表

文件	内容
《国家医保局、财政部、国务院扶贫办关于印发〈医疗保障扶贫三年行动实施方案（2018—2020年）〉的通知》	1. 稳步提高城乡居民医保筹资水平和医疗救助政府补助水平 2. 将农村建档立卡贫困人口作为医疗救助对象，实现农村贫困人口基本医保、大病保险和医疗救助全覆盖，其中对特困人员参保缴费给予全额补贴、对农村建档立卡贫困人口给予定额补贴，逐步将资助参保资金统一通过医疗救助渠道解决 3. 结合全民参保计划的推进，探索建立适合农村贫困人口特点的参保办法，提升经办服务能力，做好身份标识、组织参保和信息采集等工作，加强信息共享和数据比对，配合有关部门做好农村贫困人口参保缴费工作，确保已核准有效身份信息的农村贫困人口全部参保，实现应保尽保 4. 公平普惠提高城乡居民基本医保待遇 5. 加大大病保险倾斜支付力度 6. 加大医疗救助托底保障力度 7. 落实基本医疗保障范围规定 8. 引导落实分级诊疗制度 9. 提高深度贫困地区基层医保经办管理服务能力，指定专门窗口和专人负责政策宣传并帮助贫困人口兑现政策，解决群众政策不知情、就医报销难等问题 10. 全面推进贫困人口医疗费用直接结算 11. 做好跨地区就医结算服务 12. 完善支付方式改革，探索建立区域内医疗卫生资源总量、医疗费用总量与经济发展水平、医保基金支付能力相适应的调控机制 13. 完善定点医药机构服务协议管理，健全定点服务考核评价体系，将考核结果与医保基金支出挂钩。全面开展医保智能监控，不断完善医保信息系统，提高医保基金使用效率
《国家医保局、财政部、国家税务总局关于做好2020年城乡居民基本医疗保障工作的通知》	1. 继续提高财政补助标准 2. 稳步提高个人缴费标准 3. 完善居民医保个人缴费与政府补助相结合的筹资机制 4. 落实居民医保待遇保障政策 5. 巩固大病保险保障水平 6. 发挥医疗救助托底保障作用 7. 确保完成医保脱贫攻坚任务 8. 巩固医保脱贫攻坚成效 9. 研究医保脱贫攻坚接续工作 10. 加强定点医药机构管理 11. 推进医保支付方式改革 12. 加强医保目录管理

续表

文件	内容
	13. 加强基金监督检查 14. 加大市地级统筹推进力度 15. 加强基金运行分析 16. 抓好参保缴费工作 17. 推进一体化经办运行 18. 提升经办管理服务能力 19. 加快推进标准化和信息化建设 20. 加强组织保障和宣传引导

资料来源：中国政府网、国家医疗保障局网站。

表 3–1–9　湖北健康扶贫政策

文件	内容
《关于湖北省健康扶贫工程的实施意见》（鄂卫生计生发〔2016〕22 号）	实施健康扶贫工程主要有四个方面的重点任务： 1. 提高农村贫困人口医疗保障水平 2. 提升贫困地区医疗卫生服务能力 3. 加强贫困地区公共卫生服务工作 4. 推进贫困地区医药卫生体制改革
《关于进一步完善保障农村贫困人口基本医疗的若干措施》（鄂办发〔2018〕24 号）	1. 调整健康扶贫工作机制 2. 调整“985”政策报销范围及标准 3. 优化住院起付标准 4. 实行差异化参保补贴政策 5. 发挥大病保险功能 6. 突出医疗救助作用 7. 完善农村贫困人口与健康扶贫动态管理对接机制 8. 严格执行医保目录
《省人民政府办公厅关于完善农村贫困人口基本医疗有保障有关政策的通知》（鄂政办发〔2018〕24 号）	关于城乡居民基本医保政策： 1. 补贴个人参保费用 2. 调整住院起付标准 3. 提高政策范围内报销比例 关于城乡居民大病保险政策： 1. 降低大病保险起付标准 2. 提高大病保险报销比例 3. 提高大病保险最高支付限额 4. 统筹使用社会救助资金 5. 建立兜底保障制度

续表

文件	内容
	6. 统一补充保险经办机构 7. 控制政策范围外医疗费用支出 8. 明确保障范围和时限 9. 坚持倡导县域内诊疗 10. 参加了职工医疗保险的农村贫困人口，按规定享受职工医疗保险待遇后，未达到农村贫困人口待遇水平的，由补充医疗保险（或兜底保障资金）补齐待遇，确保其医疗保障待遇水平达到工作目标 11. 农村贫困人口意外伤害（第三方责任除外）和住院分娩，县域内就医经基本医保、大病保险和医疗救助按照现行城乡居民政策报销后，未达到农村贫困人口待遇水平的，由补充医疗保险（或兜底保障资金）补齐待遇，确保其医疗保障待遇水平达到工作目标 12. 农村特困供养人员、最低生活保障家庭成员、孤儿、贫困残疾人现行的医疗保障政策维持不变 13. 提高人员识别精准性 14. 实施“先诊疗后付费”制度 15. 实行“一站式”即时结算 16. 落实部门职责，加强配合协调
【医保政策】《省医疗保障局关于进一步做好医疗保障扶贫工作的通知》（鄂医保发〔2019〕40号）	1. 深入学习理论政策 2. 确实做到应保尽保 3. 全面落实倾斜政策 4. 严格执行医保目录 5. 坚持分级诊疗制度 6. 严厉打击欺诈骗保 7. 加强基金运行监管 8. 加强信息系统建设 9. 努力提升服务质量 10. 从严推进整改落实 11. 强化服务督导检查 12. 切实加强组织领导 13. 压紧压实工作责任 14. 强化舆论宣传引导
【医保政策】《关于做好2019年城乡居民基本医疗保障工作的通知》（鄂医保发〔2019〕44号）	1. 提高城乡居民医保和大病保险筹资标准 2. 稳步提高待遇保障水平 3. 完善规范大病保险政策和管理 4. 切实落实医疗保障扶贫硬任务

续表

文件	内容
	5. 做实市州级统筹 6. 持续改进医保管理服务 7. 加强组织领导
《省人民政府办公厅关于成立湖北省脱贫攻坚普查领导小组的通知》（鄂政办函〔2019〕58）	负责全省脱贫攻坚普查组织和实施，协调解决普查中的重大问题
《关于做好2020年城乡居民基本医疗保障工作的通知》（鄂医保发〔2020〕53号）	1. 提高城乡居民基本医疗保险筹资标准 2. 统筹做好城乡居民大病保险工作 3. 全力打赢医疗保障脱贫攻坚战 4. 全面做实城乡居民医保市级统筹 5. 加强组织领导

资料来源：湖北省人民政府门户网站、湖北省医疗保障局网站。

（五）生态扶贫政策

1. 顶层设计

（1）生态扶贫概述及政策背景

生态扶贫是指在扶贫开发中，坚持把节约优先、保护优先、自然恢复作为基本方针，把绿色发展、循环发展、低碳发展作为基本途径，积极探索有利于贫困地区、扶贫对象的生态环境保护补偿机制和资源开发收益分配机制，通过实施生态保护恢复、生态效益补偿、生态产业发展，为贫困劳动力提供就业与创业机会，提高其经济收益，实现“生态美”与“百姓富”。

生态扶贫是生态文明建设与反贫困的有机结合，是经济水平发展落后、生态环境脆弱的地区，利用自身生态优势加速贫困地区经济健康可持续发展的有效途径，是建设生态文明、保护生态发展与实现贫困人口脱贫的重要保障。生态扶贫是针对贫困地区面对“发展经济还是保护生态”这一巨大难题探索出的“双赢”路径，旨在以生态经济作为理论基础，将第一产业中的农业、林业、牧业与观光旅游业等第三产业紧密结合，从而实现经济发展与生态保护的协调、可持续发展。生态扶贫重点在于传统发展理念的转变，生态扶贫在于通过发展可持续、环境友好型的扶贫开发项目，科学合理地充分利用、开发贫困地区的生态资源，从而实现当地经济发展、人民生活水平提高和生态环境保护的高度统一。生态扶贫是建设生态文明的重要体现之一，是关系区域均衡发展、人民健康福祉、民族未来的大计，也是实现中华民族伟大复兴中国梦的重要内容。

党的十八大以来，习近平总书记对生态扶贫的理念和实践给予高度重视。各省认真贯彻习近平总书记讲话，制定了相关具体的政策，切实有效地推动生态扶贫。生态扶贫是扶贫工作模式由“输血型”转变为“造血型”的重要体现形式，通过积极探寻贫困地区的自身发展特色与优势，创造更多发展机会，既进一步提升贫困人口的自身发展能力，带动贫困地区和人民增收致富，以期实现真正意义上的健康、可持续发展。

（2）生态扶贫的顶层设计

其一，生态扶贫与绿色发展。

《中共中央国务院关于打赢脱贫攻坚战的决定》进一步明确在2020年要实现7000万农村贫困人口摆脱贫困的目标，并提出坚持党的领导、夯实组织基础等6项基本原则，要牢固树立并切实贯彻“创新、协调、绿色、开放、共享”的发展理念，坚持扶贫开发与生态保护并重，坚持保护生态与绿色发展的基本原则，牢固树立“绿水青山就是金山银山”的理念，把生态保护放在优先位置，扶贫开发不能以牺牲生态为代价，探索生态扶贫的新路子，让贫困人口从生态建设与修复中得到更多实惠。

2013年5月，习近平总书记在中央政治局第六次集体学习时指出，“要正确处理好经济发展同生态环境保护的关系，牢固树立保护生态环境就是保护生产力、改善生态环境就是发展生产力的理念”。这一重要论述，从理论上深刻阐明了生态环境与生产力之间的关系，是对生产力理论的重大发展，倡导尊重自然、谋求人与自然和谐发展的价值理念和发展理念。

2015年9月，中共中央、国务院印发了《生态文明体制改革总体方案》（中发〔2015〕12号），这是自党的十八大报告重点提及生态文明建设内容后，中央全面专题部署生态文明建设的第一个文件。要求加快建立系统完整的生态文明制度体系，加快推进生态文明建设，增强生态文明体制改革的系统性、整体性、协同性。

2015年12月，中共中央办公厅、国务院办公厅印发了《生态环境损害赔偿制度改革试点方案》，确定在吉林、江苏、山东、湖南、重庆、贵州、云南开展生态环境损害赔偿制度改革试点。要求通过试点逐步明确生态环境损害赔偿范围、责任主体、索赔主体和解决途径等，形成相应的鉴定评估管理与技术体系、资金保障及运行机制，探索建立生态环境损害的修复和赔偿制度，加快推进生态文明建设。

为进一步贯彻绿色发展理念和推动生态文明建设，2016 年 8 月，习近平总书记主持召开中央深改组第二十七次会议，通过了《关于构建绿色金融体系的指导意见》《重点生态功能区产业准入负面清单编制实施办法》《生态文明建设目标评价考核办法》《关于在部分省份开展生态环境损害赔偿制度改革试点的报告》等一系列文件。2016 年 12 月，中共中央办公厅、国务院办公厅印发《生态文明建设目标评价考核办法》，规范生态文明建设目标评价考核体系，要求考核实行党政同责，地方党委和政府领导成员生态文明建设一岗双责，考查各地区生态文明建设重点目标任务完成情况，强化省级党委和政府生态文明建设的主体责任，督促各地区自觉推进生态文明建设。该办法要求按照绿色发展指标体系实施，主要评估各地区资源利用、环境治理、环境质量、生态保护、增长质量、绿色生活、公众满意程度等方面的变化趋势和动态进展，生成各地区绿色发展指数。

2017 年 5 月 14 日，习近平总书记在“一带一路”国际合作高峰论坛上进一步提出，要“践行绿色发展的新理念，倡导绿色、低碳、循环、可持续的生产生活方式，加强生态环保合作，建设生态文明”，这一生态理念和新发展观将发展与生态两条底线牢牢把握，指导着生态文明的具体实践，如今正逐步成为世界范围内认可的中国经验。狭义上讲，生态扶贫是贯彻落实“创新、协调、绿色、开放、共享”五大发展理念的具体行动，是在总结以往经济发展经验和生态环境教训的基础上，探索出的发展新路径和新模式。广义上讲，生态扶贫是在中央扶贫攻坚和生态文明建设的背景下，将生态与扶贫有机结合的重要战略性思路，是贯彻生态文明建设和精准扶贫战略的必然要求，是建设美丽中国、实现可持续发展和全面建设小康社会的内在要求。

其二，生态扶贫的意义。

在我国，生态环境脆弱与贫困密不可分。目前，我国 95% 的贫困人口和大多数贫困地区分布在生态环境脆弱、敏感和需要重点保护的地区，根据地方扶贫开发实践经验，生态环境在诸多的致贫原因中越突出，这些地区脱贫难度越大。这些贫困连片地区的最大优势是生态资源和生态环境，如果在实践中只强调经济发展、消除贫困，忽视或不顾生态保护，将给生态环境带来不可弥补的伤害，进而可能威胁国家生态安全；如果只一味强调保护生态，不考虑贫困原因或实现脱贫的可能，也难以实现共同富裕、全面建成小康社会的奋斗目标。因此，要坚持扶贫开发和生态保护相统一，才能走出一条百姓致富与生态保护有机统一的扶贫道路。早在20世纪80年代，国务院扶贫办根据“开发扶贫、生态保护、人口控制”方针，在贵州省毕节市做了生态保护与扶贫开发试点。2015年，在中央扶贫开发工作会议上，习近平总书记强调要重点解决好“怎么扶”的问题,实施“五个一批”工程。“生态补偿脱贫一批”是要把生态环境保护与贫困地区环境基础设施建设、农村环境整治、饮用水安全保障治理结合起来，实现可协调发展。生态扶贫既是扶贫供给侧改革的重要内容，更是实现贫困地区绿色发展的最有效途径，旨在体现经济社会发展与扶贫开发相结合，以期在提升生态资源利用和环境保护的过程中，实现经济发展，真正做到在保护中发展，在发展中保护[1]。

2. 湖北省生态扶贫政策

生态扶贫是将生态保护与扶贫开发相结合的一种扶贫工作模式。通过实施重大生态工程建设、加大生态补偿力度、大力发展生态产业、创新生态扶贫方式等，加大对贫困地区、贫困人口的支持力度，推动贫困地区扶贫开发与生态保护相协调、脱贫致富与可持续发展相促进的扶贫模式，最终实现脱贫攻坚与生态文明建设“双赢”。

（1）践行绿色理念

长期以来，在地方工作中“先发展、后保护”的思想比较普遍，造成环境污染日益严重，环境对发展的制约作用逐渐增强。由于贫困群众对自然的抵抗力比较弱，很容易导致生态贫困。投资环境和保护生态方面的一次性建设投资费用高，投资效益又需要很长时间才能显现。生态产品具有明显的正外部性，很容易形成“搭便车”行为，因此推进湖北省生态扶贫工作，必须坚定绿色发展理念引领。

---

[1] 陆汉文、黄承伟：《中国精准扶贫发展报告（2017）》，社会科学文献出版社2017年版。

两山理论：

一是强调生态脆弱地区生态移民必要性。《湖北省农村扶贫条例》中，提出“因地制宜地实施扶贫移民和生态移民”，对三类地区[1]“实行异地开发、搬迁扶贫”。2016年以来，湖北省已累计向68个项目县投放地易扶贫搬迁资金571.19亿元，安排地方政府债券资金85.03亿元，支持88.23万人完成易地扶贫搬迁任务，湖北省扶贫移民和生态移民取得巨大成效。

二是生态投资也可以有效益。《湖北省农村扶贫开发“十二五”规划》也提出，“把资源开发、生态保护和环境改善有机结合起来，探索建立多元化的生态补偿机制”以及“把扶贫搬迁与生态移民、旅游开发、基本公共服务事业发展、中心村社区和小城镇建设结合起来”的想法。

三是牢固树立“绿色决定生死”理念。在《关于全力推进精准扶贫精准脱贫的决定》中，倡议要牢固树立“绿色决定生死”理念，强化生态保护，确保扶贫开发利民、利国、利生态，实现绿色化、可持续发展。

四是践行“绿水青山就是金山银山”的理念。在《湖北省林业生态扶贫三年规划和2018年工作计划》中，提出“牢固树立和践行绿水青山就是金山银山的理念，把精准扶贫精准脱贫作为林业生态建设的重要任务”。

实施原则：

湖北省在践行生态扶贫理念过程中，始终遵循国家生态扶贫原则，并在其基础上根据湖北省实际情况进行创新。

在国家六部委《生态扶贫工作方案》（发改农经〔2018〕124号）文中，确定了四项原则，分别是：坚持中央统筹、地方负责；坚持政府引导、主体多元；坚持因地制宜、科学发展；坚持精准施策、提高实效。

在《湖北省林业生态扶贫三年规划和2018年工作计划》中，也确定了四项原则，分别是：坚持造林绿化与扶贫攻坚有机结合、坚持生态保护与产业富民有机结合、坚持统筹规划与精准施策有机结合、坚持政策扶持与群众参与有机结合。

通过对比可以发现，湖北省将“造林绿化”放在首位，希望能够通过生态工程培育新型造林经营主体，带动贫困户增加收入（对照国家的原则是主

[1]　三类地区指的是“生态保护重点地区、生存条件恶劣地区、地质灾害严重地区”。详见《湖北省农村扶贫条例》。

体多元）。其次，要强调生态与富民的关系，实现“生态美、百姓富”（对照国家的原则是提高实效）；最后，要兼顾“自然资源禀赋、承载能力、地方特色、区域经济社会发展水平等因素，合理确定扶贫项目和措施，确保扶贫工作成效”，“抓好各项惠民措施的落实”（对照国家的原则是科学发展）。

投入保障：

湖北省扶贫办 2021 年最新报告指出，在脱贫攻坚战中，湖北省全力保障生态扶贫，坚持脱贫攻坚与生态保护并重，深入践行“绿水青山就是金山银山”。2016 年以来，省财政厅统筹安排生态文明建设资金 103.51 亿元，用于支持 37 个贫困县生态扶贫，推进贫困地区经济社会发展。

（2）区域分级分类推进

行政区域。一是划分重点县。在《湖北省林业生态扶贫三年规划和 2018 年工作计划》中确定“我省大别山区、武陵山区、秦巴山区和幕阜山区的国家和省级贫困县”。二是划定乡村和基地。比如“推进林业生态示范县、森林城镇和绿色示范乡村创建”，等等。

功能区域。一是资源优势区。《省林业局 2019 年生态扶贫工作要点及责任分工》（鄂林办计〔2019〕46 号）提出“充分发挥贫困地区特色经济林资源优势，因地制宜地发展具有地方特色、群众有种植传统的特色高效经济林产业”。二是特殊地区。比如《省林业厅推进长江经济带“三水共治”工作实施方案》中提出要“统筹山水林田湖草系统治理，加快推进水污染治理、水生态修复和水资源保护的三水共治”。

（3）生态补偿与就业

治理环境首先要退（如退耕还林）、修（生态修复和建设）、生（形成生态价值）和变（生态价值的实现，贫困户得到实惠）。生态脆弱地区的生产生活行为不能停止（退出生态恶化循环），不能及时得到污染治理和环境修复，生态建设就不能产生效果。而要实现退和修这两个步骤，就需要对停止生产生活行为的贫困群体进行补偿，并为他们寻找到新的生活来源。湖北省在生态补偿和就业方面的措施主要有以下几个方面。

设立生态补偿。在《湖北省林业生态扶贫三年规划和 2018 年工作计划》中，提到要增加退耕还林补偿。比如，通过对集体和个人所有的生态公益林进行森林生态效益补偿，在贫困县市实施新一轮退耕还林 25 万亩，其中，

2018年，在贫困县市完成退耕还林7万亩，一亩按照15元进行补贴。另外，在大别山区、秦巴山区、武陵山区、幕阜山区等重点贫困地区，实施新一轮退耕还林工程，三年完成工程建设任务25万亩，按每亩1600元补助标准进行补偿。这样，通过对贫困地区集体和个人所有的生态公益林进行生态效益补偿，就可以稳定增加贫困群众的现金收入。

提高补偿的范围。在《湖北省林业生态扶贫三年规划和2018年工作计划》中提到，要“扩大天然林保护范围，将我省天保工程区外的2010.47万亩天然林全部纳入保护范围，通过停止天然林采伐管护补助等项目的实施，提高工程区贫困户纯收入；同时，利用天然林保护政策，大力发展替代产业，努力夯实贫困区域经济发展基础”。

增加就业机会。在《湖北省林业生态扶贫三年规划和2018年工作计划》中，提到要“每年从建档立卡贫困户中选聘2.5万名生态护林员，按每人每年4000元标准发放管护补助费，帮助2.5万个贫困家庭实现脱贫目标”。《2020年全省脱贫攻坚工作要点的通知》中，提出狠抓生态扶贫工作，抓好生态公益林补偿、天然林保护、生态护林员、新一轮退耕还林还草还湿工程等政策落实。加大对受疫情影响较大地区生态护林员选聘、退耕还林还草还湿工程倾斜支持力度。湖北扶贫办2021年最新报告显示，2016年以来，湖北累计选聘建档立卡贫困人口生态护林员21.74万人次，按照每人每年4000元的补助标准，帮助6.68万贫困户实现脱贫。

（4）生态工程

湖北重点支持的生态扶贫工程项目主要包括以下几类。

循环经济项目。抓好再生废弃物循环利用试点，推进重点行业、重点领域、产业园区循环经济发展，形成生产发展、生活富裕、生态良好的良性循环机制，增强县域经济可持续发展能力。

绿化经济项目。实施天然林保护、防护林建设、退耕还林、地产林改造、湿地保护与恢复、环境整治、农村基础设施建设等重大生态工程，提高贫困地区森林覆盖率、森林质量，让贫困人口从生态建设与修复中得到更多实惠。

生态保护修复项目。增加重点生态功能区转移支付。国家和省实施的重大生态工程，在项目和资金安排上进一步向贫困地区倾斜，提高贫困人口参与度和受益水平。

生态旅游项目。科学编制贫困地区乡村旅游发展规划，整合旅游资源，充分发挥贫困地区生态优势，坚持“内修人文、外修生态”，着力发展生态文化旅游业，确保贫困群众通过发展旅游扶贫获得稳定收益。

碳汇交易项目。大力支持贫困地区建立碳汇交易平台，通过市场机制实现对生态价值的有效补偿。

3. 湖北生态扶贫政策体系

在湖北省扶贫攻坚领导小组关于印发《2020年全省脱贫攻坚工作要点》的通知中，提到要抓好生态公益林补偿、天然林保护、生态护林员、新一轮退耕还林还草还湿工程等政策落实。加大对受疫情影响较大地区生态护林员选聘、退耕还林还草还湿工程倾斜支持力度。充分发挥林业生态优势，大力发展木本油料、林木种苗花卉、特色经济林、林下经济和森林康养等绿色富民产业，带动贫困人口脱贫。其主要责任单位包括：省发改委、省林业局、省水利厅、省农业农村厅、省财政厅、省扶贫办，各市、州、县党委和政府。

表 3–1–10 国家生态扶贫政策

政策	内容
《国务院办公厅关于健全生态保护补偿机制的意见》（国办发〔2016〕31号）	1. 分领域重点任务：森林草原湿地荒漠海洋水流耕地。推进体制机制创新建立稳定投入机制 2. 完善重点生态区域补偿机制推进横向生态保护补偿 3. 健全配套制度体系。创新政策协同机制。结合生态保护补偿推进精准脱贫。加快推进法制建设
《“十三五”生态环境保护规划的通知》（国发〔2016〕65号）	到2020年，生态环境质量总体改善。生产和生活方式绿色、低碳水平上升，主要污染物排放总量大幅减少，环境风险得到有效控制，生物多样性下降势头得到基本控制，生态系统稳定性明显增强，生态安全屏障基本形成，生态环境领域国家治理体系和治理能力现代化取得重大进展，生态文明建设水平与全面建成小康社会目标相适应
《支持深度贫困地区脱贫攻坚》（国土资规〔2017〕10号）	1. 加大中央财政投入力度，加大金融扶贫支持力度，加大项目布局倾斜力度，加大易地扶贫搬迁实施力度，加大生态扶贫支持力度，加大干部人才支持力度，加大社会帮扶力度，集中力量攻关，构建起适应深度贫困地区脱贫攻坚需要的支撑保障体系 2. 对“三区三州”和其他深度贫困地区、深度贫困问题，予以统筹支持解决。重点解决因病致贫、因残致贫、饮水安全、住房安全等问题，加强教育扶贫、就业扶贫、基础设施建设、土地政策支持和兜底保障工作，打出政策组合拳

续表

政策	内容
《进一步做好当前旅游扶贫工作的通知》（国旅发〔2018〕27号）	1. 做好与乡村振兴战略的衔接，围绕《乡村旅游扶贫工程行动方案》《关于支持深度贫困地区旅游扶贫行动方案》，出台配套措施，细化分解扶贫任务，积极引导各方扶贫资金、扶贫惠民政策向旅游扶贫项目倾斜，鼓励支持各类金融机构拓宽旅游扶贫项目的融资渠道，全力推动各项决策部署和政策措施落实到位 2. 结合旅游资源特点和市场需求，因地制宜，开发形式多样、特色鲜明、能够带动贫困户广泛参与的旅游扶贫产品，发展一批以农家乐、渔家乐、牧家乐、休闲农庄、森林人家等为主题的乡村度假产品，建成一批依托自然风光、美丽乡村、传统民居为特色的乡村旅游景区，策划一批采摘、垂钓、农事体验等参与型的旅游娱乐活动，开发徒步健身、乡村体育休闲运动，培育自驾车房车营地、帐篷营地、乡村民宿等新业态，打造丰富多彩的乡村特色文化演艺和节庆活动
《生态扶贫工作方案》（发改农经〔2018〕124号）	1. 到2020年，贫困人口通过参与生态保护、生态修复工程建设和发展生态产业，收入水平明显提升，生产生活条件明显改善。贫困地区生态环境有效改善，生态产品供给能力增强，生态保护补偿水平与经济社会发展状况相适应，可持续发展能力进一步提升 2. 力争组建1.2万个生态建设扶贫专业合作社［其中造林合作社（队）1万个、草牧业合作社2000个］，吸纳10万贫困人口参与生态工程建设；新增生态管护员岗位40万个（其中生态护林员30万个、草原管护员10万个）；通过大力发展生态产业，带动约1500万贫困人口增收 3. 通过参与工程建设获取劳务报酬 4. 通过生态公益性岗位得到稳定的工资性收入 5. 通过生态产业发展增加经营性收入和财产性收入 6. 加强重大生态工程建设 7. 加大生态保护补偿力度不断完善转移支付制度，探索建立多元化生态保护补偿机制，逐步扩大贫困地区和贫困人口生态补偿受益程度 8. 大力发展生态产业创新资源利用方式，开展生态搬迁试点，推广生态脱贫成功样板，规范管理生态管护岗位 9. 探索碳交易补偿方式
《关于汉江生态经济带发展规划的批复》（国函〔2018〕127号）	1. 围绕改善提升汉江流域生态环境，共抓大保护，不搞大开发，加快生态文明体制改革，推进绿色发展，着力解决突出环境问题，加大生态系统保护力度 2. 围绕推动质量变革、效率变革、动力变革，推进创新驱动发展，加快产业结构优化升级，进一步提升新型城镇化水平，打造美丽、畅通、创新、幸福、开放、活力的生态经济带

续表

政策	内容
《山水林田湖草生态保护修复工程指南》（自然资办发〔2020〕38号）	1. 转变理念，遵循自然规律开展保护修复 2. 区分尺度，明确不同尺度的目标任务 3. 调查现状，查清区域生态本底情况 4. 诊断问题，提升保护修复的针对性 5. 远近结合，设立分级分期目标体系 6. 划分单元，明确工程空间布局与时序安排 7. 因地制宜，合理选择保护修复模式与措施 8. 动态监测，开展风险评估与适应性管理

数据来源：中国政府网等网站。

表 3–1–11　湖北省生态扶贫政策

政策	内容
《湖北省农村扶贫条例》（索引号：1104368X/2019-23174）	因地制宜地实施扶贫移民和生态移民，对生态保护重点地区、生存条件恶劣地区、地质灾害严重地区实行异地开发、搬迁扶贫，努力改善生存和发展条件
《湖北省农村扶贫开发“十二五”规划》（索引号：01104368X/2019-23180）	1. 围绕可持续发展，建设绿色大别山，重点加强环境整治、生态保护、地质灾害防治，切实改善生态环境。围绕发展优势特色产业，建设发展大别山，积极推进新型工业，重点发展以红色旅游为主的服务业，形成具有区域特色的产业体系 2. 把资源开发、生态保护和环境改善有机结合起来，探索建立多元化的生态补偿机制。加强基础设施建设，不断改善山区库区群众的生产生活条件 3. 整合扶贫政策、库区政策和其他强农惠农政策，加大综合开发投入力度，把扶贫搬迁与生态移民、旅游开发、基本公共服务事业发展、中心村社区和小城镇建设结合起来，加快社会主义新农村建设步伐
《关于全力推进精准扶贫精准脱贫的决定》（索引号：01104368X/2019-23196）	1. 绿色崛起，持续发展。牢固树立“绿色决定生死”理念，根据贫困地区资源环境承载能力，科学制定扶贫规划，合理布局产业和项目，强化生态保护，确保扶贫开发利民、利国、利生态，实现绿色化、可持续发展 2. 大力发展特色生态旅游业 3. 充分发挥贫困地区生态优势，坚持“内修人文、外修生态”，着力发展生态文化旅游业 4. 突出生产生活条件改善、大力实施整村推进

续表

政策	内容
	5. 着力实施危房改造。编制贫困村建设规划，科学确定人口空间布局，引导人口相对集中居住 6. 县级可结合实际采取政策叠加、差异化扶持的办法，统筹使用财政资金，提高危房改造补助标准 7. 着力实施扶贫搬迁。按照应搬尽搬、应补尽补、应贴尽贴的原则，切实落实搬迁资金补贴及贷款贴息政策，补贴与贴息标准由各县确定 8. 将扶贫搬迁与新型城镇化建设相结合，创新扶贫搬迁方式，探索易地开发、公租房安置、基地安置等模式，对贫困户在城镇落户就业给予政策支持 9. 着力实施人居环境改善行动。分期分批分类对贫困村实行生产生活生态环境综合治理，扎实开展以垃圾处理、污水处理、卫生厕所建设为重点的环境卫生整治行动，实现生产污染和生活污染综合整治工程全覆盖 10. 搞好“四旁”绿化，建设美丽乡村 11. 建立生态补偿机制。按照谁开发谁保护、谁破坏谁治理、谁受益谁补偿的原则，建立贫困县生态动态补偿机制。贫困县设立生态公益岗位，优先安排贫困人口就业。对贫困地区符合新一轮退耕还林条件的坡耕地，优先安排退耕还林项目 12. 加强碳汇交易市场体系建设，优先支持贫困地区开展碳汇交易
《关于贯彻实施中共中央、国务院〈关于打赢脱贫攻坚战的决定〉的意见》（索引号:01104368X/2019-23204）	1. 大力实施易地搬迁 2. 采取多种安置方式，严格建房标准，足额落实补助，有序实施搬迁，到 2019 年完成 30.63 万户、97.79 万贫困人口搬迁任务 3. 完善后续扶持政策，通过发展特色经济、参与合作社经营、务工就业等渠道，提高搬迁户发展能力 4. 积极整合各类支农资金和社会资金，支持安置区配套公共设施建设和迁出区生态修复 5. 大力实施生态脱贫。天然林保护、防护林建设、退耕还林等重大生态工程进一步向贫困地区倾斜 6. 加大贫困地区生态保护修复力度，增加重点生态功能区转移支付 7. 开展贫困地区生态综合补偿试点，健全公益林补偿标准动态调整机制，逐步提高补偿标准，加强资金管理，确保足额兑现到人 8. 创新生态资金使用方式，利用森林生态效益补偿和天然林保护资金使有劳动能力的部分贫困人口转为护林员等生态保护人员 9. 加快危房改造和环境整治

续表

政策	内容
	10. 加快推进贫困地区农村危房改造，加大省级投入，探索采用贷款贴息、建设集体公租房等方式，到2019年完成32万农村危房户改造任务 11. 以农村环境综合整治为抓手，着力解决污水、垃圾、面源污染问题；加大贫困地区以工代赈投入力度，支持农村山水田林路建设和小流域综合治理
《关于印发〈湖北省脱贫攻坚规划（2016—2020年）〉的通知》（索引号：01104368X/2020-124701）	1. 切实加强生态环境保护。强化发展的生态刚性约束，加快转变发展方式，增强县域产业发展的承载能力 2. 积极探索发展循环经济的有效模式，抓好再生废弃物循环利用试点，推进重点行业、重点领域、产业园区循环经济发展，形成生产发展、生活富裕、生态良好的良性循环机制，增强县域经济可持续发展能力 3. 大力推进绿满荆楚行动，实施天然林保护、防护林建设、退耕还林、地产林改造、湿地保护与恢复等重大生态工程，提高贫困地区森林覆盖率、森林质量，让贫困人口从生态建设与修复中得到更多实惠 4. 加大贫困地区生态保护修复力度，增加重点生态功能区转移支付。国家和省实施的重大生态工程，在项目和资金安排上进一步向贫困地区倾斜，提高贫困人口参与度和受益水平 5. 贫困县设立生态公益岗位，优先安排贫困人口就业 6. 大力支持贫困地区建立碳汇交易平台，通过市场机制实现对生态价值的有效补偿 7. 加强山体滑坡、泥石流等地质灾害整治力度，科学有效地防治各类地质灾害 8. 科学合理有序开发贫困地区水电、煤炭、油气等资源，调整完善资源开发收益分配政策
《湖北省深度贫困地区脱贫攻坚实施方案》（索引号：01104368X/2019-23206）	1. 打好易地扶贫搬迁攻坚战。坚持把易地扶贫搬迁作为脱贫攻坚的标志性工程来抓，精准锁定搬迁对象，切实扣牢“第一颗纽扣” 2. 打好农村危房改造攻坚战。按照“住房安全有保障”的精准脱贫要求，加快推进农村危房改造和住房保障工作，消除安全隐患，补齐基本居住功能，保障基本卫生健康条件 3. 打好生态扶贫攻坚战。联动实施退耕还林还草、荒山绿化、森林管护、森林质量提升和特色林产业五大项目，并向深度贫困县、贫困村倾斜

续表

政策	内容
《脱贫攻坚工作的指导意见》（索引号：01104368X/2019-23208）	结合乡村振兴战略，积极支持非贫困县乡村道路、村庄治理、农村饮水安全巩固提升、小流域生态修复及环境综合治理、小流域农业面源污染治理、水系连通工程、石漠化综合治理、垃圾收集压缩转运站、林果基地、旅游景区等项目建设
《2020年全省脱贫攻坚工作要点的通知》（索引号：01104368X/2020-112686）	1. 狠抓生态扶贫工作。抓好生态公益林补偿、天然林保护、生态护林员、新一轮退耕还林还草还湿工程等政策落实 2. 加大对受疫情影响较大地区生态护林员选聘、退耕还林还草还湿工程倾斜支持力度 3. 充分发挥林业生态优势，大力发展木本油料、林木种苗花卉、特色经济林、林下经济和森林康养等绿色富民产业，带动贫困人口脱贫 4. 加强易地搬迁后续扶持。摸清易地扶贫搬迁群众入住、产业、就业等情况，以集中搬迁安置点为重点，有效解决搬迁群众产业、就业、基本公共服务、社会融入、社区治理等实际问题，确保搬迁群众搬得出、稳得住、有就业、逐步能致富

数据来源：湖北省人民政府门户网站。

（六）兜底保障政策

1. 顶层设计

2013年12月，习近平同志在中央农村工作会议上指出："要紧紧扭住农村基本公共服务和基本社会保障的制度建设，编织一张兜住困难群众基本生活的社会安全网。"

社会保障是解决贫困问题的"兜底"措施。社会保障是社会进步的要求，也是社会进步的表现。完善的社会保障体系能够从根本上解决保障对象的基本生活、医疗等"原生态"的后顾之忧，从而使其获得安全感和归宿感。我国社会保障制度是政府行使社会管理职能，通过国民收入分配与再分配形式，确保社会成员的基本生活和医疗水平，以维护社会稳定、推动经济发展、促进改革深化的社会制度。其主要包括社会保险、社会救助、社会福利、社会优抚、社会互助和个人储蓄积累等内容。我国的社会保障体系对于推进社会主义市场经济体制改革、提高人民的物质文化生活水平、促进经济社会协调稳定发展发挥了重要作用。我国目前正处于经济转轨时期，虽然整体经济运行效率提高，但社会就业、养老等问题也日益突出，社会不稳定的风险也在增加。因此，构建完备的社会保障体系，特别是构建农村社会保障体系，完善现行社会保障政策，“编织一张兜住困难群众基本生活的社会安全网”显得更加必要而紧迫。

从我国农村基本公共服务和基本社会保障的实际情况看，虽然养老、医疗、低保等农村社会保障制度已经建立，但覆盖面还不够广、标准还比较低。农村社会保障缺乏统一管理，政策规定及筹资办法“政出多门”，管理不够严格，隐性风险比较大。我国农村社会保障体系建立时间短，且人口多、底子薄、积累少、收不抵支、资金短缺现象比较普遍。民生无小事，枝叶总关情。在消除贫困、改善民生、实现共同富裕的过程中，总有一部分群众因身体、能力或其他原因陷入贫困，依靠自身努力无法摆脱困境，他们是防止返贫致贫的重点人群，党和政府必须对他们格外关注、格外关爱、格外关心，牵挂他们的疾苦，听取他们的诉求，帮助他们排忧解难。改革完善社会救助制度，目的就是要进一步健全社会救助体系，优化社会救助体制机制，切实筑牢基本民生保障底线，实现弱有所扶、困有所助、难有所帮，让困难群众共享改革发展成果，生活更加幸福美满。

2. 湖北兜底保障扶贫政策

（1）低保

低保指因家庭成员存在重度残疾或疾病丧失劳动力，享受最低生活保障补助的家庭。

低保扶贫的背景。对于一个欠发达地区，贫困人口多、伤残比例高，因而建立城镇居民最低生活保障制度，改革和完善传统社会救济制度、建立健全社会保障体系的重大举措，是展开扶贫开发的重要内容。国务院扶贫办于2014年2月21日正式发布《社会救助暂行办法》。湖北积极响应国家政策，于2014年8月25日颁布《湖北省社会救助实施办法》，该办法规定，对获得最低生活保障后生活仍有困难的老年人、未成年人等，县级以上人民政府应当采取多种措施提高其救助水平。未纳入最低生活保障范围，家庭收入在最低生活保障标准1.5倍以下且家庭财产符合规定的低收入家庭，也可按规定申请有关社会救助。

低保扶贫的内容。低保政策规定，凡是中国公民，只要其家庭人均收入低于当地城乡居民最低生活保障标准，均有从当地人民政府获得基本生活物质帮助的权利。“低保”包括城市居民最低生活保障（简称“城市低保”）和农村居民最低生活保障（简称“农村低保”）。对贫困群众来，稳定的资金筹措渠道，全面建立农村低保制度，实现“应保尽保”。

湖北与全国低保扶贫的比较。国务院扶贫办于 2014 年 2 月 21 日正式发布《社会救助暂行办法》，随后湖北省于 2014 年 8 月 25 日颁布《湖北省社会救助实施办法》。对比湖北省和全国的低保扶贫政策可以发现，湖北省主要在落实临时救助政策、落实救助补助政策、落实关爱监护机制、低保标准领跑中部这四个方面较有成效和特色。

第一，应救尽救，落实临时救助政策。临时救助在脱贫攻坚和疫情控防中起着“救急难、补短板”的作用，对因遭遇意外及突发事件等原因导致的各类突发性、紧迫性、临时性基本生活困难的家庭，给予临时救助，防止其落入更深的贫困之中。根据调研数据，在湖北随州，每年发放临时救助资金 1000 万元。疫情期间，还为全市低保、特困供养户发放了 150 元的米面油生活物资，紧急为全市城市低保、农村低保按每户 500 元、300 元标准发放生活补贴和物价补贴。2020 年 1—6 月份，临时救助 7151 人次 598.1 万元，其中救助建档立卡贫困对象 636 人次 56.7 万元。

第二，应享尽享，落实救助补助政策。主要针对的是困难老年人、残疾人、孤儿等特殊困难群体。为了避免出现保障漏洞，湖北强化社会救助政策综合运用，健全残疾人“两项补贴”标准动态调整机制。以随州为例，根据调研数据，在 2019 年，发放困难群体价格临时补贴，城镇和农村每人每月分别为 196 元和 146 元；重度残疾人每人每月 150 元护理补助，困难残疾人每人每月 100 元生活补贴；自理特困人员每人每月 284 元、半失能特困人员每人每月 384 元、失能特困人员每人每月 1333 元的护理补贴，每户每月 15 度电费补贴。

第三，应管尽管，落实关爱监护机制。政策关注农村“三留守”人群。湖北各地市配备“三留守”督导员，村（社区）配备“三留守”主任。开展安全隐患排查，举办“爱满荆楚”“七彩童年”“希望家园”“双结双促”等活动，确保儿童暑期安全；大力推进“三直达”工作，建立农村留守老人关爱服务体系和救助保护机制，更新留守老人信息台账，把关爱服务落到实处。

第四，广泛覆盖，低保标准领跑中部。政策关注的是农村“五保”人群。2019 年底，湖北省城乡低保标准分别达到每人 634 元 / 月和 5594 元 / 年，分别比 2012 年增长 92% 和 237%，保障标准领跑中部、高于全国平均水平。截至 2020 年 5 月，全省共有 34.7 万人享受城市低保，131.7 万人享受农村低保，24.98 万人享受农村五保[1]。湖北省还建立健全保障标准量化调整机制，按不低于上年度城乡居民人均消费支出的一定比例调整公布年度城乡低保标准、农村五保供养标准，城乡低保标准年均增长率稳定在 7%、10% 左右。从 2015 年起，省级财政在每年安排不少于 11 亿元补助各地统筹用于各类社会救助的基础上，专项安排 22 亿元补助资金用于保障建档立卡贫困人口中全省农村低保、五保对象补助水平的提高，有力保障了各项社会救助政策有效落实。

（2）特困救助

保障城乡特困人员基本生活，是完善社会救助体系、编密织牢民生安全网的重要举措，是坚持共享发展、保障和改善民生的应有之义，也是打赢脱贫攻坚战、全面建成小康社会的必然要求。长期以来，在党和政府的高度重视下，我国先后建立起农村五保供养、城市“三无”人员救济和福利院供养制度，城乡特困人员基本生活得到了保障。2014 年，国务院公布施行了《社会救助暂行办法》，将城乡“三无”人员保障制度统一为特困人员供养制度，我国城乡特困人员保障工作进入新的发展阶段。为解决城乡发展不平衡、相关政策不衔接、工作机制不健全、资金渠道不通畅、管理服务不规范等问题，切实保障特困人员基本生活，根据《社会救助暂行办法》《农村五保供养工作条例》，国务院于 2016 年 2 月 10 日正式下发并实施《国务院关于进一步健全特困人员救助供养制度的意见》。

特困救助范围。湖北于 2014 年 8 月 25 日颁布《湖北省社会救助实施办法》，该办法中明确规定特困救助是指常年居住在农村、家庭人均实际收入极低且生活特别困难的农村居民，具备下列条件之一的，应纳入当地农村特困户救助范围：未享受五保待遇、无劳动能力且生活特别困难的鳏寡孤独家庭；家庭主要成员智障残疾、无劳动能力且子女未成年、生活特别困难的家庭；因灾、因病及其他原因致家庭主要成员死亡或丧失劳动能力、生活特别困难的家庭；省人民政府规定的特定救助对象。

特困救助的政策文件。2014 年以来，国务院扶贫办、民政部、湖北省扶

[1] 苏喜茹：《湖北省织密覆盖城乡的社会救助网》，《湖北日报》2019 年 8 月 26 日。

贫办为完善《关于在全国建立城市居民最低生活保障制度的通知》和《农村五保供养工作条例》出台了一系列相关政策，按照时间顺序列举如下。

第一，初步形成阶段。

2014 年，国务院公布施行了《社会救助暂行办法》，将城乡“三无”人员保障制度统一为特困人员供养制度，我国城乡特困人员保障工作进入新的发展阶段。为解决城乡发展不平衡、相关政策不衔接、工作机制不健全、资金渠道不通畅、管理服务不规范等问题提供了新的办法，切实保障了特困人员的基本生活。

2014 年 8 月 25 日，湖北省颁布《湖北省社会救助实施办法》，该办法规定，对获得最低生活保障后生活仍有困难的老年人、未成年人等，县级以上人民政府应当采取多种措施提高其救助水平。未纳入最低生活保障范围，家庭收入在最低生活保障标准 1.5 倍以下且家庭财产符合规定的低收入家庭，也可按规定申请有关社会救助。

第二，发展完善阶段。

2016 年，国务院公布实施了《国务院关于进一步健全特困人员救助供养制度的意见》。该意见明确规定保障城乡特困人员基本生活，是完善社会救助体系、编密织牢民生安全网的重要举措，是坚持共享发展、保障和改善民生的应有之义，也是打赢脱贫攻坚战、全面建成小康社会的必然要求。

2016 年，民政部印发《国务院关于进一步健全特困人员救助供养制度的意见》（以下简称《意见》）的通知。规定各地要根据《意见》要求，结合实际，突出重点，抓紧完善相关配套政策，确保《意见》的有关规定落到实处。特困人员救助供养已经实现城乡统筹的地方，要按照《意见》要求，重点在标准制定、供养服务供给等方面进一步调整完善现有政策；尚未实现城乡统筹的地方，要抓紧健全制度、完善政策、理顺体制、建立机制，尽快部署实施城乡统一的特困人员救助供养制度。

2016 年，民政部印发《特困人员认定办法》的通知。该办法就特困人员的认定标准、申请程序等作了详细规定。根据办法，城乡老年人、残疾人以及未满 16 周岁的未成年人，同时具备无劳动能力，无生活来源，无法定赡养、抚养、扶养义务人或者其法定义务人无法履行义务能力的，应当列入特困人员救助供养范围。

第三，强化落实阶段。

2020 年 7 月 29 日，国务院扶贫办发布《关于进一步做好困难群众基本生活保障工作的通知》，规定要坚持现有标准、确保低保制度持续平稳运行的基础上，适度扩大最低生活保障覆盖范围。低收入家庭是指家庭人均收入高于当地城乡低保标准，但低于低保标准 1.5 倍，且财产符合当地相关规定的低保边缘家庭。通知还适度放宽了特困人员认定条件，通知将特困人员救助供养覆盖的未成年人年龄从 16 周岁放宽至 18 周岁，由此，符合“三无”条件的 16 周岁至 18 周岁未成年人将全部纳入特困人员救助供养范围。

2020 年 8 月 25 日，国务院扶贫办发布《关于改革完善社会救助制度的意见》，该意见指出，社会救助事关困难群众基本生活和衣食冷暖，是保障基本民生、促进社会公平、维护社会稳定的兜底性、基础性制度安排，也是我们党全心全意为人民服务根本宗旨的集中体现。为全面贯彻党中央、国务院决策部署，统筹发展社会救助体系，巩固脱贫攻坚成果，切实兜住兜牢基本民生保障底线。

湖北与全国特困救助政策的比较：

国务院扶贫办于 2014 年 2 月 21 日正式发布《社会救助暂行办法》，随后湖北省于 2014 年 8 月 25 日颁布《湖北省社会救助实施办法》。对比湖北省和全国的特困救助政策可以发现，湖北省主要在落实特困救助政策、助力精准脱贫攻坚战、危急时刻救急难这三个方面较为突出。

第一，落实特困救助政策。湖北各级政府积极落实特困救助政策。以随州为例，自从 2014 年 8 月 25 日颁布《湖北省社会救助实施办法》以来，随州市累计投入 2060 万元用于各镇办福利院改扩建和维修，让院内老人留得住、院外老人愿入住。同时，在骆店镇农村福利院开展“公建民营”，在广办、武胜关福利院购买民办福利院服务等改革试点，让老人享有更好的照料和康复治疗服务。创新开展政府购买救助服务，委托第三方专业社工机构，对全市 18 家农村福利院及福利院院长进行了工作考核，全面提升全市农村福利院管理服务水平。

第二，助力精准脱贫攻坚战。社会各个部门通力合作助力精准脱贫攻坚战。全面加强农村低保制度与扶贫开发政策在标准、对象、管理、信息等方面的有效衔接。自 2016 年起，所有县（市、区）农村低保标准动态高于国家扶贫标准，并对纳入低保后生活仍有困难的老年人、未成年人、重度残疾人和重病患者按不低于当地低保标准 20% 的比例增发补助金，确保符合条件的建档立卡贫困人口可以通过兜底保障稳定解决基本生活困难问题。目前，农村低保对象、五保对象与建档立卡贫困人口信息实现精准对接，两类对象情况明、数据准，真正做到应保尽保、应扶尽扶。截至 2018 年底，全省 86.1 万建档立卡的贫困人口纳入农村低保、五保政策兜底范围，其中有 1.12 万残疾人。高度重视易地扶贫搬迁户后续基本生活保障工作，截至 2018 年底，全省易地扶贫搬迁户中有 19.5 万人及时纳入农村低保、五保范围。

第三，危急时刻救急难。目前，全省已建立“救急难”救助体系，困难群众遭遇火灾、交通事故、重大疾病等意外变故，导致基本生活暂时出现严重困难，均可以向当地民政部门申请临时救助。以低保为核心的社会救助体系，主要认定依据是户籍、家庭收入和财产状况，因而在解决急难性、支出型贫困问题，以及流动人口遇到的突发性、临时性、紧迫性基本生活困难问题上存在短板。临时救助制度是弥补这些短板，健全托底性民生保障制度。随着救助政策的覆盖面不断扩大，救助水平的稳步提升，底线民生保障的福祉不断增进。2018 年 4 月，湖北省印发了《关于积极推行政府购买服务加强基层社会救助经办服务能力的实施意见》，开启了社会救助“物质上兜底、人文上关怀、精神上慰藉”的新征程，困难群众在物质保障、生活照料、精神慰藉、心理疏导、能力提升和社会融入上的差异性、多样化需求将不断得到更大满足。

表 3–1–12　保障兜底扶贫国家政策

《社会救助暂行办法》（2014 年 2 月 21）	将最低生活保障、特困人员供养、受灾人员救助、医疗救助、教育救助、住房救助、就业救助和临时救助等 8 项制度以及社会力量参与作为基本内容，确立了完整清晰的社会救助制度体系。规定社会救助坚持托底线、救急难、可持续，与其他社会保障制度相衔接，社会救助水平与经济社会发展水平相适应。社会救助工作遵循公开、公平、公正、及时的原则
《国务院关于进一步健全特困人员救助供养制度的意见》（国发〔2016〕14 号）	保障城乡特困人员基本生活，是完善社会救助体系、编密织牢民生安全网的重要举措，是坚持共享发展、保障和改善民生的应有之义，也是打赢脱贫攻坚战、全面建成小康社会的必然要求。长期以来，在党和政府的高度重视下，我国先后建立起农村五保供养、城市“三无”人员救济和福利院供养制度，城乡特困人员基本生活得到了保障

续表

《民政部关于贯彻落实〈国务院关于进一步健全特困人员救助供养制度的意见〉的通知》（民发〔2016〕115号）	各地要根据《意见》要求，结合实际，突出重点，抓紧完善相关配套政策，确保《意见》的有关规定落到实处。特困人员救助供养已经实现城乡统筹的地方，要按照《意见》要求，重点在标准制定、供养服务供给等方面进一步调整完善现有政策；尚未实现城乡统筹的地方，要抓紧健全制度、完善政策、理顺体制、建立机制，尽快部署实施城乡统一的特困人员救助供养制度
《特困人员认定办法》的通知（民发〔2016〕178号）	民政部正式发布《特困人员认定办法》，就特困人员的认定标准、申请程序等作了详细规定。根据办法，城乡老年人、残疾人以及未满16周岁的未成年人，同时具备无劳动能力，无生活来源，无法定赡养、抚养、扶养义务人或者其法定义务人无法履行义务能力的，应当列入特困人员救助供养范围
《关于进一步做好困难群众基本生活保障工作的通知》（2020年7月29日）	坚持现有标准、确保低保制度持续平稳运行的基础上，适度扩大最低生活保障覆盖范围。低收入家庭是指家庭人均收入高于当地城乡低保标准，但低于低保标准1.5倍，且财产符合当地相关规定的低保边缘家庭。通知还适度放宽了特困人员认定条件。通知将特困人员救助供养覆盖的未成年人年龄从16周岁放宽至18周岁，由此，符合“三无”条件的16周岁至18周岁未成年人将全部纳入特困人员救助供养范围
《关于改革完善社会救助制度的意见》（2020年8月25日）	社会救助事关困难群众基本生活和衣食冷暖，是保障基本民生、促进社会公平、维护社会稳定的兜底性、基础性制度安排，也是我们党全心全意为人民服务根本宗旨的集中体现。为全面贯彻党中央、国务院决策部署，统筹发展社会救助体系，巩固脱贫攻坚成果，切实兜住兜牢基本民生保障底线

资料来源：根据教育部、国家发展改革委、财政部、国务院扶贫办、人力资源社会保障部、公安部、农业部等部门公开文件整理得到。

（3）全面兜底保障，严防因疫致贫

湖北省实行贫困人口“应保尽保”，将86.1万建档立卡贫困人口纳入农村低保或特困人员救助范围。近年来，湖北省上调各项社会救助标准，补齐民生短板，为困难群众兜住稳稳的幸福。目前，各项社会救助标准领先中部，高于全国平均水平。截至2018年12月31日，全省共有城乡低保对象171.4万人。其中，城市低保对象38.2万人，平均保障标准为每人每月597元，较上年增长7.6%；农村低保对象133.2万人，平均保障标准为每人每年5194元，较上年增长 11.8%。全省所有县市区农村低保保障标准均超过国家扶贫标准。[1]

每一组数字都体现着温情，每一项政策都表达着关切。城、乡特困人员平均供养标准分别达到每人每年 14301 元和每人每年 9265 元，分别增长 7% 和 10%；集中、分散供养孤儿平均养育标准分别达到每人每月 1878 元和每人每月 1154 元，分别增长 8.5% 和 8.1%，位居全国前列；困难残疾人生活补贴达到每人每月 50 元，重度残疾人护理补贴达到每人每月 100 元；经济困难高龄失能老年人养老服务和护理补贴达到每人每月 100 元；临时救助平均水平达到每人次 1405 元。一个个硬招实招温暖困难群众的心。低保审批权下放，更加阳光透明；创新留守儿童关爱保护机制，让孩子们走出阴霾；“互联网 + 社区居家养老服务”，让空巢老人安享晚年；寒冬送温暖，救助流浪乞讨人员 3.62 万人次。

越是困难时期，越要保障基本民生，特别是强化对困难群众的兜底保障。始终秉持底线思维，关注困难群众所急所盼，精准施策、注重长效。2020 年是脱贫攻坚决战决胜之年，受新冠肺炎疫情影响，一些原本经济基础薄弱的群众陷入了困境中。湖北省作为疫情重灾区，坚持强化兜底保障工作，防止因“疫”致贫、返贫，维护困难群众切身利益。疫情对武汉市贫困人口的影响，主要体现在收入降低、务工受阻、产业发展等方面。对此，武汉市迅速开展贫困人口疫情感染情况大排查，全面落实贫困人口染疫免费治疗政策。同时，提高城乡居民低保标准和特困、孤儿（含事实无人抚养儿童）等困难群众基本生活保障标准。对确诊新冠肺炎的贫困人口实行临时救助政策，政策兜底确保“两不愁三保障”落实到位。

从 2020 年 4 月 1 日起，武汉市城、乡低保标准分别提高至每月 830 元、680 元。1—4 月低保金、特困供养金均按时足额发放到个人账户，共发放保障金约 3.7 亿元。截至目前，武汉市累计救助 3665 人，共发放临时救助金 1000 万元。另外，投入约 1.2 亿元，对外来临时滞汉人员给予救助。加大困难群众基本生活保障力度，增发春节慰问金 1.1 亿元；2020 年以来，已连续 4 个月发放价格临时补贴，加上增发一次春节价格临时补贴，共计约 1.3 亿元；对近 13 万城乡困难群众分别按 500 元、300 元标准发放生活物资救助 4300 万元。

[1] 《2018 年湖北省脱贫攻坚发展报告》。

（七）金融扶贫政策

1. 顶层设计

金融扶贫是打赢脱贫攻坚战的重要一环。习近平总书记指出要做好金融扶贫这篇文章，李克强总理要求走出一条有中国特色的金融扶贫之路。《中共中央 国务院关于打赢脱贫攻坚战的决定》明确提出金融扶贫 20 条举措。根据中央决策部署，湖北省相关部门行动迅速发声发力，政策性、开发性、商业性、合作性金融机构共同参与。总体上，金融扶贫工作态势良好：一是政策框架建立，为脱贫攻坚提供有力政策支撑；二是产品服务完善，为脱贫攻坚提供“弹药”支持；三是工作格局形成，银行业、证券业和保险业“三驾马车”合力攻坚。

（1）金融扶贫基本原则

做好金融扶贫工作，必须紧紧围绕农村贫困人口如期脱贫这个基本目标，必须贯彻精准扶贫精准脱贫这个基本方略，必须坚持开发式扶贫这个基本方针，必须坚持政策“定向、精准、特惠、创新”这些基本原则。

定向是基础，要把政策准确定位到有效增加对贫困地区和贫困人口的金融供给上，增加供给总量，完善供给结构，丰富供给产品，便利供给服务，有效满足贫困地区和贫困人口的金融需求，不断提升金融服务的广泛性、可及性和便利性。

精准是关键，要精准对接贫困人口，精准对接贫困地区扶贫规划，精准对接脱贫攻坚多元化融资需求，精准完善支持措施，全力推动贫困地区金融服务到村到户到人，努力让每一个符合条件的贫困人口都能按需求便捷获得贷款，让每一个需要金融服务的贫困人口都能便捷享受到现代化金融服务。

特惠是根本，要聚焦特惠，采取超常举措，拿出过硬办法，按照精准扶贫、精准脱贫要求，用一套政策组合拳，推动各类金融资源在贫困地区均等化配置，突出对贫困地区、贫困人口的特惠政策安排，让贫困地区、贫困人口得到更有针对性、更加实惠的政策、产品和服务。

创新是动力，要完善金融服务体制机制，构建政府力量、市场力量、社会力量和群众力量优势互补、协同推进的工作机制。坚持分类指导、因地制宜，坚持精细服务、量身定制，坚持与时俱进、变化变革，创新政策、产品和服务，创新机制、方式和工具。

（2）金融扶贫相关政策

我国政府出台了一系列针对性强、特惠性强、创新性强的金融扶贫政策，主要体现在以下几个方面。

关于银行业扶贫。一是创设扶贫小额信贷，为建档立卡贫困户提供“5万元以下、3年期以内、免担保免抵押、基准利率放贷、财政贴息、县建风险补偿金”的信用贷款。二是设立扶贫再贷款，为地方金融机构注入比支农再贷款更优惠的流动性资金，助其向带动贫困户脱贫的扶贫企业（扶贫合作社等新型经营主体）提供期限优惠（可以展期4次，实际使用期限最长达5年）、利率优惠（不超过央行发布的同期基准利率）的信贷资金支持。要求建立四套机制确保扶贫再贷款政策落地：建立精准信贷机制，摸清有效需求；建立精准挂钩机制，明确带动标准；建立工作联系机制，加强信息对接；建立监测评估机制，实施正向激励。三是创设发行扶贫金融债，为地方扶贫开发投融资主体提供易地扶贫搬迁等专项融资支持。

银监部门对银行业金融机构提出明确工作要求：一是出台“四单政策”，即要求在重点金融机构确定专门的扶贫开发金融服务工作部门，对扶贫开发金融服务工作进行单独管理、单独核算、单独调配资源。二是实行银行“包干服务”制度。监管部门可根据当地银行业金融机构服务专长和实际情况，按照建档立卡贫困户扶贫小额信贷发放、扶贫项目融资、服务网点布设等情况，建立分片包干责任制。对扶贫小额信贷发放，按乡（镇）明确一家责任银行，由责任银行对建档立卡贫困户实行名单制管理，对贫困户开展逐户走访和信用评定，采取“一次核定、随用随贷、余额控制、周转使用”的管理办法，在授信额度内，由贫困户自主周转使用。探索采取由主要责任银行承包扶贫开发项目融资服务、包干一定区域内金融服务机具布设、包干某类贫困人群的特定业务等方式，使金融扶贫的服务主体更加精准，服务责任更加明确。三是实施差异化监管政策。放宽贫困地区机构准入政策，鼓励多种金融服务业态发展，出台有针对性的扶贫开发金融服务监管措施。

证券业（资本市场）扶贫。一是支持贫困地区企业利用多层次资本市场融资。对注册地和主要生产经营地均在贫困地区且开展生产经营满三年、缴纳所得税满三年的企业，或者注册地在贫困地区、最近一年在贫困地区缴纳所得税不低于2000万元且承诺上市后三年内不变更注册地的企业，申请首次公开发行股票并上市的，适用“即报即审、审过即发”政策；对注册地在贫困地区的企业申请在全国中小企业股份转让系统挂牌的，实行“专人对接、专项审核”，适用“即报即审、审过即挂”政策，减免挂牌初费；对注册地在贫困地区的企业发行公司债、资产支持证券，实行“专人对接、专项审核”，适用“即报即审”政策。二是鼓励上市公司结对帮扶贫困县或贫困村，主动对接建档立卡贫困户，优先录用来自贫困地区的高校毕业生，优先招收建档立卡贫困人口。三是支持和鼓励证券基金、期货经营机构履行社会责任，结对帮扶贫困县，设立或参与市场化运作的贫困地区产业投资基金和扶贫公益基金。四是证券行业各类帮扶主体要与贫困村和建档立卡贫困户紧密衔接，建立带动贫困人口脱贫挂钩机制。五是行业协会将公司参与扶贫工作情况纳入分类评价标准，定期对公司扶贫工作情况进行考评。

保险业扶贫。一是精准对接脱贫攻坚多元化的保险需求。通过开发新型保险品种、给予保费补贴、完善保险服务精准对接贫困地区和贫困群众农业、健康、民生、产业脱贫、教育脱贫等保险服务需求。鼓励保险机构开发涵盖贫困农户生产生活全方位风险的“特惠保”等一揽子保险产品，优先给予审批或备案。二是保险公司开发的针对建档立卡贫困人口的农业保险产品，费率可在向监管部门报备费率的基础上下调20%。三是对农村外出务工人员开辟异地理赔绿色通道，构建扶贫保险民生保障网。四是设立中国保险产业扶贫投资基金和中国保险业扶贫公益基金。五是对各地、各保险机构脱贫攻坚保险服务工作进展及成效进行评估考核，评估结果将进行通报，并作为市场准入、高管资格和差异化监管的重要依据。

2. 湖北金融扶贫政策

（1）小额信贷

小额信贷的背景。长期以来，我国的贫困户面临着严重的资金短缺的问题。重要原因包括金融机构门槛过高、程序复杂、抵押物要求严格、担保类中介机构几近空白等。“缺资金”问题限制了贫困户的生产行为的展开，进而阻碍农村脱贫攻坚的发展。扶贫小额信贷支持有意愿贷款的建档立卡贫困户发展产业。截至2020年一季度末，全国扶贫小额信贷累计发放4443.5亿元，累计支持建档立卡贫困户1067.81万户次，超过全国建档立卡贫困户的三分之一，在帮助贫困群众发展生产脱贫致富、增强贫困户内生动力、促进贫困地区金融市场发展、改善农村社会治理等方面取得显著成效。截至2020年6月底，湖北全省农行涉农扶贫贷款、扶贫重点县贷款余额分别达到1672.4亿元和553.8亿元，创历史新高；深度贫困县贷款增速达到12.8%，比全行贷款平均增速高4.7个百分点。2019年湖北全省新增扶贫小额信贷21.66亿元、5.22万户贫困户获贷，2020年新发放扶贫小额信贷60亿元，支持贫困户发展产业增收。

全国小额信贷政策。全国小额信贷政策主要包括国务院扶贫办、财政部、中国人民银行、中国银监会、中国保监会《关于创新发展扶贫小额信贷的指导意见》（国开办发〔2014〕78号）和《湖北省创新扶贫小额信贷工作的实施意见》等。扶贫小额信贷是中国银保监会、财政部、中国人民银行、国务院扶贫办于2014年联合推出的精准支持建档立卡贫困户的扶贫信贷产品。扶持对象是有贷款意愿、有就业创业潜质、技能素质和一定还款能力的建档立卡贫困户，其扶持重点是支持建档立卡贫困户发展扶贫特色优势产业，增加收入等方面。扶持方式是对符合贷款条件的建档立卡贫困户提供5万元以下、期限3年以内的信用贷款。鼓励金融机构参照贷款基础利率，合理确定贷款利率水平。

湖北与全国小额信贷政策的比较。根据调研和归纳总结，发现湖北省对比全国及其他省份的小额信贷扶贫政策，主要有以下三方面特点。

第一，可贷款标准额度高于全国水平。湖北省实施《湖北省创新扶贫小额信贷工作的实施意见》对符合贷款条件的建档立卡贫困户，实现“10万元以内、三年期限、无担保、免抵押、全贴息”信用贷款全覆盖。国务院扶贫办、财政部、中国人民银行、中国银监会、中国保监会《关于创新发展扶贫小额信贷的指导意见》（国开办发〔2014〕78号）文件指出小额信贷“5万元以下、3年期以内、免担保免抵押、基准利率放贷、财政贴息、县建风险补偿金”。对比发现，湖北可贷款标准是全国的两倍。

第二，贷款期限和规模灵活。湖北省实施《湖北省创新扶贫小额信贷工作的实施意见》指出各地根据贫困户贷款项目生产周期和贷款对象综合还款能力等因素，合理确定贷款期限和规模。湖北省《关于克服疫情影响决战决胜脱贫攻坚的若干政策措施》对贫困户扶贫小额信贷在2020年1月1日到期后（含续贷、展期），受疫情影响出现还款困难的，实施最长 6 个月的延期，并降低延期期间贷款利率。对农民专业合作社等新型农村经营主体，按其带动贫困的建档立卡贫困户户数等因素，由金融机构与当地县级扶贫部门确定贷款额度，而国家《关于创新发展扶贫小额信贷的指导意见》（国开办发〔2014〕78 号）文件限定贷款期限为 3 年以内。

第三，小额信贷的种类丰富。《湖北省政府关于加强支小支农金融服务促进实体经济健康发展的意见》文件指出，推广一批见效快、可复制的信贷产品和金融服务模式。湖北小额信贷的种类十分丰富，依托县域金融创新产品评审推广、监测报备机制，推广“助保贷”“助农贷”等银政企合作模式，发挥政府风险补偿金、企业助保金对小微企业的增信作用；鼓励在风险可控的前提下，开办“微小富业贷”等无抵押经营性小额贷款和“融易贷”等信用贷款业务。

（2）IPO“绿色通道”

其一，IPO“绿色通道”出台背景。解决资金短缺问题，可以从支持贫困地区企业利用资本市场服务来破解，比如，支持贫困地区企业利用资本市场资源，拓宽直接融资渠道，提高融资效率，降低融资成本，缩短上市时间和审批手续，不断增强企业带动贫困户致富的能力。因此在 2016 年 9 月证监会发布的《中国证监会关于发挥资本市场作用服务国家脱贫攻坚战略的意见》提出，对全国贫困县企业 IPO、新三板挂牌、债券发行、并购重组等开辟绿色通道。

其二，IPO“绿色通道”内容。

IPO——“对注册地和主要生产经营地均在贫困地区且开展生产经营满三年、缴纳所得税满三年的企业（‘3 年 +3 年’），或者注册地在贫困地区、最近一年在贫困地区缴纳所得税不低于 2000 万元且承诺上市后三年内不变更注册地的企业（‘2000 万 +3 年’），申请首次公开发行股票并上市的，适用‘即报即审、审过即发’政策。”

新三板——“对注册地在贫困地区的企业申请在全国中小企业股份转让系统挂牌的，实行‘专人对接、专项审核’，适用‘即报即审、审过即挂’政策，减免挂牌初费。”

发债——“对注册地在贫困地区的企业发行公司债、资产支持证券的，实行‘专人对接、专项审核’，适用‘即报即审’政策。”

鼓励上市公司支持贫困地区的产业发展，支持上市公司对贫困地区的企业开展并购重组。对涉及贫困地区的上市公司并购重组项目，优先安排加快审核。

鼓励上市公司结对帮扶贫困县或贫困村，主动对接建档立卡贫困户，优先录用来自贫困地区的高校毕业生，优先招收建档立卡贫困人口。

其三，湖北与全国的 IPO“绿色通道”政策的比较。

湖北对比全国“绿色通道”政策主要有以下四个方面特色。

第一，明确企业上市的目标和责任。湖北省关于《省政府办公厅关于加强支小支农金融服务促进实体经济健康发展的意见》指出加强对本行业龙头企业支持培育力度，做好省属国有或国有控股企业、重点科创企业和行业“小巨人”企业、非国有控股和民营企业上市培育力度。充分发挥资本市场直接融资功能，对湖北地区企业及主要投向湖北地区的投资类产品及时启动绿色通道，优先安排审核和注册报备。

第二，加强上市后备资源梯次培育。湖北省关于《进一步加快推进企业上市若干措施》（鄂政办发〔2021〕15 号）指出，深入实施省级上市后备企业“金种子”“银种子”计划，依托企业上市政务云平台对全省上市后备资源实施分类管理、重点培育。充实上市后备资源库，分别建立市级“尖子”、县级“苗子”企业、各行业后备资源库。加大政策和资金支持力度，为后备企业提供“保姆式”服务。加大科技型企业培育扶持力度，每年遴选 50 家符合上市条件的科技型企业申报省级“种子”企业库，并在科技专项资金安排使用、解决知识产权纠纷等方面给予针对性重点支持。着力优化科技金融资源配置，扩大投贷联动、知识产权质押和科保贷融资覆盖面，吸引更多金融资源对科技型“种子”企业进行“精准滴灌”。例如，湖北已新增兴图新科、和远气体、良品铺子、长源东谷、均瑶健康、回盛生物 6 家上市公司；另外还有微创光电、泰祥股份两家企业成功挂牌新三板精选层。抢抓上市绿色通道这一政策机遇，2020 年 5 月，省上市办发布了 2020—2021 年度上市后备“金种子”企业名单，共选定“金种子”企业 100 家、“科创板种子”企业 53 家。

第三，整合上市服务资源。湖北省关于《进一步加快推进企业上市若干措施》（鄂政办发〔2021〕15 号）指出，省上市办统筹、整合全省上市工作服务平台资源，推广和运用企业上市政务云平台，定期组织开展后备企业调研、企业上市培训、金融干部培训、科创沙龙等活动。共建上海证券交易所中部基地和深圳证券交易所服务湖北资本市场培育基地，建设线上线下常态化投融资特色平台，提供一揽子综合服务。

第四，建立中介机构服务评价机制。湖北省关于《进一步加快推进企业上市若干措施》指出各级上市办要及时掌握本地拟上市企业与证券中介机构合作情况，跟踪做好上市服务工作。各地要组织相关部门跟踪督办、评价证券中介机构在本地执业情况，每年12月底将评价结果报省上市办。省上市办会同监管部门建立证券中介机构服务资本市场执业评价机制，建立全省证券中介服务机构目录库；对推进企业上市（挂牌）工作力度大、成效明显、业绩突出的证券中介机构进行通报表扬，并签署战略合作协议，优先向上市后备资源库企业宣传和推荐。

3. 湖北金融扶贫的体系

湖北金融扶贫过程中形成了以小额信贷为代表的信贷政策、防贫保险政策、资本市场政策等相结合的完善体系，三者相互结合、相互作用，共同助力脱贫攻坚。其中信贷政策最先出台，涉及带动产业扶贫最广，最直接，因此在金融扶贫体系中居于主要地位，防贫保险政策居于第二位，资本市场政策起到很好的辅助作用。

（1）信贷政策

湖北的扶贫信贷政策以小额信贷政策为主，小额信贷政策包括如下五个方面。

一是以财政扶贫资金为引导，以信贷资金市场化运作为基础，以放大扶贫资金效益为手段，以建立有效风险防控机制为支撑，丰富扶贫小额信贷产品，改善贫困地区金融生态环境，激发贫困群众内生动力，如期实现脱贫目标。

二是扶持对象和重点。重点扶持具备就业创业潜质、技能素质、一定还款能力和守信用的建档立卡贫困户。主要用于发展家庭种养殖业、家庭简单加工业、家庭旅游业、购置小型农机具，以及参与当地新型农村经营主体投资等增收创收项目。对专业大户、农民专业合作社等新型农村经营主体，在明确扶贫责任和帮带机制并与贫困户签订帮扶增收脱贫合同的前提下，金融机构给予积极支持。

三是政府引导、市场运作。发挥政府统筹协调作用，按市场规律推动扶贫小额信贷持续健康发展。建立完善风险补偿机制和财政扶贫贴息制度。发挥乡镇和村“两委”、驻村工作队作用，引导金融机构为建档立卡贫困户量身定制贷款产品，完善信贷服务。支持金融机构自主调查、评审、授信、放贷。精准扶贫、信用贷款。

四是按照精准扶贫、精准脱贫的要求，以提高建档立卡贫困户贷款可获得性作为工作的基本出发点，在信用体系建设、合作模式、政策兑现等方式上体现精准性和有效性。通过金融机构评级授信、保险机构给予保险等方式分散风险，让建档立卡贫困户得到免抵押、免担保的信用贷款。

五是规范运作、防范风险。运用风险补偿金、小额贷款保证保险、信用保险、农业保险等方式，探索建立县级扶贫小额信贷风险分散和化解机制。金融机构结合金融服务网格化开展贫困户建档立卡，根据建档立卡贫困户的信用评级，核定授信总额，合理设定贷款管理比率。

（2）保险政策

打赢精准扶贫攻坚战，除了存量贫困人口需要脱贫外，更要防止新增贫困人群和返贫人群。为此湖北省率先将保险引入扶贫中，其中最主要的是“防贫保”政策。相关政策包括：

防贫保险的保障对象。“防贫保”跟一般商业保险有很大的差别，它的保障对象不是“某个人”，而是“一类人”，保险收益由群体共享。

防贫保险的种类。分为因病致贫、因灾致贫两大保障。其中，因病致贫为投保必选项，因灾致贫为可选项。因病致贫，包括疾病住院补充医疗、重大疾病、疾病身故、意外伤害住院医疗、意外伤害身故等具体保障。因灾致贫则保障火灾、自然灾害等引发的家庭财产损毁。

防贫保险的保费。以因病致贫保障为例，保险费人均 50 元，“防贫保”对社会基本医疗保险、当地大病保险及医疗救助之后产生的自付费用，给予赔偿。

防贫保险的报销比例。按照自付费用分档设置赔偿比例，最高赔偿比例达 90%。如果一个已脱贫户生大病产生 10 万元医疗费用，自费 2 万元的话，综合计算“防贫保”可以再报销 1 万元。

政策普及范围。湖北省首批 9 个县市签约“防贫保”。这一国内首创的保险产品是针对“刚脱贫人口及处于贫困边缘的人口因病因灾致贫返贫怎么办”的焦点问题，增强这两类人群抗风险能力，防止各类非贫困户致贫返贫。截至2020年7月15日，中国太平洋保险产险湖北分公司已和湖北省内59个县市签约“防贫保”，“防贫保”已覆盖全省2400万农村人口的70%以上，惠及人口达到1700万。全省已有一万多个“受困边缘户”得到防贫救助，救助总金额8651万元。

建立长效机制。进一步完善防贫保险方案，做好产品创新和理赔服务，把好事做好，让全省老百姓都能享受到这个惠民政策。通过建立常态化联系机制和动态合作机制，共同助推保险在建立防贫长效机制中的作用。

（3）资本市场政策

关于证券业（资本市场）扶贫政策主要有以下七个方面。

支持贫困地区企业利用多层次资本市场融资。对注册地和主要生产经营地均在贫困地区且开展生产经营满三年、缴纳所得税满三年的企业，或者注册地在贫困地区、最近一年在贫困地区缴纳所得税不低于2000万元且承诺上市后三年内不变更注册地的企业，申请首次公开发行股票并上市的，适用“即报即审、审过即发”政策；对注册地在贫困地区的企业申请在全国中小企业股份转让系统挂牌的，实行“专人对接、专项审核”，适用“即报即审、审过即挂”政策，减免挂牌初费；对注册地在贫困地区的企业发行公司债、资产支持证券的，实行“专人对接、专项审核”，适用“即报即审”政策。

加大小微企业和涉农主体上市培育力度，鼓励更多符合条件的优质企业在中小板、创业板和境外上市融资。

积极稳妥扩大小微企业和涉农主体发行短期融资券、中小企业集合票据、中小企业区域集优集合票据等非金融企业债务融资工具规模，力争全省通过债务融资工具、公司债、企业债融资总量较上年增长10%以上。

支持符合条件的金融机构发行小微企业专项金融债和“三农”专项金融债。加大债券融资宣讲推介力度，推动更多市州实现债券融资“零的突破”。

引导和鼓励更多小微企业和涉农主体在区域性股权交易市场挂牌融资，探索建立区域性股权交易市场与“新三板”相衔接的机制和通道，力争3年内武汉股权托管交易中心挂牌企业数量达到1000家以上。

鼓励各金融机构大力开展区域性股权交易市场挂牌企业股权质押融资，支持小微企业和涉农主体在区域性股权交易市场和金融资产交易市场发行私募债。

鼓励涉农企业通过农产品期货市场进行套期保值，大力发展创业投资和私募股权投资，支持符合条件的创业投资企业、股权投资企业、产业投资基金发行企业债券。

表 3-1-13　国家金融扶贫政策梳理

文件	内容
《关于全面做好扶贫开发金融服务工作的指导意见》（银发〔2014〕65 号）	结合确立的主要目标和重点工作，通过认真梳理近年来各部门提出的相关政策措施，提出了加大货币政策支持力度、实施倾斜的信贷政策、完善差异化监管政策、加大财税政策扶持力度四个方面的政策保障措施。同时，《指导意见》还从加强部门协调合作和完善监测考核两个层面提出要求，为了确保金融服务的各项政策落到实处，见到实效。从健全金融组织体系，创新金融产品和服务、夯实金融基础设施、优化金融生态环境等方面确定了扶贫开发金融服务的十项重点工作。具体包括： 1. 进一步发挥政策性、商业性和合作性金融的互补优势 2. 完善扶贫贴息贷款政策，加大扶贫贴息贷款投放 3. 优化金融机构网点布局，提高金融服务覆盖面 4. 改善农村支付环境，提升金融服务便利度 5. 加快推进农村信用体系建设，推广农村小额贷款 6. 创新金融产品和服务方式，支持贫困地区发展现代农业 7. 大力发展多层次资本市场，拓宽贫困地区多元化融资渠道 8. 积极发展农村保险市场，构建贫困地区风险保障网络 9. 加大贫困地区金融知识宣传培训力度 10. 加强贫困地区金融消费权益保护工作
《国务院办公厅关于金融服务“三农”发展的若干意见》（国办发〔2014〕17 号）	1. 优化支农再贷款投放机制，向农村商业银行、农村合作银行、村镇银行发放支小再贷款，主要用于支持“三农”和农村地区小微企业发展。支持银行业金融机构发行专项用于“三农”的金融债 2. 开展涉农资产证券化试点。对符合“三农”金融服务要求的县域农村商业银行和农村合作银行，适当降低存款准备金率 3. 在强化涉农业务全面风险管理的基础上，鼓励商业银行单列涉农信贷计划，下放贷款审批权限，优化绩效考核机制，推行尽职免责制度，调动“三农”信贷投放的内在积极性
《关于创新发展扶贫小额信贷的指导意见》（国开办发〔2014〕78 号）	1. 明确了 6 个政策要点，即“5 万元以下、3 年期以内、免担保免抵押、基准利率放贷、财政贴息、县建风险补偿金”

续表

文件	内容
	2. 鼓励开展农业保险保单质押贷款等银保合作模式试点。银行业金融机构陆续开始推出“扶贫小额信用贷款”，只针对建档立卡贫困户，贷款金额通常为 5 万元，纯信用贷款，无须抵押担保，且贷款利率为基准利率，通常还伴以财政贴息
《关于金融助推脱贫攻坚的实施意见》（银发〔2016〕84 号）	1. 准确把握金融助推脱贫攻坚工作的总体要求 2. 精准对接脱贫攻坚多元化融资需求 3. 大力推进贫困地区普惠金融发展 4. 充分发挥各类金融机构助推脱贫攻坚主体作用 5. 完善精准扶贫金融支持保障措施 6. 持续完善脱贫攻坚金融服务工作机制
《关于做好 2019 年银行业保险业服务乡村振兴和助力脱贫攻坚工作的通知》（银保监办发〔2019〕38 号）	1. 从优化金融服务供给机制、明确服务重点领域和薄弱环节、创新产品和服务模式、推动基础金融服务扩面提质、助力打赢脱贫攻坚战、净化乡村金融环境、强化差异化监管等方面提出工作要求 2. 根据 2019 年中央一号文件提出的相关目标，通知要求各银行业金融机构要保持同口径涉农贷款余额持续增长，完成普惠型涉农贷款差异化考核目标，实现普惠型涉农贷款增速总体高于各项贷款平均增速。同时，要实现精准扶贫贷款余额持续增长。深度贫困地区贷款增速力争高于所在省（区、市）贷款平均增速 3. 设立普惠金融事业部的大中型商业银行（设立“三农”事业部、扶贫事业部的银行除外）将普惠型涉农金融业务、扶贫金融业务纳入事业部制统一管理，在内部资金转移定价、考核激励政策等方面予以政策倾斜，形成专业化服务乡村振兴和助力脱贫攻坚的金融服务供给机制
《中国证监会关于发挥资本市场作用服务国家脱贫攻坚战略的意见》（中国证券监督管理委员会公告〔2016〕19 号）	对全国 592 个贫困县企业 IPO、新三板挂牌、债券发行、并购重组等开辟绿色通道。并且对注册地在贫困地区的企业申请在新三板挂牌的，实行“专人对接、专项审核”，适用“即报即审、审过即挂”政策，减免挂牌初费
《关于延长证监会 IPO 扶贫申报期限的提案》	建议将“即报即审、审过即发”政策申报期限延续到 2025 年，对新疆、西藏、甘肃、青海等特别偏远的贫困地区给予更加优惠的条件
《关于新时代推进西部大开发形成新格局的指导意见》	深化要素市场化配置改革。提高西部地区直接融资比例，支持符合条件的企业在境内外发行上市融资、再融资，通过发行公司信用类债券、资产证券化产品融资。西部贫困地区企业首次公开发行上市、新三板挂牌、发行债券、并购重组等适用绿色通道政策

资料来源：中国政府网、中国人民银行等网站。

表 3–1–14　湖北省金融扶贫政策梳理

文件	内容
《省政府办公厅关于加强支小支农金融服务促进实体经济健康发展的意见》（鄂政办发〔2014〕38 号）	1. 发挥金融整体功能，做实金融支小支农服务工作 2. 组织全省各金融机构集中开展信贷营销活动，对小微企业和涉农主体（农业产业化龙头企业、农民合作社、家庭农场和专业大户等新型农业经营主体）金融需求情况进行全面摸底调查，在此基础上大力开展“审批 + 培植”的信贷服务 3. 强化金融对新型农业经营主体的支持和服务能力，根据差异性需求和季节性特点，量身定制金融产品，简化信贷流程，满足经营主体融资需求 4. 依托县域金融创新产品评审推广、监测报备机制，推广“助保贷”“助农贷”等银政企合作模式，发挥政府风险补偿金、企业助保金对小微企业的增信作用 5. 继续推广“双基双赢合作贷款”等信贷模式；积极稳妥推进土地承包经营权抵押贷款试点，不断扩大知识产权、动产、应收账款、股权、仓单、订单等质押贷款规模；开展农户宅基地使用权、林权、水域滩涂使用权等抵质押贷款试点 6. 推广中征应收账款融资服务平台和动产融资登记系统，支持小微企业开展动产融资业务；鼓励金融机构研发、借鉴、推广符合当地经济及产业特色的信贷产品和金融服务方式，推动部分地区小微企业、涉农主体金融服务经验做法在全省更广范围内取得实效 7. 大力发展小微企业科技保险、贷款保证保险和信用保险、小微企业财产保险和责任保险以及内外贸信用保险。完善小微企业出口信用保险投保平台，增加财政对出口信用保险扶持资金的投入，对投保小微企业推出零门槛、零限制、保障全面、操作简便的出口信用保险服务。积极发展“三农”保险，提高水稻保险保障水平，扩大棉花、油菜、森林等保险试点范围，扩大农村小额人身保险覆盖面，推广生猪价格指数保险、菜篮子工程保险、渔业保险、农产品质量保证保险、农房保险等新型险种。建立财政支持的农业保险大灾分散机制，为县域和“三农”提供风险保障
《省人民政府办公厅关于创新建立贫困县资金整合机制实施精准扶贫的意见》（鄂政办发〔2015〕63 号）	1. 各地可根据实际，发挥财政资金的主导作用，整合社会资源，设立产业扶贫发展基金和扶贫信贷风险补偿基金，采用市场机制的办法，对财政资金采取以奖代补、先建后补、担保、贴息等方式，激活和引导金融资本、工商资本和社会资金积极参与扶贫开发，放大财政资金使用效果。推广资产受益扶贫模式，利用财政资金作为贫困户股份，参与专业大户、家庭农场、农民合作社等新型经营主体和龙头企业、产业基地的生产经营和收益分红

续表

文件	内容
	2. 实施金融联动。发挥财政资金的杠杆作用，引导金融支持资金精准扶贫。创新金融扶贫方式，靶向定制金融扶贫产品，加大对贫困地区基础设施等方面的投资力度。引导金融机构网点向贫困县、贫困乡镇延伸。统筹金融资源，强化全方位覆盖贫困地区和贫困人口的便利化特惠金融政策措施
《湖北省人民政府办公厅关于印发湖北省创新扶贫小额信贷工作实施意见的通知》（鄂政办发〔2015〕82 号）	1. 政府引导、市场运作。发挥政府统筹协调作用，按市场规律推动扶贫小额信贷持续健康发展。建立完善风险补偿机制和财政扶贫贴息制度。发挥乡镇和村“两委”、驻村工作队作用，引导金融机构为建档立卡贫困户量身定制贷款产品，完善信贷服务。支持金融机构自主调查、评审、授信、放贷 2. 精准扶贫、信用贷款。按照精准扶贫、精准脱贫的要求，以提高建档立卡贫困户贷款可获得性作为工作的基本出发点，在信用体系建设、合作模式、政策兑现等方式上体现精准性和有效性。通过金融机构评级授信、保险机构给予保险等方式分散风险，让建档立卡贫困户得到免抵押、免担保的信用贷款 3. 广泛发动、群众自愿。加大政策宣传和培训工作力度，使建档立卡贫困户知晓相关政策和程序。贫困户自主贷款、自主投保、自主担责、自主发展 4. 规范运作、防范风险。运用风险补偿金、小额贷款保证保险、信用保险、农业保险等方式，探索建立县级扶贫小额信贷风险分散和化解机制。金融机构应结合金融服务网格化开展贫困户建档立卡，根据建档立卡贫困户的信用评级，核定授信总额，合理设定贷款管理比率 5. 扶持对象和重点。重点扶持具备就业创业潜质、技能素质、一定还款能力和守信用的建档立卡贫困户。主要用于发展家庭种养殖业、家庭简单加工业、家庭旅游业、购置小型农机具，以及参与当地新型农村经营主体投资等增收创收项目。对专业大户、农民专业合作社等新型农村经营主体，在明确扶贫责任和帮带机制并与贫困户签订帮扶增收脱贫合同的前提下，金融机构给予积极支持
《省人民政府办公厅关于印发〈湖北省财政专项扶贫资金管理办法〉的通知》（鄂政办发〔2017〕91 号）	1. 省级财政依据脱贫攻坚任务需要和财力情况，在年度预算中安排财政专项扶贫资金。对纳入统筹范围内的中央财政资金，分配给国定贫困县及重点片区县的资金增幅不得低于该项资金的全省平均增幅。新增资金、新增项目、新增举措重点向深度贫困地区倾斜

续表

文件	内容
	2. 各市（州）、县（市、区）应按照国家和省扶贫开发政策要求，结合当地扶贫开发工作实际情况，围绕培育和壮大贫困地区特色产业、改善小型公益性生产生活设施条件、增强贫困人口自我发展和抵御风险能力等方面，因户施策、因地制宜确定财政专项扶贫资金使用范围 3. 县级可根据扶贫资金项目管理工作需要，从中央财政专项扶贫资金中，按最高不超过 1% 的比例据实列支项目管理费，不足部分由地方财政解决
《省人民政府办公厅关于金融支持实体经济发展的意见》（鄂政办发〔2018〕46 号）	1. 大力实施农村金融服务全覆盖工程。鼓励金融机构在贫困地区发起设立村镇银行等新型农村金融机构。对信用良好、有贷款意愿、有就业创业技能素质和一定还款能力的建档立卡贫困户提供扶贫小额信贷服务支持 2. 探索利用扶贫专项债务融资工具、扶贫社会效应债券等直接融资工具拓宽贫困地区扶贫资金来源。探索农民土地流转履约保证保险，支持鼓励发展农业互助保险、险资支农支小贷款、保险 + 期货试点等新型农业经营保险 3. 加快推进湖北优势农业品种在期货交易所上市。支持贫困地区企业抢抓证监会“即报即审、审过即发”的绿色通道，加快上市挂牌进程，支持上市公司到贫困地区开展并购重组 4. 鼓励各类金融机构通过结对帮扶贫困县
《关于克服疫情影响决战决胜脱贫攻坚的若干政策措施》（鄂防指发〔2020〕178 号）	用足金融扶贫政策。力争 2020 年新发放扶贫小额信贷 60 亿元，支持贫困户发展产业增收。对贫困户扶贫小额信贷在 2020 年 1 月 1 日到期后（含续贷、展期），受疫情影响出现还款困难的，实施最长 6 个月的延期，并降低延期期间贷款利率。疫情防控期间，贫困户受疫情影响发生逾期，经延期后能按时还款的，不影响征信记录。加大扶贫再贷款支持力度，最大限度满足符合政策的贫困县法人银行资金需求，执行 1 年期 1.75% 利率。政府性融资担保机构和创业担保基金为符合条件的减贫带贫市场主体创业贷款提供担保，担保费率降至 1% 以下，按实际获得贷款利率的 50% 进行贴息，贴息期限不超过 1 年
《省人民政府办公厅关于印发〈进一步加快推进企业上市若干措施〉的通知》（鄂政办发〔2021〕15 号）	1. 分类明确工作目标和职责 2. 充实上市后备资源库 3. 加大科技型企业培育扶持力度 4. 强化政策支持引导 5. 加强招投标采购支持 6. 畅通企业上市“绿色通道”

续表

文件	内容
	7. 加大投融资支持力度 8. 完善企业上市工作保障机制

资料来源：根据湖北省人民政府网站资料整理。

二、模式创新：锐意进取，因地制宜探索扶贫新模式

湖北脱贫攻坚之所以能取得如此巨大的成就，最根本的是始终坚定不移贯彻落实习近平总书记关于扶贫工作的重要论述，坚持一面旗帜、一条道路，不断解放思想、实事求是、与时俱进，把中央各项大政方针和湖北的具体实际紧密结合起来，分类施策，因地制宜，不断探索和创新湖北扶贫新模式，为打赢脱贫攻坚战贡献了湖北力量。

（一）湖北特色产业扶贫模式

产业扶贫是指以市场为导向，以经济效益为中心，以产业发展为杠杆的扶贫开发过程，是促进贫困地区发展、增加贫困农户收入的有效途径，位居“五个一批”战略的首位。产业扶贫是在中国长期扶贫开发实践中逐步形成的专项扶贫开发模式之一，可以有效实现长久脱贫（凌经球等，2014；汪三贵等，2015；林万龙等，2018；周子渝等，2019）。湖北各地市创新了许多颇具特色的产业扶贫模式。湖北的产业扶贫促进了贫困个体（家庭）与贫困区域协同发展，在全国范围内引起了较大的反响。

产业扶贫是打赢脱贫攻坚战的关键。2019 年 5 月，湖北省农业农村厅、省扶贫办、省文化和旅游厅、省林业局联合印发《湖北省产业精准扶贫规划（2019—2020 年）》，该规划在《湖北省产业精准扶贫规划（2016—2020 年）》实施 3 年基础上进行了进一步细化完善。规划提出了到 2020 年，有劳动能力的建档立卡贫困农户能够有稳定的脱贫主导产业，37 个贫困县实现主导产业全覆盖，每个贫困县形成 2 个至 3 个特色鲜明、带贫面广、有竞争力的扶贫主导产业，每个贫困村有 1 个农业主导产业，并且支持有条件的贫困村建成“一村一品”特色产业基地。力争每个贫困村有 1 个以上有带动作用的农民专业

合作社、家庭农场等新型市场经营主体。在贫困地区培育规模以上农业龙头企业2000家。新修订的规划明确了十大扶贫支柱产业和十大扶贫工程。

1. 湖北特色扶贫产业的主要模式

（1）“合作社+”模式

合作社是人们自愿联合起来进行合作生产、合作经营的一种组织形式。在该组织形式中，首先强调的是“合作”，然后是“经济组织”。这是该组织形式的两个基本要素。贫困户通过与合作社建立紧密联结，可以改变其单打独斗的生产方式，延伸产业链条，得到更高的收益水平。“合作社+”扶贫模式是以合作社为中心，通过与高校、基地、银行、担保公司等辅助组织建立紧密联系，形成合作生产，助推贫困户脱贫的一种模式。

其一，“合作社+贫困户”模式。

在这种联合模式下，贫困户可以通过参与农民专业合作社或农村集体经济实现抱团发展。通过延伸特色扶贫产业链条，为贫困户增加产业收益，提供就业渠道，获得稳定收入，进而使贫困户增产增收，缓解脱贫压力。

第一，解决的贫困问题。

贫困户的市场能力不足。由于贫困户长期处于小农生产状态，缺乏市场竞争和共同合作的意识。农产品市场竞争力低，价格低迷，收益微薄。《湖北省“十三五”产业精准扶贫规划（2016—2020年）》指出“产品在市场上的竞争力低、价格低，与产品本身的质量和品质相比，存在较大差距”。市场能力不足，贫困农户难以依靠个体小生产获得较大利益实现脱贫。

贫困户的经营能力有限。相当一部分贫困户具有老、妇、残、弱等特征，文化程度低，没有相关的经营知识和技能，市场经营和营销手段跟不上，仅仅依靠贫困户自己难以脱贫。

贫困户收入来源单一。不少贫困地区的留守农民满足于种口粮保自足的生活。收入过度依靠青壮年劳力在外打工，一旦就业上出现风险意外，不仅不利于脱贫，还有可能返贫，从而加重贫困。

第二，运行机制。

从合作方式上来看，“合作社+贫困户”的产业扶贫模式就是通过贫困户以其自身的土地、劳力等资本折价入股，与合作社进行合作，由带头人在合作社里开设扶贫车间，发展农产品加工业，合作社确保按股分红，经营风险则由合作社来承担。一方面带动了农村经济的发展，另一方面也为农户提供了就近务工的就业机会。

在土地流动方面，从改善农村基础环境条件入手，以吸引投资企业进入为抓手，以大企业带动为载体，以实现农村的持久性发展为目的，促进农村经济建设，最终达到农民、村集体、地方政府多方共赢的局面。贫困户的具体收益方式主要包括基于土地流转获得租赁收益，或是通过土地、财政专项扶贫资金等方式入股获得资产性收入，抑或是从入社务工中获得劳务报酬（刘杰等，2020）。

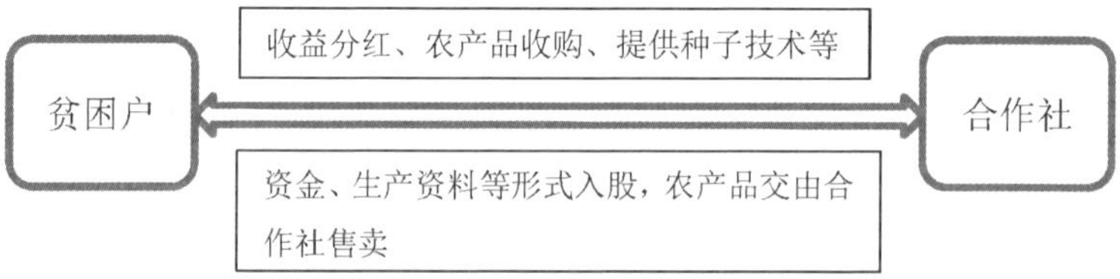

图 3-2-1 “合作社 + 贫困户”模式图

从图 3-2-1 和专栏 3-2-1 中都可以看出，“合作社 + 贫困户”模式之间的关系是，以合作社为载体，根据合作社的用工需求，与贫困户签订务工协议，吸纳有务工意愿的建档立卡贫困户到合作社务工。贫困户以扶贫资金、生产资料等形式入股，交由合作社进行统一经营管理，年底根据合作社收益按贫困户入股比例分红，从而增加贫困户的经济收入。

专栏 3-2-1 保康推行“合作社 + 贫困户”模式

从派员进村技术帮扶，到在易地扶贫安置点形成扶贫车间，再到不断做大股份分红蛋糕。“合作社 + 贫困户”模式，将涓涓细流汇成脱贫合力，使贫困户们拾起了决心、信心和希望。

村头“微”帮扶，点滴润民心

2014 年 6 月，王西刚种了四五年的核桃树上，未熟的果子纷纷掉落。一年忙到头两手空空，只能靠几亩菜地维持生活。家里，儿子生病无法干活，孙子读高中开销也不小。王西刚“急火攻心”，想把满山核桃树都砍掉。

“这核桃树不能砍啊！我们合作社来帮忙想想办法。”关键时刻，村核桃专业合作社负责人徐俊豪迅速请县核桃办协调，邀来省里专家上山会诊，拿出对症方略：调整种植密度，注意防病治病。办法虽好，可家里没劳力又没钱请人，怎么办？合作社雪中送炭，免费为35个贫困户管护核桃树。

2015年，王西刚的5亩核桃树丰收了，增收3万多元。在合作社的带动下，全村35户贫困户已陆续脱贫。接下来，合作社还打算推出上山采摘游，使脱贫村民尽快走上小康之路。当前，保康县在66个贫困村因地制宜发展“一村一品”产业合作社，对贫困户实施精细化产业帮扶，确保贫困户的生活水平不断提升。

合作社分红，“扶贫蛋糕”越做越大

黄桃树、樱桃树、梨树……近10种、总价值20万元果树从老河口运到保康。订购者是保康县寺坪南河渔业农民专业合作社理事长马维平。渔业合作社订果树？“我们要多元化经营，做大股份分红的蛋糕，为贫困户增收开源。”马维平说。

2007年，马维平以股份分红的形式，组织112个农户成立渔业农民专业合作社，让寺坪水电站库区移民变成了渔民。其中，贫困户有23户，占了近五分之一，他们以手头的渔具等物资入股或以劳动力入股。“合作社保证分红，经营风险由合作社来担。”马维平称。

带着贫困户苦干巧干，合作社先后获得“国家级示范社”“国家级健康养殖示范场”“国家级休闲渔业示范基地”等荣誉称号。合作社的水产养殖分红，每年可为每户贫困户增收1万至2万元。

如今，合作社每年可为23户贫困户带来30多万元的分红，再加上就近务工、经营农家乐等，每个贫困户每年共可增收2万至3万元。

资料来源：陈屿、都正阳、杨邹等：《涓涓细流汇聚脱贫合力——保康推行“合作社＋贫困户”模式观察》，《湖北日报》2019年11月22日（节选）。

其二，“合作社＋企业＋贫困户”模式。

第一，解决的贫困问题。

贫困户市场能力不足，农村经营主体的市场能力不强。当前很多合作社基本处于初级发展阶段，发展经验和能力严重不足。

贫困户和经营主体的规模不够，品牌价值不高。很多合作社产业链较短，在标准化生产、农产品加工、品牌化经营等方面的作用太小，助推贫困户脱贫的能力不够。

贫困户和合作社的收入来源单一，创新能力不强。很多贫困地区合作社规模小，产业链条短，不能在加工、销售等延伸的产业链中获取“额外收益”。

第二，运行机制。

对于合作社来说，企业拥有独特的优势。首先，企业市场力量强，它具有强于合作社的市场品牌效应和销售渠道。其次，企业可以更好更多地吸纳农业技术型人才，还可以为贫困户提供一定的就业渠道，使一部分贫困户可以有稳定的收入，避免遭受农业产业和就业的双重风险。对于企业来说，它在发展过程中，想要扩大规模，必定需要各种资源的支持，其中，最为突出的就是土地和资金。在这个模式下，合作社充当了公司与农户之间的桥梁，能很好地整合农户（社员）的资源，在需要资金时，可以利用合作社社员之间的闲散资金来扩大投资和进行深加工项目的打造（合作社内部资金互助），同时资金的使用经合作社的正规手续办理，也使得公司后期收益分配更加便利。最后，通过创新利益联结机制，将财政扶贫资金作为集体经济组织和所联接贫困户股本金，既让贫困户变成享受“分红”的“股东”，有效地解决了部分“老、弱、病、残”等无劳动能力贫困户的脱贫增收问题，又帮助新型农业经营主体发展融资，助推解决村集体经济收入来源单一的问题，还降低了国家扶贫资金投资入股的市场风险，实现多方共赢（涂升等，2020）。

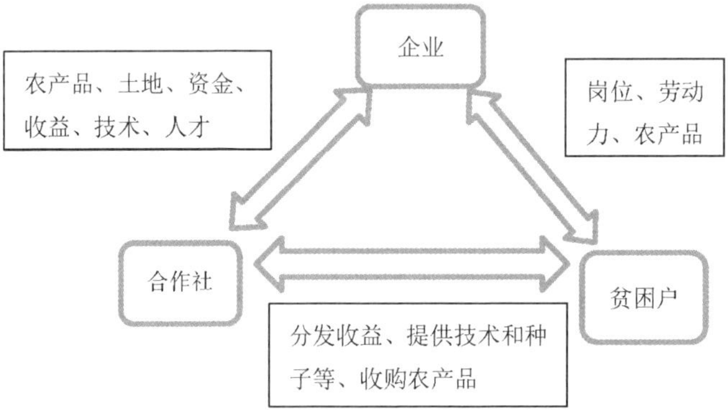

图 3–2–2 “合作社 + 企业 + 贫困户”模式图

根据图 3-2-2，“合作社 + 企业 + 贫困户”模式之间的关系是以合作社为载体，利用企业的资源优势，为合作社提供专业化技术，并加大在资金、土地、人才方面的投入。另外企业还会为贫困户提供就业岗位，实现贫困户就近务工，贫困户会用自己的现有资源折价入股，与合作社建立合约关系，合作社则为其提供技术、种子等，并收购贫困户农产品，最后再由合作社进行分红。专栏 3-2-2 中，宣恩兴隆村驻村工作队通过实地考察，带头成立了宣恩县前河人家养蜂合作社，并将全体贫困户纳入合作社，积极发展养蜂产业，助推特色扶贫产业。

专栏 3-2-2　湖北宣恩：产业扶贫助力深山养蜂人

2018 年 4 月 8 日，胡民与员工将蜂巢放入大山中，在野外环境中提升胡蜂品质。

胡民是湖北省宣恩县李家河镇冉大河村村民，2014 年 6 月，他被建档立卡列为贫困户。

2016 年 4 月他开始在家乡创业，发展胡蜂养殖。当地驻村帮扶干部为他提供养殖技术指导，并为他协调厂房土地，联系销售渠道，还为他积极申请无息贷款。在驻村帮扶干部的帮助下，胡民不断扩大规模并成立养蜂专业合作社，胡蜂养殖由最初的 50 箱发展到 4000 箱，培育的蜂蛹和胡蜂远销广东等地，年销售额达 200 万元。

如今，胡民还将胡蜂养殖技术免费教给周边村民，帮助近 50 户贫困户增收。2017 年年底，胡民盖了新房，彻底摘掉了“贫困帽”。

资料来源：宣恩县扶贫办：《湖北宣恩：产业扶贫助力深山养蜂人》，新华社，2017 年 7 月 25 日。

其三，“合作社 + 基地 + 农户”模式。

第一，解决的问题。

农产品品质没有竞争力。由于大多贫困户缺乏专业技术、专业设备，生产出来的农产品存在卖相不好、品质一般等问题，在市场上缺乏竞争力。

贫困户人均土地小，差异大、分布散，农业生产的规模有限。大多贫困户的土地耕地差异大、分布散，农民人均耕地面积小，生产规模有限，分散的“小生产”很难与遥远的“大市场”对接，使贫困地区发展产业的市场风险进一步加大。

第二，运行机制。

从合作方式来看，该模式以合作社为中心，以“基地”为核心，合作社和农户都是围绕着如何做大基地，进而获得利益分红来运行。建设基地可以使农产品种植养殖环境更加科学化、技术化、规模化，从而使得产品附加值更高。

从土地流动来看，通过创新合作社扶贫模式，整合农户的土地和劳动力资源，农户将自己的田地流转给合作社，然后根据实际情况，制定扶贫方案，借助专业化、规模化技术组建专业合作社以及扶贫基地，协调家庭农场流转农户集中连片优质土地，发展特色农业产业。这一模式的特色在于合作社与扶贫基地、扶贫车间合作，扶贫基地提供专业的农业技术与设备，带动贫困户脱贫增收。合作社与贫困户议定合作内容，确种养菜品种，签订保底收购协议。另外，有用工需求的合作社通过吸纳贫困家庭劳动力就业，根据劳动任务完成情况按时或计件发放工资，从而促进了贫困户的工资性收入增加（宁静等，2019）。

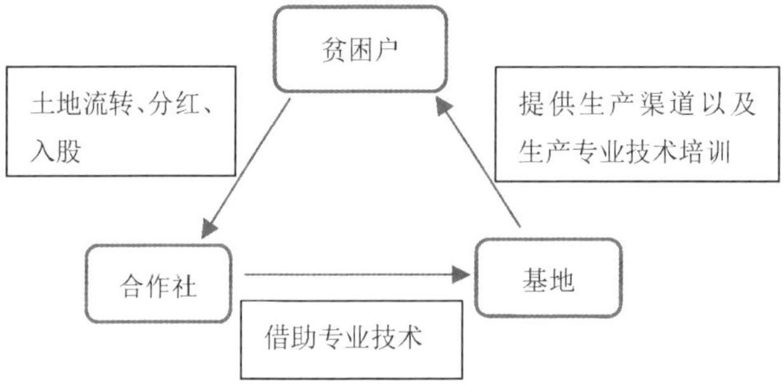

图 3–2–3 “合作社 + 基地 + 贫困户”模式图

根据图 3-2-3 可知，“合作社 + 基地 + 贫困户”模式中三者之间的关系是通过合作社的组织带头作用，整合农户资源，贫困户将自己的田地流转给合作社，合作社再借助专业化技术建立特色农产品扶贫基地，这样一方面可以为农产品生产提供专业化条件，另一方面也为贫困户提供职业技术培训，有效解决贫困户就业问题，提供多渠道的就近务工机会。专栏 3-2-3 中，竹溪县丰溪镇通过成立食用菌种植专业合作社以及筹建袋料香菇基地，与湖北裕国菇业股份有限公司就袋料香菇产业发展达成合作协议，大力培育本地特色产业，助推贫困人口脱贫致富，实现产业扶贫最大效益。

专栏3-2-3　小花菇雄起脱贫志——丰溪镇食用菌产业助力脱贫攻坚纪实

今年来，丰溪镇坚持把产业扶贫作为主攻方向，大力实施富民强村工程，做大做强食用菌产业，着力打造产业扶贫新高地。目前，全镇食用菌种植规模达500万棒，预计年产量达900万斤，可实现产值3800万元。

强组织优管理，激活全域“一盘棋”。一子落而满盘活。该镇坚持把食用菌产业作为发展镇域经济的先手棋，成立了食用菌产业发展工作领导小组和食用菌产业发展工作专班，明确两名班子成员专职专责专抓食用菌产业，统一制定全镇食用菌产业发展规划，明确发展目标和发展重点，协调解决产业发展重大政策问题，强化部门协作，引导、促进食用菌产业健康快速发展。实行量化考核，把食用菌产业任务落实情况纳入镇、村年度目标绩效考核，明确包村干部、村书记、驻村工作队为第一责任人，确保食用菌产业规划到户、产业政策到户、产业对接到户、贫困户抱团发展的方式，积极推动食用菌产业向规模化、产业化方向发展，彻底让全镇食用菌产业“活”起来。

强特色优品质，念好发展“多字经”。立足镇情实际，充分发挥气候条件优势、种植传统优势、产品市场优势，迎合群众脱贫致富需求，坚持多季节培育产品、多方式发展种植、多主体介入市场，不断提升产品特色和品质。近年来，该镇全域推行常规种植和反季节种植相结合的种植模式，大力培植春栽菇、秋栽菇，重点发展反季节菇。将食用菌打造成反季节、错生长期的时令蔬菜，以满足市场多样化需求。积极探索“公司＋合作社＋基地＋贫困户”的发展模式，村村规划建厂、家家鼓励建棚，形成了遍地开花的产业扶贫大格局。据统计，全镇已发展春栽菇100万棒、秋栽菇80万棒、反季节菇300余万棒。引进生产、收购等涉及全产业链市场主体10余家，成立专业合作社17个，建设大棚200个，生产能力达800万棒。

强带动优链条，打造致富“新引擎”。按照“政府作引导、公司作龙头、基地作示范、贫困户作股东、种植户作产业”的思路，创新完善“四带三联”模式，有效解决扶贫载体和联结机制难题。全面推出“基地带庭院、大户带散户、能人带穷人、金融带脱贫”的“组合拳”，建立完善“联产联业、联股联心、联管联护”的“利益链”，确保资金跟着穷人走，穷人跟着能人走，能人跟着产业走，产业跟着市场走，持续推动资源变资产、农民变股民、产业变家业，让贫困群众就地就业、就地脱贫、就地致富。今年先后流转贫困户土地120户280亩、鼓励种植110户52万棒、代养户310户280万棒，带动务工310户，吸纳入社420户，带贫率达55%以上，年户均增收5000元以上。

强服务优环境，增添市场“源动力”。坚持以政策为盾，制定出台《丰溪镇2019年度产业扶贫到户奖补实施方案》，将发展食用菌的贫困对象和带动贫困户增收的市场主体纳入奖补范围，首次提出技术服务补贴，为食用菌发展提供了坚实保障。坚持以市场为导向，投资400万元兴建丰溪镇农贸易市场（丰溪镇食用菌交易市场），引进跬步农产品经纪公司等10家食用菌收购主体进驻市场，实现农企无缝对接，以激励农户发展食用菌产业的积极性。坚持以技术为支撑，每村聘请一名专业技术人员负责技术指导，同时依托当地“土专家”“田秀才”，重点从菌种培育、基地建设等方面搞好技术服务，为食用菌产业发展提供技术支持。今年以来，以现场培训和田间指导等方式共开展食用菌种植技术培训和指导20期次，共培训指导200余人次，有效规避了技术风险，提高了种植效益。

资料来源：李艳敏：《小花菇雄起脱贫志——丰溪镇食用菌产业助力脱贫攻坚纪实》，竹溪县人民政府网站，2019年9月11日。

其四，“合作社+互联网+贫困户”模式。

第一，解决的问题。

农产品销售渠道单一。以前农产品大多是运到批发市场售卖，存在销售渠道单一、运营成本高等问题。

贫困户信息匮乏。随着市场的发展，农产品需求变化大，而贫困户了解信息不及时，无法跟上市场发展的步伐。

农产品品牌知名度不高。大多贫困户文化程度低，宣传、营销等手段跟不上，存在农产品品牌知名度不高等问题，制约着扶贫产业发展，影响了产业扶贫的效果。

第二，运行机制。

从合作方式来看，这一模式是借助大数据、物联网等现代化的信息技术手段，为合作社的生产经营提供科学的技术条件，包括获取市场需求信息、选购农资、筹措资金、信息服务以及农产品生产、销售等方面。通过网络渠道打响特色品牌，提高农产品附加值。通过信息服务助农，技术服务助农，购销服务助农。借助互联网推动农产品向产业化、标准化方向发展。通过农户入股创业建立合作社，借助互联网平台拓展销售渠道，实现收益分红，谋求共同利益，达到成员增收致富。

从土地流动来看，这一模式的运行，首先是农户签订土地转租合同，合作社利用现代科学技术管理的方式整合农户的各种资源要素，组织农户进行有组织有规模的生产，借助互联网、电商平台为农产品提供新的销售渠道，有效降低市场运营成本，全面带动农户实现增收。加入了“互联网 +”的产业扶贫模式，在推广、销售农产品方面会更具优势。合作社可以将贫困户的生产过程进行拍摄，整理后发布到网络平台上，进一步提升顾客对产品的信任度。

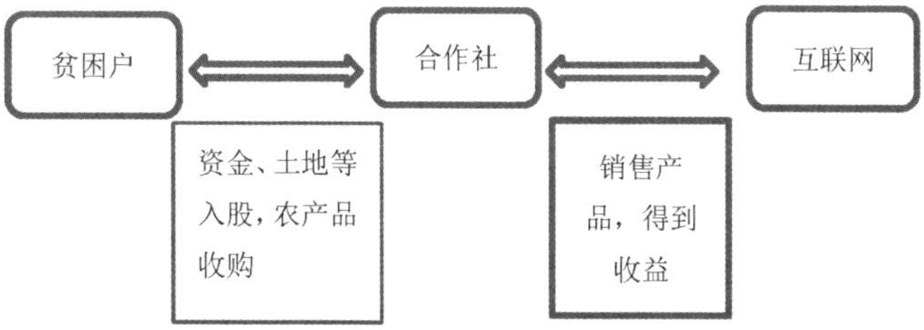

图 3–2–4　“合作社 + 互联网 + 贫困户”模式图

根据图 3-2-4 可知，在这一新型模式中，三者之间的关系是合作社通过整合贫困户的土地、房屋等资源组建专业合作社，之后通过互联网平台，利用大数据、物联网来为贫困户发展特色产业提供新的销售渠道，降低运营成本，实现三方共赢。在专栏 3-2-4 中，中行随州分行为养牛合作社牵线搭桥，为其引入当地的电子商务公司开辟了境淘土特产网络平台销售渠道，拓展了精品牛肉的销售路线。“互联网 +”的模式，随州黄牛产业拓展了新的线上分销渠道，进而加大品牌推广，增加经济效益。

专栏 3–2–4　探索“互联网 + 脱贫”新路径　麻城网销 25.8 亿元土特产

人称“大别山菊姐”的刘幼娟，去年卖出菊花 1.6 万公斤，80% 通过线上销售，实现利润 132 万元。不为人知的是，4 年前她还是麻城市铁门岗乡富岗村一名贫困户。在当地扶贫办和电商协会的帮助下，她流转土地 160 亩办起朵朵香菊业种植合作社，在网店上把金丝皇菊柠檬茶等卖成“网红”产品。

4月3日，在中国国际电子商务中心、麻城市委市政府共同举办的“精准扶贫电商同行——2019中国·麻城电商扶贫活动”上，麻城市长蔡绪安称，刘幼娟只是电商扶贫的一个缩影，该市去年从事电子商务经营的企业（个人）3036家，全市通过电子商务带动3.8万人创业就业。

麻城是第二批“国家电子商务进农村综合示范县市”。近年来，该市将发展电子商务作为重要举措融入扶贫攻坚全过程，实施涵盖养殖、蔬菜、中药材、林特、乡村旅游+光伏和电商的“5+2”特色产业发展规划，建立“电商+合作社（企业）+贫困户”的帮扶模式，每年整合2亿元资金，构建市乡村三级公共服务和快递物流体系、培育农产品网货品牌、培训电商人才等，引来淘宝、京东、苏宁等20余家知名电商平台落户，上线福白菊、茶油、鱼面、肉糕、老米酒等特色农产品近千种，网上销售额25.8亿元。

麻城是大别山地区精准脱贫攻坚的主战场，2014年至2018年累计实现133个贫困村出列，36468户、111397人脱贫，贫困发生率从2014年的16.68%下降至4.96%，计划今年全市整体脱贫摘帽。

资料来源：柯利华、万永庄、周忠：《探索“互联网+脱贫”新路径 麻城网销25.8亿元土特产》，《湖北日报》2019年4月17日。

（2）企业带动扶贫模式

在介绍了以合作社为主体带动贫困户脱贫致富的产业扶贫模式后，这里介绍以企业为经营主体的扶贫模式。相比前面的“合作社+”模式，企业具有规模大、专业性强、市场力量雄厚的优势，企业可以最大限度地组织市场、提供技术、整合信息。他们拥有庞大的资金和人力资源优势，拥有多种岗位，可以为贫困户提供生产或就业机会。

第一，解决的问题。

一是产品市场竞争力弱，市场占有率低。《湖北省“十三五”产业精准扶贫规划（2016—2020年）》指出，“贫困山区特色农产品虽然品质好，但缺乏深加工增值，缺少品牌效应带动，同时宣传、营销等手段跟不上，销售仍以初产品为主，产品在市场上的竞争力低、价格低，与产品本身的质量和品质相比，存在较大差距”。

二是贫困户发展产业市场风险高。在《湖北省“十三五”产业精准扶贫规划（2016—2020年）》指出："发展产业产品必须进入市场，以合理的价格销售，才能获取效益并维持"再生产"，因而还面临市场风险"。

第二，运行机制。

企业带动的扶贫模式是将企业自身优势与贫困地区资源禀赋结合起来，设计实施有助于贫困户能力提升、具备"造血"功能的扶贫项目，使扶贫行为与企业发展之间形成良性循环，让扶贫行动更具有包容性和可持续性。

贫困群众可以依托企业所建立的扶贫车间及扶贫基地，实现就近务工保障基本的生活来源。农户凭借自己的土地房屋资源和技术入股合作社，在企业的带动、引领下实现脱贫。其中，湖北省典型的企业带动模式就是"万企帮万村"的扶贫新模式，这一模式将政府的"阳光工程""雨露计划"与企业用工有效对接，开展"民企进农家送技术"的活动。通过民企帮扶全覆盖、知名企业对接、异地商会结对等行动，建好帮扶责任链。

根据图3-2-5，企业带动的产业扶贫模式的逻辑关系包括如下几个部分。第一，启动。起初由企业带动，而这些企业一般是规模大、熟悉市场的企业。第二，延伸。再以合作社为平台，与其结对合作。第三，折价。贫困户将自己的现有资源折价入股与合作社签订合同。第四，联系。由合作社组建扶贫基地为贫困户提供就业基地、车间，解决贫困户就业难的问题。由企业引领，提供产供销服务，并实现企业、合作社与贫困户之间的互利共赢。在专栏3-2-5中，湖北省麻城市积极引导民营企业多层次、多领域对接交流，开展民企帮扶全覆盖、知名企业对接、异地商会结对、两帮两助等对接行动，建好帮扶责任链，实施"百企帮百村"的精准扶贫行动，取得显著成效。

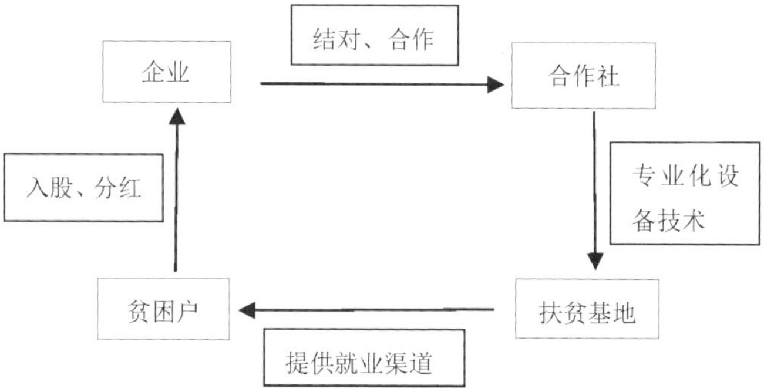

图3-2-5　"企业+合作社+扶贫基地+贫困户"模式图

专栏 3-2-5 麻城工商联获全国“万企帮万村”先进集体

近年来，麻城市倡导树立“汇聚民企力量 助力精准脱贫”的活动品牌，积极引导民营企业多层次、多领域对接交流，积极开展扶贫济困、捐资助学、乡村振兴等“百企帮百村”的精准扶贫行动，成效显著。麻城市实施了“回归创业”的工程，在全市有23家企业与53个贫困村建立特色产业开发项目，建成了“同心·致富”基地。每两年开展一次“爱心促脱贫、共圆大学梦”为主题活动，组织300余家企业帮扶对接300名贫困大学生。将“阳光工程”“雨露计划”与企业用工有效对接，开展“民企进农家送技术”的活动。与此同时，该市开展市内民企帮扶全覆盖、知名企业对接、异地商会结对、两帮两助等对接行动，建好帮扶责任链。从2017年以来，该市400余家企业累计投入资金6.16亿元，结对帮扶108个贫困村，帮扶项目156个。推进“知名民企湖北行”行动，争取一大批省内知名企业家，为麻城捐助帮扶现金848万元，落实8个总投资4000多万元的产业扶贫、教育帮扶项目，惠及18个乡镇、128个贫困村。

麻城市在菊花产业为龙头“花经济”的基础上，积极发展养殖、蔬菜、中药材、乡村旅游和光伏、电商“5+2”特色产业体系，提升扶贫实效。发挥各乡镇商（协）会与企业的桥梁作用，实施“五帮行动”，联结市场主体，增设2000万元产业扶贫奖补资金，引进培育各类市场主体1178家，带动贫困户3.5万户增收。

资料来源：胡小军：《麻城工商联获全国“万企帮万村”先进集体》，荆楚网，2020年11月14日（节选）。

（3）高校带动扶贫模式

华中农业大学的“六个一”产业扶贫模式：

根据国务院扶贫办、中组部、教育部等8部委《关于做好新一轮中央、国家机关和有关单位定点扶贫工作的通知》与《关于做好直属高校定点帮扶工作的意见》文件，华中农业大学于2012年11月开始参与定点扶贫建始县。学校与建始县人民政府联合制定《华中农业大学定点扶贫建始县工作规划（2013—2020）》，在促进高校与地方优势资源融合中，探索出具备高校特色的“六个一”产业扶贫模式。

第一，解决的问题。

一是贫困户科技文化素质不高。《湖北省“十三五”产业精准扶贫规划（2016—2020年）》就指出“农民的科技文化素质直接决定着产业发展的水平与效益。但目前的情况是，贫困群体中绝大部分有文化、有体力、有能力的青壮年劳动力都出门在外出打工，返乡创业的青年农民只是极少数，留守农民的科技文化素质普遍偏低，甚至体力都明显偏弱”。

二是产业发展的规模偏小，产业链条短。湖北省大多贫困村虽然已初步形成主导产业雏形，但基地布局仍零星分散，基础设施建设严重滞后，没有形成区域发展、规模发展，产业集中度不高。

第二，运行机制。

华中农业大学扶贫模式的运行机制可以简化为“六个一”，即一个产业、一个团队、一个项目、一个企业、一个合作社、一个贫困人口。其具体逻辑关系为：瞄准有带动和辐射作用的产业，组建相关应用学科专家团队，设立产业攻关项目，搭建专家团队和“靶向产业”之间的联系，为“靶向”产业注入科技元素，助推产业发展。培育产业龙头企业，以龙头企业带动专业合作社，以专业合作社吸纳贫困人口。既以龙头企业示范引领达到了实现扩大产业规模，建立产业品牌，提升产业效益的综合目的，又以专业合作社吸纳贫困人口进入产业链，实现产业发展受益面向在册贫困人口全覆盖。在“六个一”产业精准扶贫模式中，明确“靶向”产业是基础，组建专家团队是核心，设立产业攻关项目是保障，支持龙头企业发展是关键，带动一批专业合作社是有效途径，助推一方百姓脱贫致富是目标。

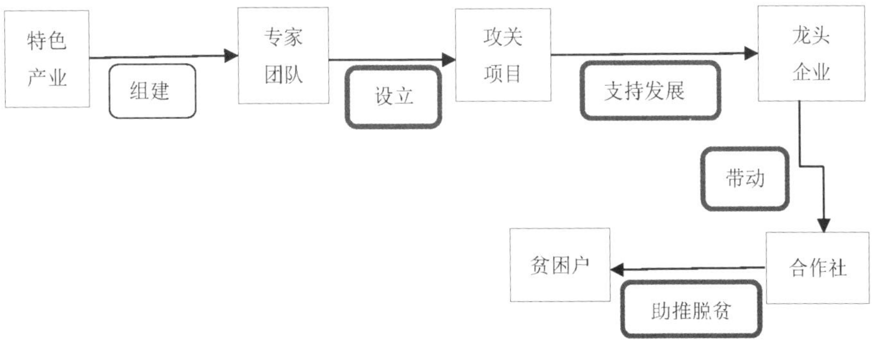

图 3-2-6　华农“六个一”模式运行机制图

在图 3-2-6 和专栏 3-2-6 中对华中农业大学的“六个一”模式进行了详细阐述，首先是学校组织深入调研，精准选择一个特色扶贫产业，然后组建一个专家团队，对扶贫产业进行全方位的服务。之后借助学校科技资源，设立产业攻关项目，展开科技攻关，选取符合当地环境的新品种、新技术，进而提升产业发展效率。在这之后，围绕设定的“靶向”产业，依托科技专家服务团队做大做强，利用学校的科技、人力资源，着力培育产业龙头企业，积极协助建始县组建专业合作社，借助社会各界渠道优势，实现订单生产和定向收购，进而使建始县农业产业发展态势良好，农民增产增收效益明显。

专栏 3-2-6　华中农业大学大力实施“六个一”模式，提升产业精准扶贫效能

1. 深入调研磋商，精准选择扶贫产业。学校针对建始山区县农业资源特点，以建始县优势特色农业资源的综合开发利用为扶贫攻坚的主要方向，因地制宜发展特色产业。校县双方共同组织技术力量，经过多次实地调研、多轮校地磋商，最终选取贫困人口覆盖面广的魔芋、玉米、景阳鸡、猕猴桃、高山蔬菜、枸杞、茶叶、冷水鱼、甜柿、饲料油菜、农产品加工等 11 个特色产业作为主要对象，实施产业精准培植。

2. 组建专家团队，全方位服务产业发展。围绕 11 个“靶向”产业，学校组建了 11 支科技服务团队。科技服务团队实行首席专家负责制，从育种（种苗）、生产（养殖）、采收加工、病虫害防治、营养（肥料、饲料）等产业环节配备团队成员。

3. 设立攻关项目，提升产业发展效率。针对制约 11 个特色产业发展的关键共性问题，学校设立产业攻关项目，开展科技攻关，示范推广新品种、新技术，提升产业发展效率。2013 年以来，学校先后设立产业攻关项目 16 项，每项 30 万元，先后解决了景阳鸡疫病、猕猴桃溃疡病等产业发展顽疾；引进了高山蔬菜等新品种 20 余个；“高山蔬菜高产高效生产新模式”“甜柿栽培技术体系”“茶叶生产加工技术体系”等一批适用技术得以推广。

4. 培育龙头企业，打造产业领航员。围绕“靶向”产业，依托科技服务团队支持小微企业做实做大做强，培育农业产业龙头企业。学校先后与湖北花果山实业有限公司、恩施炜丰茶业有限公司、建始祥丰农牧有限公司等企

业签订科技帮扶协议。

5. 组建专业合作社，辐射贫困人口脱贫致富。学校积极协助建始县组建专业合作社等新型经营主体。经过努力，魔芋、景阳鸡、茶叶、高山蔬菜等产业龙头企业实现了与多家专业合作社共建基地，订单生产和定向收购的产销协同。

资料来源：忠建丰：《华中农业大学精准扶贫精准脱贫典型项目——大力实施“六个一”模式 提升产业精准扶贫效能》，中华人民共和国教育部网站，2016 年 10 月 13 日（节选）。

华中科技大学的定点帮扶：

与华中农业大学参与建始县扶贫一样，华中科技大学也对云南省临沧市临翔区进行定点扶贫。华中科技大学根据临翔区特色资源环境，利用学校科技优势，充分发挥高校的社会服务功能，建立以特色资源为依托、以现实需求为导向的高校定点帮扶模式。

第一，解决的问题。

一是种植业（茶产业）科技创新不够、加工技术落后、生产标准化程度低，致使茶产品的品质差异大且不稳定，导致当地特色茶资源没有发挥原料品质优势，严重影响茶农从事茶产业的积极性。

二是种植资源利用率较低，林下经济产业匮乏，且不知道选择何种林下经济作物以及如何实现该作物的高产种植和提高经济效益。

第二，运行机制。

根据图 3-2-7 可知，华中科技大学的定点帮扶模式是由高校助力派出专家团队实地培训贫困户、指导种苗繁殖和林下种植技术的推广，不断优化专业技术。通过政府给予资金、项目、政策的配套扶持，推动企业发展，帮助企业建立种苗繁殖室、大棚栽培基地，进一步进行技术示范和种植推广。农户可以在产业基地寻求就业岗位，从而获得稳定收入，之后农产品经由企业或高校提供的渠道优势实现购买与销售，最终实现农户增产增收，农村减贫脱贫。

在图 3-2-7 中，对华中科技大学的定点帮扶模式进行了详细描述，主要就是通过高校的科技、人力资源优势，政府的产业扶贫政策支持，为扶贫产业提供技术支持，加快扶贫基地的建设。而贫困户可以在产业基地，就近务工，获取稳定收入。在具体的扶贫案例（专栏 3-2-7）中，华中科技大学通过科技优势，聚焦临翔区的特色资源，对茶产业和林下种植金线莲产业进行了科学规划。通过政府政策支持，扶持龙头企业发展，组建产业基地，进而推进茶产业和金线莲产业规模化生产，这也为当地的贫困户提供了就业渠道，使其获得稳定收入，实现脱贫。

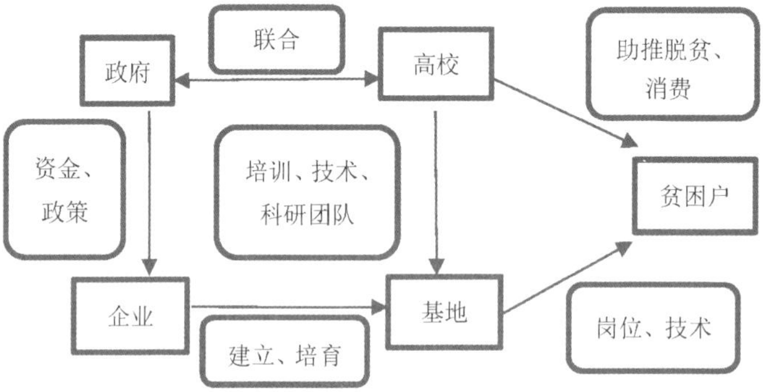

图 3-2-7　华中科技大学定点帮扶模式图

专栏 3-2-7　华中科技大学科技创新培育特色产业

一、聚焦特色资源，科学精准施策

华中科技大学党委高度重视扶贫工作，多次带领专家团队赴临翔区深入一线调研，一致认为，茶产业科技创新不够、加工技术落后、生产标准化程度低，致使茶产品的品质差异大且不稳定；同时，林下经济产业匮乏，且不知道选择何种林下经济作物，以及如何实现该作物的高产种植和显著经济效益。因此，经调研论证，学校确定建立以当地优质茶叶资源和林下生态优势为依托、以需求为导向、以脱贫为目标的“科技＋产业”帮扶模式，聚焦茶产业提质增效和林下种植金线莲产业发展，以期育成两大特色产业，实现当地农民脱贫。

二、聚力科技创新，培育特色品牌

发挥科技优势，实施产业扶贫，已成为学校脱贫帮扶最突出的亮点。华中科技大学在临翔区建成首个学校与地方政府共建的综合服务型云南省院士（专家）工作站。针对临翔区的需求，学校组建科研团队，重点发力，已投入 700 余万元开展科技扶贫项目。创新普洱熟茶加工技术，育成“纯造普洱”

品牌。创建金线莲林下经济产业，育成“叫雨山仙草”品牌。

三、做强特色产业，加速脱贫攻坚

通过当地政府、华中科技大学、企业共同发力，构建原料—产品—商品—消费品的完整链条，实施全链推动。临翔区政府把做大做强普洱茶和金线莲产业确立为主导产业和农民脱贫致富的支柱产业，同时重视龙头企业的巨大带动作用，并通过流转土地、规模经营、公司化运作、品牌推广等手段，推进全区茶和金线莲产业向规模化、集约化、品牌化的现代农业发展，种植面积不断扩大，产业不断发展壮大，促进农民脱贫致富。

资料来源：忠建丰：《华中科技大学精准扶贫精准脱贫典型项目——科技创新培育特色产业 绿水青山就是金山银山》，中华人民共和国教育部网站，2018 年 10 月 15 日（节选）。

（4）党建带动的产业扶贫模式

“火车跑得快，全靠车头带”，对于贫困农村地区而言，基层党组织就是火车头。要想实现农村地区脱贫致富，就必须抓好基层党建工作，充分发挥基层党组织的先进模范和战斗堡垒作用（孔雅茹，2021）。

第一，解决的问题。

一是贫困户在脱贫过程中信心不强，对政策了解不全面，思想偏保守。

二是农村中具有较强市场意识和经营管理能力的复合型人才比较缺乏。贫困群体中绝大部分有文化、有体力、有能力的青壮年劳动力都在外打工。

第二，运行机制。

党建带动的产业扶贫模式。借助党建的资源优势，引进定点扶贫单位借助技术、渠道等资源优势，大力发展村集体经济，进一步有效带动贫困户实现脱贫。如图 3-2-8 所示，清晰指明党建、合作社以及贫困户在这种模式中的作用及地位。在农村基层党组织的领导下，组建成立专业农产品合作社，然后借助合作社这一平台，带领贫困户增产增收，实现精准脱贫。

图 3-2-8　党建带动扶贫模式图

在图 3-2-8 中对党建带动的产业扶贫模式进行了详细阐述，主要体现在积极发挥党组织的带头、引领作用。根据当地的特色资源优势，选定特色产业，组建专业合作社。其中村“两委”还可以通过自身的资源优势，大力引进专业技术，全面落实“一对一”“手把手”结对帮扶政策，让党员干部成为贫困户的“主心骨”，在专栏 3-2-8 中做出了具体描述。

专栏 3–2–8　湖北竹溪：党建扶贫扶强脱贫“源动力”

湖北省竹溪县不断深化抓党建促扶贫工作，通过抓实“两学一做”增斗志、深化“四联四帮”提质效、推进“固本强基”添后劲，真正把党建工作抓成了精准脱贫的“助推器”和“源动力”。

以“两学一做”激发脱贫斗志。围绕争创“帮扶星”，采取“公司＋合作社＋基地＋农户”经营模式，帮扶带动困难农户 400 多户。

以“四联四帮”提升脱贫质效。通过抓重点分类“建账”、明责任分层“记账”，聚合力分级“销账”，严考评分项“结账”，落实“一对一”“手把手”结对帮扶，让党员干部成为贫困户的“主心骨”。

以“固本培基”增强脱贫后劲。大力发展壮大村集体经济，建立村集体经济情况台账，采取一村一策的办法，逐村制定增收规划，明确 1 名县领导包保联系，推动集体经济空壳村稳步出列，有力夯实了脱贫攻坚基础。

资料来源：甘霖：《湖北竹溪：党建扶贫扶强脱贫“源动力”》，中国共产党新闻网，2017 年 2 月 17 日（节选）。

2. 经验借鉴

湖北省在产业扶贫的过程中，不断根据实际情况进行模式的创新，例如上面提到的合作社带动的“合作社＋贫困户”“合作社＋企业＋贫困户”“合作社＋基地＋贫困户”“合作社＋互联网＋贫困户”的模式；以企业带动的“企业＋合作社＋扶贫基地＋贫困户”“企业＋扶贫车间＋贫困户”以及典型的“万企帮万村”的创新型模式；以高校带动的华中农业大学的“六个一”项目和华中科技大学定点帮扶模式；以党建引领的“党建＋合作社＋贫困户”模式等。接下来将具体从特色产业、龙头带动、科技帮扶以及资本投入这几个方面进行阐述，以供其他贫困地区借鉴与参考。

（1）坚持科学规划，特色发展“立”产业

湖北依托乡村特色优势资源，打造农业全产业链。在湖北省最早施行的《湖北省农村扶贫条例》中就有提到，“兴办特色农产品加工业和乡村旅游业，多渠道转移贫困农民就业；县级以上人民政府应当积极支持贫困地区充分利用当地优势资源，集中力量扶持优势产业，实施产业化扶贫”。对贫困地区的资源进行科学规划，着力放大传统产业特色。

湖北省自然地理条件优越，贫困山区横跨武陵山、秦巴山、幕阜山以及大别山，地域辽阔，气候条件独特。不同的山区具有独特的气候特征，为特色农业的发展提供了独特的条件。比如鄂东的大别山区地势北高南低，由北向南逐渐倾斜而形成低山丘陵的地形，其地貌垂直分布特征明显，整个地貌峰峦起伏，这种特征的地势为红薯、中药材、茶叶、桑树等生长提供了良好的环境条件，这是其他地区所不可复制的自然优势。

在《湖北省产业精准扶贫规划（2019—2020年）》中提到，“根据各个地区的自然资源发展具有竞争优势的特色扶贫产业”。鄂南幕阜山各县市区年平均气温16.7℃，光照充沛、四季分明、降水量丰富、热量丰富、无霜期长、土壤深厚肥沃，适宜发展草本药材和木本药材。所以，在崇阳县及通山县等地建设生态观光、康养中药园、良种繁育基地、规模化种植基地和产地初加工基地。其中，通城县地处湘鄂赣三省交界处，中药资源蕴藏丰富，天然野生中草药品种达1313种，盛产黄精、白芨、七叶一枝花、钩藤等名贵中药材，境内的药姑山被誉为“江南天然药库”。于是，通城县通过大力发展中药材来带动当地扶贫产业的发展。

再如，依托资源优势，大力发展特色农业产业是武陵民族地区产业扶贫的主要模式之一。武陵地区特色农业主要有油茶、茶叶、蚕茧、蔬菜、中药材等农产品。当地建立了特色农产业基地，其中区域性特色农产业基地正在进一步的推进与加强，逐渐形成了“一村一品”的农业产业格局，全力打造农、林、畜牧产业结合的农业产业化体系（甘燕，2017）。另外在湖北竹溪，当地依托资源禀赋优势，立足于特色休闲观光农业或康养产业的发展，多功能规划资源有效开发利用，拓宽贫困户就业渠道。

新冠肺炎疫情发生以来，湖北省积极对接《人民日报》、央视、京东、微信等平台，持续开展“拼单带货”“网红直播”等活动，合理利用网络平台资源优势，筛选贫困地区的优质农产品进行推介，进一步提升湖北省贫困地区特色农副土特产品的宣传效应，极大地提高了农产品的品牌知名度和价值。在此期间实现茶叶、香菇、小龙虾等农产品销售 70.4 万吨，约 389.2 亿元，有效带动贫困户增收，缓解返贫压力。

（2）坚持龙头带动，培引主体“强”产业

大力推动新型农业经营主体按标生产，培育农业龙头企业成为“领跑者”。通过发展壮大农业专业化组织，将先进适用的品种、投入品、技术、装备导入小农户带动贫困户。在每一个扶贫模式中，企业、合作社、基地等不同市场主体，在生产、销售等各个环节都起到关键作用，通过配强培优，可以从多方面多层次带动贫困人口脱贫致富。

湖北省通过发展培育新型市场主体以及重点培育龙头企业，建立多元化的带贫和益贫机制。构建新型农业经营体系主要分为以下几类：一是培植龙头企业。形成完善的“政府扶龙头、龙头建基地、基地联农户”的龙头帮扶体系，支持农业产业化龙头企业创新发展、做大做强。坚持立足于县域布局特色农产品产地初加工和精深加工，着力推动特色农业产业园、农业产业强镇、优势特色产业集群的建设。二是培育农民专业合作社。积极推行“合作社 + 贫困户”“合作社 + 企业 + 贫困户”以及“合作社 + 基地 + 贫困户”等扶贫模式，目前我国平均每村有 2.57 个农民合作社。三是培育新型农民。对有劳动力的贫困户积极开展技能培训，在 2016—2018 年间已在贫困地区培育新型职业农民约 13.5 万人。

不同的新型经营主体在市场上拥有众多优势资源，具有广阔的推广、销售渠道，能够给贫困户提供技术支持和指导，提供就业岗位。在 2021 年中共中央国务院发布的《关于全面推进乡村振兴，加快农业农村现代化的意见》中也指出坚持龙头企业引领，促进特色农产品产销对接，深化拓展消费帮扶。龙头企业以及合作社持续做好有组织劳务输出工作，统筹用好公益岗位，对符合条件的就业困难人员进行就业援助。截至目前，湖北省在 37 个贫困县中已经形成 5.4 万家合作社，80% 以上的贫困户都参与到了新型市场主体带动的扶贫产业体系中来。

（3）坚持平台带动，科技帮扶“保”产业

充分利用好帮扶平台的资源和优势，也是湖北产业扶贫中一个重要特色。

不同的帮扶平台具备不同的优势特点，尤为突出的当属科技平台与信息平台。通过科技的发展推动产业优化升级，是产业扶贫发展的重要路径。农业产业想要成为技术型产业，就必须在产业扶贫过程中大力推广成熟技术，适当加入新型技术，进而提高农业产业市场竞争力。提高农业科技水平是实现农业产业脱贫的关键（秦倩倩等，2021）。

科技平台带动。科学技术是第一生产力，在全面贯彻落实创新驱动发展战略的前提下，湖北省形成了以科研院所专家为依托，以贫困地区合作社为纽带，以科技示范户为骨干，以新技术推广和良种繁育为重点的科技扶贫体系，成功建立了符合贫困地区农业发展需要，适应市场竞争的到村到户的科技平台。具体体现在以下几个方面：一是组建专家队伍。依托着高等院校、省级专业的农业产业技术体系和农技推广队伍，组建专家服务团，向每个贫困村选派符合需求的科技特派员，使其活跃于田间地头，着力解决农田实际问题。通过建立产业指导员制度，依托现有资源，选聘懂技术、懂管理并且能长期驻村的专业人员担当村级产业指导员，指导贫困群众选择产业项目、生产技能，实现产销对接、利益联结。二是强调技能培训。合理利用湖北高校资源，积极展开定点帮扶，为贫困户提供专业化技能培训。在《湖北省深度贫困地区脱贫攻坚实施方案》中提出，“实施湖北省贫困地区专业技术人才奉献岗位计划，开展结对培养、项目合作、研修培训等措施”。湖北省一向坚持开发式帮扶，帮助贫困人口提高内生发展能力，依靠双手勤劳致富。三是学习成功范例。总结提炼出一批立得住、叫得响、能推广的模式与范例，发放各省市地学习，通过集中培训、现场观摩等形式开展学范例活动，进而讲好产业扶贫的“湖北故事”。比如，襄阳市农科院在开展科技扶贫中，马良镇油菜示范基地为农民赠送优质油菜种子、专用硼肥和油菜精量播种机，聘请专家教授开展农业专题讲座，给农民答疑解惑。向当地农民传授了油菜高产实用技术，指导他们实施良种、良田、良法配套，促进农机、农艺高效融合，帮助农民实现油菜机械化、轻简化种植，达到增产增收、科技脱贫的目标。

信息平台带动。先进的生产技术与贫困地区的农业生产实际相结合，丰富了农产品信息资源库，加大了科技惠农政策对贫困地区农业的覆盖程度，进一步提升农业科技扶贫能力，促进作物增产、农民增收。首先，通过利用现代化信息手段，加强完善农技以及动植物疫病防治等农业科技远程服务体系。

在贫困村积极推广茶园绿色防控、中药材标准化生产、稻田综合种养等特色农业主推技术，不断提高农业机械使用率。其次，优先安排贫困地区农业信息化建设项目，扶持开展 12316 信息进村入户建设，推动贫困地区特色农副产品分销衔接。在高校带动的产业扶贫模式中，可以体现帮扶单位和高校等社会各界扶贫力量的渠道资源优势、社会资源优势和信息资源优势。高校借助人脉资源积极组织集团购买、拓展会员预定、农超对接、农社对接、高效对接等方式，促进贫困县精准脱贫。目前恩施州基本实现了特聘农技员全覆盖，建成 1698 个 12316 益农信息社，聘请益农社信息员 450 人，带动农户约 12 万户，进而带动乡村旅游和农特产品销售 3.7 亿元。

（4）坚持多元投入，资本下乡“扶”产业

湖北各贫困地区都成立了组织领导机构，形成了党委领导、政府负责、部门协同、社会参与的产业扶贫组织体系，推动责任落实、工作落实、政策落实。在 2021 年最新出台的《中共中央关于全面推进乡村振兴，加快农业农村现代化的意见》中提到将继续把农业农村作为一般公共预算优先保障领域，各地区各部门要进一步完善涉农资金统筹整合长效机制。

政府补贴政策。湖北省整合中央省级财政资金向贫困县倾斜，4 年来先后投入 1135 亿元用于贫困地区产业扶持，出台特色产业奖补政策，支持贫困户发展蔬菜、优质稻、籽莲、花卉苗木、规模畜禽、生态水产、休闲农业等特色产业。目前已申报特色产业奖补项目 1358 个，共发放补贴资金 131 万元，其中 1010 户贫困户受益。在 2021 年中共中央国务院发布的一号文件《关于全面推进乡村振兴，加快农业农村现代化的意见》中指出为了持续巩固拓展脱贫攻坚成果，应该加强扶贫项目资产的管理和监督，坚持并完善稻谷、小麦最低收购价政策，完善玉米、大豆生产者补贴政策，进一步健全产粮大县支持政策体系。

保险信贷政策。农业属于一项弱质性产业，极易受到自然灾害的影响。2019 年，湖北省开发的扶贫贷等信贷产品，延伸带动帮扶贫困户 39 万多户，为小微群体放贷 77.26 亿元。中国人民银行武汉分行推出“新型经营主体 + 建档立卡贫困户”产业带动信贷扶贫模式，指导省农业担保公司在 14 个市、县建立分支机构，累计为小微新型经营主体开展业务 1368 笔，放贷近 15 亿元。各级保险机构创新推出政银保、财银保、银保模式信用保证等扶贫保险产品。

2021年《中共中央关于全面推进乡村振兴，加快农业农村现代化的意见》中指出，运用支农支小再贷款、再贴现等政策工具，实施最优惠的存款准备金率，推动农村金融机构回归本源。完善涉农金融机构治理结构和内控机制，强化金融监管部门的监管责任。大力开展农户小额信用贷款、保单质押贷款、农机具和大棚设施抵押贷款业务；鼓励开发专属金融产品支持新型农业经营主体和农村新产业新业态，增加信用贷的比重；将地方优势特色农产品保险以奖代补做法逐步扩大到全国；健全农业再保险制度，发挥"保险＋期货"在服务乡村产业发展中的作用。

落实土地优惠政策。加快完成贫困村土地承包经营权确权登记工作，坚持以家庭承包经营为基础，保证现有农村土地权属关系稳定不变，鼓励贫困村和贫困户按照依法、自愿、有偿的原则，建立统分结合的双层经营体制。制定落实提高土地出让收益用于农业农村比例考核办法，确保按规定提高用于农业农村的预算比例。

（二）湖北易地搬迁扶贫模式

易地扶贫搬迁是我国脱贫攻坚的主要工作方式之一。它能够从根本上解决居住在相对偏远、基础设施较为落后、生态环境极度脆弱和自然灾害高发地区的贫困人口的脱贫和发展问题。在易地搬迁工程中，湖北省委、省政府坚决贯彻落实中央关于易地搬迁工作的重要工作部署，将其作为打赢脱贫攻坚战具有标志性意义的"头号工程"。湖北省在易地搬迁过程中一直秉持因地制宜的原则，确保群众特别是贫困群众"搬得出，稳得住，能致富"。湖北在实施易地搬迁过程中开创了"七个五""1+6+N""交钥匙工程"等具有湖北特色的搬迁模式。

1. 湖北易地搬迁的主要模式

从全国来看，在易地搬迁中，湖北创新的"五联动、五到县、五统一、五靠近、五条线、五基本、五机制"的"七个五"的搬迁模式等模式，做到了"挪穷窝"与"换穷业"并举，安居与乐业并重，搬迁与脱贫同步，确保搬迁人员"搬得出、稳得住、能致富"，确保贫困群众跳出贫困陷阱。

（1）易地搬迁“七个五”

①“七个五”。

贫困户在易地搬迁中面临着搬去哪，原来的地怎么办，孩子上学怎么办，原有人际关系怎么维系等诸多问题。为了解决这些问题，湖北省创造了“七个五”的经验做法，实现“一有、两不愁、三保障”的目标，为湖北提前完成易地扶贫搬迁工作任务提供了重要保障。

以湖北省麻城市黄土岗镇伍家河易地扶贫搬迁为例，解释“七个五”的具体做法，解释该镇是怎样依照“搬得出、稳得住、能脱贫”的总体要求，确保了搬迁户“一有、两不愁、三保障”，安置点服务管理科学有效，实现了所有搬迁户安居乐业，社会和谐稳定。

专栏 3-2-9　黄土岗镇易地搬迁“七个五”

黄土岗镇建档立卡贫困户 3472 户 9884 人，其中低保户 992 户 2260 人；五保户 404 户 429 人；易地搬迁 189 户 346 人。伍家河安置点位于 106 国道旁边，伍家河村境内，紧邻麻城市大自然菊花产业园。安置点总占地面积 26739 平方米，建设安置房 38 栋，总建筑面积 5375 平方米，共分为 50 平方米、75 平方米、100 平方米和 125 平方米四种户型设计建设，户型设计合理。集中安置 74 户 215 人，其中享受低保政策兜底低保户 37 户 100 人，一般贫困户 37 户 115 人。

该安置点总投资 1252.68 万元，于 2016 年 8 月底动工。2016 年 12 月安置房主体及装修已完工，2017 年 3 月基础设施建设和绿化完工，2018 年工具房、公共房已完工。目前，所有安置人员已全部搬迁入住，入住率 100%。

资料来源：实地调研所得。

②具体形式。

“七个五”的内容主要包括“五联动、五到县、五统一、五靠近、五条线、五基本、五机制”。

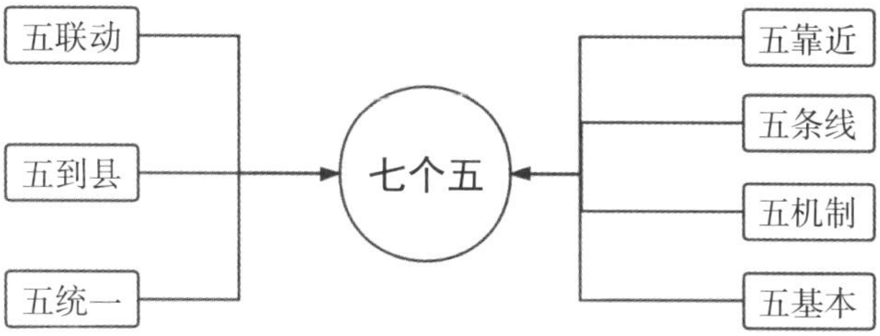

图 3-2-9　易地搬迁“七个五”

“五联动”。五联动指的是实行省、市、县、乡、村五级书记负责制，五级书记上下齐抓共管，共同促进、系统联动。比如，在建管模式上，统一规划、招标建设、质量监管、竣工验收、安置到户，可以由省级统一规划统一要求，保障项目的工期和质量。在资金、项目、招投标、管理及责任方面联动可保障县级单位的自主性与灵活性，同时又可以约束县级单位的行为。通过五联动的工作制，可以保证各级政府部门的力量汇集到一起，合力其作用，保障各级工作顺利进行。

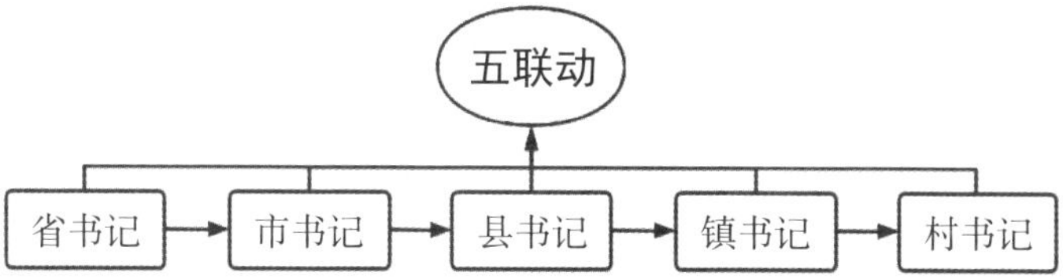

图 3-2-10　易地搬迁“五联动”

“五到县”。“五到县”指的是管理机制，即严格执行“项目到县、资金到县、招投标到县、管理到县、责任到县”的管理机制，既落实了“放管服”的要求，又调动了各地的主动性、积极性和创造性。

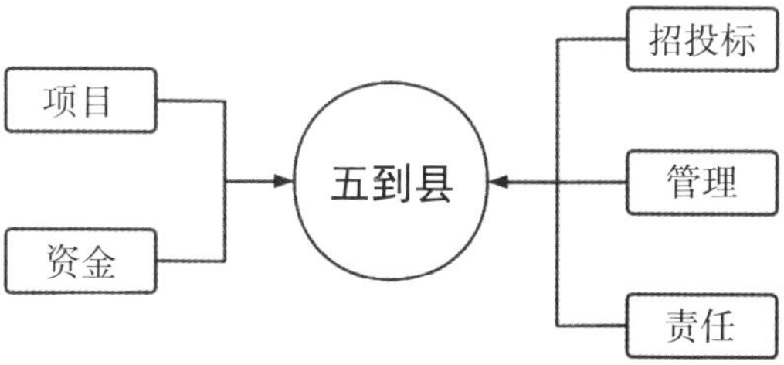

图 3-2-11　易地搬迁“五到县”

“五统一”。“五统一”指的是建管模式，即统一规划设计、统一招标建设、统一质量监管、统一竣工验收、统一安置到户。“五统一”既保证了建设工期，又保证了工程质量。

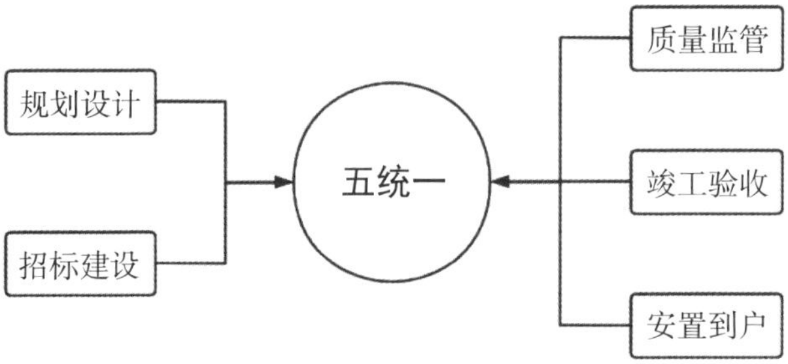

图 3-2-12 易地搬迁“五统一”

“五靠近”。“五靠近”指的是集中安置，即采取靠近中心村、靠近生态旅游区、靠近产业园区、靠近集镇、靠近城区的“五靠近”集中安置方式。“五靠近”为“稳得住”奠定了基础。在专栏 3-2-9 中，黄土岗镇伍家河搬迁中首先要保证的是贫困搬迁人员能够“搬得出”，所以在黄土岗镇伍家河搬迁中，搬迁小组科学规划建设，合理选择建设地点。将安置点选择在交通便利、子女就学方便、劳动力就业可安置、依山傍水环境秀美的地点，符合“五靠近”的原则。“五靠近”原则可以使移民享受生活便利，保障移民“稳得住”。

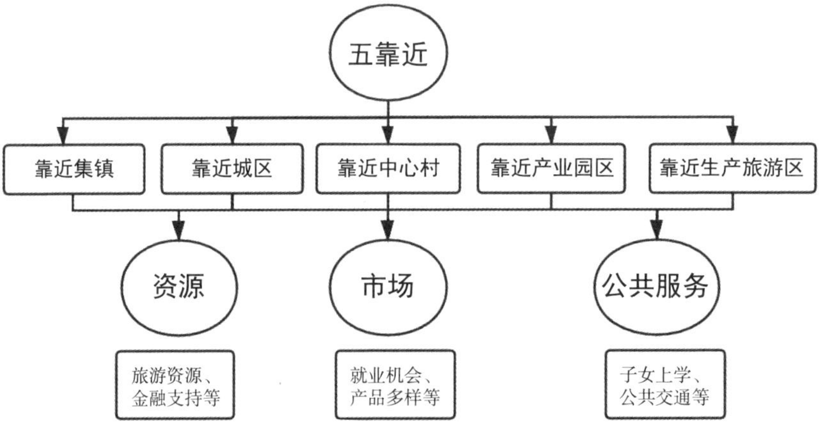

图 3-2-13 易地搬迁“五靠近”

“五条线”。在搬迁过程中，要有严格的搬迁标准，严守五条线，维护移民之间的公平与正义。“五条线”是要严守的政策边界，即严把搬迁对象的界限、住房面积的标线、项目资金的红线、搬迁不负债的底线、建新需拆旧的边线“五条线”的政策边界。在黄土岗镇伍家河搬迁中，安置点总占地面积 26739 平方米，建设安置房 38 栋，总建筑面积 5375 平方米，共分为 50 平方米、75 平方米、100 平方米和 125 平方米四种户型设计建设，户型设计都是严格按照每人 25 平方米的规格，符合“五条线”标准。对每一县、每一镇、每一户都严格执行“五条线”的项目标准，防止出现因错漏、攀比等问题。

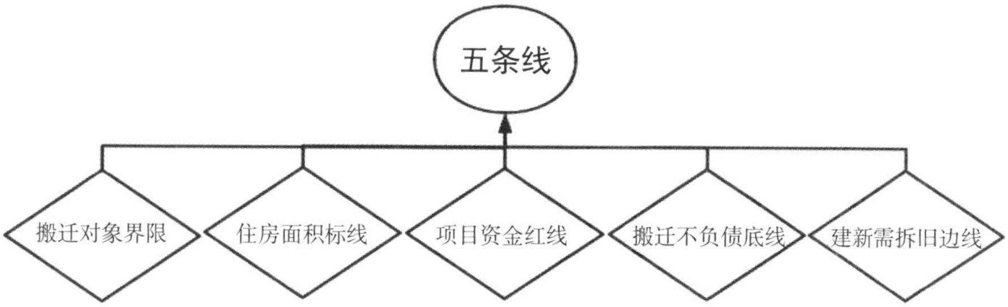

图 3-2-14　易地搬迁“五条线”

“五基本”。在实现移民搬得出后还要保障移民稳得住，要保障移民安置区内的基本服务，即实现“五基本”。“五基本”是后续帮扶需要聚焦的重点方面，即始终聚焦基本产业、基本就业、基本公共服务、基层社区治理、基层党组织建设等五项后续扶持工作目标，一体推进了“挪穷窝”与“换穷业”两项工程。

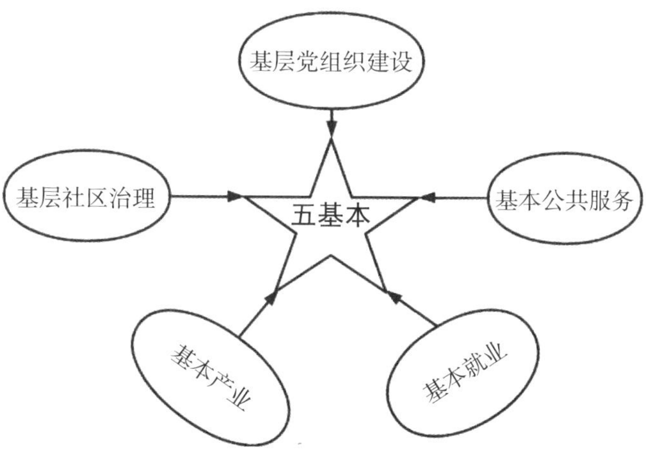

图 3-2-15　易地搬迁“五基本”

在专栏 3-2-9 中，黄土岗镇伍家河搬迁中，科学规划建设经济适用型基础配套设施。生活用水、雨水、污水管网建设全覆盖；生活用电户户接入；主干道和入户路硬化直达门口；广电网络传输线路牵送到家，保障了基本的公共服务。

健全社会管理，在伍家河安置点设立“微孝善”超市，通过“六讲六比”赢得孝善积分，根据积分在“微孝善”超市兑换相应积分的物品，建立“以奖代补、多劳多得”的脱贫正向奖励机制，促扶贫与扶志并行，物质脱贫与精神脱贫同步。将安置点纳入所辖村委会管理，实现社会服务管理无缝对接。还配备了两名小组长，具体负责安置点相关管理和服务工作，保障了基层社区治理。

多措并举实现就业，确保“能脱贫”。一是根据搬迁群众的意愿安置就业。乡镇政府委托紧邻安置点的大自然菊业和坚核种养殖专业合作社两家公司，提供就业岗位，贫困户与公司签订就业帮扶协议，保证稳定增收。安置点共有劳力 103 人。安置点公益性岗位 9 人，常年在外务工 61 人，其中在菊园及产业带务工人员 33 人（管理人员 1 名，绿化人员 1 名，服务人员 2 名，其余主要从事种植、采摘等工作），其中在坚核合作社的 21 人，主要从事种植和采摘，其余的在外务工或者就近做临工。二是鼓励企业主动帮扶。对带动搬迁户就业增收的企业从政策和基础设施建设等项目安排上给予侧重和支持，激发企业扶贫济困的积极性。三是利用易迁后扶项目就业创收。利用上级后续产业扶持资金 60 万元在张家墩村李花楼垸建设温室大棚（含单体大棚）1600 平方米，简易单体大棚 6660 平方米，安装全自动水肥喷灌系统 12260 平方米，年育苗 80 万株，可实现产业近 30 万元。项目形成了村级固定资产，通过出租等方式，实现村级集体经济和贫困户分红增收，可带动 45 户 94 人搬迁户发展特色农业和菊花种植，结合大别花乡菊业股份有限公司参与年终租赁分红与优先灵活就业，实现安置点脱贫持续增收，保障了安置点贫困户的基本就业。

“五机制”。在搬迁中要做好监督保障体系，责任到人，有责必究，有功需赏。“五机制”指的是需要推进的举措，主要包括建立定期会商机制、督导通报机制、考核评估机制、约谈问责机制、信息共享机制，五大机制的实施，有效提升了易地扶贫搬迁质效。

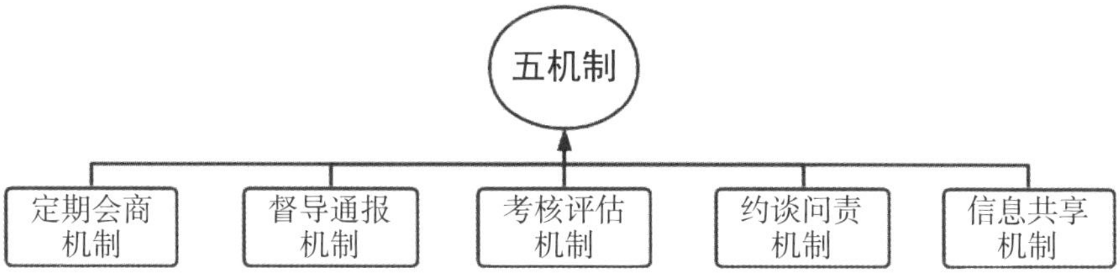

图 3-2-16　易地搬迁“五机制”

③案例成果。

“七个五”是湖北省实现易地扶贫搬迁的经验凝结，在湖北易地搬迁中都有“七个五”的缩影，在公共基础服务、安置点选择、安置标准等方面亮点纷呈。

专栏 3-2-10　村民变居民，让公共服务均等化阳光洒向安置区

湖北省 10359 个安置区基础设施全部达到“四通、五配套”要求，即通水、通电、通路、通电信网络，配套卫生室、幼儿园、图书室、便民超市、垃圾和污水处理等设施，且基本上都共享或配建了小学、初中及室内外活动场地。

为确保搬迁群众“稳得住、逐步能致富”，湖北省 80% 左右的安置区建起扶贫车间或周边有带贫企业，带动就业 10 多万人。湖北省搬迁户中有劳动力的家庭为 21.63 万户，通过就业培训等举措实现就业 39.68 万人，实现每个有劳动力的搬迁家庭每户至少有 1 人在外打工或就近就地就业，促进了搬迁群众稳定脱贫。

特色产业成为脱贫主力。7800 多人的丹江口市习家店镇安置区，当地政府在附近修建了鄂西北最大的柑橘市场，搬迁群众可就近打工。便捷的物流还吸引了一批服装、体育用品生产商前来投资，这里生产的垒球、棒球远销欧洲。在“湖北盆景第一镇”长阳县高家堰镇，沿 318 国道可以看到 20 千米盆景走廊，“万亩园区，万户受益”，众多搬迁群众从小小的盆景中找到了生计。“利川网红街”走文旅融合之路，“梦回龙船调”等演出，吸引着南来北往的游客。

蕲春县在省发改委、省易迁办指导下，创新户型设计，设计出了 25 平方米、50 平方米、75 平方米、100 平方米、125 平方米的户型，25 平方米的户型也确保了厨卫功能齐全，适用够住。2016 年 5 月，湖北省第一个易地扶贫

搬迁现场推进会在蕲春县召开，国家第一时间向全国推广蕲春户型设计，堪称“湖北模板”。

资料来源：湖北省发展和改革委员会、湖北省易地扶贫搬迁工作领导小组办公室：《“迁”变万“画”耀荆楚——湖北省“十三五”易地扶贫搬迁工作回眸》，《湖北日报》2021年1月25日（节选）。

（2）交钥匙工程

①“交钥匙工程”。

解决贫困户“搬得出”的问题，还要解决他们搬出去后能否住得好的问题。湖北在易地搬迁扶贫中创新实施“交钥匙工程”就有效解决了这个问题。“交钥匙工程”要求统一规划、统一建设、统一质量安全监督、统一分配。无论是集中安置还是分散安置（包括自主购房），人均住房建设面积均不得超过25平方米；不因建房举债；建新房必须拆旧房，实行土地复垦、生态修复。政策要求不论集中或分散安置，均由政府统一规划、统一建设、统一质量安全监管，竣工验收后直接分配到户，真正把好事办好办实。

扣准“第一颗纽扣”。为了把精准识别放在首位，需要聚焦、聚焦、再聚焦。在识别程序上不少一环，并公开宣讲政策、公开评议对象、公示评议结果，把知情权、评议权、监督权交给群众。为了在对象锁定上不落一人，经自愿申请、群众评议认可后，由地方政府“一锤定音”。为了在对象管理上不错一个，扎实开展精准识别“回头看”，需要创新开展精准识别专题审计，分级建立易地扶贫搬迁档案，扣准“第一颗纽扣”。

科学编制规划。始终把规划编制摆在重要位置，组织编制了全省易地扶贫搬迁“十三五”规划和实施方案、年度实施计划、安置点规划及搬迁户脱贫计划，做到规模到县、计划到年、安排到点、落实到户。

严把政策红线。严守建房面积红线，统一规范户型，锁定人均25平方米建房面积。全省统一按照50、75、100、125平方米4种户型进行建设，户型精准对应到户到人。严禁搬迁户举债建房，搬迁户在未验收销号前，不得扩建。严守不得一搬了之的红线，同步谋划脱贫路径，精准到户到人。

发挥主体作用。始终尊重搬迁群众意愿，让群众全程参与。充分发挥群众在易地扶贫搬迁中的主体作用，坚持搬迁对象让群众评，安置去向让群众选，规划设计让群众议，施工单位让群众定，分配方案让群众定，保障了群众的知情权、参与权、监督权。

专栏 3-2-11　麻城实行“交钥匙工程”

2019 年，麻城全面完成 175 个安置点 4487 户 8115 人的易地扶贫搬迁建设任务，实行“交钥匙”工程，易迁户搬迁入住；完善安置点基础配套设施，实行社会化管理，强化后续帮扶，建设 18 个产业后扶基地，确保易迁户“搬得出、稳得住、能致富”。全面完成危房改造任务，2015 年至 2019 年，全市共改造了 18088 户危房，其中建档立卡贫困户 7361 户、低保户 4849 户、分散供养特困人员 2494 户、贫困残疾人家庭 267 户、其他困难户 3117 户。

资料来源：实地调研所得。

②具体形式。

“交钥匙工程”要求易地搬迁安置点统一规划后统一建设，并且要求统一质量安全监督、最后要实现统一分配。坚持群众自愿、积极稳妥的方针，严守人均建房不超面积、不因建房举债、建新必拆旧“三条红线”，全面落实“交钥匙”工程。

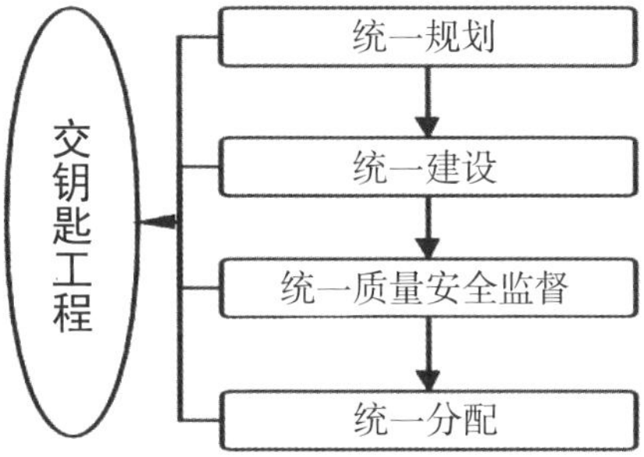

图 3-2-17　交钥匙工程

统一规划。统一规划是“交钥匙工程”的第一个环节。易地搬迁的集中安置点的选择要统一规划，尽量能够靠近中心村、靠近生态旅游区、靠近产业园区、靠近集镇、靠近城区为佳；要建设完整的基础设施，提供便利的生活服务，建立健全的管理制度。

专栏3-2-12　麻城市三河口镇按照“三有”来打造安置点

1. 建设完善的基础设施

该镇统筹利用易迁点基础建设资金，对水、电、路、通信、亮化、绿化进行合理的规划设计，按照美丽乡村的标准综合打造，配备篮球架、乒乓球台、健身器材、电影院等文化体育设施，给每户配套菜园和6～8平方米的工具房，营造良好的生活环境。

2. 提供便捷的生活服务

动员部分贫困户开副食商店、水电维修店，方便搬迁群众生活；新建文化礼堂、微孝善超市，为贫困户提供便捷的日常生活服务，将易迁点打造成易迁户新的美好家园。

3. 具备健全的管理制度

通过民主推荐成立易迁点群众性自治组织，组建乡风文明、治安巡逻、卫生保洁、志愿服务四个小分队，制定小区居民公约和文化礼堂、幸福菜园等管理制度，让贫困户参与易迁点的日常管理、维护，增强他们的认同感。还定期组织开展“好邻里”“美丽庭院”等评选表彰活动，注重发挥微孝善超市和红白理事会的作用，积极宣传引导，倡导文明新风，增强他们的幸福感。

资料来源：实地调研所得。

统一建设。统一建设是“交钥匙工程”的第二环节，在统一规划后就要完成安置房的建设，确保建设质量与建设工期符合要求，就要采用统一建设的方式。严守建房面积红线，精准到人。

统一质量安全监督。统一质量安全监督是“交钥匙工程”的第三环节，安置房的安全问题关系到千万移民的生命安全，所以在建设安置房时要确保安置房的质量，统一安全监督，群众全程参与，党委班子巡检，最大程度保障安置房的建设质量。

始终尊重搬迁群众意愿，让群众全程参与。充分发挥群众在易地扶贫搬迁中的主体作用，坚持搬迁对象让群众评，安置去向让群众选，规划设计让群众议，施工单位让群众定，分配方案让群众定，保障了群众的知情权、参与权、监督权。

统一分配。这是“交钥匙工程”的第四个环节。在这个环节中，政府要进行分类确定分批的规模和时间表，还要与生产生活一一相适应。确保每一位贫困户都能够“搬得出，稳得住”。

（3）生态移民

①生态移民。

从理论上讲，贫困与生态环境的脆弱性，往往紧密相连，因此，从某种程度上讲，生态移民从始至终就与扶贫相关联。湖北生态移民扶贫，主要是以集中搬迁安置点为重点，系统解决搬迁群众产业、就业、基本公共服务、社会融入、社区治理等实际问题。通过逐步或者集中解决这些问题确保搬迁群众搬得出、稳得住、有就业、逐步能致富。

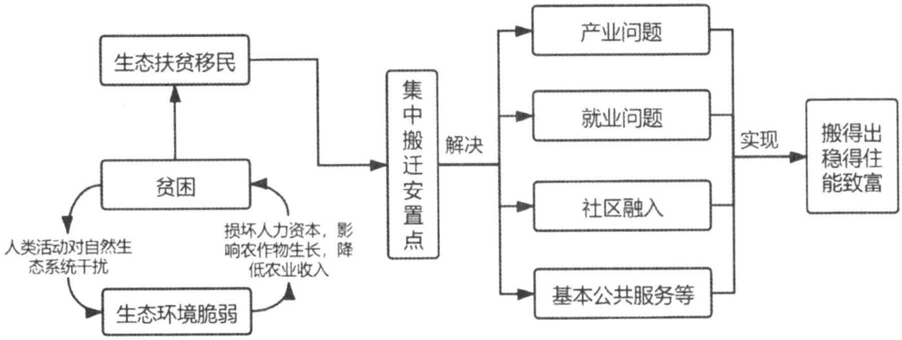

图 3-2-18　生态移民

早在 2009 年，湖北就通过了《湖北省农村扶贫条例》等文件。这些文件倡导搬迁工作要因地制宜，对三类地区（生态保护重点地区、生存条件恶劣地区、地质灾害严重地区）实行易地开发、搬迁扶贫，努力改善生存和发展条件。目前这种前期的生态移民已经成为湖北精准脱贫的重要的实践来源。

通过生态搬迁使得土壤退化、水土流失、生态系统退化等问题得到有效治理。比如，通过移民进行封山绿化、退耕还林还草，可有效降低生态环境的压力，减缓人类活动对自然生态系统的干扰，有效抑制人类活动对森林、草原植被的破坏，以及对珍稀动植物的影响。其次，地理位置偏远、生态环境脆弱的地区，往往是生活艰难的地区。进行生态移民扶贫，可解决偏远地区群众的生产生活难题，让广大群众共享发展成果。生态搬迁移民实践表明，实施生态移民工程，可从根本上改善贫困群众的生产生活条件，同时生活条件的提升会伴随出现很多就业岗位，部分贫困户可以通过这种方式来实现脱贫。

②具体形式。

生态移民扶贫要与发展生态经济相结合。要特别注意适应新的环境，发挥自身资源禀赋和比较优势，发展特色产业。

发展优势特色农业。立足各地的资源优势和产业基础，把特色农产品打造成区域名片。

发展乡村旅游业。充分利用地区自然、人文资源，结合美丽乡村建设，发展文化旅游、休闲旅游，着力打造“吃农家饭、住农家屋、游农家景、享农家乐”的乡村旅游特色，把丰富多样的旅游资源转化为经济效益、转化为扶贫富民的新动力。

③案例成果。

在湖北易地扶贫搬迁中，地处大山深处的恩施州巴东县沿渡河镇花妮庵村因为生态环境恶劣进行整村搬迁，并且在安置点发展乡村旅游业，实现了生态搬迁脱贫。

专栏 3-2-13　加大扶持 让贫困户安心搬新家

在地处大山深处的花妮庵村，交通不便，致富没有门路，大家不是不愿意搬，而是想搬到一个好地方。

了解到村民的意愿后，巴东县开始为大家规划新家的建设地点，村民们提出新家不能太远，要方便找工作。经过调研，县里在 29 个安置点建设方案里，最终敲定在 10 千米以外的罗溪坝村建设安置点。可问题又来了，罗溪坝村已将 300 亩空地用做商业开发。

最后，巴东县决定，按照全域旅游的思路，建设安置点。一方面让道路、绿化等配套设施同步跟进，一边将传统文化元素融入安置点的各个角落。未来，搬出来的花妮庵村村民，可以就近在家门口从事纤夫、导游等服务工作；而让出地的罗溪坝村，也有了新变化。

加快易地扶贫搬迁，湖北省把重点交通、能源等项目，向全省 9 个深度贫困县倾斜，预计今年将有 35 万贫困人口搬进新家。

资料来源：董铭胜：《湖北：加大扶持 让贫困户安心搬新家》，央视网，2017 年 9 月 15 日。

（4）“1+6+N”模式

“1+6+N”模式重点解决了移民在搬迁后如何稳得住的问题。通过该模式的运行，为移民提供“1+6+N”的社区服务，能够保障移民在稳得住的保障下实现“能致富”的目标。

①模式内容。

为了解决贫困户在易地搬迁中的实际问题，紧扣“两不愁三保障”和“搬得出、稳得住、逐步能致富”等具体目标，湖北省宣恩县等地市近年来采取因地制宜的办法，对易地扶贫搬迁户实行集中安置为主，精准对接“四化同步”“五个振兴”，着力将易迁安置区建成乡村振兴示范区，探索出一条坚持“三化”提升“三感”的山区易地扶贫搬迁路径。

“1+6+N”模式为安置区基层治理开辟了新路子，让搬迁群众没有了后顾之忧。“1”指的是1个安置区，“6”即配套一个社区服务中心、一个就业创业空间、一个标准卫生室、一个文化广场、一个便民超市、一户一块菜地，“N”是指因地制宜建立自治组织、爱心澡堂、四点半学堂等多种社区服务模式，引导搬迁群众主动参与治理，更好更快融入所在社区。

以下以湖北省宣恩县实行的“1+6+N”模式为例。

②具体形式。

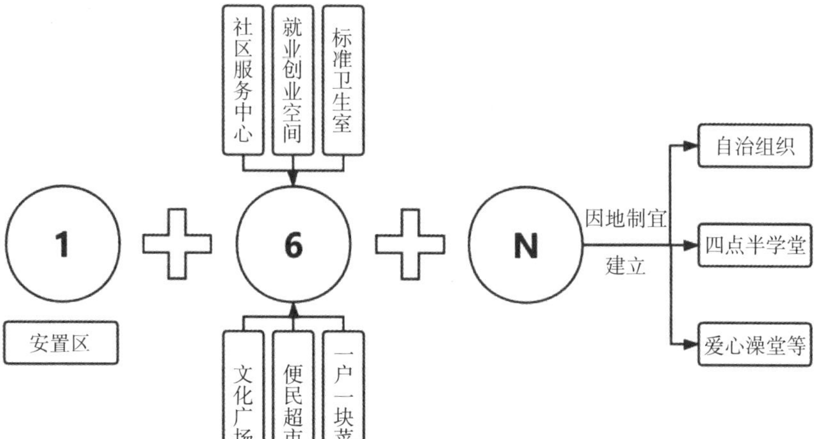

图 3-2-19　宣恩“1+6+N”模式

“1个安置区”。在1+6+N的模式中，第一个环节是要建设一个安置区，只有安置区建设完成，才能够实现移民搬得出的基本要求。湖北省宣恩县安置区布局实行“五靠近”。按照集中、就近、分类、自愿的原则，对群众搬迁意愿进行梳理和引导。靠近城区、社区、校区、园区或景区布局69个安置区，这些安置区的基础设施和人流、物流、信息流都相对较为理想。多个安置区中每一个安置区都满足“6+N”的要求。

“6个配套”。在1+6+N的模式中，第二个环节是为安置区建设基础设施和提供基本的公共服务，如卫生室、创业空间、社区服务中心、文化广场、超市等，才能够保障移民在安置区内能够实现稳得住。湖北省宣恩县安置区着眼于宜居宜业宜旅，切实增强安置区承载力和吸引力，有效激发和稳定群众的搬迁意愿。建设实行“六配套”。每个安置区配套建设社区服务中心、标准化卫生室、就业创业空间、文化活动广场、便民超市、一块菜地；将一楼设计为架空层、标准厂房，化解就业创业无场所的难题。同步实现“五到位”。安置区同步实现水、电、路、网、邮一步到位，同统筹、同布局、同建设、同验收、同交付、同使用，打消了搬迁户的顾虑。

“N个社区服务模式”。在1+6+N的模式中，第三个环节是要尽最大努力为移民提供尽可能丰富的社区服务，如自治组织、四点半学堂、爱心澡堂等。丰富的社区服务能够给移民更多的幸福感，在后期追求“致富”时没有后顾之忧，自主性更高。

湖北省宣恩县安置区坚持寓治理于服务之中，在服务中改进治理，在治理中优化服务，引导群众在生活习惯、思想观念等方面逐步适应新环境、融入新生活，实现从农民到居民的转变。

后续服务实行“六个一”。帮易迁户搬1次新家、开好1次家庭会议、组织1次入住培训、每月走访1次、每月组织1次院落会或活动、建立1本易迁工作台账。请“五老”、乡贤等身边人说身边事，办好感恩课堂和道德讲堂，引导搬迁群众感党恩、听党话、跟党走。为改变部分群众随手扔、随地吐的习惯，组织开展积分兑换活动，根据日常表现进行加减分，分值兑换米、油、电饭煲等生活用品。在每个安置区设立文化活动中心，建立活动室、乡村书屋、文化广场，定期组织群众开展广场舞、打莲湘、唱山歌等活动，满足群众精神文化需求。

公共服务实行“三张网”。织好保学助学网，安置点新建幼儿园5所，改扩建小学20所。推行“四点半学堂”，为放学的小学生免费提供安全健康的学习场所，小区管理人员和义工轮流值班辅导作业，带领他们健康娱乐，让家长安心工作、学生健康成长。每个安置区配备爱心书屋，由教育部门开出书单、文体部门配套落实桌椅及书本、当地政府负责场所配套及日常管理、工青妇及关工委跟进帮扶。高罗“四点半学堂”被设为恩施州图书馆分馆。织好健康扶贫网，在安置区新建卫生院4个，改建卫生院5个。组建家庭医生团队，组建健康扶贫小分队进点入户开展健康上门服务。织好兜底保障网，将“无业可扶、无力脱贫”的搬迁户，纳入低保兜底范围。宣恩县易迁户中兜底保障户1911户，兜底率19.8%。

③案例成果。

“1+6+N”模式保障了居民“稳得住”的生活基础，为移民安置区后期的致富道路打下了坚实的基础。

专栏3-2-14　湖北宣恩：易迁安置区建成乡村振兴示范区

宜恩易迁户中现已就业22500人。培育特色产业。在安置区周边建设18个蔬菜、香菇大棚，49家茶叶、药材、水果等加工厂，吸纳505名易迁对象就业。伍家台安置区流转300亩茶园，吸纳55名易迁对象就业。利用东西部扶贫协作资金1360万元，支持黑茶、贡水白柚等特色产业建设，直接带动安置区152名易迁对象就业。

引进扶贫企业。引进电子元件、服装加工、卫生洁具等55家劳动密集型企业落户安置区，吸纳1200名易迁对象就业，平均月工资在2500元左右，让群众从农民到工人的转变，实现“一人就业，全家脱贫”。椒园镇水田坝安置区按照户均2万元的标准投资，建立1家富硒农产品加工企业，让搬迁户在领工资的同时领红利。

组织务工就业。出台奖补政策，引导安置区周边的65家企业吸纳3000名易迁对象就业。用足公益性岗位政策，通过设立保洁、保安、河道管理员等公益性岗位，安置易迁对象253人。针对每个人发展意愿等，实行订单式培训，课堂教学与“老带新”相结合，推进“一人一技能”创业就业培训，并与杭州西湖区等发达地区的企业需求无缝对接，促进1421名易迁对象就业，全县有3765名易迁对象在外务工就业。

盘活群众家业。为增加易迁户的财产性收入，出台奖补政策，对流转易迁户士地 10 亩以上的市场主体每亩奖补 300 元，鼓励村集体经营公司、合作社等市场主体流转搬迁户土地、山林等。2018 年，恩航农业公司为 33 户易迁户发放土地租金和入股分红 36 万元。鼓励有意愿、有能力的易迁户创业，累计发放扶贫小额信贷 1307 笔、4560 万元。

宣恩县易迁集中安置对象占贫困户总数的 37%，集中安置率占易迁户的 95%，居湖北省之首；湖北省宣恩县安置的 9631 户 33945 名贫困群众全部搬迁入住；远近结合，依托福利院，布局单人户安置区 4 个，安置 335 户 419 人。在安置区设有转角楼、凉亭、花桥、飞檐翘角和栏杆走廊等地方民族文化元素，是地道的民俗传承区和风景观光区。沙道沟镇松坪安置区有 1222 户 4534 人，是湖北最大的贫困群众集中安置区。

继 2016 年、2017 年湖北省易迁年度目标考核获得优秀等次后，宣恩县跻身 2018 年中国扶贫效率“百高贫困县”榜单，排名第 60 名；2020 年 4 月 29 日，湖北省政府批准宣恩县退出贫困县。

资料来源：刘智勇：《湖北宣恩：易迁安置区建成乡村振兴示范区》，新华社，2019 年 10 月 17 日（节选）。

2. 经验借鉴

在精准扶贫过程中，在国家发展改革委、国务院扶贫办等部委的大力支持下，在各有关地方党委、政府及各有关方面和广大人民群众的共同努力下，出台各种政策保障搬迁人员“搬得出，稳得住，能致富”，探索出了具有湖北特色的搬迁模式，主要经验可以概括为如下几个方面。

（1）易地搬迁启动早力度大

在 2001 年开始的三峡工程中的搬迁移民，是一场工程大、战线长的工程。湖北作为三峡工程中的大省，出台了各种政策文件保障了搬迁工作的顺利进行，还特为搬迁人员制定了保障费用相关条例，保障搬迁人员权益。在资金分配、搬迁对象的选择、安置标准的制定、安置区的建设等方面积累了很多的经验与教训，为后期的易地搬迁工作奠定了很好的基础。

截至 2020 年 10 月底，省财政已累计投放易地扶贫搬迁资金 571.19 亿元（含已偿还 64.38 亿元）。其中，政策性银行贷款 276.28 亿元，地方政府债券资金 182.53 亿元，中央预算内投资资金 62.38 亿元，专项建设基金 50 亿元。湖北省还将进一步加大金融信贷支持力度，计划五年内投放 120 亿元，用于易地扶贫搬迁安置区产业培育后续扶持。

（2）政策措施全面，工作细致

湖北省出台了《湖北省丹江水利枢纽大坝加高工程移民资金管理办法》《湖北省经济和社会发展第十一个五年规划纲要》《省移民局关于南水北调中线工程丹江口水库移民内安若干问题的意见》《湖北省 2017 年度易地扶贫搬迁实施计划》《湖北省农村扶贫条例》《湖北省农村扶贫开发“十二五”规划》等一系列政策文件，逐步推进形成政策体系，为易地扶贫搬迁工作提供了强有力的政策支持。

（3）配套扶贫产业，确保移民“能致富”

实现移民“搬得出”后还要保障移民能够“稳得住，能致富”。配套扶贫产业是保障移民能够稳定下来的重要举措。在易地搬迁扶贫工作中，要重视发展扶贫产业、培育带贫主体、加大资金投入力度、完善利益联结机制，以保障移民“稳得住，能致富”。

一是大力发展扶贫产业。在易地扶贫搬迁安置区大力推进产业扶贫，走品牌化、标准化发展之路，促进一、二、三产业融合发展，带动易地扶贫搬迁群众长期稳定增收。37 个贫困县建成主导产业 54 个，创建 5 个国家级特色农产品优势区，武当道茶、恩施玉露、蕲春蕲艾等产业品牌成为湖北省带动易迁户脱贫亮丽的名片。大力开展消费扶贫，全省认定扶贫产品 20843 个，累计销售扶贫产品 238.3 亿元，有效解决好易地搬迁农副产品销售问题。

二是精心培育带贫主体。出台易地扶贫搬迁安置区产业发展税费减免、融资优惠、资金奖补等支持政策，培育壮大一批龙头企业、合作组织、家庭农场，提高产业扶贫组织化程度。全省培育规模以上农业龙头企业 1669 家，发展农民专业合作社 4.3 万家，遴选创业致富带头人 3.57 万人，在易地扶贫搬迁安置区实现了带贫减贫市场主体全覆盖。

三是不断加大投入力度。及时下达专项扶贫资金 4.47 亿元、补短板综合财力补助资金 1.5 亿元，统筹推进易地扶贫搬迁安置区产业培育发展。出台《易地扶贫搬迁结余资金使用指导意见》，将结余资金和新增的以工代赈资金统筹用于支持发展产业。加大金融信贷支持力度，五年内投放 120 亿元，用于后续扶持。

四是完善利益联结机制。推行“公司 + 基地 + 搬迁户”“政府 + 市场主体 + 银行 + 保险 + 搬迁户”等模式，在易地扶贫搬迁安置区培育主导产业、建立合作组织、对接龙头企业、推广股份合作、实行订单帮扶，完善经营主体与易地扶贫搬迁群众的利益联结机制，确保搬迁群众在全产业链上实现可持续稳定增收。

（4）压实责任，强力推动

易地扶贫搬迁是脱贫攻坚“五个一批”中的难中之难。涉及的问题复杂多样，牵扯的部门多，办好这件难事的关键在于落实责任。要落实领导责任、专班责任以及督办责任等。

一是落实领导责任。实行易地扶贫搬迁“一把手”负责制。全国电视电话会议之后，湖北省第一时间召开省委常委（扩大）会议学习贯彻会议精神。省委书记主持召开专题会议，传达学习汪洋副总理在十堰调研时的重要讲话精神，进一步端正方向、明确目标。各级党政主要负责同志作为第一责任人，主抓亲管、强力推进。

二是落实专班责任。全省各级都成立了高度集中统一的易地扶贫搬迁工作指挥部，分别从发改、扶贫、移民等部门抽调人员组建专班，层层制定作战图，倒排工期、挂图作战、按图销号，确保搬迁一户、脱贫一户。

三是落实督办责任。建立了常态化的现场拉练机制，一月召开一次现场推进会；建立了工程进度“月报制”、省直和市县推进工作“双通报制”，《通报》直接呈送省领导和地方党政主要负责同志；建立了责任追究制度和任务、责任、督办、正面典型、工作滞后典型等“五个清单”，实行预警通知、约谈提醒、诫勉谈话直至启动问责。由于督办到位，各地工作推进有力度、有声势、有氛围。

（5）统筹社会资源，形成合力

在投入方面，要统筹社会资源，统筹处理易地扶贫搬迁资源、易地搬迁中的各种关系、资金、户籍改革政策等。通过统筹各方社会资源，集中力量办大事。

一是统筹易地扶贫搬迁资源。脱贫攻坚关键在产业，核心是让搬迁农民通过改变生产经营方式和拓宽就业门路而增加收入，确保搬迁群众“稳得住”“能致富”。统筹易地扶贫搬迁与社会保障兜底。兜底方式是由政府统一建设住房，群众不筹资直接入住，但房屋产权归村集体所有，解决兜底人群的根本问题。对“一人户”直接纳入“社会保障兜底”的范围。

二是统筹易地搬迁中的各种关系。统筹做好易地扶贫搬迁和地质灾害避险搬迁、危旧房改造的关系。做到防护工程与主体工程同步设计、同步施工。

三是整合资金。财政专项扶贫、农田水利设施建设、农村公路建设、新农村建设等涉农资金，教育、医疗、卫生等社会事业方面的资金，与易地扶贫搬迁的任务和贫困人口的变化相结合、相协调，统筹推进。

四是用好户籍改革政策。将搬迁到城镇的农户由农村户籍改为城镇户籍，享受与城镇居民同等的医疗、教育和低保等政策。有针对性地对搬迁群众进行技能培训，定向推荐，确保每户有一人就业。

（三）湖北教育扶贫模式

习近平总书记在2021年2月25日全国脱贫攻坚总结表彰大会上强调教育扶贫是脱贫致富的根本之策，是“尽力阻断贫困代际传递”的重要力量。在教育扶贫中，湖北省积极、及时地响应中央教育扶贫政策，循着“保基本、补短板、促公平、提质量”的思路，通过教育扶贫赋予贫困地区群众自身的可持续发展能力。湖北省的“雨露计划”一直走在国家前列，分类施策控辍保学、联校办学和集团化办学等政策措施颇具特色。在具体行动上，湖北首先保证基本公共服务教育体系全覆盖，做到贫困学生“上得起学、上得好学”；其次，精准扶持特殊困难群体，确保“教育扶贫，不落一人”；再次，加强乡村师资力量建设、改造薄弱学校，加强教育新基建，并通过“互联网＋教育”等措施推进数字教育资源普遍开放共享，使得教育资源合理配置。

1. 湖北教育扶贫的主要模式

湖北各地市保证基本公共服务教育体系全覆盖，做到贫困学生“上得起学、上得好学”，确保“教育扶贫，不落一人”，并加强乡村师资力量建设、改造薄弱学校，加强教育新基建，以及通过“互联网＋教育”等措施推进数字教育资源普遍开放共享，促进教育资源合理配置。

（1）“双线责任制”

“双线责任制”模式主要处理的问题是“上不起学、上不好学”。一个问题是上不起学，贫困户有人因贫失学，有人因学校远、上学难等因素失学；另一个问题是上不好学，没有完善的教学设备、良好学习环境，缺少高素质的优秀老师等。

具体而言，主要分为四个环节（见图 3-2-20）：部门联动、分类施策、提供人力和物力保障、宣传引导。湖北通过这四个环节来落实各部门责任与政策资助，保障有学习能力的适龄儿童都能入学，保障基础设施和师资建设能够满足教学需求。

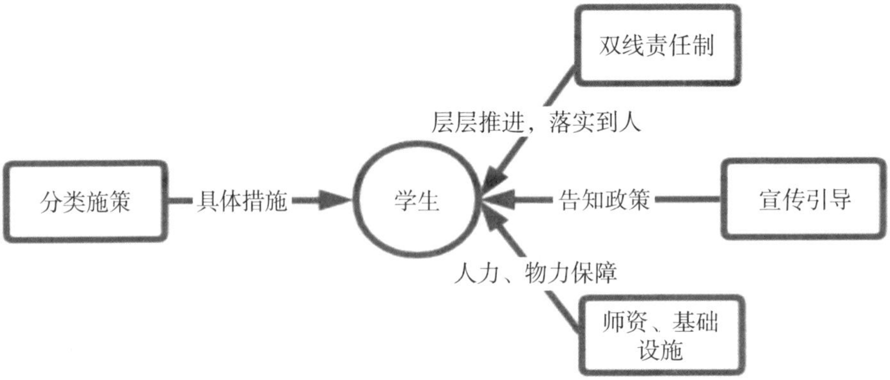

图 3-2-20 “双线责任制”模式图

第一个环节为部门联动（见图 3-2-21）。湖北通过部门联动，双线负责，由县到户，由教育局到学生，层层推进，使责任落实到位、政策优惠落实到学生。通过政府和教育部门的双重保障来确保政策能够落实到位。比如崇阳县实施双线四包制，双线即政府一条线，教育部门一条线。四包即在政府的一条线中，先由县领导包乡镇、再由乡镇领导包村、再由村干部包组、最后由组干部包户。而在教育部门的一条线中，先由教育局领导包学校，再由乡镇学校的领导包年级，再由班主任和班级任课教师包学生。

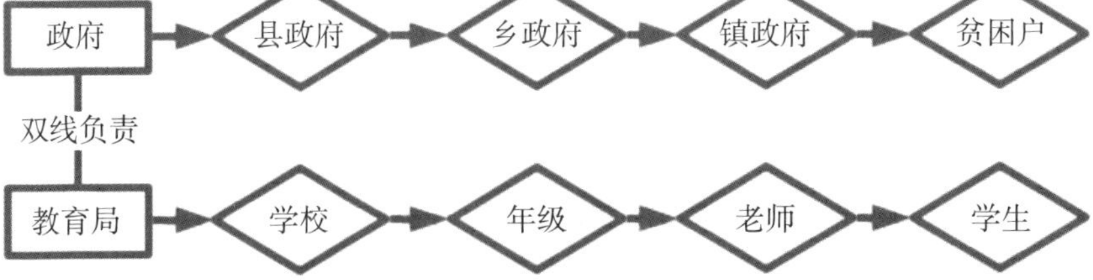

图 3-2-21 双线责任制流程图

第二个环节是分类施策（见图 3-2-22）。贫困地区的学生“上不起学、上不好学”的原因复杂多样：因家庭贫困失学、因学习困难或厌学而辍学，具有学习能力但因身体残疾失学、因家庭思想观念而辍学。不仅如此，还涉及智力、兴趣、心理等问题。除此以外，随迁子女的异地就读问题也为落实政策资助工作带来阻碍。为了确保这些学生“进得来、稳得住”，湖北对这些群体分类施策，通过“一校一策”“一类一策”乃至“一人一策”来具体分析，对症施策。一是对家庭贫困的学生。湖北一些地区加强政策优惠力度，在国家政策未覆盖到的方面也对贫困学生采取优惠政策。比如在高中阶段免学杂费、学费、教辅资料费和住宿费。二是对于特殊学生（比如残疾儿童和留守儿童）采取一对一或者多对一的帮扶模式；为残疾儿童和留守儿童建立帮扶手册，定期举行帮扶行动；建立随班就读点，并且予以补贴；对生活不能自理的学生采取送教上门的方式；对极个别性格有缺陷的学生，送到特殊的学校进行矫治。三是对于因为基础差、沉迷于游戏等原因厌学的学生采取圈管的制度。即将学生组织起来之后，请乡镇政府、管理部门的工作人员和干部一起来培训，反复循环，增加其学习的积极性。四是对在外就读的学生实行兜底保障，按县内标准补齐资助。

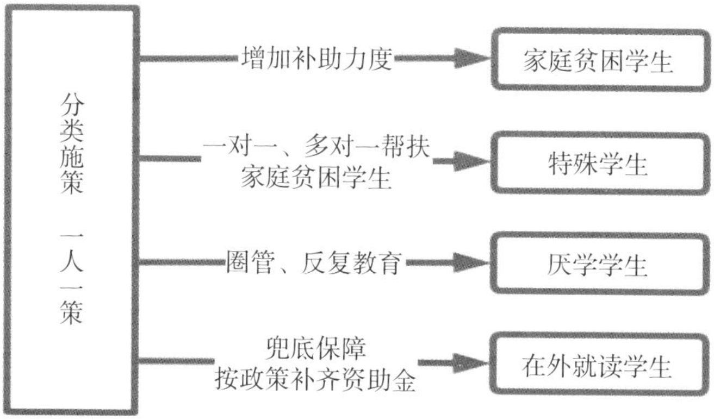

图 3-2-22　分类施策模式图

第三个环节是增强人力和物力保障。一是人力方面。湖北通过改善教师待遇，改革职称评定等方式来提高教师下乡教学的积极性；进一步调整乡村教师的年龄结构，减少中老年教师占比，为乡村注入年轻的教师力量。同时，增强对义务教育阶段老师的培训，提升教学质量。二是物力方面。湖北对薄弱学校采取应改尽改、不建造豪华学校和超标准学校的政策，保障最基本的办学条件，进而使适龄儿童能够就近上学。同时，湖北还推行免费午餐的优惠政策，并且添置教学设备、增加信息化基础设施的建设。

最后一个环节是对学生及其家长的宣传引导。要确保政策能惠及所有贫困学生，要加强教育宣传引导，让政策进村、进社区、进学校、进家庭。湖北各级人员积极主动、耐心细致地做好重大改革事项、重点工作、热点事件等政策解读和宣传引导；及时消除误解和网上杂音，迅速抢占舆论先机，牢牢把握工作主动权。从具体做法来看，湖北各地多途径多形式地加强教育宣传。一是通过发放致学生和家长的书信告知，将信件发到每个学生、每个家长手中。二是通过发放教育宣传册告知。三是通过打电话予以告知。四是学生信息入一次库，就走访一次。

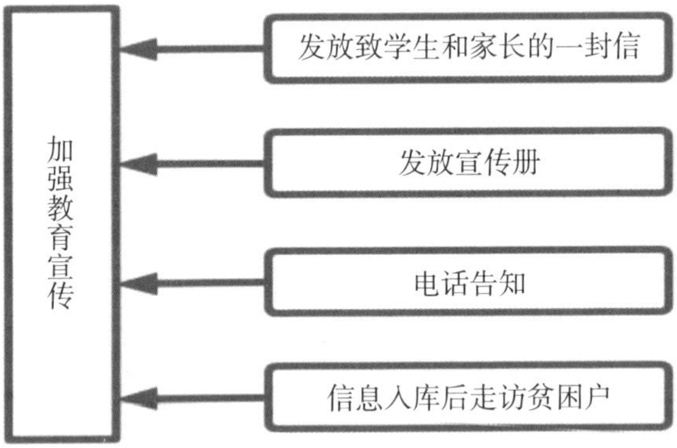

图 3-2-23　加强教育宣传模式图

专栏 3-2-15 能够清楚阐述湖北颇具特色的洪湖市教育扶贫模式。在该专栏中，湖北洪湖市实施“双线同责”控辍保学机制，落实“教育部门排查、乡镇区办整改、市扶贫办督办、纪委监委问责”的工作机制，以乡镇为主体实行追责问责。同时，因地因人施策，简化扶贫政策落实的相关政策，做到了教育精准资助工作全覆盖。

专栏 3-2-15　湖北洪湖“双线同责”抓控辍保学

“姐姐放心，我在护理班很开心，等我毕业了就可以当护士了！”湖北省洪湖市职业技术教育中心护理班学生蔡如意笑着跟姐姐通完电话后，便和同学一起去了实训室学习心肺复苏操作技术要领。蔡如意是该市黄家镇中心学校2017级初中学生，去年因家庭贫困和某些个人原因险些辍学，经班主任多次电话劝导，蔡如意今年顺利读上了中职学校。

“秋季开学在即，我们每一个督学要下沉学校，每一个教师要入户走访，特别是要落实好对贫困家庭孩子的资助政策，确保一个学生都不少。”洪湖市教育局局长邱正东在全市秋季开学暨疫情防控调度会上强调，要通过“双线同责”抓控辍保学、“三网比对”抓精准资助，扎实推进教育扶贫工作。

针对疑似辍学和有辍学倾向的义务教育阶段学生，该市实施“双线同责”控辍保学机制。通过市教育局督学—乡镇中心学校—班主任—学生“教育线”进行走访劝返，及时将排查结果反馈给各级政府和相关部门；各级政府和相关部门按照市政府及相关部门—地方政府—村委会—学生家庭“行政线”进行入户督导，因地因人施策，建立详细的工作台账，双线落实劝返工作责任。与此同时，还强化了控辍保学问责制度，市委、市政府主要领导多次召开“义务教育有保障”专题调度会议，落实了“教育部门排查、乡镇区办整改、市扶贫办督办、纪委监委问责”的工作机制，对控辍保学工作不力的按照各自职责以乡镇为主体实行追责问责。

为了精准资助建档立卡贫困家庭学生，该市教育、民政、扶贫、残联等部门联合发文，制定了《洪湖市家庭经济困难学生认定办法》，并对建档立卡家庭学生享受教育扶贫政策的相关程序进行了简化，规定“本地户籍建档立卡贫困家庭学生直接从扶贫网中导出名单，无须提交相关证明材料和申请材料”，同时，将学生学籍网与公安部门户籍网进行核查比对，避免资助“漏人漏项”。今年以来，该市已发放学生资助资金915.2万元，资助贫困家庭学生12700多人次，教育精准资助工作做到了全覆盖。

资料来源：叶华杉、翟平：《湖北洪湖“双线同责”抓控辍保学　做更精准更扎实的教育扶贫》，《中国教育报》2020年9月8日。

（2）教育培训模式

这种模式主要是通过培训等方式来提高贫困劳动力的技能水平和创业就业能力，增强其持续增收致富能力，实现从“输血式”扶贫到“造血式”扶贫的转变，包括各种岗位培训、校外教育、继续教育等为失去学校教育的人提供学习机会，让贫困劳动力参与直接同劳动、工作相联系且内容广泛的学习活动，学习更多的脱贫致富知识和技能，提升自己动手“丰衣足食”的能力。

湖北的培训教育紧跟市场、按需施教，促进了劳动力转移和新型农民的培训，最大程度上杜绝了“等、靠、要”思想，开辟了一条新的“致富路”，为巩固脱贫成果奠定了坚实的基础。

湖北培训教育主要有三个环节（见图 3-2-24），一是坚持以市场和就业需求为导向，二是精准实现培训计划，三是精准把控培训质量。

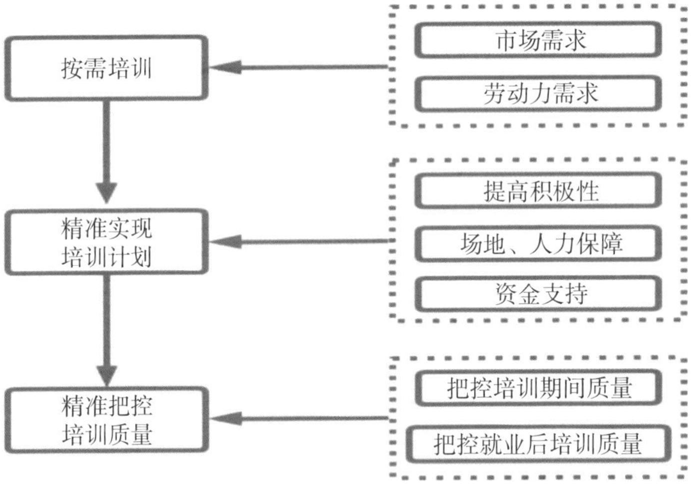

图 3-2-24 培训教育模式图

第一个环节即是要开展“订单式”培训、“点菜式”培训，主要有两个方向。一是以市场需求为导向。湖北结合产业扶贫等，围绕当地优势产业、生态旅游业等产业发展，分类预测用工需求，合理制订培训计划，确定具体的培训项目和规模。二是以劳动力就业需求为导向。湖北根据贫困户的实际就业需求，制定专项就业帮扶计划，通过实行“一户一策”“一人一策”，增强对贫困劳动力培训的针对性、实效性。除此以外，湖北积极增加就业岗位、拓展就业渠道，为能力受限的贫困户开设公益岗位，让他们实现就近就业；引进、发展产业，依托产业增加就业岗位；在疫情期间，针对返贫问题，通过专车专列，与其他省份对接，实现就业。

在第二个环节，即精准实施培训计划的环节，主要通过三步去实施。第一步是提高贫困户学习新技能的积极性。湖北通过宣传培训成果、政策优惠等方式来吸引更多劳动力参与培训，比如举办各类技能竞赛，开展培训成果展示、创业成果展示，宣传各级政府的培训优惠政策等等。第二步是提供场地、人力保障。一是通过建设实训基地，为劳动力提供实训、培训场所。湖北在 2016 年创建 127 所农民田间学校的基础上，2017 年依托新型农业经营主体创建农民田间学校 99 所，2018 年创建 61 所，总数达到 287 所，其中省级示范校达到 40 所以上。二是依托职业院校、职教中心，在短期培训、小规模培训的需求之上，进行系统性更强、时间更长、要求更高的培训。第三步是为贫困劳动力提供资金支持。湖北通过补贴食宿交通费、免培训费等优惠政策降低劳动力的培训成本。

第三个环节，主要分为两个时间段。一是在培训期间，对各培训班学员报到、上课、请假、考试鉴定等培训情况进行考评。培训结束时，开展培训满意度调查，根据参训人员对培训内容、课程设置、培训方式及培训效果的评价进行整改。通过这些手段鼓励贫困户把握机会，认真学习。二是在就业之后，开展用工满意度调查，听取企业对培训人员的技能评价，征求用工企业对技能培训工作的意见建议。在此基础上，不断优化培训内容和方式，努力提升精准培训质量。

总的来说，在教育培训模式中，湖北首先是通过坚持以市场和就业需求为导向，将培训内容与贫困户对接，培训方向与市场对接。其次是精准实现培训计划，通过展示成果提高贫困户参与教育提升的积极性，通过建设培训场地、依托职业院校更好地推动培训方案的实施。最后，湖北精准把控培训质量，通过考量培训期间和培训上岗后的培训效果，反思完善了教育模式。

湖北蕲春通过培训入户，帮助贫困户在家门口学习中药材养殖技术、经济作物养殖技术等。同时，通过招聘进村来切实帮助贫困户解决就业问题。县政府组织了有用工需求的企业，如相关的生物科技有限公司等，举办送岗下乡专场招聘会。在整个培训流程中，根据贫困户就业的切实需求，紧跟市场需求，精心组织，有的放矢，提高劳动力自己脱贫致富的能力。

专栏 3-2-16　蕲春：招聘进村，培训入户，助贫困户有“钱途”

“感谢县人社局的同志，不仅让我在家门口学会了艾灸技能，还让我足不出户找到了称心如意的工作……”11 月 5 日，蕲春县狮子镇董冲村 5 组建档立卡贫困户吴芳拿到与蕲艾堂科技有限公司签订的劳务合同时激动不已。这是蕲春县人社局精准施策助力农村建档立卡贫困户脱贫致富的一个缩影。

课堂办到门口。根据群众需求，精心组织，有的放矢地把技能培训班办到农村贫困户门口。包括黄精、蕲艾、夏枯草、莲子等中药材种植技术，油茶、虾稻连作、黄桃等经济作物种养技术，猪、牛、羊、鸡等家禽（畜）规模养殖技术等等。截至目前，已在漕河、檀林、张榜、青石、狮子、向桥、管窑等乡镇成功举办培训班 15 期，培训农村建档立卡贫困人口 3496 人。

招聘送到村头。组织有用工需求的企业举办送岗下乡专场招聘会。湖北蕲艾堂科技有限公司、蕲春李时珍本草生物科技有限公司、湖北蕲泰保安公司、湖北楚元环保设备有限公司、皇华（湖北）服饰有限公司、黄冈永盛电子厂、湖北蕲春鑫丰废旧家电拆解有限公司等 57 家企业进场招聘，累计提供艾灸、保洁、保安、生产普工、餐厅服务、电焊学徒、水电安装、机械维修、数控折弯、市场营销等工作岗位 2331 个。截至目前，已有 825 名农村贫困人员与相关企业签订劳动合同。

资料来源：张志勇、华中秋：《蕲春：招聘进村，培训入户，助贫困户有“钱途”》，蕲春县人社局网站，2020 年 11 月 6 日。

（3）教育资源均等化

这种模式主要处理的问题是“教育资源不均等”。虽然我国不断加快老少边穷等地区教育发展的步伐，然而，教育资源的地区差异仍然较大。这种差异体现在：一是教师资源匮乏，缺教师、缺好教师。乡村教师薪资水平较低、教学环境较差、培训机会较少，教师“下不去、留不住、教不好”。一方面年轻教师不愿意下乡，现有乡村教师年龄结构失衡，普遍年纪偏大。另一方面学科结构失衡，缺少体美等学科的老师。二是资源配备与硬件设施相对匮乏，缺少教室、设备等。为了解决这些问题，湖北的具体做法主要分为三个环节：一是增强基础设施建设，二是增强乡村教师队伍建设，三是改革教学、办学模式。

为了解决这些问题，该模式运行中设立了三个环节（见图 3-2-25）。第一个环节是加强基础设施建设，主要包括改造薄弱学校、建设寄宿制学校和教育信息化建设。建立完善的基础设施是施行基础教学工作的前提，是吸引、留住老师的重要保障，也是实施办学、教学改革的前提条件。其一，湖北改造了薄弱学校、推进寄宿制学校建设。主要针对义务教育阶段，湖北逐步使义务教育学校校舍建设、教育装备、图书、学生生活设施设备等达到国家标准，实现县域义务教育均衡发展。对于学前教育，湖北新建和改扩建公办幼儿园，建成以公办园和普惠性民办园为主体的学前教育公共服务体系。其二，在教育信息化建设方面，湖北省是首个获批全国教育信息化试点的省份，起步早、推进力度大。实施试点以来，省政府大力推进、重点督办，不断深化教育信息化统筹推进、基础条件建设、数字资源建设、教育教学应用、教师应用能力提升和激励保障等体制机制改革，推进重点工作任务落实。通过信息技术来扩大优质教育资源覆盖面、改革教学模式，为推动教育现代化奠定了基础，进一步促进了教育公平，提高了教育质量。

第二个环节是加强师资建设。2012 年，湖北创造性地开展了省级统筹农村教师补充新机制改革，2016 年推出“黄金十条”，2018 年贯彻落实中央关于全面深化新时代教师队伍建设改革的部署。

从具体做法上来看，第一步是拓宽乡村教师补充渠道。为扩大教师增量，湖北实施缺额全补措施，实行全省统招统派，经费省级负担、县级教育行政部门负责管理、农村学校使用的新补充机制，支持各地大量补充农村教师。另外，湖北还实施了对教师订单式培养的措施，就近招收建档立卡精准扶贫家庭子女入学，在校免学费有补助，毕业后返乡从教。2018 年，教育部、财政部出台《银龄讲学计划实施方案》之后，湖北也积极实施“银龄讲学”计划，返聘优秀退休教师下乡任教。

第二步是提升乡村教师专业水平。湖北以乡村教师培训为重点，统筹实施“国培计划”和省级培训，中央和省财政每年投入约 1.3 亿元，形成农村教师普惠培训、骨干教师提升培训、优秀教师研修培训的培训体系。2020 年省级以上计划培训中小学教师超过 10 万人次，其中乡村教师占比约 70%。除此以外，湖北还实施“大别山”“武陵山”“三峡库区”等五大精准扶贫片区“种子”教师培训项目，实现乡村教师全员轮训。

第三步是提高乡村教师生活待遇。湖北通过为乡村教师提供补贴、提供住房等方式，改善乡村教师的生活待遇。

第四步是完善乡村学校教师编制管理与职称评聘方法。一是通过全面推进“县管校聘”改革来盘活教师存量、推动教师由“单位人”向“系统人”转变，并规定城镇学校新入职教师5年内须到乡村学校或城镇薄弱学校任教1年以上。二是创新编制管理方式，比如湖北当阳市打破以往按学校定编定人做法，将编制收归教育局统一管理，根据偏远地区农村学校实际和班师比配备老师，优化教师队伍结构。三是将教师编制、职称评定向农村地区倾斜，在职称评定时注重工作实绩、师德表现。

第五步是促进城镇教师向乡村学校流动。湖北出台《省人民政府关于统筹推进县域内城乡义务教育一体化改革发展的实施意见》《省编办、省教育厅、省财政厅、省人社厅关于进一步加强县域内义务教育学校校长、教师交流轮岗的实施意见》等文件来加强城乡教师轮岗交流、完善交流机制，提高农村学校的教学质量。具体而言，一是实施了实行义务教育学校编制、岗位总量控制、动态管理；二是完善义务教育学校校长选任交流机制；三是加强义务教育学校教师轮岗交流；四是健全有利于校长、教师交流轮岗的激励约束机制等措施。

第三个环节是改革办学、教学模式。由于贫困地区的办学条件和城市有着不小的差距，湖北的部分城镇面临着城区学校出现“大班额”，乡村学校学生人数少的状况。此外，贫困地区部分学校老师稀缺，学校的教育理念、教育模式比较落后也阻碍了教育扶贫进程。为了提高教学质量，也为避免造成教育扶贫资源的浪费，湖北省改革了办学模式和教学模式。

在改革教学模式方面，具体措施有联校网教、双师教学等。该模式以第一步的信息基础设施建设为基础，通过建立网校点，使贫困地区的学生在教室听课，由其他学校的优秀教师使用网络视频的方式授课。崇阳县将62个贫困村，47个教学点全部纳入联校网教的体系。有效解决了小学一、二、三年级音乐、体育、美术这三种课程开不起、开不足、开不好的状况，获得了非常理想的教学效果。这一成果与经验被联合国提名为哈马德国王奖，在全国进行了推广。竹山县实施双师教学的教学模式，针对其学校规模小、老师资源有限，有些课程开不起、开课质量不高的现状，采取他校教师直播教学，乡村教师现场辅导的模式。在县里建立一个总的指挥中心和直播中心，有200多个智慧云教师，试点班级97个，受益的学生达5000人。受到了《中国教育报》《中国教师报》《湖北日报》等主流媒体的报道。

在改革办学模式方面，具体措施有联校办学、集团化办学。该模式是由一所优质学校牵头，其他学校加挂总校分校区校牌，“一套班子、多个校区、统一管理、资源共享”，把人财物统为一体，将课程和老师全部跟分校一样管理，使用一样的标准，创造一样的教育质量。该模式扩大了优质教育资源，避免了教育资源的浪费。崇阳县大力推进集团化办学，有效地化解了城区的学校班额爆满，乡村学校学生严重不足的状况。竹山县也通过区域合作，实现强校带弱校。

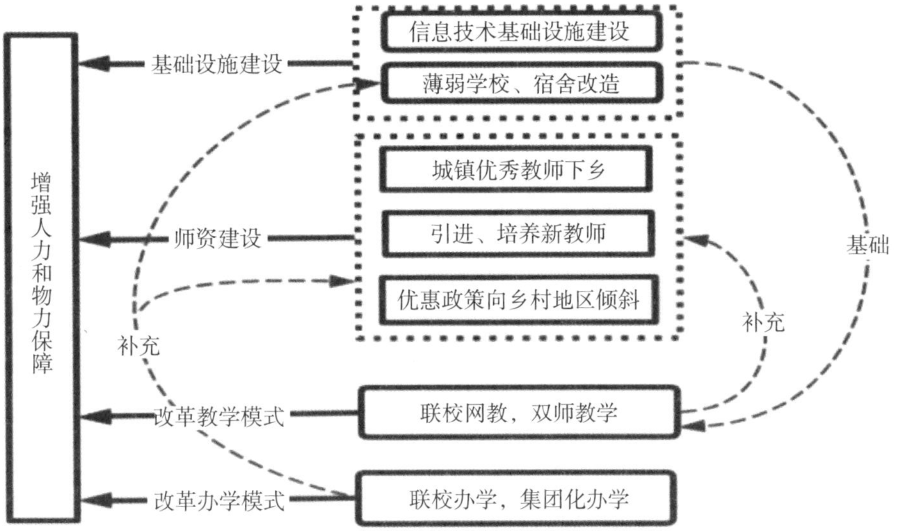

图 3-2-25　加强教师管理，改革办学、教学模式

总的来说，湖北在该模式中，首先增强基础设施建设，包括教室、宿舍、信息基础设施等，提高了学生上学的硬件条件，也改善了老师的教学条件，并且为改革办学、教学模式奠定了基础。其次增强乡村教师队伍建设，通过加强对老师的培训，提高乡村老师待遇，在评优、评职称等方面向乡村老师倾斜等方式加强老师下乡任教的积极性。三是改革教学、办学模式。通过联校网教、双师教学和联校办学、集团办学等方式，整合、拓展了教育资源，总体上提高了贫困地区的教学质量。

湖北全面推进“县管校聘”改革，要求各县统筹分配、动态调整当地学校教职工编制，根据学校需求统筹实施派遣任教，推动教师由“单位人”向“系统人”转变。之后，提出各地要利用空编，采取有效办法及时补充教师，创造乡村教师专业成长条件；落实并完善乡村教师生活补助政策。

专栏 3-2-17 湖北加强农村教师队伍建设改革——乡村学校来了新老师

10 月 18 日上午，在湖北宜昌当阳市庙前镇沙河小学三年级教室，26 岁的英语教师熊曼丽正带着同学们练习英语对话，配合着“招手”“鞠躬”等动作，气氛十分热烈……

大学毕业后，熊曼丽先在当阳市里的培训学校教书，但她心中念念不忘的是家乡庙前镇的山山水水。去年 8 月，通过统一招考，她来到这所仅有 120 余人的乡村小学。原以为已经做好了心理准备，但当她找出所带班级上学期英语期末考试成绩时，心里“咯噔”一下：一半以上学生不及格！“跟县城里同年龄段的学生相比，这里的学生基础差，有的连最基本的英文字母都认不全。”熊曼丽说。

自编歌曲、情景模仿……她从营造轻松愉悦的课堂气氛入手，针对学生特点制定不同的教案学案，鼓励学生大胆开口说英语。一年下来，这群以留守儿童为主的“山里娃”告别了胆怯，表现了自信，英语成绩也从市里垫底提升到了全市调考第二名，学习劲头更足了……

2015 年 4 月，习近平总书记主持召开中央全面深化改革领导小组第十一次会议，审议通过了《乡村教师支持计划（2015—2020 年）》。会议召开后不久，湖北就印发有关实施意见，全面推进“县管校聘”改革，要求各县统筹分配、动态调整当地学校教职工编制，根据学校需求统筹实施派遣任教，推动教师由“单位人”向“系统人”转变。2017 年，湖北印发《关于统筹推进县域内城乡义务教育一体化改革发展的实施意见》，提出各地要利用空编，采取有效办法及时补充教师，创造乡村教师专业成长条件；落实并完善集中连片特困地区和边远艰苦地区乡村教师生活补助政策。

当阳市打破以往按学校定编定人做法，将编制收归教育局统一管理，根据偏远地区农村学校实际和班师比配备老师，优化教师队伍结构。2018 年，熊曼丽的到来，打破了庙前镇沙河小学 13 年未进新老师的局面。今年，该校又进了 3 名新人，教师平均年龄大幅下降，教学活力更足。

为使广大乡村教师安心任教，湖北强化激励引导，对乡镇义务教育学校、村小、教学点在岗专任教师，按照艰苦边远程度不同分别实行 300 元、400 元、

600 元的差异化补助。2018 年投入 2.39 亿元，5.77 万名乡村教师受益。探索建立符合乡村教师职业特点的职称评价体系，专业技术中高级岗位设置向乡村学校倾斜。省财政每年投入 7000 万元，形成农村教师普惠培训、骨干教师提升培训、优秀教师研修培训的培训体系。在湖北，越来越多的青年教师选择扎根乡村教育事业，希望的种子正在金色的田野悄悄生根发芽……

资料来源：范昊天：《湖北加强农村教师队伍建设改革——乡村学校来了新老师》，《人民日报》2019 年 10 月 23 日。

2. 经验借鉴

湖北教育资源存在城乡差异，教育发展的区域不平衡、城乡资源分配不均、扶贫资源利用效率不高等问题仍然普遍存在。为了解决这些问题，湖北加大教育资源投入、提高资源利用率，针对贫困户的实际需求，精准施策，形成了具有湖北特色的教育扶贫经验。

（1）政策先动，凝聚社会合力

湖北“雨露计划”推行早，被誉为全国“雨露计划”的发源地。实践证明，通过扶持、引导和培训，提高贫困人口素质，增强其就业和创业能力，把人口压力转化为资源优势，是加快贫困农民脱贫致富步伐的有效途径。加大控辍保学力度也是湖北政策先行先动的典型做法。实现义务教育有保障是教育脱贫攻坚战的重大政治任务，也是“两不愁三保障”的底线目标之一，事关脱贫攻坚的成效和全面小康的成色。湖北省的控辍保学工作标准更高、精度更大、有地方特色。通过更高的义务教育巩固率目标、具有地方特色的责任落实制度来进一步加强控辍保学。

（2）体系全面，不留死角

巩固提高义务教育水平。湖北不断巩固提高义务教育水平，保障适龄儿童少年依法接受义务教育。通过双线责任制确保责任落实到学生个人；通过增加补贴力度减轻上学成本；通过改造薄弱学校、增加教学设备提供优质教学环境；通过“一人一策”、分类施策精准扶贫，确保所有类型的适龄入学儿童都能上得起学、上得好学。

普惠学前教育、普及高中教育。湖北省的学前教育紧扣普惠，通过在农村建设合格幼儿园；鼓励社会资本举办幼儿园，对办园条件简陋、保教质量差的幼儿园有步骤地予以调整和撤并；中心园一对一结对帮扶新建农村园，常态化实施“三送”（“送优课到园”“送培训到园”“送指导到园”）等方式解决入园难的问题，努力发展普惠而有质量的学前教育，为幼儿“好入园”“入好园”奠定了坚实基础。“十三五”期间，还提出普及高中阶段教育，逐步分类推进中等职业教育免除学杂费，保障每个16岁至18岁的适龄青少年都不因贫失学。高中阶段教育普及攻坚关键要保基本、补短板、促公平，重点是支持中西部贫困地区、民族地区、边远地区和革命老区等四类地区扩大教育资源，改善办学条件。湖北对普通高中、中职学校招生比例提出到2020年基本消除大班额的目标，并对贫困学生予以补贴。

加大职业教育和非正规教育力度。湖北创新职业教育模式，在全国率先实施“技能高考”，积极推进高等职业教育分类招生考试改革试点，实施面向中职毕业生的“知识＋技能”的招生考试改革。在2015年，取消高职统考，全面实施“技能高考”，湖北省中职毕业生升入高一级学校主要通过“技能高考”和高职单独招生考试方式进行。同时，建立中高职衔接、高职和应用型本科衔接的职业教育人才培养制度，打通职业教育从中职到高职到应用型本科的升学通道，使中职毕业生“就业有门路，升学有渠道”。近年来，湖北还试点了本科高校试点1+X证书培养，旨在培养新业态、新经济急需的高素质应用人才和高新企业的紧俏人才。此外，湖北通过加大建档立卡贫困家庭子女接受职业教育的助学力度、加大用于职业教育的资金投入，用教育资源从招生、联合办学渠道支持扶贫开发重点县职业教育发展，建立示范校“一对一”帮扶扶贫开发重点县职业学校机制。同时，支持扶贫开发重点县职业学校与优秀高职院校联合办学。

除了职业教育以外，湖北通过培训等非正规教育来补充提高贫困劳动力的技能水平和创业就业能力，实现从“输血式”扶贫到“造血式”扶贫的转变，最大程度上杜绝了“等、靠、要”思想，开辟了一条新的“致富路”，为巩固脱贫成果奠定了坚实的基础。湖北通过坚持以市场和就业需求为导向，精准实现培训计划，精准把控培训质量，让“教育扶贫，不落一人”。

（3）分类施策，重点突出

相比传统“大水漫灌式”的扶贫，精准识别贫困人口和致贫原因，并针对贫困户不同的特征为其定制扶贫措施将更加精准高效。湖北对于失学、辍学群体，不仅分类施策，还进一步通过“一户一策，一人一策”，让扶贫措施更加精准到位。

具体从湖北各县市来看，针对不同群体积累了不同的经验。

因贫、病失学。首先对于因为家庭贫困失学的学生，要加大对其教育补助力度来帮助他们完成学业。其次对于有学习能力但因病失学的学生，一是可以采取随班就读模式，有条件的可以为贫困户就近建立随班就读点。二是对于生活不能自理的学生可以采取送教上门的教学方式。除此以外，向这些特殊学生采取一对一或者多对一的帮扶模式，为每一个残疾儿童建立帮扶手册，定期举行帮扶行动，给予他们生活和心理上的双重帮助。

因厌学而辍学。对于因为基础差、沉迷于游戏等原因厌学的学生，采取圈管的制度。圈管是通过发动基层干部和学校老师，来将这些学生集中在一起，对其反复进行教育、引导，保证他们在适合学习的年龄段不掉队。除此以外，对极个别性格有缺陷的学生，送到特殊的学校进行矫治。

异地就读补助。对在外就读的学生，首先通过追踪其学籍，建立档案，确定贫困学生的就读位置、关注其能否享受到教育补贴。其次，对于贫困学生所在地没有教育扶贫补助或者教育扶贫补助比较少的这类情况，可以通过电话等和其取得联系，确认情况后进行补贴和兜底保障，补齐这一类学生可以享受到的教育补贴。

（4）完善教师、教学管理制度

完善教师管理制度。湖北积极推进教师轮岗交流、对口帮扶、三支一扶等举措，并且加强对乡村教师的培训、增加他们的补贴与奖励。通过拓宽乡村教师补充渠道、提升乡村教师专业水平、提高乡村教师生活待遇、完善乡村学校教师编制管理与职称评聘方法、促进城镇教师向乡村学校流动，可以解决教师“下不去、留不住、教不好”的问题。

改革办学模式。改革办学模式中的典型方式是联校办学和集团化办学。联校办学是由优质学校牵头，其他学校加挂总校分校区校牌。但是该方式不止于加挂校牌，而是统一编制章程规划，统一调配教职工，统一组织招生编班，统一安排课程教学，统一开展教师考核学生评价，共建共享功能场馆。集团化办学是一种由名校牵头的办学模式。这两种办学方式都为拓宽教育资源覆盖面作出了贡献。

改革教学模式。改革办学模式中，比较典型的就是联校网教和双师教学。双师课堂由双师教学引申而来，是将传统教学中老师的职责进行细分，让优秀的主讲老师通过直播的形式给班级学生上课，线下助教老师与线上老师进行配合共同完成授课。联校网教的模式也与之相似。通过建立网络总控台，连接云平台的老师，请他们为农村学校的学生授课。这一模式，有效地缓解了师资力量不足的问题，并且收到了来自学生的欢迎。

加快信息基础建设。《国家教育改革发展第十三个五年规划》提出要继续推进“三通两平台”建设与应用，推进数字教育资源普遍开放共享，面向教育发展落后地区和特殊人群，提供公益性数字教育资源服务，加快教育大数据建设与开放共享。2020 年，“两会”也提出要加强教育新基建，以“三全两高一大”为目标，加快推进教育专网建设，完善国家数字教育资源公共服务体系，普及数字校园建设与应用，扩大优质教育资源覆盖面。在农村地区推行“互联网 + 教育”，可以利用有限的教育资源，整合多方力量，让农村地区的学生也能接受更加现代化的优质教育。

（四）湖北健康扶贫模式

健康扶贫事关贫困人口健康权益，牵动脱贫攻坚大局。健康扶贫是促进贫困群众的健康状况得到逐步提升的一系列扶贫工作的总称。客观上讲，湖北健康扶贫的工作压力较大，因病、因残导致的贫困是湖北各类贫困中占比最大、影响最广的一类贫困（一般县市都在 40% 以上，部分县市超过 80%）。截至 2019 年底，湖北的因病致贫返贫率高达 51.2%。在 2020 年底的返贫致因中健康位居第一。在这种情况下，湖北省高度重视健康扶贫，出台了一系列的措施建议，健康扶贫工作走在全国前列。湖北开展的以“健康 985”为标志的健康扶贫脱贫工作，曾经轰动全国，引起各地争相效仿，在全面建成小康社会过程中起到关键作用。简单来讲，湖北省健康扶贫大致可以分为四个基本模式，分别是医疗费用兜底、智慧医疗保障、对口签约帮扶和医养结合模式。与其他省相比，湖北省健康扶贫工作起步最早，难度较大，但取得的工作成果显著。2020 年，面临突如其来的新冠疫情冲击，在党中央和全国各地的大力支持下，湖北成功遏制住因疫致贫和因疫返贫问题，健康扶贫工作又上了一个台阶。

1. 湖北健康扶贫的主要模式

湖北省各县市积极开展健康扶贫工作，探索出了许多具有湖北特色的健康扶贫模式，其中最具代表性的有以下四种：医疗费用的兜底健康扶贫模式，主要针对住院医疗费用补助问题；智慧医疗保障扶贫模式，解决贫困地区医疗技术落后问题；对口签约帮扶扶贫模式，一对一精准帮扶；医养结合扶贫模式，集养病、养老于一体。

（1）医疗费用的兜底健康扶贫模式（“健康 985”）

在健康扶贫中，因病致贫和因病返贫问题的根源在于看病就医的费用昂贵，超过普通家庭可负担范围。因为生病住院开销大，短期内无法筹集，很容易超出贫困群众的支付能力，进而打乱他们正常的生产生活，从而出现贫困问题。

“健康 985”模式减轻了贫困户看病就医的医疗费用负担，保障了他们的基本生活。贫困户得以及时看病、尽早痊愈，保证了脱贫工作的稳步推进。

对贫困群众来说，就医困难集中体现在如下几个方面：

第一，医疗费用高昂。因病致贫的贫困户的年均医疗费费用支出超过他们全年家庭支付的 50%，有的甚至占比更高，成为贫困户难以承受的负担。湖北的做法中，将医疗费用控制在 5000 元以内，就为贫困群众就医吃上了“定心丸”。

第二，看病就医时间紧迫。贫困人口经常是“小病扛，大病倒”。

第三，办理就医手续复杂。在贫困群众中，就医手续复杂也是贫困生成的一个重要原因。湖北在 985 政策中实施“先诊断后付费”制度，保障了贫困群众可以治疗结束后再办理手续，从而降低了手续复杂带来的问题。这样做既体现了医院“救死扶伤”的使命和对生命的尊重，节省了患者宝贵的治疗时间，也打消了一些患者看病时的顾虑，不必担心“无钱看病”的困境，有利于改善医疗关系，帮助医院赢得更多病人的信任。

第四，补助程序复杂。贫困户大多不了解政府相关政策，容易走弯路。就医之后如何报销、如何得到相关补助对贫困群众来说也成为一个大问题。湖北在 985 政策中实行的方法是“一站式服务、一票式结算”，这样一来，贫困户不用担心多花钱，花多少钱心里有数，可以找其他医院的医生复查，保障医疗的公平性。还有的地区使用的“贫困户优先”的政策。例如洪湖市实行市内住院“一站式”结算，市外住院结算费用由当地卫生院“一站式”受理。设置住院起付线，县域内一、二级医院分别为150元、400元；按照规定转诊到荆州市级和省级指定医院分别为600元和900元，贫困患者住院先交纳住院起付线金额。

图3-2-26包括如下内容：贫困户身体状况，生病对健康的冲击是极大的，尤其是大病、慢性病，有的甚至直接威胁到患者的性命；患者为治疗疾病而寻医问药，四处奔波，这个过程将消耗大量资金、时间，办理住院等手续极其复杂；报销医疗费用时需要筹措各种资料、证明材料等，一旦出现纰漏或者被人误导，将会大大损害贫困户的基本权益；一人生病，全家负担，家庭生产生活会受到打击，不仅自己无法正常生产生活获取经济来源，还连累家里人来照顾自己；生产生活的停滞甚至后退，将会反过来影响贫困户的身体状况，高额医药费导致的生活质量的下降、同村人异样的眼光、亲人朋友的付出等，难免会造成贫困户身体和心灵上的伤害，从而导致贫困和疾病的恶性循环。

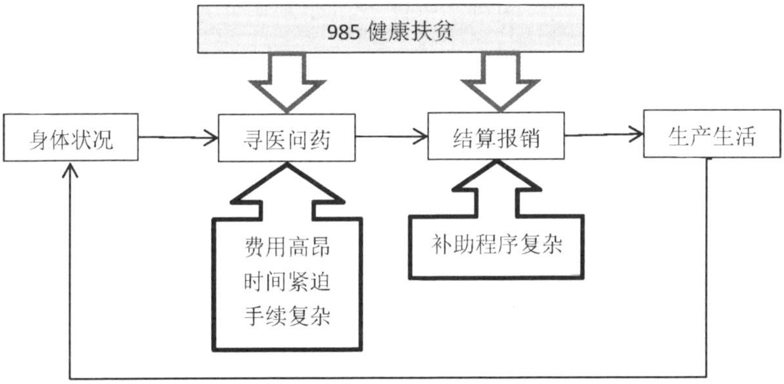

图3-2-26 “健康985”兜底健康扶贫模式

根据《关于进一步完善保障农村贫困人口基本医疗的若干措施》(鄂办发〔2018〕24号)，“985”模式最大的特点一是报销比重大，直接解决了医疗费用高和筹资耗时长的难题；二是解决了费用问题，贫困户可以放心大胆地去治疗，各种手续也可以在住院或治疗期间或之后办理，直接阻断了因手续导致耗时加剧；三是贫困户不再为资金发愁，只要清楚相关政策、办理相关手续就可接受治疗，间接防止了贫困户因治病而走弯路。

专栏 3-2-18　向“985 健康扶贫”道一声谢

对于丹江口市浪河镇四道河村 28 岁的村民徐锋阳来说，今年的春节过得很欣慰。2 月 11 日，他欣喜地告诉记者：“‘985 健康扶贫’救了我的命！”

2 月初，记者到他家采访时，正赶上徐锋阳刚从武汉某医院做完手术出院回家，他住在一个破旧的房屋里养病，身体虽然虚弱，但精神尚好。徐锋阳介绍，他原在上海做汽配生意，2017 年 5 月发现有心衰症状，检查确诊患先天性心脏病，主动脉瓣畸形。正在此时，2017 年精准识别回头看活动，经群众评议和公告后，村里将他家纳入建档立卡贫困户。2017 年，徐锋阳在上海中心医院做心脏修复手术，花费 14 万元。从上海手术回家，赶上我省实施“985 健康扶贫”，通过基本医疗报销、大病医疗救助、民政医疗救助、补充医疗保险“四位一体”健康扶贫，徐锋阳的医疗费报销率超过 95%。

镇干部介绍，所谓“985 健康扶贫”，指建档立卡贫困户合规医疗费用报销率达 90%，慢性病医疗费用报销率达 80%，单独一个病人年医疗费个人负担部分不超过 5000 元；超过 5000 元部分，实施大病救助、补充医疗保险和民政救助解决。“2018 年下半年，我的腿和眼睛开始肿痛，到十堰医院复查，说是手术不成功，需重新手术。”徐锋阳介绍，春节前夕，又到武汉亚心医院做了心脏换瓣手术，住院和手术花费 8.8 万元，基本医疗和大病医疗救助核销后，从武汉出院回家时，医院退还了 3.8 万元。村支部书记王平解释，民政医疗救助和补充医疗保险救助部分，在外地不能直接结算，只能回到当地报销。

王平说：“以前农民患了大病，要么全家致贫，要么放弃治疗。现在‘985 健康扶贫’，从根本上解决了贫困户因病致贫、因病返贫问题。”

数据来源：黄中朝、王文政：《向“985 健康扶贫”道一声谢》，《湖北日报》2019 年 2 月 12 日。

专栏 3-2-18 中对应图 3-2-26 医疗费用的兜底健康扶贫模式，案例中的徐锋阳是“985 健康扶贫”政策的一个受益者。他在第一次手术中就花费 14 万元，报销 95% 以及之后的大病救助、补充医疗保险和民政救助等，个人负担不超过 5000 元；第二次手术花费 8.8 万元，经正常程序报销后个人花费将仍然不超过 5000 元。如若没有这笔救助，作为贫困户的徐锋阳可能会因治疗先天性心脏病而倾家荡产、欠下外债，使贫困加深。相比而言，若没有“985”

扶贫政策，有些贫困户面对巨额医疗费用可能选择不治疗，导致身体状况下滑，影响正常生产生活，从而愈加贫困。“985 健康扶贫”让贫困户都能看得起病、治得好病，极大减弱生病对其生产生活的冲击。贫困户早日恢复健康，继续投入日常生产生活，脱贫便指日可待。

（2）智慧医疗保障扶贫模式

贫困地区大多居住在偏僻边远的农村，医疗资源匮乏，贫困户想要得到良好的救治，往往需要奔波劳累，消耗大量时间、精力和金钱；另一方面，医生想要进村对病患进行治疗也并非易事，偏僻地区道路崎岖难行，健康扶贫实施受阻。对贫困群众来说，他们经常担心找不到好医生而被误诊，多花冤枉钱，有时不惜天南海北地找名医、消耗大量资源，健康医疗成本提高，从而导致贫困程度加深。

其一，要解决的问题。

一是医疗资源不均衡。深度贫困地区普遍面临医疗基础设施滞后、医疗资源匮乏、医卫人员流失严重、医疗体系不完善等问题。《关于湖北省健康扶贫工程的实施意见》（鄂卫生计生发〔2016〕22 号）中指出，要提升贫困地区医疗卫生服务能力，主要举措有：大力支持区域医疗卫生中心建设、加强贫困地区医疗卫生服务体系建设等。但这些目标的实现需要漫长的过程。

二是贫困群众异地就医比例高。以江陵县 2018 年的数据为例，自江陵开通全国异地联网结算系统以来，共办理异地就医 882 人次，其中跨省异地就医登记 90 人，异地就医占比很大，主要原因在于人口的流动和医疗技术分布不均。

三是病残比例高，行动不便。2015 年，湖北省建档立卡农村贫困人口中因病致贫返贫人口为 73 万户、189.6 万人，至 2019 年底仍然有 1.39 万户、2.15 万人面临着因病致贫返贫的困境。

其二，运行逻辑。

智慧医疗保障扶贫模式逻辑图主要包括以下几个方面内容：第一，贫困户生病后会就近在地方医院看病，然而由于条件限制，地方医院往往医疗资源稀缺贫困群众看不好病；第二，贫困户的疾病无法就近治疗，就需要转诊到大城市寻找更优质医疗资源，舟车劳顿耗时耗力、额外费用无法报销、浪费时间延误治疗；第三，智慧医疗保障扶贫模式可直接将县城大医院与地方医院

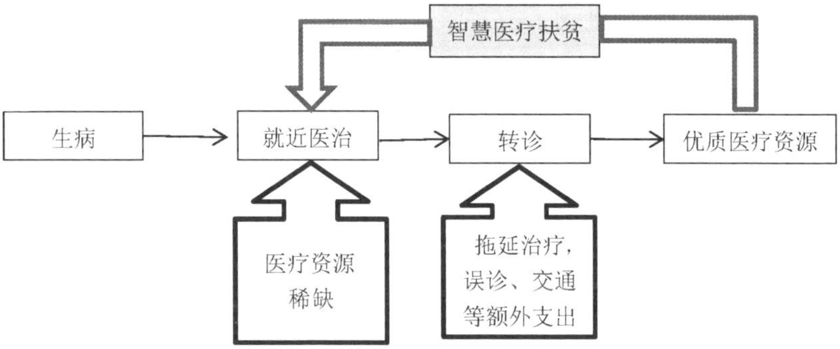

图 3-2-27　智慧医疗保障扶贫模式逻辑图

连接起来，医生与患者实现网上面对面。直接阻断转诊步骤，减少多余支出。

开展智慧医疗扶贫，关键在于 5G 网络基础的建设和 5G 设备的投放。《省人民政府关于印发湖北省 5G 产业发展行动计划（2019—2021 年）的通知》（鄂政发〔2019〕18 号）指出“推动健康医疗应用。支持基础电信运营商和省内重点医疗机构深化合作，加快 5G 技术在移动急救、远程会诊、远程影像、远程护理等医疗健康领域示范应用”。其核心在于依托极快的 5G 网络速度优势，利用先进设备将优质医疗资源导入边远贫困地区，实现医疗技术共享。这一行动将直接切断患者就医时的其他费用支出，让贫困户少走弯路。

在《关于湖北省健康扶贫工程的实施意见》（鄂卫生计生发〔2016〕22 号）中关于推进贫困地区远程医疗服务政策明确了这一任务：“优先开展贫困地区医疗机构远程医疗系统建设，与已接入省远程医疗服务平台的部省属医院先连先通，并逐步实现贫困地区县级医院与三级医院、县级医院与县域内基层医疗卫生机构之间远程医疗平台互联互通，初步实现远程会诊、远程门诊、远程专科诊断、远程数字资源共享、双向转诊、分级诊疗、远程多参管理、远程手术指导示教、远程病理诊断、远程医学教育等功能，弥补贫困地区优质医疗资源不足，方便群众就近就医，降低群众医疗费用负担。”该项措施在 2016 年就被提出，随着信息技术的发展不断改进和完善。湖北是一个医疗服务供给大省，省内有全国闻名的大医院和专家。为了充分利用网络平台和资源，进而整合区域医疗资源，充分利用这些高级医疗资源，以提高贫困群众的健康医疗水平。安徽、湖南等中部省份关于智慧医疗服务方面与湖北有类似之处。但湖北省率先起步 5G 智慧医疗建设，其中最具代表性的是同济医学院和当地医院的合作，推动了智慧医疗的发展，2019 年以来，已有多家医院试水 5G 技术在医疗健康领域的应用。

（3）对口签约帮扶扶贫模式

湖北的一些地区，创新了医疗卫生对口签约帮扶模式。该模式有两个方面内容：一是贫困户与医院签约。贫困户直接与医院或者医疗团队签约，有些地区已实现家庭医生全覆盖，保障每一位贫困户的身体健康条件可以及时得到关注。医生是责任人，完全掌握签约对象的身体情况，给出合适的治疗方案，可随时进行入户指导、电话指导、帮助就医，医患关系密切；二是省城大医院与地区小医院签约，由大医院派遣专业的医生团队到小医院坐镇指导，同时共享部分医疗技术，增加医疗设备，帮助地方医院迅速发展，以便为贫困户提供更高质量的医疗卫生服务。

其一，要解决的问题。

一是贫困群众居住偏远，不方便去医院。利用本项目在竹山、竹溪等九县市的调研数据进行统计分析可以发现，694 户贫困家庭到县城的平均距离有 38.3 千米；农户到县城距离的最大值达到了 100 千米，同时农户到县城距离的中位数达到了 35 千米，也就是说贫困户中有一半的农户到县城的距离超过了 35 千米，并且最大达到了 100 千米。从数据可以初步看出，贫困群众确实居住在离县城较远的地方，进城较为不便。

二是贫困群众的体检少，预防能力不够。贫困群众大多数没有工作单位，不会进行每年的定期体检，出现身体指标不正常也很难做到及时察觉，无法做到预防，增加了慢性病和潜在疾病发病的危险。

三是贫困群众多病，病情多种多样，缺乏照顾。贫困群众大多为文化程度不高的老人，极大一部分不能熟练使用智能手机等现代通信设备，身体出现问题时无法咨询专业医生了解情况。老年人由于年龄等原因缺乏保健意识，体质较差，容易生病，再加上行动不便缺乏照顾，需要专业医护人员的细致照顾和及时的病情指导。

四是城乡医院医疗卫生资源分布不均。地方县市小医院发展空间有限，许多专业医师不愿留在那里，医院人才、技术短缺；同时，小医院资金有限，医疗设备不足或者老旧落后，远远不能满足大多数病患的需求；而大城市医院相对成熟，人才、资金、设备等相对完善。农村居民生了大病往往会赶往大城市的医院进行诊断和治疗。

其二，运行逻辑（详见图 3-2-28）。

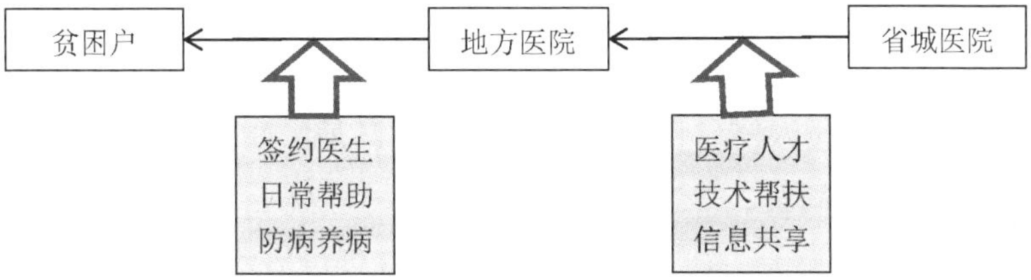

图 3-2-28　对口签约帮扶扶贫模式逻辑图

该模式主要包括两大内容：第一，地方医院或省城医院医生上门对患病村民进行健康体检，建立对口帮扶关系，了解患者病情，建立签约患者个人档案，并为每名贫困人口指定一名签约服务医生，建立一份动态管理的健康档案，推荐一个基本公共卫生服务包，建立一张健康信息联系卡，日后进行随访。随访内容包括检查贫困户身体状况、进行用药指导、健康咨询等；第二，省城医院为地方医院提供技术支持，包括派遣专业医师、共享医疗资料、提供基础设备等，保证医疗卫生对口签约帮扶工作高质量开展。

为了加深“早检查，早预防”的观念，湖北省开发了贫困户的微信识别码，制定了贫困户签约服务协议，组建了医疗服务志愿者队伍。这些做法，让贫困群众也可以参与智慧医疗，加入到医疗有保障的队伍中。让预防疾病成为保障健康的第一步，将贫困群众的经济损失和病痛降到最小；加速了医疗资源的下沉速度，加深了贫困群众健康体检预防疾病的意识。同时，一些地区也引进了一批家庭医生，主要针对中老年常见疾病进行预防和治疗。家庭医生定期对当地符合条件的居民进行身体检查，检查费用由医保基金、基本公共卫生服务经费和签约居民三方分担，居民花小钱就能检查身体，做到及时预防疾病，极大地降低了大病发生率。百姓身体少受罪、贫困户大病不用愁，政府扶贫压力也大大减轻。

需要说明的是，河南、安徽等中部省份也都实施贫困人口慢性病签约服务，对建档立卡农村贫困人口中慢性病患者，优先纳入家庭医生签约服务管理，优先覆盖高血压、糖尿病、结核病等慢性病人群，确保签约服务质量。湖北省关于慢性病的管理采取了分类施策方法，针对不同地方、不同人群、不同年龄段的慢性病防治需求，制定个性化的防治目标和策略。

（4）医养结合扶贫模式

医养结合是针对扶贫工作中因病致残、孤寡、失能半失能老人群体的生活、养老、康复、医疗等问题创新的一种扶贫模式。前面提到，贫困户中老年人占比较高，而老年人体质较差，容易患病，尤其是慢性病。慢性病具有四类特征：一是持续时间长；二是短期影响小，容易被忽视；三是长期影响大；四是范围广、得病概率大。针对这些健康问题，开展健康扶贫，既需要治疗，又需要积极保健和养护。医养结合模式集医疗、康复、养生、养老为一体，主要工作就是集合医护人员、社区志愿服务者为贫困老人提供基本医疗、预防保健、心理疏导、慢性病管理等服务。医养中心的老人和残障人员，都有一对一的医护和养护人员，养护团队主要负责照料入住老人的日常生活起居，医疗团队负责对老人的慢性病管理，以及日常生病治疗和康复照料。

其一，要解决的问题。

一是慢性病影响贫困群众的生产生活。俗话说“小病扛，大病倒”，贫困户大多没有“治病要趁早”的意识，身体出现点小毛病总以为忍忍就过去了，却往往因此忽视了许多疾病征兆，最后熬成大病。病来如山倒，一旦生病，正常生活秩序被打乱，家里人还要耗费精力照顾，家庭收入大幅削减，支出急剧加大。

二是慢性病的报销范围不够全面。可报销的慢性病种类在各个地区有所不同。例如荆州地区的报销范围中大病、特殊慢性病共 43 种。一旦出现报销范围外的慢性病，就无法享受政策优惠。

三是农村保健设施缺乏。农村地区尤其是偏远地带交通不便，基础医疗设施不完善，医疗资源落后。乡镇医院规模偏小，设施简陋，医生水平不高，导致大病看不了，小病看不好。

四是风俗习惯因素导致影响身体健康。贫困地区经济不发达，许多地方思想落后，保留着一些不好的风俗习惯，比如有些地方的村民只信神佛不信医生，生病了不愿打针吃药，偏偏去求神拜佛，妄想以此消灾解难，从而导致疾病逐渐恶化，拖垮家里；有些地区的村民没有健康的业余活动，喜欢用赌博等不健康的方式消磨时间，生活不规律，渐渐埋下病根；贫困户中许多留守老人活动不便，久而久之容易患上慢性病，等等。

其二，运行逻辑（详见图 3-2-29）。

图 3-2-29 包含以下关系：第一，在贫困户中，身体健康的占少数，更多的虽日常表现正常，实际上可能身患一种或多种慢性疾病，需要定期吃药维持；第二，慢性病发病率高、持续时间长、范围广、难治疗，人们往往以为慢性病是随着年龄的增长都会有的疾病，未给予足够的重视；第三，慢性病最后拖成大病，不得不住院接受治疗，身体状况因此下滑。

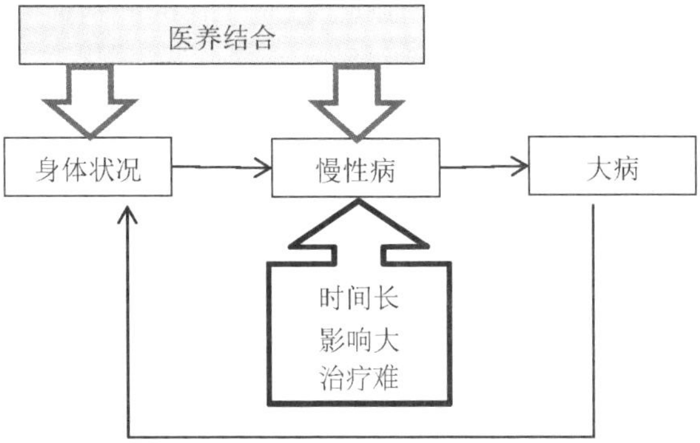

图 3-2-29　医养结合扶贫模式逻辑图

针对慢性病患者，把医疗救助、生活照料、康复关怀和亲情满足融合为一体，没病的时候积极防护，出现慢性病再跟随治疗，切实提高了因病、因残、因老无劳动能力贫困老人的生活质量，保障他们的身体健康。

2. 经验借鉴

（1）重视健康，政策先导

对健康扶贫的投入加大。据本项目的调研数据显示，至 2019 年，麻城市健康扶贫财政资金累计投入 21132.59 万元，贫困人口享受健康扶贫累计住院救助政策人数达到 170537 人次，补充医疗保险政策兜底累计报销费用 15571.92 万元，政策范围内报销比例达到 90% 以上。低保、五保等兜底保障标准，也在逐年提高。崇阳县财政资金吃紧的情况下，近年统筹使用于健康扶贫的专项资金达 1.68 亿元。每年财政净投入 4000 余万元，资助贫困人口参加城乡医疗保险，购买补充医疗保险、落实“985”医疗兜底保障。

健康扶贫工作宣传到位。扶贫工作既需要医疗机构的积极配合，也需要贫困户的踊跃加入。崇阳县对驻村工作队员、乡镇卫生院长、乡村医生、县直单位包保责任人开展了多轮扶贫政策培训。驻村工作队员、包保责任人、乡村医生上门向贫困人员面对面宣讲健康扶贫政策相关知识，发放张贴健康扶贫政策宣传单，想方设法让贫困人员知晓健康扶贫政策。同时加强了医疗机构的宣传。各定点医疗机构都在醒目位置设置了健康扶贫政策宣传栏，张贴了建档立卡贫困人口先诊疗后付费、一站式一票制结算窗口标识和办理流程图，让前来医疗就诊的贫困人员一目了然。群众知晓国家的优惠政策后，就不会出现“得病不敢治”的情况，有利于扶贫工作的顺利推进。

（2）合作联动，加强交流

政策落地离不开各部门的积极配合。湖北省动员各市县、各部门合作联动，加强不同领域之间的交流，相互协助、共同进步。

多部门联动。健康扶贫工作涉及多个部门的工作，设立多部门联动机制是健康扶贫能否见效的关键环节之一。

其一，卫健、医保、扶贫部门的联动。在《关于进一步完善保障农村贫困人口基本医疗的若干措施》中规定，“卫健、医保、扶贫各条战线要认真做好统筹协调，加强上下沟通、横向联动，切实做到以人民为中心，以消除绝对贫困为根本任务，坚决做好健康扶贫各项工作任务，高质量打赢脱贫攻坚战，为全面建成小康社会做出更大贡献”。

其二，更多部门配合。医养结合模式就包括省卫生计生委、省财政厅、省人社厅、省物价局、省中医药局等多个部门。《湖北省深化医药卫生体制改革2018年下半年重点工作任务》要求，在程序上需要多个部门联合行动，比如，人力资源社会保障部门组织专家鉴定方可享受门诊特殊慢性病医疗待遇；在设施上要求“完善医保支付、人事管理、服务价格、财政投入等配套措施，促进医疗联合体建设和远程医疗服务”。

加强县域内部、县域内外医疗资源交流。对口签约帮扶模式体现了医疗资源的流动，主要的方向是：大城市重点医院医疗资源向小乡镇小医院流动，小乡镇医疗团队再向贫困户流动。优质医疗资源下沉，切实保障贫困户的身体健康。湖北省要求持续推进三级医院对口帮扶贫困县医院，压实帮扶责任，完善帮扶关系和帮扶模式；探索开展非贫困县县级医院对口支援贫困地区乡镇卫生院，定期选派医师到乡镇卫生院执业，开展帮扶工作。保康县要求对较大的村至少配备2名医生，较小的村至少配备1名医生，把更多的资源向贫困、偏远、高山地区倾斜；麻城市合并之后共25个行政村，全部建立了单独的城卫生室，每个卫生室配备了至少2名乡村医生，方便了群众就医，实现了小病不出村，家庭医生签约全覆盖，持续推进医疗资源向贫困地区的流动，大大提高了脱贫质量。

（3）完善制度，落实责任

工作的开展需要有制度的监督，将责任落实到位，更能激发扶贫工作者的动力，保证脱贫工作的行稳致远。

医疗机构责任到人。“对口签约帮扶”扶贫模式就是将保障贫困户身体健康的任务落实到了医院或者医疗团队的身上。医生上门宣传对口签约帮扶政策，查看贫困患者身体状况并与他们签约，患者的健康由签约医生负责。例如，崇阳卫健局强调“进一步加强高血压、糖尿病、肺结核、严重精神障碍等慢性病患者的签约服务管理，按照慢性病管理要求，按季开展随访服务”，至2019年8月底，崇阳县全县免费签约70730人，免费体检60614人。

落实医疗保险公司责任。医疗保险则是为患病的贫困户提供的第二层保障，保险公司是其责任人。一旦贫困户在投保期间患病且符合理赔条件，保险公司就得向贫困户赔款规定数额的钱款以帮助其渡过难关。投保费用、门槛以及保险金额也在逐年调整，以便惠及更多贫困户。湖北采用城乡居民基本医疗保险覆盖所有农村贫困人口并实行政策倾斜，个人缴纳部分由财政部给予补贴，加大对大病保险的支持力度，实施更加精准的支付政策，提高贫困人口医疗保障水平，建立基本医疗保险、大病保险、疾病应急救助、医疗救助等制度的衔接，形成保障合力。这与法国和德国的社会医疗保险体系有相似之处，都是个人和国家共同出资，参保并缴费后，享受医疗保险待遇，覆盖面比较广。

完善考核监督制度。健康扶贫工作的稳步开展离不开监管考核制度的建立。崇阳县将健康扶贫纳入年度目标责任综合考核，建立“一周一督察、半月一会商，一月一通报”工作机制，形成部门联动、层层传压、共同推进的工作格局。其他县市也有类似的举措。建立考核制度，给各部门一定的压力，才能保证扶贫工作按照既定路线行走。监管制度既包括对各行政机关、部门的监管，又包括对享受政策的个人的监管。

（4）体系全面，应保尽保

体系建设。湖北省健康扶贫体系包括四个方面内容：第一，共享医疗信息。以信息为基础，利用互联网建立贫困户医疗信息网络，政府和医疗机构完全掌握贫困户健康信息，为扶贫工作的开展打好信息基础。第二，签约医生入户。将贫困户与家庭医院一对一签约，既能满足贫困户日常的医疗需求，又能充分利用医疗资源。第三，保证药物供给。贫困户中大部分为老人，由于身体和年龄的原因，大多数老年贫困者患有慢性病，这种疾病难以治疗，长期依赖药物进行控制。保证医疗机构药物供给对他们具有重要意义。第四，注重人才培养。在许多地区尤其是偏僻贫困农村，医疗资源极其稀有，积极培育医疗人才，既能平衡医疗资源，又能提供更多就业岗位。

模式优化。四种健康扶贫模式从钱、治、帮、养四个方面着手，解决贫困户在看病就医过程中遇到的各种困难：第一，医疗费用的兜底健康扶贫模式主要解决贫困户“看不起病”的问题。该模式被称为“兜底保障”，就是因为其补助力度大，确保住院、手术等费用在贫困户的承受能力以内，保证了贫困家庭的基本生活。第二，智慧医疗保障扶贫模式解决了贫困户寻医问药的困难。利用5G高速信息网，将贫困地区小医院与大城市大医院连接，专业医生可在千里之外对患者进行指导治疗，患者不用东奔西走，可以就近治好病。第三，对口签约帮扶扶贫模式解决更加偏远贫困地区的就医问题。将医生与患者一对一签约，医生全面掌握贫困患者信息，可以随时上门服务，对行动不便的老人、残疾人具有重大意义。第四，医养结合扶贫模式对老人、残疾人、慢性病患者具有极其重要的意义。由专业医护人员照顾其日常生活起居，保证他们有规律地饮食、锻炼、治疗疾病等。解决资金问题、技术问题，再根据不同地区、不同人群的不同需求制定更加合适的救助方案，是湖北省健康扶贫成功的关键。

不同省份比较。河南、安徽等中部省份关于医疗报销和医保参保费用方面的措施和湖北第一种模式相类似。这些内容包括：提高综合保障水平，优化医疗服务，加强疾病防控工作，加强医疗卫生服务能力建设。代缴医保参保费用，扩大医保报销范围，降低医保补偿门槛等。相较而言，湖北省的救助力度更大、范围更广、体系更全面。河南、安徽等中部省份关于基础医疗都非常重视、特别是大病和慢性病的治理，和湖北的第四种模式十分类似。这些内容包括：实施贫困人口慢性病签约服务，对建档立卡农村贫困人口中慢性病患者，优先纳入家庭医生签约服务管理，优先覆盖高血压、糖尿病、结核病等慢性病人群，确保签约服务质量。但湖北省关于慢性病的管理采取了分类施策方法，针对不同地方、不同人群、不同年龄段的慢性病防治需求，制定个性化的防治目标和策略。该分类施策的方法显然具有更高的医疗效率。

（5）搜集信息，数据共享

依托大数据建立的贫困户看病就医信息网络，是健全医疗保障体系的基础重要工程。对一个贫困家庭来说，他们的疾病发生和发展总是有一定规律可循的。通过分析这些规律，可以对后面的治疗产生影响。另外，从其他地区的案例中找到参考案例以及诊断方案，也是提高医疗效率的基本方法。因此，健康扶贫对数据的要求很高。湖北在这个方面的经验可以概括为以下三个方面：

其一，基本数据早收集、体系化收集。早在 20 世纪 80 年代，湖北就制作了贫困户档案，并进行了全省的数据分析，这比全国建立贫困户档案时间足足早了三十多年。在《湖北农村扶贫条例》中就规定，“县级以上人民政府应当建立贫困监测和扶贫统计制度。统计部门负责贫困监测工作，扶贫开发主管部门负责统计扶贫项目、扶贫资金等事项。有关地方、单位和个人应当如实提供数据和资料”。

其二，医疗数据库共享。湖北省很多医院利用二维码实现数据信息共享，针对需要进行紧急治疗的患者，医生只要扫描二维码信息，就可快速确认病人的详细资料，完成入院登记并进行急救，高效地为病人急救争取宝贵的时间。除此之外，还可了解病人的数据资料，如病史、过敏史等医疗信息，准确无误地设计治疗方案。湖北省人民医院建立设计慢性病防控与健康科学数据共享，该项目建设内容为聚焦心脑血管疾病、肿瘤、糖尿病和慢性呼吸道疾病，建立综合防控数据共享平台，主要包括建设数据资源层、应用系统和基础软硬件支撑三部分。

其三，信息网络建设。远程诊断就是医疗数据传输的典型案例。近几年，随着湖北省公立医院综合改革逐步推进，远程诊疗、在线付费等模式的逐步开展，使智慧医融入生活，老百姓感受到了方便。自 2016 年 1 月开始，武汉市中心医院开始尝试建立远程视频、影像中心等在内的远程医疗体系，并通过远程视频方式，为洪湖市地区农村居民提供在线健康咨询服务。湖北还有多家医院也开始了类似的尝试。武汉大学口腔医院运用微信服务号提供预约挂号、移动支付、在线咨询、全景导航等服务，上线 9 个月用户数超过 5 万人，微信挂号订单约 6000 人次。湖北省卫生健康委与中国电信湖北公司签订战略合作协议，双方将共同推进 5G 在远程医疗、县域医共体、健康扶贫等领域的创新实践，推进卫生健康信息化发展，支撑健康湖北建设，缓解“看病贵、看病难”问题，让偏远地区的群众享受到大城市大医院优质医疗资源的服务。

（6）精准到位，分类施策

为了达到“精准扶贫、不落一人”的目标，圆满完成脱贫任务，湖北省各县市都针对自身情况，制定了适宜的方案。在我们的调研过程中，既遇到过身体残疾、生活不能自理人员的情况，也遇到身体强健的“武神经病”、随时可以轮起大棒满屋子追人打人的情况，更是遇到颇有“半仙”色彩“时病时不病”、口吐白沫人员的情况。对于“健康”的定义，更有多种多样，贫困群体是社会的弱势群体，易因物质条件的短缺引起疾病（比如缺衣少食引起的营养不良、各种疾病等）、受到社会支持不够所引起的认知行为偏差。据竹山县扶贫办介绍，他们曾经做了一个台账，将贫困户的“不健康”“不顺心”事情逐户进行了等级，汇总后形成四万多个“案件”。因此，健康扶贫工作必须分类施策、分级施策、分阶段逐步实施。

（五）湖北生态扶贫模式

在国内，集中连片贫困区也是生态环境比较脆弱和污染程度比较重的地区，贫困和生态之间的相互作用形成的生态贫困，已经成为扶贫面对的突出问题。在湖北，贫困人口主要集中在革命老区，生态脆弱的深山地区，水库移民地区和低洼的湖区，生态贫困也占据湖北贫困中非常突出的地位。湖北的 4 个连片特困地区，也具有明显的生态脆弱特征。湖北省因地制宜，开展了别具特色的生态扶贫工作，形成了扶贫移民和生态移民、保护和修复生态环境、生态补偿、碳汇交易四种主要扶贫模式。

1. 湖北生态扶贫的主要模式

在政府政策的大力支持下，生态扶贫取得了较好的扶贫收益。生态扶贫直接改变了贫困户的生产生活状态，在山地、林地和脆弱地区的贫困群众的收入大幅增长。在贫困群众增加收入、脱贫致富的同时，还带动了乡村经济的绿色发展。根据人地的关系，将湖北生态扶贫模式分为四类：一是人走地留的扶贫移民模式；二是人留地留的环境改造模式，保护和修复生态环境；三是人地动态调整生态补偿模式；四是与人地流动无关的碳汇交易模式。

（1）扶贫移民和生态移民

在“一方水土养不活一方人”的地方，通过扶贫移民和生态移民工作割裂生态与贫困的恶性循环，可以使贫困群众的生产生活秩序摆脱原来的“穷山恶水”的生态、自然灾害的冲击，实现生产和生活质量的根本性提高。目前这种脱贫模式已经成为湖北精准脱贫的重要实现形式。

①生态与贫困的关联。

生态环境敏感性用于分析区域生态系统在遇到干扰时，发生土壤侵蚀、酸雨、旱涝、泥石流、滑坡等生态问题的难易程度。在湖北的国土面积中，极敏感、高度敏感、敏感、轻度敏感以及不敏感5个级别中，处于前两个级别的地区，也多是贫困集中的地区。这些地区，容易出现生态与环境的正负循环。

所谓生态环境的正循环是指：良好生态环境是人类生存与健康的基础，人因自然而生，人与自然是生命共同体，人类对大自然的伤害最终会伤及人类自身。良好生态环境是最普惠的民生福祉，生态环境质量直接决定着民生质量，改善生态环境就是改善民生。良好生态环境是“生产力”和“金山银山”，只要保护好了生态环境，就可以发展生态产业、绿色产业，实现经济价值，变成真金白银。

所谓生态环境的负循环是指恶劣的生态环境会对人类免疫系统造成损害，使得免疫机制减退，对人类健康危害严重，可引发和加剧眼部疾病、皮肤癌、传染疾病；导致白内障眼疾和皮肤癌发病率上升，直接提高了贫困户的生活成本。此外生态环境破坏会使得土壤退化、水土流失、土地荒漠化、土地盐碱化、臭氧层破坏、酸雨等自然灾害频繁发生，导致农作物的生长速度缓慢，减低了农作物的质量和产量，甚至会造成绝收，直接影响贫困户的收入。恶劣的生态环境也会导致森林草地衰退，危及生态平衡和生物多样性。

综合上述分析发现，在一方水土养不活一方人的地方，使用生态扶贫搬迁是一种次优选择。通过生态移民可以解决生态与贫困的正负循环问题，比如，生态移民搬迁使土壤退化、水土流失、生态系统退化等得到有效治理。通过移民进行封山绿化、退耕还林还草，可有效降低生态环境的压力，减缓人类活动对自然生态系统的干扰，有效抑制人类活动对森林、草原植被的破坏，以及对珍稀动植物的影响。其次，生态移民扶贫，可解决偏远地区群众的生产生活难题，让广大群众共享发展成果。地理位置偏远、生态环境脆弱的地区，往往是生活艰难的地区。实施生态移民工程，可从根本上改善贫困群众的生产生活条件，同时生活条件的提升会伴随出现很多就业岗位，部分贫困户可以通过这种方式来实现脱贫。

②主要机制。

从理论上讲，贫困与生态环境的脆弱性，往往紧密相连，因此，生态移民自始就与扶贫相关联。在实施精准扶贫战略大背景下，生态移民被赋予了减贫的重要功能作用，成为精准扶贫的重要实现形式。湖北生态移民扶贫，主要是以集中搬迁安置点为重点，解决搬迁群众产业、就业、基本公共服务、社会融入、社区治理等实际问题，从而确保搬迁群众搬得出、稳得住、有就业、逐步能致富。

在图 3-2-30 中，需要重点说明如下几个问题：首先，生态环境对贫困户的生活质量影响巨大，恶化的生态环境使人容易生病，影响作物生长，降低个人收入，造成“一方水土养不活一方人”的现象。贫困人口居住在生态脆弱地区，导致就地扶贫难度太大，必须采用生态移民方法。其次，通过生态移民方式，不仅可以缓解原生态环境压力，还可以改善贫困户生活条件，解决这些地区条件恶劣，扶贫难度大等问题。尽管搬迁到一个新的地方会增加新的生活成本，但是同时也创新了新的就业机会。只要把握好这些机会，就能逐步实现脱贫致富。最后，脱贫致富和良好的生态环境形成相互促进的关系，进一步稳固脱贫成果。可以看出，有步骤、有计划地实施生态移民工程，无疑是解决生态退化和贫困人口生活困难的最佳选择。

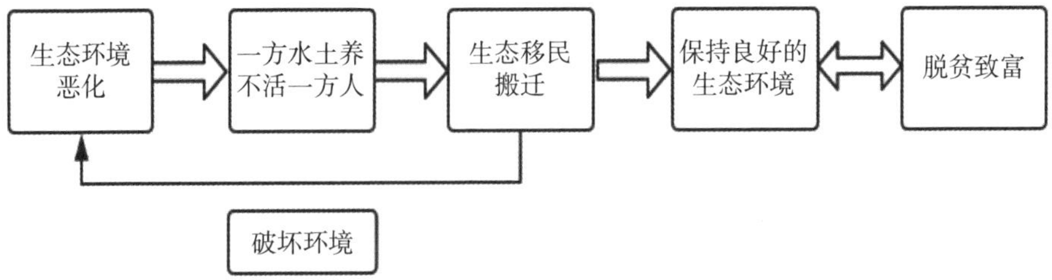

图 3-2-30　生态移民搬迁

③主要环节和案例。

需要特别说明的是，生态移民扶贫要与发展生态经济相结合。要特别注意发挥自身资源禀赋和比较优势，发展特色产业。一是发展优势特色农业。立足各地的资源优势和产业基础，把特色农产品打造成区域名片。二是发展乡村旅游业。充分利用地区自然、人文资源，结合美丽乡村建设，发展文化旅游、休闲旅游，着力打造“吃农家饭、住农家屋、游农家景、享农家乐”的乡村旅游特色，把丰富多样的旅游资源转化为经济效益、转化为扶贫富民的新动力。

专栏 3-2-19　湖北省旅游扶贫成效初显

2018 年 10 月 17 日，“中国扶贫日 湖北旅游行暨房县诗经（黄酒）文化旅游节”活动在十堰房县举行，省旅游委现场发布的《湖北旅游扶贫报告》显示，“十二五”以来，湖北省累计有 110 万人通过旅游实现脱贫，已阶段性完成旅游扶贫任务。

据悉，2015 年，湖北省旅游部门提出，到 2019 年通过旅游扶贫带动超过 100 万贫困人口脱贫，占全省 590 万建档立卡贫困人口的 17% 以上。2017 年底，湖北省已提前达到该目标，2017 年旅游扶贫的建档立卡重点村人均通过旅游增收 5000 元以上。

近年来，湖北省乡村旅游发展迅猛，成为推动全省旅游发展的新动能，也富了一方百姓。湖北省通过“旅翼旅游扶贫”工程，实施百村旅游规划公益扶贫、百企结对帮扶、旅游创建和品牌培育、四季乡村旅游营销、金融支持旅游扶贫项目、千人教育培训、乡村旅游后备箱工程、万名旅游创客等举措，形成了旅游开发引爆贫困区产业发展的乘数效应。黄石市大冶龙凤山庄入选由世界旅游联盟、中国国际扶贫中心、世界银行联合发布的 12 个“世界旅游联盟旅游减贫案例”；罗田燕儿谷生态农庄成为七个全国旅游扶贫典型之一。

湖北省旅游委介绍，今年，湖北省乡村旅游接待游客有望突破 2.7 亿人次，受益农民将达到 150 万人以上，带动脱贫 10 万人以上。

资料来源：湖北省旅游局：《我省旅游扶贫成效初显》，《湖北日报》2018 年 20 月 22 日。

（2）保护和修复生态环境

在《湖北省脱贫攻坚规划（2016—2020年）》中，贯彻实施《中共中央、国务院关于打赢脱贫攻坚战的决定》的意见等生态扶贫政策中也多次强调，加大环境整治和危房改造，加大贫困地区生态保护修复力度，切实加强生态环境保护，大力推进绿满荆楚行动，实施天然林保护、防护林建设、退耕还林、地产林改造、湿地保护与恢复等重大生态工程。

①处理的主要问题。

污染问题。近些年来，环境污染问题越来越严重，比如空气污染、水污染、大气污染等。环境问题受到前所未有的重视。严重的污染问题会直接影响到贫困户的生活质量、身体健康、生产活动。例如空气污染造成空气污浊，导致人们的发病率上升等等；水污染使水环境质量恶化，造成饮用水源的质量普遍下降，威胁人的身体健康，引起胎儿早产或畸形等等。严重的污染事件不仅带来健康问题，也造成社会问题。保护和修复生态环境有助于处理这些污染问题，改善农村生态环境。

灾害问题。自然灾害的频繁发生对贫困户的影响巨大，比如洪涝，干旱等。贫困户的生产经营收入大多都来自于出售自己种养的农产品，自然灾害严重时会导致贫困户颗粒无收，并且绝大多数的自然灾害都可能造成饮用水供应系统的破坏，常在灾害后早期引起大规模的肠道传染病的爆发和流行。而保护和修复生态环境有助于减少自然灾害发生的频率，不仅帮助贫困户早日脱贫，而且对贫困户身体健康具有重要作用。

设施问题。基础设施的缺乏在很大程度上影响了脱贫户脱贫，比如道路设施、水利设施、通信设施等。贫困户的农产品想走出去，如果道路等基础设施不完善，就可能导致运输成本上升或无人采收，也就不可走出去。“要想富先修路”这是新中国成立几十年来总结的经验，路修好了，给贫困户带来了生活便利，就为脱贫提供了机会。

②主要机制。

首先，保护和修复生态环境可以改善农村生态环境，农村生态环境的改变会提高乡村人民的幸福指数，从而提升贫困户的内生动力，提高其脱贫的积极性、主动性和创造性。同时生态环境的改变可以使得人们身体变得更加健康，有效工作时间变长，从而增加个人可支配收入。

其次，农村环境整治也为农村人民生活带来了便利，尤其是一些基础设施的建设，比如道路修通了，会给人们带来方便，人们致富也会变得更容易。如果架设了网线，就可以进行一些电商活动，多渠道增加收入来源。

再次，还可以帮助树立良好村容村貌形象，村容村貌的提升可以使得外出务工人员返乡，提升乡村活力。村容村貌的提升使得农村发展生态旅游业成为可能，从而带动农村经济的发展。

最后，旅游业的发展可以扩大农村在当地乃至全国的影响力，提高农村的知名度，带动其他产业（如农业、畜牧业等）的发展，进而吸引外来人员投资，提供更多的岗位帮助贫困户脱贫。

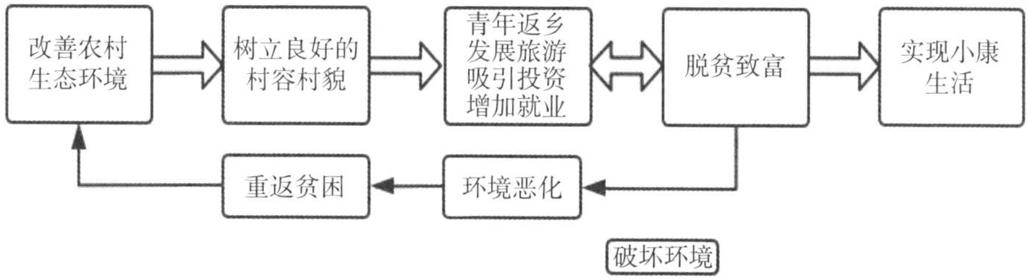

图 3-2-31　保护和修复生态环境对贫困的影响

③主要环节和案例。

在图 3-2-31 中，说明了保护和修复生态环境的主要机制，以及保护和修复生态环境所带来的好处，其中，最重要的环节是改善农村生态环境与环境整治问题，2019 年 5 月为切实改善农村生态环境，湖北全面开展农村人居环境整治推进美丽乡村建设。《美丽乡村建设五年推进规划（2019—2023 年）》要求，下一步将推进村庄规划编制、农村“厕所革命”、生活污水治理、生活垃圾无害化处理、村容村貌整治、公共服务完善等 16 项重点任务。

专栏 3-2-20　农村环境综合整治

（1）宜昌开展农村环境综合整治 104 个贫困村纳入计划

按照省环保厅要求，2017 年宜昌市将在 104 个贫困村开展农村环境综合整治，不断完善贫困村的环境基础设施，改善人居环境。据了解，2017 年度纳入整治范围的贫困村分别分布在宜都、枝江、当阳、远安、长阳、五峰、兴山、秭归、夷陵和点军，其中长阳整治任务最重，有 20 个贫困村等待整治。

贫困村环境综合整治工作时间紧、任务重，全市要求统筹利用好各种资源和政策措施，加强部门之间的协调联动，认真做好项目指导、协调与督办工作，按年度完成任务。紧密结合贫困村实际，深入开展以生活垃圾收集处理、生活污水处理为重点的贫困村环境综合整治工作，解决贫困村面临的突出环境问题。严格落实环保部、财政部关于农村环境基础设施运行管理的要求，建立健全基础设施长效运行管理机制，确保贫困村环境基础设施“建成一个、运行一个、见效一个”。

据了解，宜昌市从2008年起就开始分期、分批、分类对贫困村实行环境综合治理，通过环境卫生整治行动，实现生产污染和生活污染综合整治工作全覆盖，使贫困村基础设施较为完善，生产生活条件显著改善，确保按期完成工作任务，为全市完成精准脱贫作出环保贡献。

资料来源：吴月：《宜昌开展农村环境综合整治　贫困村纳入计划》，《三峡日报》2017年4月12日。

（2）襄阳吴店镇：清理河道违建 重塑水清岸绿

“河道边乱搭乱建的房屋都拆除了，不仅道路变宽敞了，河岸也整洁多了。”吴店镇党委副书记耿建兵说。5月8日至9日，吴店镇开展昆河沿岸违法建筑专项整治，共完成违建治理79处，面积约1064平方米，昆河沿岸面貌焕然一新，群众一致叫好。

由于多种原因，昆河沿岸出现多处违法建筑，附近居民生产生活污水直接排放到昆河，严重影响到河道的水体环境。为了改变这一状况，吴店镇委、镇政府决定拆除昆河沿岸违法建筑物、构筑物。

5月8日，昆河沿岸环境整治动员大会在清潭社区召开，吹响了整治行动号角。据统计，需要拆除的违法建筑涉及清潭社区、东冲村、蒋畈村等12个村（社区）79户居民。吴店镇党委书记王炜锋说：“通过广泛深入细致的思想动员，把整治行动的重要性讲透彻、政策讲明白、措施讲到位，解除村民们的思想包袱，鼓励村民们自主拆违。”

动员会后，村民陈大勇主动联系村干部要求拆违。他说：“如果能让河水变清澈，我觉得值。”

据悉，吴店镇高度重视此次河道沿岸拆违整治工作，通过召开动员会议，全面落实整治任务。通过建立台账资料，细致推动违建治理。通过拆分工作任务，有序推进整治行动，2 天内就将 79 户居民的违建全部拆除。“为了消除污染隐患，加强河道长效管理，提升河道治理、管护水平，我们将积极铺设、改造污水管网，将居民生活污水全部纳入集镇污水主管网处理。同时，抓紧进行河道沿岸综合性生态修复治理，通过提升、改造、延伸、新建等举措，顺河扩水造景，形成河渠相连、城水相依、灵韵秀美的城镇环境。”耿建兵介绍。

资料来源：钱娟：《吴店镇：清理河道违建　重塑水清岸绿》，《襄阳日报》2020 年 5 月 20 日。

（3）生态补偿模式

生态补偿是以保护和可持续利用生态系统服务为目的，以经济手段为主调节相关者利益关系，促进补偿活动、调动生态保护积极性的各种规则、激励和协调的制度安排。

处理的问题。生态补偿模式主要处理的问题是生态扶贫中的长期和短期的关系问题，或者是动态调整问题。因为，生态建设多是长期受益项目，短时间不能见效，而且还需要投资和承担建设成本，贫困群众会在短期内出现生活困难。为了妥善处理长短期之间的冲突、处理局部和整体利益的冲突，就需要使用这种模式。作为可直接对农户产生经济效益的环境政策，生态补偿为解决生态脆弱地区的贫困问题提出了新的解决思路，能够兼顾实现生态环境保护和农村减贫增收的双重目标。近年来，各地大力推动生态补偿扶贫，并就现金直补、让有劳动能力的贫困人口就地担任生态保护公益性岗位等方式进行了积极探索。

主要机制。生态补偿有两种方式，第一种是通过现金直补的方式，该方式可以短时间让贫困户达到脱贫效果。村民们收到了补贴，有了保护环境的义务，谁违反了生态保护政策，谁的补贴就没了，于是村民们会自发成立巡护队，每个角落都会去巡查，坚决抵制破坏生态环境的行为。但是这种方式会增加政府资金压力，相比之下，第二种方式更加可取。第二种方式是优先让贫困户担任生态管护岗位。第二种方式可以突破自然资源禀赋限制，对于贫困人口帮扶有更好的靶向性。在贫困地区进一步完善各类生态保护区的管护岗位设置，鼓励国有林场、森林公园、自然保护区等优先聘用周边贫困农户从事服务性岗位或季节性工种，可以充分发挥岗位型补偿的扶贫作用。在新一轮退耕还林（草）、石漠化综合治理等项目中，可鼓励农户发展精品水果、核桃等经济效益高的经济林产业，让农户后期可通过售卖林果获得持续性收入，并且支持农户依托当地优势资源发展兼具生态、经济效益的农林产业，实现“造血式”扶贫效果。生态补偿扶贫需要充分统筹各项手段来扩大政策的减贫效应。比如通过绿色金融手段实现市场化生态补偿，让“沉睡”的生态资源变为实实在在的经济效益，既能让参与农户获得生态红利，又能增强其参与生态保护的内在动力，等等。

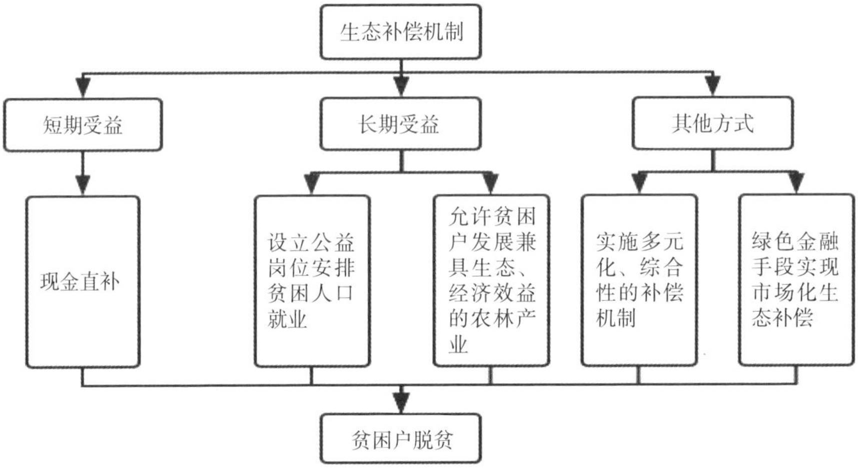

图 3-2-32　生态补偿模式图

主要环节和案例。图 3-2-32 说明了生态补偿机制的运行逻辑，其中，最重要的环节是设立公益岗位，2016 年以来，湖北省共争取国家和省级资金 8.7 亿元，选聘 10 万多名生态护林员，直接帮助 10 万多个家庭、26 万人实现脱贫目标。2018 年至 2019 年，全省 3318 万亩国家级公益林和 1380 万亩省级公益林，落实森林生态效益补偿资金 14 亿余元，为贫困人口稳定脱贫奠定坚实基础。

（4）碳汇交易扶贫模式

所谓碳汇交易是指采用市场化机制调控企业排放水平的一种模式。湖北省作为全国首批七个碳排放权交易试点之一，在构建碳市场机制方面开展了积极探索。目前，该省碳配额交易规模位居全国第一。在湖北省《关于全力推进精准扶贫精准脱贫的决定》中指出：加强碳汇交易市场体系建设，优先支持贫困地区开展碳汇交易。《湖北省脱贫攻坚规定（2016—2020 年）》中再次提到：大力支持贫困地区建立碳汇交易平台，通过市场机制实现对生态价值的有效补偿。

处理的问题。碳汇交易主要处理的是绿水青山如何转变为金山银山的问题。其优势在于：第一，政府投资少。第二，市场交易效率高。第三，贫困地区具有比较优势。第四，企业参与，引入更多的资本投资。

逻辑关系。对于碳排放边际成本低的企业，可将富余碳排放配额交易获得经济收益。碳排放边际成本高的企业可选择购买碳排放配额，而不必投入较高成本完成政府减排任务。对于贫困地区，通过企业参与开发贫困地区的农林自愿减排项目，林业碳汇和农村户用沼气低碳扶贫 CCER 项目可以有效帮助贫困户脱贫。

主要环节和案例。图 3-2-33 说明了生态补偿机制的运行逻辑，其中，最重要的环节是安排减排项目。2015 年至 2017 年，湖北省贫困地区的农林类中国核证自愿减排量（CCER）已累计成交 71 万吨，为农民增收 1016 万元，开发农村沼气减排项目 53 个，预计每年为农户增收近千万元。下面的专栏主要讲述了湖北碳交易模式，可以供其他地区进行参考。

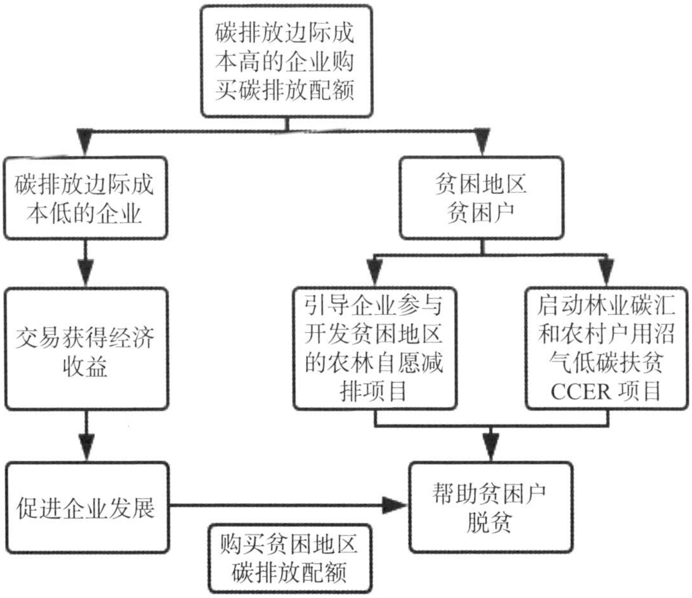

图 3–2–33　碳汇交易市场体系建设下的“精准扶贫”

专栏3-2-21 湖北碳汇交易模式

（一）创新“政府+市场”体系，建立健全市场机制

政府负责政策制定，明确主管部门职责，形成科学合理的管理体制。如设立专业的登记结算、交易和核查等运营机构，规范市场运行；建立技术专家委员会等政策支撑团队，提供专业指导；组织制定碳配额分配方案、市场监管和排放核查等一整套政策体系，通过制度保障碳市场健康有序运行。市场负责自发运行，创新碳汇市场交易机制，降低交易成本。如发现有效的碳价格，指导企业进行碳资产管理；通过碳众筹和发行债券等碳金融创新引导资金流向碳市场，吸引社会资本入市，为企业提供减排资金。

（二）创新节能减排机制，激发企业降碳活力

一是总量控制倒逼企业减排。根据经济发展速度、节能减排下降目标等因素设定碳市场排放总量，分解到行业和企业，对企业的碳排放形成刚性约束，倒逼企业进行减排。目前，湖北省碳排放总量呈逐年下降趋势，连续三年控排企业交易参与率、履约率均为100%。二是市场激励降低企业成本。

一方面，对于碳排放边际成本较低的企业，基于市场充足的流动性，企业可以卖出配额获取经济收益，实现减排激励。另一方面，企业通过比较碳价格和自身减排成本，做出购买配额或进行减排的决策，从而带来全社会减排成本的降低，调动企业节能降碳的积极性。

（三）创新绿色金融模式，开辟市场融资渠道

成立全国碳交易能力建设中心，与多家银行签署碳金融授信，吸引大量碳基金入市，拓宽企业融资渠道。同时，推出碳资产质押贷款、碳众筹项目、配额托管、引入境外投资、建立低碳产业基金等系列产品，全国首创碳保险、碳现货远期等业务，释放碳资产的市场价值，引导企业主动参与。截至2018年底，该省碳市场配额总成交3.23亿吨，成交总额74.7亿元。以湖北通山县碳众筹模式为例，该县众筹的竹子造林碳汇项目由通山军安生态农业有限公司承建，采取“公司+合作社+基地+大户”的方式，预计20年的计入期内将产生13.11万吨减排量，年均减排量约0.66万吨，每年碳指标收益达19.8万元。

（四）创新自愿碳交易模式，搭建共享共赢平台

建设“中国自愿减排交易平台”，将市民衣、食、住、行等绿色生活方式

产生的减排成效进行量化和货币化，兑换低碳产品、公共服务、社会公益和个人碳中和，形成政府、企业、个人三方共同参与、共享共赢动态长效机制。

资料来源：开化县发改局：《湖北碳汇交易模式值得借鉴》，开化县人民政府网，2019 年 7 月 16 日。

2. 经验借鉴

目前，湖北生态扶贫工作已取得巨大成就，湖北 300 万贫困人口吃上了绿水青山的"生态饭"，根据湖北省林业局提供的数据来看，湖北生态扶贫帮助 26 万多贫困人口实现脱贫，2013 年以来全省落实新一轮退耕还林补助资金 234.11 亿元，涉及建档立卡贫困群众 136198 户，户均年 5640 元，全省经济林种植总面积 2750 万，惠及贫困人口 300 万人，2019 年种植和采集产值高达 566.8 亿元，全省现有 66877 名建档立卡贫困群众担任生态护林员。

（1）政策引导

近年来，湖北省委、省政府认真贯彻落实习近平总书记扶贫开发重要论述，坚定不移地贯彻落实党中央、国务院的战略部署，牢固树立"四个意识"，提高政治站位，坚持把脱贫攻坚作为重大的政治责任、重大的政治任务、重大的民生工程、重大的发展机遇，作为经济社会发展头等大事和第一民生，坚持稳中求进，把握脱贫攻坚正确方向；建立战时机制，成立作战指挥部，省委书记、省长双挂帅，五级书记齐上阵，层层立下军令状，形成了纵向到底、横向到边的责任体系；强化政策支撑，完善体制机制，构建"1+N+M"政策体系；统筹配置资源，加大各级财政扶贫投入和资金整合力度；较真碰硬，精准督察考核，严肃约谈问责，倒逼精准扶贫精准脱贫各项政策措施落实。

第一，落实天然林提标扩面政策。将湖北省天保工程区外的 2010.47 万亩天然林全部纳入保护范围，把天然林停伐管护补助标准提高到每亩 16 元。2018 年至 2019 年，天然林停伐管护补助达 7.87 亿元，提高工程区贫困户纯收入。

第二，落实森林生态效益补偿政策。2018 年至 2019 年，全省 3318 万亩国家级公益林和 1380 万亩省级公益林，落实森林生态效益补偿资金 14 亿余元，为贫困人口稳定脱贫奠定坚实基础。

第三，落实新一轮退耕还林还草政策。2014 年至 2019 年，全省新一轮退耕还林计划面积132.8万亩，涉及退耕农户40.47万户，其中建档立卡贫困户13.62万户，覆盖贫困人口44.56万人，参与退耕还林的贫困家庭户均年增收5640元。

第四，落实生态护林员选聘政策。2016年以来，全省共争取国家和省级资金8.7亿元，选聘10万多名生态护林员，直接帮助10万多个家庭、26万人实现脱贫目标。

第五，落实优先考虑贫困户政策。在实施绿满荆楚、精准灭荒、长江防护林、石漠化综合治理工程等重大生态工程时，优先吸纳贫困人口参与工程造林，获取劳务收入。据统计，2016年以来，累计近3万贫困人口参与工程造林，人均年增收近3000元。

第六，编制全省山水林田湖草生态修复总体规划。以规划为引领，瞄准制约深度贫困地区精准脱贫的重点难点问题，做好生态修复与脱贫攻坚规划统筹，优先将贫困地区山水林田湖草生态保护修复纳入规划实施范围，从政策、项目、资金等方面给予全方位支持，精准推进贫困地区山水林田湖草生命共同体系统保护修复，引领贫困地区走绿色生态发展之路。加快规划编制进度，力争年内完成工作，按程序报批后组织实施。

第七，统筹实施农村土地综合整治。用好用足增减挂钩政策，对深度贫困县城乡建设用地增减挂钩项目优先备案入库、优先村庄复垦、优先指标交易，以超常规举措演好自然资源系统生态扶贫“重头戏”；支持贫困地区实施补充耕地占补平衡，鼓励贫困村利用荒山、荒地、荒滩等未利用地进行土地开发，对历史形成的，未纳入耕地保护范围的残次林地等，经县级人民政府组织的可行性评估论证后，通过土地整治产生的新增耕地可以用于占补平衡，进行补充耕地指标有偿转让。统筹区域资源，在合理安排各地指标交易的同时，优先安排贫困县补充耕地指标在省级平台交易，鼓励占用耕地地区委托贫困县调剂补充指标。争取将全省贫困地区纳入补充耕地指标国家统筹计划，做好补充耕地项目可行性研究、规划设计，精准实施耕地数量、质量和生态三位一体生态型土地综合整治。

第八，加大地质生态环境修复力度。把地质环境恢复和综合治理摆在更加突出位置，根据不同区域、不同矿分类施策制定实施方案，“一矿一策”，明确治理任务、治理措施、资金来源和治理时限，实施精准治理。重中之重是抓好矿业权退出地质环境治理恢复，全力以赴做好废弃矿山地质环境治理恢复，还大地以青山碧水。

（2）深入践行“两山”理论

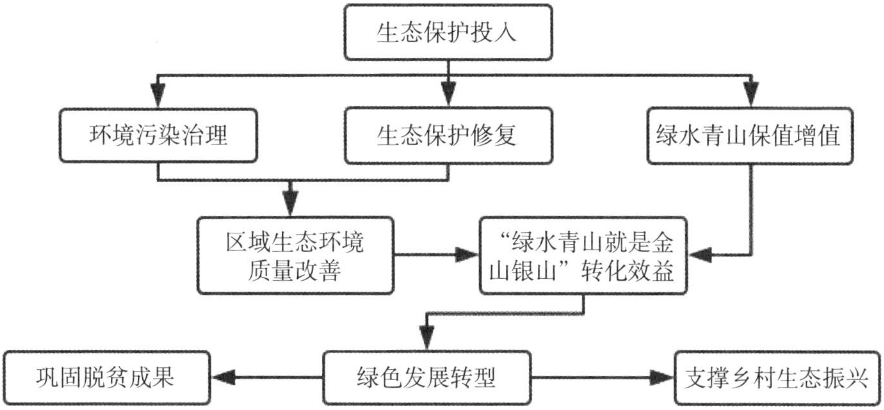

图 3-2-34　生态保护投入与绿水青山关系图

深入理解“两山论”的精神，实现生态与经济的共赢。生态扶贫开发是打破“生态贫困陷阱”的钥匙，是对如何实现生态改善与经济发展双赢的新探索。“两山”理念早已扎根荆楚，湖北以贫困地区的可持续发展为目标，因地制宜，依托生态资源，发展特色生态产业，做到了变“绿水青山”为“金山银山”。在生态保护与发展经济相冲突时，采取生态移民的方式，宁要绿水青山不要金山银山。湖北的生态扶贫开发是对我国生态扶贫思想的践行，其成效是建立在对“两山论”的深入理解基础上的。正因为对生态扶贫思想精髓理解的深入、贯彻的彻底，湖北的生态扶贫才取得良好的成效。

因地制宜，多举措充分发挥生态优势。湖北生态扶贫做到了“基础为先、产业为基、生态为纲”。首先，湖北加大了连片贫困地区基础设施发展力度，从交通、水利、能源、信息等方面综合改善这些地区的生态和发展环境，为进一步发展经济提供了基础。其次，湖北依托本地丰富的生态资源，大力发展生态产业，在贫困地区因地制宜，大力发展生态种植业、生态养殖业、生态农产品加工业、乡村旅游等特色产业，并力争一、二、三产业融合发展。在产业发展中，以市场为主体，形成了政府、企业、农户等多主体共同参与的模式。2013 年至今，湖北省发挥生态扶贫优势，落实生态补偿政策、实施生态工程、发展生态产业，一个战场打赢两场战役。直接带动26万多贫困人口稳定脱贫，近300万贫困人口从中获益。

实施生态工程，助力生态脱贫。湖北大力推进绿满荆楚行动，实施天然林保护、防护林建设、退耕还林、地产林改造、湿地保护与恢复等重大生态工程，提高贫困地区森林覆盖率、森林质量，让贫困人口从生态建设与修复中得到更多实惠。据省林业局数据统计显示，截至2020年7月，全省经济林种植总面积已达到2750万亩，种植和采集产值达566.8亿元，惠及贫困人口近300万人，基本实现贫困县（市）人均一亩经济林的目标；林下经济经营和利用面积已达到2403万亩，实现总产值479.7亿元，惠及近200万贫困人口。

（3）统筹基础设施

湖北省将厕所革命是作为一项重大生态工程来实施。截至2020年湖北省厕所革命三年攻坚行动已完成95%的目标任务，其中农户无害化厕所建设和改造基本完成340.6万座，农村公共厕所完成2.97万座，城市公共厕所完成3935座，乡镇公共厕所完成3340座，交通沿线厕所完成225座，旅游公共厕所完成267座。

第一，提高认识。充分认识厕所革命的重要性，加大力度宣传不进行厕所革命会对生态造成非常大的破坏，并且对人们的生活条件改善也非常的不利的思想。其次要充分认识到厕所革命的困难性，群众发动不充分，群众不配合、不参与等原因，农村厕所革命的实施便具有艰巨性。

第二，科学规划。湖北省对厕所革命的规划非常清晰，落实到县落实到户，根据县级现状平面分布图，安排年度计划表，乡镇再加以细化落实。

第三，质量第一。要坚持质量优先，采取首座建设合格制，推进农村厕所工作。厕所革命的质量非常重要，提高质量水平需要建成一个系统，将污水统一排放。厕所质量不达标会对环境造成污染，同时也会影响农民的生活。

（4）发挥群众主动性

贫困群众既是脱贫攻坚的对象，更是脱贫致富的主体，贫困群众的积极参与是精准扶贫成功的关键。一些地区贫困群众参与度不足、内生动力不强，需要进一步加大政策宣传力度，千方百计调动贫困群众参与脱贫致富的积极性和创造性，激发出精准扶贫的内生动力。湖北积极调动群众进行环境整治和美化农村活动，致力于帮助贫困户早日实现脱贫。

一是带领群众进行垃圾治理。湖北省致力于对生活垃圾进行治理工作，有效调动广大群众的积极性、主动性和创造性，形成全民参与垃圾分类的工作格局。从源头控制垃圾产生，将有用垃圾和有毒有害垃圾分开，变废为宝，实现生活垃圾减量化、资源化、无害化处理。加强基础设施建设，完善垃圾分类运输，分类处置环节的设施设备，做好垃圾分类工作，助力美丽乡村建设，让群众看得见山，看得见水，记得住乡愁。

以湖北省崇阳县为例，近年来，崇阳县的扶贫工作进行得有声有色，其扶贫建设重点就是"生态为基，产业为要，文化为魂，农民为本"。崇阳县在保护生态的基础上进行开发，搞程序化整治，重点抓农村垃圾分类工作，农村污水和山丽水丽的整治提升。

二是带领群众建设美丽农村。美化农村不仅能够使居民生活在一个非常良好的环境，还能吸引到不同的游客，带动旅游业的发展，湖北省十堰龙韵村实现美丽嬗变，一排排漂亮的房屋错落有致，处处干净整洁，房前屋后看不到一点垃圾与污水。转变的原因是龙运村积极引导村民参与村级管理，让群众成为治理的主体，充分激发了村民的积极性与农村主人翁意识。湖北竹溪县将生态建设与人居环境改善相结合，推进旅游宜居村庄建设。将"百里景廊"建设与宜居村庄建设、人居环境调查和扶贫建档立卡等重点工作相结合，在进村入户摸排情况时，积极宣传"百里景廊"建设的重要意义和好的政策措施，为农户提出好的建议意见，努力打造旅游宜居村庄。同时重点抓好"百里景廊"生态修复工程。仅竹溪县鄂坪乡就流转土地 45 亩，沿兴界路整理土地 300 亩，完成消茅面积 1000 余亩，挖窝栽植景观林带 13 万株，逐步完善黄花沟、朱家沟景点的改造工程。大力推进消茅工程，目前已有 5 个业主签订大户发展经济林合同，涉及租赁（流转）荒山 5200 余亩，为全县绿色生态扶贫奠定了坚实基础。

（六）湖北保障兜底扶贫模式

作为"五个一批"的兜底一批，保障兜底扶贫是脱贫攻坚最后一道防线，湖北省积极、及时地响应中央精准扶贫政策，循着"关爱生活困难群众、保障公民的基本生活、促进社会公平、维护社会和谐稳定"的思路，通过实现社会力量参与社会救助，鼓励、引导和动员慈善组织、志愿者、企业等各方力量通过多种方式参与社会救助，共同为困难群众献爱心、伸援手。湖北省的“低保兜底”一直走在国家前列，“特困供养”扶贫政策有声有色，健全有力的兜底保障扶贫政策让贫、寡、孤、残等特殊群体，整体上老有所养、病有所医、居有所安。对比国家和其他省份的政策措施，湖北在政策引导、体系全面、精准到位和动态监控、社会合力、多部门合作等方面，具有鲜明的经验，值得借鉴和推广。

1. 湖北兜底扶贫的主要模式

（1）政府主导的模式

这种模式主要处理的问题是在政府主导下实现基本兜底保障体系全覆盖，将无法通过产业和就业实现脱贫的贫困人口全部纳入最低生活保障。具体而言，由政府出资为所有符合条件的贫困人口代缴养老保险金，及时发放全市 60 岁以上贫困户老人的养老金，确保贫困户的基本生活得到保障。

①逻辑关系。

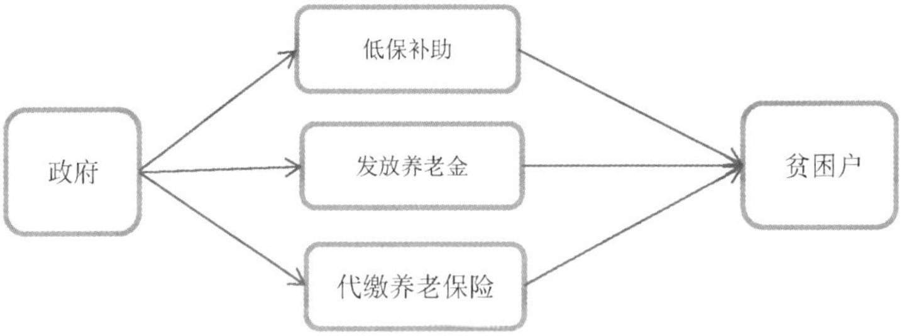

图 3-2-35　政府主导的模式图

在图 3-2-35 中政府通过向贫困户发放低保补助、向老年贫困户发放养老金、为贫困户代缴养老保险三种方式，增加贫困户的可支配收入，提高了贫困户的生活水平，使贫困户的基本生活得到保障。

一是向贫困户发放低保补助：政府向贫困户发放现金补贴。

二是向老年贫困户发放养老金：这种方式面向的群体主要是老年贫困户，通过向老年贫困户发放养老金可以确保老年贫困户的基本生活得到保障。

三是为贫困户代缴养老保险：政府为“五保户”代缴养老保险，确保“五保户”不会断缴养老保险，在一定程度上起到了兜底保障的效果。

②典型案例。

湖北省于2014年8月25日颁布《湖北省社会救助实施办法》，省政府明确将无法通过产业和就业实现脱贫的贫困人口全部纳入最低生活保障。其中，崇阳县政府紧紧围绕打赢打好脱贫攻坚战，以巩固提升脱贫攻坚成果为根本，建立完善防贫保障救助机制，通过加强对非建档立卡边缘户和非高质量脱贫的建档立卡户（以下简称“两非对象”）的跟踪监测，建立防止新致贫和返贫的预警机制，加大对“两非对象”的救助保障力度，筑起了一道致贫返贫的“拦水坝”，具有代表性。目前，全县已对102户“两非对象”实施防贫保障救助专项救助，救助金额为116.3万元，有效防止了新致贫和返贫现象的发生。

专栏3-2-22　创新防贫保障机制，筑牢致贫返贫“拦水坝”

一、构建组织体系，创设防贫保障救助运行“专列”

在县乡村三级层层组建防贫保障救助工作组织机构，形成横向到边，纵向到底的防贫保障救助专项组织网络。县级层面成立防贫保障救助“审批”和“复核”两套班子：一是成立崇阳县防贫保障救助应急管理工作领导小组，由县委常委、常务副县长任组长，分管扶贫的副县长任常务副组长，县民政局局长、县扶贫办主任、县人社局局长任副组长，领导小组下设办公室，由县民政局局长兼任办公室主任，负责防贫保障救助工作管理和审批工作；二是成立崇阳县防贫保障救助工作专班，由县民政局、县扶贫办、县人社局、县卫计局、县农业局、县公安局抽调政治站位高，工作责任心强、政策把握精准的业务骨干组成，专班抽调人员在县精准扶贫指挥部集中办公，负责全县防贫保障救助日常业务和复核工作。乡级层面成立“初核”班子：由乡镇分管扶贫的副书记任组长，乡镇扶贫干事、民政干事、乡镇卫生院院长、派出所所长为成员，负责各村防贫保障救助申报对象初核和向县级申报工作。村级层面成立“预警排查”和“评议申报”两套班子：一是成立预警排查专班，由驻村工作队队长任组长，组织驻村工作队队员、“两委”干部、结对帮扶干部对“两非对象”进行拉网式排查，对排查出来的有致贫、返贫风险的对象帮助他们向村委会申请防贫保障救助；二是成立评议申报专班，组织群众代表召开评议会，收集相关资料，及时向乡镇申报。

二、建立专项基金，备足防贫保障救助运行“燃料”

通过采取社会捐赠、财政兜底的方式筹措资金，建立崇阳县防贫保障救助专项基金。县扶贫指挥部每年在全国扶贫日和其他专项扶贫活动中，向社会各界募集社会捐款，将所募集的资金全部投放到基金里。为确保防贫保障救助工作正常运行，基金每年保证至少有800万元资金，如果少于800万元，县财政将及时投入专项扶贫资金予以兜底保障。

三、明确对象范围，精准防贫保障救助运行“靶向”

一是明确对象，防贫保障救助对象为非建档立卡边缘户和非高质量脱贫的建档立卡户。其中边缘户只对家庭收入较低但略高于贫困户纳入标准且有可能新致贫的对象实施保障，有较高稳定收入或家中有高档轿车、商品房等固定资金的农户不纳入防贫保障救助范围。非高质量脱贫建档立卡户中，对已脱贫但家庭收入略高于脱贫标准且因灾因病等原因造成有可能返贫风险的对象实施保障。

二是明确因病保障范围，因病保障救助范围为2018年1月以来，出现重大疾病住院和意外伤害住院且无责任方或无法找到责任方赔偿的对象。

三是明确因灾保障范围，因灾保障救助范围为2018年1月以来，因火灾、爆炸、自然灾害、交通事故等原因造成家庭财产或产业损毁且无责任方赔偿的对象。

四、细化标准程序，铺设防贫保障救助运行的“轨道”

一是细化保障标准，因病防贫保障救助对象按自负医疗费用金额分类救助，2万元以下的，按30%的比例予以救助;2万元（含）～7万元的，按50%的比例救助;7万元（含）～12万元的，按70%的比例救助;12万元（含）以上的，按90%的比例予以救助。因灾（自然灾害指种植业中农作物的绝收户、养殖业损失较大的农户，专业户除外）防贫保障救助对象，按直接经济损失额度分类救助，1万元（含）以下的按30%比例救助;1～3万元的按50%的比例救助;3万元（含）以上的按70%的比例予以救助。

二是严格申报审批程序，1. 户主申请。户主认为符合保障条件的，向村委会提出书面申请。2. 入户调查。由村“两委”和驻村工作队入户调查，作初步审查。对符合条件的对象，纳入评议范围；对不符合条件的对象，当面解释政策，讲清道理。3. 村级评议、公示。召开村民代表会议进行民主评议，无异议，在村政务公示栏公示7个工作日。4. 填写申请审批表。公示无异议，填写申请审批表，村签署意见报乡镇。5. 乡镇审核。乡镇精准扶贫领导小组对公示无异议对象进行审核，并在申请审批表中提出审核意见。6. 县专班复核评估。防贫保障救助工作专班入户复核并进行评估，按救助标准提出具体意见。7. 县级审批。县专班复查后，每月报县精准扶贫作战指挥部集体审批。8. 资金拨付。审批后，防贫保障救助办公室造册送县慈善会，慈善会按册及时将救助资金拨付到保障对象“一卡通”。

三是强化资金管理，制订防贫保障救助基金管理办法，规范基金使用和管理，确保基金发挥效益。实行财务公开、专款专用，建立总账、明细账核算。建立台账，一切收支均通过银行账户结算。县精准扶贫作战指挥部组织县财政、审计等部门对基金资金的管理使用情况进行审计和检查，发现问题及时督促整改，有违法违规的追究相关责任人责任。基金的使用接受社会各界的监督，利用新闻媒体和其他方式将资金使用管理情况及时向社会公布。

资料来源：吴新光、张嘉琪：《精准防贫机制　筑牢返贫“拦水坝”》，长城网，2020年2月5日。

（2）政府引导的模式

这种模式主要处理的问题是“在政府引导下，发挥慈善、捐赠、志愿者等作用”。具体而言就是把回乡创业的一些能人大户召集在一起建立一个扶贫基金库，用扶贫资金库帮扶一些因病、因灾致贫的边缘户或者贫困户，帮助他们度过一些临时的难关。

①逻辑关系。

在图3-2-36中政府通过引导慈善机构、主持捐赠仪式、倡导成立志愿者协会成立专项救助基金，用专项救助基金帮扶一些因病、因灾致贫的边缘户或者贫困户，帮助他们渡过一些临时的难关。

慈善机构：这种方式主要处理的问题是在政府倡导下创办慈善救助机构，慈善机构所筹集的资金主要用来帮扶一些因病、因灾致贫的贫困户。

捐赠仪式：这种方式主要处理的问题是在政府倡导下举行捐赠仪式，在捐赠仪式上鼓励回乡创业的一些能人大户出资捐资，帮助贫困户解决基本生活问题。

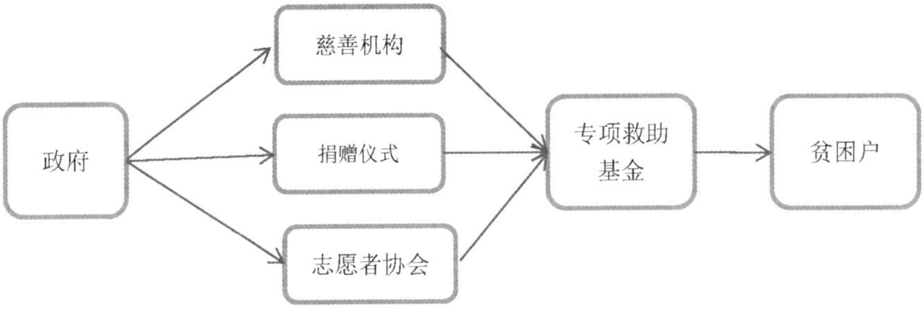

图 3-2-36　政府引导的模式图

志愿者协会：这种方式主要处理的问题是在政府倡导下成立志愿者协会，通过志愿者协会筹集专项救助资金，用来帮助农村特困群体。

②典型案例。

湖北省于 2014 年 8 月 25 日颁布《湖北省社会救助实施办法》，省政府大力倡导社会力量参与到兜底保障扶贫中来。其中，麻城的做法具有代表性。麻城市创业先进人物王本娥在政府引导下于 2009 年成立麻城市鸿宇农业开发有限责任公司，专门从事油茶的种植、加工、销售工作，并积极参与当地精准扶贫工作，为麻城油茶产业作出了重要贡献。成立救济基金，积极参与扶弱济困，起到很好的社会效果。

（3）兜底保障与其他扶贫政策的统筹衔接

这种模式主要处理的问题是“通过将兜底保障与其他扶贫方式进行对接，加强兜底保障与相关扶贫政策统筹衔接”。具体而言就是通过坚持兜底保障与健康扶贫相结合、与产业就业扶贫相结合、与完善监测预警机制相结合、与解决“两不愁三保障”问题相统筹，坚决打赢脱贫攻坚战。

①逻辑关系。

在图 3-2-37 中通过坚持兜底保障与健康扶贫相结合、与产业就业扶贫相结合、与完善监测预警机制相结合、与解决“两不愁三保障”问题相统筹。切实解决其他扶贫方式不能及时发挥作用、其他扶贫方式需要配合才能发挥最大作用、还没有发现更好的扶贫措施（尤其是无劳动能力的贫困人口、贫困户）等诸多问题。

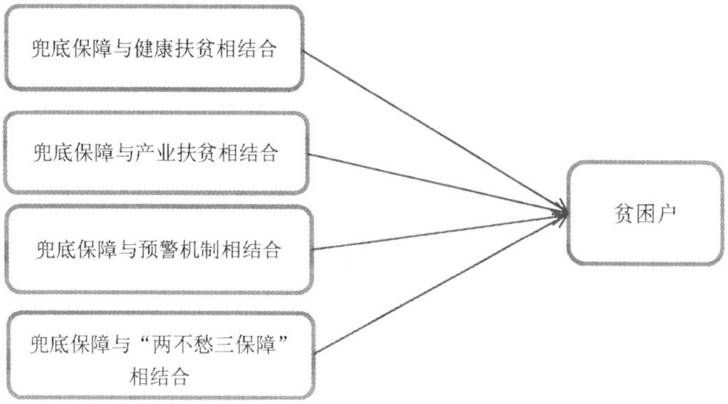

图 3–2–37 兜底保障与其他扶贫相对接的模式图

一是兜底保障与健康扶贫相结合：这种方式主要处理的问题是坚持兜底保障与健康扶贫、残疾人扶贫相结合，通过实施“大病集中救治一批、重病兜底保障一批、慢性病签约服务一批”的手段，坚持县域内住院“先诊疗后付费”，持续提高救治比例和救治效果。精准筛查核准患病贫困患者，对符合 34 种大病类型的患者，确保应治尽治。落实贫困残疾人低保、“两项补贴”等综合保障政策，对符合条件的贫困残疾人做到应保尽保、应补尽补。

二是兜底保障与产业扶贫相结合：这种方式主要处理的问题是要将产业就业扶贫与保障兜底紧密结合，通过推广股份分红、订单帮扶、生产托管、代种代养等有效做法，实现产业增收。对有劳动能力的建档立卡贫困残疾人或残疾人家庭成员，通过技能培训，帮助贫困残疾人就业创业。支持各地通过光伏扶贫收益等多渠道购买建档立卡贫困劳动力公益性岗位，对难以实现就业的建档立卡贫困劳动力予以兜底安置。

三是兜底保障与预警机制相结合：这种方式主要处理的问题是健全完善监测预警机制，社会救助信息共享机制。通过省政务数据共享平台建立台账，深入分析返贫致贫风险，为做好兜底保障工作提供实时监测数据。指导乡镇（街道）、村（居）委会充分发挥主动发现机制，重点摸排核查贫困人口、低收入人群和边缘对象，实施类别化、差异化救助。符合兜底保障条件的，民政部门给予生活救助或转介相关部门给予专项救助；不符合兜底保障条件的贫困人口，由扶贫部门协调落实其他帮扶措施。

四是兜底保障与“两不愁三保障”相结合：这种方式主要处理的问题是

通过加强农村低保制度和扶贫开发政策的有效衔接，落实“应保尽保、应兜尽兜”，将完全丧失劳动能力和部分丧失劳动能力且无法依靠产业就业帮扶脱贫的建档立卡贫困人口、重病重残人员，及时按程序纳入低保范围。明确脱贫攻坚期内，纳入农村低保的建档立卡贫困户人均收入超过当地低保标准后，可给予12个月的渐退期，实现稳定脱贫后再退出低保范围。切实发挥临时救助的过渡、衔接功能，加强与最低生活保障、特困人员救助供养等社会救助制度的衔接，积极运用“先行救助”方式，强化对解决“两不愁”问题的兜底作用。

②典型案例。

湖北省于2014年8月25日颁布《湖北省社会救助实施办法》，省政府指出通过将兜底保障与其他扶贫方式进行对接，加强兜底保障与相关扶贫政策统筹衔接。以沙市区为代表进行分析，该市坚持兜底保障与健康扶贫、残疾人扶贫相结合，通过实施“大病集中救治一批、重病兜底保障一批、慢性病签约服务一批”，坚持县域内住院“先诊疗后付费”，持续提高救治比例和救治效果。精准筛查核准患病贫困患者，对符合34种大病类型的患者，确保应治尽治。落实贫困残疾人低保、“两项补贴”等综合保障政策，对符合条件的贫困残疾人做到应保尽保、应补尽补。

专栏3-2-23　沙市区加强困难群众兜底生活保障　落实低保与扶贫衔接政策

近年来，沙市区加强领导、部门联动、强化宣传，全面聚焦脱贫攻坚工作，扎实开展低保兜底扶贫政策，使困难群众的基本生活得到保障。

2019年，沙市区岑河镇贫困户马明由于患慢性淋巴细胞白血病需花100多万元治疗费而被纳入农村低保户。得益于医保和低保对象的医疗救助，报销达到90%以上，马明一家的困难得到了缓解。“感谢党和政府的好政策，让我们看得起病、看得好病。有政府报销医药费，我现在家庭经济状况好多了。”马明的妻子说，目前马明的身体还处于恢复期，生活起居仍需要人精心护理，但她们一家已经很满意了。

据悉，沙市区依据《中共中央国务院关于打赢脱贫攻坚战三年行动的指导意见》《社会救助兜底脱贫行动方案》精神，结合《沙市区“两不愁三保障”再排查再整改工作方案》要求，出台《沙市区社会救助兜底脱贫专项排查行动实施方案》《沙市区2020年度低保核查工作方案》，比对排查未脱贫人口、存在返贫风险的已脱贫人口、存在致贫风险的建档立卡边缘人口，将符合条件的贫困人口全部纳入兜底保障范围，有效落实农村低保、特困人员供养、临时救助政策。2020年1月至10月，沙市区农村低保、五保人数共1396人709户，共发放低保金420余万元。农村特困贫困户共70人70户，发放特困供养金60余万元。此外，沙市区还于2020年1月和2020年的“扶贫日”，对沙市区的“最上进贫困户”、“最困难贫困户”以及“脱贫监测户”“边缘易致贫户”“农村贫困三留守人员”“农村贫困大学生”等困难对象开展社会救助，为252名困难对象发放救助金共计104万余元。

下一步，沙市区将进一步强化责任意识和担当意识，增强危机感和紧迫感，继续落实好低保制度与扶贫政策的有效衔接，不断提升困难群众基本生活的保障工作水平。

资料来源：沙市区扶贫办：《沙市区加强困难群众兜底生活保障　落实低保与扶贫衔接政策》，湖北扶贫网，2020年11月18日。

2. 经验借鉴

针对因病、因残比例较高的贫困现状，湖北采取了一系列措施，通过加大兜底保障扶贫力度、提高资源利用率，针对贫困户的实际需求，精准施策，积累了一些具有湖北特色的经验。对比其他省份的政策措施，湖北在政策引导、体系全面、精准到位和动态监控、社会合力、多部门合作等方面，具有鲜明的经验，值得借鉴和推广。

（1）突出民生

为了加强社会救助，关爱贫困群众，保障其基本生活，突出民生倾向，湖北积极响应国家政策，根据《社会救助暂行办法》等法律法规，于2014年8月25日颁布《湖北省社会救助实施办法》。从2007年开始，湖北连续多年将特困人员供养、受灾人员救助等社会救助工作列入为民办实事的范畴。

（2）体系全面

《湖北省社会救助实施办法》（以下简称《办法》）主要对最低生活保障和特困人员供养、受灾人员救助、医疗救助、教育救助、住房救助、就业救助、临时救助七类兜底保障措施作出了具体规定。

其一，最低生活保障和特困人员供养。为确保特困家庭和特困人员的生活得到保障，《办法》规定，对最低生活保障的家庭，按照共同生活的家庭成员人均收入低于当地最低生活保障标准的差额，按月发给最低生活保障金。对获得最低生活保障后生活仍有困难的老年人、未成年人、重度残疾人和重病患者，按不低于本地最低生活保障标准的20%比例，增发补助资金。为尊重供养对象自主选择意愿，规定特困供养人员可以自行选择集中供养和分散供养形式。此外，为促进区域之间社会救助事业均衡发展，《办法》规定最低生活保障标准，由市、州、直管市、神农架林区人民政府按照国家规定的测算方法，根据当地上年度城乡居民人均消费支出的一定比例确定、公布，并根据当地经济社会发展水平和物价变动情况适时调整。《办法》还要求市级人民政府按照国家、省有关规定制定最低生活保障家庭收入状况、财产状况的具体认定办法。

其二，受灾人员救助。《办法》规定建立自然灾害救助制度，对基本生活受到严重影响的人员，提供生活救助。自然灾害救助实行属地管理，分级负责，进一步明确各级政府的管理职责。

其三，医疗救助。《办法》规定对救助对象参加城镇居民基本医疗保险或者新型农村合作医疗的个人缴费部分，给予补贴；对救助对象经医疗保险支付后，个人及其家庭仍难以承担的符合规定的基本医疗自负费用，给予补助。其中对特困人员全额给予补助。此外，《办法》还要求按国家有关规定设立省和市级疾病应急救助基金，其基金来源和管理按国家和省有关规定执行。

其四，教育救助。对在义务教育阶段就学的最低生活保障家庭成员、特困供养人员，优先给予教育救助。建立完善从学前教育到研究生教育的教育救助制度，根据不同教育阶段学生（幼儿）需求，给予教育救助。

其五，住房救助。《办法》规定住房救助实行货币补贴和实物配租等相结合，通过配租公共租赁住房、发放住房租赁补贴、农村危房改造、垦区危旧房改造等方式来具体实施。

其六，就业救助。《办法》要求对最低生活保障家庭中有劳动能力但处于失业状态的成员，通过免费职业介绍、职业培训补贴及公益性岗位安置等措施，给予就业救助。同时规定县级以上地方人民政府应当采取措施，对于最低生活保障家庭中有劳动能力的成员且均处于失业状态的，确保该家庭至少有一人就业。

其七，临时救助。《办法》规定对因火灾、交通事故等意外事件，或者家庭成员突发重大疾病导致基本生活暂时出现严重困难的家庭及遭遇其他特殊困难的家庭，给予临时救助。此外，还规定对生活无着落的流浪、乞讨人员提供临时食宿、急病救治、协助返回等救助，界定了公安等行政机关工作人员的告知、引导、护送等职责。

（3）精准到位，动态监控

地方民政部门加强与其他社会救助管理部门的协作配合，整合、联通社会救助信息，建立完善跨部门、多层次信息共享的救助申请家庭经济状况核对机制和平台，为健全社会救助体系提供信息保障。省级人民政府民政部门负责建设省级信息核对平台，制定救助对象认定标准体系和查询核对办法，制定核对流程，并负责跨市级行政区域的信息查询工作；具体工作部门则通过户籍管理、机动车登记、就业、工商登记、纳税、不动产登记、保险、存款、证券、公积金等单位和金融机构代为查询、核对其家庭收入状况、财产状况。

（4）社会统筹

大力倡导社会力量参与兜底保障扶贫工作。比如，麻城市万福康生态农业有限公司是湖北光战集团旗下的子公司，是麻城市政府招商引资的民营企业，也是当地政府精准扶贫的龙头企业。公司于 2017 年 12 月 1 日挂牌成立，注册资金 500 万元。公司位于麻城市龟山镇万兴村九里冲桥头。公司本着“发展生态农业，助力精准扶贫”的经营理念，以开发种植、收购、加工、销售高端精品名贵中药材为主导产业。一期已流转土地 400 亩，安置 46 户贫困人员就业。现种植白芨、天麻、重楼等名贵中药材。带动万兴村以及周边几个村的一百多名留守劳动力就业。人均年收入一万多元，近期公司准备加大扶贫力度，继续扩大种植面积，安置更多当地的精准扶贫人口以及留守人口就近就便就业。提高当地农户的经济收入，为当地人民脱贫致富作出应有的贡献。

（5）多部门合作

作为兜底政策，是在其他政策都无能为力的情况下才实施的，实施兜底保障也是为其他扶贫政策的展开，提供推动作用。比如，将社会救助纳入国民经济和社会发展规划，建立健全政府领导、民政部门牵头、有关部门配合、社会力量参与的社会救助工作协调机制和社会救助工作联席会议制度，完善社会救助资金、物资保障机制。

（七）湖北金融扶贫模式

湖北省积极响应中央金融扶贫政策，循着“坚持精准支持与整体带动结合，坚持金融政策与扶贫政策协调，坚持创新发展与风险防范统筹”的思路，通过银行、保险以及资本市场多层次的金融扶贫服务体系，有力地支持了贫困地区的发展和贫困人口脱贫致富。湖北省的“小额信贷”一直走在国家前列，IPO“绿色通道”扶贫政策有声有色，健全有力的金融扶贫政策也值得赞许。对比国家和其他省份的政策措施，湖北在政策引导、体系全面、创新金融产品和服务、金融联动、风险控制等方面，具有鲜明的经验，值得借鉴和推广。

1. 湖北金融扶贫的主要模式

（1）信贷扶贫模式

在湖北金融扶贫政策中，信贷模式处于首要地位，发挥着非常重要的作用，也是最早实施的金融扶贫政策的主要内容。

这种模式主要为了解决贫困户和小企业缺资金问题或融资困难的问题，主要模式是“金融扶贫互助社 +”。

①主要机制。

在图 3-2-38 中，信贷扶贫主要由政府部门、贫困户和银行三部分构成。

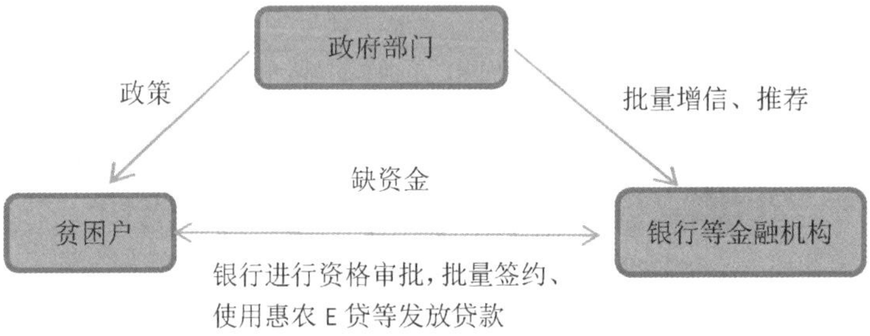

图 3-2-38　信贷扶贫模式逻辑图

首先，由政府提供给贫困户政策，先建立金融扶贫试点村，为贫困村注入一定的扶贫风险补偿基金，成立村级“金融扶贫互助社”。

其次，政府增加增信给银行，指定合作银行，银行审批贫困户信用等资质，资质审查通过就按照 1∶10 的比例放大贷款规模贷款给贫困户。对于劳动能力较强、诚实守信的贫困户，通过“金融扶贫互助社增信 + 户贷户还”扶贫小额信贷模式，支持他们发展生产经营；对劳动能力不足、依靠自身脱贫困难的贫困户，通过“金融扶贫互助社增信 + 带动脱贫市场主体贷款 + 贫困户”模式帮助脱贫，推动市场主体与他们建立帮扶脱贫的利益联结机制，实施带动支持，并将帮扶协议纳入贷款准入前置条件，将帮扶效果作为享受贴息的主要依据。

最后，金融扶贫信贷扶贫的推进，有效解决了贫困户和中小企业贷款难、担保难等问题。

②主要环节和典型案例。

在图 3-2-38 中，说明了政府部门和银行的相互合作为贫困户获取小额贷款提供前提条件，对于劳动能力强、诚实守信的贫困户，银行为他们提供小额贷款，从而可以帮助他们发展种植和养殖产业，获得可持续生计，实现脱贫致富。

专栏 3-2-24　湖北枣阳：扶贫小额信贷“贷”出致富路

枣阳市南城办事处惠岗村二组村民许启芳因病致贫，为了帮助她家彻底摆脱困境，村“两委”和驻村扶贫工作队多次入户走访，帮她想办法，找出路。得知许启芳以前给人放过牛，村“两委”和扶贫队员建议她发展养牛业，许启芳心动了，但又苦于没有资金。大伙儿又积极帮她想办法。“至于资金呢，她自筹了一部分，我们社区两委干部又帮助她申报小额信贷 5 万元，当年就购买了 8 头牛，发展起了养牛产业。”枣阳市南城办事处惠岗村干部惠述发介绍说。

扶贫小额信贷是专门为贫困户获得发展资金而量身定制的一款专属信贷产品，主要是解决有意愿、有能力发展脱贫产业的贫困户缺乏周转资金的困难。了解这一政策后，枣阳市杨垱镇高店社区四组村民杨玉胜马上向村干部报名，申请了 5 万元小额信贷，用于发展养羊、养鸡业。

“没有这 5 万块钱，那就很难了。因为这个资金你自己筹不来，有这 5 万块钱等于是给我壮了胆。说实在话，我拿着这个钱买东西，心里也踏实。”杨垱镇高店社区四组村民杨玉胜由衷地说。

杨玉胜说："扶贫小额贷给我壮了胆！"

如今，通过扶贫小额信贷的支持，许启芳、杨玉胜早已实现了脱贫摘帽。这只是枣阳市发挥金融活水助推精准扶贫的一个缩影。

近几年来，枣阳市组织金融机构优化服务流程，加强贷款管理，积极发放最高限额 5 万元、三年以内的免担保、免抵押扶贫小额贷款，全力支持贫困户发展特色效益农业、乡村休闲旅游等产业，帮助他们稳定增收。今年还将有发展意愿和产业项目，但缺乏资金的边缘户也纳入对象范围，持续巩固脱贫攻坚成果。

截至目前，枣阳市累计投放精准扶贫贷款 2860 笔、金额 1.6 亿元，财政贴息 1564 万元，逾期率控制为零，"贷"动贫困户脱贫致富。

资料来源：谢远道、邱超：《湖北枣阳：扶贫小额信贷"贷"出致富路》，学习强国，2020 年 11 月 9 日。

（2）保险扶贫模式

这种模式主要处理的问题是贫困户在发展产业过程中面临的风险损失问题。

①主要机制。

在图 3-2-39 中，保险扶贫主要由贫困户、保险公司、投保范围三部分构成。

首先，针对建档立卡贫困户在农村产业发展过程中遇到的各种风险因素，保险公司积极与农业农村局和扶贫办沟通，确定防贫保和产业保承保保障的农业产业项目和保险保额。

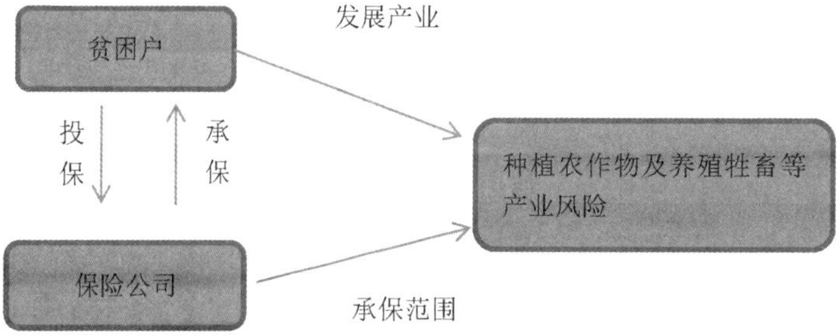

图 3-2-39 保险扶贫模式逻辑图

其次，贫困户针对种植作物和产业养殖情况选择合适的保险进行投保，缴纳一定的保费，保险公司与贫困户签订合同后，按照保险条例，贫困户在保险范围内发生的损失风险可以获取相应的赔偿，这就降低了贫困户发展产业的风险以及自身返贫的风险。

②主要环节和经典案例。

专栏 3-2-25　湖北从源头防贫　“防贫保”惠及 75% 的农村人口

“防贫保”系列保险产品在湖北省加快推广，从源头上筑起“防贫堤”，打造扶贫防贫长效机制。截至今年 9 月底，近两年来全省已有 68 个县市区签约“防贫保”，惠及湖北 1800 万人口，占农村人口的 75% 以上，累计保险金额 2.6 万亿元。

杨师傅是枣阳市鹿头镇建档立卡贫困户，后经政府帮扶养青蛙成功脱贫。疫情发生后，饲料及药物无法运输，青蛙饿死损失惨重，随之餐饮行业不景气，售价远远低于成本价，亏损金额达 15 万元。在“防贫保”政策支持下，杨师傅一次性获得了“防贫保”救助金 3 万元，极大缓解了家庭压力，同时也防止了因疫返贫。

据介绍，“防贫保”是中国太平保产险在全国首创的防贫保险产品，由政府出资投保、保险公司公益承办，一旦发生因病、因灾、因学、因就业、因产业返贫实施防贫救助。截至目前，“防贫保”项目在湖北总救助款已超过 1 亿元，全省已有 1.3 万余个贫困边缘家庭得到救助。

资料来源：张阳春：《湖北从源头防贫　“防贫保”惠及 75% 的农村人口》，《湖北日报》2020 年 10 月 22 日。

（3）资本市场扶贫模式

这种模式主要处理的问题是带动贫困户就业并脱贫致富的优质企业融资困难的问题。优质企业在带动贫困户脱贫过程中，经常面临着资金不足的问题，这制约着企业的进一步发展。

①主要机制。

图 3-2-40 中，资本市场扶贫由资本市场、企业和贫困户三部分组成。

首先，当地企业或公司，采取“企业 + 贫困户 + 低保户”的形式，建设扶贫车间，吸纳贫困户、低保户入厂从事农业生产或者农产品的加工，进而壮大当地的特色产业。

其次，该企业为贫困户带来稳定的就业、收入来源，还可以组织贫困户参加技能培训，与企业签订农产品订单协议等保证贫困户收入。

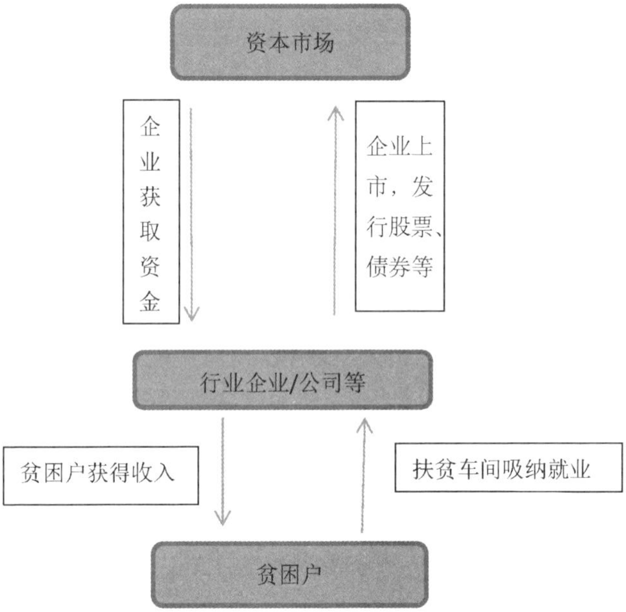

图 3-2-40　资本市场扶贫模式逻辑图

最后，优质企业通过上市融资发行股票、债券获得企业发展壮大的资金，更好发展企业，进而进一步发挥带动贫困户就业的作用。

②典型案例。

图 3-2-40 说明，资本市场通过鼓励企业上市、发行股票、债券等方式，让企业获取发展生产需要的资金，而企业通过扶贫车间以及解决贫困户的农产品销售渠道问题，增加贫困户的经济收入，带动贫困户脱贫致富。

专栏 3-2-26　路德环境成功过会，成今年湖北首个科创板 IPO 企业

2020 年 6 月 2 日，《21 世纪经济报道》记者从上交所发布科创板上市委 2020 年第 33 次审议会议公告获悉，来自武汉光谷的企业路德环境科技股份有限公司（以下简称“路德环境”）首发获通过。路德环境也将成为今年湖北省首家科创板挂牌企业。

招股说明书显示，路德环境成立于2006年，注册资本6888万人民币，控股股东季光明直接和间接控制路德环境29.79%的股份，为公司实际控制人。其主营业务属于生态保护和环境治理业下的高含水废弃物治理领域，公司目前已形成了自主研发的泥浆脱水固结一体化、有机糟渣微生物固态发酵等核心技术体系。目前公司已在长三角、长江中游、赤水河流域进行战略布局，并逐步向其他重要市场区域拓展。此外，公司与地方政府下属平台公司及中国宝武、中国交建、中国建筑、茅台集团循环公司、现代牧业等保持长期合作关系。值得注意的是，2015年10月，路德环境曾在新三板挂牌上市，并于2019年4月从新三板摘牌后转战科创板。

自新三板挂牌后，路德环境驶上发展的快车道。财务数据显示，路德环境2017—2019年的营业收入分别为2.69亿元、2.25亿元、3.04亿元；归母净利润分别为2138万元、1829万元、4406万元。根据科创板挂牌规则，路德环境选择的标准是“预计市值不低于人民币10亿元，最近一年净利润为正且营业收入不低于1亿元”。但受今年新冠肺炎疫情影响，路德环境今年以来业绩情况有所下滑，公司预计2020年1—6月实现营业收入约为8174万元至9174万元，同比变动幅度为−43.86至−36.99%；预计净利润为107万元至207万元，同比变动幅度为−96.48%至−93.19%。

对此，路德环境表示，2020年一季度经营业绩下滑主要受河湖淤泥业务和工程泥浆业务收入下降的影响。其中，河湖淤泥业务收入下降主要因为项目管理人员多来自武汉，导致各项目4月份才逐步恢复正常运营，复工时间较晚；工程泥浆业务收入下降主要受项目客户（当地建筑企业）复工复产进度的影响。不过，截至目前公司无一人感染或疑似，公司已正式复工复产。

随着全社会对环境保护重视程度提升，环保产业快速发展，高含水废弃物环保处理与资源化利用技术也将进入快速更新、迭代阶段。为此，本次路德环境拟发行不超过2296万股，募资3.84亿元，其中将近一半的募集资金1.84亿元用于技术研发中心项目。

路德环境在招股说明书中表示，公司将把握生态治理的发展趋势，拓展不同种类的高含水废弃物处理与利用领域业务；公司的业务将以长三角、长江中游、赤水河流域等区域布局为依托，逐步向雄安新区、粤港澳大湾区等其他重要市场区域拓展。

资料来源：陈红霞：《路德环境成功过会，成今年湖北首个科创板 IPO 企业》，新浪财经，2020 年 6 月 2 日。

2. 经验借鉴

湖北金融扶贫取得显著成效，2019 年湖北省新增扶贫小额信贷 21.66 亿元，5.22 万户贫困户获贷。截至 2019 年末，全省产业带动精准扶贫贷款余额 534.8 亿元，较年初增长 29.9%，是全省各项贷款平均增速的 2 倍多。

（1）完善金融扶贫政策

政策是工作的先导，主要经验有：一是完善扶贫信贷、保险扶贫等政策体系，加大贫困地区金融资源投入，加大产业扶贫金融支持，不断增加贫困地区“造血”功能；二是适当提高贫困地区不良贷款容忍度；三是强化引领，支持贫困地区企业上市挂牌；四是督促开发性、政策性银行发挥加大对乡村振兴重点领域和薄弱环节的中长期信贷支持，推动大中型商业银行发挥体制机制优势，围绕脱贫攻坚和乡村振兴形成专业化的金融服务供给机制等；五是金融扶贫延伸到深度贫困地区，探索金融扶贫模式，借鉴成功经验，推进产融结合；六是完善贫困地区的基础金融服务，进一步下沉信贷、保险等金融服务，拓展金融服务场景，同时还要加强金融教育。

湖北省从发展扶贫信贷、扶贫保险、利用资本市场进行融资等方面出台了多项金融政策，各地区还根据自身的禀赋条件进行了创新，形成一张严密的网络。

第一，鼓励金融机构在贫困地区发起设立村镇银行等新型农村金融机构。对信用良好、有贷款意愿、有就业创业技能素质和一定还款能力的建档立卡贫困户提供扶贫小额信贷服务支持。探索利用扶贫专项债务融资工具、扶贫社会效应债券等直接融资工具拓宽贫困地区扶贫资金来源。

第二，探索农民土地流转履约保证保险，支持鼓励发展农业互助保险、险资支农支小贷款、“保险＋期货”试点等新型农业经营保险。

第三，加快推进湖北优势农业品种在期货交易所上市。支持贫困地区企业抢抓证监会“即报即审、审过即发”的绿色通道，加快上市挂牌进程，支持上市公司到贫困地区开展并购重组。

第四，鼓励各类金融机构通过结对帮扶贫困县。

（2）创新金融产品和服务

由于扶贫具有明显的外部性，而且金融部门是一种标准的市场主体，因而完善金融创新，需要创新金融产品和服务，以沟通供需、平衡余缺，形成共赢。主要经验有两个方面，一是加快推进金融精准扶贫项目，重点是解决贫困户无抵押无担保的融资难融资贵问题，特别是结合扶贫政策在财政贴息、小额信用贷款、“两权”抵押贷等多领域提供融资支持。二是依托县域金融创新产品评审推广、监测报备机制，推广“助保贷”“助农贷”等银政企合作模式，发挥政府风险补偿金、企业助保金对小微企业的增信作用。

（3）多元金融主体联动

金融联动主要体现在政府、银行、保险公司、企业，以及资本市场共同发挥对扶贫的作用。

第一，政府发挥财政资金的杠杆作用，引导金融支持资金精准扶贫。创新金融扶贫方式，靶向定制金融扶贫产品，加大对贫困地区基础设施等方面的投资力度。引导金融机构网点向贫困县、贫困乡镇延伸。统筹金融资源，强化全方位覆盖贫困地区和贫困人口的便利化特惠金融政策措施。

第二，加强政府、银行、企业合作，畅通信息资源共享渠道，搭建金融支持产业扶贫对接平台，积极帮扶贫困地区引进优质产业主体，扩宽农产品销售渠道。

第三，银行主要为贫困户解决资金困难的问题，通过扶贫小额信贷为贫困户提供资金来源。

第四，保险公司如人寿保险、太平洋保险为贫困户提供防贫保，贫困户投保后，可以有效降低返贫风险。

第五，企业通过绿色通道政策，以融资融券方式在资本市场获得发展必不可少的资金，从而为企业持续发展提供稳定资金，企业也就更好地通过扶贫车间为贫困户提供就业岗位，以及扩宽农产品的销售渠道，为贫困户增加经济收入。

（4）严格管控风险

风险控制方面主要体现在对金融扶贫信贷业务进行了严格的全流程管理。

第一，态度要强，强化业务精准管控。

第二，用途要准，严格审核贷款对象及贷款用途管理，提高业务处理效率。

第三，监督要严，严格落实尽职免责政策。

第四，风险要控，落实相关整改要求，确保业务稳健持续发展。提前预判疫情等突发事件对贫困户还款影响，提前安排贷款延期管理，积极推动扶贫小额信贷高质量发展。

第五，力度要大，在贷款投放上继续向扶贫领域倾斜，以产业扶贫、项目扶贫为主攻方向，实现信贷资金与企业多元化经营发展、多元化资金需求的无缝对接，为助力湖北省脱贫攻坚“输血”。

三、制度创新：攻坚克难，真抓实干创新扶贫工作机制

脱贫攻坚战略实施以来，湖北省迎难而上，真抓实干创新扶贫工作机制，围绕“扶持谁”“谁来扶”“扶什么”“怎么扶”“如何退”“钱从哪来”“谁来监督”“怎么巩固”等问题不断实践，逐渐探索出了一系列制度创新成果，主要包括：完善贫困识别制度；强化责任体系和驻村帮扶；推进精准扶贫“十大工程”；坚持分类施策；完善投入机制和资金整合机制；强化监督考核；做好扶贫动态管理等。

（一）完善贫困识别制度，切实解决好“扶持谁”

做好精准识别工作，完善贫困识别制度，既需要广大扶贫干部扎扎实实走村入户，又需要开拓创新，运用网络化、信息化、数字化等新技术，探索科学工作方法。科学确定扶贫对象评价标准，综合考虑法治要求、道德因素、突发情况，在覆盖收入型贫困户的同时，纳入支出型贫困户，对有子孙而单独立户的老人贫困户等情况科学甄别，妥善处理。依据入村入户调查得来的第一手扶贫资料，建立户有卡、村有册、乡镇有档、市县有信息平台的多维立体档案体系。坚持开展信息公示、民主评议等工作，让群众来评判贫困对象真不真。每年进行一次精准识别“回头看”，既认真识别贫困户，又跟踪识别脱贫户，清理不达标的对象，及时重新纳入返贫对象。

1. 夯实精准扶贫基础，“一号工程”稳步启航

开展新一轮建档立卡，旨在为消除贫困人口提供准确靶向，是 2014 年全国扶贫开发工作的“一号工程”，也是各地“一把手工程”。从 2014 年 4 月正

式启动，至当年10月25日，湖北省建档立卡工作顺利完成，标志着精准扶贫迈出了最基础、最关键的一步。“一把手”上阵推进“一号工程”。省、市、县三级政府均成立分管领导为组长的建档立卡工作领导小组，三级扶贫办均成立由“一把手”负总责的工作专班。国务院扶贫办主任亲自率队到湖北省督办“一号工程”。湖北省扶贫办组成多个督察组，分别由5位办负责人带队，采取明察、暗访以及与市、州党政主要负责人电话、短信沟通的方式，督促工作落实。黄冈市委书记亲自安排部署工作，恩施州州长亲自将省扶贫办督办短信转发至所辖县（市）委书记，各地党政“一把手”亲自督促落实“一号工程”。

以攻坚的态势做实“一号工程”。建档立卡如同一项人口普查，时间紧、任务重、要求高、涉及面广，需有特别之为、攻坚之态。为确保数据准确、科学，根据国家统一部署，全省上下联动，按照科学制定方案、合理分解规模、细化工作流程、精准识别对象、落实帮扶责任、准确采集信息、及时录入系统等程序，统筹推进，实行全省同部署、同安排、同推进、同完成。2014年4月起，省、市、县、乡、村五级联动，湖北省共39244名干部发扬“5+2”“白＋黑”连续作战的精神，历时205个日夜，精准识别4821个贫困村、590万贫困人口。其中，完整录入建档立卡管理信息系统的有191.5万贫困户、580.7万贫困人口，分别为扶贫户113.1万户、366.8万人，低保户37.3万户、98.1万人，五保户6.8万户、8.5万人，扶贫低保户34.3万户、107.3万人。

全力保障助推“一号工程”。庞大的工程，花费精力多、工作成本高。为提高质效，湖北省先后召开3次专题会议进行部署，全省还举办各类建档立卡业务培训班302期，培训6012人次，规范建档立卡程序和信息采集、系统录入的具体要求。为解除基层后顾之忧，省委、省政府明确自2014年起，每年安排5000万元资金，对全省4821个贫困村按每村1万元以上的标准进行补助。省政府还安排专项工作经费1000万元，采取先建后补、以奖代补的方式，按各县市建档立卡工作成效给予奖励。

2. 开展精准审计，从“比较精准”迈向“更加精准”

2016年，湖北省政府和有关部门采纳审计建议，积极开展对贫困对象精准性审计查出问题的整改工作，取得明显成效。经过剔除识别不准的贫困人口，补录新识别的贫困人口，全省脱贫攻坚的目标更加清晰，扶贫对象从“比较精准”走向“更加精准”。2016年湖北省锁定建档立卡贫困人口579万人。

2016年上半年，湖北省审计厅组织对全省37个重点贫困县、享受片区政策县和57个“插花地区”贫困对象就精准性进行全覆盖审计，发现因相关部门履职不到位、各地执行贫困标准不统一、建档立卡系统管理不规范等原因，导致贫困人口精准识别不够准确，将一些不符合贫困条件的人纳入了建档立卡系统，如财政供养人员、城镇居民、企事业单位干部职工、村干部及其家属、私营业主等。

审计情况引起省委、省政府的高度重视，省政府迅速印发了《湖北省贫困人口精准识别专题审计整改工作方案》和《关于迅速开展全省贫困人口建档立卡“回头看”“大核查”工作的通知》，明确开展“回头看”和“大核查”的时间、内容、方式、步骤和具体要求。湖北省扶贫办在第一时间完成省、市、县、乡、村五级培训，培训对象涉及市、县扶贫办主任、部分驻村工作队队长、1520个贫困村村支书及基层工作人员。各地将当地纪委大数据比对结果与审计发现问题数据合并核查，组织10万名基层干部和驻村干部进村入户，甄别、确认疑似对象，补录因灾、因病、因学致贫返贫人口及其他遗漏对象，剔除不符合条件人员，逐项核准、核实建档立卡系统贫困人口数据，保证扶贫对象符合国家政策规定。

为切实规范贫困人口精准识别工作，湖北省密集出台完善相关制度办法。省政府先后制定下发了《贫困人口识别负面清单》《关于贫困人口规模、民主评议和公示公告等若干问题的说明》《关于做好全省精准扶贫档案工作的意见》《关于加强扶贫开发建档立卡数据管理的意见》，明确贫困人口识别“一票否决”九种情形和贫困人口公示公告、精准扶贫档案台账管理办法，进一步规范数据采集、录入、清洗、监管等程序，划定各级管理权限，层层压实责任。

专栏3-3-1　竹溪县精准脱贫工作

根据精准扶贫重在精准的要求，2015年，竹溪县为进一步找准全县农村贫困对象，县委、县政府主要领导牵头，亲自谋划，精心设计了一套认定农村贫困对象的指标评价体系。从10月26日开始，历时1个月时间，组织县、乡、村和各级驻村工作队干部5000余人，按照入户率100%、签字率100%的要求，通过入户核查、综合打分、全面评估的方式，对全县3.35万户、11.1万人农村贫困对象进行了一次全面彻底的清理与核查，真正做到了不漏一户、不掉一人。同时，按照村民小组互评、村民代表评议、评议结果公示、乡镇审核、县级审批的程序，严格遵守市“五看五定”的标准，落实“七优先”“三不准”的工作要求，开展贫困对象的识别和评选认定。经统计，全县贫困户大核查确定了新纳入贫困对象11910户、28459人，清退8963户、28459人，实现符合贫困户条件的对象全部纳入、不符合条件的对象全部清除的目标。真正做到不优亲厚友，不弄虚作假，阳光操作、公开公正、程序到位，使全县精准脱贫工作真正达到了对象精准。

资料来源：冯鹏:《竹溪精准扶贫整县推进》,《十堰日报》2015年8月4日。

3. 完善大数据识别机制，为贫困人口提供精准统计服务

精准识别是精准扶贫精准脱贫的“第一粒纽扣”。为保证扶贫数据的精准，全省扶贫系统在扶贫项目关联生成、历年数据比对生成和行业信息交换的基础上，入户采集补充所有已脱贫人口享受的帮扶措施，并录入全国扶贫开发信息系统，全面摸清脱贫人口各项数据。坚持把数据质量作为建档立卡的生命线，湖北省在全国首创对精准识别进行全覆盖审计，创新运用纪委监委大数据平台，对贫困人口识别退出、扶贫政策落实等情况进行监督检查，有效提高了数据质量。2018年全省标识脱贫39.04万户、110.03万人，新识别纳入6.69万人，返贫0.04万人。

湖北省、市、县、乡、村五级均设立了专职扶贫信息员，其中有25646个行政村设立了村级扶贫信息员。通过监管评价子系统查询、扶贫系统内自定义条件查询等方式，常态化开展系统数据核查，及时排查数据库中残缺数据、错误数据和重复数据，做到所有问题数据查清、错误原因弄清，确保系统数据、纸质档案和贫困户家庭实际情况“三一致”。

湖北省坚持把“两不愁三保障”作为新识别、脱贫、返贫和清退的重要依据，坚决杜绝“唯收入论”和“一刀切”，在全省有扶贫任务的97个县（市、区），逐村逐户逐人逐项开展排查，确保不漏一户、不落一人。对已脱贫户开展逐户回访核查，看是否存在错退和返贫现象；对建档立卡外的重大疾病户、残疾人户、低保户、信访户、边缘户、独居老人户等，逐一走访，看是否存在漏评现象；对存量贫困户开展自查，找出“两不愁三保障”存在的突出问题，查找原因、深挖根源、对症下药；对外出务工人口和脱贫攻坚专项巡视、交叉检查、督察发现的错误清退的贫困人口开展核查，将符合条件的对象及时纳入帮扶队伍。

紧盯未脱贫建档立卡贫困劳动力就业状态，精准锁定帮扶目标，进一步完善建档立卡贫困劳动力信息核实机制。增加贫困劳动力就业能力、培训意愿等信息统计，依托基层就业服务工作平台和村（社区）协理员信息平台对未脱贫劳动力开展信息核实，掌握其就业失业状况、就业需求和培训需求等基础信息，精准锁定目标人群，明确工作任务。强化动态管理和统计调度，对贫困劳动力就业状态、培训意愿等信息实行季度跟踪核实机制，动态更新贫困劳动力就业状况信息，为精准帮扶夯实工作基础。

2018 年，湖北省向深度贫困地区和特殊贫困人口聚焦发力，在结合实际、总结经验的基础上，强化对贫困老年人、残疾人、重病患者等群体具体情况的分类统计，加大对大别山革命老区、武陵山民族地区、秦巴山和幕阜山贫困地区、移民集中区等地信息统计的覆盖力度。省内深度贫困县利用脱贫攻坚工作推进会、各乡镇脱贫攻坚专题会、各单位职工会开展精准扶贫信息统计专题业务培训。培训紧紧围绕深度贫困地区农民家庭收入数据的调查、采集、计算、结果运用以及相关数据与“国务院扶贫办全国扶贫开发信息系统”数据闭合等内容依次展开，在培训会上，专业授课人员还现场对参会人员提出的疑问进行解答。通过培训，进一步统一了口径，分享了统计调查技巧，规范了收入核算方法，切实为湖北省脱贫攻坚工作提供了精准的统计服务。

4. 精心开展信息比对工作，精准实施社会救助兜底

自 2016 年以来，湖北省在脱贫攻坚精准识别中建立贫困户大数据库，利用大数据进行“精准扶贫”并取得良好效果。调查数据有真伪，为确保调查的准确性，湖北省开始探索构建贫困户大数据库。在省委、省政府统筹下，湖北省将交警、民政、房管等多部门的数据进行集中，建立大数据平台，并与进村入户精准识别的数据进行比对，以确保各项帮扶政策能百分百精准到户到人。输入行政区域名称，点击开始，不到 5 分钟，区域内 100 多万人信息全部被比对完毕，凡是购车、在县城有房的农户，全部被甄别并剔除。这是“湖北精准识别贫困户数据比对平台”运行的一个剪影。通过比对，大数据平台很快检索出可疑农户 51.7 万户，涉及家庭成员 63 万人，经过二次核查，拥有大额财产且识别分数在 80 分以下的 20 多万农户被剔除。“名下有车、城镇有房产、购置有土地、开办有公司、属于财政供养人员，以及有吸毒、赌博等不良习性导致生活困难等 8 类人员全部被‘一票否决’。”对农户住房状况的分类统计，以后将为住建部门在危房改造对象的确认上提供精确支持；对村民饮水状况的统计，可为水利部门的饮水安全工程建设提供重要依据；对贫困户移民搬迁需求的统计，将给发改部门提供搬迁移民的底数等，精确、完善的大数据为多个部门“十三五”期间的精准脱贫工作瞄准“靶子”。

围绕“应救尽救、应扶尽扶”目标，建立社会救助保障救助标准量化调整机制，规范申请低保家庭收入及财产评估办法和标准，健全社会救助家庭经济状况核对机制，落实低保渐退、重点救助、收入扣减等重点政策，修订低保审核审批办法，组织农村低保专项治理和社会救助兜底脱贫行动，开展农村低保对象、农村特困人员与建档立卡贫困人口信息比对，整改中央脱贫攻坚专项巡视、“不忘初心、牢记使命”主题教育检视、扶贫领域大数据比对等监督检查中暴露的问题，将兜底保障工作纳入省对市州党政领导班子考核范围和年度民政重点工作评估内容，切实做好农村低保制度与扶贫开发政策在政策、标准、对象、管理等方面的衔接，将符合条件的建档立卡对象纳入农村低保、特困供养和临时救助范围，对部分或完全丧失劳动能力、无法靠产业扶持和就业帮助脱贫的家庭实施低保兜底。

截至 2019 年年底，全省所有县（市、区）农村低保保障标准和特困供养标准均高于国家扶贫线，平均分别达到 5594 元 / 人 · 年、10286 元 / 人 · 年。经与省扶贫办数据比对，全省 581 万建档立卡贫困人口中，共有 121.4 万建档立卡贫困人口纳入农村低保或特困人员救助供养范围（其中已脱贫 117.7 万人、未脱贫 3.7 万人），建档立卡对象“两不愁”问题基本解决。

5. 全面建设扶贫云平台，构建扶贫信息共享体系

2017 年，湖北省扶贫办开始全面建设省精准扶贫云平台。扶贫云平台首要任务是构建大数据分析系统，从数据中挖掘出有价值的信息，让工作人员整体掌握服务业务的发展现状及未来的发展趋势，为全省扶贫业务开展提供依据。该系统整合扶贫垂直的纵向数据，实现上下联通；同时整合行业部门的存量数据，实现左右互通。

该系统建立扶贫办与业务相关部门的业务黏度和数据共享机制，并跟踪行业部门扶贫工作的进展情况。比如，与教育部门核实系统对接，使得教育部门进一步明确掌握贫困家庭各个学龄阶段学生的状况，可以识别出贫困地区适龄需要接受教育的儿童或青少年，不让一个孩子因贫失学。与健康扶贫协同，与卫计委掌握的新农合报销系统互联互通，识别因病返贫人员以及扩展情况，并筛选出因病返贫的高发、多发病种，从而使卫计委针对贫困地区启动健康扶贫，有针对性地展开健康干预。同时，借助“高分遥感动态监测”有效监控易地扶贫搬迁工作，客观反映扶贫开发和易地扶贫搬迁工作的进程，对工作进行监督、核查和管理。比如，定位扶贫工作队的实时位置信息，可以看到该工作队的运动轨迹，为日常管理与年终考核提供技术支撑。然后，该系统中还可建立“扶贫业务预警预报子系统”，在调查贫困对象的关联信息时进行实时判断，给出偏离数据的预警预报。此外，根据运行的分析，可实现扶贫项目和资金监管的全过程进行实时监测、快速反应、科学预测和动态预警。最后，是具备“督察监管功能”，由呼叫中心发出实时地随机呼叫问答来调查贫困对象，该功能可以设计科学的随机抽样方案和统计结果分析比对方案。

总之，“脱贫成果展示子系统”是对整个扶贫措施成果的展示，通过对贫困户、贫困村、贫困县减贫验收指标的跟踪，逐年评估各级减贫成效，包含脱贫标准、减贫成效、资金投入、措施落实、工作开展等模块，展示贫困对象的贫困指标改善，以直观的方式体现“脱贫精准”。

（二）强化帮扶体系和主体责任，切实解决好“谁来扶”

脱贫攻坚是一项社会综合工程。为发挥多方合力作用，实现精准扶贫，湖北省积极构建“三位一体”大扶贫格局。各有关部门结合自身职能，广泛挖掘社会潜力，在制定政策、编制规划、分配资金、安排项目时向贫困地区倾斜，为贫困地区发展、贫困群众脱贫发挥了重要支撑作用。

1. 形成常态化驻村机制，凝结干群情感纽带

湖北省从 2014 年开始建立干部驻村帮扶。在工作机制方面覆盖面广，全省各级行政部门、事业单位、大中型国有及国有控股企业、中央驻鄂单位等均需参与驻村帮扶工作，组派驻村工作队。每个驻村工作队一般不少于 3 人，

每期驻村时间不少于 2 年，驻村工作队队长原则上由驻村第一书记兼任。其主要任务是宣传贯彻落实好党中央各项脱贫攻坚决策部署，积极抓好产业扶贫、就业扶贫、消费扶贫、光伏扶贫、易地扶贫搬迁、生态扶贫、教育扶贫、健康扶贫、农村危房改造、电商扶贫等精准扶贫工作，全力推动交通、水利、电力、通信、文化、社会保障等行业和专项扶贫政策措施落实到村到户到人，打通脱贫攻坚政策落实“最后一公里”。贫困村出列的，按照“四个不摘”要求，驻村工作队不得撤离，帮扶力量不能削弱。驻村工作队要坚持脱贫攻坚目标和“两不愁三保障”脱贫标准，将资源力量集中用于帮助贫困村贫困户稳定脱贫。目前，湖北省共有驻村工作队 21575 支，驻村干部 78746 人（含驻村第一书记 13348 人），实现了每个贫困村都有驻村工作队、每个贫困户都有帮扶责任人的工作目标。

脱贫攻坚战打响以来，湖北省已经形成了较为完善且高效的贫困地区公共服务体系。医疗、教育、农业、民政、经贸等各条战线的党政部门均不遗余力地投入到脱贫攻坚中来，为湖北省贫困地区发展和困难群众稳定脱贫提供了强大推动力。党员干部通过结对子、各级单位驻村帮扶、及时检查督促等多种形式，让脱贫攻坚一直保持在有效运转的状态之下。完善的体系在无形之中编织了一张专为贫困人口解决问题的公共服务网络。不同单位的工作人员与贫困人口一对一联系其实就是一种提供高效服务的方式，一天 24 小时内贫困户无论什么时候有困难都可以拿起电话找帮扶干部解决，结对帮扶的服务形式打破了很多制度障碍，为贫困人口发展起到重要保障作用。

扶贫成绩的背后，是 21575 个扶贫工作队、78746 名驻村干部对 4821 个贫困村的全面覆盖。[1]2014 年开始，驻村工作队机制开始在湖北正式运行，根据贫困村的不同贫困程度与实际情况，省直单位、市直单位、县（市区）直单位分别派出驻村工作队。各级驻村工作队始终坚守在扶贫一线，及时观测和化解困难群众生产生活遇到的各种难题，成为贫困地区的扶贫中坚力量。各级驻村工作队在人力、财力、物力上给予贫困村全方位支持，积极帮助村里争取项目，作风深入、工作扎实、思路清晰，为湖北省精准脱贫起到了有效的助推作用，得到困难群众的一致称赞。

---

[1] 项克强：《驻村 78746 人！ 2019 湖北这项成绩单揭晓！》，湖北之声，2020 年 1 月 13 日。

省直单位驻村工作队、市县驻村工作队以及党员干部结对帮扶，成为贫困地区农业社会化服务新的供给主体。以扶贫工作队为服务主导，在各级驻村工作队的协调引导下，将各级政府部门、企业以及其他社会力量有机结合，为贫困地区提供了产业发展所需要的各种资源，逐渐形成了具有地方特色的，以扶贫工作队为核心的贫困地区农业社会化服务体系。

2015 年 9 月，省委、省政府决定，组建 248 个省直驻村工作队（扶贫工作队），进驻到全省扶贫开发建档立卡贫困村，从 2015 年起开展精准扶贫、新农村建设和“三万”活动工作，工作队于 2015 年 10 月 1 日前全部到村到岗。驻村队伍是由原省直新农村建设工作队、省“三万”活动工作组等多方面力量整合而成。每个工作队驻一个贫困村，一定五年不变，工作队员实行脱产驻村，与原单位日常工作脱钩。工作队队长兼任驻点村党组织第一书记。各工作队在整个驻村阶段，前期工作主要目标是：推进精准扶贫，建强基层组织，并将精准扶贫与新农村建设结合；后期工作主要目标是：在完成脱贫任务的基础上，将工作重心转入到巩固扶贫攻坚成果，加快推进新农村建设，全面建成小康社会上来。全省开展“三万”活动期间，工作队员要作为主力军，积极投身“三万”活动。参照省驻村工作队组成机制，各地各级相应成立领导机构及工作专班，形成省、市、县三级工作队覆盖贫困村的工作机制。

“一对一”结对帮扶工作的广泛开展，对打赢脱贫攻坚战起到了重要作用。精准扶贫工作伊始，湖北就在探索尝试中不断扩大帮扶的主体力量，逐渐让企事业单位员工参与到扶贫工作中来。第一书记、村组干部、万名机关干部和教师队伍更是放弃节假日，访贫问苦、结对帮扶，充分展现了新时代党员干部的奉献精神与实干精神。随着时间的推移，越来越多的党政干部、企业职工等深入贫困户家中，感受扶贫工作的不易，也激发了他们开展结对帮扶的工作热情。经过几年来的结对帮扶，党员干部与贫困户之间产生了感情纽带，慢慢从工作关系转变为朋友甚至是亲人。结对帮扶机制的深入实践不仅提升了扶贫工作的实效，帮助了贫困户脱贫增收，更加提升了扶贫工作的精神内涵。

实现就业服务与贫困人口“零距离”。紧扣精准扶贫主题，精心组织开展“春风行动”“就业援助月”“农村贫困残疾人就业帮扶活动”“就业扶贫日”等送岗位、送政策、送服务、送技能活动，深入贫困村、贫困户组织召开招聘会、政策宣讲会等。持续推进易地扶贫搬迁困难人员后续就业帮扶工作，加大对800人以上大型易地扶贫搬迁安置点服务力度。截至2019年底，我省设立38个大型安置点（其中万人安置点1个），设立公共就业服务站32个（其中1个正在建设中）、服务窗口34个，配备就业服务专员57人，郧阳区对万人安置点制订专门的就业帮扶方案。

截至2019年底，湖北省共整合省直部门、学校、三级医院、国有企业、民营企业等帮扶单位412家（省直部门112家、学校146家、三级医院22家、大型国有企业58家、民营企业74家），对37个贫困县实行集团式帮扶，412家省直单位投入帮扶资金21.49亿元。2020年，412家省直定点扶贫单位计划投入帮扶资金10.46亿元，帮助引进各类资金1.52亿元。

2. 构建湖北扶贫大格局，强化扶贫政策支撑体系

构建扶贫大格局，政府、市场、社会“三位一体”。湖北省积极动员社会各界力量，着眼如期全面建成小康社会和高质量发展的时代要求，构建常态化的政府、市场、社会“三位一体”大扶贫格局，形成全社会齐心协力、形式多样的脱贫攻坚生动局面。湖北省把各级党员干部组织起来，把人民群众发动起来，把社会各界动员起来，全社会全力以赴参与脱贫攻坚。一方面发挥贫困群众脱贫攻坚主体作用，坚持扶志与扶智相结合。一方面凝聚社会力量，发挥各方人才、资源优势，利用各种帮扶平台，做好贫困户需求与爱心力量精准对接，深入推进企业帮扶、“聚力脱贫攻坚、人大代表在行动”、委员“三进”“三下乡”等活动，形成全社会脱贫攻坚的大格局。

咸宁积极搭建公众平台，吸引社会各界为贫困地区发展贡献力量。2018年是咸宁整体脱贫摘帽之年，咸宁崇阳县通过组织“决战2018”等社会公益活动，组织社会各界加入扶贫大队伍中来，让咸宁在脱贫攻坚战中众志成城。活动举办以来，社会各界反响强烈，通过活动现场、单位组织、企业和个人自发捐款等众多形式，社会各界纷纷为咸宁脱贫攻坚贡献一份爱心。根据不完全统计，社会各界共捐款近千万元支持咸宁扶贫工作。

恩施以政策法规的形式，将社会各界参与脱贫攻坚的制度确立下来。2017年，湖北恩施率先出台了《关于深入动员社会各方面力量参与精准扶贫的实施意见》。该意见强调，以政府为引导，积极广泛动员市场主体、社会组织、爱心人士、定点单位、军队武警和党员干部等社会各界仁人志士，团结一切可以团结的扶贫力量，以多种形式参与到扶贫工作中来。

“千企帮千村”精准扶贫行动有序开展。国家层面为“万企帮万村”，引导和动员民营企业采取“多企帮一村”“一企帮一村”“一企帮多村”“商（协）会帮若干村”等方式与贫困村开展结对帮扶。截至2020年6月底，共组织6816家民营企业签约帮扶6809个行政村，其中贫困村3585个，累计投入帮扶资金69.7亿元，惠及贫困人口77.16万人。争取全国工商联组织开展“知名民企湖北行”活动，携手知名民企助力湖北疫后重振和脱贫攻坚，对剩余5.8万未脱贫人口按照每人2000元的标准进行帮扶，目前已接收捐赠资金8276万元；同时组织595家民营企业（商会组织），实现与454个重点攻坚村结对帮扶全覆盖。

民主监督推进脱贫攻坚，让各民主党派切实加入扶贫工作。为了让民主党派及时了解精准扶贫、脱贫攻坚工作情况，从2015年开始，湖北省统一部署，组织各民主党派积极参与到全市精准扶贫工作中来，湖北省扶贫办专门制定方案、明确分工，安排各民主党派具体承担贫困村的各项扶贫工作。民革、民盟、民建、民进、农工党、致公党、九三学社等民主党派湖北省委会，分别奔赴湖北省各个贫困地区，通过贫困识别、方案制订、资金筹措、项目扶贫等一系列工作的开展，让各民主党派不仅真实体会到扶贫工作的重大意义，而且对脱贫攻坚贡献出自己的力量。

为了进一步集中党派力量，湖北省部分民主党派采取了专题监督的工作方法。农工党于2017年至2018年之间，对部分贫困村开展了易地扶贫搬迁、安全饮水、医疗救助等专题监督，将力量发挥在某个集中领域。2018年4月，农工党就发挥了自身医疗系统成员较多的特点，集中进行了贫困地区医联体民主监督工作，并将在监督工作中发现的一些医疗扶贫问题进行整合，形成专门的调研报告，就健康扶贫提出专业的意见和建议。

社会服务是民主党派为社会和公众提供的各项公益实践活动，民主监督的过程同样也是党派进行社会服务的过程。九三学社在开展入户调查时，就发现很多村民法律意识较为淡薄，在合法权益受到侵害、遭遇纠纷的时候，不知道该怎样合法维权，只能一味上访“讨说法”。九三学社积极联系当地司法部门，向贫困地区投入法律援助、人民调解、免费公证、关爱基金等法律服务资源，为维护困难群众的合法权益提供了坚强的法治保障。还有民革、民进、致公党等民主党派的湖北省委会，都在积极动员帮助困难群众解决现实问题。

3. 新型经营主体带动脱贫，发挥扶贫主体重要力量

截至 2019 年，37 个贫困县共有农业产业化龙头企业 2060 家、合作社 35861 家、家庭农场 11470 家。湖北悟道茶业有限公司、秭归县屈姑食品有限公司、湖北省九宫山茶业有限公司 3 家贫困地区农业企业成功入选第六批农业产业化国家重点龙头企业名单。这些龙头企业在推进农业供给侧结构性改革、引领乡村产业发展和促进农民就业增收、助力脱贫攻坚中发挥了重要作用。目前，贫困地区新型农业经营主体带动贫困户超 90 万户。

强化经营主体带动，紧密利益联结机制，提高贫困人口参与产业发展组织化程度。一是制度倾斜，优待贫困地区龙头企业。在竞争性项目和省级重点龙头企业的监测、申报认定工作中，对贫困地区带动能力强的龙头企业适当放宽申报条件，最终在全省范围内认定 150 家扶贫龙头企业，给予贴息贷款等政策支持。二是提升合作社质量。开展农民专业合作社“空壳社”专项清理工作，注销“空壳社”0.7 万家；实施新型农业主体高质量发展工程，对 507 个深度贫困村每村安排 10 万元，力求在每个深度贫困村培育提升 1 ～ 2 个农民专业合作社或家庭农场。三是创新利益联结。鼓励新型经营主体运用订单、股份、劳务、服务、租赁等方式，变贫困户“单打独斗”为“嵌入产业链条”，构建“租金 + 薪金 + 股金”的利益联结机制，持续推广“三乡工程”“五位一体”“121+X”“自强互助脱贫合作社 + 贫困户”等产业扶贫模式。四是壮大村集体经济。开展村集体经济“三资”专项清理工作，全省贫困村（实际数为 4764 个）负债总额为 28.62 亿元，其中：无负债村 1265 个，占比 26.55%；负债 10 万元以下的有 776 个，占比 16.29%；负债 10 万～ 50 万元的有 1257 个，占比 2639%；负债 50 万～ 100 万元的有 745 个，占比 15.64%；负债 100 万元以上的有 721 个，占比 15.13%。村集体资产、资源租赁发包合同清理和规范工作的开展，进一步巩固了农村集体“三资”清理成果，维护了村集体合法权益，夯实了集体经济发展基础。省政府下发了《发展新型集体经济走共同富裕道路——湖北省发展壮大村级集体经济典型案例选编》，在全省范围内评选了 100 个“村级集体经济发展进步村”，着力发挥典型引路示范带动作用。

4. 强化能人带动，提升能力支撑

强化能人带动。以精准培育为导向，以创业带动为目标，强化能人带动有劳动力的贫困人口就业脱贫。加大贫困地区致富带头人培训和扶持力度，通过资金、项目、政策的支持，鼓励致富带头人面对面、手把手地向贫困户讲知识、传技术，增强贫困户致富的信心和能力。打造专家队伍，积极培养和发挥土专家作用。以县为单位建立产业扶贫技术专家组，重点为贫困村、贫困户提供技术服务。从农村乡土专家、种养能手等一线服务人员中特聘一批农技员，由县级政府聘为贫困村科技扶贫带头人。推动重大工程、重点项目、龙头企业开发合适岗位，促进转移就业；设置公益岗位，就地就近安置就业；鼓励贫困人员参与种养殖和小型创业项目，自谋职业就业。

提升能力支撑。依托省级现代农业产业技术体系和农技推广队伍，组建省、市、县、乡级农业综合技术专家服务团，开展驻村带点、入户入田、进圈进园等活动，为贫困村提供"基层点菜、专家上门"的菜单式服务。据统计，2019 年全省农业系统共派遣 4726 批次、11948 人次技术人员到田间地头，着力解决产业发展实际问题。利用新型职业农民培育项目，2019 年在贫困地区培育新型职业农民 15519 人、农业科技示范户 3.2 万户。利用现代信息手段，着力强化农技，建设动植物疫病防治等农业科技远程服务体系。集成筛选了老果园改造、茶园绿色防控、中药材标准化生产、稻田综合种养等省级农业主推技术 54 项，新发展的特色产业关键核心技术到位率达 85%。建立贫困户产业发展指导员制度，明确到户、干部和新型农业经营主体承担发展指导职责，帮助贫困户解决生产经营中的问题。

专栏 3-3-2　黄梅县大打"乡情牌"引回 800 多名能人返乡发展产业

近年来，黄梅县大打"乡情牌"引回 800 多名能人返乡发展产业。"随着越来越多能人返乡，我们着眼长远，加大能人创业服务力度，重点在水、电、路、土地、人员、资金等方面优化服务。"县里出台政策，要求相关职能部门从用地、金融、用工用水用电、基础设施配套、政策性资金安排等方面，对能人回乡创业项目给予优先安排，让项目跟着能人走；实行能人回乡签约项目跟踪服务制、全程代办制，在政务服务中心增设专门服务窗口，推行网上办理、全程帮办，提供创业指导、创业培训、工商税务咨询、创业项目推介、创业贷款等“一条龙”和“一站式”服务；建立能人回乡项目联审联批机制，成立工作专班，及时启动预审，从环评、土地、规划、水土保护等方面提出评审结论。2019 年全县能人返乡实际投资额达到 20 亿元，让 2.7 万贫困人口就近就业。

谦益农业创始人李明攀回到黄梅，探索推广不打农药、不施化肥、不用除草剂的“三不”有机稻生态种植模式，让大米有机化、高端化，利用电商平台联结农户与客户，产品价格增长近 10 倍；袁夫稻田创始人袁勇刚从种植有机稻到建设火车餐厅、星空帐篷、田园咖啡厅、大米体验中心，将基地建成十里八乡耳熟能详的网红打卡地。

能人返乡，带动产业。在北部山区，依托龙成油茶公司等建成 5 万亩油茶基地，依托万果食品公司建成 2 万亩加工型红薯基地，依托紫玉蓝莓加工项目建成 2 万亩蓝莓基地，依托黄梅禅茶项目建成 2.2 万亩茶叶基地；在中部湖区，依托康宏粮油公司等龙头企业重点发展稻虾综合养殖、水产品养殖加工等扶贫产业，新增标准化水产养殖基地 5 万亩，发展虾稻共作综合种养基地 28 万亩；在南部沿江地区，加大蔬菜产业的扶贫力度，发展设施蔬菜近 5 万亩。能人返乡兴业，唤醒了“沉睡”的乡村，成为农民脱贫致富的领路人。

资料来源：柳洁、胡融：《湖北黄梅县大河镇：项目跟着能人走》，《经济日报》2020 年 10 月 6 日。

5. 积极推进志愿服务，有序推进社工和志愿者服务

湖北省实施社会工作专业人才支持“三区”计划、社会工作服务机构“牵手计划”项目，每年选派 35 名社会工作专业人才到贫困县为特殊困难群体提供专业服务，并为当地培育本土社工人才和机构。支持贫困地区民政部门采取政府购买社会工作服务方式，委托社工机构实施有关社会工作服务项目，重点为“三留守”人员、特殊困难群体提供心理慰藉、社会融入、能力提升等专业服务；支持贫困地区加强志愿者队伍建设，培育本土志愿服务组织，编纂并印发《湖北省 2019 年脱贫攻坚优秀志愿服务项目汇编》，弘扬志愿服务组织参与脱贫攻坚先进事迹。积极推进民政领域志愿服务发展，鼓励广大志愿者主动投身脱贫攻坚工作，关心关爱特殊困难群体。“十三五”期间支持贫困县（市）社会工作、志愿服务方面的省级资金超过 1000 万元。截至 2019 年底，湖北省在全国志愿服务信息系统中实名注册的志愿者达 688 万人、社区志愿

服务组织 3 万个。

解决留守儿童问题是打赢脱贫攻坚战，全面建成小康社会的重要一环。湖北省青年志愿者积极响应国家战略，回应社会需求，不断创新关爱形式、丰富关爱内容、拓展关爱内涵，在脱贫攻坚的主战场上贡献了自己的青春力量。党的十九大报告要求“完善社会救助、社会福利、慈善事业、优抚安置等制度，健全农村留守儿童和妇女、老年人关爱服务体系”。习近平总书记指出，要关心留守儿童、留守老年人，完善工作机制和措施，加强管理和服务，让他们都能感受到社会主义大家庭的温暖。留守儿童的身心愉悦、安全健康、成长成才已经成为全社会的重要关切。“留守儿童、妇女、老人和残疾人是深度贫困地区贫困人口中的特困群体”，留守儿童在物质上的“脱贫”是检验精准扶贫效果的一个标志。湖北省各地志愿者、志愿服务组织通过爱心募捐、公益众筹等形式，汇聚了社会爱心力量，向留守儿童捐赠了助学金以及书包、文具、书本、衣物等学习生活用品，为留守儿童的学习生活提供了基本保障。

6. 社会组织参与脱贫攻坚，形成扶贫合力

为进一步贯彻落实《国务院扶贫开发领导小组关于广泛引导和动员社会组织参与脱贫攻坚的通知》的精神和湖北省委、省政府脱贫攻坚决策部署，各省级社会组织积极响应。湖北省 15 家省级社会组织率先行动，走进国家级贫困县来凤县，开展专项扶贫行动，先期捐赠价值 400 余万元的资金和物资、技术服务等参与当地脱贫攻坚。

因地制宜开展产业扶贫。据了解，为了支持来凤县旧司镇三寨坪村 220 亩红脆李基地培管项目，实现连片开发、规模发展的目标，湖北省谈笑公益慈善基金会资助资金 10 万元；省阳光慈善物资中心捐助 21 万元，支持旧司镇马家沟村和螺蛳塘村开展胡蜂养殖项目，发展村级集体经济；省反洗钱促进会为引进适合当地气候土壤条件的“鄂建一号”核桃品种，打造精品示范带核桃基地、集中连片拓展，资助翔凤镇檀木湾村核桃基地品种改良项目 10 万元；省盛帆公益基金会资助 10 万元，用于三胡乡石桥村绿茶产业发展，以村集体入股专业合作社，解决农民种植难、管培难、销售难的问题；省美好公益基金会资助大河镇白果树村富民小青柑农民专业合作社、来凤显阳产销农业专业合作社 10 万元，购买该村小青柑、蔬菜、黄桃等基地培管肥料，助力扶贫产业。

鼎力扶智参与教育扶贫。省慈善总会资助来凤县大河镇观音桥小学 50 万元；资助来凤一中特困特优高中生慈善“阳光班”30 万元；争取中国社会福利基金会出资 83 万元，在来凤县实施“授渔计划·平安成长”项目，对 100 名贫困家庭初中毕业生进行两年免费职业技能培训，进行技能脱贫。湖北省谈笑公益慈善基金会捐赠50万元用于来凤县的助学项目，惠及贫困学子。湖北省灯塔助学服务中心组织在国家级省级比赛中获奖的武汉市教学专家到来凤县开展两次以上的示范课和教学分享讲座，增强贫困地区教育培训机构能力和师资水平，提升贫困地区教育水平，并组织华中师范大学优秀志愿者开展留守儿童嘉年华活动，有序开展扶贫支教。

完善设施扶持基础建设。为了改善贫困乡村生产生活条件，整治当地生态环境，湖北省殡葬事业促进会资助来凤县三胡乡三堡村新建占地 6 亩的村级文化广场项目 15 万元；省建设工程质量安全协会落地 5 万元，资助旧司镇大坝村“三留守人员”服务中心基础设施配套建设；省土木建筑学会资助 3 万元，建设革勒车镇岩板村硒源家庭农场藤茶（油茶）产业路长 1000 米、宽 1.5 米的步行道工程；省资产评估协会落地 8 万元，资助长 4000 米、宽 4 米的翔凤镇老茶村三木林农专业合作社新修油茶产业路工程；省福利彩票事业促进会投入 5 万元，资助三胡乡石桥村便民服务中心配套设施建设。

同时，各省级社会组织根据贫困户（帮扶对象）需求，捐赠帮扶物资。从帮扶对象日常生活需求出发，各社会组织整合资源，着力物资捐赠：省谈笑公益慈善基金会捐赠 500 件衬衫、500 顶毛线帽和 1 台电子钢琴；省清洗保洁行业协会捐赠 200 条毛毯；省慈善总会定向在来凤县各乡镇福利院开展“福（扶）您一把”项目，为失独、空巢、残障等困难老人捐赠安全扶手、防滑垫等助老设施价值 20 万元。此外，在倡导和谐、资助文化建设方面，湖北省工程咨询协会捐赠 10 万元，资助翔凤镇竹坝村安装通组公路太阳能路灯 10 套，亮化美化村庄，并根据村规民约进行和睦婆媳、和睦妯娌、睦邻之星、创富之星等和谐关系和文明家庭评比奖励，促进乡村精神文明建设；省灯塔助学服务中心在来凤县留守儿童学校（“三留守”关爱项目点）设立 5 间爱心书屋，每间书屋配备不少于 3000 本图书，折合价值约 30 万元，以满足留守人员精神文化需求。

此外，湖北省于 2017 年 11 月全面启动“中国社会扶贫网”线上工作，着力搭建起贫困户帮扶需求与社会爱心资源间的精准对接平台，提高社会扶贫精准度和公信力。截至2020年7月底，全省综合注册人数达到898.7万人，贫困户累计发布困难需求94万条，需求成功对接80万条，对接成功率85.2%，捐助资金2400万元、物资71万件，综合成效居全国前列。

7. 扩大东西部结对协作，做好中央单位定点帮扶

东西部扶贫协作，加快扶贫进程。2016年中共中央办公厅、国务院办公厅印发《关于进一步加强东西部扶贫协作工作的指导意见》，明确浙江省杭州市对口帮扶我省恩施州。双方在市州级层面开展协作扶贫的基础上，实施“携手奔小康”行动。杭州市组织下辖8个区对口帮扶恩施州8个少数民族县（市），2017—2019年杭州市向恩施州投入财政援助资金7.059亿元（2017年0.34亿元、2018年2.839亿元、2019年3.88亿元）。2020年，杭州市计划向恩施州投入财政援助资金3.99亿元，已全部到位；截至2020年7月底，恩施州到浙江省稳定就业的贫困人口已达12421人。

中央单位定点扶贫。2015年，国务院扶贫开发领导小组对中央单位定点扶贫工作进行了调整和充实，组织320家中央、国家机关和有关单位参与新一轮定点扶贫工作，该项举措实现了592个国家扶贫开发工作重点县定点扶贫全覆盖，其中有17家中央单位定点扶贫湖北省25个国家扶贫开发工作重点县。2016—2019年，17家中央单位投入帮扶资金27.26亿元。2020年，17家中央单位计划向湖北省25个国家扶贫开发工作重点县投入帮扶资金2.08亿元，帮助引进资金7916万元，截至2020年7月底，落实直接帮扶资金3.93亿元，占上一年实际到位资金总额的62%；引进帮扶资金1.2亿元，占上一年实际到位资金总额的42%。2020年以来，全国各地共向湖北省捐赠防疫资金5.93亿元，购买和帮助销售贫困地区春茶6845.28万元。

（三）推进脱贫攻坚“十大工程”，切实解决好“扶什么”

2016年12月，国务院正式发布《“十三五”脱贫攻坚规划》，提出产业扶贫工程、旅游扶贫工程、易地扶贫搬迁工程、电商扶贫工程、资产收益扶贫工程、教育扶贫工程、健康扶贫工程、重大生态建设扶贫工程、企业扶贫重点工程、贫困地区基础设施建设工程“十大工程”。近年来，湖北省结合发展实际，在“十大工程”建设方面努力探索并取得不俗成绩。

1. 全力加大产业扶贫力度，充分发挥贫困地区资源价值

截至 2019 年底，全省 37 个贫困县通过发展扶贫产业累计惠及 316 万人，产业扶贫带动率（占有劳动能力的贫困户）达 88.7%，同比去年提高 8.1 个百分点，逐步实现建档立卡有劳动能力的贫困农户能够有稳定的脱贫主导产业的目标。2019 年，全省贫困村已完成集体资产清产核资和成员身份确认工作。全省指导建立股份经济合作社 8570 个村（组），量化集体资产 519.6 亿元，累计分红 8.3 亿元；统筹安排中央、省、县财政资金 5.8 亿元支持 1168 个村发展新型村级集体经济。

2019 年全省 37 个贫困县农林牧渔增加值平均增长率为 4.0%。各地区因地制宜，持续发展"茶果菜药"等多种区域特色产业，目前优质粮油和特色经济作物生产基地达 4466.79 万亩，其中茶叶、水果、蔬菜、中药材面积分别同比上升 1.9%、2.4%、0.3%、7.7%。受非洲猪瘟疫情影响，生猪存栏量 799.40 万头，同比去年下降 30.5%。牛、羊、家禽存栏量同比变化分别为：2.4%、−22.0%、2.8%。蜜蜂共计 84.12 万箱，同比下降 1.4%。水产产业坚持绿色发展、生态优先，2019 年产量同比下降 47.0%。截至目前，37 个贫困县共形成 54 个主导产业，基本实现主导产业全覆盖的目标。产业培育方面，37 个贫困县共创建国家级特色农产品优势区 5 个（恩施硒茶、武当道茶、宜昌蜜橘、通城油茶、蕲春蕲艾）和省级特色农产品优势区 23 个，"三品一标"等品牌数达 1201 个，农产品质量监测合格率达到 99% 以上。贫困地区建设产地初加工设施 2000 余座，创建现代农业产业园 12 个，11 个贫困县优先实施农业产业强镇建设项目。远安县、五峰县、罗田县等 6 县启动瓦仓大米、五倍子、中药材等扶贫产业园建设。37 个贫困县共创建 44 个全国"一村一品"示范村镇、85 个省级休闲农业示范点、858 个农旅产业扶贫基地。

湖北省是农业大省，有"鱼米之乡"的美誉，农业资源较为丰富，各类农产品曾畅销海内外。但是，近年来在激烈的市场竞争中，部分农产品由于缺乏市场竞争力，逐渐被市场所淘汰。相较一般地区，贫困地区抗风险能力较弱。经过几年来的摸索，湖北省结合贫困地区不同的资源禀赋，坚持差异化发展道路，通过打造具有竞争力的特色产业推进扶贫产业长远发展。湖北省率先创立"政府 + 市场主体 + 农户 + 银行 + 保险"的"五位一体"产业扶贫推进机制，培育壮大市场主体，促进一、二、三产业融合发展。积极引导贫困地区

加快优势特色资源的深度开发和有效利用，重点推进特色产业、特色工业、特色旅游业快速发展。

宜昌的盆景产业。宜昌充分利用山区自然资源，形成了特色鲜明的盆景产业，产生了良好的产业集群效应。宜昌高家堰镇盆景生产起步于 1981 年，经过 30 多年的发展，目前已形成东起生姜坪、西至木桥溪长约 21 千米的盆景走廊，被誉为“湖北盆景第一镇”。截至 2019 年底，高家堰镇共发展苗圃 5000 余亩，从事盆景根艺生产的农户达 1100 多户，带动了周边贫困户就业和增收。通过网络直播、电商销售等方式，产品远销山东、上海、香港等 20 多个省、市、区，年销售额 1.5 亿元，盆景存量 800 多万盆，总值超过 10 亿元。

十堰的蔬菜产业。十堰重点发展蔬菜产业，通过市场主体培育产业发展，积极培育好口生态农业科技有限公司、民辉蔬菜专业合作社、兴农蔬菜专业合作社、海涛家庭农场、王尧十月家庭农场等 5 家经济合作社，引导土地流转 1050 亩，建成蔬菜基地 800 余亩，目前带动贫困户 92 户。农忙时节，最多可以有 110 人到蔬菜基地从事耕种、除草、采摘等日常劳作，每人每天可获得劳务报酬 50 ～ 80 元不等，平均一年可以有近 1 万元收入。这 5 家经营主体切实参与产业扶贫，贫困户可以通过土地流转、入股分红、产品出售、打工就业等多种形式获得收益。

荆门的黄桃产业。黄桃种植已经成为荆门市脱贫攻坚的主导产业，仅屈家岭管理区月宝山就有近万亩黄桃基地、400 多户果农，黄桃果汁等特色农副产品正在加速发展当中。由于抗风险能力较弱，黄桃曾一度遭到市场的摒弃，荆门十分重视农产品的深度加工。2019 年开始，荆门引入田野农谷生物科技有限公司，正式投产首条综合性果蔬加工全自动管道化生产线。一枚枚新鲜黄桃被送至深加工车间，经多道工序后成为果汁。黄桃开榨，让桃农更放心，更有信心种桃。曾经是建档立卡贫困户的部分果农，现在人均年收入已经可以超过 3 万元。

除此之外，湖北省还在 35 个贫困县实施旅游扶贫工程，带动 17.78 万贫困人口增收。在省重点产业集群支持培育上对贫困地区予以倾斜，先后把恩施州（恩施、利川）富硒绿色食品产业集群、恩施州（咸丰、来凤）绿色食品产业集群、恩施州富硒茶产业集群、宜昌市（长阳、五峰）健康食品产业集群等特色集群纳入全省重点成长性产业集群予以扶持。

表 3–3–1　湖北省产业分类帮扶工程情况统计

序号	支撑工程	工程开展情况
1	种养业良种工程	2019 年，长阳县获中央种业创新及南繁基地建设专项资金 350 万元；阳新县、通城县、咸丰县等 3 个县获省级种猪场补助资金各 100 万元；罗田县、通城县分别获现代种业提升工程资金 505 万元、800 万元。项目建成后，可改扩建南繁基地 2000 亩、改扩建种猪场 3 个、增加黑山羊保种核心群存栏 450 只、扩建野生茶保护区 2600 亩，进一步改善贫困县农作物良种繁育、推广条件，加强贫困县的动植物种植资源保护，增强生猪稳产保供能力，强化现代种业对贫困户增收致富的支撑保证作用
2	农产品初加工和精深加工工程	贫困地区建设产地初加工设施 2000 余座。2019 年，阳新县、郧西县、竹山县、长阳县、孝昌县、大悟县、红安县、崇阳县、建始县、宣恩县 10 个县获中央农产品产地初加工专项资金共 2850 万元。长阳县完成农产品产地初加工设施建设 121 座，目前均已投入使用；建始县支持富硒土豆产业链建设，新建土豆冷库 1000 平方米，发展农产品初加工项目建设农产品仓库、烘干房等项目 42 个
3	农产品物流工程	推动现代物流与电子商务协同发展：有条件的贫困县统筹规划及建设电商仓储物流中心及村级服务站点，打造智能物流骨干网络。如利川市建成 3000 余平方米市级电商仓储物流中心；阳新县紧抓西商农博园冷链物流和农批市场建设，致力把西商农博园打造成鄂东南地区最大的农产品批发市场和农产品集聚地 继续开展信息进村入户：落实中央一号文件精神，印发《湖北省信息进村入户工程整省推进实施方案》，明确将农业信息进村入户工程纳入乡村智能互联网建设中。与建设银行湖北省分行签订战略合作协议，衔接共建“益农信息社 + 裕农通”，协同推进乡村振兴战略与普惠金融战略，截至 2019 年 10 月，全省已建益农信息社 4647 个，聘请益农社信息员 4683 人、益农社专家 1275 人，覆盖行政村数量 4234 个，辐射带动农户 133 万户，培训农户和新型经营主体人员 15 万人次，实施便民服务 32 万人次，带动休闲农业和乡村旅游 50 万人次
4	休闲农业和乡村旅游工程	省文化和旅游厅积极争取国家文旅部旅游发展基金 3378 万元，对贫困地区旅游发展重点项目以及旅游厕所等旅游公共服务设施建设予以重点支持。投入省级旅游专项资金 2730 万元，支持贫困地区旅游公共服务设施的建设、重点旅游项目提质升级 贫困地区举办四季乡村旅游推介活动：4 月，以赏花游为重点，在全省范围举办了“惠游湖北”乡村旅游活动，编排、筛选一批贫困地区特色乡村文化旅游线路进行推介；9 月，举办首届荆楚乡村文化旅游节，支持贫困地区旅游目的地推广；10 月举办“城乡牵手游”扶贫公益活动，发动全省重点旅游企业与乡村旅游、旅游扶贫重点村对接帮扶 创建 85 个省级休闲农业示范点、858 个农旅产业扶贫基地

续表

序号	支撑工程	工程开展情况
5	农产品生产示范基地建设工程	优质粮油和茶、果、菜、药等特色经济作物生产基地达 4466.79 万亩。各贫困县积极推进特色产业标准化示范基地建设、高标准养殖基地，并升级改造已有特色产业基地提升基地设施建设。房县落实扶贫示范基地建设奖扶，对领办特色产业规模示范基地、示范效果突出、带动贫困户增收能力强的新型经营主体予以奖扶。秭归县全国绿色食品原料（柑橘）标准化生产基地续报通过验收 创建 12 个现代农业产业园，11 个贫困县实施农业产业强镇建设项目并获得中央财政资金各 1000 万元
6	生态建设工程	依托新一轮退耕还林、农业综合开发、绿满荆楚、精准灭荒等工程项目实施，支持贫困地区因地制宜大力发展油茶、核桃、板栗等特色经济林，截至 9 月全省经济林种植总面积已达到 2850 万亩，贫困县（市）已基本实现人均一亩经济林的目标 大力发展以林下种养殖、中草药等为主要内容的林下经济，提高林地利用率和产出率，截至 9 月全省共建立林下经济示范基地 629 个，面积 1340 万亩 大力发展森林康养、森林养生、森林旅游等不消耗森林资源的新型绿色产业，引导贫困农户开展餐饮、住宿等服务业，实现就业增收
7	高标准农田建设工程	2019 年，37 个贫困县中有 35 个县获得中央财政农田建设补助共计 10.9 亿元。其中 28 个国贫县安排高标准农田建设任务 103 万亩，占全省任务数的 30%，比 2018 年增加幅度高达 75%。切实加大对贫困县投入力度，落实了项目扶贫
8	劳务输出工程	组建省、市、县三级农技专家团队 179 个、专家 639 名，特聘 161 名农技员，设置 1.8 万余名产业指导员，基本实现县有服务团队、乡有服务站所、村有服务网格员 持续开展培技术、推模式、学范例活动，培训新型经营主体 3.2 万人次，培训贫困人口 38.7 万人次 实施“培育贫困村创业致富带头人”行动，建立 235 个农村双创园区，产生 8.1 万个双创主体、39.7 万双创人员，带动 344.8 万人就近就业
9	智慧农业工程	电商进村发展：2019 年湖北省 4 个示范县（包括蕲春、秭归、通城 3 个贫困县）获得中央服务业发展专项资金支持 6000 万元；6 个 2017 年国家级电子商务进农村综合示范县通过考核，获得中央服务业发展专项资金支持 3000 万元。37 个贫困县实现电子商务进农村综合示范全覆盖，建立 5786 个村级服务网点，累计服务建档立卡贫困人口 126 万人次，累计帮助建档立卡贫困人口增收总金额 1.7 亿元，累计带动建档立卡贫困人口就业 13 万人

续表

序号	支撑工程	工程开展情况
		光伏扶贫：截至目前，全省通过国务院扶贫办扶贫开发信息系统审核的项目达到4695个（占申报项目总数的83.3%）。4695个项目中有4295个已纳入财政部电价补助目录（占申报项目总数的76.2%）。未通过审核的939个项目中有378个重复申报项目从系统中删除，剩余561个项目整改完成重新申报进系统，待国家审核通过。省财政厅已预拨50%奖补资金，较好地促进了项目建设；经积极争取，第二批国家补贴资金约2.9亿元已拨付我省
10	区域农业品牌培育工程	实施农产品品牌培育"222"行动，着力打造宜昌蜜橘、恩施硒茶等名优特"金字"招牌，重点推送宜昌蜜橘、大别山黑山羊、恩施玉露等品牌广告片亮相央视；"一红一绿"（利川红和恩施玉露）成为第七届世界军人运动会指定用茶并开展专题推介 创建国家级特色农产品优势区（恩施硒茶、武当道茶、宜昌蜜橘、通城油茶、蕲春蕲艾）5个和省级特色农产品优势区23个，创建44个全国"一村一品"示范村镇 优先在贫困地区实施"四行动一计划"（耕地地力保护行动、果菜茶有机肥替代行动、绿色高产高效创建行动、畜禽废弃物资源化利用行动和农作物病虫害防控示范区计划），"三品一标"等品牌数达1201个，农产品质量监测合格率达到99%以上

2. 乡村旅游发展迅猛，助力农户脱贫增收

近年来，湖北省乡村旅游发展迅猛，通过"旅游扶贫工程"，实施百村旅游规划公益扶贫、百企结对帮扶、旅游创建和品牌培育、四季乡村旅游营销、金融支持旅游扶贫项目、千人教育培训、乡村旅游后备箱工程、万名旅游创客等举措，形成了旅游开发引爆贫困区产业发展的乘数效应。黄石市大冶龙凤山庄入选由世界旅游联盟、中国国际扶贫中心、世界银行联合发布的12个"世界旅游联盟旅游减贫案例"；罗田燕儿谷生态农庄成为七个全国旅游扶贫典型之一。到2019年底，通过旅游扶贫带动超过200万贫困人口脱贫，占全省590万建档立卡贫困人口的近30%。

持续推进深度贫困区旅游扶贫，持续支持旅行社、景区等结对帮扶贫困区，持续推进古村落保护工程。对旅游资源富集、具备开发条件的建档立卡贫困村开展旅游规划公益扶贫行动，帮助贫困村开展旅游规划编制、旅游项目策划、旅游商品研发、旅游服务提升和旅游营销推广，带动贫困户增收。同

时设置奖励机制，对建档立卡贫困户新开办农家乐创业，带动就业 3 人、正常经营半年以上的，每户给予 1 万元的一次性创业补贴；对吸纳建档立卡贫困人口就业半年以上的农家乐经营户，每吸纳一人给予2000元的吸纳就业补贴，每户农家乐补贴不超过 2 万元。

通过“旅游 +”扶贫模式带动少数民族地区脱贫攻坚。恩施大峡谷、利川红、清江山水、土家幺妹等已经成为湖北省少数民族地区的代名词，湖北省少数民族旅游扶贫已经被成功载入联合国减贫案例。截至 2019 年年底，湖北省少数民族地区 110 多万人告别绝对贫困，脱贫销号，贫困发生率下降 30 多个百分点，农民人均可支配收入从 2013 年的 7266 元增加到 2019 年的 12911 元，少数民族地区整体贫困问题得到初步解决。

3. 持续推进易地扶贫搬迁，做好后续安居工作

实行“交钥匙工程”，统一规划、统一建设、统一质量安全监督、统一分配。无论是集中安置还是分散安置（包括自主购房），人均住房建设面积均不得超过 25 平方米；不因建房举债；建新房必须拆旧房，实行土地复垦、生态修复。“十三五”期间全国易地扶贫搬迁规模数为 300 万户、1000 万建档立卡贫困人口，其中，湖北省搬迁规模数为 31.84 万户、88.23 万人。易地扶贫搬迁人均投入 5.7 万元，其中中央预算内投资人均 0.7 万元（无偿资金），地方政府债券人均 1 万元，专项建设基金人均 0.5 万元，长期专项贷款人均 3.5 万元（20 年长期专项贷款）。省级政府负责偿还专项建设基金、长期贷款的本金及利息，占比 78.78%；县级政府负责偿还地方政府债券本金及利息，占比 21.22%。强化易地扶贫搬迁后续帮扶，切实抓好基本产业、基本就业、基本公共服务、基层社区治理、基层组织建设，壮大村集体经济。后续扶持最关键的是就业，解决好就业问题，才能确保搬迁群众稳得住、逐步能致富，防止返贫。基层党组织要发挥领导核心作用，把社区管理和服务工作抓好，求真务实，让人民群众获得实实在在的好处。

4. 加紧实施电商扶贫，积极推动“互联网 +”扶贫

随着互联网的快速发展，以及疫情对线下经济的影响，湖北省加快了电商扶贫工程的实施步伐。借助互联网平台，贫困地区信息壁垒被进一步破除，越来越多的有志之士在贫困地区开创事业，“互联网 +”扶贫为贫困地区创新创业提供了良好平台。截至目前，全省共有 44 个县纳入国家电子商务进农村综合示范范围。

互联网促进产业转型升级，丰富贫困地区创业模式。互联网降低了贫困地区获取外界技术和信息的成本，很多从前需要通过购买的技术服务，在互联网平台的支持下可以更加高效地获取，并迅速投入实际生产经营中来。无论是返乡人员、本土人员还是外来人员，作为贫困地区创业创新的主体，对贫困地区发展都起着至关重要的引领性作用。面对瞬息万变的现代社会与相对闭塞的贫困地区，创业人员通过互联网迅速了解和掌握最新的生产工艺、养殖技术、栽培手段等信息，可以更加直接地获取市场行情及最新政策。通过在线培训、平台互动、网络直播以及互联网金融等网络途径，不断地强化自身技能、创新意识和资金、管理等实力，重新构建贫困地区农业生产和产业服务的体系结构，将从前较为单一的"播种育苗—养殖培育—固定销售"等传统模式，转变为更加形式多样的创业方式。在互联网的驱动下，青年创业不再局限于固定时间、固定地点和人员限制，更多的信息技术和人力资源在无形之中融入贫困地区的产业发展当中。

专栏 3-3-3　"互联网 + 党建"助力精准扶贫

近日，石首市桃花山镇老党员付传云靠着村党支部牵线搭桥，加入了凤来土鸡养殖专业合作社，林下的土特产"上了网"，他再也不用为自家果园里的土特产东奔西跑找销路了，每年通过网络销售他家就能增收 4 万多元。

该镇党委打造"互联网 + 党建"模式，在全市率先成立镇电子商务综合服务站及党支部，拥抱互联网，销售土特产，推介桃花山，推动石首生态农副产品、旅游产品及休闲旅游电子商务的发展壮大，帮助山区群众增收致富，助力精准扶贫。目前，该镇已有各类电商 50 多家，年销售额已突破 2000 万元。

近两年，桃花山镇政府投入大量资金，一大批"美丽工程"落地，带动"美丽经济"蓬勃发展，一大批像付传云一样的党员群众受益。"美丽乡村党旗红，网上林下淘金忙。"该镇党委一系列务实的举措，让原本"雾里看花"的"土鸡上网"逐渐变得清晰起来，该镇 2017 名贫困人口中，869 人有望今年"脱贫摘帽"。

资料来源：刘英、车荣华、黄淑珍：《"互联网 + 党建"助力精准扶贫》，《湖北日报》2015 年 11 月 19 日。

5. 强化资产收益扶贫，助力脱贫攻坚

打赢脱贫攻坚战，资金保障很重要。资产收益扶贫，就是县级财政资金管理部门将财政专项扶贫资金和其他财政涉农资金投入设施农业、养殖、乡村旅游等项目，把以此形成的资产折股量化给村集体，建立与建档立卡贫困户的利益联结机制，发挥财政资金的脱贫、固富效应。2016 年至 2020 年，中央财政专项扶贫资金连续 5 年年增长额为 200 亿元，2020 年达到 1461 亿元。此外，2020 年还一次性安排 300 亿元脱贫攻坚补短板综合财力补助资金。

6. 教育扶贫百年大计，多措并举阻断代际贫困

2014 年至今，湖北省累计落实贫困家庭学生资助资金 233.46 亿元，惠及贫困家庭学生 1403.64 万人次；持续改善贫困地区办学条件，累计落实 37 个贫困县义务教育专项补助资金 85.69 亿元；实施省级统筹的义务教育教师补充机制，选派 5.2 万名教师到贫困地区乡镇以下学校任教。2019 年底，湖北省义务教育阶段建档立卡贫困家庭学生失学辍学已实现动态销号清零。

7. 健康扶贫取得积极成效，医疗保障趋于完善

因病致贫返贫人口大幅减少。2015 年，全省建档立卡农村贫困人口 192.7 万户、573 万人，其中因病致贫返贫 73 万户、189.6 万人。截至 2019 年底，未脱贫人口 2.71 万户、5.8 万人，其中因病致贫返贫人口 1.39 万户、3.46 万人，因病致贫返贫率达 51.2%。贫困人口兜底医疗保障制度也逐步完善。农村建档立卡贫困人口全部纳入基本医疗保险、大病保险、医疗救助范围，构建了具有湖北特色的“基本医保 + 大病保险 + 医疗救助 + 补充医疗保险”的四位一体医疗保障机制。农村贫困人口县域内住院，政策范围内医疗费用报销比例达到 90% 左右，大病、特殊慢性病县域内门诊、政策范围内医疗费用报销比例达到 80% 左右。农村贫困人口县域内就医，年度个人负担政策范围内医疗费用控制在 5000 元以内。

大病集中救治全面实施。截至 2019 年年底，湖北省儿童先天性心脏病、儿童白血病、食道癌、肺癌、胃癌等 25 种大病患者 147350 人，已得到救治的达 145960 人，救治比例为 99.1%。我省继续开展“光明扶贫工程”，累计为 28704 名贫困白内障患者实施手术。慢性病签约服务管理体系完善。我省为贫困患者开展一次免费健康体检，建立健康档案，实行个性化健康管理，重点对精神病、高血压、糖尿病等慢性病实施跟踪管理。贫困人口住院“先诊疗后付费”和“一站式”即时结算全面落实。农村贫困人口在县域内定点医疗机构住院，无须缴纳住院押金，出院时“一站式”即时结算，只需结算个人自付部分。

强化组织保障，以坚定的战略定力打好健康扶贫攻坚战。省委、省政府将健康扶贫作为脱贫攻坚的重中之重，作出一系列决策部署，将健康扶贫工作与解决“两不愁三保障”突出问题、中央巡视反馈问题整改、国务院脱贫攻坚考核反馈整改等工作有效衔接、统筹协调，共同推进健康扶贫各项政策措施落实落地。省委办公厅、省政府办公厅先后印发《关于进一步完善保障农村贫困人口基本医疗的若干措施》《关于完善农村贫困人口基本医疗保障有关政策的通知》。省卫生健康委切实履行健康扶贫牵头部门责任，会同省直相关部门，制定完善了具有湖北特色的近 40 个健康扶贫政策文件，建立了健康扶贫会商制度，扶贫、卫健、财政、医保等部门主要领导定期研究健康扶贫，推动重点工作和解决重点问题；实施健康扶贫督察制度，卫健委会同纪检监察部门对健康扶贫工作每月一暗访，发现问题及时反馈、认真整改。

完善政策设计，切实让贫困人口看病有制度保障。2017 年，湖北省探索推行了“基本医保 + 大病保险 + 医疗救助 + 补充医疗保险”四位一体保障机制，实行健康扶贫“985”政策（即确保农村贫困人口住院医疗费用个人实际报销比例提高到 90% 左右，大病、特殊慢性病门诊医疗费用个人实际报销比例提高到 80% 左右，年度个人实际负担医疗费用控制在 5000 元以内），减轻了贫困人口负担。2019 年，在深入调研、充分掌握基层情况的基础上，省委办公厅、省政府办公厅印发了《关于进一步完善保障农村贫困人口基本医疗的若干措施》（鄂办发〔2019〕18 号），从 8 月 1 日起实行健康扶贫“985”政策 2.0 版（将原有“985”政策的范围明确为县域内住院、政策范围内）。从运行情况来看，住院贫困患者少了，贫困人口医疗费用降了，财政和医保基金压力轻了，确保了健康扶贫医疗保障政策的可持续，保障了贫困人口真脱贫、稳脱贫，为探索 2020 年后相对贫困医疗保障机制打下坚实基础。

狠抓能力提升，真正让贫困人口有地方看病、有医生看病。一是补齐建设短板。2016 年以来，全省政府投入资金约 100 亿元，支持县、乡、村三级医疗卫生机构基础设施建设，确保每个贫困县的县级医院达到二甲水平，每个乡镇都有 1 所“四化”（建设标准化、业务规范化、管理科学化、运行信息化）

乡镇卫生院，原则上每个行政村都有1所“两化”（公有化、标准化）村卫生室。着力解决基本医疗有保障突出问题。在各方努力下，209个村卫生室暂时性无村医问题得到解决;196个村卫生室已全部建设达标。二是补齐人才短板。每年安排专项资金5000余万元，在所有贫困县实施乡镇卫生院骨干人员特岗津贴项目和招聘医学类大中专毕业生项目、为贫困地区乡镇卫生院补充全科医生项目。省卫健委还制定《关于进一步巩固村卫生室网底功能和做好建档立卡贫困人口家庭医生签约服务过程监管工作的通知》，指导各地采取邻村卫生室代管、乡镇卫生院延伸服务或直接派出医生至村卫生室执业、乡村医生与家庭医生团队相结合约时服务等办法，针对性解决部分村卫生室暂时性无村医问题。三是补齐能力短板。2016年，组织21家省、市三甲医院对口帮扶37个贫困县医院，累计安排700余名医务人员帮扶贫困县医院，每年连续工作时间不少于6个月。2019年3月，湖北省启动“健康扶贫荆楚行”活动，组织37家三甲医院到37个贫困县开展大病集中救治和巡回医疗，让更多的贫困患者就近就医，减轻贫困患者就医负担，累计开展疑难病例会诊2158人次，远程影像诊断2万余例，为贫困人口节约医疗费用、交通生活费用5000余万元。

抓好“三个一批”，对贫困人口科学实施分类救治。一是抓好大病集中专项救治。大病集中专项救治稳步推进，截至2019年底，全省25种大病确诊患病人数147350人，救治比例为99.1%，基本做到“应治尽治”。二是抓好慢性病签约服务管理。为每名贫困人口开展签约服务，建立了健康档案，每年开展一次免费健康体检，动态掌握贫困人口健康状况，为181.5万户建档立卡贫困户开展了家庭医生签约服务，签约率94.5%，做到了应签尽签。同时，重点对患有高血压、糖尿病、结核病、严重精神障碍等慢性病的贫困患者实行规范管理。三是抓好重病兜底保障。对患有重病的贫困人口，落实“四位一体”保障机制；部分县市针对少数贫困患者在享受“四位一体”多重保障机制后，医疗费用负担仍较高的贫困人口，采取“一事一议”制度，统筹社会救助、慈善救助、医院减免等政策进行再次补助，确保贫困人口医疗费用负担控制在家庭可承受范围内。

严格加强监管，努力提升健康扶贫工作质效。围绕规范医疗机构服务行为和贫困人口就医行为，严格加强监管，健全体制机制，创新方法手段。一是建立医疗费用控制机制。各定点医疗机构按照疾病诊疗指南及各病种的临床路径实施诊治，做到合理检查、合理用药、合理收费，严禁在国家规定的收费项目和标准之外自立项目、分解项目收费或擅自提高标准加收费用、重复收费、打包收费。二是建立县域外转诊定点救治机制。96个有扶贫任务的县（市、区）在基本医保定点医疗机构中，明确若干家省、市级医疗机构作为农村贫困人口县域外转诊的指定医疗机构，严格落实分级诊疗制度，农村贫困人口未按要求办理转诊手续、不在指定医疗机构就医的，不享受健康扶贫政策。三是建立政策范围外医疗费用控制机制。明确农村贫困人口住院治疗政策范围外医疗费用占医疗总费用的比例，县域内一级医疗机构不超过3%，县域内二级、三级医疗机构不超过8%，县域外省内三级医疗机构不超过10%，超出规定比例的医疗费用由医疗机构承担。四是建立过度医疗劝诫机制。加强农村贫困人口就医引导，对不合理就医、不合理住院、恶意欠费、恶意告状等行为进行有效劝导和约束，防止“小病大治”。

8. 生态扶贫成果丰硕，“绿富”双赢助力脱贫

近年来，湖北省认真贯彻落实中央关于脱贫攻坚工作的决策部署，加强组织领导，强化工作措施，发挥生态扶贫优势，助推全省精准扶贫精准脱贫。2016年以来，全省共争取资金6.37亿元，选聘10万多名护林员，直接帮助10多万个家庭实现脱贫目标。将2010.47万亩天然林全部纳入保护范围，将天然林停伐管护补助标准提高至每亩16元，2018—2019年天然林停伐管护补助达到7.87亿元。2018—2019年，湖北省落实森林生态效益补偿金143501万元。2017—2018年，全省新一轮退耕还林计划中，参与退耕还林的贫困户5年户均增收5574.9元，人均增收1686.2元。2018—2019年，安排28个国贫县的林业改革发展资金9.05亿元。

发展生态产业，助力脱贫攻坚。大力发展经济林产业。依托新一轮退耕还林等工程项目实施，支持贫困地区因地制宜发展特色经济林。全省经济林种植总面积已达到2850万亩，其中以油茶、核桃为主的木本油料经济林730万亩，惠及贫困人口近400万人。大力发展林下经济产业。按照“规模化、特色化、品牌化”思路，利用省级财政2000万元林下经济发展补助资金，在全省37个贫困县发展林下经济。目前，全省林下经济示范基地629个，面积1340万亩，产值243亿元，惠及近300万贫困人口。大力发展森林休闲康养产业。充分发挥林区生态良好的优势，大力发展森林康养等新兴绿色产业，贫困农户依托森林康养、赏花经济等产业，实现就业增收。2018—2019 年 6 月，全省森林旅游与休闲产业综合旅游收入超过 1072 亿元。大力培育林业龙头企业，支持鼓励林业龙头企业到贫困地区发展特色种植业、养殖业和林产品加工业。目前，全省有 100 余家龙头企业、2100 多家专业合作社在贫困县开展基地造林、林产品加工。

实施生态工程，助力脱贫攻坚。依托推进“绿满荆楚”“精准灭荒”，在安排实施长江防护林工程、天然林保护工程、退耕还林还草工程、石漠化综合治理工程等林业生态工程时，对符合条件的建档立卡贫困人口实施全覆盖，吸纳贫困人口参与林业工程建设获取劳务收入。据统计，2016 年以来，吸纳近 3 万贫困人口参与林业工程建设，人均年增收近 3000 元。2019 年上半年，全省林业实现产值达 1544 亿元，其中贫困县市实现林业产值突破 750 亿元。林业已经成为贫困地区脱贫致富的重要支柱产业。

9. 创新企业扶贫模式，增强市场主体扶贫作用

为了能让困难群众继续享受扶贫红利进入生产发展的稳定增收状态，充分发挥国有企业、民营企业、合资企业等各类市场主体作用，通过企业扶贫来激活贫困地区发展，为困难群众带去了更多增收机会，奋力开拓可持续发展的扶贫新路子。

以科技助力贫困地区企业转型升级的东风模式。作为国内汽车制造行业的龙头企业，东风公司发源于湖北、成长于湖北，精准扶贫战略实施以来，东风公司深入十堰房县开展扶贫工作。十堰是传统的汽车产业生产基地，随着市场的变化与技术的发展，房县的一些汽车零部件生产厂面临着低端产能过剩，高端生产供给不足的状况，不少本地汽车生产企业存在持续亏损的情况。2017 年，东风公司通过发挥自身产业优势，在管理、产品、质量等方面积极帮扶房县汽配企业，经过 1 年多的努力，不断改善生产工艺，提升产品科技含量，成功帮助 3 家房县车企将供应商资质从 C 级升到 B 级。企业逐渐从产业链低端向中高端迈进，供给能力得到良好提升，并开始恢复盈利，就业岗位也越发增多，吸引了一批优秀人才来房县创业，为当地经济社会发展带来了蓬勃生机。

通过生态环保产业构建精准扶贫新格局的凯迪模式。由于生态环保行业的独特属性，让凯迪公司与精准扶贫工作形成天然对接。阳光凯迪是湖北省本土企业，也是国家级高新技术、创新示范企业，拥有生物质热化学技术国家重点实验室，目前已申请专利1万多项，拥有专有技术3万多项，是我国生物质能源领域领军企业。旗下上市公司凯迪生态于1999年在深交所上市，目前拥有已投产生物质电厂47家，在建及储备项目资源100余家，现役装机容量1362MW。凯迪生态将生物质能源产业作为打赢脱贫攻坚战的有力抓手，在全国20多个省市流转了1100多亩林地，进行速生能源林的种植，在种植、加工、运输等环节吸纳了大量贫困人口，在江西吉安市遂川县，凯迪生态正在积极发展工业、农业、电商等多产业融合的创新扶贫模式。自成立以来，凯迪生态已累计向省内外农民转移支付超过180亿元，每年可带领约47万农民脱贫致富奔小康，包括国家建档立卡贫困户近10万户，被授予“全国‘万企帮万村’精准扶贫行动先进民营企业”称号。

以创新农业经营带动贫困人口稳定增收的华山模式。湖北潜江华山公司是一家专门经营小龙虾产品的民营企业，通过充分发挥市场作用、开拓规模化经营，华山公司探索出一条现代化农业扶贫新模式。近年来，华山公司在贫困村实行“虾稻共作”模式，在稻田里套养小龙虾，按每年每平方米1元的标准，流转单个贫困村土地1.21万亩，平均每年仅小龙虾收益就高达6000余万元。华山公司和村集体共同成立农资合作社，为农户提供生产资料，公司仅占股不分红，让承包户和村集体充分享受收益。对于担心亏本的贫困户，公司还为其每户购买2万元担保贷款，解决贫困户后顾之忧。这些举措彻底激发了贫困人口的内生动力，不到一年时间，全村贫困人口全部脱贫，人均增收超2万元。随后，华山公司积极推广成功经验，在贫困村周边的9个村实施规模养殖，建起连片基地10万余亩，共有贫困户1121户、5000余人参与其中，走上脱贫致富的小康之路。

通过美丽乡村建设发挥贫困地区资源优势的宇济模式。湖北宇济公司是一家从事建筑加工、酒店服务的大型民营企业，近年来，宇济公司定向帮扶湖北孝感湾潭村。宇济公司根据自身业务领域，结合该村资源禀赋，在该村新建标准化住房，组织贫困户迁出危房，改善居住环境，并兴建卫生院、福利院和9年制寄宿制学校，为村民办理全额医疗保险，硬化全村道路50多千米，兴建自来水厂和变电厂。公司还投资1000多万元帮助农民发展林果产业。

随着该村人居环境的改善，美丽乡村的品牌效益和社会效益逐渐显现，不少外出务工的农民子弟被吸引回来创业，外来游客慕名前来，贫困村人气越发旺盛，逐渐进入良性循环的发展状态。

10. 夯实基础设施建设，保障贫困地区生产生活

基础设施建设是推动脱贫攻坚的重要举措，湖北省贫困地区基础设施建设主要集中在农村公路、农网改造、安全饮水三个方面。

农村公路方面。精准扶贫实施以来，湖北省累计投资近700亿元，新改建农村公路7.2万千米，2019年底完成全省20户以上自然村“通畅公路”建设任务。[1]湖北省还对农村3万千米窄路基路面进行提档升级，进一步提高了农村路网通行能力和服务水平。目前，湖北省农村公路通车里程超过23.5万千米，居全国第四位，农民出行难、出行贵、出行慢、出行不安全的局面彻底扭转。

农网改造方面。2014—2019年，全省完成110千伏及以下农网投资495.5亿元，完成10千伏及以下农网投资393亿元。低电压台区占比由11.9%降至1.1%，原有2.1万个存量低电压台区全面消除。县域用电量1152.73亿千瓦时，较2014年增长41.4%。[2]农网供电能力、供电可靠性和供电质量显著增强。

安全饮水方面。目前，全省已建成各类农村供水工程35.3万处，供水总人口4402万人（乡镇及以下），农村集中供水率和自来水普及率分别达到91.3%、87.8%。其中，“千吨万人”以上规模供水工程776处，供水人口3092万人，占比70.2%，武汉、鄂州、仙桃、大冶等市县强力推进城乡供水一体化发展。截至2019年底，242.3万建档立卡贫困人口饮水不安全问题全部解决。

（四）坚持分类施策，切实解决好“怎么扶”

2015年10月16日，习近平总书记在减贫与发展高层论坛上首次提出“五个一批”的脱贫措施，为打通脱贫“最后一公里”开出破题药方。随后，

[1] 刘志勇：《三年新改建农村公路7.2万千米　湖北提前一年“组组通公路”》，《湖北日报》2019年12月18日。

[2] 赵梦琪、邹平：《湖北农村电网改造升级　供电质量显著增强》，新华网，2019年7月6日。

“五个一批”的脱贫措施被写入《中共中央 国务院关于打赢脱贫攻坚战的决定》，经中共中央政治局会议审议通过。“五个一批”，是发展生产脱贫一批、易地搬迁脱贫一批、生态补偿脱贫一批、发展教育脱贫一批、社会保障兜底一批。

1. 以经济效益为中心，发展生产脱贫一批

生产脱贫是指以市场为导向，以经济效益为中心，以产业发展为杠杆的扶贫开发过程，是促进贫困地区发展、增加贫困农户收入的有效途径，是扶贫开发的战略重点和主要任务。湖北省减贫带贫市场主体主要包括扶贫龙头企业、扶贫车间、农民专业合作社、家庭农场、种养大户、创业致富带头人等新型农业经营主体。截至 2020 年 7 月 29 日，全省建档立卡贫困村共成立农民专业合作社 1.22 万家；省、市、县三级扶贫龙头企业 317 家，吸纳贫困劳动力 30385 人；扶贫车间 1519 个，吸纳贫困劳动力 23938 人；全省计划安排扶贫项目 37419 个，已开工 33980 个，开工率为 90.81%，项目资金支出进度 64.7%。

建立更加稳定的利益联结机制。推行“五位一体”（政府 + 龙头企业 + 银行 + 保险 + 贫困户）等特色产业扶贫模式，建立健全减贫带贫市场主体与贫困户的利益联结机制，支持减贫带贫市场主体通过订单帮扶、土地流转、就业务工、生产托管、股份合作、资产租赁等带贫模式，帮助贫困群众稳定获得订单生产、劳动务工、保底收益、入股分红、资产扶贫等收益，通过产业扶贫实现稳定增收。

大力发展特色种养业及加工业。支持各地统筹整合使用财政涉农资金，推进一、二、三产业融合发展。支持龙头企业到贫困地区因地制宜发展特色产业，扶持一批扶贫龙头企业，发挥扶贫龙头企业的聚集带动效应。对减贫带贫成效明显的新型农业经营主体，在财政扶贫资金、扶贫贴息贷款及落实国家税收优惠政策等方面给予支持。建立贫困户产业发展指导员制度，明确到户帮扶干部承担产业发展指导职责，帮助贫困户协调解决生产经营中的问题。将产业扶贫纳入贫困县扶贫工作成效考核和党政“一把手”离任审计，引导各地发展长期稳定的脱贫产业项目。

加大产业扶贫奖补力度。各地要因地制宜细化奖补标准，及时发放补助资金，支持贫困户克服疫情影响发展产业。对已出台的产业扶贫奖补政策，只能加强不能削弱。引导贫困户发展“菜篮子”“米袋子”等短平快产业项目，支持地方政府统筹相关资金进行适当奖补。组织好产销对接，支持各地通过展会展销、网络促销等产销对接方式，推进扶贫产品直销，切实解决扶贫产品滞销问题。

潜江市按照习近平总书记关于“发展生产脱贫一批，引导和支持有劳动能力的人依靠自己的双手开创美好明天，立足当地资源，实现就地脱贫”的重要指示,结合本地资源禀赋,制定了“南红北绿”的现代农业产业发展战略，充分发挥小龙虾、半夏、优质大豆、绿色蔬菜的品牌效应、市场效应和带动效应，着力打造“潜江龙虾”“潜半夏”等产业扶贫靓丽品牌，取得了明显成效，2014—2019 年累计脱贫 21370 户、65970 人，贫困发生率下降至 0.2%。目前存量的 507 户、1262 人已达到脱贫标准。

2. 做好搬迁和安居工作，易地搬迁脱贫一批

易地搬迁是指按照“政府主导、群众自愿”原则，将居住在生存条件恶劣、生态环境脆弱、自然灾害频发等“一方水土养不起一方人”地区的农村贫困人口搬迁到生存发展条件较好地方，并通过产业、就业、培训、教育、健康、社会保障等系列帮扶措施，使其摆脱贫困状况、实现稳定脱贫的综合性扶贫方式。易地扶贫搬迁是实现贫困群众跨越式发展的根本途径，也是打赢脱贫攻坚战的重要途径。

全面完成易地扶贫搬迁任务。实行“交钥匙工程”，统一规划、统一建设、统一质量安全监督、统一分配。无论是集中安置还是分散安置（包括自主购房），人均住房建设面积均不得超过 25 平方米；不因建房举债；建新房必须拆旧房，实行土地复垦、生态修复。“十三五”期间全国易地扶贫搬迁规模数为 300 万户、1000 万建档立卡贫困人口，其中，湖北省搬迁规模数为 31.84 万户、88.23 万人。截至 2019 年底，湖北省累计 31.84 万户、88.23 万人的易地扶贫搬迁建设任务全部完成。截至 2020 年 2 月底，所有易地扶贫搬迁安置户已全部搬迁入住。易地扶贫搬迁人均投入 5.7 万元，其中中央预算内投资人均 0.7 万元（无偿资金）、地方政府债券人均 1 万元、专项建设基金人均 0.5 万元、长期专项贷款人均 3.5 万元（20 年长期专项贷款）。省级政府负责偿还专项建设基金、长期贷款的本金及利息，占比 78.78%；县级政府负责偿还地方政府债券本金及利息，占比 21.22%。

强化易地扶贫搬迁后续帮扶。切实抓好基本产业、基本就业、基本公共服务、基层社区治理、基层组织建设和壮大村集体经济。后续扶持最关键的是就业，解决好就业问题，才能确保搬迁群众稳得住、逐步能致富，防止返贫。基层党组织要发挥领导核心作用，把社区管理和服务工作抓好，求真务实，让人民群众获得实实在在的好处。

目前全省贫困人口住房安全问题已全部解决。2019 年，全省实际完成“4 类重点对象”危房改造任务 8.76 万户，其中建档立卡贫困户 7.28 万户；2020 年，全省动态新增“4 类重点对象”危房 2314 户，其中建档立卡贫困户 260 户，目前“4 类重点对象”危房改造任务已全部完成。

3. 生态与发展相统一，生态补偿脱贫一批

生态补偿是指在扶贫开发中，坚持把节约优先、保护优先、自然恢复作为基本方针，把绿色发展、循环发展、低碳发展作为基本途径，积极探索有利于贫困地区、扶贫对象的生态环境保护补偿机制和资源开发收益分配机制，通过实施生态保护恢复、生态效益补偿、生态产业发展，为贫困劳动力提供就业与创业机会，提高其经济收益，实现“生态美”与“百姓富”双赢。

在生存条件差、生态系统重要、需要保护修复的地区，结合生态环境保护和治理，探索生态脱贫新路子。这是湖北省出台的《关于建立健全生态保护补偿机制的实施意见》中提出的要求。湖北省在生态保护补偿资金、国家和省重大生态工程项目及资金安排上，按照精准扶贫、精准脱贫的要求向贫困地区倾斜，向建档立卡贫困人口倾斜。为了既要护好绿水青山又不让老百姓受穷，湖北省还加大以工代赈实施力度，建立完善支持贫困农户参与重大生态工程建设、获得劳务报酬的机制。创新补偿资金使用方式，利用生态保护补偿和生态保护工程、自然文化资源保护资金，使符合条件的部分贫困人口转为生态、自然文化资源保护人员。此外，湖北省还制定了全省新一轮退耕还林还草计划，并向贫困地区倾斜。对在贫困地区开发水电、矿产资源占用集体土地的，以给居民集体股权的方式进行补偿。

2016 年和 2017 年全省设置贫困人口生态护林员岗位均为 2.5 万个；2018 年全省设置贫困人口生态护林员岗位 3.375 万个；2019 年全省设置贫困人口生态护林员岗位 6.675 万个；2020 年，全省选聘生态护林员 6.6877 万人，吸纳建档立卡贫困人口 1400 人参与水土保持重点工程，通过封禁治理管护等措施新增 200 个生态扶贫岗位。目前全省贫困人口饮水安全问题已全部解决。2020 年，重点强化动态监管，守住农村饮水安全脱贫攻坚底线；压实农村饮水安全政府主体、行业监管、供水单位运行管理责任；修订完善了 93 个县级及 836 个规模化水厂供水应急保障预案；组织发放了 820 万张饮水安全用水户服务监督“明白卡”。

4. 教育扶贫稳步推进，发展教育脱贫一批

“雨露计划”，是以提高扶贫对象自我发展能力、促进其就业增收为核心，资助、引导农村贫困家庭劳动力接受职业教育和各类技能培训的专项扶贫措施。湖北省对建档立卡贫困家庭中接受中、高等职业教育的在校学生（包含在校期间顶岗实习），按每生每年不低于 3000 元的标准给予补助，其中深度贫困地区学生补助标准为每生每年 5000 元；对接受短期技能培训且同时获得“两证”的建档立卡贫困劳动力，结合培训时间和工种的不同，给予不同标准的一次性培训补助。补助资金采用“一卡（折）通”方式直补到户。2019 年，全省开展“雨露计划”扶贫助学 19.6 万人次，落实补助资金 4.02 亿元。

控辍保学工作。一是加强数据排查比对。通过教育部学籍系统、公安部人口信息系统进行学生就读信息比对，以县为单位逐一核实、甄别建档，详细核实情况，掌握学生动向特别是建档立卡贫困家庭学生失学辍学情况。二是构建双线工作责任制。构建“县级政府—乡镇政府—村（居）委会—家长”和“县级教育行政部门—学校—班主任”的双线控辍保学责任制，落实一县一案，指导督促全省 103 个县（市、区）出台控辍保学方案并报省教育厅备案。三是分类指导精准控辍。对残疾学生，根据身体情况安排随班就读、接受特殊教育和送教上门；对厌学学生，采取分层教学、个性化教学、安排职业教育等方式；对随父母外出务工而辍学的学生，做好跟踪联系和劝返工作。四是动态监测定期通报。建立规范的控辍保学工作台账，实行控辍保学工作月报制，定期通报工作进度，动态掌握各地工作推进情况。五是加强明察暗访。以暗访为主要方式，不打招呼、不要陪同，直接进村入户入校，通过电话抽查和实地核查，对各地劝返复学工作进行抽查核实。

改善办学条件工作。一是加大农村义务教育教师补充力度，2020 年共统招统派中小学教师 9900 余人。二是推动义务教育教师“县管校聘”改革，优化农村义务教育教师资源配置，2020 年在宜昌等 5 市州试点，2021 年将在全省全面实施。三是加大农村教师培训培养力度。中小学教师“国培”“省培”计划70%向贫困地区倾斜。按“师范定向、全科定性、农村定点”模式开展全科教师培养，2020年第一批毕业生200余人已在恩施、黄冈上岗任教。四是推进前期开工项目的建成使用，全省有75所新建学校在秋季开学前投入使用，新增学位12万个，一定程度上缓解了城镇大班额现象。五是推动实施义务教育薄弱环节改善与能力提升项目，2020年和2021年全省计划投入44.5亿元，进一步化解城镇大班额，加强农村两类学校建设。

精准资助工作。一是事前大数据比对。运用省扶贫监察系统、建档立卡人口信息库、义务教育学生学籍信息库开展大数据比对，推进贫困学生精准认定，在此基础上落实资助政策。二是实行信息共享。实行教育、扶贫、民政、残联等部门的贫困学生信息共享，将这些部门核定的贫困学生，直接纳入资助范围。三是完善资助政策。从2019年秋季学期起，将义务教育阶段非寄宿的建档立卡学生、非建档立卡的家庭经济困难残疾学生、农村低保家庭学生、农村特困救助供养学生四类学生全面纳入资助范围，按照寄宿生补助标准50%的比例给予资助。四是重点做好跨县市就读学生资助。以县为单位详细掌握省内跨县市就读贫困家庭学生信息，以学籍所在地政府为主落实资助政策。五是加强政策宣传。通过网站专栏、微信公众号、印发公开信、编印资助政策宣传资料等方式，加大宣传力度，推动资助政策入村到户。

专栏3-3-4 湖北“资助贫困大学生圆梦行动”

“爱心人士的关怀燃起了我心中无限的希望，我一定会好好读书，将来像他们一样帮助更多的人。”10月23日，“湖北希望工程圆梦行动·二十助贫困大学生”总结分享会在汉举行，中国地质大学（武汉）大一新生金通讲起自己坎坷的求学之旅，话语中满是感恩。

金通来自鄂州华容区蒲团乡何桥村，今年夏天，他以优异的成绩考入中国地质大学（武汉），却因家境贫寒而面临失学的窘境。一家人正发愁时，“湖北希望工程圆梦行动·二十助贫困大学生”活动组找到了他，告知一位爱心女士决定资助他4年，直至他大学毕业。就这样，金通怀着感激与憧憬踏入了大学校门。他说，会好好珍惜这来之不易的求学机会，努力学习，将来回报社会。

据介绍，“资助贫困大学生圆梦行动”由《楚天都市报》发起，团省委和省青少年发展基金会联合主办，今年共募集善款2300余万元，近5000名大学生获得资助。

2020年是该活动开展的第20个年头。20年来，累计筹得善款2.5亿元，资助贫困大学生7万余名。

资料来源：曾雅青：《湖北“资助贫困大学生圆梦行动”20年助7万贫困学子圆大学梦》，《湖北日报》2019年10月23日。

5. 重点帮扶特殊困难群体，社会保障兜底一批

兜底保障是指对完全或部分丧失劳动能力的贫困人口，统筹协调扶贫开发政策、农村低保政策以及其他形式的社会救助政策，实行社会保障兜底。湖北省坚决防止“一兜了之”，对有劳动能力或劳动意愿的低保对象，不能只通过农村低保政策兜底，必须用尽产业扶贫等扶贫开发政策措施，帮助其通过自身劳动实现脱贫。

坚持应保尽保，及时将符合条件的建档立卡贫困户全部纳入农村低保范围。对生活困难、靠家庭供养的成年无业重度残疾人可单独施保，符合条件且完全丧失劳动能力的家庭成员全部纳入保障范围。对未脱贫建档立卡贫困户中的重度残疾人、重病患者参照“单人户”纳入低保，对其家庭可不再进行经济状况核对。对建档立卡的支出型贫困家庭，按当地制定的农村低保申请家庭收入核定办法进行劳动力折算或定额扣减后，符合低保条件的，按规定纳入保障范围。对低保家庭中的老年人、未成年人、重度残疾人和重病患者等特殊困难对象按不低于当地月低保标准的20%比例增发补助金。对家庭成员全部是没有收入来源的老年人、未成年人和残疾人的低保家庭可以给予全额补助。巩固兜底保障脱贫成果，在核算低保家庭收入时按规定扣减必要的就业成本，家庭人均纯收入超过当地低保标准后给予一定时间的渐退期。

重点帮扶丧失劳动力的困难家庭。湖北省持续探索延伸“两线合一”政策，对因为各种情况丧失劳动力、无法通过产业扶贫和就业帮助实现脱贫的农户，全部纳入最低生活保障范畴，低保标准提高到5707元/人·年，位居中部地区前列，切实解决特殊困难群体基本生活问题。据省民政厅统计，湖北省城、乡低保平均保障标准分别由2012年的每人每月330元、每人每年

1660 元提高到 2019 年的每人每月 634 元、每人每年 5594 元，较 2012 年分别增长 92%、237%。全省农村五保集中、分散供养平均标准分别由 2012 年的每人每年 2100 元、每人每年 1600 元均提高到 2019 年的每人每年 10286 元，较 2012 年分别增长 390%、543%。截至目前，全省已有 119.9 万建档立卡贫困人口被纳入农村低保或特困人员救助供养政策保障范围，建档立卡贫困人口获得临时救助 9.48 万人次。[1] 2020 年第二季度，全省纳入农村低保和农村特困供养的建档立卡贫困人口有 121.6 万人（其中，农村低保对象 101.6 万人，农村特困人员 20.0 万人）。截至 2020 年 4 月底，全省 23.36 万整户无劳动能力贫困人口中，已享受农村低保和农村特困供养政策的有 18.46 万人。

重点帮扶贫困家庭子弟。为了进一步斩断贫困代际传递，我省为贫困家庭子弟减免中小学学费、幼儿园保教费，为贫困家庭大学生发放学费和生活补助，实现建档立卡贫困家庭子弟从学前教育到高等教育全覆盖。

加强对孤寡老人的帮扶。针对孤寡老人、空巢老人，我省开展了一系列志愿者服务活动。通过政府和公益机构，组织社会爱心人士参与到孤寡老人的帮扶中来。志愿者逢年过节上门慰问，定期帮助老人检查身体健康状况，让老人们感受到来自社会的关怀。

（五）建立脱贫认定机制，切实解决好“怎么退”

2014 年，全省确立建档立卡贫困村 4821 个（2017 年，在这 4821 个村中确立深度贫困村 507 个），37 个贫困县有建档立卡贫困村 2576 个（其中，深度贫困村 351 个）。全省有贫困县 37 个，其中国定贫困县 28 个（从其中确定深度贫困县 9 个）、省定贫困县 9 个。经过国家、省级、第三方评估等一系列脱贫认定工作，2019 年底，全省 4821 个建档立卡贫困村全部出列。

2017 年，全省“摘帽”贫困县 3 个，其中国定贫困县 2 个，为红安县、神农架林区；省定贫困县 1 个，为远安县。2018 年，湖北省“摘帽”贫困县 17 个，其中国定贫困县 10 个，为阳新县、丹江口市、保康县、秭归县、团风县、罗田县、英山县、宣恩县、来凤县、鹤峰县；省定贫困县（区）7 个，为茅箭区、张湾区、南漳县、谷城县、兴山县、崇阳县、通山县。2019 年，湖北省“摘帽”

[1] 戴容：《我省 119.9 万建档立卡贫困人口被纳入救助范围》，《湖北日报》2019 年 12 月 19 日。

贫困县 17 个，其中国定贫困县（区）16 个，为郧阳区、郧西县、竹溪县、竹山县、房县、长阳县、五峰县、孝昌县、大悟县、麻城市、蕲春县、恩施市、利川市、建始县、咸丰县、巴东县；省定贫困县 1 个，为通城县。

2016 年至 2019 年，国家对省级党委和政府扶贫开发工作成效考核，湖北省连续 4 年被评为“综合评价好”的省份；2013 年至 2019 年，国家财政专项扶贫资金绩效评价，湖北省连续 7 年被评为“优秀”等次；2018 年和 2019 年国家开展的东西部扶贫协作考核，我省和恩施州、浙江省和杭州市连续 2 年被评为“综合评价好”的省、市（州）。

1. 实施贫困退出机制，保证贫困人口有序退出

一方面，科学规划扶贫作战图。根据国务院《关于建立贫困退出机制的意见》，各地结合实际贫困状况，制定了切实可行的贫困退出办法。按照国家和省级贫困退出标准，规划建设覆盖我省所有贫困地区，包括湖北省 90% 以上的乡镇、70% 的农业人口。各市州逐村编制贫困村发展规划、新村建设、基础配套、公共服务规划，坚持统一谋划、科学部署，为贫困地区实现整体脱贫奠定了良好基础。另一方面，发动全省党员干部开展“三评审三公示”。精准识别贫困对象，并运用“互联网 +”模式开展贫困人口动态观察，适时制定就业帮扶、住房改善、医疗救助等扶贫措施，坚持精准施策、动态管理。此外，引入第三方评估工作机制，鼓励“真脱贫、脱真贫”。

黄冈红安县专门制定了《深度贫困村“九有”实施方案》。将深度贫困村出列标准进一步细化，归纳为“四确保”“九有”。“四确保”为：确保贫困村贫困户全部脱贫（不含当年返贫人口）；确保贫困村居民人均可支配收入达到全省平均水平 70% 以上；确保贫困村集体经济年收入达到 5 万元以上，收入来源有 1 ～ 3 个项目；贫困村基础设施较为完善，生产生活条件明显改善，确保贫困村基本公共服务主要指标达到全省平均水平。“九有”包括深度贫困村有主导产业、有集体收入、有健全的党员群众服务中心、有小学教育和卫生文化等服务功能、有硬化的通村公路、有入户的安全饮水、有安全的农村电网、有入户的广电通信光纤电缆、有清洁的生活能源等。

此外，引入高校科研机构定期开展贫困退出第三方专项评估调查工作。2018 年底至 2019 年初，湖北省引入西南政法大学、吉首大学等高校，开展鹤峰县、宣恩县、来凤县的贫困退出工作。两所高校共选派了 113 名师生作为调查员参与了评估检查。共计抽查三个县共77个行政村，实地调查农户6310户，共座谈访谈县乡干部124人、村干部284人以及31名各级人大代表、政协委员。[1] 评估组制订了详细的实地评估检查实施方案，开展了脱贫攻坚政策和调查评估全员培训、考试，建立了分级负责、层层把关的问题沟通核实机制和质量管控机制，按照“点面兼顾，关注死角”“聚焦短板，分层抽样”“统分结合，因地制宜”原则进行了抽样。整个评估工作紧凑而严密，为实施贫困退出机制进行了十分有益的探索。

2. 探索插花区域贫困退出路径，实现插花地区优先脱贫

区域发展不协调、不平衡的问题在湖北较为突出，村与村之间、乡镇与乡镇之间发展不平衡的问题较为明显，在同一个县域，有的村比较富裕，有的村经济基础依然薄弱，导致农户之间收入差距存在扩大趋势。湖北将区域协调与相对贫困治理相结合，在国家和省定重点贫困县之外，确立59个插花贫困地区。这些插花贫困地区大多零星分布于经济发展较好的县（市、区）。湖北插花贫困地区建档立卡的贫困村共有2379个。贫困户79.1万户，贫困总人口226.5万人，主要分布在59个县（市、区）、640个乡镇和1.3985万个行政村内。[2] 因病、缺劳力、因残致贫的比例高于四大集中连片特困区和全省，其中因病致贫占比7成以上。

插花贫困地区整体发展水平一般要好于国家和省定重点贫困县，湖北在制订插花贫困地区帮扶举措时，抓住主要矛盾，重点补齐产业扶贫、健康扶贫、贫困村基础设施建设和村集体经济薄弱短板。实现了插花贫困地区先于集中特困地区脱贫。湖北插花贫困地区的脱贫举措，为湖北解决相对贫困问题积累了实践经验。

3. 强化“两不愁三保障”，开展脱贫监测动态管理

2012年12月29日，习近平总书记在河北阜平县考察时强调，深入推进扶贫开发，帮助困难群众特别是革命老区、贫困山区困难群众早日脱贫致富，到2020年稳定实现扶贫对象不愁吃、不愁穿，保障其义务教育、基本医疗、住房，是中央确定的目标。

---

[1] 李洪斌:《我院研究生参与贫困县退出第三方专项评估调查工作并获表彰》,吉首大学网站，2019年3月15日。

[2] 《湖北力争插花贫困地区先脱贫》,《农村新报》2018年4月26日。

精准扶贫实施以来，湖北省始终坚持将“两不愁三保障”作为衡量脱贫工作的质量标准，在不愁吃穿的基础上，重点在义务教育、基本医疗、住房安全三方面精准发力。保障义务教育方面，采用困难家庭学生信息共享机制，保证了跨县市就读建档立卡贫困家庭学生资助政策落实，做到家庭经济困难学生应助尽助；保障基本医疗方面，坚持县域内住院实行“先诊疗后付费”和“一站式”结算，方便贫困群众就诊报销。每个建制村都基本配备一所卫生室和合格的村医、基本药物；保障住房安全方面，全省 74815 户 4 类重点对象农村危房改造任务全面完成，31.83 万户 88.23 万人的易地扶贫搬迁建设任务全面完成。[1] 做到全省困难群众住房有保障。为了让贫困户能够享受到更加全面的帮扶政策，湖北省根据不同的致贫原因，开启“问需式”扶贫，根据贫困户的实际困难，用实用尽“六个一批”帮扶政策，让部分贫困户“交叉式”享受扶贫政策。

为了保持和巩固“两不愁三保障”的脱贫成果，湖北省多地对标“两不愁三保障”标准，通过红卡、黄卡等形式对脱贫户进行一步识别与成果巩固。宜昌点军区为了进一步提高贫困退出精准度和措施帮扶精准率，2017 年 7 月开始，点军区集中一个月对建档立卡贫困人口开展动态调整。当地通过大面积摸排走访，运用大数据比对、群众公开评议等办法，对国家信息开发系统进行动态调整，依照相关标准，将全乡建档立卡贫困户划分为重点贫困户（红卡户），将已经脱贫出列的农户划分为巩固提升户（黄卡户）和稳定脱贫户。这一做法不但进一步巩固了贫困户的权益，也为脱贫户继续享受扶贫政策提供了保障，是对国家提出“脱贫不脱策”思想的有力实践。

4. 建立“1+N+M”支撑体系，确保“脱真贫、真脱贫”

湖北省坚持将脱贫攻坚作为“头等大事”和“第一民生工程”，围绕党中央脱贫政策落实落地，结合湖北实际，建立“1+N+M”脱贫攻坚支撑体系；坚持“省负总责、市州主导、县抓落实”的管理体制，认真落实党政“一把手”负总责的限期脱贫责任制；坚持五级书记抓扶贫，层层传导压力、压实责任；坚持较真碰硬，建立约谈、会商、督察通报机制，倒逼责任落实。

湖北省将始终把脱贫质量放在首位，对已脱贫摘帽县实施摘帽不摘责任、

---

[1] 周姿：《湖北“两不愁三保障”突出问题基本解决》，《湖北日报》2019 年 12 月 23 日。

不摘政策、不摘帮扶、不摘监管“四不摘”政策，推进脱贫攻坚与乡村振兴战略有效衔接；把深度贫困县、深度贫困村、存量贫困人口作为脱贫攻坚工作的重中之重，确保深度贫困地区如期脱贫；坚持精准扶贫精准脱贫方略，推进产业扶贫、就业扶贫、教育扶贫等各项政策举措落地见效；加快推进贫困地区农村公路、安全饮水、农网改造、网络覆盖等工程向纵深发展；聚焦扶贫扶志扶智扶能，引导贫困群众树立脱贫光荣、勤劳致富的思想理念；严守退出关，精准把握政策要求和标准红线，扎实开展贫困人口脱贫、贫困村退出验收；深化扶贫领域腐败和作风问题专项治理，确保扶贫工作务实、脱贫过程扎实、脱贫结果真实。

5. 统筹推进抗疫与脱贫，拓宽就业渠道

2020 年湖北省受疫情影响严重，疫情对脱贫攻坚，尤其是困难群众的务工就业、产业发展、农产品销售以及扶贫项目建设影响较大。为了进一步贯彻习近平总书记关于克服疫情影响狠抓攻坚落实的讲话精神，湖北省多地相继开展了疫情对脱贫攻坚影响调查工作，坚持在调查研究中破解脱贫难题。2020 年 4 月份以来，长阳县设计“扶贫问卷之星”，以贺家坪镇青岗坪、七里岗村为样本村试点调研，在此基础上组织 11 个乡镇 1639 名干部对 30445 户贫困户、63516 户非贫困户进行全覆盖走访大排查。围绕大排查发现的问题，县委、县政府先后出台支持贫困户春耕备耕、农产品销售、就业务工、发展生产等多项政策措施。

各级政府积极推动产业扶贫，拓宽就地就近就业渠道。湖北各级政府部门积极作为，通过直播带货、网络交流等方式促进湖北农产品销售。2020 年 4 月 15 日，湖北 30 位县长连续直播 14 小时为湖北农产品加油，振奋人心。为湖北疫后重振与脱贫攻坚营造了良好的社会氛围。2020 年 4 月，宜昌组织开展脐橙农商互联产销对接，24 家商贸企业销售滞销脐橙 2.5 万吨，“网红”直播带货一天销售脐橙 8 万斤，市县两级党委和政府领导纷纷走进网络直播间为宜昌农副产品代言。

此外，在全面摸排贫困人口就业意愿和产业发展需求基础上，湖北省各地组织人社、扶贫等部门制定帮助贫困群众就业增收“八个一批”工作措施，帮助贫困劳动力就近就业。对有就业能力的贫困户，通过岗位开发、技能培训、就业服务、政策扶持等措施，帮助贫困劳动者就业脱贫。对年龄较大、身体较差、无法外出的弱劳动力，通过开发辅助性岗位帮扶就业，最大限度激发贫困户稳定脱贫的内生动力。对有创业能力和项目的贫困户，积极从政策倾斜、融资担保等方面给予大力扶持，以创业促就业促增收。

截至2020年5月，襄阳通过开展对口支援劳务协作、“点对点”对接服务等措施帮助10.87万贫困劳动力外出务工，占有意向外出务工总人数12.28万人的88.5%。其中，劳务外输转移安置54563人、季节性农事带动14132人、公益性岗位安置16442人、工商企业稳岗安置13782人、新型主体吸纳4993人、工程项目务工安置2550人、自主创业扶持安置1228人、技能培训提升安置998人。

6. 制订“脱帽”工作方案，推进贫困县退出程序

近年来，湖北省贫困县退出工作有序开展，在贯彻中央关于贫困县退出工作精神的基础上，省内贫困县结合自身实际，制定了脱贫“摘帽”工作机制。五峰县结合实际，制定了全县脱贫“摘帽”工作实施方案。对脱贫摘帽的要求为：全县综合贫困发生率下降到2%以内，脱贫人口错退率控制在2%以内，贫困人口漏评率控制在2%以内，群众认可度达到90%以上，实现贫困地区农民人均可支配收入增长幅度高于全国平均水平，基本公共服务主要领域指标接近全国平均水平。“摘帽”程序分为县级申请、市级初审、省级核查、评估检查、批准“摘帽”五个步骤。

首先由县扶贫攻坚指挥部按照贫困县“摘帽”标准和指标要求，组织各乡镇开展自查自纠，向市扶贫攻坚领导小组提出“摘帽”申请。市扶贫攻坚领导小组根据贫困县“摘帽”申请，组织相关力量，对照贫困县“摘帽”标准进行初审，并将初审结果上报省扶贫攻坚领导小组。省扶贫攻坚领导小组根据市扶贫攻坚领导小组初审结果，委托第三方评估机构，对全省拟“摘帽”的贫困县进行专项核查，并进行社会公示，对公示无异议的国定贫困县、片区重点县，由省扶贫攻坚领导小组向国务院扶贫开发领导小组申请专项评估检查。再由国务院扶贫开发领导小组委托第三方评估组对贫困县“摘帽”情况进行专项评估检查，对各县退出情况进行综合分析，形成年度贫困县退出专项评估检查情况报告，提出评估检查结果建议。最后对符合各项条件的，国务院批准“摘帽”。

7. 开展脱贫攻坚普查，确保脱贫结果真实性和准确性

脱贫攻坚普查是中华人民共和国成立以来首次为解决贫困问题而开展的专项普查。普查工作从 2020 年下半年开始，至 2021 年上半年完成，由国务院统一部署实施。重点围绕脱贫结果的真实性和准确性，调查贫困人口“两不愁三保障”实现情况、获得帮扶情况、贫困人口参与脱贫攻坚项目情况等。湖北省 28 个国定贫困县和江夏区、云梦县、安陆市、江陵县、通城县、广水市 6 个非国定贫困县及所辖的 472 个乡镇、10810 个行政村和 1146662 户建档立卡贫困户为湖北省普查范围和对象。按照“本地回避、互不交叉”的原则，采取以市内跨县为主的异地普查方式进行。全省共选调“四员”39773 人，其中正副组长 117 名、普查员 11672 名、普查指导员 952 名、审核验收人员 262 名、普查引导人员 26543 名，另外还有预备人员 227 名。全省落实普查经费 12436 万元，配备 PDA 设备 12864 台。

（六）完善投入机制和资金整合机制，切实解决好“钱从哪来”

湖北省扶贫资金的来源主要分为三个部分，分别为中央政府投入、省级财政安排以及其他的非政府资金。脱贫攻坚战略实施以来，湖北省有序整合各类扶贫资金，不断完善扶贫资金投入机制，多措并举推动扶贫资金发挥实效。

1. 形成分类投入与使用机制，强化多元投入保障

2013 年来，湖北连续 7 年在国家财政专项扶贫资金绩效评价中获得“优秀”等次，累计获得财政部奖励资金 7.43 亿元。据了解，在全国 28 个有扶贫任务的省（自治区、直辖市）中，湖北省是唯一一个获得“七连优”，且奖励资金最多的省份。脱贫攻坚工作成效考核也连续 4 年被评为“综合评价好”的等次，累计获得奖励资金 15 亿元。2017 年、2018 年、2019 年和 2020 年总投入扶贫资金为 63.92 亿元、71.06 亿元、98.54 亿元和 94.02 亿元，其中，中央财政扶贫资金分别为 35.37 亿元、38.22 亿元、52.63 亿元和 62.38 亿元，省级配套财政扶贫资金分别为 28.55 亿元、32.84 亿元、45.91 亿元和 31.64 亿元。2018 年投入的中央政府财政专项扶贫资金是 2011 年的 4.38 倍，且每年中央投入的扶贫资金占到扶贫资金总投入的 75% 以上（参见表 3-3-2）。从湖北省扶贫资金的投入总量来看，除了 2011—2012 年以外，呈逐年上升的趋势，2013—2017 年五年湖北省累计共投入 211 亿元，占到 2009—2017 年总额的 86%（参见表 3-3-3）。

表 3-3-2　中央财政扶贫资金和省级配套财政扶贫资金投入情况

单位：亿元

资金类别	2017 年	2018 年	2019 年	2020 年
总投入	63.92	71.06	98.54	94.02
一、中央财政扶贫资金	35.37	38.22	52.63	62.38
1. 扶贫发展资金	32.01	36.44	50.31	59.88
（1）财政扶贫发展资金	19.21	18.68	34.33	44.5
（2）扶贫成效奖励资金	4	4	4	3
（3）绩效考评奖励资金	0.8	1.1	0.8	0.8
（4）切块扶贫资金	0.3	0.18	—	—
（5）易地搬迁贴息资金	7.7	11.17	11.18	11.18
（6）重点县倾斜资金	—	0.9	—	—
（7）扶贫救灾专项资金	—	0.4	—	0.4
2. 以工代赈资金	1.89	0.17	0.56	0.63
3. 少数民族发展资金	1.14	1.22	1.24	1.26
4. 国有贫困农场资金	0.18	0.2	0.2	0.2
5. 国有贫困林场资金	0.17	0.17	0.31	0.41
二、省级配套财政扶贫资金	28.55	32.84	45.91	31.64

备注：统计时间为 2020 年 7 月底。

资料来源：根据湖北省扶贫办提供的数据整理得到。

表 3-3-3　省级财政扶贫发展资金投入情况

单位：亿元

项目类别	2017 年	2018 年	2019 年	2020 年
总投入	2.77	4.36	5.21	5.62
1. 目标任务因素法分配	1.54	1.54	1.54	1
2. 资金绩效评价结果因素法分配	0.66	—	—	—
3. 扶贫开发培训费	0.04	—	—	—
4. 省级重点贫困村补助资金	0.5	0.5	0.5	0.5
5. 省级承担易地扶贫搬迁贴息资金	—	1.24	1.24	1.24
6. 一次性安排	0.03	0.03	—	—
7. 解决深度贫困问题资金	—	0.45	—	—
8. 脱贫摘帽县奖励	—	0.6	1.7	—
9. 省驻村工作队帮扶资金	—	—	0.23	0.23

续表

项目类别	2017 年	2018 年	2019 年	2020 年
10. 连片特困地区经济社会发展	—	—	—	2.65

备注：统计时间为 2020 年 7 月底。

资料来源：根据湖北省扶贫办提供的数据整理得到。

中央财政扶贫资金使用的五个大类，分别是扶贫发展资金、以工代赈资金、少数民族发展资金、国有贫困农场资金和国有贫困林场资金。扶贫发展资金有包括七个类别，分别是财政扶贫发展资金、扶贫成效奖励资金、绩效考评奖励金、切块扶贫资金、易地扶贫搬迁贴息资金、重点县倾斜资金、扶贫救灾专项资金。省级财政扶贫发展资金投入可以划分为十个项目类别，分别是目标任务因素法分配、资金绩效评价结果因素法分配、扶贫开发培训费、省级重点贫困村补助资金、省级承担易地扶贫搬迁贴息资金、一次性安排、解决深度贫困问题资金、脱贫摘帽县奖励、省驻村工作队帮扶资金和连片特困地区经济社会发展。

实施扶贫资金项目管理权限“五到县”。2015 年以来，湖北省探索推动贫困县涉农资金整合，对纳入整合范围的资金实行资金、项目、招投标、管理、责任“五到县”。2017 年 3 月 13 日，财政部、国务院扶贫办、国家发展改革委、国家民委、农业部、林业局联合印发《中央财政专项扶贫资金管理办法》（财农发〔2017〕8 号），要求中央财政专项扶贫资金项目审批权限下放到县级。2017 年 12 月 1 日，省政府办公厅印发《湖北省财政专项扶贫资金管理办法》（鄂政办发〔2017〕91 号），规定财政专项扶贫资金项目审批权限下放到县级，实行“五到县”。

同时，湖北省健全投入保障制度，完善政府投资体制，充分激发社会投资的动力和活力，加快形成财政优先保障、社会积极参与的多元投入格局。认真落实中央和省级项目资金对贫困地区的倾斜支持，整合聚集各类投入，统筹整合使用各级财政涉农资金，形成“多个渠道引水、一个龙头放水”的扶贫投入新格局。统筹安排产业发展、基础设施等项目资金，实现对贫困村的资金全覆盖，实现项目资金精准投放。

2. 重点投入扶贫产业，建立绩效评价体系

进一步对农村扶贫资金的使用功能进行规定。《关于对农村贫困人口全面实施扶贫整村加强自我发展能力建设的意见》中明确指出，扶贫资金使用的重点一方面应放在贫困村产业扶持上，另一方面放在贫困人口素质、教育提升方面，从而最大限度发挥扶贫资金的使用效果，通过贫困村产业发展提高当地的收入，改变长久不变的贫困现状。充分利用竞争方式，选取最为合理、有效的扶贫项目，切实解决贫困地区贫困人口的贫困问题。

另一方面，建立了扶贫资金使用绩效评价体系。一是建立资金绩效考评体系，并不断提高考评体系的严格性，通过考评提高其工作的积极性，最终提高工作效率；二是增加对资金项目的监督，及时与财政、审计等部门联系沟通；三是提高对资金项目监管评价结果的利用程度，通过对资金绩效的考评，发现扶贫资金在管理和使用过程中存在的不足，进而对资金管理和使用进行完善。

3. 建立到村到户融资平台，解决创业资金问题

2019 年，湖北省在对《湖北省产业精准扶贫规划（2016—2020 年）》三年实施总结的基础上，修订了《湖北省产业精准扶贫规划（2019—2020 年）》。建立到村到户的融资平台。实施“精准扶贫小额信贷工程”，支持贫困县市区设立扶贫小额信贷风险补偿基金，创新财政扶贫资金使用方式，引导金融机构对符合条件的建档立卡贫困户，实现“5 万元以下、3 年期以内、免担保免抵押、财政贴息、县建风险补偿金”信用贷款全覆盖。对贫困户在各类金融机构的扶贫小额信贷给予贴息补助。支持贫困户购买产业保险，降低农业生产风险，对贫困户给予保费补贴。积极鼓励贫困地区开展大众创新、万众创业活动，营造自力更生、脱贫致富氛围。完善贫困地区就业孵化中心创业政策配套，对于吸纳贫困户人口就业达到 20% 以上的农业企业、合作组织及自主创业的贫困户申请抵押担保贷款的，财政优先贴息，补贴担保费用、助推新型主体加快发展。

进一步推动小微企业创业扶持政策，加大创业就业补贴力度，安排贫困县的市级现代特色效益农业切块资金，重点扶助建卡贫困农户现代特色效益农业发展。对产业发展达到一定规模并脱贫的，给予一次性创业补贴。对创建家庭农场的，给予直接补助。

4. 创新金融支持机制，确保产业发展资金

创新金融支持政策，鼓励金融机构发展，确保产业精准扶贫开发的资金来源。一是大力发展小额信贷，实行政府助农贷款担保政策，鼓励和引导涉农金融机构开展“5 万元以内、3 年以下、基准利率、免抵押、免担保”的小额信贷，给予贫困户发展特色产业必要的资金支持，由财政扶贫资金负责贴息。二是促进扶贫再贷款，引导涉农金融机构将扶贫再贷款重点用于支持贫困地区特色产业发展和人口就业创新，扩大贫困地区涉农信贷投放，降低贫困地区涉农贷款利率水平。三是创新金融产品，改善金融发展环境，促进金融机构创新金融产品，探索农产品价值链融资等有利于贫困地区特色产业发展的金融产品和服务方式。四是发挥投资基金作用，通过政府的积极引导和参与，吸引国有企业、民营企业设立贫困地区产业投资基金，注资产业精准扶贫开发的关键环节，加快水利工程、农村公路、产业园区等的建设。

5. 支持扶贫小额信贷，完善信贷政策

小额信贷是为建档立卡贫困户量身定制的金融精准扶贫产品，政策要点是“5 万元以下、3 年期以内、免担保免抵押、基准利率放贷、财政贴息、县建风险补偿金”。截至 2020 年 7 月底，全省共设立风险补偿金 20.96 亿元，累计发放扶贫小额信贷 225.85 亿元，累计获贷贫困户 54.23 万，累计户贷量 4.16 万元，累计户贷率 40.25%，贷款余额 83.59 亿元，逾期率 0.11%。

明确支持保障对象。扶贫小额信贷主要支持建档立卡贫困户（含已脱贫的贫困户），对有发展意愿和产业项目但缺乏资金的边缘户等监测对象，可提供扶贫小额信贷支持，确保能贷尽贷。明确贷款用途。扶贫小额信贷要坚持户借、户用、户还，精准用于贫困户发展生产，不能用于结婚、建房、理财、购置家庭用品等非生产性支出，更不能集中用于政府融资平台、生产经营企业等。明确贷款条件。新申请扶贫小额信贷（含续贷、展期）的贫困户，必须通过银行评级授信、有贷款意愿、有必要的技能素质和一定还款能力，借款人年龄原则上应在 18 周岁（含）到 65 周岁（含）之间。

落实续贷政策。对于贷款到期仍有用款需求的贫困户，经办银行应提前介入贷款调查和评审。脱贫攻坚期内，在贷款户符合申请扶贫小额信贷条件、具有一定还款能力、还款意愿良好、确有资金需求、风险可控的前提下，可无须偿还本金办理续贷。续贷期限由经办银行根据贷款项目、还款能力等情况综合决定，原则上不超过3年且只能办理1次续贷，办理续贷的贷款继续执行扶贫小额信贷政策。落实展期政策。对符合申请扶贫小额信贷条件、确因非主观因素不能偿还到期贷款的贫困户，经办银行可为其办理贷款展期。一年期以内的短期贷款展期期限不超过原贷款期限，一年期到三年期的中期贷款展期期限不超过原贷款期限的一半。原则上只能办理一次展期，办理展期的贷款继续执行扶贫小额信贷政策。落实延期政策。适当延长到期日在2020年1月1日后（含续贷、展期）、受疫情影响出现还款困难的贫困户扶贫小额信贷还款期限，延期最长不超过6个月，其间继续执行原合同条款，各项政策保持不变，鼓励承办银行机构适当降低延期期间贷款利率。

6. 打通IPO“绿色通道”，助力贫困地区企业上市

贫困县企业首次公开发行股票、在新三板挂牌、发行公司债券等按规定实行“绿色通道”政策。对注册地和主要生产经营地均在贫困地区且开展生产经营满三年、缴纳所得税满三年的企业，或者注册地在贫困地区、最近一年在贫困地区缴纳所得税不低于2000万元且承诺上市后三年内不变更注册地的企业，申请首次公开发行股票并上市的，适用“即报即审、审过即发”政策。对注册地在贫困地区的企业申请在全国中小企业股份转让系统挂牌的，实行“专人对接、专项审核”，适用“即报即审、审过即挂”政策，减免挂牌初费。对注册地在贫困地区的企业发行公司债、资产支持证券的，实行“专人对接、专项审核”，适用“即报即审”政策。长阳县湖北和远气体股份有限公司于2020年1月13日，在深圳证券交易所正式挂牌上市，成为全省贫困地区利用“绿色通道”政策上市的首家企业。

7. 完善农业保险支持政策，为扶贫产业保驾护航

强化农业保险保障能力，大力发展农村保险事业，切实保证扶贫产业发展。一是促进涉农担保和保险机构发展，优化保险和担保事业发展环境，培育和扶持一批以涉农保险和担保为主要业务的保险担保机构，增强涉农保险和担保能力，完善农业保险和担保体系。二是发展特色保险产品，根据贫困地区特色产业发展需要，积极拓展保险产品范围，创新保险产品，进一步完善牛、羊、烤烟、蔬菜等地方优势特色农业保险，建立生猪、蔬菜价格指数保险等新型保险产品。三是扩大农业政策性保险试点范围，在现有政策性保险基础上，积极稳妥地增加农业保险品种，确保中央、省级政策性农业保险全面落地，基本实现纳入中央财政及省级财政补助的政策性农业保险全覆盖、商业性农业保险及其他涉农保险广覆盖。四是建立大灾风险补偿基金、再保险相结合的大灾风险分散机制风险基金保障机制，增强抵御风险的能力，降低自然和市场双重风险对产业发展的影响，切实保障贫困地区扶贫产业稳定发展。五是加强政府监管，增强对贫困地区涉农融资担保机构和保险机构监管，合理控制担保及保险费率，加快农村信用体系建设，优化农村保险环境。

“扶贫保”。聚焦致贫返贫成因，开发“扶贫保”系列产品，包含“农房保”“产业保”“医疗保”“重疾保”“伤残保”“家责保”“助贷保”“助学保”八个类别。在保费标准上，实行保本微利运行，同等条件下费率下调20%。截至2019年底，“扶贫保”在全省16个市州实现落实，覆盖县（市、区）73个，覆盖人群达567万人/户（次）提供风险保障23788亿元，赔付支出10.99亿元，赔付305万人/户（次）。

“深贫保”。对9个深度贫困县以贫困村为基本单位，对全村的种植养殖产业实行整体打包参加保险，对保险标的提供自然灾害和市场价格波动多重保障，全面防范贫困村产业扶贫项目面临的各种风险。保险费率，在一般扶贫保险业务已降低费率20%的基础上，再降低10%～30%。截至2019年底，“深贫保”已在五峰、保康等地成功落地，为22940户建档立卡贫困户的种养殖“一揽子”产业提供风险保障1.4亿元。

“防贫保”。针对人均收入不高不稳的脱贫户和处于贫困边缘的农村低收入户，瞄准因病、因灾、因学致贫返贫和产业扶贫、就业扶贫等因素，开发设计“防贫保”系列保险产品，按照当地农村总人口10%～20%的比例，框定县（市、区）“防贫保”投保基数，参保人数不记名、不事前确定、不事先识别，实行动态管理，实现“防贫保”服务群体共享。截至目前，全省已有59个县（市、区）设立“防贫保”，监测保障对象100万户，纳入防贫保险7500户，户均获赔8500元。

8. 以“扶贫日”为契机，形成募集捐赠机制

以“扶贫日”系列活动为契机，募集捐赠资金和吸引社会帮扶项目资金。10月17日是国家扶贫日，湖北省将10月定为“扶贫日”活动宣传月，集中开展系列活动，营造人人关心扶贫、人人支持扶贫、人人参与扶贫的社会氛围，坚决打好精准扶贫精准脱贫攻坚战。湖北省通过“扶贫日”活动进一步提高了脱贫攻坚知晓度和政策透明度，促进各方力量向贫困地区、贫困人口整合，构建“人人皆愿为”“人人皆可为”“人人皆能为”的社会扶贫格局，汇聚全面打赢脱贫攻坚战的强大合力。进一步加强资金监管，确保每一笔捐赠、每一份善款都用于扶贫开发事业、用在贫困户身上，各级审计、监察机关依法对募集款物使用情况进行审计监督。

省扶贫基金会每年都会组织爱心捐赠活动，募捐资金将全部用于全省建档立卡贫困村、贫困户脱贫项目。爱心捐赠活动集中募捐时间为每年 10 月中旬左右，动员全省各级党政机关、企事业单位及广大干部职工，各类经济和社会组织，社会团体及社会爱心人士参与扶贫日募捐。号召民营企业设立扶贫公益基金，开展捐赠 200 万元扶持一个贫困村发展特色产业、捐赠 3000 元扶持一户贫困户发展家庭手工业等活动，帮助贫困村、贫困户提高脱贫致富能力。各市、县（区）可指定具有公募资质的受赠机构，开设专用账号，实行专人管理。

湖北省还打造了“公益湖北”精准扶贫共享服务平台。依托“互联网 +”打造专门的精准扶贫 APP，设置大爱超市、善源公益、善源市场三大模块，打通贫困地区农副产品快捷销售通道，搭建社会扶贫信息发布平台，推动社会各界扶贫资源与贫困村、贫困户需求信息有效对接，推动社会扶贫公益项目实施。

（七）强化监督考核，切实解决好“谁来监督”

为确保 2020 年实现现行标准下农村人口全面脱贫目标，需要充分调动政府机关、党委组织、企事业单位、社会群众的力量，共同致力于扶贫开发事业。作为精准扶贫工作的重要主体——政府，在精准扶贫工作中对项目资金的使用、扶贫项目的审核等方面拥有巨大权力。“绝对的权力导致绝对的腐败”，政府在精准扶贫工作中一旦缺乏有效的监督，容易滋生权力寻租问题，扶贫开发工作将大打折扣。湖北省坚持中央统筹，重在做好顶层设计，在政策、资金等方面为地方创造条件，加强脱贫效果监管；省负总责，重在把党中央大政方针转化为实施方案，加强指导和督导，促进工作落实；市县抓落实，重在从当地实际出发推动脱贫攻坚各项政策措施落地生根。

1. 聚焦扶贫专项整治，监督工作取得显著成效

2019 年，湖北省深化大数据监督检查，对 16 个扶贫项目政策落实情况进行监督检查，查处了一批违规违纪问题，给予党纪政务处分 249 人，追缴违规资金 807.8 万元。取消了不符合政策对象 1.99 万人，重新将 1.1 万名符合政策的困难群众纳入保障范围。督促财政、民政、扶贫、审计等 7 个部门深入开展惠民惠农财政补贴资金“一卡通”监督检查，全省共移交问题线索 102 件，党纪政务处分 168 人次，追缴回收资金 1301.51 万元。省纪委监委还开展了对省直单位定点扶贫帮扶项目资金的监督检查。湖北省纪委监委发布的统计数据显示，2019 年，湖北纪检监察机关持续深化扶贫领域腐败和作风问题专项治理，通过大数据比对，发现漠视侵害群众利益问题 9457 个，整改 8512 个，处理 3953 人。

深化专项治理，保持严惩严纠的高压态势。在以“零容忍”态度严查扶贫领域贪污挪用、截留私分、虚报冒领、雁过拔毛、优亲厚友等腐败问题的同时，加大查处扶贫领域违规决策、弄虚作假、欺上瞒下、敷衍整改等形式主义、官僚主义问题的力度。2019 年，全省共查处扶贫领域腐败和作风问题 7284 个，党纪政务处分 2779 人，移送司法机关 47 人。压紧压实主要领导脱贫攻坚主体责任，全省共问责处理 98 名党委、政府和职能部门“一把手”。省政府对 2018 年省级扶贫成效考核靠后的 5 个县（区）党委书记、县（区）长开展约谈。

强化以案促改，推动标本兼治，坚持立行立改。按照中央脱贫攻坚专项巡视反馈意见和要求，省纪委监委向 8 家单位党组发函，要求补学习近平总书记关于扶贫工作重要论述和党中央脱贫攻坚方针政策等内容。督促省扶贫办开展财政扶贫资金监管等问题集中整治。督促孝感市针对中央巡视反馈的检查考核过多过频问题，举一反三进行整改。督促建章立制。通过发送纪检监察建议书、整改督办函等形式，督促有关地方、部门和单位加强案件剖析，深挖问题根源，健全长效机制。“信访举报明显减少了、问题线索明显减少了、向扶贫项目资金伸黑手的明显减少了、受到党纪政务处分的明显减少了。”通过持续深化扶贫领域监督执纪问责，全省扶贫领域出现了“四个明显减少”的可喜变化。

通过建立和完善脱贫攻坚监督机制，保障扶贫工作计划的有效落实显得尤为重要。要严格规范项目的招投标制度，保证扶贫项目在阳光下运行，实现市场竞争的公平正义；健全项目资金管理制度，让扶贫资金用在解决民生问题的刀刃上；制定科学的项目验收审核标准，保障项目圆满完成；形成有效的督察问责机制，严防精准扶贫贪污腐败问题。为了确保我国精准扶贫监督机制常态化、规范化、严格化，需要通过加强立法工作，推动精准扶贫监督管理的法治化建设。

2. 强化监督考核机制，考核评估体系不断完善

国家对省级党委和政府扶贫开发工作设立成效考核机制。国务院扶贫开发领导小组从 2016 年开始，每年对中西部 22 个省（自治区、直辖市）党委和政府扶贫开发工作成效进行考核评估。考核采取自评总结、年终实地考核和平时工作情况相结合的方式进行。年终实地考核是重点，包括省际交叉考核（含东西部扶贫协作成效考核）、第三方评估、媒体暗访、财政专项扶贫资金绩效评价等项内容。

省际交叉考核。抽取 4 个县，原则上脱贫摘帽县、深度贫困县、贫困县、非贫困县各抽 1 个。通过交流座谈、干部访谈、政策核查、入户调查等方式，围绕“两不愁三保障”“一摘四不摘”“五个一批”“六个精准”，对脱贫攻坚责任落实、政策落实、工作落实情况开展考核，并延伸入户核实。总结 3 ～ 5 个典型经验，查找 3 ～ 5 个突出问题和薄弱环节，提出 3 ～ 5 条意见建议。同时进行第三方评估。抽取 4 ～ 5 个县，原则上脱贫摘帽县、深度贫困县、贫困县、非贫困县各抽 1 个。全省调查规模约 1000 户。重点对历年建档立卡脱贫户、当年新识别贫困户和返贫户等进行抽样调查，并随机抽选村民小组普查非建档立卡户，测算贫困人口识别准确率、退出准确率、因村因户帮扶工作群众满意度，评估脱贫攻坚重大政策措施落实到户成效，对因脱贫质量不高、帮扶工作不实导致的返贫情况进行核查。

东西部扶贫协作成效考核内容和指标。东西部扶贫协作抽取 1 个县，主要考核协作双方完成扶贫协作协议和创新工作情况共 2 项指标。扶贫协作协议包括组织领导、人才交流、资金使用、产业合作、劳务协作、携手奔小康行动 6 个方面。创新工作包括人才支援、资金支持（使用）、产业合作、劳务协作和携手奔小康行动向深度贫困地区倾斜支持、帮助贫困地区解决“两不愁三保障”突出问题、城乡建设用地增减挂钩结余指标跨省域调剂任务完成、帮助贫困残疾人脱贫、在人才支援、产业合作、劳务协作、动员社会力量参与等方面的创新工作情况。

省对市县党委和政府扶贫开发工作成效考核。参照国家对省级党委和政府扶贫开发工作成效考核的办法，湖北省对市县党委和政府扶贫开发工作成效进行考核。考核采取定量考核与定性分析相结合、年终考核与部门平时掌握情况相结合、交叉考核与第三方评估相结合、专项考核与综合评价相结合的方式进行。2016年和2017年的考核范围为17个市（州）和37个贫困县，2018年起将考核范围扩大到17个市（州）和92个有扶贫任务的县（市、区）。在2016年度市县扶贫成效考核中，被评为综合评价好的市（州）3个、较好的10个、一般的4个；被评为综合评价好的贫困县（市、区）9个、较好的22个、一般的2个、较差的4个。

在2017年度市县扶贫成效考核中，被评为综合评价好的市（州）6个、较好的9个、一般的1个、较差的1个；被评为综合评价好的贫困县（市、区）9个、较好的25个、一般的1个、较差的2个。在2018年度市县扶贫成效考核中，被评为综合评价好的市（州）12个、较好的5个；被评为综合评价好的贫困县（市、区）23个、较好的11个、一般的2个；被评为综合评价好的非贫困县（市、区）36个、较好的18个、一般的3个。

3. 健全资金监管制度，完善精细化管理体制

为贯彻落实《中共中央国务院关于打赢脱贫攻坚战的决定》和《中共湖北省委湖北省人民政府关于全力推进精准扶贫精准脱贫的决定》精神，进一步加强和规范中央、省级财政专项扶贫资金管理，按照财政部等六部委新修订的《中央财政专项扶贫资金管理办法》要求，省财政厅、省扶贫办等有关部门对2014年6月10日省人民政府办公厅印发的《湖北省财政专项扶贫资金管理办法》（鄂政办发〔2014〕31号）进行了修订。湖北省先后颁布了《湖北省农村扶贫条例》《湖北省促进革命老区发展条例》等文件，在颁布的相关制度文件中对资金监管的对象、目的等都做了详细的规定，包括资金的分配、报账等流程，以便为资金的使用提供制度监督依据。

进一步完善扶贫资金精细化管理。一是要提高扶贫资金使用的可视性，对扶贫资金的使用用途及时公示；二是要严格按照相应的规定办事，严格按照规章制度进行项目合同的签订、实施等；三是实现扶贫资金透明化管理，将扶贫资金的分配、下拨、报账和结账等在公众领域进行公开，令群众及时掌握扶贫资金的使用情况，加强群众对扶贫资金使用的监督。

财政专项扶贫资金绩效评价。由财政部、国务院扶贫办共同组织实施，采取年度绩效评价与日常监管相结合的方式，委托第三方机构抽取 3 ～ 4 个县进行实地考评。通过核查各省从扶贫开发信息系统绩效评价子系统报送的资料，结合第三方实地考评情况，从资金投入、拨付、监管、使用成效以及机制创新加分项和违规违纪减分项等多个环节，对年度财政专项扶贫资金的使用管理过程及其效果进行综合评分，评分超过 90 分的为“优秀”等次。

年终实地考核情况经考核工作组综合分析评价，由国务院扶贫办汇总形成年度脱贫攻坚成效考核总报告，提请国务院扶贫开发领导小组审议，并向中央政治局汇报考核结果。考核结果一般分为综合评价好、综合评价较好、综合评价一般、综合评价较差四个等次。考核结果经审定后中央予以通报，并送中央组织部。对考核结果好的省区市和中央单位予以表扬，对综合评价好的省区市在财政专项扶贫资金分配上给予适当奖励。对考核发现问题多、问题突出的省区市，报经党中央、国务院同意后，由国务院扶贫开发领导小组对省级党政主要负责同志或分管负责同志进行约谈。2016—2018 年，共有 12 个省区市党政主要负责同志或分管负责同志被约谈。2019 年，中西部 11 个省区市 24 位县委书记被约谈。

4. 形成社会参与监督模式，媒体发挥重要作用

在脱贫攻坚监管中，不能仅仅依靠政府部门的监督，还应该充分利用第三方监管机构、新闻媒体与社会公众的监督职能，从而形成全方位、多层次的监督网络体系，让政府的权力行使受到多方力量的制约。实现有效的监督网络体系，关键在于打破原有的权力结构格局，国家向社会分权，推动公民社会的形成与发展，让社会力量真正参与到监督管理中来，成为监督力量不可或缺的一部分。

湖北省脱贫攻坚成效考核内容将通过“第三方评估”和“省际交叉考核”等形式进行，而“媒体暗访考核”形式的介入，无疑能够让考核更完备。因为，一则考核内容和形式的固定，极容易让扶贫考核程式化，有的地方为了应对考核而形成成熟的“应对模板”；二则媒体暗访形式，能够直接排查出真问题，弥补其他考核形式存在的不足。要让媒体暗访考核真正发挥威力，就须在“暗访”上下足功夫。即在考核前杜绝跑风漏气，如此才能直观地反映出被扶贫地的真实情况和成效。这就需要有暗访考核任务的媒体，一方面应提前下足功夫，深入了解被考核地的工作情况；另一方面也应端正态度，既不给基层添乱，又能够将问题实打实呈现。

2019 年，由新华社抽调记者组成暗访组，抽取湖北省 4 ～ 5 个县，围绕脱贫攻坚责任落实、政策落实、工作落实情况，“两不愁三保障”实现情况，落实“一摘四不摘”要求巩固拓展脱贫成果等情况开展暗访，总结典型经验，查找突出问题。湖北省实施脱贫攻坚成效考核工作，增加媒体暗访考核环节，可以说是运用新闻媒体监督推进扶贫工作的有效示范，也利于媒体发挥好舆论监督功能。考核是为了推动工作的开展，对于考核出现的问题，关键是相关部门重视起来，采取措施加以改进，全力打赢脱贫攻坚战。

5. 规范扶贫领域法治监督，确保扶贫工作合法合规

通过法治规范监督管理秩序，是建设法治政府的必然要求，也是保障人民合法权利的重要途径。法律的缺失导致自由裁量权的滥用，人为干预过度，不利于按法律法规进行有效的监督和规范政府工作人员的行政行为。通过法治化促进精准扶贫监管工作制度化、程序化、公正化，树立遵守法律、认同法律、维护法律的精神理念，确保法律监督的恒定有效。精准扶贫工作以来，湖北省围绕关于“扶贫对象识别标准和程序”“脱贫攻坚机制保障政策”“主要扶持政策”“扶贫对象退出标准和程序”相继出台和实施了一系列政策法规，为湖北省在开展脱贫攻坚工作过程中实施监督奠定了良好的法治基础。

6. 传统与数字相融合，“大数据 + 大脚板”让监督更精准

用科技高效发现问题，用脚步丈量民情民意。“扶贫领域政策落实监察系统”是湖北省纪委监委运用信息技术打造的省市县三级互联互通的精准扶贫大数据监督平台。湖北省运用该系统对住房安全保障、贫困村提升工程、教育扶贫、健康扶贫、生态扶贫、社保兜底保障、金融扶贫 7 个方面 19 个精准扶贫项目政策落实情况开展监督检查。与此同时，湖北省各市州和省直相关部门派出大批干部深入扶贫一线，迈开双脚，进村入户开展问题线索核查。截至 2019 年，全省已汇集精准扶贫领域数据 93 项 21.37 亿条，对比发现问题线索 43.99 万条，各地各部门要对照线索认真开展核查、整改、问责等工作。“大数据 + 大脚板”提高了监督的精准度和贴近度，进而让群众有更多获得感。

2019年年底进行的一项民意调查显示，群众对湖北省党风廉政建设和反腐败斗争满意率同比上升2.44个百分点。

（八）做好扶贫动态管理，切实解决好“怎么巩固”

2019年以来，湖北省建立并全面实施了防止返贫的监测和帮扶机制，聚焦两类群体存在的返贫致贫风险和突出短板，及时落实帮扶工作，取得了显著成效。2019年年底，全省摸底脱贫监测户和边缘户共5.8万户、17.53万人，占全省2019年年底建档立卡贫困人口总规模的3.08%。其中脱贫监测户2.5万户、7.53万人，边缘户3.3万户、10万人。新冠肺炎疫情发生后，湖北省对脱贫监测户和边缘户进行了动态调整，全省新增脱贫监测户1166户、3579人，新增边缘户1301户、4052人，全省共有脱贫监测户和边缘户6.02万户、18.30万人，其中脱贫监测户2.62万户、7.89万人，边缘户3.40万户、10.40万人。

1. 持续巩固脱贫成果，推动脱贫攻坚与乡村振兴衔接

实施动态排查，做到“三保障”不反弹。湖北省因地、因家、因人施策，对各地贫困家庭孩子展开一对一走访，帮助这些孩子解决生活和学习中的困难，确保了全省义务教育阶段贫困人口无人因贫辍学。对全省贫困人口实行“基本医保+大病保险+医疗救助+补充医疗保险”四位一体工作机制，住院费用实际报销比例由2015年的55%左右提高到2019年的88.94%。全省贫困人口中新冠肺炎患者不仅医药费全免，还可以获得相应生活资助。截至2020年2月底，全省所有易地扶贫搬迁安置户已全部搬迁入住。截至2020年5月中旬，经过逐村逐户摸排，全省有83户动态新增建档立卡贫困户危房正在实施改造。

加强监测预警，进行有针对性帮扶。突如其来的疫情给脱贫攻坚带来了新的挑战。为有效防止返贫致贫，湖北省建立防止返贫监测和及时帮扶机制，巩固脱贫成果，确保脱贫攻坚的质量和成色。在监测预警方面，全省重点对监测户7.53万人、边缘户10万人，以及因疫情或其他原因引发的收入大幅缩减或刚性支出明显增加的家庭，实行动态监测，及时纳入台账管理。在帮扶举措方面，按照“缺什么、补什么”的原则，实施“一户一策”，防止因疫致贫、因疫返贫。对具备发展产业条件的监测对象，加强生产经营管理培训，提供扶贫小额信贷支持，动员龙头企业、专业合作社、贫困村创业致富带头人等带动其发展生产。对有劳动能力的监测对象，加强劳动技能培训。全省数千家扶贫车间和数百家扶贫龙头企业全部提前复工复产，帮助务工就业。统筹利用公益岗位、农村项目建设，多渠道安排监测对象。对无劳动能力的监测对象，进一步强化低保、医疗、养老保险和特困人员救助等综合性社会保障措施，确保应保尽保。尤其是对受疫情影响的孤寡老人、重度残疾人、低保对象、特困人员等困难群众，及时落实临时救助政策。通过中国社会扶贫网等多渠道，广泛动员社会力量参与扶贫济困。突出政策引导、教育引导、典型引导和村规民约，激发贫困户内生动力，提高贫困群众自我发展能力。

湖北省对已退出的37个贫困县、4821个贫困村、581万已脱贫人口，保持现有帮扶政策总体稳定，扶上马送一程，严格落实摘帽不摘责任、摘帽不摘政策、摘帽不摘帮扶、摘帽不摘监管的“四不摘”要求。严格执行“省负总责、市县抓落实”的工作机制和党政“一把手”负总责的脱贫攻坚责任制。坚持五级书记抓扶贫，深入开展遍访贫困对象行动。全省近2万个驻村扶贫工作队6万多人疫情期间坚守岗位，战疫战贫。疫情发生后，全省推动“农7条”“农9条”“农20条”等重大政策在贫困地区落地落实，千方百计帮助新型农业经营主体复工复产，贫困地区241家省级龙头企业直接吸纳贫困人口就业近4万人。全国各地广泛开展“为湖北拼单、带货”等系列活动，加快化解茶叶、水果、香菇、小龙虾等贫困地区主要农产品销售难题，数十万建档立卡贫困户从中受益。就业扶贫方面，在全省部署开展组织贫困劳动力积极参加务工专项行动。从2020年3月份各地解除交通封控之日起，恩施、十堰、黄冈、咸宁、随州、荆州等市州就主动作为，逐村逐户核实返岗需求，优先组织贫困人员返岗务工，实施精准对接，组织专列、专车送贫困户赴外地打工。截至6月12日，湖北省贫困人口已安全有序外出195.2万人，超过上一年人数。

2. 加强边缘户管理，切实保护扶贫果实

为全面打好打赢脱贫攻坚战，有效夯实脱贫攻坚工作基础，切实提升脱贫攻坚质效，防范致贫风险，防止产生悬崖效应，统筹做好贫困户和非贫困户工作，湖北省于2019年开始实施加强边缘户管理的工作，重点将未纳入建档立卡贫困户的低保户家庭、分散供养特困人员、重度残疾家庭、重度精神病家庭、举家无劳力家庭等特殊困难群体纳入管理范围，此类人员“两不愁三保障”达标有明显“硬伤”，在建档立卡过程中疑似漏评；因病、因学、因灾、因残等大额支出造成家庭困难，实际生活水平接近建档立卡贫困户的农户也被统计在内。

采取村级初选、入户核查、会议评议、村级公示、乡镇审定并公示、实行台账管理等七个程序进行认定。村级初选：村“两委”、驻村工作队商定初步名单。入户核查：村“两委”、驻村工作队围绕初选名单，对照边缘户认定条件入户开展核查。会议评议：召开村民代表大会，对初步筛选的对象进行评议。村级公示：对村民代表大会评议通过后的对象，在村公示栏进行公示，公示期不低于7天。公示无异议的名单，报乡镇审核。乡镇审定并公示：乡镇对各村上报的边缘户进行审核确认，并在乡镇公示栏进行公示，公示期不低于7天。公示无异议的名单，报县扶贫攻坚指挥部办公室备案。实行台账管理：边缘户人员锁定后，各乡镇要建立好边缘户管理台账，对边缘户存在的突出问题和困难实行销号式管理。

具体对边缘户实施以下帮扶措施：第一，医疗救助。患大病边缘户比照享受贫困户大病医疗报销政策，确保患大病边缘户住院报销比例达90%以上，门诊慢性病医疗费用报销比例达80%以上。需乡村两级出具书面证明，报县扶贫攻坚指挥部领导签署相关意见后由医保部门负责落实大病报销政策。第二，危房改造。边缘户符合危房改造条件的，优先安排危改项目，参照建档立卡贫困户标准。第三，教育资助。边缘户家庭子女接受义务教育符合资助条件的，由教育主管部门统一纳入教育资助范围，享受有关教育资助政策。第四，产业帮扶。有产业发展能力和发展意愿的边缘户，乡村两级积极协助对接农村新型经营主体，加强技术指导和培训，降低产业发展风险。享受非贫困户产业扶持政策。第五，民政救助。针对边缘户困难群体，民政部门要建立快捷有效的救助工作机制，利用好民政救助、社会帮扶等方式对其给予及时有效救助，保障基本生活。

3. 加强精神文明建设，扶志与扶智相结合

坚持教育引导。创办脱贫攻坚“农民夜校”“新时代文明实践中心”等活动，加强思想、文化、道德、法律、反思教育，弘扬自尊、自爱、自强精神，防止政策养懒汉、助长不劳而获和“等靠要”等不良习气。鼓励各地总结推广脱贫典型，宣传表彰自强不息、自力更生脱贫致富的先进事迹和先进典型，用身边人身边事示范带动贫困群众。大力开展移风易俗活动，选树一批文明村镇和星级文明户，推广“星级评比”等做法，引导贫困村修订完善村规民约，发挥村民议事会、道德评议会、红白理事会、禁毒禁赌会等群众组织作用，坚持自治、法治、德治相结合，教育引导贫困群众弘扬传统美德、树立文明新风。加强对高额彩礼、薄养厚葬、子女不赡养老人等问题的专项治理。

实施正向激励。省扶贫攻坚领导小组出台《关于进一步激发内生动力加快精神脱贫行动方案》，对贫困户加大政策激励力度，开展“十星级文明户”“五好模范”“我脱贫我光荣”等评选活动，建立脱贫激励制度。方案要求，各县对建档立卡贫困户超过省委、省政府确定的脱贫标准的，在落实省委办公厅、省政府办公厅《关于建立精准脱贫激励机制的实施意见》规定的奖励政策的基础上，由县人民政府以户为单位连续三年给予奖励。以县为单位，每年在贫困村组织开展一次“五好模范”评选活动，每年表彰20户，每户奖励5000元。继续加大以工代赈实施力度，动员更多贫困群众投工投劳，多采用生产奖补、劳务补助、以工代赈等机制，激发贫困户自我发展意识。同时，省扶贫攻坚领导小组还设立脱贫贡献奖、奉献奖、奋进奖、创新奖，增加脱贫“心劲”，从而实现政府主导与群众主体、扶贫与扶志、内因与外因、输血与造血有机结合，形成脱贫光荣的良好氛围，为打赢脱贫攻坚战增添不竭动力，奠定坚实基础。

加大文化扶贫力度。将弘扬社会主义核心价值观、移风易俗新风行动、“家风家训进万家”等活动与精神扶贫有机结合起来，利用国家扶贫日等重要节点开展系列主题教育活动，精心组织“精准扶贫不落一人”主题宣传，将优秀基层扶贫干部、自力更生的脱贫典型，纳入各级百姓宣讲团，充分发挥先进典型的示范带动作用。加强平台和制度建设，到2019年实现建制村全覆盖设立红白理事会和制定村规民约，到2020年，全省90%以上的建制村开设道德讲堂，推动移风易俗工作制度化、规范化、常态化，实现农民自我教育、自我管理、自我提高，为激发群众内生动力提供坚强保障。实施基层“四馆三场”建设工程、村级文化中心设备配置、流动图书车、流动文化车配送、农村文化志愿服务行动计划等文化惠民项目。实现贫困县流动图书车、流动文化车配送全覆盖。

4. 激发内生动力，推动贫困地区持续发展

激发内生动力是推动贫困地区长远发展的关键，厘清内生动力推动贫困地区发展的内在逻辑，以内生动力为理论视角，通过贫困主体、科技要素和模式创新，总结分析湖北省推动贫困地区可持续发展的实践经验。

采取货币化扶贫方式，激发贫困人口主体作用。目前，湖北省对贫困人口的帮扶主要体现在两个方面：一方面是货币化的帮扶路径。通过各种经济手段对贫困人口进行外在指引与刺激，比如设置公益性岗位、开展金融扶贫等，这主要是将市场经济规律用于促进贫困人口的发展。另一方面则是从贫困人口的主体性地位着手，将贫困人口作为推动贫困地区发展的原动力，通过对贫困人口在脱贫攻坚中表现出的不同特征提出发挥贫困人口主体作用及促进可持续发展的思路。总体上看，货币化的扶贫方式较好解决了湖北省贫困地区和贫困人口发展的外部性问题，通过财政和货币政策手段引导经济资源向贫困地区流动，对贫困人口脱贫致富起到良好的促进作用。

突出科技创新要素，提升扶贫产业技术含量。湖北省贫困地区的科技创新分为两大类：一类是满足贫困人口自我需求的基础性科技创新，另一类是可以用于贫困地区企业创造新产品的生产性科技创新。第一类科技创新如互联网金融贷款、网络医疗保险、储蓄投资等，在 2020 年后的新时期扶贫工作中仍将扮演更加重要的角色；而第二类则在我国供给侧结构性改革与各类产业转型升级的大背景下，对于贫困地区扶贫产业发展显得更为重要。一些贫困地区已经在探索利用创新技术手段来争取扶贫产业在市场竞争中的主动权。

创新发展模式，推动“扶贫 +”和“+ 扶贫”融合。总体来看，湖北省贫困地区创新发展模式可以分为两个范畴：一方面是属于协同创新的范畴，即通过不同主体之间的协同实现有效治理，贫困地区发展的协同创新分为行业间协同、部门间协同、区域间协同等。另一方面是属于融合创新的范畴，融合创新又分为三大方向：第一是关注政府与扶贫的相关关系，即如何通过各级政府部门的力量强化贫困地区发展，优化扶贫资源分配并尽量保证贫困地区的社会公平；第二是增强社会与扶贫相融合，即如何通过调动社会各界形成合力，共同解决贫困地区发展难题；第三是关注扶贫与大数据的关系，即如何通过现代化信息管理手段对贫困人口进行动态管理。

贫困地区的发展既要保证扶贫的公益属性，扶贫产业又不能脱离市场经济发展规律，“融合”因此成为贫困地区发展的重要模式，针对扶贫中的公益属性与商业行为，融合可以分为正向渗透和反向渗透两大基本方式。一方面，医疗、教育等内容主要属于扶贫中的公益属性，可以通过技术渗透的方式推动公益性扶贫事业，正在推广的“互联网＋医疗扶贫”“互联网＋教育扶贫”等就属于这一融合方式。另一方面，从扶贫产业的视角而言，贫困地区发展必须积极融入并适应现代市场竞争，“扶贫＋”成为贫困地区提升经济发展层级的重要融合方式，这种融合需要以贫困地区资源禀赋为基础，引领扶贫产业的融合发展。

黄冈市通过“扶贫＋信贷”模式激发了贫困主体创业就业的意愿和动力；孝感市通过“扶贫＋电子商务＋线下销售”模式确保贫困户的农产品卖出去、卖高价。从内生增长的视角来看，“扶贫＋”的作用日趋显著，“扶贫＋个人”将带来贫困人口自我发展条件的提升，有利于贫困主体思想意识的觉醒，“扶贫＋企业”使得贫困地区市场主体更具创新力与市场竞争力，知识、技术、信息的渗透赋予贫困地区发展新的活力，也成为贫困地区长效发展的重要动力。

5. 激发民间投资活力，促进落后地区开放发展

脱贫攻坚就是在弥补湖北省落后地区发展短板，不仅从基础设施方面保证贫困地区不掉队，更是从制度层面推动贫困地区软环境建设。武汉周边地区较为发达，老少边穷地区相对落后，是湖北省区域发展不平衡的典型表现。湖北省老少边穷地区市场经济不够活跃，贫困县较为集中，属于贫困较为高发区域，同时也是民间投资相对不活跃的地区，特别是在民间投资领域，大量优质企业和市场资本加速向东部地区转移，甚至出走海外，这与贫困地区营商环境不优是分不开的。而脱贫攻坚的深入推进，加快了“放管服”改革在贫困地区的实施，让湖北省大量贫困县域享受到了财政、税赋、科技、创新等一系列政策红利。脱贫攻坚让湖北省贫困地区营商环境得到进一步优化，提高了民间投资的积极性。

6. 聚焦贫困地区人才问题，坚持做好青年人才培养工作

坚持实施“三支一扶”计划。湖北省自 2006 年启动实施“三支一扶”计划以来，累计选派超过 3 万余名高校毕业生到基层，从事支农、支医、支教、扶贫、青年事务、人社、水利、残联、文化、供销合作等方面的服务，服务人员遍及全省各县市区。2019 年，“三支一扶”招募工作坚持“四个倾斜、三个放宽”（四个倾斜，即招募计划向扶贫岗位和贫困地区倾斜，优惠政策向贫困家庭考生和新疆、西藏籍考生倾斜；三个放宽，即进一步放宽学历、年龄和专业条件）原则，招募计划重点向武陵山区、秦巴山区、大别山区和幕阜山区等重点扶贫地方倾斜，对建档立卡贫困家庭等考生继续实施笔试加 3 分优惠政策，共计 600 多人享受优惠政策。

做好大学生村干部培养工作。高质量打赢脱贫攻坚战、实现稳定脱贫，关键在人，关键在于培养造就一支懂农业、爱农村、爱农民的“三农”工作队伍。从 2018 年开始，湖北省连续 10 年累计选聘大学生村干部 14290 人，目前在岗 1917 人。按照中央、省委有关文件精神，大学生村干部工作生活补贴按当地乡镇初录公务员工资水平发放，每人每月 3300 元以上，对在建档立卡贫困村任职的大学生村干部每月补助 150 元，省级财政为每个大学生村干部统一办理重大疾病和人身意外伤害综合保险，以县为单位办理大学生村干部养老、医疗等社会保险，切实提高综合保障水平。

持续做好贫困地区青年人才培养工作。根据中组部统一部署，从 2018 年起，湖北省实行大学生村干部工作和选调生工作并轨，不再单独招录大学生村干部。新招录选调生到岗后统一安排到村工作两年，履行大学生村干部有关职责。在此基础上，将研究制定专门面向贫困地区招录县乡机关公务员、事业单位人员的有关政策，加大从优秀村干部、大学生村干部中招录乡镇公务员和事业单位人员的力度，并适当降低门槛。实施“一村多名大学生计划”，确保每个贫困村培养储备 1 至 2 名后备干部。

积极服务贫困地区青年创业创新。积极贯彻落实中央和省鼓励“大众创业、万众创新”有关部署，开展舆论宣传、政策扶持、搭建平台等工作，全方位、多渠道支持贫困地区青年创业创新工作。鼓励返乡青年到贫困地区组建创业团队，搭建创新平台，通过创业创新投身产业扶贫。积极发展产业扶贫新业态，支持返乡青年开展“电商 + 产业 + 双创 + 众筹”扶贫模式，通过网上创业脱贫致富。积极引导返乡创业青年根据消费需求，进入传统手工艺、文化创意、养生养老等生产性生活性服务，开辟创业空间。在 37 个贫困县开展电商扶贫，覆盖 6549 个行政村，带动 9.84 万贫困人口增收。

7. 推进“互联网 +”扶贫，驱动贫困地区创业创新

随着互联网的快速发展，湖北省加快了“互联网 +”扶贫工程的实施步伐。

贫困地区信息壁垒被进一步破除，越来越多的有志之士在贫困地区开创事业，“互联网 +”扶贫为贫困地区创新创业提供了良好平台。

广水陈家河村朱永好，大专毕业，学习的美术设计专业，在成都文创领域工作。精准扶贫和乡村振兴战略实施后，朱永好准备将三同村的一些旧农舍、土坯房进行艺术改造，提升乡村旅游品位，吸引城市居民前来旅游写生。筹措资金是青年创业的首要难题，目前除了银行贷款、扶贫创业基金等传统途径以外，互联网众筹成为贫困地区青年创业创新的融资途径。朱永好将自己的计划在众筹平台进行推广，得到了众多网友的支持，经过网络众筹获得了创业的初始资金。

武汉新洲刘家村的罗晶晶，2015 年师专毕业，从事过一段时间的幼教工作。2016 年以来，随着二孩政策的放开以及留守儿童数量的增长，基层乡镇和农村地区对学前教育的需求逐渐旺盛，学前教育机构呈现供不应求的局面。罗晶晶便在新洲的居民社区开办了一家幼教机构。2020 年武汉遭遇突发疫情，罗晶晶的幼教机构针对周边居民开展远程网络教育、幼儿辅导等学前课程，受到了广泛支持与欢迎，为武汉周边农村地区幼儿入学及接受学前教育提供了良好平台。

互联网催生新业态，帮助特殊困难群体寻找创业机会。互联网作为平台性工具，不仅加快了贫困地区传统一、二、三产业融合步伐，更为特殊困难群众提供了崭新的创业空间，无论是扶贫主体还是贫困主体，都试图在互联网世界中重新寻找自己的发展定位。

人力成本偏高、生产效益低下一直困扰着传统农业生产，创业农户难以承担高昂的人力成本，利用“互联网 + 无人机”技术喷洒农药、耕种收割，实现对农田的实时监控，在手机屏幕上就可以 24 小时观察农作物生长状态。互联网技术的成熟，让更多新技术应用到农业生产，往日需要聘请多名拖拉机司机辛苦数日才能完成的农田作业，现在只需要在拖拉机中装上无人驾驶模块，就可以通过互联网实现远程操控，不仅人力成本大大降低，生产效益也得到较大提升。

还有不少受到残障或疾病困扰的特殊困难群众，也通过互联网创业找到了新的生活信心与社会价值。随着互联网技术的广泛应用，贫困地区对于软硬件技术服务的需求也逐渐增多，部分腿脚不灵便或存在视听障碍的农村青年通过电脑或书籍学习互联网技术，逐渐成长为贫困地区的网络技术员。还有网络销售、云农场、订单农业等互联网新型农业业态，都在吸引着越来越多的青年群体加入到贫困地区创业创新的大潮中来，“互联网 + 创业”正在改变着贫困地区的发展面貌。

利川洪志村阿良，初中毕业就一直在外打工，利川于 2017 年开始开发传统农家文化产业，吸引其回到利川农村干起了乡村导游。阿良不仅实地接待游客，而且通过抖音、快手等网络平台进行网络直播，将利川农民的生活点滴通过直播向外展示，并且推广农民自家制作的土特产品。随着粉丝数量的上涨，阿良也成为小有名气的网络红人。

由于因病致贫群众较多，2018 年，湖北省开始大范围实施“互联网 + 医疗健康”，要求全省贫困县实现远程医疗全覆盖，以保证长期解决困难群众就医难题。村医裴某在大悟有自己的诊所，2018 年也加入到了贫困地区远程合作医疗的队伍中，裴某的诊所通过远程网络，为贫困村居民提供诊疗、用药、复诊等网络就医服务，为困难群众看病提供了较为便捷的方式。

贫困地区创业主体不断进步，促进互联网创业发展。贫困地区创业人员的主体有返乡人员、本土人员和外来人员等。返乡人员是贫困地区创业创新的主力军，返乡人员大多是出生在贫困地区的本土人士，他们在中学阶段或在完成大中专教育以后外出务工，并在掌握一定创业技能和管理能力以后，选择回到贫困地区进行创业。返乡人员往往具有较强的创业热情、致富意识和创新意识，返乡人员也是发达地区与贫困地区的信息桥梁，很多来自于发达地区的先进技术、知识、技能以及资金，都需要依靠返乡青年传递到贫困地区。基于在发达地区的生活和工作经历，返乡人员对于创新、技术、信息、管理等要素更加重视和渴求，他们迫切希望通过不断提升自身能力来提高创业效益和成功率。

本土人员与返乡人员的区别在于本土人员大多长期扎根农村，从出生到创业绝大多数时间都在本地度过，本土人员的创业目的往往更加纯粹，对于致富的渴望也更加急切，而且由于本土青年对于外界的接触相对较少，对于技术和知识的渴求更加旺盛。外来人员指的是既不在贫困地区出生，也不是在贫困地区成长的创业人员，他们一般掌握一定的知识技能或是具备较强的资金实力，但是缺少资源平台或是政策支持的优质创业项目，而贫困地区的资源禀赋以及精准扶贫、乡村振兴等优惠政策，恰好满足了外来人员的创业需要。

麻城三同村李华，只有初中学历，是家中独子，由于父母身体不太好，李华多年来一直未曾离开麻城，属于当地典型的本土人员。李华在麻城农村有一个小卖部，还有几亩自留地种植一些农作物，一家人收入微薄，是村里的建档立卡贫困户。精准扶贫战略实施以来，当地扶贫局开展了内容丰富的互联网培训课程，在手机 APP 上每天都会定时更新种养殖技术等培训课程。李华每天都会用手机观看，学习生产技术和经营方法，并在网络技术指导和村委会的支持下，在三同村注册成立了养殖合作社。

保康农村子弟胡胜利，流转了 500 亩土地进行粮食种植，往年播种收割及拖拉机作业要花去较高成本，这也成为他不敢扩大生产规模的重要原因。通过到其他地区进行现代农业考察，胡胜利对农业科技的认知水平不断提高。通过购买和利用农用器械无人驾驶模块，胡胜利几乎不用再在农忙时聘请工人。网络远程操控实现了农田智能化自动作业，节约了大量人力成本，有效提高了生产效益。

8. 强化科技成果转化，助力深贫地区振兴发展

湖北省深度贫困地区主要以少数民族聚居区、大别山区、武陵山区、秦巴山区和幕阜山区为主，这些地区自然环境较为恶劣，如果一味走传统产业发展的旧路子，并不利于地区经济的快速进步。坚持科技创新驱动，利用科技成果转化培育新产业、激发新动能，势必成为湖北省深度贫困地区实现振兴发展的必由之路。

2015 年以来，为了进一步推进科技扶贫工作，湖北省相继出台了《湖北省“十三五”产业精准扶贫规划（2016—2020 年）》《关于科技扶贫精准脱贫的实施意见》等一系列政策性文件，并设立多个科技扶贫综合试点县。2017 年 4 月，湖北省科技厅、省农业农村厅和省扶贫办联合成立了湖北省科技扶贫领导小组，并组织 18 个扶贫小组共计 1625 名农业专家，分别前往郧西、竹溪等 28 个国家级重点贫困县，为贫困地区带去先进生产技术，与贫困户一起探索新型种养合作模式。湖北省科技厅推出的“智农村通”信息服务一体化平台，已在省内深度贫困地区得到推广。实现了全省 25 个国家级贫困县及所辖乡镇办事数据的全覆盖，开展涉农信息服务专题制作工作。开展村村通信息平台建设，为全省深度贫困地区行政村搭建相对独立的村村通公共服务平台，提供“村务、党务、学务、商务、劳务、政务、农务”服务，实现农村“七务通”，“智农村通”多屏互动信息服务一体化。

四、实践创新：积极探索，扶贫典型多点开花结硕果

湖北省在精准扶贫的实践过程中，各地紧密结合当地资源禀赋，大胆创新，勇于探索，扶贫典型多点开花亮点纷呈，形成了麻城“5+2”特色产业扶贫、保康“质量为本 协力共建 乐业安居”易地扶贫搬迁、五峰“能上学、上好学、教得好、富脑袋、共同成长”教育扶贫、随县“四位一体、三个一批”健康扶贫、利川“十村百企万户”民宿旅游扶贫、远安“政府推动、服务劳动、市场带动、主题联动”电商扶贫、通城“扶防结合、鱼渔并济、社会经办”金融扶贫、恩施“东西部协作”消费扶贫、崇阳“科学定岗定人、考核到人到事”就业扶贫，值得其他地区学习与借鉴。

（一）麻城产业扶贫

近年来，麻城市以贫困群众持续增收为主线，按照“因地制宜、突出特色、典型带动、整村推进”的总体思路，围绕养殖、蔬菜、中药材、林特、乡村旅游和光伏、电商等“5+2”特色产业，夯实产业扶贫根基，培育优势特色产业，不断探索脱贫增收新机制，把“输血”逐步转化为“造血”，产业扶贫成效初显。2018 年，麻城完成了 40 个贫困村出列，35887 人脱贫，93 个重点贫困村 73942 个已脱贫人口巩固提高任务。

1. 夯实产业扶贫根基

（1）出台政策引领

麻城先后出台了《关于推进产业精准扶贫工作的实施意见》《关于进一步明确产业精准扶贫奖补政策的通知》《关于印发麻城市扶贫奖补资金使用管理办法的通知》《麻城市统筹财政专项资金管理办法》《麻城市养殖业精准扶贫“1111”工程实施方案》《麻城市蔬菜产业精准扶贫“1151”工程实施方案》《麻城市中药材产业精准扶贫“1148”工程实施方案》《麻城市乡村旅游业精准扶贫“3138”工程实施方案》《麻城市林特产业精准扶贫“1138”工

程实施方案》9个产业扶贫相关文件，激励和引导各方力量聚焦产业扶贫；近3年，年均设立5000万元产业扶贫奖补资金，采取产业扶持资金“补”、县域经济调度资金“扶”、创新创业基金“奖”等模式，激活扶贫产业发展动力。

（2）用好金融活水

构建“政策引导、资本运作、银行参与、农户贷款、保险跟进”的金融扶贫机制。加大扶贫投入和项目资金整合力度，2018年预计整合资金17亿元。2017年投入9866万元建立全省最高的风险补偿金，2018年又新增1500万元。截至2017年年底，麻城农商行、邮政储蓄银行等金融机构共计发放扶贫小额信贷5.13亿元，2018年预计将新增小额信贷资金1亿元。实现了贫困户家庭综合财产保险、人身意外伤害保险、补充医疗保险等三个“全覆盖”。按照资金、项目、招投标、管理、责任“五到乡镇”的要求，出台《麻城市财政专项资金管理暂行办法》等6个文件，对扶贫项目的前期申报、组织实施、决算验收、资金拨付等项目管理全过程作出详细明确的规定，确保扶贫项目资金使用绩效。

（3）完善基础设施

对标贫困村脱贫标准，加强“十有”建设，将市水利和湖泊局、市供电公司、市住建局、市卫生健康局、市教育局等近20个部门列为“十有”相关单位，要求做到“三个常态化”：常态化参与扶贫工作会议，常态化汇报工作进度，常态化督察促进村级建设。2018年，在统筹资金中抽出2650万元，给每个整村推进的重点贫困村安排不少于50万元资金支持村级建设，在确保贫困人口基本生产生活条件得到改善的同时，建成更好的“硬件”吸引能人回乡创业。2017年，麻城“十有”建设成效显著。安全饮水和危房改造超额完成任务，生产用电自然村覆盖率、村村通客车保持率、有标准化卫生室的行政村比率、村公共图书室覆盖率等指标均达100%。

（4）建强基层组织

探索行政村直管模式，将20个村级集体经济收入超过5万元，村民人均纯收入超全市平均水平，村级各项工作位居本乡镇前列，且村级各项工作无“一票否决”事项的村党支部书记列为市委组织部“直管村”。优化配置党组织书记。通过公开评议，调整能力偏弱、不胜任的党组织书记，引进返乡老板、在外能人、退伍军人担任党组织书记。选派第一书记、名誉书记，聘用发展顾问，创建“永不撤退的扶贫工作队”。加强党员教育管理，常态化培训市乡村三级干部，坚持“支部主题党日”活动，开展“两评两促”，深度融合“三会一课”，为精准扶贫工作提供强有力的组织保障。

（5）注重精神脱贫

坚持正向激励和反向约束，重视文化扶贫和技能培训。每年评选表彰精准扶贫“十佳市场主体”“脱贫致富示范户”和“脱贫光荣户”，并对其进行“精神＋物质”奖励。充分利用国家、湖北省、黄冈市主流媒体和“麻城发布”“麻城微扶贫”等微信平台，加大对脱贫典型的宣传力度。开展各级各类农村实用技术培训、脱贫致富“明白人”培训，提高贫困群众脱贫致富能力，组建“精神脱贫宣讲报告团”在全市巡回演讲，举办各类文艺巡回演出，充实各村“农家书屋”，为贫困群众提供“精神食粮”。利用村规民约和村“两委”班子、“五老会”等组织，对因懒致贫、因赌致贫、因婚致贫、儿女不孝致使老人贫困等现象进行说服教育，严防“养懒汉”。建设“微孝善”超市，鼓励贫困户以劳动换取积分，以积分换取商品，激发贫困群众脱贫致富的内生动力。

2. 培育优势特色产业

（1）光伏领航

麻城在全省率先编制县级清洁能源发展规划，出台了系列加快光伏产业发展的指导文件，鼓励贫困户通过小额信贷资金入股光伏产业。目前，全市已建成光伏扶贫电站 40 个，总装机规模 90.27 兆瓦，带动 178 个重点贫困村年增加集体经济收入 5 万元、5500 户贫困户户均分红 3000 元。铁门岗乡探索“农光互补”新模式，乡政府联系相关种养合作社，在太阳能光伏电池板下种植食用菌、灰树花、天麻等喜阴作物，一地多用，贫困户通过小额信贷资金入股、土地流转、参与合作社等多种方式获得多份收益。

（2）特色种养

麻城市积极谋划，打造特色产业带，真正实现了“镇镇有主导产业、村村有产业项目、户户有增收途径”。围绕产业特色和比较优势，构建形成麻北菊花、油茶，麻东板栗、中药材，麻中南粮食、蔬菜、花卉苗木的产业扶贫格局，特色产业带动贫困户的比率达到 87.87%。近年来，通过推进“一乡一业、一镇一品”产业模式，各乡镇办区园特色产业如雨后春笋般茁壮成长起来。福田河镇油茶、黄土岗镇菊花、盐田河镇板栗、宋埠镇蔬菜、三河口镇食用菌、白果镇小龙虾等特色产品远近闻名。2017 年，全市油茶产业带动 6940 户贫困户脱贫增收，麻城茶油和福白菊入选“中国地理标志产品大典”。

（3）就业带动

通过加大招商引资力度，出台并落实奖励政策，引导农民返乡就业创业，提供公益性岗位，开展精准扶贫“春风行动”，探索家门口的“扶贫车间”等举措，努力实现“就业一人，脱贫全家”。大别山现代休闲生态农业产业园建成后可实现年产值 20 亿元，贡献税收 2 亿元，帮扶 5000 户、1.5 万贫困人口脱贫。投资 50 亿元建设的中部石材循环产业园，创造就业岗位 1.2 万个，先后出台了职业培训补贴、一次性创业补贴、市场主体吸纳贫困户就业以奖代补等多项激励政策。2018 年上半年，麻城市共开发农村环境绿化、卫生保洁、道路维护、治安巡逻等方面的公益性岗位 3348 个。全市开展精准扶贫“春风行动”30 余场次，帮助贫困人口实现转移就业。针对既无致富技能、又无法外出务工的部分群众，打造家门口的“扶贫车间”。目前，全市已建成“扶贫车间”6 个，带动群众就业 217 人，其中贫困人口 132 人，在建“扶贫车间”18 个，计划带动 2000 以上贫困人口脱贫。

（4）旅游联动

近年来，麻城以创建国家全域旅游示范区、龟峰山 5A 级景区、世界地质公园为抓手，以城区旅游集散形象展示中心、麻东森林度假旅游区、麻中南都市休闲旅游区、历史人文旅游带、106 沿线农业观光旅游带、美丽乡村旅游带”为目标，以“三山两湖”（龟峰山、五脑山、狮子峰、尾斗湖、浮桥河）为重点，推进全域旅游，逐步将乡村旅游打造为助推脱贫攻坚、奔向全面小康、建设中心城市的支柱产业。截至目前，大别山世界地质公园麻城园区通过联合国教科文组织验收，龟峰山 5A 创建稳步推进，狮子峰景区正式投入运营。2017 年全年接待游客 892 万人次，同比增长 33.1%；实现旅游综合收入 58.9 亿元，同比增长 32.3%。随着全域旅游的高速发展，贫困户土地流转、景区用工、自主创业等机会不断增加。截至 2018 年上半年，全市旅游产业带动贫困人口 6547 人。

（5）电商激活

积极完善精准扶贫流通网络和物流配送体系，加大电商专项培训力度，扶持贫困户子女电商创业。建立国内首个“互联网 + 供销”农商宝平台，将“麻城福白菊”“麻城山茶油”等优质特色农产品推向全国。在2018年第四届武汉国际电子商务暨“互联网+”产业博览会上，麻城市农商宝电子商务有限公司被评为2018—2019年湖北省级电商示范企业。2018年5月18日，在首届湖北省农业品牌发展峰会暨阿里巴巴兴农扶贫（湖北站）活动启动仪式上，麻城市被选为全省首批入驻阿里巴巴兴农扶贫频道的县域之一，电商产业从此获得阿里巴巴集团的支持。目前，随着国家电子商务进农村示范市建设深入推进，全市已建成贫困村电子商务网点71个，实现电子商务交易额54亿元，网络销售额17.7亿元。

3. 探索脱贫增收新机制

（1）推进土地规模化经营

为了节约耕地经营成本、提高生产率和农民收入，推动农业结构调整和技术推广，吸引外部资金注入，激发农业生产活力，麻城深化农村土地制度改革，在全面完成“房地一体”的农村集体建设用地和宅基地使用权确权登记发证的基础上，探索农村宅基地“三权分置”改革制度，结合特色种养业和乡村旅游业，盘活闲置资源，引导贫困户合理流转土地，通过土地流转获得租金收益或“股权收益”。2017年，全市1.5万贫困户将5.6万亩土地流转到龙头企业或种养大户，通过“股权分红”户均增收1200元。

（2）探索农村金融运作机制

一方面探索将部分财政支农资金形成的资产折股量化为村级集体股份，参与所支持的经营实体分红，增加村级集体经济收入。探索将财政支农资金变为支农基金，实行滚动、有偿、可持续使用，做大支农资金“蛋糕”。创新农村金融服务，推广“银行+农合联+新型经营主体”的农村合作金融创新试点经验，稳妥开展“两权”抵押贷款试点，扩大对农业农村的金融投入。另一方面在全市建设金融工作站，方便群众咨询和办理小额贷款等金融业务，助力精准脱贫。2016年，麻城市人民银行、农村商业银行、市扶贫办联合在南湖办事处牌楼社区挂牌成立首个金融精准扶贫工作站。截至2018年上半年，全市178个重点贫困村金融精准扶贫工作站全部建成并投入使用。

（3）探索利益分享机制

探索在企业、合作社、村集体和贫困户之间建立稳定的利益分享机制，确保贫困户稳定脱贫、长久增收。一是企业带动脱贫。例如：“全国百强合作社”

兆至蔬菜专业合作社采取“订单式种植、规模化经营、标准化管理、保护价收购”的模式，带动8个乡镇发展大棚蔬菜基地，带动贫困户增收脱贫。鸿宇农业公司采取“包生产指导、包鲜果回收、包入股分红、包吃住打工”的模式，为麻城北部四个乡镇贫困户创造持续稳定增收路径。二是抱团发展脱贫。组建1550家农民专业合作社，平均每村有农村合作社3.5个，参社成员数达73400人，其中178个重点贫困村建立农村合作社204家，采取“1+N”的形式带动贫困户，带动6471户贫困户户均增收2411元。三是自主创业脱贫。由国家贴息，金融机构贷款，鼓励贫困户自主创业脱贫。2017年，全市12300户贫困户利用扶贫资金发展特色产业，户均增收3500元。

（二）保康易地扶贫搬迁

保康县马良镇鸡冠河村居民安置点是该镇最大的安置点，共安置24个村的易地搬迁贫困户196户、656人。该安置点2017年4月开工建设，2018年5月搬迁入住。配套建设电子商务中心、制衣厂、茶叶育苗基地等，提供180余个就业岗位，让大多数易地搬迁户在家门口就业，真正实现了“搬得出、稳得住、能致富”目标。

1. 质量为本，建设安居工程

建设集中居民安置点，既是重大民生工程，又是德政工程，更是民心工程。基于这一深刻认识，马良镇党委、政府高度重视，科学规划，严把质量，着力打造老百姓安居工程。

（1）科学选址

鸡冠河居民集中安置点选址马良集镇规划区内，紧邻G241国道，交通方便，地理位置优越，是全镇的“黄金地段”。投入资金2500多万元，占地面积17亩，建设4至6层不等的安置房19栋196套，住房面积共计1.64万平方米。

（2）严格标准

在工程建设质量上，马良镇始终坚持“百年大计、质量为本”原则，严把“三关”。严把材料质量关。从水泥标号到钢材质量，都严格检测，杜绝“三无”材料进场施工。严把施工监理关。聘请监理公司派员24小时驻点监管，组建由镇党委班子成员任组长的督察专班，严格按照图纸和工艺施工作业，确保施工过程质量。严把工程进度关。为确保在规定时间内建成投用，该镇把安置点划分为3个标段，由3家中标单位同时施工，划定时间表、施工图、完工期，实行每天一通报，每周一总结，确保工程进度。

（3）配套设施

房屋主体完工后，马良镇立即进行配套设施建设，对居民小区实施硬化、绿化、亮化、美化工程。共硬化公路160米，地面1800平方米，建设500平方米文化广场1个，配套建设了标准化篮球场、网球场、乒乓球场各一个，公共厕所一座，125平方米公共服务用房，100平方米小区医务室，安装路灯25盏、摄像头13个、垃圾箱6个、健身器材5套，种植绿化树200棵，绿化面积800余平方米，让小区真正亮起来、绿起来、美起来，让搬迁群众真正住得安心、放心、舒心。

2. 协力共建，打造幸福家园

（1）制度化管理

为确保分房公开、公平、公正，马良镇采取“抓阄”方式分配住房。为加强小区管理，通过召开安置点搬迁户大会，民主推荐有威望、有热情、有能力的3人组建小区管委会，承担小区管理服务职能。以楼栋为单位，推选19名楼栋长，负责本楼栋管理，并在同栋推选1名小组长，具体负责矛盾化解、诉求反馈，确保邻里和谐。同时制定了12条小区管理制度，印发各家各户，张贴在小区各栋楼道公告栏内，让搬迁群众逐步完成由农村散居到社区聚居的转变。

（2）人性化服务

马良镇始终坚持以人为本，全力做到“三心”。细致服务聚民心。成立乡风文明理事会，帮助解决搬迁户红白喜事中劳动力不足的问题，形成“一户有难、全区支援”的良好氛围。积极组织各种文体活动，促进搬迁户间的交流，鼓励他们走出家门、融进小区大集体。现在，每天傍晚小区居民都会到文化广场跳广场舞、打球、健身，丰富了搬迁户的业余生活，增强了居民的集体感、归属感、幸福感。公共服务暖人心。小区与鸡冠河村共建标准化卫生室1个，配备专职医护人员1名，24小时为居民提供医疗服务，每季度对老弱群体进行一次上门体检。配备保洁员3名，每天进行一次卫生检查，每周进行一次保洁，每月进行一次大扫除，确保小区保持干净整洁。真心服务筑同心。小区管委会、各楼栋长不仅把自己当作管理者，更把自己当成搬迁群众的亲人，每月至少串一次门，主动上门及时帮助解决困难，以实际行动统一搬迁户思想，把力量凝聚成一股绳，同心协力共建整洁、和谐、团结、奋斗的新型社区。

（3）协同化推进

坚持居住、生活、创收三方协同推进，形成长效机制。镇精准办选派专人，会同小区管委会负责房屋内外检修、管护配套设施，确保小区管理制度得到执行；坚持一专到底，对小区环境卫生保洁、政策宣传落实、邻里纠纷化解、便民服务对接等进行统筹协调；对小区门面房、设施大棚等产业项目进行发包管理，收益进行分红。成立务工联络机构，为搬迁户提供第一手务工岗位信息，引导搬迁户自力更生。

3. 乐业安居，创造幸福生活

紧紧围绕搬迁户务工需求、生活需求、文化需求，因地制宜，用好用活用强各类资源，多措并举，确保搬迁户安居乐业、增收致富。

（1）产业基地增收入

马良镇充分利用乡村振兴、安置点产业配套等政策，抓住全市突破性发展茶叶机遇，整合资金5100多万元，流转鸡冠河和马良街两村土地150亩，在安置点旁规范建设中拱式大棚、冬暖式大棚和联拱式大棚160个作为工厂化育苗基地。

招商引资促就业。通过招商引资引进宜昌萧氏茶叶集团有限公司，采取“龙头企业＋合作社＋基地＋贫困户”的经营模式，常年网络贫困户就业30余人，用工高峰期带动贫困户务工300多人，每年可提供务工收入280余万元，累计为贫困户增收500余万元。

入股分红增效益。成立马良镇惠千家专业合作社，将集镇居民点产业配套资金整合到茶叶基地建设中，以产业配套资金560万元作为股金入股分红，让所有搬迁户当股东，年租赁资金25万余元的70%分红给搬迁户。严格资金管理，通过独立账户、独立财务、独立核算，确保合作社资金运转公平、公正、公开，有效保障搬迁户利益。

产业发展促增收。茶叶育苗基地吸纳集镇安置点周边劳力，网络贫困户190户，年可创产值1500余万元。曾家垭村搬迁户宋先富，与妻子在茶苗育种基地务工并承包大棚37个，每月可挣基本工资1800元，同时每卖出一棵茶树苗提成另算，夫妻俩每年可收入 5 万余元。茶叶育苗基地的建成，既让搬迁户能够在家门口就业，也促进了马良镇茶叶产业的发展。2019 年马良镇新发展茶园 2000 亩，5 年内计划再增加茶园面积 1.2 万亩。

（2）扶贫车间增效益

马良镇扎实用好精准扶贫政策，配套建设了 1156 平方米的扶贫车间，让贫困户通过劳动脱贫致富，重点做好“三篇文章”。

做好电商扶贫文章。顺应新时代潮流，建立保康鸿域电子商务平台，通过线上线下同步销售，不断拓展保康特色农产品销售渠道，让特色产品走出大山。目前，电商平台日销售农产品 3000 公斤，带动贫困户 30 余人务工。深溪河村搬迁户周礼成在此从事商品包装，每个月可获收入 1500 元，实现了家门口就业增收。

做好项目引进文章。结合安置点劳力现状，主动对接市场需求，探索引进劳动强度低、操作简单易学的项目，让劳动能力较弱的贫困户也能务工增收。引进荆州市普拉多服饰有限公司制衣生产线，可提供就业岗位 100 余个，即将开工生产，人均年收入可达 3 万元。

做好门面出租文章。对小区配套建设 1156 平方米的 26 间临街门面房，让实力雄厚、项目可行的企业和个人优先承租，确保安全增收、稳定增收。每年可获租金 25 万元，全部分给搬迁户，每人每年可分红近 400 元。

（3）文化小康富精神

口袋富了，不能脑袋空。马良镇党委、政府既注重搬迁户物质生活需求，也注重精神生活需求，富口袋、富脑袋“两富”并举，用好文化小康政策和易迁政策资金，补齐全面小康的文化短板，全面推进小区文化小康建设。

配套建设文体设施。集镇安置点配套建设有文化广场、篮球场、网球场，健身器材，图书室、棋牌室等，确保群众休闲有去处、运动有场地、健身有器材、娱乐有地方。

配套开展志愿服务。结合新时代文明实践中心活动，目前已组织镇安办、计生办、卫生院等单位的多支不同类型志愿服务队，到安置点进行了法制宣讲、爱心帮扶和义诊活动等 10 余次，并组织举办招聘会 4 次、技能培训会 2 次，提高贫困群众致富本领，拓宽就业道路。

配套建设老年食堂。充分考虑集镇安置点留守独居老人较多现状，投资

35 万余元，开办可满足 100 人就餐的 125 平方米老年食堂，以最低廉的价格，提供最可口的饭菜，确保老有所依、老有所养。每日三餐，均有 30 多名独居老人在食堂就餐。

（三）五峰教育扶贫

“精准扶贫，教育先行”，教育扶贫能让贫困地区的孩子掌握知识、改变命运、造福家庭，是最有效、最直接的精准扶贫。自开展精准脱贫工作以来，五峰把教育扶贫作为摆脱贫困的治本之策、阻断贫困代际传递的重要途径，致力办好人民满意的教育，努力让每一位贫困学子能上学、上好学，让每一个贫困劳动人口有技能、能就业，为阻断贫困代际传递作出了有益的探索。

1. 基本情况

五峰土家族自治县地处鄂西南，与湘鄂两省六县市（石门县、松滋市、宜都市、长阳县、鹤峰县、巴东县）交界。五峰是少数民族聚居地区，面积为 2372 平方千米，辖 5 镇 3 乡、108 个村（社区），总人口 19.6 万，其中以土家族为主的少数民族人口占 84.8%。五峰是典型的山区。全境皆山，森林覆盖率达 81%。2014 年，全县建档立卡贫困人口 2.1 万户、6.3 万人，贫困发生率 35.1%，贫困村 24 个（含 6 个深度贫困村），2014 年以来，累计脱贫 19985 户、59077 人，24 个建档立卡贫困村全部脱贫出列，综合贫困发生率从 2014 年的 35.1% 降至 0.16%。

2. 政策举措

一是强化贫困家庭学生控辍保学。采取五项举措，确保九年制义务教育阶段的适龄儿童都能上学。第一，依法治流。坚持学习《义务教育法》，通过媒体、标语、专栏、家长会、乡规民约，展开多层面、全方位宣传，依法控辍防流。第二，责任堵流。实行政府、教育双线责任制，政府包入学，教育包巩固。配合政府做好工作，通过层层压实责任控辍防流。第三，以帮控流。建立贫困家庭学生救助基金；教育系统干部、教师挑起帮扶家庭贫困学生的责任和义务，帮助被帮扶对象读完小学或初中；建立学困生和德困生档案，跟踪帮扶这类学生。第四，以改防流。改善育人环境，开展丰富多彩的课外活动，吸引留住学生；改革课程教学，倡导分层教学、分层评价，努力杜绝学生厌学现象；改革教学内容，开设与农村经济发展密切相关的校本课程。第五，以查截流。

坚持“普九”复查制度，督促乡镇中心学校及其他各学校每学年认真进行“普九”自查，并进行相应考核。

二是强化贫困学生资助政策落实。规范实施贫困家庭学生资助政策。一是建立贫困学生信息台账。在认真调研、摸清底数的基础上，建立贫困生资料数据库，做到全县范围内每一个贫困生都有相应的信息资料，确保不漏一生，并根据实际情况进行动态管理。二是建立工作巡查制度。每学年对学生资助项目进行专项审计；每学期进行专项巡查 1 次，抽查面不低于学校的 50%；重点巡查“一补”政策落实及全程管理情况，包括受助学生申请、评审、公示和认定，补助资金发放等规定程序；资助档案整理、资助信息统计、报送等情况；学校制度建设情况等。三是健全九项工作机制。健全学生资助管理九项工作机制，包括统计月报制度、定向调度制度、公开公示制度、监督举报制度、督察督办制度、多元评价机制、责任追究制度、专项预警制度、应急处置机制，进一步推动学生资助管理工作畅通、有效、健康开展。四是加强对相关人员的培训。对学生资助管理人员和各中心学校负责人专门培训，就资金政策落实提出明确要求，严禁在资助政策落实过程中弄虚作假、优亲厚友、欺上瞒下。

三是强化“全面改薄”建设。利用国家“全面改薄”建设计划，聚焦乡镇所在地学校，按照“缺什么，补什么”的原则，确保薄弱学校校舍、运动场、配套设施、生活设施、教育装备等达到国家标准。

四是强化学生营养改善计划落实。坚持“公益性”“非营利性”的原则，全面落实农村义务教育阶段学生营养改善计划。

3. 具体做法

一是围绕“能上学”的目标，实施困难学生全程资助。全面摸清建档立卡家庭经济困难学生信息，不让一个学生因贫失学。一是全面落实县内就读学生资助。2019 年，资助建档立卡贫困学生 9218 人次，落实资金 789.6 万元。其中学前阶段 1249 人次、62.45 万元，义务教育阶段 6205 人次、336.0625 万元，高中阶段 1124 人次、269.595 万元，中职阶段 640 人次、121.5 万元。二是跟踪落实县外就读学生资助。对五峰籍在外地就读义务教育阶段学生，通过发函和帮扶责任人核实学生资助情况，对资助未落实的实行政府兜底解决。2019 年春季学期，对未享受到资助政策的本地户口在外地就读学生 260 人，安排专项资金 13.5125 万元补发到位。三是及时发放大学生生源地助学贷款。2019 年为建档立卡贫困大学生 469 人发放 377.477 万元。

二是围绕“上好学”的目标，切实改善学校办学条件。全县共计实施“全面改薄”项目总投资 14161 万元，其中寄宿制学校投入 3306 万元，小规模学校投资 960 万元。具体为：校舍建设项目 44 个，总投资 9335 万元；运动场建设项目 9 个，总投资 2684 万元；其他附属设施投资 479 万元；设施设备采购 1663 万元。

三是围绕“教得好”的目标，加强农村教师队伍建设。为打造一支“引得进、留得住、教得好”的山区教师队伍，近 3 年累计补充新教师 79 名。探索以强带弱模式，推动义务教育均衡发展。2019 年组织骨干教师团队开展送教下乡活动 28 次，教师参训 971 人次；对接武汉市区 19 所优质中小学，与县内 19 所中小学开展“手拉手”结对帮扶活动，采用跟岗学、现场引、网络研“三方式”，提高广大中小学教师教育教学活动水平；在全县初中学校引进推广黄石八中“四合一文稿”，引领初中教师教学水平提高。通过广泛调研，积极推进全县“县管校聘”教师管理体制改革工作。

四是围绕“富脑袋”的目标，加大农民职业技能培训。以投资 1.3 亿元建成的职教中心为主阵地，结合五峰产业发展实际，开设茶叶制作、乡村旅游、农村电商、中蜂、烹饪五大特色培训班，常年举办农民职业技能培训，促进农村劳动力转移就业。2019 年以来，完成主体培训 2116 人，其中贫困户人数 1147 人，对全县各行政村进行产业扶贫培训，共送学上门短期培训 69 场，参训 4566 人。

五是围绕“共同成长”的目标，倾情关爱特殊群体。在全国范围内，留守儿童的教育问题历来都是教育研究中的痛点和难点问题。五峰依托各校（园）现有场所及资源优势，建立“留守儿童关爱服务中心”，设立留守儿童活动室或亲情活动室、心理咨询室，配备相关设施设备，做到留守儿童在校活动有场所、生活有着落、学习有人帮、心理有人导、健康有人护，努力让全县 932 名留守儿童得到更好的关爱。针对留守儿童家庭教育缺失的现状，与北京三宽教育科技有限公司签署《教育精准扶贫与家校社共育实践区战略合作协议》，力争通过三年家校社共育实践区建设，全面提升五峰家庭教育水平，大力改善教育生态，力争把家校社共育做成民生工程、教育生态工程和公民教育工程。

4. 取得的成效

通过不断完善教育扶贫工作措施和机制，五峰初步形成学生在当地就能享受到优质义务教育教育资源、老百姓的孩子不出县也能考上好大学的教育扶贫工作局面。

一是构建了贫困学生资助体系。依照相关资助政策，五峰建立了从学前教育到大学阶段“从小到大”的贫困学生资助体系。五年来，五峰累计资助建档立卡贫困学生 43458 人次、3276 万元，为建档立卡贫困大学生 2459 人次发放生源地助学贷款 1859 万元，累计投入资金 2618.46 万元，落实农村学生营养改善计划，惠及学生 34798 人。

二是改善了薄弱学校办学条件。通过实施“全面改薄”项目，全县校点布局加快推进，师生工作、学习环境明显改观。新县城渔洋关镇形成“一所高中、一所职中、一所初中、两所小学、两所幼儿园”的校点新布局。同时老县城和西部乡镇校点建设保持力度不减、标准不降，全县薄弱学校办学条件得到全面改善，城乡生均教育资源进一步充实，学校面貌焕然一新，花园式校舍成为武陵山区一道靓丽的风景线。全县寄宿制学校“两人一铺”问题得到彻底解决，《三峡日报》以《（宜昌市）多所学校共 846 名寄宿生进入“一人一铺”行列》为题进行了报道。全县教育信息化和“智慧校园”建设迅速，目前全县学校录播教室覆盖每一个乡镇，多媒体一体机覆盖每一所学校，信息化教学覆盖每一个学生，区域现代化创建水平显著提升。

三是提升了教师队伍建设水平。通过顺利实施“县管校聘”教师管理体制改革工作，全县教师交流覆盖面明显扩大，农村义务教育学校教师得到有效补充。目前，全县教师学历合格率达到 97.8%，各类骨干教师达到 154 人，一支数量充足、师德高尚、业务精湛、群众认可的教师队伍初步形成。

四是增强了贫困农民发家致富的本领。五年来，五峰共开展农民职业技能培训 1.2 万多人次。通过培训激发了贫困人口摆脱贫困的内生动力，基本实现了“职教一人，致富一家”的目标。《中国教育报》《三峡晚报》分别以《湖北五峰：教育扶贫打开“致富之门”》《五峰职教中心造血式扶贫断穷根》为题，对五峰贫困农民职业技能培训工作进行了报道。

五是保障了特殊群体身心健康成长。目前，五峰义务教育阶段适龄残疾少儿 93 人，特校就读 32 人，随班就读 33 人，送教上门 26 人，康复就医 2 人，残疾少儿安置实现全覆盖。2019 年春季学期，“三宽家长教育”平台线上培训在五峰启动后，五峰与“三宽”教育团队、全国家校社共育实践区合作学校结成教育扶贫共同体，聚焦精准扶贫，采用“扶志”与“扶智”相结合的工作方法，找到了从家长教育为切入点改变留守儿童成长环境的新路径，中国教育新闻网、《三峡晚报》分别以《教育精准扶贫“一个都不能少”》《五峰构建教育扶贫共同体》为题，对五峰“家校社共育”实践区建设工作进行了报道。2019 年 11 月 28 日—29 日，“2019 中国家长节”落地五峰举办，“五峰教育精准扶贫与留守儿童家庭教育样本”受到与会专家的肯定和好评，央视新闻直播间、光明网等媒体对 2019 年中国家长节盛会进行了报道。

5. 经验启示

一是要实施政府兜底保障。习近平总书记强调，教育很重要。革命老区、贫困地区要脱贫致富，从根儿上还是要把教育抓好，不能让孩子输在起跑线上。研究结果表明，如果家庭劳动力受教育程度不足 6 年，贫困的概率就大于 16%；如果接受教育年限增加 3 年，贫困的可能性将降至 7%；如果接受教育的期限为 9 至 12 年，贫困的可能性将降至 2.5%；如果超过 12 年，几乎没有贫困现象发生。经济落后可以通过物质扶贫、产业扶贫等方式去改变，但教育落后却容易陷入“低人力资本投资—低就业—低收入—低人力资本投资”的恶性循环。因此，各级政府在扶贫工作中更需要加强对教育扶贫的重视，通过发挥教育优势助力脱贫攻坚。通过对民族地区深度贫困区和贫困人口进行教育基础设施投入和教育资金补助，使贫困人口提升文化素质和掌握脱贫致富的实用技能，解决贫困的根本问题。例如，由于部分外省的教育扶贫政策一般只针对本省建档立卡学生，导致五峰籍省外就读贫困学生，存在资助政策口径不一致的情况，其中 260 人到 2019 年春季学期都没有享受到国家资助政策，为此，五峰县政府安排专项资金 13.51 万元予以补发，保障了五峰籍省外就读贫困学生享受到县内就读贫困学生同样的扶贫政策。

二是要落实教育行业责任。教育扶贫是教育部门的行业职责，教育行政部门要对本区域内教育行业脱贫工作负总责，统筹组织本地教育行业脱贫工作。一是完善教育精准扶贫工作方案。要结合县情实际，明确目标任务、改革举措、保障措施和责任分工，将包保责任落实到具体人员，帮扶对象落实到具体学生，建设项目落实到具体学校，工作任务落实到具体年度；二是将教育扶贫纳入每年教育工作计划。要通过严格落实计划，确保对教育扶贫在政策上重点支持、项目上重点安排、资金上重点帮扶、工作上重点推进；三是建立教育扶贫数据库和网络平台。要详细清查办学条件现状，核实办学条件缺口，实施清单式管理，确保数据准确、管理规范；四是健全教育扶贫规章制度和工作规范。要严格按照责任清单不断压实责任，细化到人，责任到人，对工作完成不力的，及时启动责任倒查机制，加强干部教育，确保高质量高标准完成教育扶贫工作和任务。

三是要强化问题专项整改。要全面推进教育扶贫工作提质增效，必须坚持发现问题真正做到立行立改，并举一反三，建立长效机制，确保教育扶贫问题改彻底、彻底改。为推进教育扶贫领域不正之风和腐败问题专项整治，五峰制定了专项整治方案，安排暗访组对所属学校进行暗访调查，对自查出来的问题积极进行整改，通过大数据比对，将 2015 年、2016 年两个年度“三类人员”子女享受的助学款项全部追缴到位，对相关单位和责任人进行了问责处理；针对实施营养改善计划食堂财务不规范的问题，对学校食堂财务人员进行培训，就营养改善资金管理、大宗物资采购、食堂财务成本核算等方面知识进行培训，全面提高学校食堂财务人员的业务水平。

（四）随县健康扶贫

随县全县现有 4 个县属医疗机构，4 所中心卫生院，18 所一般卫生院，378 个村卫生室。在县委、县政府的正确领导下，以市人民政府办公室印发的《随州市农村贫困人口基本医疗有保障实施细则》为准绳，组建健康扶贫工作领导小组，通过每月局长办公会，每季度健康扶贫会研究部署落实健康扶贫工作，联合相关 15 个职能部门制定印发了《随县健康扶贫工作实施方案》《随县健康扶贫三年行动（2018—2020）实施方案》《随县健康扶贫“三个一批”行动方案》《随县健康扶贫工作计划》《随县健康扶贫工作会商制度》《随县健康扶贫工作长效机制》等。

1. 落实贫困人口参保资助、兜底保障政策

2020 年参加城乡居民医保所需个人缴费资金 250 元，全县精准扶贫建档立卡动态调整贫困人口共计 72090 人，共计资助参保缴费 901.13 万元。同时县卫健局还对严重精神障碍患者和计生特困家庭及伤残子女全额资助参保1336人，资助金额33.4万元。2020年县政府为辖区72090名贫困人口购买大病补充医疗保险，每人保费200元，总计资助保费1441.80万元，年最高报销金额为60万元，建立了兜底保障机制，确保精准扶贫对象在县域内定点医疗机构住院政策内自负部分不超过5000元标准。

2. 落实贫困人口“四位一体”补偿政策

截至2020年9月底，全县共有26401人次贫困对象住院治疗，医疗总费用11977.10万元，政策范围内费用11359.02万元，获得基本医保基金报销8652.35万元，大病保险赔付575.77万元，医疗救助1426.86万元，补充医疗保险赔付16.20万元，贫困人口住院政策范围内综合报销比例达90%以上；29921人次贫困人口享受门诊慢性病、重症补偿，医疗总费用1355.21万元，政策范围内费用1337.2万元，医保基金支付1013.12万元，大病保险赔付99.49万元，补充医疗保险赔付68.84万元，补偿比例达80%以上。2020年个人自负部分费用无一人超过5000元。贫困人口在统筹区域内住院一律实行“先诊疗后付费”制度，全面实现“一站式、一票制”一个窗口结算服务。

3. 落实贫困人口“三个一批”工作机制

大病专项救治一批，2020年全县大病集中救治患者2313人，其中在县域内定点医疗机构救治1884人次，其余在县域内无能力救治患者按要求转诊到县域外市级、省级治疗，医疗救治总费用292.95万元，政策范围内补偿264.56万元，报销比例达90.3%，县域政策范围内自费住院费用均控制在5000元以内。慢性病签约服务一批，2020年签约率达100%，体检57970人，四类重点人群面对面随访慢性病患者14100人，免费为贫困人口建立居民健康档案，建档率达100%。重症兜底保障一批，以健康扶贫“四位一体”工作机制为基础，加大救治力度，对农村低保特困对象、孤儿和贫困残疾人政策兜底，保障政策落实到位。

4. 加快推进县镇村三级医疗服务体系建设

补短板、强基础，优化医疗资源布局，完善医疗服务网格。随县人民医院规划总建筑面积57071平方米，总投资2.9亿元，分两期完成，一期工程急诊综合楼、医技楼、住诊楼已投入使用，开放床位300张，科室设置齐全，在岗干部职工已达200余人。二期工程感染科大楼、急诊中心主体工程建设已完工，县中医院已按照二甲医院要求达标建设完成；县妇幼保健院一期工程门诊医技楼现已迁入试营业。全县17所乡镇卫生院都按要求达标建设；378个行政村按照要求，通过新建、改扩建达到村级卫生室标准，51所贫困村村级卫生室均全部达标建设到位，均配备有合格乡村医生或执业（助理）医师，配备比率为100%，常用药品配置齐全。初步达到"小病不出村、常见病不出镇、大病不出县"的医疗救治目标。

5. 全方位多举措落实健康扶贫政策宣传

一是通过报纸、网络、新媒体广泛宣传健康扶贫新政策、新要求，营造健康扶贫良好氛围。制作健康扶贫政策宣传折页2万余册，方便群众查阅咨询。发放健康扶贫"明白卡"7万多份，让贫困人口人人了解健康扶贫政策和享受个性化服务的内容。二是积极与医保局联合召集各医疗机构分管领导和经办人员举办健康扶贫新政策培训班，认真解读方针政策，促贯彻落实。三是要求辖区内各医疗机构通过电子显示屏、板报、横幅标语、宣传专栏、医患面对面交流等形式宣传健康扶贫新政策。四是利用义诊、健康体检、签约服务等形式进村入户宣讲。五是重点做好对建档立卡扶贫人员的思想引导，解释回应群众诉求，确保政策得到有效实施。

（五）利川旅游扶贫

近年来，在全国各地深入践行"两山论"，积极推动产业转型升级的时代号召下，利川市委、市政府以新发展理念为引领，坚持"生态立市"，大力实施"十村百企万户"民宿旅游工程，有效利用丰富的旅游资源，把便利的交通条件变为脱贫致富的快速通道，将优越的地理位置变为产业扶贫的有利条件，改变守着"金山"喝"稀粥"的窘境，实现民宿旅游发展成为产业扶贫的新动能、新路径。

1. 基本情况

利川市是国家级贫困县，是全省贫困人口最多的县级市，2014年农业户籍人口78.7万人，建档立卡贫困人口21.6万人，贫困村141个，贫困发生率为27.4%。截至2019年12月底，全市累计实现66209户、219119人脱贫，141个贫困村全部出列，留存贫困对象700户、1933人，贫困发生率下降至0.25%。

2. 政策举措

一是坚持规划引领，严格建设标准。市委、市政府相继印发《利川市乡村旅游发展规划》《利川市“十村百企万户”乡村民宿旅游启动工作实施方案》和《利川市民宿基本标准》，将民宿旅游作为全域旅游的重要板块纳入长期发展规划，将贫困村、贫困户纳入重点规划对象，将危房改造、易地扶贫搬迁集中安置点纳入重点规划范围，将水电气路网等基础设施建设纳入专项规划，实行分类指导，注重挖掘地域特色，以东城白鹊山、南坪营上等 18 个村为龙头的“民宿”品牌和龙船调为龙头的“文化”品牌为主，把全市 4612 平方千米作为一个大景区来打造。

二是落实推进机制，合力攻坚克难。按照“党政主导、市场主体、社会参与”的运作机制，实行党政“一把手”负责制，在市级和乡镇分别成立民宿旅游工作领导小组，由市龙船调旅游发展有限公司负责民宿旅游建设、经营和管理，与民宿企业签订协议，要求市场主体采取房屋租赁优先考虑贫困户、建设用工优先录用贫困户、服务运营优先雇佣贫困户、商品开发优先照顾贫困户的“四个优先”措施，构建旅游要素全聚集的全链条民宿旅游扶贫模式。建立专项领导、目标导向、会商调度、督办通报、考评奖惩“五位一体”的协同推进机制和市“四大家”领导联系民宿旅游村机制，将民宿建设纳入脱贫攻坚调度重要内容，加速推进民宿建设。

三是加大投入力度，创新扶持政策。建立健全村集体和农民、社会力量共同参与的多元投入机制，坚持“谁投资、谁受益”原则，市委、市政府相继出台了《利川市“十村百企万户”乡村民宿旅游暂行扶持办法》《利川市加快旅游产业发展奖励办法》，采取以奖代补、先建后补的方式，对普通农户给予 40% 的房屋改造补助资金，对建档立卡贫困户各项补助标准上浮 20%，并按每户 1 万元的标准，给予基础设施配套补助，引导贫困户以房屋、土地、山林等资产入股的形式踊跃参与乡村民宿建设。

四是强化监督管理，提供合格产品。成立市民宿管理办公室，相继出台《关于促进民宿产业规范发展的指导意见》《利川市民宿管理暂行办法》，严格设定绿色标准、文化标准、农事体验标准和卫生标准，不达标民宿一律不许上线运营。制定《利川民宿星级评定细则》，推出民宿挂星评选体系，对民宿进行星级评定，倒逼民宿经营业主在硬件设施和服务上争先创优。

3. 具体做法

一是“文化 + 民宿”旅游，彰显个性。依托地方特色举办贡茶节、水杉节、山药节、马铃薯节等乡镇节会；民宿旅游示范村因地制宜，举办风车节、梨花节、采茶节等旅游文化活动。贫困户当上了农事文化体验员，带领游客近距离感受铁匠、篾匠、木匠、石匠等传统手工艺人的精湛手艺，邀请游客亲身体验推石磨、打糍粑、扬风车、编草鞋等农事活动。依托特色饮食文化，开展利川美食评比活动，贫困户当上了服务员和厨师，精心打造了红糖麻圆、根粑凉粉、斑鸠叶豆腐、喜沙油糍儿、糊汤豆皮、“十碗八扣”等名特小吃。

二是“文体 + 民宿”旅游，丰富内涵。从 2016 年起，利川连续举办四届中国山地马拉松系列赛事，市委、市政府抢抓承办山马赛契机，把赛道起点和终点设在重点民宿旅游村，邀请央视、新华社、人民网等全国多家媒体参与直播和报道，利川民宿旅游随着媒体平台和运动员的朋友圈“跑”向了全国。开展“肉连响”等利川生态歌舞快闪活动，亮相重庆、武汉等大城市，“悦凉越利川”等文艺纳凉晚会走进各大社区，成功勾起了市民对凉城利川的向往。

三是“媒体 + 民宿”旅游，提升名气。与阿里巴巴、今日头条、百度地图等平台全方位、深层次、立体化合作，利用互联网打通民宿出山的“最后一公里”，建立健全线上线下信息沟通机制，搭建 OTA 民宿预订、旅游线路定制平台。邀请抖音团队开展抖音培训，民宿业主在抖音、快手、火山等小视频社交平台上施展才艺，吸引流量。与新浪微博举办“全国高校达人”凉城利川之旅等活动，单次微博话题阅读量突破 2500 万。与荆楚网合作，打造“绿野仙境”凉城利川地铁专列，亮相武汉地铁 6 号线；旅游广告霸屏铁路 12306 网站首页；旅游宣传广告亮相武汉豪华地段大型 LED 屏；民宿推介登陆武汉市，武汉公交车为利川市民宿“拉客”。

四是“人文 + 民宿”旅游，留住乡愁。结合脱贫攻坚工作任务，大力开展农村人居环境整治，不断打造出“山更青、水更绿、天更蓝、土更净、家更洁、乡愁更浓”的优美乡村。坚持开发与保护相统一的原则，聚焦多个设计门类打造了白虎寨、印象山野、九渡溪、栖溪谷、老屋基等“人文”居住点，让贫困户走上“农民大舞台”，向游客传唱织西兰卡普的阿妹、掐菜薹、绣香袋、龙船调等山民歌，展示利川灯歌、肉连响、摆手舞等古老歌圩。搭建全国首家民宿展示馆，向游客展示风格特异、款式多样的利川民宿，让游客了解利川民宿，让“世界那么热，我要去利川”的念头变成来利川的实际行动。

4. 取得的成效

经过 4 年时间的精心打造，“农区变景区、田园变公园、农产品变商品、民房变客房”的昔日愿景变成美好现实。

一是人居环境不断改善。民宿旅游的兴起，资金的汇入，使得大量的基础设施和配套服务设施向乡镇村集聚，交通、水利、电网等行业扶贫成效不断凸显，成功将过去的“卖山林”变为现在的“卖生态”，实现了“绿水青山”到“金山银山”的价值转化，众多村庄成为绿色富民的生态家园。

二是乡村人气得到集聚。利川民宿由最初零星散落的几家发展到包括 80 多个村、近 1500 户经营户、12000 间客房、22000 多张床位的扶贫产业，接待游客量突破了 731 万人次。附带产业的发展吸引大量人才回乡就业创业，目前，民宿旅游产业直接创造就业岗位 6000 多个，直接带动建档立卡贫困户就业 700 余人，间接带动农民就业 30000 余人，贫困户间接就业 4000 余人。

三是农民收入持续增加。民宿旅游发展带动多产业融合发展，拉长了农民的增收“链条”，农特产品变商品，传统农业变富民产业。以电子商务公共服务中心网货化销售体系为依托，茶叶、莼菜、土豆、山药、李子等富硒农特产品不断得到宣传和推介，农民的“菜篮子”变成了“钱袋子”，果树变成了“摇钱树”。贫困户变身经营业主、服务员、导游等全新角色，在民宿旅游发展中通过土地流转、务工就业、订单农业、民宿经营、结对帮扶等方式实现增收。4 年来，我市民宿旅游实现综合收入 35.9 亿元，年均经营性收入达 9 亿多元，贫困户增收近亿元。

5. 经验启示

一是因地制宜，找准优势谋发展。利川民宿旅游的快速兴起，强了产业、富了农民、加速脱贫，成功的核心在于，我们立足旅游业是第一支柱产业这一巨大优势，在全市上下高位推进脱贫攻坚的背景下，借力脱贫攻坚巨大的制度优势和人力资源，围绕旅游业延链补链，在推动民宿旅游产业规模大幅提升和多产业融合发展的同时，促进了产业精准覆盖，提升了产业带贫能力。

二是抓住要点，全程发力促脱贫。脱贫攻坚是利川市当前最大的任务和第一民生工程。在发展民宿旅游过程中，该市始终将贫困户增收致富作为重要任务，以民宿旅游为重要抓手，将民宿旅游发展与精准脱贫紧密结合在一起，把精准脱贫嵌入民宿旅游的规划、建设和运营全过程，实现民宿旅游与脱贫攻坚同部署、同推进、同受益。

三是注重特色，突出差异增亮点。许多游客休闲度假，选择民宿而不选择酒店，是因为民宿回归自然、留住乡愁，能找到心灵的归属。在竞争越来越大、产品同质化越来越严重的今天，利川民宿依托气候优势、民俗文化、产业扶贫模式探索出了一条特色发展之路，发展有特色、产品有亮点，在市场上分到了一杯羹。

（六）远安电商扶贫

1. 背景情况

远安县位于鄂西山地向江汉平原的过渡地带，县域面积 1752 平方千米，辖 6 镇 1 乡、117 个村（居），总人口近 20 万。全县历史文化悠久，是黄帝夫人、华夏之母嫘祖的故里和楚文化的发源地，被誉为“嫘祖文化圣地”和“楚人的延安”，拥有 2100 多年建县史。生态环境优良，森林覆盖率 74.5%，是湖北省绿化达标第一县、湖北省生态县，绿色发展指数在宜昌市位居第一。资源物产丰富，现已探明矿产 5 大类 50 多种，其中磷矿石保有储量 16 亿吨，页岩气储量达 3500 亿～ 5000 亿立方米。为支持国防事业发展，远安县是湖北省唯一整体不对外开放县，且不沿江，目前尚未通铁路，县域经济发展客观上受到一定程度制约。

近年来，远安县深入贯彻落实中央、省、市关于精准扶贫精准脱贫有关精神，举全县之力打赢打好脱贫攻坚战，紧盯“户销号、村出列、县摘帽”的基本目标，瞄准提升全县农村综合实力和发展水平的中等目标，着眼整体推动远安全域经济、政治、文化、社会、生态文明“五位一体”和党的建设全面发展的高级目标，紧抓教育扶贫、产业扶贫、医疗扶贫、电商扶贫、就业扶贫、兜底扶贫等全方位工作路径，全面补短板，彻底抓落实，实现了贫困人口稳定持续脱贫，生产生活条件显著改善。湖北省人民政府 2018 年批准远安县退出贫困县。

在全县精锐出战打好脱贫攻坚战的攻坚进程中，电商扶贫发挥了重要作用，远安县以 15 个建档立卡贫困村，9751 户、23426 名贫困人口为重点对象，着力健全行政推动、平台带动、硬件保障、产业培育、人才培养、快递物流六大体系，统筹推动农村电商蓬勃发展，积极建立把贫困人口“带起来”的外力机制，聚焦贫困人口精准施策，研究建立让贫困人口“动起来”的内力机制，引导贫困群众在参与电商扶贫项目实施过程中接受市场理念、转变发展观念、提升发展能力、激发内生动力，逐步探索出了一条“政府推动、服务拉动、市场带动、主体联动”的四位一体电商扶贫发展之路。

2. 主要做法

近年来，远安县深入贯彻落实党的十九大精神和《中共中央国务院关于实施乡村振兴战略的意见》有关要求，积极探索精准扶贫精准脱贫“互联网 +”新模式，自觉对标省、市关于脱贫攻坚工作整体安排，把发展农村电子商务纳入全县扶贫开发工作体系，以“五个一批”（推动电商主体主导发展一批、引导龙头企业转化发展一批、培育新兴主体示范发展一批、扶持专业合作社抱团发展一批、利用网络平台聚集发展一批）、“六大体系”为抓手，坚持突出重点、长短结合，整合力量、分类突破，推动电商扶贫工作实现了重点突破、提质升档。

一是健全行政推动体系，奠定协调联动格局。聚焦组织架构的进一步优化、目标任务的进一步量化、政策保障的进一步实效化，不断完善县域电商扶贫行政推进体系。成立县长为组长、县委副书记为常务副组长、相关县级领导为副组长、26 个县直相关部门负责人和 7 个乡镇负责人为组员的电商扶贫工作领导小组，抽调农业、交通、扶贫、共青团等部门力量组建工作专班，全面发挥部门优势、补齐工作短板，共同打好农村电子商务发展和电商扶贫攻坚战。研究出台《远安县 2018 年至 2020 年电商扶贫工作实施方案》，全方位明晰各项任务责任单位，分年度确定梯次目标任务，对网货开发数、主体转化数、培训人次、新开办网店数、吸纳就业贫困人口数、帮扶带动增收户数等指标作了明确界定，确保工作任务部署科学、推进有序、督办有据。研究出台《远安县电商扶贫奖励扶持办法（暂行）》，以“扶持小微，全面壮强，扶贫带贫”为基础原则，对电商扶贫网货开发、品牌建设、第三方服务、扶贫带贫、主体壮大等多个层面提供实实在在的政策激励，重点引导农村电商经营主体在自身壮强的基础上带动贫困户创业、吸纳贫困户就业，有效推动各类电商经营主体全方位联动参与电商扶贫。

二是健全平台带动体系，做强层级服务载体。积极寻求与淘宝、京东等大型电商平台合作，多维发力对接大项目、引来大流量、做强大网络，为县、镇、村三级电商扶贫工作提供强大服务载体。对接阿里巴巴集团“千县万村万企”计划大力实施农村淘宝项目，建成农村淘宝远安服务中心、菜鸟物流中心，目前已经实现 102 个村级电商物流站点全覆盖，80% 站点可以实现快递到村，有效依托农村淘宝项目建设完成了县、镇、村三级农村电商服务体系。在此基础上着力引导农村淘宝综合服务站打通基层涉农产品信息流、快递物流，有序推动本土涉农产品上行触网，有效缓解农业生产“买难”、产品外销“卖难”现状。目前，所有服务站点村级电商物流负责人均月收入约超过 2000 元，2019 年以来直接间接带动就业 120 余人。此外，充分对接京东商城建立“京东・远安馆”和“京东・远安扶贫馆”，统筹运用微信平台建立电商扶贫远安社群馆，进一步依靠多平台推动本土涉农产品触网上线，着力提升电商扶贫质效。其中，“京东・远安馆”在全国 300 多个地方馆长期位列前 10 名，2019 年以来京东平台实现涉农产品销售收入 3000 万元，社群馆实现涉农产品销售收入 278 万元。

三是健全硬件保障体系，强化基础改善投入。以电商园区、农村路网、光纤通信网建设为重点，大力改造升级电商扶贫基础设施，进一步筑牢电商扶贫硬件支撑。斥资 1200 万元打造远安县电商产业园、远安县农村淘宝服务中心，配套完善电商公共服务中心、物流配送中心以及 1 万余平方米的冷链仓储中心，督促乡镇建设镇级电商公共服务中心，为入驻主体提供拎包创业服务，进一步配强县、镇两级电商扶贫阵地，为全面助力本土农产品发展提供了坚强保障。抢抓湖北省交通厅牵头帮扶机遇，提前完成全县“十三五”农村公路建设目标任务，实现 15 户或 30 人以上村民聚居地公路硬化全覆盖，全县形成“城际—城区—城乡—镇村”四级公共交通无缝出行体系，97 个撤并村已通达水泥路里程 431.97 千米，撤并村通路率达 100%，行政村全部实现村村通客车，客车通行保持率达 100%，农村涉农产品及网货运输条件显著改善。在全市率先完成“村村响”“户户通”建设，通信信号覆盖盲区基本消除，全县宽带用户达到 43811 户，人口普及率达到 23.43%，基本实现了 117 个村宽带网络全覆盖，为进一步提升农村电商影响力和覆盖面提供了可靠支撑。

四是健全产业培育体系，夯实涉农网货支撑。聚焦“电商 + 农业”不断推动传统特色农业产业触网升级，催动网络适销品类农业产业从无到有逐步生根开花，为电商扶贫工作提供强大货源支撑。充分对接县域“一主三特”主导产业及30个“一村一品”专业村，以“电商+基地+合作社+农户”模式为基础，精准制定农产品上行作战图，建设香菇、绿壳蛋、桃、茶叶等电商扶贫采购基地，成功将香菇、大米、茶叶、野生猕猴桃、拐枣、八月爪、野菊花、香菇脚、糙米等初级农产品通过电商渠道销往全国各地，既强化了“远安香菇”“远安黄茶”“远安大米”等本土区域品牌影响力，又通过电商渠道介入有效倒逼传统优势农业产业适应电商需求实现了供给端改善，推动了传统农业产业提质升级。2019年以来累计通过线上渠道销售茶叶、绿壳蛋、香菇等本土农产品近1.2亿元。大力挖掘新型适销涉农网货，顺利引导部分经营主体试点种植“贝贝南瓜”“紫心土豆”等爆款网销农产品，把牢市场导向创新开发本土果酒、剁椒酱等涉农产品，新创建推广了“楚小仙”“远小菇”“远小蜜”“临沮农夫”“曾姨娘”等一批新兴网络化品牌。

五是健全人才培养体系，壮强电商创业队伍。坚持“靶向招才、广泛育才”牢固树立引才育才导向。积极引导具有实践经验的电商从业者及电商专业大学生返乡创业就业，将电商相关专业作为稀缺专业列入事业单位招考目录，全面强化电商创业人才金融服务，为电商创业者提供最高10万元的微息创业贷款，切实为电商人才创业就业提供广阔舞台。统筹建立健全“轰炸式基础培训、滚动式梯次培训、菜单式精准培训”的电商扶贫人才培训机制，即注重实操的基础培训要常态化、全覆盖开展，分层适度拔高的周期化培训要定期组织开展，立足各类主体中高端需求的培训要适度开展，有效培养一批既懂理论、又懂业务、会经营网店、能带头致富的电商扶贫专业人才。2019年以来，全县累计组织电商扶贫培训班30多期，覆盖有需求贫困户、农户、创业青年等2200余人次；组织电商扶贫领头人培训5期，覆盖贫困户3500余人次；组织本土电商讲师培训2期，初步吸纳15名优秀电商主体建立了本土讲师团队；组织带领政府工作人员、电商企业、创业青年6批次分赴京山、枝江、秭归等地参观学习先进电商模式和经验。通过多形式培养培训，全县涌现出了一大批电商扶贫脱贫典型，其中石桥坪村贫困户李佑成参加培训后，坚定电商创业信心，通过创办淘宝店铺、微店等渠道销售本地山货，目前月收入达2000余元，还成为石桥坪村农村淘宝合伙人，有效带动了周边5个贫困户实现增收。

六是健全快递物流体系，打通末端物流梗阻。统筹运用农村淘宝统建、市场主体自建、草根物流联建等多种模式相互补充、协同完善，不断加快县、镇、村三级快递物流体系建设。依托县级农村淘宝运营中心、菜鸟物流中心和镇村两级农村淘宝综合服务站打通站点快递物流，目前已实现 80 余个行政村淘宝快递直通。始终坚持市场主导原则，奖励引导县内有实力、有担当的快递物流企业自主解决农村物流“最后一公里”问题，由县人民政府依据《远安县电商扶贫奖励扶持办法（暂行）》予以奖补。创新“新零售＋电商＋物流”新模式，通过多元化快递物流解决方案，在提高站点存活率和收益率的基础上，切实解决了农村电商“最后一公里”问题。

通过积极引导电商经营主体扶贫带贫，建立“电商＋基地＋合作社＋农户”模式，动员电商经营主体以入股分红、定点采购、劳务用工等方式对贫困户进行一对一或一对多帮扶，多次策划开展“电商＋认购”电商扶贫活动，远安县探索出了一条适合自身实际的“电子商务＋精准扶贫”有效路径。2019 年以来，通过电商途径帮助贫困户销售香菇达 500 万元、销售茶叶 200 万元、其他产业 520 万元，直接或间接带动 692 户贫困户增收，人均增收约 1200 元，为贫困户持续稳定增收作出了积极贡献，电商扶贫成绩喜人。

3. 经验启示

一是必须坚持政府推动，为电商扶贫提供组织保障。电商扶贫工作绝不仅仅是某单个部门的单一责任，而是地区政府各部门的协同责任，必须坚持政府主导、部门协同，形成工作合力。远安县委、县政府高度重视电商扶贫工作，在电商扶贫工作上打破了部门界限。通过成立领导小组、组建专班，协调相关部门联动参与，为电商扶贫提供了组织保障。健全的工作机制保障了工作顺利推进，领导小组定期召开督办推进会议，督促相关部门按照领导小组职责分工自觉领责担责、协同推进工作；科学的实施方案保障了工作有的放矢。远安县电商扶贫工作 3 年实施方案对各项工作任务责任单位、牵头单位予以了充分明确，相关具体任务责任划分清晰，利于部门操作。完善的考核体系保障了工作落到实处。梯次考核目标中对年度目标任务相关重要指标都做了量化安排，有效保障了工作落实有据可循、督办检查有据可依。

二是必须坚持服务拉动，为电商扶贫提供平台保障。电商扶贫区域化综合服务、物流服务、人才服务是推进电商扶贫工作的基础保障，必须统筹打好服务体系基础，才能协调有序推动电商扶贫工作向纵深推进。远安县在政府主导作用下，聚焦区域化综合服务、物流服务和人才服务，为电商扶贫工作提供了三大服务平台。项目服务平台，依托农村淘宝项目推进有序建立了县、镇、村三级电商扶贫服务体系，推动了电商扶贫综合服务载体延伸到村、服务到户，构建了分层分级的区域化综合服务平台。物流服务平台，依托农村淘宝、快递物流企业、村村通客车等方面力量有效打通了快递物流末端梗阻，为电商扶贫工作推进提供了强大物流服务支撑。人才服务平台，通过部门协作有效建立了电商扶贫人才培养机制，按照“轰炸式基础培训、滚动式梯次培训、菜单式精准培训”模式打造了电商扶贫工作领头人培养体系，为电商扶贫工作人才梯队建设奠定了坚实基础，有效激活了电商创业“一池春水”。

三是必须坚持市场带动，为电商扶贫提供产品保障。归根结底，发展产业是电商精准扶贫的基础，只有坚持市场导向，充分发挥经营主体主观能动性，生产出适销对路的农产品，才能有电商扶贫施展的舞台。远安县在大力推进电商扶贫工作中，以“三轮驱动”方式推动产业培育，为电商扶贫工作提供了货源支撑，有效催动了传统农业产业提质升级。推动传统优势产业触网升级，进一步摸清县域特色涉农产品和生产基地信息，以县域“一主三特”主导产业和30个“一村一品”专业村为依托，将传统优势农产品搬上了网、送上了线，既推广了传统优势产品品牌，又通过电商介入倒逼了传统产业提质升级；挖掘特色新兴产业试点推广，发挥好技术指导和牵线搭桥作用，紧扣网销市场需求引导各类经营主体开发“贝贝南瓜”、剁椒酱、果酒等适销对路的网货产品，切实打牢了农产品上行的货源支撑，激发了经营主体网创活力和市场嗅觉；着力强化涉农网货品牌建设，以部分优势网货农产品为依托，大力宣传推广“远安香菇”“远安黄茶”“瓦仓米”等传统涉农产品品牌，引导电商经营主体注册登记含有远安本土文化特色和地域标识的产品品牌，涌现出了“临沮农夫”“远小蜜”等一批彰显远安特色的网货品牌，为打造地域特色品牌奠定了坚实基础。

四是必须坚持主体联动，为电商扶贫提供生态保障。发展电商扶贫，核心是要有一批优秀市场主体，以良好的电商产业生态助力电商扶贫工作迈向前进。远安县在推进电商扶贫工作过程中，坚持传统经营主体触网升级和电商扶贫经营主体扶持培育“两手抓、两促进”，较好营造了电商扶贫经营主体生存环境。一方面统筹落实奖励资金，降低奖励扶持门槛，引导传统经营主体积极参与“4+1”（企业、合作社、农户、基地加网店）的良好互动发展模式，提升传统经营主体电子商务应用能力，着力推动自身触网升级。另一方面扩大扶持范围，围绕上游产品生产加工包装、中间层网店销售、下游快递物流配送等环节出台综合性奖励扶持政策，不断补齐和壮大电商产业发展链条，重点引导各类电商扶贫经营主体采取建立直采直供等关系、提供就业岗位开展扶贫等方式，引导各类有能力贫困户通过电商创业，全面提高电商扶贫工作质效。

（七）通城金融扶贫

通城县地处湘鄂赣三省交界处，是省定幕阜山片区贫困县，至 2019 年底，全县建档立卡贫困户 30776 户、106380 人中累计脱贫 30288 户、105233 人，42 个贫困村全部出列，存量未脱贫人口 488 户、1147 人，贫困发生率由 26% 降至 0.28%。2020 年 4 月 21 日，湖北省政府批准通城县脱贫退出贫困县。近年来，通城县委、县政府立足坚决打赢脱贫攻坚战的同时，着眼长远，积极探索减贫防贫长效机制，2019 年 6 月 28 日，联合太平洋保险公司在全省创设第一份“减贫防贫保险”，率先成立减贫防贫服务中心；8 月 20 日，省扶贫协会扶贫长效机制研讨会暨中国太平洋保险防贫减贫（武汉）研究院成立大会在通城县减贫防贫服务中心成功举行。截至 2020 年 6 月，通城县累计投入减贫防贫保险 600 万元，其中财政投入 200 万元，整合社会捐赠慈善资金 400 万元；完成理赔帮扶 10 批次、285 户、462 万元，有效阻止了临贫易贫人群返贫致贫。

1. 背景

第一，全面贯彻上级精神的客观需要。习近平总书记强调：“扶贫工作既要解决好眼下问题，更要形成可持续的长效机制。”《中共中央 国务院关于打赢脱贫攻坚战三年行动的指导意见》要求“抓紧研究制定 2020 年后减贫战略”。对脱贫攻坚任务较重的通城县来说，探索建立减贫防贫长效机制，在脱贫攻坚过程中既突出减少贫困存量又注重控制贫困增量，显得尤为重要。

第二，全面深化改革创新的现实需要。通城县是省定幕阜山片区区域发展和扶贫开发重点县，既非国贫县也不是老区县，获得上级政策支持相对较少，加之自然环境资源禀赋差，县域经济块头小，民生短板突出，脱贫攻坚任务艰巨。近年来，通城县委、县政府始终坚持以改革的办法突破发展瓶颈，创建减贫防贫机制，探索扶防结合的脱贫治本之路。

第三，全面建成小康通城的迫切需要。一是因病（残）致贫返贫是最大的“拦路虎”。2019 年全县建档立卡贫困户中，因病（因残）致贫比例达 76.93%；在尚未脱贫的存量贫困人口中，因病（因残）致贫比例达 82.93%；在全县返贫户 19 户、73 人中，因病（因残）返贫 14 户、48 人，占 73.68%；2018 年、2019 年新识别贫困户 122 户、431 人，因病（因残）致贫 113 户、401 人，占 92.6%。二是因灾致贫返贫是最难防的“心腹患”。通城县是全省暴雨中心，加之土壤沙质化严重，不仅保水、保肥性能低，而且极易发生泥石流等自然灾害，部分家庭因灾致贫。2018 年、2019 年新识别贫困户中因灾致贫 5 户、12 人，占 4.09%。三是因学致贫返贫是最需要解决的“防贫闸”。全县建档立卡贫困户中，因学致贫 525 户，占 1.99%；2018 年未脱贫存量贫困户中，因学致贫 424 户，占 5.64%；2018 年、2019 年新识别贫困户中因学致贫 3 户，占 2.45%。

2. 主要做法

第一，建立精准监测机制，打造贫困“瞭望哨”。一是瞄准三大致贫因素。根据大数据分析结果，精准帮扶因病（残）、因灾、因学三大主要致贫因素导致的贫困风险。二是关注两类重点人群。明确减贫防贫重点保障对象为临近贫困边缘有致贫返贫风险的城乡低收入户、人均收入不高的已脱贫户，两类人群不事先识别、不事前确定。三是建立一条预警线。对自付医疗支出建档脱贫户超 5000 元、城乡临贫户超 20000 元、灾害损失超 10000 元、上学支出超 8000 元的纳入监测范围，进行贫困风险预警。

第二，建立有效保障机制，打造贫困“隔离墙”。一是整合资源加大投保力度。坚持财政兜底、社会辅助，设立“通城县减贫防贫账户”，通过县慈善总会、县红十字会等社会组织捐赠，依法接受社会公众捐赠，不足部分由县财政筹资。按全县每人每年 100 元保费标准综合投保，确保贫困发生率（全民）在 0.5% 时，户均能获得 2 万元左右的保障。二是动态调整保障范围。按照城镇、农村两类居民分别按上年度人均可支配收入的 40% 确定保障线（现行贫困线 2 ～ 3 倍），对达到预警线且家庭人均年收入低于保障线的，纳入保障范围给予帮扶。三是分类设置赔付标准。对因病、因灾、因学发生困难的家庭，根据实际发生的自付或损失金额分段进行赔付，赔付比例最低50%，最高100%，个案累计30万元封顶。四是精准提升脱贫能力。因户施策增强减贫防贫对象发展能力。发展产业，建设“扶贫微工厂”“扶贫车间”，壮大村集体经济的同时，对无劳力、无技术的对象，采取“量资入股”稳定增加收入。引导就业，安排对象到县内外企业或“四员”岗位（生态护林员、农村保洁员、河湖库巡查员、农村道路护路员）就业，由县人社部门免费提供技能培训，提高择业技能。支持创业，在“扶贫小额信贷”“创业担保贷款”之外，专门创建“防贫创业基金”（由政府与社会资本共同出资设立，向全县城乡临贫易贫家庭提供资金支持和跟踪扶持，促进贫困群体自主择业创业实现增收的公益性防贫基金），按每户2万元、周转期1～3年、无息、免抵押、到期还本要求，因户制宜支持发展生产经营。五是阳光操作赔付流程。建立信息收集、入户调查、评议公示、评审发放“四步法”工作流程，落实部门主动监测、个户自主申报，第三方开展独立入户调查，本地公示群众认可无异议，邀请社会参与决策落实银行拨付，确保社会广泛参与、全程透明可溯。

第三，建立便捷服务机制，打造贫困“消防队”。一是成立专门工作机构。成立通城县减贫防贫工作管理委员会和通城县减贫防贫服务中心，办公地点设在县政务服务中心，所有事务均在服务中心“一窗办理”，既方便群众申报保险、办理业务，又实现社会募捐、社会救助公开化、便捷化。二是引导社会广泛参与。落实社会评审，根据应急优先、按需评审原则组织召开减贫防贫评审会，从城乡居民、慈善企业、爱心人士、社会团体、人大代表、政协委员、乡村干部中推荐遴选组建100人的评审员库，每次评审随机抽取不少于7名评审员参加；太平洋财险公司组织专业的队伍进行“四看一算一核”和资金发放，确保独立客观、公平公正、精准精细；利用服务平台对接公益慈善，开展慰问、助学等活动。三是统筹多方协调配合。医保、教育、民政、公安等相关部门和乡镇、村组、太平洋保险公司在减贫防贫服务中心统筹调度下“四方联动”，真正做到各司其职、各尽其责，确保保险金及时兑付不过月。

3. 经验启示

一是“扶防结合”有效拓展扶贫外延。当前，城乡居民因病（残）、因灾、因学等致贫返贫问题突出，在现有精准扶贫政策基础上，通城县探索向前延伸，在扶贫之外再增防贫措施，扶贫主要服务贫困户，防贫则侧重贫困线以上群众，两者有机结合、和谐相济。减贫防贫机制将“城乡临贫户”即城镇、农村低收入家庭纳入保障范围，有效化解了精准扶贫政策“悬崖效应”，缓和社会矛盾。一年来，减贫防贫及时资助困难群体走出困境，取得良好社会效益，先后收到各地受助对象、城乡居民送来的感谢信、锦旗、牌匾 183 件，防贫政策得到了群众普遍认可。

二是“鱼渔并济”有序催生内生动力。“授人以鱼，不如授人以渔”，减贫防贫机制，既侧重提供保障又注重群众增收，贫困边缘家庭在遇到因病、因灾、因学导致的贫困时，及时赔付减贫防贫保险金，在资金上落实帮扶，助其渡过难关；同时针对不同情况开展因户施策，发展扶贫产业发挥带贫作用，引导安排就业增加工资收入，金融支持、跟踪扶持鼓励自主创业，促进稳定增收创收，不断增强临贫易贫家庭经济持续发展内生动力和经济收入能力。随着“扶贫微工厂”“扶贫车间”项目的深入推进，由简单的“输血”式资助向“输血”“造血”并举转变，防贫帮扶措施更接地气、更契合县情实际。

三是“社会经办”有力构建大扶贫格局。汇聚政府、社会、市场主体等多方力量，是构建“专项扶贫、行业扶贫、社会扶贫”三位一体大扶贫格局的关键。在资金筹措上，汇聚社会力量，2017—2019 年“扶贫日”举行精准扶贫慈善晚会筹集社会各界善款 5609 万元；在救助理赔上，遵循专业人做专业事，引入太平洋保险公司作为第三方独立开展调查核实；在赔付认定上，组建由社会人组成的评审员库，随机抽选具体人会审具体个案。防贫救助做到了社会深度参与，有力增强了防贫工作的公信力和亲和力。

（八）恩施消费扶贫

2018 年以来，杭州市江干区和湖北省恩施市借鉴杭州市发展新零售的经验，两地先行先试，将消费扶贫作为两地东西部扶贫协作工作的有力抓手，大力推进实施“硒品入杭”工程，打造东西部消费扶贫新模式。2020 年，恩施市“硒品入杭”金额突破 5000 万元，为打赢脱贫攻坚战，促进乡村振兴贡献了“江干”力量。

1. 政府强力推动，破解产品销售渠道不畅通

恩施地处贫困地区，产业发展处于初级阶段，导致特色产品局限于本地实地门店销售，没有能力建立“线上＋线下”销售渠道，特色产品走不出大山。

针对这种情况，两地政府主动作为，积极搭建销售渠道，让更多的杭州企业和消费者采购、消费恩施特色产品。

一是政府带头推动。两地组织开展恩施特色产品进机关、进社区、进商超的“三进”活动，加快硒品入杭步伐。江干区政府将恩施的特色农产品作为职工超市和食堂的重点采购对象，促进恩施特色产品走进百姓餐桌。江干区8个街道举办山货展销会，销售额近100万元。杭州市华润万家商超公司为恩施市富硒农产品提供4个免费点位进行展销。在杭州皋亭山风景区、机神农贸市场等地的恩施特色销售点均已开业。

二是企业积极带动。江干区电商联盟企业、“名誉村长”企业、行业协会企业分别发力，进行线上线下销售。杭州益橙科技公司与恩施仙芝堂公司联姻，打造了“1+8+X”益贫电商平台（市级1个总中心，乡镇8个分中心，在江干区设立多个销售点）；杭州贝店、华润万家等多家企业在线上线下综合发力，2020年半年时间，恩施市“山货”“硒品”在杭销售额就突破了1300万元。杭州市和江干区33家企业与恩施市42个贫困村建立结对关系，并由企业负责人担任贫困村“名誉村长”，把采购贫困村特色产品写入协议内容，滨江房产集团总经理，从贫困村、贫困户手中购买800余份土特产作为公司年终福利，精准带动贫困户增收。江干行业协会部分企业与恩施企业联合，主动参与消费扶贫。2020年8月22日，贝店正式发起24小时销售恩施富硒土豆吉尼斯纪录挑战，单日销量已破60万斤。浙江金年食品有限公司与恩施果然乖食业有限公司签订了腊肉制品购销协议，在浙江销售腊制品8万余斤。

三是强化宣传发动。利用杭州会展之都、旅游城市的独特优势，开展各项宣传活动。恩施市组织市域50家旅游企业赴杭州参加“恩施州旅游杭州推介会”，扩大恩施旅游品牌在杭州市场及长三角市场的影响力。恩施市茶叶企业连续2年组团赴杭州参加第三届中国国际茶叶博览会。展销期间，仅恩施玉露一款绿茶销售额就超过500万元。

2. 社会积极联动，化解产品消费不持续

以前，部分企业或电商平台开展消费扶贫活动存在“一阵风”现象，没有形成持续稳定的消费效应。通过建立疗休养基地、电商生产基地和劳务协作工作站，解决消费购买不持续，产品销售不持续问题，实现消费扶贫可持续。

一是建立“旅游+”疗休养基地。两地工会探索推行“三建三助”多元帮扶机制，建成工会疗休养益贫基地 2 个，达到了“三突破”“三延伸”放大效应（三突破：疗休养目的地、经费标准、次数；三延伸：基地从景区向贫困村延伸，内容从休闲度假疗养向走村连心结对延伸，人员从机关干部职工向社会组织企业延伸）。截至目前，到恩施旅游的杭州市民超过 10 万人次；江干区 65 批次职工疗休养团到恩施疗休养，直接带动消费 660 万元，形成了“吃住购、游助帮”旅游扶贫新模式。

二是建立产品生产基地。恩施州龙马新果实业有限公司在恩施市龙马村、碾盘村通过租赁茶农土地，建成 1500 亩抹茶科技示范基地，打造“公司 + 农户 + 基地 + 生产 + 深加工”为一体的全产业链，抹茶基地采茶使用采茶机，每年有春茶、夏茶和秋茶 3 季茶。2018 年生产抹茶 40 吨，产值 320 万元，直接带动 174 户农户年增收 3000 元，产品远销日本等国。

三是建立劳务协作工作站。恩施市在江干区设立劳务协作工作站，打造江干区—恩施市劳务用工信息互通平台，在全市 208 个行政村长期稳定发布东西部协作对口帮扶江干区劳务用工信息，宣传内容每两个月更新一次，截至目前共发布东西部岗位信息 22000 余个，帮助贫困人口就近就业 794 人。打造了三保（保洁、保安、保姆）培训品牌，组织培训 4 期，387 名贫困人口参训，其中 196 人实现稳定就业。通过举办“东西部劳务协作”专场招聘会、发布招聘信息、有组织的传帮带等措施，实现贫困劳动力更充分更高质量的就业。

3. 市场高效互动，解决产品供给不合理

两地深度整合东西部扶贫协作资源，通过打造一、二、三产融合示范园、建设硒茶、硒土豆等特色产品标准化生产线、打造品牌标杆等方式，解决了特色农产品供给规模不大、生产标准不统一、品牌不响亮等问题，使消费扶贫供需两端平衡。一是构建规模化供给体系。两年来，江干区共投入财政帮扶资金 3395 万元，打造恩施玉露、养生功能茶、富硒土豆等 3 个万亩产业园项目，带动建档立卡贫困户 13000 余人。促使农产品“种养加供销”更加紧密地联系在一起，克服了有产无量的问题，使恩施硒茶、硒土豆等产品能够批量化供应，实现东西部资源深度整合和一、二、三产业高度融合。二是建设标准化生产经营。浙江新洲国际贸易有限公司和湖北金果茶业股份有限公司共同注资 5000 万元，组建成立恩施州龙马新果实业有限公司，在恩施市龙凤镇龙马村建成现代化茶叶示范产业园。按照“企业＋合作社＋贫困户”的模式，把当地贫困户纳入到产业链中，2018年，建成500亩抹茶科技示范基地，2019年又新增1000亩订单式示范茶园，带动贫困户285户1002人，企业及时向茶农兑现280万元的春茶投售鲜叶款，户均增收约5000元。企业包收购方式解决了茶农的春茶、夏茶、秋茶的销售出路难问题，用实际行动带动茶农特别是贫困户的增收。三是打造品牌化产业发展。两年来，江干区提供帮扶资金150万元用作恩施特色产业引导，扶持“恩施玉露”等品牌建设，帮助恩施创建茶叶科技示范市。同时，江干区发挥浙江省农科院、杭州茶叶研究院等科研院所驻地优势，协调有关专家帮助恩施修订茶叶行业标准，推进茶叶质量安全监测，开展茶叶科技成果转化、茶叶产品检验技术人员培训，助推恩施市茶叶产业品牌价值提升。

（九）崇阳就业扶贫

就业是最大的民生。近年来，崇阳县委、县政府将解决农村贫困家庭人口就业作为当前头等大事，充分利用就业优惠政策，将就业与扶贫融为一体，开拓了扶贫新路子，为助力精准脱贫发挥了积极作用。

1. 加强顶层设计，科学定岗定人

一是科学核定岗位。根据《国务院关于印发“十三五”脱贫攻坚规划的通知》（国发〔2016〕64号）中关于开展岗位脱贫行动的要求，结合乡村实际情况、基层治理需要和贫困户整体条件，经过深入调研论证、广泛征求意见，逐步在全县开发村级保洁员、生态护林员、森林防火员、河道保洁员、水库管理员、光伏管理员、扶贫信息员、农村公路管理员、交通协管员、治安维护员（以下简称“十员”）等扶贫专岗。2020年，结合疫情防控形势，又增加了防疫消杀员专岗。

二是精准核定人员。在专岗人员的选拔上，崇阳县坚持三项原则，严格把关。首先，明确扶贫专岗人员必须是建档立卡的贫困户，有一定的劳动能力，热心公益事业，是在家长期居住人员，未脱贫未就业者优先。其次，坚持公平公正公开，在自愿报名的基础之上，按程序公开进行选拔，张榜公示，择贫录用。最后，专岗统一实行“村用乡（镇）管，部门考核，政府保障”的原则，定期由村与专岗人员签订服务合同，一年一签，未签订的，视为无效。根据这三项原则，2019 年全县上报 3816 人，经核定 4 人不符合条件，最终确定扶贫专岗人数 3812 人，2020 年全县核定新增扶贫专岗人数 993 人。

三是合理核定报酬。综合各岗位性质、劳动强度、经费来源等因素，合理核定各岗位劳动报酬，采取政府购买服务的方式，根据各乡镇扶贫专岗开发数量，按季拨付服务费。其中，对生态护林员、河道保洁员、农村公路管理员、治安维护员等岗位实行劳动报酬每人每年 4200 元（350 元 / 月），村级保洁员实行劳动报酬每人每年 5040 元（420 元 / 月），全部按时落实到位。

2. 明确权责义务，考核到人到事

一是明确分工，各负其责。按照“谁用人，谁管理，谁负责”的原则，所属乡镇人民政府履行属地管理责任，细化考核办法，负责对村委会扶贫专岗开发管理工作的考核。扶贫办、财政、人社、林业等部门按部门职责分工履行监管职责，其中人社局负责扶贫专岗开发、用工、考核等工作监管，扶贫办负责人员身份信息核实监管，财政局负责岗位补贴资金保障监管，林业局负责生态护林员开发、考核等工作监管，并在县扶贫攻坚作战指挥部领导下，负责对乡镇扶贫专岗开发管理工作的考核。

二是明确权责，规范操作。按照扶贫专岗要求专门制订村级保洁员、生态护林员、河道保洁员、农村公路管理员、治安维护员等“五员”的合同模板，规定甲乙双方权利和义务。并明确各员的协议期限、用工性质、服务职责、工作时间和劳务报酬、劳务协议解除与终止。全部印发到全县乡镇村组，让乡镇村组、街道、社区、林场依照执行，把工作做实，便于操作。

三是明确要求，严格考核。制定下发《崇阳县扶贫专岗开发管理考核办法》，考核内容主要有 7 个方面：人员选拔是否按程序操作，专岗人员是否为建档立卡贫困劳动力，专岗人员是否与村委会签订《劳务服务协议》，专岗人员是否认真履行岗位职责，村委会是否进行实名制动态管理，服务报酬是否及时拨付发放到位，是否有优亲厚友、人情安置、脱岗吃空饷、虚报冒领、冒名顶替等违纪违法问题。实行二级考核制度，每年各乡镇对所辖村委会扶贫专岗开发管理工作组织两次考核，考核中发现问题及时整改，并书面上报县扶贫指挥部；县扶贫指挥部组织扶贫办、人社、财政、林业等部门人员对乡镇进行考核，各乡镇抽查 2 ～ 3 个村的扶贫专岗开发、管理情况。经过二级考核确保扶贫专岗开发管理工作有序运行，不出纰漏。

3. 紧扣增收增效，实现双赢多赢

一是助力贫困户稳定增收。开发扶贫专岗，让有一定劳动能力，但又不能外出务工的贫困人口在家门口就地稳定就业，既能够每月获得一份报酬，又能够照顾家庭，还能够兼顾其他产业门路，增强了“造血”功能，真正实现“就业一人，脱贫一户”的就业扶贫目标。港口乡小东港村六组金再荣是2014年建档立卡贫困户，他自己身体不好，外出找工作屡聘不上，加之自己又没有一技之长，长期无事待在家，村里开发扶贫专岗，他第一个报名参加公路保洁员参与公开竞聘，经过民主评议、张榜公示、面试审核，他成为一名公路保洁员，实现稳定增收。

二是助力基层干部减负降压。扶贫专岗的确定，都是一些基层日常工作岗位，点多面广，而基层村组、部门单位人手不足，往往花费大量精力，效果却不尽如人意。通过开发扶贫专岗，增加了一大批人手，基层干部负担和压力极大降低。塘口村地处港口乡东北部，距杭瑞高速27千米，全村林地面积21200亩，境内有全国最大的村办林场——八一林场。为了做好森林防火工作，村里出了不少钱，费了不少心血，经常是村干部每家每户上门做宣传，群众还厌烦。如今村里聘用贫困户担任生态护林维护员，一年四季敲锣进行宣传喊话，既起到宣传鼓动作用，又为村里节约了资金，同时让村干部腾出更多时间抓扶贫、发展等其他工作。

三是助力乡村治理提质增效。提高乡村治理能力，推进乡村振兴战略，关键是要激发群众内生动力，引导群众积极参与。通过扶贫专岗，让群众主动参与村庄河道保洁、公路交通协管、社会治安维护等工作，为美化乡村环境、建设和谐社会做出自己的努力，心中深感自豪，同时也带动了其他群众自觉主动参与美丽家园建设。双港村位于桂花泉镇西南部，地处偏远山区，过去垃圾遍地，臭气熏天。双港村三组保洁员陈浩文，每天在村级公路上用大竹扫帚扫地，所负责的路面不论什么时间都干干净净、一尘不染。其他村民也自觉按规定清倒垃圾，不再乱丢乱扔，村容村貌焕然一新。

第四篇　未来展望：

在新起点上，开启无愧于时代无愧于人民的精彩篇章

党的十八大以来，党中央把脱贫攻坚摆在治国理政的突出位置，把脱贫攻坚作为全面建成小康社会的底线任务，组织开展了声势浩大的脱贫攻坚人民战争，攻克了一个又一个贫中之贫、坚中之坚，创造了减贫治理的中国样本，为全球减贫事业作出了重大贡献。2021 年 2 月 25 日召开的脱贫攻坚总结表彰大会，庄严宣告，脱贫攻坚战取得了全面胜利，区域性整体贫困得到解决，完成了消除绝对贫困的艰巨任务，为开启全面建设社会主义现代化国家新征程奠定了坚实基础，同时，解决发展不平衡不充分问题、缩小城乡区域发展差距、实现人的全面发展和全体人民共同富裕仍然任重道远。在新起点上，湖北省定会开启无愧于时代无愧于人民的精彩篇章。

一、脱贫摘帽是新生活新奋斗的起点

脱贫攻坚目标任务完成后，“三农”工作重心历史性地转向全面推进乡村振兴。要立足新发展阶段，完整、准确、全面贯彻新发展理念，服务和融入新发展格局，大力弘扬“上下同心、尽锐出战、精准务实、开拓创新、攻坚克难、不负人民”的脱贫攻坚精神，乘势而上、再接再厉、接续奋斗，在新的起点上推进脱贫地区发展和群众生活改善，确保脱贫不返贫、振兴不掉队，带领全省人民创造更加美好的生活。

要坚决守住不发生规模性返贫的底线。当前，发展不平衡不充分仍然是湖北最大的实际，脱贫地区总体发展水平和少数脱贫人口收入水平还不够高。要持续巩固义务教育、基本医疗、住房安全和饮水安全有保障成果，让脱贫基础更加稳固。健全农村低收入人口常态化帮扶机制，对易返贫致贫人口做到早发现、早干预、早帮扶。扎实做好易地扶贫搬迁群众后续扶持，加大脱贫人口有组织劳务输出力度，千方百计稳定就业渠道、增加就业岗位。注重产业后续长期培育，打造区域公用品牌，着力提高产业市场竞争力和抗风险能力。持续压紧压实各级党委和政府巩固拓展脱贫攻坚成果责任，争当巩固拓展脱贫攻坚成果的排头兵，以过硬成绩迎接巩固拓展脱贫攻坚成果后评估工作。

要扎实推动巩固脱贫攻坚成果同乡村振兴的有效衔接。落实好省委、省政府《关于实现巩固拓展脱贫攻坚成果同乡村振兴有效衔接的实施意见》，着力推动政策体系、工作体系、制度体系等有效衔接，实现“守底线”与“上层次”有机结合。五年过渡期内，严格落实“四个不摘”要求，保持主要帮扶政策总体稳定。将我省 37 个脱贫县作为乡村振兴重点帮扶县，继续给予集中政策支持，对原深度贫困县和民族地区继续予以重点倾斜。推进各类帮扶政策统筹、资源统筹、力量统筹、机制统筹，建立统一的全省乡村振兴区域协作和定点帮扶机制。对 37 个乡村振兴重点帮扶县，继续实施省内相对发达地区、省直部门等对口帮扶机制。继续坚持完善驻村第一书记和工作队制度。坚持五级书记抓巩固拓展脱贫攻坚成果和乡村振兴，县委书记要把主要精力放在“三农”工作上，当好推进乡村振兴的“一线总指挥”。平稳有序调整优化各级扶贫机构职能，统筹推进各级乡村振兴工作机构设置，确保思想不乱、队伍不散、工作不断。

要全面推进乡村振兴迈出实质性步伐。坚持以乡村振兴统揽新发展阶段“三农”工作，围绕“产业兴旺、生态宜居、乡风文明、治理有效、生活富裕”总要求，加快推进以县城为重要载体的城镇化建设，全面实施乡村建设行动，刻不容缓大力推进农业产业化，培育壮大农业龙头企业，加快推进农业产业强省建设，切实把基点放在农民增收上，把重点放在产业发展上，把着力点放在发展壮大集体经济上，促进农业高质高效、乡村宜居宜兴、农民富裕富足，以农业农村现代化抬高湖北全域高质量发展的底板。

征途漫漫，唯有奋斗。一切伟大成就都是接续奋斗的结果，一切伟大事业都需要在继往开来中创造。让我们更加紧密地团结在以习近平同志为核心的党中央周围，以永不懈怠的精神状态、一往无前的奋斗姿态，真抓实干、埋头苦干，推动“一主引领、两翼驱动、全域协同”区域发展布局成势见效，加快“建成支点、走在前列、谱写新篇”，打造全国重要增长极，向着实现第二个百年奋斗目标奋勇前进！

二、构建解决相对贫困的长效机制

习近平总书记强调，脱贫攻坚取得胜利后，要全面推进乡村振兴，这是“三农”工作重心的历史性转移。构建解决相对贫困的长效机制，是巩固脱贫成果、全面推进乡村振兴的重要保障，也是迈向社会主义现代化国家的重要一步。

（一）相对贫困的影响因素

1. 经济社会发展与资源要素禀赋

首先，经济发展水平是影响相对贫困的决定性因素。即使在全面建成小康社会的情况下，经济发展水平差距依然存在，地区间的经济发展水平差异对农民贫困仍有着较为深远的影响，按照发展经济学中的“经济增长—收入分配—贫困变化”这一逻辑线条，经济增长和收入分配会直接或间接影响贫困。其次，不平等的社会结构或不完善的社会制度，会对某些劳动者和社会成员有明显的排斥和歧视，由此带来相对贫困问题。通过增加社会资本、降低社会排斥可以促进弱势农户提高社会资源积累，并且，通过发挥社会救助作为经济建设“减震器”的作用，同时构筑起针对贫困者的最后一道防线。最后，城乡教育资源分布不均衡将成为相对贫困的重要诱因。教育有助于引导贫困家庭和贫困人口树立积极进取意识，可以增加农户的非农就业机会，促进劳动力的流动，从而有效克服低收入和摆脱贫困。而现实是贫困户的劳动力受教育程度要明显低于非贫困户[1]，且教育资源在城乡之间分布不均。

2. 扶贫政策与主观心理因素

扶贫政策的转变与可持续性是应对相对贫困的长效机制。按照有关贫困的论述，抛开经济层面的贫困因素，从更深层次的角度而言，相对贫困更是一种权利和能力的贫困。如何解决相对贫困和阻止返贫是急需关注和解决的问题，提升扶贫对象的内生动力和能力则是一条行之有效的路径，解决相对贫困需要更强的内生动力，难度更大，这就需要适当转变既往扶贫政策。[2]脱贫人口在习得性无助与贫困文化侵袭的过程中形成了基于贫困生产的个体认知，容易产生一种“小富即安”的心理倾向，在心理上主要表现为安于现状、故步自封、低自我效能感、以贫为荣、“等靠要”以及听天由命的宿命论等。随着脱贫攻坚取得全面胜利，针对内源式发展的农户人力资本和社会资本提升，相较于直接的物质投入，可能更具有现实指导意义。

（二）相对贫困治理的战略转型

1. 相对贫困治理呈现新的特点

在治理方式上，由集中扶贫转向常规减贫。中国特色社会主义制度的优越性是中国大规模开展扶贫减贫任务的基础，随着绝对贫困问题得到历史性解决，亟须以健全的社会保障体系为社会易返贫人群、贫困边缘户、贫困户等做好兜底保障。在治理目标上，由保障基本需求转向满足最基本的其他生活需求。针对绝对贫困的减贫策略多是物质层面的帮扶，以满足基本的生存需求为扶贫导向，确保贫困人口实现“两不愁三保障”，相对贫困治理目标将从

[1]　刘卫柏、于晓媛、袁鹏举：《产业扶贫对民族地区贫困农户生计策略和收入水平的影响》，《经济地理》2019 年第 11 期。

[2]　黄征学、高国力：《中国长期减贫，路在何方？——2020 年脱贫攻坚完成后的减贫战略前瞻》，《中国农村经济》2019 年第 9 期。

“生存型”贫困问题的解决转向“发展型”贫困问题的解决。在治理主体上，由政府扶贫转向多主体扶贫。我国以政府为主导的农村反贫困具有不可替代的优势，但是随着我国进入小康社会，扶贫对象和扶贫方式都发生了巨大变化，因此，将更加注重对市场主体的引导，加大社会主体的参与力度，为贫困治理创造更多的机会和可能性。在治理领域上，由单一领域扶贫转向多领域扶贫。开发式扶贫是对农村特有的资源条件进行开发利用，通过农业产业项目扶贫、电商扶贫、科技扶贫等，以产业发展带动整个区域内贫困群体的就业率，进而提高贫困群体持续增收的能力。党的十九大报告提出实施乡村振兴战略后，贫困治理的领域就已经开始由单一的产业扶贫向产业、生态、文化、政治、社会等多领域扩展，这一发展趋势将在各地乡村振兴规划落实中得到进一步体现。

2.“贫困线”新标准亟待制定

习近平总书记在决战决胜脱贫攻坚座谈会上指出：“脱贫摘帽不是终点，而是新生活、新奋斗的起点。”构建解决相对贫困长效机制的首要任务是精准识别出相对贫困者，就需要确定相对贫困的“贫困线”。并且，必须从整体把握全国扶贫共性与不同地区扶贫存在的差异性，以整体性与系统性的思维，探索相对贫困标准的具体制定原则，找出更加公平的相对贫困测量方法以期达到缩小社会差距的目的。有效的贫困评价体系能够提高贫困治理的效率，最大化实现城乡融合、工农互促、社会全面发展目标。因此，要尽快建立全方位、多维度的贫困评价框架，并在国家统一的科学评价指标体系建立的基础上，由各地针对地区差异分别设置具体细化指标、评价内容和评价方法，同时注意区分不同扶贫主体之间考核体系的差异，实现通用性与特色化指标共存，保证评价的客观性和有效性。

3.建立贫困治理的保障新机制

首先，应建立权责清晰的多部门协同共治机制。积极构建多元扶贫、多元共建的大扶贫格局，通过建立多部门协同共治机制，明确政府、市场和社会团体等各参与主体的责任分工，提高贫困治理工作统筹协调的能力，促进多种要素向农村流动，提升乡村内生发展动力。第二，加大贫困治理财政体系改革和金融机制创新。财政与金融支持是多维度相对贫困问题治理中两大重要的资金来源，必须全面统筹、整合资源，通过加大贫困治理财政体系改革和金融机制创新缓解脱贫地区公共服务投入不足与金融资本投入不到位的问题，提升脱贫地区可持续发展能力。第三，强化利贫性社会保障体系建设。多维度贫困视野下所涉及的贫困治理范围不仅仅包含之前的绝对贫困人口，而是更多涵盖了农民工、贫困“边缘户”等新贫困人口。这些人口数量众多，且在维持生计上存在极大的脆弱性和返贫可能性，必须通过健全的社会救助、社会福利、慈善事业、优抚安置等社会保障体系兜底，防止陷入贫困的恶性循环。

（三）解决相对贫困长效机制设计

1. 缓解相对贫困的持续增收机制

一是建立针对相对贫困人口的产业增收机制。在产业选择上，要适应消费结构升级，立足于满足人们多样化、个性化、功能化的产品需求，生产能够利用本地资源、具有比较优势的特色产品。在产业布局上，注重长短结合，培育能够长期带来稳定收益的产业，还要注意与周边地区产业发展相协调，避免盲目竞争。在产业发展上，要发挥农业多功能性，延长产业链、优化供应链、提升价值链；要培育和发展家庭农场、农民合作社、龙头企业等新型农业经营主体，加大对生产性服务主体的支持力度；要实现由原料供给向产品供给转变。同时，要构建相对贫困户有效融入市场的体制机制。二是建立针对相对贫困人口的就业扶持机制。整合乡村振兴、人居环境整治、生态环境保护等公共服务岗位需求，结合当前重点工作和贫困劳动力实际能力，通过“点单式”扶贫，从事公共服务工作等类型的岗位。充分发挥职业技能提升培训的作用，通过学技能、提素质、补短板、拓就业、促增收，实现技能培训与相对贫困治理的有效融合，增强脱贫致富内生动力。同时，建立用人单位激励政策体系，对各类用人单位吸纳低收入人口就业并开展以工代训的，给予职业培训补贴，以及社会保险补贴、创业担保贷款及贴息。三是建立针对相对贫困人口的创业扶持机制。完善农民创业的专项支持政策，把促进农民创业的保障机制融入相对贫困治理政策、乡村振兴战略的顶层设计中，满足创业基础设施配套、创业融资、创业风险规避、各种培训等农民创业者的政策需求。加快推进农民工创业园、创业孵化基地、众创空间等就业创业平台建设，在有条件的乡镇创建农民工创业孵化基地、返乡青年创业服务中心，完善创业平台服务功能和扶持政策。注重农民创业的主体培育，发挥示范引领作用，让更多有创业基础的农民通过创业实现脱贫致富。

2. 缓解相对贫困的差距拉平机制

一是要建立东中西部差距拉平机制。中西部地区各级政府要转变思想观念，强化市场经济的思想意识，向服务型政府转变，尽快形成统一开放、竞争有序的市场体系，从而缩小与东部地区经济差异。中西部地区要按照市场经济的要求，进一步扩大开放，尽快建立完善与国际接轨的市场运行规则和市场退出机制。中西部地区应抓住东部产业转移及企业内迁的机遇，加强与东部地区的合作，不仅有利于增加农村居民工资性收入，也有利于促进区域经济协调发展。二是要建立城乡差距拉平机制。加快推进户籍制度及社会福利领域的改革，取消城乡分割的社会保障体系，构建和完善城乡统一的、区域均衡的社会保障制度。完善农村土地产权制度，分类指导土地流转，探索农民土地的退出补偿激励机制，逐步建立城乡统一的土地交易市场，保障农村转移人口的财产权益，解决流动人口落户城镇的后顾之忧。三是要建立农村内部差距拉平机制。发展集体经济是实现持久脱贫、共同富裕的根本途径，深化农村集体产权制度改革，发展壮大新型集体经济，巩固农村基本经营制度，夯实共同富裕的制度基础。加大对“贫困边缘群体”的扶持力度，重点加强政治、思想、文化和精神扶持，以激发内生动力逐步缩小农村内部收入差距。

3. 缓解相对贫困的内生动力机制

一是要引导相对贫困群体树立正确的观念。习近平总书记指出，摆脱贫困首要并不是摆脱物质的贫困，而是摆脱意识和思路的贫困。加强贫困“耻感文化”建设，激发主体意识，形成积极向上的社会风气。同时，培育一批脱贫及扶贫先进典型，通过身边的典型起到示范作用，鼓舞广大贫困群体的斗志。二是要加强创业就业支持。大力实施农村创业富民行动，为低收入劳动力自主创业提供创业培训补贴、创业担保贷款贴息、一次性创业补贴、租金补贴等普惠性的创业政策。支持经济薄弱地区农民工返乡创业园、农村电子商务创业示范园和家庭手工业园区建设，重点扶持低收入农户劳动力在农村二、三产业、家庭手工业和电子商务等领域实现创业就业。三是实行奖惩并举。坚持因地制宜，鼓励多劳多得、先劳快得，在扶持政策上不搞一刀切，用“以奖代补”的方式奖励主动作为的贫困户，对干得好的低收入群体给予激励性政策支持，起到奖勤促懒的作用。

4. 缓解相对贫困的多重保障机制

一是要构建起以保障性政策为主的多重防范体系。针对特殊群体和重点区域，统筹完善社会救助、社会福利、慈善事业、优抚安置等制度，构建起以保障性政策为主的多重防范体系。针对易地搬迁、暂时性脱贫、新进入城市的“候鸟式”“钟摆式”的新市民建立消除“多维”贫困，解决次生性贫困的保障机制。二是要加快推进民生领域“三保障”工作。建立义务教育、基本医疗、住房安全和安全饮水等重大民生摸底调查机制，着力提升“三保障”水平，满足脱贫人口的基本教育、医疗需求，确保农民群众住上安全住房、喝上安全饮用水。三是要分类实施兜底保障式扶贫。积极推行发展性社会救助，用以工代赈、公益性岗位等形式，将消极救助转变为有条件的转移支付，或以家庭卫生改善、社区公共服务参与等适当的劳动行为。对农村残疾群体实施特殊保障，完善农村最低生活保障制度，建立农村分散供养照料制度，建立农村“三留守”群体关爱制度，并不断创新兜底保障方式。

三、建立城乡统筹的贫困治理体系

农村绝对贫困问题得到解决后，从城乡统筹的角度审视贫富差距及相对贫困问题的重要性凸显，城乡统筹的贫困治理体系是新时期顺应经济社会发展与第二个百年奋斗目标的战略选择，通过建立城乡统筹的贫困治理体系，推动城乡致贫返贫人口得到及时有效的识别、监测、帮扶，共享发展成果，实现共同富裕。

（一）城乡贫困与贫困治理

1. 城乡贫困变化

中国的贫困主要是乡村的区域性贫困，呈现出贫困人口规模大、贫困人口分布广、多维度贫困突出，且代际传递性强、返贫率高等特点。改革开放以来，经过一系列减贫措施，我国农村居民收入水平持续提高，贫困人口大幅减少，实现了从普遍贫困向整体消除绝对贫困的转变。2021 年 2 月 25 日，习近平总书记在全国脱贫攻坚总结表彰大会上发表重要讲话，庄严宣告，经过全党全国各族人民共同努力，在迎来中国共产党成立一百周年的重要时刻，我国脱贫攻坚战取得了全面胜利，现行标准下 9899 万农村贫困人口全部脱贫，832 个贫困县全部摘帽，12.8 万个贫困村全部出列，是伟大民族创造的伟大奇迹。

与农村贫困相比，城市贫困呈“插花式”分布，多为相对贫困且极易陷入生活困境。此外，城市贫困具有明显的社会转型特征，多与下岗失业、社会保障体制转轨中出现的“真空状态”联系在一起。[1] 20 世纪 90 年代以前的城市贫困群体主要是“三无”人员（无劳动能力、无经济来源、无法定赡养人和抚养人），而改制后新出现的城市贫困群体中，大部分人有工作能力且有工作意愿，但缺少工作机会。综合开发研究院国情研究中心主任丁四保 2005 年对东北地区 5 个资源枯竭城市的贫困群体进行的调查显示，城市贫困居民离开国企或集体企业等单位后，大部分员工在实现再就业、获得失业和养老保险、参加就业培训、享受医疗和教育服务方面，遭遇到了排斥，“贫病交加”反映了城市贫困人口的真实生活状况。截至 2019 年底，全国共有城市特困人员 29.5 万人。

2. 城乡贫困治理变迁

城市和农村扶贫战略存在较大差异，农村扶贫主要是提高农业生产能力，推动包括改善生产生活条件在内的农村发展，减轻农民负担，以及引导资源要素配置向农业农村倾斜，而城市扶贫战略多以促进就业、减少贫富分化和完善社会保障体系为主。整体来看，中国农村的扶贫政策自 1978 年以来出现了三个重大转变：一是从解决温饱问题向综合满足农民的生存和发展需求转变；二是从侧重满足农民的物质需求向同时满足农民的物质需求和基本公共服务需求转变；三是将缩小发展差距纳入扶贫的战略目标中。另外，从扶贫对象的瞄准范围来看，瞄准范围逐渐从贫困地区到贫困县、贫困村、贫困户和贫困人口，对象越来越精准。

脱贫攻坚将农村作为主战场，而城市扶贫政策体系尚不完善。20 世纪 90 年代以来，我国围绕改善就业条件、创造参与市场经营优惠条件、直接转移支付和社会统筹服务等主要内容，以建立市场经济体系下高效的社会保障体系为目标，构建了包括就业政策、社会保险、社会救助等在内的扶贫政策体

[1] 成元君：《治理城市新贫困的路径选择》，《理论月刊》2007 年第 9 期。

系[1]，在城镇登记失业人员救助和再就业援助方面的主要措施包括领取失业保险、享受就业服务和创业支持。如 1993 年在 30 个城市开展的“再就业工程”试点和 1998 年针对下岗职工制定的资金信贷、税负减免等优惠措施等，以及发展第三产业尤其是零售、出租、修理等社区服务业。1997 年颁布《国务院关于建立统一的企业职工基本养老保险制度的决定》，决定建立社会统筹和个人账户相结合的城镇职工养老保障制度。1998 年颁布《国务院关于建立城镇职工基本医疗保险制度的决定》，以保障职工获得服务及控制医疗费用增长过快，并开始建立大额医疗费用互助制度。1999 年《失业保险条例》规定，为非意愿失业劳动力提供物质帮助及再就业服务。1999 年《城市居民最低生活保障条例》规定，由政府对城市中享受医疗、失业、养老和最低工资制度等待遇后仍然不能维持生活的居民提供社会救济。此外，得益于“坚持维护社会公平正义”和“坚持促进社会和谐”两大战略目标的提出，我国城乡低保政策取得了较大成效。一是“低保”标准梯度化，根据绝对贫困、基本贫困和相对贫困制定具有梯度的保障制度；二是人均低保标准逐年提高，以 2016 年为例，全国城市低保平均标准 499.8 元 / 月，比上年增长 10.8%，全国农村低保平均标准 361 元 / 月，比上年增长 17.8%；三是包括北京、南京、上海、广州、长沙、苏州等地在内的多地城乡低保标准实现“并轨”。[2]

3. 湖北省城乡贫困治理实践

湖北省通过筑牢责任链条、创新体制机制、锻造严实作风、凝聚多方力量、靶向精准发力、攻坚深度贫困，成立了省委书记、省长任双组长的扶贫攻坚领导小组，省委书记、省长、省委副书记、常务副省长分别联系 4 个片区，40 位省级领导对口联系 37 个贫困县，成立省精准脱贫攻坚战指挥部组建 12 个工作专班，构建“1+N+M”脱贫攻坚政策支撑体系，以“三医联动”“三类衔接”等改革的方法破解健康扶贫政策落实难题，打造市民下乡、能人回乡、企业兴乡的“三乡工程”扶贫新模式，率先实现资金、项目、招投标、管理、责任五到县，综合运用低保五保、财政供养、房屋登记、车辆登记等信息精准

[1]　胡成杰：《我国城市扶贫政策的消极性缺陷及其改进途径——“积极福利”角度的考察》，《求实》2007 年第 9 期。

[2]　高琳、涂晨曦、吾米提：《十八大以来中国城乡低保现状及对策》，《中国集体经济》2019 年第 8 期。

识别审计，探索跨类别、跨部门、跨年度、跨层级资金统筹整合使用方式，首创扶贫地方立法，出台《湖北省农村扶贫条例》《湖北省促进革命老区发展条例》。

城市反贫困政策包括预防性政策（社会保险）和保护性政策（社会救助）。[1]2018 年全国基本养老保险、失业保险、工伤保险三项社会保险基金收入合计 57089 亿元，比 2017 年增加 8509 亿元，增长 17.5%；基金支出合计 49208 亿元，比 2017 年增加 7228 亿元，增长 17.2%。《湖北省社会救助实施办法》出台后，湖北初步建立起以最低生活保障、特困人员供养、受灾人员救助、医疗救助、教育救助、住房救助、就业救助和临时救助为主体，以社会力量参与为补充的“8+1”社会救助体系。民政系统实施“643”兜底救助行动计划，完善最低生活保障制度、特困人员供养制度、医疗救助制度、临时救助制度、困境儿童保护制度、残疾人“两项补贴”制度等六大兜底救助制度，实施农村福利院升级改造工程、城市福利机构配套升级工程、儿童福利机构建设工程、精神病人福利机构建设工程等四大兜底救助工程，健全精准确认机制、“一门受理协同办理”机制、监督问责机制等三大兜底救助机制。

（二）国内外城乡贫困治理的经验

1. 英美等发达国家经验借鉴

英国的贫困治理主要以完善社会福利体系制度为核心，将不同年龄、收入、纳税和家庭的公民划分为不同的国民保险税缴税等级，通过立法保证各项福利有效实施。以保障退休人员的国家养老金计划为例，基本养老金计划的资金来源于国民保险税，缴纳了国民保险税的男性 65 岁、女性 60 岁可领取退休人员国家养老金，2015 年基本标准为每周 119.3 英镑，领取养老金后收入依然在贫困线以下的老人，将获得养老金补贴以达到国家最低收入；未参加私人养老保险计划的公民，自动纳入第二养老金计划，有效防止了因年老致贫。在城市贫困治理上，主要集中在贫困人口政策和贫困地域政策，贫困人口政策包括社会保障制度和可持续就业政策，社会保障制度以保障居民失业或疾病状态下的基本生活水平为核心，分为社会保险、社会救助和专项津贴三部分；贫困地域政策是针对贫困人口聚居区，分为物质环境改善阶段

[1] 中国扶贫开发年鉴编委会：《中国扶贫开发年鉴（2015）》，团结出版社 2015 年版。

和社区发展复兴阶段，前者主要关注贫困群体住房设施和居住环境的改善，后者主要关注社区发展能力的提升，通过社区复兴运动，英国地区贫富差距明显缩小，社区居民生活质量和发展机会显著提升。[1]

美国的贫困线标准主要考虑三个方面的因素：首先是开展消费者支出调查，其次测算满足食品、居住、衣着、耐用消费品等基本需要的收入水平，最后根据不同地域住房成本进行调整。美国针对不同人口规模、不同年龄结构的家庭设置不同的贫困线标准，采取现金与实物相结合的救济方式，满足不同类型的生活需要。美国的社会救助计划可分为联邦政府资助和管理的计划、联邦政府资助或与州政府共同资助但由州政府管理的计划、由州或者地方政府资助并管理的计划三类。其中，联邦政府资助和管理的计划包含医疗救助计划、补充保障收入项目以及补充营养援助计划等；联邦政府资助或与州政府共同资助但由州政府管理的计划包括贫困家庭临时救助计划等；由州或者地方政府资助并管理的计划一般仅针对州内绝对需要帮助的人群，其标准各州不同。[2] 在城市贫困治理上，美国经历了三个不同时期的贫困治理，包括20世纪初工业化和城市化迅速发展下的贫困治理、经济大危机时期的贫困治理和经济繁荣时期社会政治经济制度不合理的贫困治理，在贫困初期主要是对贫困人群进行物质救济，解决温饱问题后，注重“造血”，提高穷人自救能力，并通过建立公平、公正的制度机制维护和保障穷人的社会权利。[3]

2. 国内发达地区经验借鉴

学者普遍认为，在城镇贫困人口的贫困治理过程中，存在的最重要问题之一就是隐性收入和隐性就业现象的存在，其主要原因是市场用工制度不规范和收入审核制度欠完善，国内发达城市已经有一些积极的尝试。江苏为率先探索减少相对贫困、实现共同富裕有效途径，2014 年向国务院扶贫办请示将宿迁市设立为“国家扶贫改革试验区”，在促进集体增收与农民增收良性互动、实行扶贫开发与民政低保衔接保障等方面形成了一批行之有效的做法和经验。江苏省聚焦提升农户的可行能力和重点治理相对贫困问题，通过二次收入分配调节城乡和地区贫富差距，通过财政支出结构偏向建档立卡的低收

[1] 刘杰、向悦：《城市精准扶贫的武昌经验》，武汉大学出版社 2019 年版。

[2] 林德山：《论美国公共救助体制的演变》，《经济社会体制比较》2009 年第 6 期。

[3] 刘杰、向悦：《城市精准扶贫的武昌经验》，武汉大学出版社 2019 年版。

入人群，完善低收入家庭大病医疗和基本医疗支出解决因病返贫问题，通过机制创新引导社会和企业扶贫，探索协同脱贫路径。[1]

2012 年，浙江省“低收入群众增收行动计划”顺利结束后，在全国率先向相对贫困治理转型。浙江省相对贫困人群的识别，按照上年农民人均纯收入 45% 左右和不少于农村户籍人口 10% 的要求执行，2013 年将扶贫标准提高到 4600 元，较国家扶贫标准高出一倍。截至 2015 年 12 月，浙江已全面消除家庭人均年收入 4600 元以下的绝对贫困现象，提前五年，率先在全国高标准完成脱贫攻坚任务。2018 年城乡居民人均可支配收入倍差降至 2.04，成为全国城乡均衡发展最好的省份之一。2016 年底，低保标准城乡差距缩小到 7%，68 个县（市、区）实现城乡同标，保障水平始终位于全国前列。此外，浙江省明确了低收入对象、最低生活保障对象和最低生活保障边缘对象标准，实施“收入倍增计划”，并将城乡一体化理念融入易地搬迁，构建起搬迁农民权益有保障、就业有渠道、身份可融入的体制机制。通过推进“新社保”提升城乡基本公共服务均等化水平，在城乡居民医保并轨的基础上，率先实现大病保险制度全省全覆盖。

3. 国内外城乡贫困治理经验启示

通过国内外城乡贫困治理的经验来看，城镇化水平较高、农村经济市场化程度较深、地方政府公共服务能力较强，是实施城乡统筹贫困治理的重要条件。

一是贫困线标准的设定与整体社会收入（或消费）挂钩。与社会平均收入（或消费）挂钩的方法，能使救助水平随社会整体生活水平的提高而同步增长，即使低收入家庭的实际收入没有变化，相对贫困人数也会增加，进而使贫困人群共享经济发展和社会进步的“红利”。同时，也能较为稳定地“锁定”处于相对贫困阶层人群数量，维持适度的贫困帮扶覆盖面，更好地体现社会公平。二是救助措施和手段呈现多样化和综合性。发达国家和地区的贫困救助手段往往丰富多样，不仅有现金补贴，还有实物帮困、服务援助等多种形式，构成了功能完备、更富人性化的社会托底保障“安全网”，有利于提升扶贫救助的实效性。此外，发达国家和地区都非常重视对贫困人员的就业扶持，促

[1] 谢玉梅：《东部发达地区贫困治理机制创新与实践启示——基于江苏省泗阳县的调查》，《中国农业大学学报（社会科学版）》2017 年第 5 期。

进其就业脱贫，提升“造血”能力，努力从源头上消除贫困。三是通过分类救助实现精准扶贫。在设定贫困线标准时，要考虑家庭规模、年龄结构、子女数量等不同情况，分别设定差别化的贫困线标准，提高扶贫政策的针对性和精准性。根据不同地区生活水平的差异，确定不同类别和档次的贫困线标准，体现因地制宜、因人施策。四是统筹推进新型城镇化与美丽乡村建设。建设美丽乡村是国家新型城镇化发展战略的要求，是小康社会在农村的具象化表达，有着重大现实意义。美丽乡村建设是新型城镇化的基础，是物质文明、精神文明、生态文明成果的集中展示，是精准扶贫的重要组成部分，需要将新型城镇化和乡村建设统筹考虑，实现城乡贫困治理的共治共享。

（三）建立城乡统筹的贫困治理体系的路径

1. 建立城乡统筹的贫困治理体系是现实所趋

城市以其自身优势集聚了大量的资金、技术、人才等资源要素，也吸纳了大量的农村资源要素，从而出现了“空心村”以及农村“三留守”等状态，城乡二元结构导致了空间贫困陷阱。[1] 改革开放以来，我国围绕农村地区开展了平均福利保障济贫、开发扶贫、精准脱贫等工作，形成了“三农”语境下“国家—社会—公民”各方力量协同、“政府—市场—社会”多重机制作用、“扶贫—脱贫”两种能力并举、“保障扶贫—发展扶贫”双轨并行、“国家宏观扶贫战略—地方精准扶贫实施”上下贯通、“制度资源—政策资源”相得益彰的贫困治理格局。[2] 由于城乡间贫困标准的不统一、不对接，存在城乡贫困治理的“内部二元结构”问题，此外，随着新型城镇化步伐不断加快，在吸纳农村转移人口的同时，也带来了贫困问题的空间转移。全摘帽后贫困治理工作重点转向区域减贫与发展工作，政治任务的集中作战将调整为常态化、长效性推进，就需要保障兜底式救助的顶层制度设计作为支撑。学者普遍认为，中国进入城市贫困和农村贫困并重阶段，基于贫困新特征以及城乡融合发展、乡村振兴等宏观战略，贫困治理突出城乡统筹、基于权利公平的社会保

[1]　韩广富、辛远：《2020年后中国贫困治理的战略重点、难点与对策》，《行政管理改革》2020年第9期。

[2]　燕继荣：《中国的贫困治理：既重发展，又重治理》，人民论坛网，2020年6月29日。

障的思路将逐步清晰。[1]

2. 建立城乡统筹的贫困治理体系需关注三大群体

第一类群体：农村返贫群体和新致贫群体。当前，脱贫攻坚取得全面胜利，现行标准下农村贫困人口实现全脱贫。不过，仍有一些脱贫人口存在返贫风险，一些边缘人口存在致贫风险，必须把防止返贫和新致贫摆到更加重要的位置。在已脱贫的地区和人口中，有的产业基础比较薄弱，有的产业项目同质化严重，有的就业不够稳定，有的政策性收入占比高。在有效防止返贫和新致贫方面，湖北省建立了防止返贫的监测和帮扶机制，重点对已经脱贫，但是由于收入不高、返贫的风险比较大的不稳定户和收入不高、致贫的风险比较大的边缘户实行动态监测。在帮扶举措方面，坚持对事先预防与事后的帮扶相结合，开发式的扶贫与保障性的措施相结合，政府的主导与社会的参与相结合，外部的帮扶和自身的努力相结合，按照缺什么补什么的原则，实行一户一策，有针对性的帮扶，从产业帮扶、就业帮扶、保障措施、社会帮扶、志智双扶 5 个方面强化帮扶，为防止返贫和新致贫构建起多重保障。

第二类群体：城市低收入群体。2020 年 5 月，关于 6 亿人月均收入 1000 元的统计结果，引发了社会广泛关注，这一结论可以从全国住户收支与生活状况调查数据中得到印证。根据 2019 年相关数据，低收入组和中间偏下收入组共 40% 家庭户对应的人口为 6.1 亿人，年人均收入为 11485 元，月人均收入近 1000 元。其中，低收入组户月人均收入低于 1000 元，中间偏下收入组户月人均收入高于 1000 元。这反映了党的十九大所指出的我国社会主要矛盾是人民日益增长的美好生活需要和不平衡不充分发展之间的矛盾，是我国基本国情的具体表现。2009 年 6 月，《湖北省城市低收入家庭认定实施办法》颁行，明确城市低收入家庭指家庭成员人均收入和家庭财产状况符合当地人民政府规定的低收入标准的城镇常住户口居民家庭。因此，对城市低收入家庭实行动态管理，并开展精准帮扶，将是脱贫攻坚取得全面胜利后相对贫困治理的重要内容。

第三类群体：农民工群体。当前，扶贫政策的户籍地原则和政策体系的城乡分割，使大量流动到城市的人口陷入既脱离了农村扶贫体系，回乡落实

[1] 陈志钢、毕洁颖等：《中国扶贫现状与演进以及2020年后的扶贫愿景和战略重点》，《中国农村经济》2019 年第 1 期。

医疗、养老等社会保障权益困难较大，不能平等享受城市的社会保障和公共服务，又难以进入城市救助体系的“两头空”境地，极易成为新贫困人群。针对农民工的扶贫政策相对处于空白状态，原因主要在于扶贫工作的财政支持体系和扶贫成本分担机制不健全。就财政支持体系来说，中国城镇低保等社会保障制度建立在以地方财政投入为主的支付体系的基础上，若完全向农民工开放，可能出现大量以享受城镇低保为目的的农村低收入人口向城镇转移，使财政体系难以承担，并带来新的社会问题[1]；就扶贫的成本分担机制来说，中央和地方政府之间、不同地区政府之间、政府与企业之间分担扶贫成本的制度和执行办法尚未具体划分，导致农民工市民化进程受阻，难以平等享受各项社会福利与公共服务。

3. 建立城乡统筹的贫困治理体系需用好四大战略

第一，实施城乡统筹的贫困治理体制机制。鉴于相对贫困的次生性、多维性和分散性，城乡贫困标准的统筹和社会福利资源跨区域整合需要制度化的部门整合机制作为基础，因此需借鉴脱贫攻坚所形成的制度成果，并在此基础上建立常态化、持续性的多部门共同参与的贫困治理机制。例如，党政各职能部门分别制定贫困治理的责任清单，建立分工明确的责任机制，同时，建立“党政同责”的问责机制，通过决策者、实施者共同担责的机制，提高党政领导在贫困治理上的履职尽责意识，实现对贫困治理的监督问责和跟踪问效。

第二，充分发挥新型城镇化的带动作用。与城镇割裂开来，仅在农村范围内解决贫困问题将付出高昂的治理成本，只有破除阻碍要素流动的制度性壁垒，加快农业转移人口市民化进程，科学调控城乡布局结构，重构贫困人口生计空间，才能为解决生存型、发展型贫困问题注入持久动力。[2]新征程已开启，中国的城镇化水平将进一步提高，城乡社会经济发展将进一步融合，解决以老年、患病和失业人口为主要构成的城镇贫困人口的脱贫问题，需要在就业保障与支持、社会服务和社会保障等方面系统制定更协调的政策。

---

[1] 陈志钢、毕洁颖等：《中国扶贫现状与演进以及2020年后的扶贫愿景和战略重点》，《中国农村经济》2019 年第 1 期。

[2] 金东：《城乡融合发展：巩固提升脱贫攻坚成效的治理机制》，中国社会科学网，2020 年 8 月 28 日。

第三，充分利用乡村振兴战略的政策效应。乡村振兴是实现中华民族伟大复兴的一项重大任务。要围绕立足新发展阶段、贯彻新发展理念、构建新发展格局带来的新形势、提出的新要求，坚持把解决好“三农”问题作为全党工作重中之重，坚持农业农村优先发展，走中国特色社会主义乡村振兴道路，持续缩小城乡区域发展差距，让低收入人口和欠发达地区共享发展成果，在现代化进程中不掉队、赶上来。建立统筹城乡，以保障性减贫为主、开发性扶贫为辅的减贫长效机制和政策体系，将过渡期后返贫人口和新致贫人口的减贫政策纳入社会保险、社会救助和社会福利保障体系之中，按照乡村振兴的总要求逐步提高农村基本医疗、养老、低保、教育等社会保障标准。

第四，持续推动城乡公共服务均等化。城乡贫困治理对普惠性和均等化的基本公共服务供给提出了更高要求，以提升城乡基本公共服务供给数量和质量为核心，以县域为基本单元，通过整体性的项目投入和资源投入，吸纳教育、医疗、就业和住房等不同类别的资金和项目到统一的资金池和项目库，并通过城乡一体化的社区调查和社区信息收集，精准定位社会的公共服务需求，提升贫困治理的覆盖面和普惠度。

四、实现巩固拓展脱贫攻坚成果同乡村振兴有效衔接

2021 年《中共中央 国务院关于全面推进乡村振兴加快农业农村现代化的意见》和《中共湖北省委、湖北省人民政府关于全面推进乡村振兴和农业产业强省建设加快农业农村现代化的实施意见》指出，要坚决守住脱贫攻坚成果，2021 年 3 月全国脱贫攻坚总结表彰大会指出，要切实做好巩固拓展脱贫攻坚成果同乡村振兴有效衔接各项工作，让脱贫基础更加稳固、成效更可持续。当前，城乡差异、区域差异、贫富差距仍然较大，因此，在摆脱贫困之后推进乡村振兴，做好巩固拓展脱贫攻坚成果同乡村振兴有效衔接，是促进农业高质高效、乡村宜居宜业、农民富裕富足的必由之路。

（一）巩固拓展脱贫攻坚成果同乡村振兴有效衔接的内在逻辑

1. 脱贫攻坚是实现乡村振兴战略的基础和前提

乡村振兴战略与脱贫攻坚的目标一脉相承。当前，乡村振兴战略的实施

与脱贫攻坚的目标具有高度的连贯性。两者都是为了实现“两个一百年”奋斗目标而制定和实施的国家战略。脱贫攻坚目的是为了解决农村贫困居民的绝对贫困问题，属于“第一个百年目标”；而乡村振兴战略的目的是解决乡村发展过程中的相对贫困问题以及乡村的后续发展问题，其更加着眼于“第二个百年目标”。只有脱贫攻坚的目标得以实现，才能够确保农村地区居民的生活达到小康水平，在此基础上才能继续向实施乡村振兴的目标迈进，实现农业强、农村美、农民富的乡村全面振兴新面貌。脱贫攻坚的历史性成就是乡村振兴的必要条件。消除贫困、改善民生、最终实现共同富裕是中国特色社会主义的本质要求。要想实现乡村的全面振兴，打赢脱贫攻坚战是其首要前提，脱贫攻坚为实现乡村振兴提供了必要前提和物质准备。脱贫攻坚所取得的各项成效，决定着乡村振兴战略在各个方面进行乡村建设时的质量和成效。

2. 乡村振兴战略是脱贫攻坚的继承和发展

脱贫攻坚与乡村振兴有着相同的价值追求。尽管脱贫攻坚的现实目标是帮助贫困群众的脱贫致富，而乡村振兴战略的目的在于使所有农民的生活走向富裕，但二者在价值维度上具有高度的契合性，这种契合主要体现在其为了最广大人民群众的根本利益。乡村振兴战略是对脱贫攻坚更高维度的发展。脱贫攻坚的开展主要聚焦于农业生产、易地搬迁、教育帮扶、农村生态、基础医疗、社会保障等方面，而乡村振兴战略以“产业兴旺、生态宜居、乡风文明、治理有效、生活富裕”为总要求，更加注重农业、农村、农民的全领域发展。乡村振兴战略是更广泛农村地区的发展。乡村振兴的发展区域覆盖整个农村区域，不仅要发展那些偏远地区较为落后的乡村，同时也要继续推进其他地区乡村的各项建设，以此来推进全国乡村地区实现全面发展，并更加关注于农业农村的现代化建设。全面实施乡村振兴战略的深度、广度、难度都不亚于脱贫攻坚，要完善政策体系、工作体系、制度体系，以有力的举措、汇聚更强大的力量，促进农业、农村、农民全面发展。

3. 乡村振兴战略为脱贫攻坚提供动力和保障

乡村振兴战略为脱贫攻坚提供内生动力支撑。首先，乡村振兴助力产业扶贫。作为一种内源性的发展方式，产业扶贫在市场的导向下通过农业产业发展来带动贫困地区发展，从而实现农村贫困人口收入的持续增长。其次，乡村振兴助力基础设施建设。以乡村振兴战略为契机，出台相关政策、制度、措施，加大贫困乡村的道路、水利、教育、卫生等基础设施和公共服务设施建设，推动资本、技术、人才资源向乡村流动，能够进一步提升乡村基础设施建设水平，巩固和扩大脱贫攻坚成果。最后，乡村振兴助力精神脱贫。通过乡村振兴，建设良好的乡村精神文明风貌，从精神层面上改变以往贫困户因循守旧、不思进取的陈旧观念，取而代之以自强自立、争先脱贫的精神风貌。乡村振兴的思想为脱贫攻坚提供精神保障。首先，乡村振兴战略在开展过程中坚持以社会主义核心价值观作为其精神核心，通过加强对村民的思想道德建设、发扬优良传统文化来改善村民的精神风貌，为贫困治理提供精神层面的保障。其次，乡村振兴能够通过大力发展乡村基础教育和良好乡风建设，帮助低收入人口首先从精神上实现脱贫，以内生动力来带动稳定、长效脱贫。

（二）湖北省巩固拓展脱贫攻坚成果同乡村振兴有效衔接现状

1. 省级推进巩固拓展脱贫攻坚成果同乡村振兴衔接情况

脱贫攻坚与乡村振兴的衔接是从绝对贫困到相对贫困的转变，脱贫攻坚消除了存在千年的绝对贫困问题，而相对贫困问题将长期存在。无论是绝对贫困还是相对贫困，贫困问题的解决不仅在“治”还要在“防”，这就要求乡村振兴阶段需要建立长效稳定的脱贫防贫机制，并且将针对绝对贫困的脱贫措施逐步调整为针对相对贫困的帮扶措施。2019 年湖北研究出台了《关于构建稳定脱贫长效机制的意见》（简称《意见》），从高质量打赢脱贫攻坚战、推进脱贫攻坚与乡村振兴有效衔接、创新机制三个方面，明确了 15 条具体措施。《意见》从推进基本产业发展、强化基础设施建设、完善基本公共服务、提升贫困户基本素质、加强基层组织建设五个方面，推进脱贫攻坚与乡村振兴战略有效衔接。为贯彻落实《中共中央国务院关于实现巩固拓展脱贫攻坚成果同乡村振兴有效衔接的意见》，我省制定了相关实施意见，明确了做好巩固拓展脱贫攻坚成果同乡村振兴有效衔接的重点工作，并提出把巩固脱贫攻坚成果纳入市县党政领导班子和领导干部推进乡村振兴实绩考核范围，强化考核结果运用。

2. 各地推进巩固拓展脱贫攻坚成果同乡村振兴衔接情况

脱贫攻坚重点通过大规模资金、物资、人力等扶贫资源的集中投入，有效解决贫困人口的基本生存问题，全面消除绝对贫困现象。乡村振兴通过全面强化市场化外部支持和激活乡村内生动力，能够为贫困群体提供更稳定的发展基础和机会，进一步有效巩固脱贫攻坚的政策成果。通过对 17 个地市州推进巩固拓展脱贫攻坚成果同乡村振兴衔接情况的调研发现，各地认为推进巩固拓展脱贫攻坚成果同乡村振兴有效衔接十分重要，围绕两大战略的衔接开展了一些研究和探索。

宜昌市提出借鉴脱贫攻坚成功经验，在领导机制、投入保障、考核机制等方面推进乡村振兴战略，围绕发展乡村产业和农产品加工、美丽乡村建设和人居环境整治、农村基础设施建设和农村公共服务、加强和改进乡村治理等方面促进有效衔接。襄阳市通过产业扶贫、驻村帮扶、扶志扶智、落实政策、做实党建助力五大振兴。恩施州通过提升特色产业规模、开展农村人才培育、改善乡村生态环境、推进文化基础设施建设、推进农村基层组织建设助力五大振兴。十堰市着眼解决影响脱贫质量的具体问题，推动扶贫产业、基础设施、基本公共服务、易地扶贫搬迁后续扶持、贫困群众内生动力“五个提升”。黄石市以实施乡村振兴战略为统领，以打造“三纵一横”乡村区域发展布局为抓手，以脱贫地区高质量发展和补齐“三农”领域短板为重点，以农业稳产保供和农民增收为目标，推进巩固拓展脱贫攻坚成果与乡村振兴“两手抓”。黄冈市通过大力建设美丽乡村、大力提升公共服务、大力推进乡村治理，形成了脱贫攻坚成果巩固提升、乡村振兴全面开局的良好态势。荆门市通过发展基本产业、加强基础设施、提升公共服务、扶贫与扶志扶智相结合、强化组织建设，推动巩固拓展脱贫攻坚成果同乡村振兴有效衔接。荆州市以市直驻村工作队派出单位为班底，与各县市区、功能区遴选推荐的村（社区）对接，建立了覆盖市、县、乡、村四级书记的乡村振兴联点共建责任表，在工作机制上率先实现了有效融合。

在巩固拓展脱贫攻坚成果与产业振兴衔接方面，五峰土家族自治县加大财政投入力度，设立中蜂产业发展基金，制定中蜂产业发展规划。以全县优质木本蜜源植物为主、优质草本蜜源植物为辅、优质药本蜜源植物为特色，建设蜜源基地，形成了“林—药—蜂”特色养殖模式。通过中蜂产业“1211”[1]模式、贫困户中蜂扶贫奖补模式、易地搬迁集中安置点中蜂产业覆盖模式、极

[1]　帮助 1 个贫困户培育 2 亩高标准蜜源植物基地，饲养 10 群以上中蜂，年增收 1 万元以上。

贫重扶模式、普通中蜂养殖户产业扶贫模式，实现全县中蜂产业精准扶贫全覆盖，两年贫困户发展中蜂补贴近 1000 万元。2018 年五峰被纳入全国中蜂产业扶贫试点县，全县 2019 年蜂蜜产量达到 40 万公斤，产值超过 2 亿元，通过养蜂，户均增收 5000 元以上。

在巩固拓展脱贫攻坚成果与人才振兴衔接方面，远安县积极引导具有实践经验的电商从业者及电商专业大学生返乡创业就业，将电商相关专业作为稀缺专业列入事业单位招考目录。统筹建立健全“轰炸式基础培训、滚动式梯次培训、菜单式精准培训”的电商扶贫人才培训机制，即注重实操的基础培训要常态化、全覆盖开展，分层适度拔高的周期化培训要定期组织开展，立足各类主体中高端需求的培训有效培养一批既懂理论，又懂业务，会经营网店、能带头致富的电商扶贫专业人才。2019 年以来，全县累计组织电商扶贫培训班 30 多期，覆盖有需求贫困户、农户、创业青年等 2200 余人次；组织电商扶贫领头人培训 5 期，覆盖贫困户 3500 余人次；组织本土电商讲师培训 2 期，吸纳 15 名优秀电商主体建立了本土讲师团队。

在巩固拓展脱贫攻坚成果与文化振兴衔接方面，保康县马良镇鸡冠河易地扶贫搬迁集中安置点通过召开安置点搬迁户大会，民主推荐有威望、有热情、有能力的 3 人组建小区管委会，推选 19 名楼栋长，制定了 12 条小区管理制度，让搬迁群众逐步完成由农村散居到社区聚居的转变。配套建设文化广场、篮球场、网球场、健身器材、图书室、棋牌室等，确保群众休闲有去处、运动有场地、健身有器材、娱乐有地方。结合新时代文明实践中心活动，组织镇安办、卫生院等单位的不同类型志愿服务队，到安置点进行法制宣讲、爱心帮扶和义诊活动，并组织举办招聘会、技能培训会等，提高贫困群众生存本领，拓宽就业道路。充分考虑集中安置点留守独居老人较多现状，开办可满足 100 人就餐的 125 平方米老年食堂，每日三餐均有 30 多名独居老人在食堂就餐，推动老有所依、老有所养。

在巩固拓展脱贫攻坚成果与生态振兴衔接方面，利川市坚持“生态立市”，大力实施“十村百企万户”民宿旅游工程，通过“文化＋民宿”旅游彰显个性、“文体＋民宿”旅游丰富内涵、“媒体＋民宿”旅游提升名气、“人文＋民宿”旅游留住乡愁。民宿旅游的兴起，资金的汇入，推动大量基础设施和配套服务设施向乡镇村集聚，交通、水利、电网等行业扶贫成效不断凸显，成功将过去的“卖山林”变为现在的“卖生态”，实现了“绿水青山”到“金山银山”的价值转化，众多村庄成了绿色富民的生态家园。

在巩固拓展脱贫攻坚成果与组织振兴衔接方面，郧西县坚持党建引领，探索“五治融合”基层治理新模式。一是以“政治”为核心，发展村集体经济。把发展壮大村级集体经济作为“书记工程”，坚持“输血”与“造血”同步推进，县财政每年拿出 50 万元对集体经济发展进步村进行奖励，为 286 个村各建一座光伏发电站，确保每年每村集体经济增收 5 万元至 10 万元。二是以“自治”为主线，推进共治共建共享。村村成立村民监督委员会，在扶贫项目建设、村级财务支出、各项政策落实等群众关注度高的事务中发挥监督把关作用，探索村级党务、村务“明白”机制，通过“院场会”的形式，提高村民自治意识和参与热情。三是以“法治”为保障，百名律师进乡村。以政府出钱购买服务的形式，为全县 286 个行政村每个村配备了 1 名专业律师，每个月到包联村不少于 2 天。用新时代“枫桥经验”和法治思维，做到“小事不出村、大事不出镇、矛盾不上交”。四是以“德治”为关键，村民脑袋富起来。把社会主义核心价值观融入社会各个方面，加强社会公德、家庭美德、个人品德建设。用群众喜闻乐见的方式，宣传节约、文明新风尚。五是以“智治”为支撑，打通便民服务通道。大力实施“辉煌旅程”和“美满人生”工程，推进网格化管理，编制“马上办、网上办、就近办、一次办”事项清单，设立“代办”窗口，全县窗口办事效率提高 20%，群众满意度达 98% 以上。

3. 巩固拓展脱贫攻坚成果同乡村振兴有效衔接的难点

一是规划引领性不够。打赢脱贫攻坚战行动计划阶段性特征较为明显，按照“保基本、兜底线”的原则，实现广大贫困村、贫困户基本达标，而乡村振兴规划则是覆盖脱贫攻坚任务的管长远的规划设计。目前，部分地区特别是脱贫地区的乡村振兴路线图和任务表尚不清晰。就 2020 年乡村振兴实绩考核来看，“组织保障”中有专门针对“乡村振兴战略规划编制及评估情况”的考核，而部分市、县尚未形成经讨论研究的正式版规划或实施方案，关于五大振兴的专项规划制定情况也不尽理想。

二是工作队伍转化不够。据统计，全省大部分地区村干部平均年龄都在 50 岁以上，如咸宁市崇阳县村“两委”主职干部平均年龄 51.6 岁，宜昌市长阳土家族自治县村主职干部中，50 岁以上占到了 52.8%。农业科技人才、农业技能人才、农村实用人才缺口较大，县域专业人才统筹使用制度还不够完善，加上受体制机制壁垒、信息渠道不畅等原因影响，专业人才引进困难，成为巩固拓展脱贫攻坚成果与乡村振兴有效衔接的一块“短板”。

三是产业高质量发展不够。产业扶贫是脱贫攻坚和乡村振兴最直接、最有效的衔接点，而较多地方反映，扶贫产业大多以发展传统农业产业为主，比较效益不高，在带动贫困户脱贫增收方面的效果并不明显，后续发展面临较大的市场风险。部分扶贫产业受疫情影响较重，乡村旅游和休闲农业全面停业，扶贫产品滞销严重。全省易地扶贫搬迁 31.84 万户、88.23 万人，占建档立卡贫困人口的 15%，与完成搬迁建设任务相比，解决长久生计的产业发展不足，面临产业链不长、价值链不高，一、二、三产业融合发展不够等问题。

四是长效政策导向不够。贫困户在教育、医疗、保障等方面享受特惠政策，短期内“摘帽不摘政策”，有效解决了贫困户的后顾之忧，但也出现了贫困户、非贫困户、贫困边缘户之间的政策悬崖效应。脱贫攻坚创造了不少成功经验，脱贫攻坚取得胜利后全面推进乡村振兴，在政策措施上还需要进一步的优化和调整。长期来看，乡村振兴要实现农业农村农民全面发展，必须建立涵盖城乡融合发展、惠及全体农民的政策体系，由短期的特惠政策向长效政策转变。

五是联农带农力度不够。推进脱贫攻坚和乡村振兴两大战略，都需要新型农业经营主体“挑大梁”，总体来看，我省新型农业经营主体尚未形成由“增量”向“提质”的转型，由于脱贫地区自身底子薄，加之农村改革、金融服务、用地供给、人才保障等短板，资本下乡和返乡创业被抑制，推进乡村产业发展的“输入性活力”明显弱于其他地区。

（三）做好巩固拓展脱贫攻坚成果同乡村振兴的多元衔接

1. 以市场为主导因地制宜发展现代产业

对脱贫地区产业要长期培育和支持，促进内生可持续发展。对易地扶贫搬迁群众要搞好后续扶持，多渠道促进就业。脱贫攻坚的主要任务是消除贫困，因此在项目上主要侧重于选择劳动密集型、资源密集型产业，以具备岗位多、技术要求低等优势的产业项目支撑普惠式扶贫。但要实现产业振兴，不仅要考虑增加劳动岗位，满足农民就业需求，同时也要结合自身资源禀赋，引进高技术含量、高资金投入的项目。做好企业生产与市场需求的衔接。部分企业受自上而下的脱贫压力影响，在实现产品向商品的跳跃中存在明显的缺位，要实现产业扶贫向产业振兴迈进，必须建立健全现代农业生产体系、经营体系和服务体系，强化企业产业与市场的有效对接，提高企业市场风险应对能力。

2. 以内培外引壮大乡村人才队伍

大力培育高素质农民。培育一批种田能手、养殖能手、农业经纪人等高素质农民，建立高素质农民教育体系，进一步完善农民职业技能鉴定和专业职称评定评价体系，推进农民职业培训制度化。围绕乡村手工业、建筑业和民间文艺，培养一批乡村工匠、文化能人和非遗传承人。加强农村专业人才队伍建设。创新人才培养模式，支持高校、职业院校主动设置涉农专业，为“三农”领域输送对口的专业人才。鼓励优秀专业技术人员到乡村和企业挂职、兼职或者离岗创业。依托产业项目，大力培养专业化人才，支持在项目建设中引进和培育农业科技领军人才和创新团队，组织开展农村专业人才评价认定工作。打造一支强大的“三农”工作干部队伍。坚持以“一懂两爱”为基本要求，加强“三农”工作干部队伍的培养、配备、管理和使用，建立完善基层干部培训机制、农村基层人才吸纳机制、城乡干部流动机制、农业农村人才分类评价机制。

3. 以文化发展增强主体内生动力

要深入挖掘脱贫地区的文化资源，一方面要重视传统优秀文化基因，增强对乡土文化的再认识，并将文化与经济，文化事业与产业结合起来，促进乡村文化的现代转型，为当地群众谋划发展出路。另一方面，要扶贫，先扶精神，要致富，先富脑袋。精神扶贫是实现乡村振兴的保障，政府要积极组织精神文明创建活动，积极做好“精准扶志”“精准增智”工作，强化相对贫困治理的精神引领。促进优秀传统文化的传承和发扬，加强文化对外开放，不断扩大文化辐射范围，增强文化的影响力，助力乡村文化振兴。不断扩大文化外延，增强与遗产保护、艺术创作及影视的有机结合，发展创意农业、手工艺品、特色旅游，打造乡村发展新引擎。

4. 以“两山”理论推动资源优势变经济优势

生态扶贫的目的是利用农村现有的生态优势帮助农村脱贫脱困，保障农民有体面、有尊严的生活，而生态振兴则侧重于生态的保护与修复，构建人与自然和谐共生的良好格局。推动巩固拓展脱贫攻坚成果与乡村振兴有效衔接，就是要始终坚持“绿水青山就是金山银山”的发展理念，充分考虑各地区资源条件、经济发展状况，因地制宜，对症下药。对于生态资源优势突出、社会承载力大的乡村，要积极利用好资源优势，创造条件，积极发展有市场、有潜力、能带动的产业，对于生态资源脆弱的地区，要变被动为主动，加大环境保护力度，通过发展生态循环农业、乡村旅游等途径变资源优势为经济优势。

5. 以党建引领构筑坚强的战斗堡垒

精准扶贫、乡村振兴均强调五级书记共抓齐管，抓党建促脱贫攻坚是贫困地区脱贫致富的重要经验，乡村振兴更需要基层党组织发挥先锋模范和战斗堡垒作用。新阶段要坚持和完善驻村第一书记和工作队等制度，进一步夯实巩固拓展脱贫攻坚成果与乡村振兴的党建基础，以党建统领产业发展、推动环境整治、促进乡风文明、实现和谐共治、助推增收致富。同时，要健全自治、法治、德治相结合的乡村治理体系，坚持“法治”在乡村治理中的主体地位，强化“德治”对村庄的价值引领，强调“自治”在乡村治理中的实践，协调好政府、社会、市场等各治理主体，建立有效的多元主体参与机制。

附录

湖北出台的相关文件

2015 年

1. 中共湖北省委、湖北省人民政府发布《关于全力推进精准扶贫精准脱贫的决定》，鄂发〔2015〕19 号。

2. 湖北省委宣传部发布《关于印发湖北省扶贫攻坚精神支撑工作行动方案》的通知，鄂宣文〔2015〕106 号。

3. 湖北省发改委发布《关于编制报送易地扶贫搬迁“十三五”规划的通知》，鄂发改地区〔2015〕175 号。

4. 湖北省发改委发布《关于印发 2015 年度行业扶贫实施方案的通知》，鄂发改地区〔2015〕176 号。

5. 湖北省教育厅发布《湖北省教育精准扶贫行动计划（2015—2019）》，鄂教财〔2015〕9 号。

6. 湖北省扶贫办、省教育厅、省人社厅发布《关于加强“雨露计划”支持农村贫困家庭新成长劳动力接受职业教育的实施意见》，鄂政扶〔2015〕25 号。

7. 湖北省农业厅、省林业厅、省旅游局、省扶贫办发布《关于开展产业扶贫精准脱贫的实施意见》，鄂农发〔2015〕27 号。

8. 湖北省卫生计生委、省扶贫办、省民政厅、省财政厅发布《湖北省农村医疗保障精准扶贫工作实施意见》，鄂卫生计生发〔2015〕29 号。

9. 湖北省发改委、省扶贫办、省财政厅、省国土资源厅，人行武汉分行发布《关于加快全省易地扶贫搬迁工作实施方案的通知》，鄂发改地区〔2015〕796 号。

10. 湖北省人民政府办公厅发布《关于加快推进残疾人小康进程的实施意见》，鄂政办发〔2015〕37 号。

11. 中共湖北省委办公厅、湖北省人民政府办公厅发布《关于建立贫困县约束机制的实施意见》，鄂办文〔2015〕34 号。

12. 中共湖北省委办公厅、湖北省人民政府办公厅发布《省领导联系贫困县（市、区）工作制度》，鄂办文〔2015〕44 号。

13. 中共湖北省委办公厅、湖北省人民政府办公厅发布《关于贯彻落实〈中共湖北省委、湖北省人民政府关于全力推进精准扶贫精准脱贫的决定〉中重要政策措施分工方案》，鄂办文〔2015〕51 号。

14. 中共湖北省委办公厅、湖北省人民政府办公厅发布《关于广泛动员社会力量参与扶贫开发的意见》，鄂办发〔2015〕28 号。

15. 中共湖北省委办公厅、湖北省人民政府办公厅发布《关于建立精准脱贫激励机制的实施意见》，鄂办发〔2015〕39 号。

16. 中共湖北省委办公厅、湖北省人民政府办公厅发布《关于做好省驻农村工作队（扶贫工作队）组派工作的通知》，鄂办发〔2015〕43 号。

17. 湖北省人力资源和社会保障厅、省扶贫办、省旅游局发布《湖北省农家乐精准扶贫创业项目实施方案》，鄂人社发〔2015〕56 号。

18. 湖北省人民政府办公厅发布《关于印发湖北省农村低保标准与扶贫标准衔接实施办法（试行）的通知》，鄂政办函〔2015〕110 号。

19. 湖北省人民政府办公厅发布《关于创新建立贫困县资金整合机制实施精准扶贫的意见》，鄂政办发〔2015〕63 号。

20. 湖北省人民政府办公厅发布《关于印发湖北省创新扶贫小额信贷工作实施意见的通知》，鄂政办发〔2015〕82 号。

2016 年

1. 湖北省国土资源厅发布《关于全力推进精准扶贫脱贫攻坚的实施意见》，鄂土资发〔2016〕9 号。

2. 湖北省人民政府办公厅发布《关于转发湖北省农村低保制度与扶贫开发政策有效衔接实施方案的通知》，鄂政办函〔2016〕127 号。

3. 湖北省人力资源和社会保障厅、省扶贫办发布《关于开展精准就业扶贫工作的通知》，鄂人社发〔2016〕10 号。

4. 湖北省人力资源和社会保障厅发布《关于开展精准扶贫就业创业专项培训的通知》，鄂人社发〔2016〕11 号。

5. 中共湖北省委办公厅、湖北省人民政府办公厅发布《湖北省市州党委和政府扶贫开发工作成效考核办法》，鄂办文〔2016〕24 号。

6. 中共湖北省委办公厅、湖北省人民政府办公厅发布《湖北省脱贫攻坚督察巡查工作实施办法》，鄂办文〔2016〕60 号。

7. 湖北省委统战部、省工商联、省扶贫办、省光彩会发布《“千企帮千村、脱贫奔小康”精准扶贫精准脱贫行动实施方案》，鄂统发〔2016〕3 号。

8. 湖北省人民政府发布《关于加快推进湖北大别山革命老区振兴发展的实施意见》，鄂政发〔2016〕8 号。

9. 湖北省文化厅发布《关于贫困地区文化专项资金整合使用的意见》，鄂文化文〔2016〕27 号。

10. 湖北省住房和城乡建设厅发布《关于在贫困县整合使用省级城乡建设与发展以奖代补资金实施精准扶贫的实施意见》，鄂建文〔2016〕7 号。

11. 湖北省移民局发布《关于整合移民资金实施农村移民精准扶贫的通知》，鄂移〔2016〕13 号。

12. 湖北省人民政府办公厅发布《关于加强重特大疾病医疗救助与基本医疗障制度衔接的指导意见》，鄂政办发〔2016〕15 号。

13. 湖北省人民政府办公厅发布《关于印发湖北省 2016 年度易地扶贫搬迁实施计划的通知》，鄂政办发〔2016〕19 号。

14. 湖北省发改委、省能源局、省扶贫办发布《关于组织申报 2016 年光伏扶贫项目建设规模的通知》，鄂发改能源〔2016〕197 号。

15. 湖北省住房和城乡建设厅发布《关于印发〈易地扶贫搬迁工程质量安全监督管理要点〉的通知》，鄂建办〔2016〕58 号。

16. 湖北省人力资源和社会保障厅办公室发布《关于印发〈湖北省贫困人员劳务输出精准对接工作方案〉的通知》，鄂人社办发〔2016〕59 号。

17. 湖北省住房和城乡建设厅发布《关于进一步明确农村危房改造和城镇保障性安居工程有关政策要求的通知》，鄂建办〔2016〕219 号。

18. 湖北省人民政府办公厅发布《关于加快推进农村电子商务发展的意见》，鄂政办发〔2016〕75 号。

19. 湖北省扶贫攻坚领导小组发布《关于进一步落实脱贫攻坚领导责任制的通知》，鄂扶组发〔2016〕4 号。

20. 湖北省扶贫攻坚领导小组发布《关于印发〈湖北省脱贫攻坚计划 2016—2020〉的通知》，鄂扶组发〔2016〕6 号。

21. 湖北省扶贫攻坚领导小组发布《关于扶贫对象退出验收的指导意见》，鄂扶组发〔2016〕7 号。

22. 湖北省扶贫攻坚领导小组发布《关于组织第三方力量开展减贫脱贫成效评估的意见》，鄂扶组发〔2016〕8 号。

23. 湖北省扶贫攻坚领导小组发布《关于加强扶贫建档立卡数据管理的意见》，鄂扶组发〔2016〕11 号。

24. 湖北省扶贫攻坚领导小组发布《关于进一步加强扶贫资金管理和政策执行的意见》，鄂扶组发〔2016〕16 号。

25. 湖北省扶贫攻坚领导小组发布《关于进一步加强省内区域协作扶贫和定点帮扶工作的意见》，鄂扶组发〔2016〕20 号。

26. 湖北省扶贫攻坚领导小组发布《关于进一步激发内生动力加快精神脱贫行动方案》，鄂扶组发〔2016〕24 号。

27. 湖北省扶贫攻坚领导小组发布《关于印发〈湖北省贫困人口脱贫、贫困村出列、贫困县“摘帽”实施办法〉的通知》，鄂扶组发〔2016〕26 号。

28. 中共湖北省委组织部、省扶贫办发布《关于印发〈湖北省贫困县党政领导班子和领导干部经济社会发展与精准扶贫实绩考核办法（修订）〉的通知》，鄂组通〔2016〕92 号。

29. 中共湖北省委组织部、省委财经办、省委农办、省直机关工委、省扶贫办发布《关于在全省开展干部驻村帮扶贫困村和贫困户工作的指导意见》，鄂政扶发〔2016〕14 号。

30. 湖北省扶贫办、省委农工部、省委组织部、省直机关工委发布关于印发《湖北省驻农村工作队（扶贫工作队）队员召回办法》的通知，鄂政扶发〔2016〕26 号。

31. 湖北省档案局、省扶贫办发布《关于做好全省精准扶贫档案工作的意见》，鄂档〔2016〕25号。

32. 湖北省团省委、省妇联、省教育厅、省民政厅、省扶贫办发布《全省留守儿童、留守妇女、留守老人关爱行动实施方案》，鄂青联发〔2016〕2号。

33. 湖北省能源局、省扶贫办发布《关于印发湖北省光伏扶贫工程实施方案的通知》，鄂能源新能〔2016〕7号。

34. 湖北省人社厅、省扶贫办发布《关于开展精准就业扶贫工作的通知》，鄂人社发〔2016〕10号。

35. 湖北省商务厅、省扶贫办发布《关于印发〈湖北省电商扶贫行动计划〉的通知》，鄂商务发〔2016〕25号。

2017年

1. 中共湖北省委办公厅、湖北省人民政府办公厅发布《关于进一步做好省直单位定点扶贫工作的通知》，鄂办文〔2017〕36号。

2. 湖北省扶贫攻坚领导小组发布《关于湖北省脱贫攻坚责任制实施细则的通知》，鄂扶组发〔2017〕7号。

3. 湖北省扶贫攻坚领导小组发布《省直单位定点扶贫工作考核办法（试行）的通知》，鄂扶组发〔2017〕30号。

4. 湖北省扶贫攻坚领导小组发布《关于湖北省深度贫困村脱贫攻坚三年行动计划的通知》，鄂扶组发〔2017〕31号。

5. 湖北省人力资源和社会保障厅、省财政厅、省扶贫办发布《关于切实做好社会保险扶贫工作的实施意见》，鄂人社发〔2017〕49号。

6. 湖北省人民政府办公厅发布《关于印发湖北省2017年度易地扶贫搬迁实施计划的通知》，鄂政办电〔2017〕49号。

7. 湖北省住房和城乡建设厅发布《关于进一步加强建档立卡贫困户等重点对象危房改造工作的指导意见》，鄂建文〔2017〕25号。

8. 湖北省人民政府办公厅发布《关于印发2017年全省政务公开工作要点的通知》，鄂政办发〔2017〕37号。

9. 湖北省财政厅、省教育厅发布《关于印发〈湖北省义务教育阶段家庭经济困难寄宿生生活费补助资金管理办法（试行）〉的通知》，鄂财教规〔2017〕

6号。

10. 湖北省人民政府办公厅发布《关于印发湖北省精准发力补短板三年十大重点工程实施方案的通知》，鄂政办发〔2017〕41号。

11. 湖北省人民政府办公厅发布《关于切实加强江河湖库拆围后续管理工作的通知》，鄂政办电〔2017〕102号。

12. 湖北省人民政府办公厅发布《关于进一步促进农产品加工业发展的实施意见》，鄂政办发〔2017〕62号。

13. 湖北省人民政府发布《关于进一步做好城镇困难职工解困脱困工作的实施意见》，鄂政发〔2017〕40号。

14. 湖北省人民政府办公厅发布《关于建立全省困难群众基本生活保障工作协调机制的通知》，鄂政办函〔2017〕75号。

15. 湖北省人民政府发布《关于印发湖北省农村经济发展"十三五"规划的通知》，鄂政发〔2017〕53号。

16. 湖北省人民政府办公厅发布《关于有序推进全省光伏扶贫工作的指导意见》，鄂政办发〔2017〕85号。

17. 湖北省人民政府办公厅发布《关于印发湖北省财政专项扶贫资金管理办法的通知》，鄂政办发〔2017〕91号。

2018年

1. 湖北省扶贫攻坚领导小组发布《关于脱贫攻坚作风建设"十不准"规定的通知》，鄂扶组文〔2018〕2号。

2. 湖北省精准脱贫攻坚战指挥部发布关于《湖北省精准脱贫攻坚战指挥部工作规则（试行）的通知》，鄂扶指发〔2018〕2号。

3. 湖北省精准脱贫攻坚战指挥部发布关于《湖北省精准脱贫社会保障兜底专项行动规划（2018—2020年）》的通知，鄂扶指发〔2018〕5号。

4. 湖北省扶贫攻坚领导小组发布关于《统筹推进非贫困县脱贫攻坚工作的指导意见》，鄂扶组发〔2018〕9号。

5. 湖北省扶贫攻坚领导小组发布关于《湖北省扶贫资金项目公告公示办法》的通知，鄂扶组发〔2018〕11号。

6. 湖北省扶贫攻坚领导小组发布关于《进一步加强易地扶贫搬迁资金管理的通知》，鄂扶组发〔2018〕12 号。

7. 湖北省扶贫攻坚领导小组发布关于《打赢脱贫攻坚战三年行动的实施意见》，鄂扶组发〔2018〕13 号。

8. 湖北省扶贫攻坚领导小组发布《关于印发湖北省 2018 年“扶贫日”活动方案的通知》，鄂扶组发〔2018〕14 号。

9. 湖北省扶贫攻坚领导小组发布《关于广泛引导和动员社会组织参与脱贫攻坚的通知》，鄂扶组发〔2018〕17 号。

10. 湖北省扶贫攻坚领导小组办公室发布《关于全省扶贫系统深化扶贫领域腐败和作风问题专项治理三年行动工作方案》，鄂扶组办发〔2018〕18 号。

11. 中共湖北省委办公厅、湖北省人民政府办公厅发布《关于进一步加强驻农村工作队（扶贫工作队）组派管理工作的实施意见》，鄂办文〔2018〕27 号。

12. 中共湖北省委办公厅、湖北省人民政府办公厅发布《湖北省市县党委和政府扶贫开发工作成效考核办法》，鄂办文〔2018〕49 号。

13. 湖北省人民政府办公厅发布《关于对 2017 年落实有关重大政策措施真抓实干成效明显地方予以表扬激励的通报》，鄂政办函〔2018〕13 号。

14. 湖北省人民政府办公厅发布《关于完善财政资金统筹整合长效机制的通知》，鄂政办发〔2018〕11 号。

15. 湖北省水利厅、省扶贫办发布《关于抓紧做好贫困人口农村饮水安全精准核查和考核工作的通知》，鄂水利函〔2018〕560 号。

16. 湖北省人民政府办公厅发布《湖北省防范化解风险等三大攻坚战五个工作方案的通知》，鄂政办发〔2018〕14 号。

17. 湖北省人民政府办公厅发布《关于完善农村贫困人口基本医疗有保障有关政策的通知》，鄂政办发〔2018〕24 号。

18. 湖北省人民政府办公厅发布《关于印发全省农民工等人员返乡创业三年行动计划（2018—2020 年）的通知》，鄂政办发〔2018〕28 号。

19. 湖北省人力资源和社会保障厅、省政府扶贫开发办公室印发《关于深入推进全省人社扶贫工作的通知》，鄂人社发〔2018〕39 号。

20. 湖北省发展改革委发布《关于印发省发展改革委 2018 年至 2020 年

深化易地扶贫搬迁领域腐败和作风问题专项治理工作方案的通知》，鄂发改地区〔2018〕263 号。

21. 湖北省人民政府发布《关于全面落实积极财政政策聚力增效促进高质量发展的意见》，鄂政发〔2018〕39 号。

22. 湖北省人力资源社会保障厅、省财政厅发布《关于使用失业保险基金支持脱贫攻坚的通知》，鄂人社发〔2018〕48 号。

23. 湖北省发展改革委、省扶贫办、省住建厅转发国家发展改革委、国务院扶贫办《关于进一步加强易地扶贫搬迁工程质量安全管理的通知》，鄂发改地区〔2018〕440 号。

2019 年

1. 湖北省农业农村厅发布《关于促进新型农业经营主体高质量发展的通知》，鄂农发〔2019〕19 号。

2. 湖北省扶贫攻坚领导小组发布《关于进一步易地扶贫搬迁后续产业发展和就业工作的指导意见》，鄂扶组办发〔2019〕5 号。

3. 湖北省扶贫攻坚领导小组发布《关于加强和完善易地扶贫搬迁后续扶贫工作的实施意见》，鄂扶组办发〔2019〕10 号。

4. 湖北省扶贫攻坚领导小组办公室发布《关于进一步明确脱贫攻坚有关政策标准和工作要求》的通知，鄂扶组办发〔2019〕12 号。

5. 湖北省扶贫攻坚领导小组发布《关于解决“两不愁三保障”突出问题的实施意见》，鄂扶组发〔2019〕12 号。

6. 湖北省扶贫攻坚领导小组发布《关于湖北省脱贫攻坚“回头看”工作方案》，鄂扶组发〔2019〕19 号。

7. 湖北省人力资源和社会保障厅办公室发布《关于进一步加强职业技能扶贫工作的通知》，鄂人社办函〔2019〕32 号。

8. 湖北省农业农村厅、省扶贫办、省文化和旅游厅、省林业局发布《关于湖北省产业精准扶贫规划（2019—2020 年）的通知》，省农发〔2019〕14 号。

9. 中共湖北省委办公厅、湖北省人民政府办公厅发布《关于进一步完善保障农村贫困人口基本医疗的若干措施》的通知，鄂办发〔2019〕18 号。

10. 湖北省卫生健康委发布《关于开展湖北省健康扶贫荆楚行活动的通知》，鄂卫通〔2019〕16 号。

11. 湖北省人民政府发布《关于批准阳新县等 17 个县（市、区）退出贫困县的通知》，鄂政函〔2019〕52 号。

12. 湖北省医疗保障局发布《关于进一步完善保障农村贫困人口基本医疗的若干措施》的指导意见，鄂医保发〔2019〕35 号。

13. 湖北省医疗保障局发布《关于进一步做好医疗保障扶贫工作的通知》，鄂医保发〔2019〕40 号。

14. 湖北省卫生健康委员会发布《关于印发解决贫困人口基本医疗有保障突出问题实施方案的通知》，鄂卫发〔2019〕10 号。

15. 湖北省人民政府办公厅发布《关于成立湖北省脱贫攻坚普查领导小组的通知》，鄂政办函〔2019〕58 号。

16. 湖北省人力资源和社会保障厅发布《湖北省就业政策落实服务落地专项行动实施方案》，鄂人社函〔2019〕229 号。

2020 年

1. 湖北省人民政府办公厅发布《关于深入开展消费扶贫助力打赢脱贫攻坚战的实施意见》，鄂政办发〔2020〕2 号。

2. 湖北省财政厅、省人民政府扶贫开发办公室、湖北省供销合作总社、湖北省总工会发布《关于落实〈湖北省消费扶贫行动实施方案〉进一步推进政府采购支持消费扶贫的通知》，鄂财采发〔2020〕4 号。

3. 湖北省人民政府办公厅发布《关于对 2019 年落实有关重大政策措施真抓实干成效明显地方予以督察激励的通报》，鄂政办发〔2020〕27 号。

4. 湖北省人民政府发布《关于印发提振消费促进经济稳定增长若干措施的通知》，鄂政发〔2020〕9 号。

5. 湖北省人民政府办公厅发布《关于促进农业产业化龙头企业疫后重振加快转型若干措施的通知》，鄂政办发〔2020〕23 号。

6. 湖北省人民政府办公厅发布《关于印发加快推进科技创新　促进经济稳定增长若干措施的通知》，鄂政办发〔2020〕26 号。

7. 湖北省人民政府发布《湖北省数字政府建设总体规划（2020—2022年）》，鄂政发〔2020〕12号。

8. 湖北省人民政府办公厅发布《关于印发湖北省深化医药卫生体制改革2020年下半年重点工作任务的通知》，鄂政办发〔2020〕53号。

9. 湖北省人民政府办公厅发布《关于印发湖北省农村房屋安全隐患排查整治工作实施方案的通知》，鄂政办电〔2020〕43号。

10. 湖北省人民政府办公厅发布《关于开展2020年度政务公开工作考评的通知》，鄂政办函〔2020〕35号。

11. 湖北省人力资源和社会保障厅办公室发布《关于开展"就业扶贫行动日"活动的通知》，鄂人社办函〔2020〕42号。

12. 湖北省人力资源和社会保障厅、省民政厅、省财政厅、省扶贫办发布《关于进一步做好贫困人员基本养老保险应保尽保工作的通知》，鄂人社发〔2020〕38号。

13. 湖北省扶贫攻坚领导小组发布《关于做好脱贫攻坚普查工作的通知》，鄂扶组发〔2020〕6号。

14. 湖北省扶贫攻坚领导小组发布关于《湖北省社会救助兜底脱贫行动实施方案》的通知，鄂扶组发〔2020〕10号。

15. 湖北省扶贫办发布关于《防止因疫致贫返贫工作实施方案》的通知，鄂政扶发〔2020〕5号。

16. 湖北省人民政府扶贫开发办公室发布《湖北省扶贫攻坚领导小组发布〈关于解决"两不愁三保障"突出问题的实施意见〉的通知》，鄂扶组发〔2019〕12号。

2021年

1. 中共湖北省委、湖北省人民政府发布《关于实现巩固拓展脱贫攻坚成果同乡村振兴有效衔接的实施意见》，鄂发〔2021〕12号。

2. 湖北省发改委、省乡村振兴局等省直21个部门联合印发《湖北省易地扶贫搬迁后续扶持实施方案》，鄂发改振兴〔2021〕154号。

参考文献

[1] 甘燕:《武陵民族地区产业扶贫研究》,《科教导刊(下旬)》2017 年第 9 期。

[2] 孔雅茹:《“党建 +”背景下农村精准扶贫路径研究——以浙江省义乌市何斯路村为例》,《学理论》2021 年第 2 期。

[3] 凌经球、赵禹骅:《产业扶贫到户:新阶段扶贫攻坚的重中之重》,《桂海论丛》2014 年第 6 期。

[4] 林万龙、华中昱、徐娜:《产业扶贫的主要模式、实践困境与解决对策——基于河南、湖南、湖北、广西四省区若干贫困县的调研总结》,《经济纵横》2018 年第 7 期。

[5] 刘永富:《以习近平总书记扶贫开发战略思想为指导坚决打赢脱贫攻坚战》,中共中央组织部干部教育局,国务院扶贫办行政人事司,国家行政学院教务部:《精准扶贫精准脱贫——打赢脱贫攻坚战辅导读本》,党建读物出版社 2016 年版。

[6] 刘杰、戴丹、邹英:《基于可行能力视角的产业扶贫增能》,《河海大学学报(哲学社会科学版)》2020 年第 5 期。

[7] 宁静等:《产业扶贫对农户收入的影响机制及效果——基于乌蒙山和六盘山片区产业扶贫试点项目的准实验研究》,《中南财经政法大学学报》2019 年第 4 期。

[8] 秦倩倩、杨常伟:《科技推动乡村振兴及农业产业发展的路径探索》,《山西农经》2021 年第 2 期。

[9] 涂升、曹允涛、柳文录:《创新利益联结机制　促进贫困户增收——以巴东县野三关镇上李坪村产业扶贫为例》,《安徽农学通报》2020 年第 5 期。

[10] 汪三贵、郭子豪:《论中国的精准扶贫》,《贵州社会科学》2015 年第 5 期。

[11] 吴晓文:《湖北黄冈：握指成拳聚财　致力产业扶贫》,《中国财政》2019 年第 1 期。

[12] 王汉超、冯凤娇:《脱贫攻坚背景下贵州乡村农业产业的发展策略》,《农技服务》2019 年第 9 期。

[13] 周子渝等:《精准扶贫下产业扶贫的绩效评价与优化路径研究——基于怀化市会同县的实地调研》,《中国林业经济》2019 年第 4 期。

[14] 何贤举:《三峡移民可持续发展研究》,西南大学硕士论文，2005 年。

[15] 湖北省发展和改革委员会，湖北省易地扶贫搬迁工作领导小组办公室:《“迁”变万“画”耀荆楚——湖北省“十三五”易地扶贫搬迁工作回眸》,《湖北日报》2021 年 1 月 23 日。

[16] 范小梅、吴晓蓉:《教育如何促进贫困者的职业发展？》,《教育与经济》2018 年第 1 期。

[17] 顾明远:《创建教育扶贫的新模式》,《河北师范大学学报（教育科学版）》2021 年第 1 期。

[18] 洪绍华:《“雨露计划”加快转移脱贫进程——写在“雨露计划”实施一周年之际》,《老区建设》2007 年第 1 期。

[19] 李昱霖:《教育扶贫是最根本的精准扶贫》,《中国发展观察》2020 年第 12 期。

[20] 刘航、柳海民:《教育精准扶贫：时代循迹、对象确认与主要对策》,《中国教育学刊》2018 年第 4 期。

[21] 刘长庚、郑品芳:《论习近平精准扶贫思想对教育精准扶贫实践的指导》,《湖南大学学报（社会科学版）》2018 年第 6 期。

[22] 龙柯如、孙翠香:《改革开放以来职业教育助力脱贫的回顾与前瞻》,《职业教育研究》2021 年第 1 期。

[23] 向德平、黄承伟:《减贫与发展》,社会科学文献出版社 2016 年版。

[24] 殷巧:《教育扶贫：精准扶贫的根本之策》,《人民论坛》2017 年第 13 期。

[25] 袁利平:《后扶贫时代教育贫困治理的价值逻辑、行动框架与路径选

择》,《深圳大学学报（人文社会科学版）》2021 年第 1 期。

[26] 陶仪声:《安徽省健康扶贫的实践与成效》,《中国农村卫生事业管理》2020 年第 10 期。

[27] 张鑫宇:《习近平关于健康扶贫重要论述的思想内涵及其时代价值》,《江汉大学学报（社会科学版）》2020 年第 6 期。

[28] 郑继承:《中国健康扶贫的逻辑演进与新时代战略转型研究》,《云南社会科学》2020 年第 5 期。

[29] 郑钰堃、陈莉:《中医药健康扶贫长效机制分析——以湖北长阳为例》,《管理观察》2020 年第 12 期。

[30] 李志平:《论发展中国家的贫困与环境循环问题》,《经济评论》2007 年第 6 期。

[31] 李俊:《浅谈湖北省湖泊生态文明建设》,《经济研究导刊》2014 年第 36 期。

[32] 湖北省人民政府办公厅:《中共湖北省委 湖北省人民政府关于大力加强生态文明建设的意见》,《湖北省人民政府公报》2009 年第 22 期。

[33] 王秀红、李婉芊:《生态扶贫的湖北实践及启示》,《湖北工业大学学报》2018 年第 6 期。

[34] 向春玲:《精准扶贫关键在激发群众主动性》,《经济日报》2017 年 6 月 24 日。

[35] 张涛、成金华:《湖北省生态补偿机制建设研究》,《中国国土资源经济》2016 年第 8 期。

[36] 彭军:《贯彻落实〈湖北省社会救助实施办法〉依法托住民生保障底线》,《湖北日报》2014 年 9 月 29 日。

[37] 左停:《强化兜底保障扶贫　筑牢脱贫攻坚底线》,《中国社会报》2020 年 5 月 27 日。

[38] 朱薇:《社会保障兜底扶贫的作用机理》,《人民论坛》2019 年第 7 期。

[39] 祝建华:《提升低保兜底扶贫的风险应对能力》,《中国社会科学报》2018 年 3 月 16 日。

[40] 赵彬:《发挥社会救助兜底保障　助力扶贫攻坚战役》,《中国社会

报》2017 年 3 月 20 日。

[41] 段雅纯：《湖北宜昌夷陵区：实施金融扶贫 助力脱贫攻坚》，《财政监督》2018 年第 16 期。

[42] 黄馨慧等：《“金融 + 电商 + 产业”扶贫模式创新研究——以湖北十堰竹溪县为例》，《中国经贸导刊（中）》2019 年第 6 期。

[43] 赖秀福：《湖北银行业要为精准扶贫精准脱贫提供最好的金融服务》，《湖北日报》2017 年 5 月 24 日。

[44] 李迎亚：《湖北黄冈农村商业银行金融扶贫研究》，武汉轻工大学硕士论文，2018 年。

[45] 潘倩：《恩施州金融扶贫的现实困境与对策研究》，《农村经济与科技》2019 年第 3 期。

[46] 阮璐：《恩施市农村商业银行金融扶贫贡献分析——以红土乡为例》，湖北民族学院硕士论文，2017 年。

[47] 涂思：《湖北省农村金融扶贫体系研究》，武汉大学硕士论文，2017 年。

[48] 王本玲：《民族地区县域扶贫小额信贷绩效评价——以湖北建始农村商业银行为例》，湖北民族大学硕士论文，2020 年。

[49] 王慧：《乡村振兴背景下湖北省农村金融扶贫：机械、模式与路径》，长江大学硕士论文，2020 年。

[50] 王鸾凤、朱小梅、吴秋实：《农村金融扶贫的困境与对策——以湖北省为例》，《国家行政学院学报》2012 年第 6 期。

[51] 王茜等：《“金融 + 电商 + 产业”精准扶贫模式创新研究——以湖北十堰竹溪县为例》，《科技经济导刊》2019 年第 10 期。

[52] 伍思凯：《湖北省农村金融扶贫模式选择和实现机制研究》，中共湖北省委党校硕士论文，2019 年。

[53] 向渊：《恩施州金融精准扶贫实践与创新研究》，湖北民族学院硕士论文，2017 年。

[54] 杨立杰：《怎样提升金融扶贫精准度——以湖北为例》，《中国党政干部论坛》2016 年第 11 期。

[55] 余祥民：《恩施农商行金融精准扶贫信贷政策执行情况研究》，湖北民族大学硕士论文，2020 年。

[56] 赵芳:《新形势下充分发挥金融在精准扶贫中的作用研究——湖北省扶贫经验探索》,《大众投资指南》2017 年第 7 期。

[57] 周军:《农村资金互助合作组织的金融扶贫作用——基于宜昌试点的分析》,《武汉金融》2009 年第 4 期。

[58] 庄裕锋、王君怡、谢书娴:《精准扶贫背景下金融扶贫的制约因素研究——以湖北省石首市为例》,《中国商论》2018 年第 36 期。

[59] 阿比吉特·班纳吉、埃斯特·迪弗洛:《贫穷的本质:我们为什么摆脱不了贫穷》,中信出版社 2013 年版。

[60] 阿马蒂亚·森贫:《困与饥荒》,商务印书馆 2004 年版。

[61] 郭熙保:《经济发展:理论与政策》,中国社会科学出版社 2000 年版。

[62] 谭崇台:《发展经济学概论》,武汉大学出版社 2001 年版。

[63] 杰拉尔德·迈耶、约瑟夫·斯蒂格列茨:《发展经济学前沿:未来展望》,中国财政经济出版社 2003 年版。

[64] 汪三贵、曾小溪:《后 2020 贫困问题初探》,《河海大学学报(哲学社会科学版)》2018 年第 2 期。

[65] 叶兴庆等:《“十四五”时期的乡村振兴:趋势判断、总体思路与保障机制》,《农村经济》2020 年第 9 期。

[66] 孙久文、夏添:《中国扶贫战略与 2020 年后相对贫困线划定——基于理论、政策和数据的分析》,《中国农村经济》2019 年第 10 期。

[67] 叶兴庆,殷浩栋:《从消除绝对贫困到缓解相对贫困:中国减贫历程与 2020 年后的减贫战略》,《改革》2019 年第 12 期。

[68] 郭文华:《从生活方式的选择上重新审视相对贫困》,《科学之友(B版)》2009 年第 3 期。

[69] 汪三贵、刘明月:《从绝对贫困到相对贫困:理论关系、战略转变与政策重点》,《华南师范大学学报(社会科学版)》2020 年第 6 期。

[70] 叶兴庆:《精准扶贫是促进共享发展的关键》,《政策瞭望》2017 年第 9 期。

[71] 邢成举、李小云:《相对贫困与新时代贫困治理机制的构建》,《改革》2019 年第 12 期。

[72] 高强:《脱贫攻坚与乡村振兴的统筹衔接:形势任务与战略转型》,

《中国人民大学学报》2020 年第 6 期。

[73] 唐任伍:《贫困文化韧性下的后小康时代相对贫困特征及其治理》,《贵州师范大学学报 (社会科学版)》2019 年第 5 期。

[74] 黄征学等:《中国长期减贫，路在何方 ?——2020 年脱贫攻坚完成后的减贫战略前瞻》,《中国农村经济》2019 年第 9 期。

[75] 叶普万:《贫困经济学研究：一个文献综述》,《世界经济》2005 年第 9 期。

[76] 龚冰:《论我国开发式扶贫的拓展与完善》,《经济与社会发展》2007 年第 11 期。

[77] 何秀荣:《改革 40 年的农村反贫困认识与后脱贫战略前瞻》,《农村经济》2018 年第 11 期。

[78] 向德平、王维:《精准扶贫的研究理路与未来议题》,《新疆师范大学学报 (哲学社会科学版)》2020 年第 3 期。

[79] 胡鞍钢:《中国知识贫困差异明显》,《领导决策信息》2001 年第 27 期。

[80] 段小力:《返贫的特征、成因及阻断》,《人民论坛》2020 年第 3 期。

[81] 邓大松、张晴晴:《农村贫困地区返贫成因及对策探析》,《决策与信息》2020 年第 6 期。

[82] 包国宪、杨瑚:《我国返贫问题及其预警机制研究》,《兰州大学学报 (社会科学版)》2018 年第 6 期。

[83] 邓永超:《乡村振兴下精准扶贫中防治返贫的优化机制》,《湖南财政经济学院学报》2018 年第 4 期。

[84] 覃志敏、黄丽珠:《乡村振兴与返贫治理》,《中国国情国力》2019 年第 8 期。

[85] 韩广富:《论我国农村扶贫开发机制的创建》,《东北师大学报 (哲学社会科学版)》2007 年第 6 期。

[86] 陈凌霄:《我国农村扶贫开发政策中的多元执行主体研究》，南京大学硕士论文，2017 年。

[87] 谷秀云、薛选登:《脱贫户返贫风险评估研究——基于豫西典型贫困县区的调查》,《河南理工大学学报 (社会科学版)》2021 年第 1 期。

[88] Stark, Taylor. Migration incentives, migration types: the role of relative deprivation, The Economic Journal, 1991, 101(09).

[89] Benjamin D, Brandt L, Giles J. D.. Did higher inequality impede growth in rural China? The Economic Journal, 2011, 121(557).

[90] Benjamin D. B, GUO Li. Markets, human capital and inequality: evidence from rural China, University of Toronto: unpublished paper, 2000.

[91] Loayza N. V., Radatz C.. The composition of growth matters for poverty alleviation, Journal of Development Economics, 2010, 93(1).

[92] Sen, Amartya. Poor, Relatively Speaking, Oxford Economic Papers, 1985(35).

[93] Brennan Scott Thompson. Flat rate taxes and relative poverty measurement, Social Choice and Welfare, 2012, 38(3).

[94] Townsend, Peter. A sociological Approach to the Measurement of Poverty A Rejoinder to Professor Amartya Sen, Oxford Economic Papers, 1985(37).

[95] Chittem Mahati,Chawak Shweta,Sridharan Subha Gomathy,Sahay Rakesh. The relationship between diabetes-related emotional distress and illness perceptions among Indian patients with Type II diabetes, Diabetes & metabolic syndrome, 2019, 13(2).

[96] Muller C.. Defining poverty lines as a fraction of central tendency, Southern Economic Journal, 2006, 72(3).

[97] Huiming Zhang,Zhidong Xu, Kai Wu,Dequn Zhou,Guo Wei. Multi-dimensional poverty measurement for photovoltaic poverty alleviation areas: Evidence from pilot counties in China, Journal of Cleaner Production, 2019, 241.

[98] Sen, Amartya. Poverty: An Order Approach to Measurement, Econometrica, 1976, 44(2).

[99] Theil H.. Economics and Information Theory, Amsterdam: North-Holland Publishing Company, 1967.

[100] Kristin Laurin, Holly R Engstrom. The context of low socioeconomic status can undermine people's motivation for financial success, Current Opinion in Psychology, 2020, 33.

后　记

《不负时代，不负人民——中国减贫奇迹的湖北答卷》一书源于湖北省社会科学界联合会发布的2020年“中国调查”重大项目，书名由党组书记喻立平亲自拟定，喻书记多次参与框架和主要内容的策划讨论。在中国共产党成立一百周年的重要时刻，我国脱贫攻坚战取得了全面胜利，湖北省社会科学界联合会策划这本系统梳理和总结湖北脱贫攻坚成就和经验的专著具有重大历史意义和现实意义，体现了湖北省社会科学界联合会党组高度的政治站位、政治自觉和学术担当。

项目负责人彭玮，湖北省社会科学院科研处处长、研究员，湖北省宣传文化人才培养工程“七个一百”人才、“荆楚百优”宣传思想文化青年人才。近年来在相关研究领域主持国家社科基金项目“精准扶贫视阈下我国农业社会化服务体系重构研究”，主持“贫困地区生计方式选择及其扶贫效应研究”“脱贫攻坚与乡村振兴战略有效衔接机制研究”“湖北省精准扶贫现状调查与政策优化”等省部级课题十余项；出版《湖北省精准扶贫现状调查》等六部学术专著；在核心期刊发表论文三十余篇；执笔撰写《精准扶贫决胜阶段精准管理创新突破研究》《关于提前谋划“后小康社会”贫困治理新战略的建议》等咨询报告四十余篇，获得省领导批转三十余次。曾分管湖北省内插花贫困县扶贫工作，担任过贫困村第一书记，荣获“湖北省脱贫攻坚先进个人”称号，多次参加扶贫第三方评估工作。研究成果多次获得湖北发展研究奖一等奖、湖北省社会科学优秀成果奖二等奖、省委重大调研成果奖二等奖等荣誉。

课题主要参与者吴海涛，中南财经政法大学工商管理学院副院长，教授、博士生导师，教育部高等学校教学指导委员会委员（农业经济管理类）。国家社科基金重大项目首席专家，先后主持国家自然科学基金项目 4 项，其他项目 30 余项，公开发表论文 70 多篇，研究成果获湖北发展研究奖一等奖等省部级奖项共 7 项。

课题主要参与者李志平，华中农业大学经济管理学院副教授，硕士生导师，中华发展经济学学会理事。从 2015 年开始连续四年参与国务院第三方成效评估工作，主持 30 余项省部级贫困类研究项目，在《光明日报》《农业经济问题》等主流报刊发表文章 50 余篇，执笔的政策咨询报告 4 次获得省部级领导肯定性批示。

本项目于 2020 年 10 月正式启动，计划在 2021 年七一前夕正式出版，时间紧、任务重、要求高。在湖北省社会科学界联合会和湖北省社会科学院党组的领导下，由湖北省社会科学界联合会、湖北省社会科学院、中南财经政法大学、华中农业大学以及湖北省人民政府扶贫办公室、湖北省发展和改革委员会、湖北省农业农村厅等多家单位迅速成立联合课题组，本课题组聚合了科研院所、大专院校、行政部门、社会团体等多方力量，深入部门、深入基层、深入实际，开展了党的十八大以来湖北省关于精准扶贫的省情调查。课题组一行分别前往湖北省恩施市、五峰县、保康县、麻城市、随县、崇阳县、洪湖市开展实地调研，取得了大量珍贵的一手调研材料，并与有关部门深度访谈，获取了相关历史文献、官方统计数据等资料，加快推动理论研究与具体实践的深度融合，力求形成一部理论研究有高度、调查研究有深度、对策建议有准度的精品力作。

本书的撰写得到了湖北省社会科学界联合会党组书记、常务副主席喻立平，党组成员、副主席张明新以及湖北省社会科学院党组书记张忠家、院长刘光远、原院长宋亚平、副院长袁北星的大力支持和指导；得到湖北省扶贫办副主任项克强、二级巡视员王斌、政策法规处处长夏智、宣教中心主任徐丹娅、宣教中心副主任黄涛的倾力协助；得到了湖北省发改委二级巡视员孙大钟、湖北省农业农村厅发展规划处曾德云处长的业务指导。在此一并致以最诚挚的感谢！

感谢中南财经政法大学工商管理学院副院长吴海涛教授及华中农业大学

经济管理学院李志平副教授参与本书多个章节的撰写工作；感谢湖北省发改委振兴处三级调研员叶艳东参与易地扶贫搬迁部分的写作；感谢湖北省农业农村厅发展规划处主任科员何翔对产业扶贫部分的写作指导；感谢湖北省社会科学院农村经济研究所副研究员肖艳丽、助理研究员毛铖，财贸所助理研究员刘司可和中南财经政法大学工商管理学院博士程威特、周子铭、秦小迪，湖北省社会科学院硕士研究生龚俊梅、施放、刘艺航在课题调研、文献资料整理及书稿部分章节撰写过程中付出的辛苦劳动。

感谢湖北省社会科学界联合会学会工作部主任许巍、副主任文嵘、祝金华、伍静等为本书的顺利出版给予的关心和支持。

感谢湖北人民出版社副社长马骏、综合编辑部主任徐艳及责任编辑黄沙、曹新哲、田晓对本书出版工作的付出和大力支持。

本书在写作过程中引用了大量文献和案例资料，时间阶段主要聚焦在2013年到2020年，资料来源于新华社、《人民日报》等官方网站和传统媒体，以及湖北省乡村振兴局、湖北省发展和改革委员会、湖北省农业农村厅等官网和其内部统计资料，并引用了大量课题组调研的一手数据，在此向为本书提供参考资料和调研帮助的相关职能部门表示诚挚的感谢。本书的撰写过程中还参阅了大量中外文文献，并尽可能在脚注和参考文献中列出，但未免也有疏漏，再次向这些文献的作者表示衷心的感谢。

正如习近平总书记说的，“脱贫摘帽不是终点，而是新生活、新奋斗的起点”。回顾这难忘的八年，我们不仅仅是要总结成绩，更是要以“上下同心、尽锐出战、精准务实、开拓创新、攻坚克难、不负人民”的脱贫攻坚精神为指引，把促进全体人民共同富裕摆在更加重要的位置，切实做好巩固脱贫攻坚成果同乡村振兴有效衔接各项工作，走好中国特色社会主义乡村振兴道路，脚踏实地，真抓实干，久久为功，为全面建设社会主义现代化国家的历史宏愿而努力奋斗。

本书项目组

2021年3月20日